弗布克培训体系与内容开发系列

企业培训体系设计全案

张俊娟　韩伟静　编著

人民邮电出版社

北　京

图书在版编目（CIP）数据

企业培训体系设计全案／张俊娟，韩伟静编著．——
北京：人民邮电出版社，2011.4（2023.4重印）
（弗布克培训体系与内容开发系列）
ISBN 978-7-115-24948-7

Ⅰ.①企…　Ⅱ.①张…②韩…　Ⅲ.①企业管理—职
工培训　Ⅳ.①F272.92

中国版本图书馆 CIP 数据核字（2011）第 022200 号

内 容 提 要

本书是一本指导各类企业设计培训体系的工具书。书中对 10 类培训通用体系，4 类人员
培训体系，3 类常用培训体系，7 家企业的培训体系案例进行了详细而全面的介绍；具体包
括培训课程设计与开发体系、培训计划制订体系、基于胜任能力的培训课程体系、国际化人
才的培训体系建设等 18 项内容，涉及企业培训体系设计的方方面面，在各类培训体系的介
绍上做到了"全、细、新"。

本书不仅适合各类企业培训人员使用，还可供行政机关、事业单位以及其他组织中的高
层管理人员、人力资源部人员、培训部人员、企业大学管理人员阅读应用，也适合培训师、
咨询师以及高校教师等阅读参考。

◆ 编　著　张俊娟　韩伟静
责任编辑　许文瑛
执行编辑　付　路
责任印制　焦志炜

◆ 人民邮电出版社出版发行　北京市丰台区成寿寺路 11 号
邮编　100164　电子邮件　315@ptpress.com.cn
网址　http://www.ptpress.com.cn
固安县铭成印刷有限公司印刷

◆ 开本：787×1092　1/16
印张：40　　　　　　　　　2011 年 4 月第 1 版
字数：211 千字　　　　　　2023 年 4 月河北第 37 次印刷

定　价：80.00 元
读者服务热线：（010）81055656　印装质量热线：（010）81055316
反盗版热线：（010）81055315
广告经营许可证：京东市监广登字20170147号

"弗布克培训体系与内容开发系列图书"序

弗布克课思课件开发中心经过三年的准备和实践，在管理课程开发方面积累了大量的开发工具和内容模型，建立了完备的课程开发素材数据库，初步形成了以管理内容为中心的知识管理体系。

体系的构建和内容的开发以及培训的运营是培训的三大工作。内容体系化、模块化、数据库化是大规模开发课程所必须具备的条件。要想将内容的开发流程化，就必须具备一些特有的工具、方法以及流程化的做法。

为了与业界分享体系构建和课程开发的经验，我们特推出"弗布克培训体系与内容开发系列图书"，和大家共同探讨以管理为中心的知识体系的建设和课程化方法。

本系列图书包括《企业培训体系设计全案》、《培训课程开发与设计案例集》、《培训课程体系设计方案与模板》、《培训内容设计与开发全景模拟》、《培训课程开发模型与工具大全》、《E-Learning 课程设计与开发手册》共六本。

本系列图书提供了培训体系与内容开发的模型、工具、方法、制度、表单以及全景案例，能够帮助组织快速构建有效的培训体系、迅速开发适用的培训内容。本系列图书具有以下特点。

1. 全面而实用

本系列图书涵盖了培训体系的设计、培训课程体系的设计、培训内容的设计与开发等内容，为读者提供了辅助模型、工具、方法、制度、表单和全景模拟案例，介绍了代表培训发展趋势的 E-Learning 培训方式。

书中通过通俗、简单的模型介绍理论知识，使复杂的理论简单化；通过拿来即用的制度、表单阐述工具和方法，使繁杂的事项模板化。

2. 系统而细化

本系列图书立足于培训体系的构建和培训内容的开发，以严谨的架构、详实的分析展示了培训体系设计和内容开发的事项。既从系统思维的角度告诉你"怎么想"，又从操作的角度告诉你"怎么做"。

希望本系列书能对企业、事业单位、行政机关以及其他组织中的高层管理人员、人力资源管理人员、培训人员的工作有所帮助。

前　言

对于各类组织的培训管理工作，只有统筹开展、协调运作，才能保证通过有限的培训投入获得无限的培训产出。正是基于这样的考虑，本书从培训体系设计的角度，将各个培训事项纳入体系设计的范畴中，既解决了"如何设计"的理论问题，又解决了"如何开展"的实务问题。

本书围绕培训体系的各个事项，提供了模型、工具、表单、制度、文案、方案等实用模板，探讨了针对新员工、晋级员工、核心和特殊人才、国际化人才的四类培训体系构建方法，介绍了基于胜任能力、岗位、职业生涯规划的培训体系的三种建设方法。

本书是"弗布克培训体系与内容开发系列"图书中的一本，涵盖了培训组织设计与业务体系，组织学习体系，培训需求调查分析体系，培训课程设计与开发体系，内部讲师筛选与资格认证体系，培训计划制订体系，培训决策体系，培训辅助支持体系，培训效果评估与跟踪辅导体系，培训预算控制体系，新员工培训体系，晋级培训体系，基于胜任能力的培训课程体系，基于岗位的培训体系，基于职业生涯规划的培训体系，基于核心和特殊人才的培训体系，国际化人才的培训体系建设，著名企业培训体系建设及案例 18 项内容。

在本书编写的过程中，孙立宏、孙宗坤、蔡莉、杨扬、李静、刘井学负责资料的收集和整理，钟华、廖应涵、邓长发、庄惠欢负责图表的编排，滕晓丽、曹静静参与编写了本书的第一章和第二章，王瑞永、邹晓春参与编写了本书的第三章，王海燕、叶亚宁参与编写了本书的第四章，刘俊敏、郭强参与编写了本书的第五章，卢斌、张秋敏参与编写了本书的第六章，李作学、赵成参与编写了本书的第七章，黄成日、金成哲参与编写了本书的第八章，姜巧萍、郭蓉参与编写了本书的第九章，程淑丽、程富建参与编写了本书的第十章，金青龙、韩燕参与编写了本书的第十一章，李育蔚、郭宁参与编写了本书的第十二章，姚严胜、姚俭胜编写了本书的第十三章，付伟、刘伟参与编写了本书的第十四章，周鸿、王淑燕、王淑敏参与编写了本书的第十五章和第十六章，董莲凤、董建华参与编写了本书的第十七章和第十八章，韩伟静参与编写了本书的第十九章。全书由课思课件中心的张俊娟、韩伟静统撰定稿。

目　录

第1章　培训体系的构成与建设 ································· 1

1.1　培训体系建设的意义 ································· 3
1.1.1　实现组织战略目标 ································· 3
1.1.2　创建员工成长环境 ································· 3
1.1.3　实现组织人才战略 ································· 4
1.1.4　提升组织竞争能力 ································· 4

1.2　培训体系的构成和难点 ································· 5
1.2.1　培训体系的内容构成 ································· 5
1.2.2　培训体系的建设难点 ································· 6

1.3　培训体系建设原则和收益 ································· 6
1.3.1　培训体系建设的原则 ································· 6
1.3.2　培训体系建设的收益 ································· 7

1.4　培训体系建设的前提 ································· 8
1.4.1　建立岗位体系 ································· 8
1.4.2　建立胜任素质模型 ································· 9
1.4.3　进行岗位—能力分析 ································· 21
1.4.4　进行能力—课程匹配 ································· 23

1.5　培训体系建设的流程 ································· 24
1.5.1　培训需求分析流程 ································· 24
1.5.2　培训课程建设流程 ································· 25
1.5.3　内部讲师养成流程 ································· 25
1.5.4　培训计划制订流程 ································· 26
1.5.5　培训计划实施流程 ································· 27
1.5.6　培训评估与改进流程 ································· 27

1.6　培训体系建设的五大关键 ································· 28
1.6.1　岗位能力课程对照体系 ································· 28

1.6.2　培训课程设计开发体系 ······················ 28

1.6.3　内部培训师的养成体系 ······················ 28

1.6.4　培训效果评价转化体系 ······················ 29

1.6.5　培训支持与制度保障体系 ···················· 29

第2章　培训组织设计与业务体系 ···················· 31

2.1　培训组织体系设计 ···························· 33

2.1.1　职能划分 ································ 33

2.1.2　角色扮演 ································ 34

2.1.3　任务分配 ································ 35

2.1.4　组织设计 ································ 36

2.2　培训组织业务体系 ···························· 39

2.2.1　培训体系建设 ···························· 39

2.2.2　培训课程开发 ···························· 39

2.2.3　培训制度制定 ···························· 40

2.2.4　培训计划制订 ···························· 43

2.2.5　培训组织实施 ···························· 44

2.2.6　培训设施管理 ···························· 45

2.2.7　培训效果评估 ···························· 46

2.2.8　内部讲师养成 ···························· 48

2.3　培训组织的自我培训 ·························· 49

2.3.1　培训体系设计 ···························· 49

2.3.2　培训课程设计 ···························· 51

2.3.3　培训方式设计 ···························· 52

第3章　组织学习体系设计 ·························· 55

3.1　组织学习方式 ································ 57

3.1.1　岗前培训 ································ 57

3.1.2　在岗培训 ································ 59

3.1.3　离岗培训 ································ 62

3.1.4　自我开发 ································ 65

3.2　学历与资格认证教育 ·························· 66

3.2.1　学历教育培训 ···························· 66

3.2.2　资格认证培训 ···························· 68

　　3.2.3　职业技能与资格认证培训体系设计 ┈┈┈┈┈┈┈┈┈┈┈ 70
　3.3　因需而变的学习体系设计 ┈┈┈┈┈┈┈┈┈┈┈┈┈┈┈┈┈ 72
　　3.3.1　培训方式与职位对应关系 ┈┈┈┈┈┈┈┈┈┈┈┈┈┈ 72
　　3.3.2　学习特点与培训方式对应关系 ┈┈┈┈┈┈┈┈┈┈┈┈ 74
　　3.3.3　学习内容与培训方式对应关系 ┈┈┈┈┈┈┈┈┈┈┈┈ 75
　3.4　新员工在岗培训体系设计 ┈┈┈┈┈┈┈┈┈┈┈┈┈┈┈┈┈ 76
　　3.4.1　在岗培训的实施步骤 ┈┈┈┈┈┈┈┈┈┈┈┈┈┈┈┈ 76
　　3.4.2　在岗培训的注意事项 ┈┈┈┈┈┈┈┈┈┈┈┈┈┈┈┈ 77
　　3.4.3　新员工在岗培训体系设计与实施 ┈┈┈┈┈┈┈┈┈┈ 77

第4章　培训需求调查分析体系 ┈┈┈┈┈┈┈┈┈┈┈┈┈┈┈┈┈ 79
　4.1　培训需求的细分 ┈┈┈┈┈┈┈┈┈┈┈┈┈┈┈┈┈┈┈┈┈ 81
　　4.1.1　普遍培训需求 ┈┈┈┈┈┈┈┈┈┈┈┈┈┈┈┈┈┈┈ 81
　　4.1.2　个别培训需求 ┈┈┈┈┈┈┈┈┈┈┈┈┈┈┈┈┈┈┈ 81
　　4.1.3　短期培训需求 ┈┈┈┈┈┈┈┈┈┈┈┈┈┈┈┈┈┈┈ 81
　　4.1.4　长期培训需求 ┈┈┈┈┈┈┈┈┈┈┈┈┈┈┈┈┈┈┈ 82
　4.2　培训需求分析 ┈┈┈┈┈┈┈┈┈┈┈┈┈┈┈┈┈┈┈┈┈┈ 82
　　4.2.1　个人层次 ┈┈┈┈┈┈┈┈┈┈┈┈┈┈┈┈┈┈┈┈┈ 82
　　4.2.2　职务层次 ┈┈┈┈┈┈┈┈┈┈┈┈┈┈┈┈┈┈┈┈┈ 83
　　4.2.3　组织层次 ┈┈┈┈┈┈┈┈┈┈┈┈┈┈┈┈┈┈┈┈┈ 84
　4.3　需求调查的方法 ┈┈┈┈┈┈┈┈┈┈┈┈┈┈┈┈┈┈┈┈┈ 85
　　4.3.1　面谈法 ┈┈┈┈┈┈┈┈┈┈┈┈┈┈┈┈┈┈┈┈┈┈ 85
　　4.3.2　问卷法 ┈┈┈┈┈┈┈┈┈┈┈┈┈┈┈┈┈┈┈┈┈┈ 87
　　4.3.3　观察法 ┈┈┈┈┈┈┈┈┈┈┈┈┈┈┈┈┈┈┈┈┈┈ 89
　　4.3.4　小组讨论法 ┈┈┈┈┈┈┈┈┈┈┈┈┈┈┈┈┈┈┈┈ 91
　4.4　培训需求确认 ┈┈┈┈┈┈┈┈┈┈┈┈┈┈┈┈┈┈┈┈┈┈ 92
　　4.4.1　面谈确认 ┈┈┈┈┈┈┈┈┈┈┈┈┈┈┈┈┈┈┈┈┈ 92
　　4.4.2　主题会议确认 ┈┈┈┈┈┈┈┈┈┈┈┈┈┈┈┈┈┈┈ 92
　　4.4.3　正式文件确认 ┈┈┈┈┈┈┈┈┈┈┈┈┈┈┈┈┈┈┈ 93
　4.5　培训需求调查文件 ┈┈┈┈┈┈┈┈┈┈┈┈┈┈┈┈┈┈┈┈ 93
　　4.5.1　培训需求调查表 ┈┈┈┈┈┈┈┈┈┈┈┈┈┈┈┈┈┈ 93
　　4.5.2　培训需求调研报告 ┈┈┈┈┈┈┈┈┈┈┈┈┈┈┈┈┈ 95

第5章　培训课程设计与开发体系设计 ················· 99

5.1　培训内容的层次 ················· 101
- 5.1.1　初级层次 ················· 101
- 5.1.2　深度层次 ················· 101

5.2　培训内容的分类 ················· 102
- 5.2.1　按照内容本身分类 ················· 102
- 5.2.2　按照岗位类别分类 ················· 102
- 5.2.3　按照管理层级分类 ················· 104
- 5.2.4　按照管理能力分类 ················· 105
- 5.2.5　按照人员类别分类 ················· 106
- 5.2.6　按照问题类别分类 ················· 106

5.3　课程讲授的方式 ················· 107
- 5.3.1　内训面授课程 ················· 107
- 5.3.2　E-Learning 课程 ················· 107
- 5.3.3　拓展训练类课程 ················· 109
- 5.3.4　沙盘模拟类课程 ················· 110

5.4　培训课程设计流程 ················· 111
- 5.4.1　课程需求确定 ················· 111
- 5.4.2　课程目标设定 ················· 111
- 5.4.3　课程大纲设计 ················· 113
- 5.4.4　课程单元设计 ················· 114
- 5.4.5　课程试讲研讨 ················· 115
- 5.4.6　课程提升改进 ················· 115
- 5.4.7　正式制作课件 ················· 116
- 5.4.8　编写学员手册 ················· 117
- 5.4.9　编写讲师手册 ················· 118

5.5　世界著名课程设计模型 ················· 119
- 5.5.1　泰勒课程设计模型 ················· 119
- 5.5.2　塔巴课程设计模型 ················· 120
- 5.5.3　斐勒课程设计模型 ················· 121
- 5.5.4　柯尔课程设计模型 ················· 122
- 5.5.5　朗催课程设计模型 ················· 123
- 5.5.6　詹森课程设计模型 ················· 124

5.5.7 瓦克课程设计模型 ·············· 125

5.5.8 史北克课程设计模型 ·············· 126

5.5.9 迪金课程设计模型 ·············· 127

5.6 组织常用课程设计模型 ·············· 128

5.6.1 ISD 模型 ·············· 128

5.6.2 HPT 模型 ·············· 130

5.6.3 CBET 模型 ·············· 130

5.6.4 ADDIE 模型 ·············· 132

5.6.5 DACUM 模型 ·············· 133

5.7 培训课程开发方法工具 ·············· 134

5.7.1 培训课程的开发分工方法 ·············· 134

5.7.2 课程内容呈现的导演工具 ·············· 134

5.7.3 课程脚本的设计开发工具 ·············· 136

5.7.4 课程视频内容的开发工具 ·············· 137

5.7.5 课程故事内容的开发方法 ·············· 138

5.7.6 课程互动环节的设计方法 ·············· 139

5.7.7 课程内容的审核评估方法 ·············· 141

5.8 培训课程的运营改进 ·············· 141

5.8.1 培训课程的调整更新 ·············· 141

5.8.2 培训课程的更换淘汰 ·············· 143

5.9 培训课程的体系建设 ·············· 144

5.9.1 培训课程体系的规划 ·············· 144

5.9.2 管理类课程体系建设 ·············· 145

5.9.3 业务类课程体系建设 ·············· 146

5.9.4 态度类课程体系建设 ·············· 146

5.9.5 夹心式培训课程体系设计 ·············· 147

5.10 课程开发资源库建设 ·············· 148

5.10.1 PPT 制作模板库的建设 ·············· 148

5.10.2 课程开发案例库的建设 ·············· 151

5.10.3 课程开发故事库的建设 ·············· 153

5.10.4 课程开发图片库的建设 ·············· 156

5.10.5 课程开发图形库的建设 ·············· 158

5.10.6 课程开发大纲库的建设 ·············· 159

5.10.7 课程开发游戏库的建设 ·············· 161

5.10.8 课程开发视频库的建设 ·· 163

5.10.9 课程开发测评库的建设 ·· 164

5.10.10 课程开发内容资源库建设 ·· 166

第6章 内部讲师筛选与资格认证体系 ································ 171

6.1 内部讲师筛选规则 ·· 173

6.1.1 选拔范围 ·· 173

6.1.2 选拔标准 ·· 174

6.1.3 选拔流程 ·· 175

6.1.4 选拔制度 ·· 175

6.2 内部讲师资格确定 ·· 179

6.2.1 资格审查 ·· 179

6.2.2 进行试讲 ·· 180

6.2.3 资格确定 ·· 183

6.3 内部讲师的管理 ·· 183

6.3.1 内部讲师工作职责 ·· 183

6.3.2 内部讲师管理办法 ·· 184

6.3.3 内部讲师评价考核 ·· 188

6.4 内部讲师培训 ··· 193

6.4.1 课程开发 ·· 193

6.4.2 授课技巧 ·· 194

6.4.3 授课方法 ·· 202

6.4.4 培训管理 ·· 204

第7章 培训计划制订体系 ·· 209

7.1 培训计划的分类 ·· 211

7.1.1 年度培训计划 ··· 211

7.1.2 部门培训计划 ··· 222

7.1.3 培训支援计划 ··· 225

7.2 培训计划制订原则与步骤 ··· 226

7.2.1 培训计划制订原则 ··· 226

7.2.2 培训计划制订要点 ··· 227

7.2.3 培训计划制订因素 ··· 229

7.2.4 培训计划制订步骤 ··· 230

7.3 培训计划的确定方式 ………………………………………………… 233

7.3.1 会议决策 ……………………………………………………… 233

7.3.2 部门经理沟通 ………………………………………………… 234

7.3.3 领导决策 ……………………………………………………… 234

7.4 培训计划实施的控制 …………………………………………………… 234

7.4.1 时间调整 ……………………………………………………… 234

7.4.2 需求纠正 ……………………………………………………… 235

7.4.3 预算内增减项目 ……………………………………………… 237

7.4.4 员工培训记录 ………………………………………………… 237

第8章 培训机构、培训师、课程采购决策体系 ……………………… 241

8.1 培训机构选择 …………………………………………………………… 243

8.1.1 选择的标准 …………………………………………………… 243

8.1.2 内部决策流程 ………………………………………………… 244

8.1.3 培训招标制度 ………………………………………………… 245

8.1.4 培训效果评估记录 …………………………………………… 248

8.2 培训师选择 ……………………………………………………………… 249

8.2.1 选择的标准 …………………………………………………… 249

8.2.2 选择的来源 …………………………………………………… 249

8.2.3 内部决策流程 ………………………………………………… 250

8.2.4 访谈试讲制度 ………………………………………………… 252

8.2.5 培训效果评估记录 …………………………………………… 254

8.3 课程整体采购决策 ……………………………………………………… 255

8.3.1 课程选择标准 ………………………………………………… 255

8.3.2 内部决策流程 ………………………………………………… 256

8.3.3 采购招标制度 ………………………………………………… 257

8.3.4 课程运营评估 ………………………………………………… 260

8.4 课程委托开发决策 ……………………………………………………… 262

8.4.1 开发单位选择标准 …………………………………………… 262

8.4.2 内部决策流程 ………………………………………………… 262

8.4.3 开发招标制度 ………………………………………………… 263

8.4.4 课程质量评估 ………………………………………………… 267

8.4.5 开发决策工具 ………………………………………………… 269

第9章 培训辅助支持体系 ································ 273

9.1 政策支持体系 ································ 275
9.1.1 培训政策的制定 ································ 275
9.1.2 培训政策的实施 ································ 277
9.1.3 培训政策的示例 ································ 279

9.2 制度支持体系 ································ 280
9.2.1 制度支持体系设计 ································ 280
9.2.2 员工参与培训制度 ································ 280
9.2.3 外派培训管理制度 ································ 283
9.2.4 外派培训合同制度 ································ 289
9.2.5 员工学历教育制度 ································ 295
9.2.6 员工岗前培训制度 ································ 298
9.2.7 企业培训考核制度 ································ 303
9.2.8 员工培训奖惩制度 ································ 307

9.3 行政支持体系 ································ 310
9.3.1 培训运营支持体系 ································ 310
9.3.2 后勤保障支持体系 ································ 318
9.3.3 培训评估支持体系 ································ 319

9.4 培训沟通支持体系 ································ 322
9.4.1 培训效果沟通体系 ································ 322
9.4.2 培训内部沟通体系 ································ 324
9.4.3 培训外部沟通体系 ································ 325

第10章 培训效果评估与跟踪辅导体系 ································ 329

10.1 培训评估 ································ 331
10.1.1 培训前评估 ································ 331
10.1.2 培训中评估 ································ 333
10.1.3 培训后评估 ································ 335

10.2 培训反馈 ································ 338
10.2.1 反馈渠道设计 ································ 338
10.2.2 反馈信息获取 ································ 339
10.2.3 反馈信息分析 ································ 341

10.3　四层面评估模式 ……………………………………… 343
　　10.3.1　反应评估 ……………………………………… 343
　　10.3.2　学习评估 ……………………………………… 346
　　10.3.3　行为评估 ……………………………………… 348
　　10.3.4　效果评估 ……………………………………… 350
10.4　投资回报评估法 ……………………………………… 351
　　10.4.1　投资回报模型设计 …………………………… 351
　　10.4.2　投资回报评估流程 …………………………… 353
　　10.4.3　投资回报评估工具 …………………………… 358
10.5　工作改善评估法 ……………………………………… 361
　　10.5.1　工作改善信息获取 …………………………… 361
　　10.5.2　工作改善评估流程 …………………………… 362
　　10.5.3　工作改善量化评估 …………………………… 363
10.6　培训跟进与辅导 ……………………………………… 364
　　10.6.1　培训跟进 ……………………………………… 364
　　10.6.2　培训辅导 ……………………………………… 368
　　10.6.3　培训转化 ……………………………………… 369

第11章　培训预算控制体系 ………………………………… 373
11.1　培训成本 ……………………………………………… 375
　　11.1.1　培训成本包括的要素 ………………………… 375
　　11.1.2　培训的可控成本要素 ………………………… 375
11.2　培训预算 ……………………………………………… 377
　　11.2.1　预算的编制依据 ……………………………… 377
　　11.2.2　培训预算项目设置 …………………………… 378
　　11.2.3　培训费用投放比例 …………………………… 380
　　11.2.4　培训预算的总额度 …………………………… 381
11.3　培训预算编制 ………………………………………… 384
　　11.3.1　部门培训预算编制 …………………………… 384
　　11.3.2　公司培训预算编制 …………………………… 387
　　11.3.3　年度培训预算编制 …………………………… 391
　　11.3.4　培训预算编制流程 …………………………… 394
　　11.3.5　培训预算审核管理 …………………………… 399

第12章　新员工培训体系建设 ···················· 403

12.1　新员工培训内容体系 ···················· 405
12.1.1　新员工培训内容设计 ·················· 405
12.1.2　新员工培训内容模块 ·················· 407
12.1.3　新员工培训课程开发 ·················· 409

12.2　新员工培训运营 ······················ 415
12.2.1　新员工培训计划制订 ·················· 415
12.2.2　新员工培训预算编制 ·················· 419
12.2.3　新员工培训运营管理 ·················· 421
12.2.4　新员工培训效果评估 ·················· 425

12.3　新员工分级培训体系 ···················· 431
12.3.1　公司级新员工培训体系 ················ 431
12.3.2　部门级新员工培训体系 ················ 433

12.4　新员工分岗培训体系 ···················· 435
12.4.1　生产岗位新员工培训体系 ·············· 435
12.4.2　销售岗位新员工培训体系 ·············· 436
12.4.3　技术岗位新员工培训体系 ·············· 437

12.5　师傅带徒弟培训体系 ···················· 438
12.5.1　师傅带徒弟适合的领域 ················ 438
12.5.2　师傅带徒弟培训制度设计 ·············· 439
12.5.3　师傅带徒弟培训计划制订 ·············· 442
12.5.4　师傅带徒弟的配对选择 ················ 444
12.5.5　师傅带徒弟的培训协议 ················ 445
12.5.6　师傅带徒弟的培训评估 ················ 447

12.6　新员工培训E化体系 ···················· 449
12.6.1　E-Learning化的适用内容 ············· 449
12.6.2　E-Learning化的几种形式 ············· 450
12.6.3　E-Learning化培训的评估 ············· 450

第13章　晋级培训体系建设 ···················· 453

13.1　晋级培训三级体系 ····················· 455
13.1.1　专员—主管级 ······················· 455
13.1.2　主管—经理级 ······················· 458

　　　　13.1.3　经理—总监级 ································ 462

　　13.2　晋级培训差距测评 ······························· 464

　　　　13.2.1　专员—主管级差距测评 ····················· 464

　　　　13.2.2　主管—经理级差距测评 ····················· 465

　　　　13.2.3　经理—总监级差距测评 ····················· 466

　　13.3　晋级培训课程体系 ······························· 466

　　　　13.3.1　课程设计考虑的因素 ······················· 466

　　　　13.3.2　各级课程的核心内容 ······················· 467

　　13.4　晋级培训运营体系 ······························· 470

　　　　13.4.1　晋级培训管理制度 ························· 470

　　　　13.4.2　晋级培训运营方式 ························· 475

　　　　13.4.3　晋级培训评价方式 ························· 476

第14章　基于胜任能力的培训体系建设 ············· 479

　　14.1　胜任素质模型 ································· 481

　　　　14.1.1　胜任素质模型包括的内容 ··················· 481

　　　　14.1.2　胜任素质模型开发的方法 ··················· 491

　　　　14.1.3　胜任素质模型应用的范围 ··················· 492

　　　　14.1.4　胜任素质模型构建的案例 ··················· 492

　　14.2　胜任素质模型与培训体系设计 ··················· 497

　　　　14.2.1　基于胜任素质的培训流程 ··················· 497

　　　　14.2.2　基于胜任素质的培训需求 ··················· 498

　　　　14.2.3　基于胜任素质的课程开发 ··················· 501

　　14.3　基于胜任素质的培训模型和案例 ················· 502

　　　　14.3.1　基于胜任素质的培训体系建设模型 ············· 502

　　　　14.3.2　基于胜任素质的培训体系建设案例 ············· 503

第15章　基于岗位的培训体系建设 ··············· 505

　　15.1　技术岗位培训体系建设 ························· 507

　　　　15.1.1　技术岗位人员培训的特点 ··················· 507

　　　　15.1.2　技术岗位人员培训的方式 ··················· 508

　　　　15.1.3　技术人员的培训体系设计 ··················· 508

　　15.2　生产岗位培训体系建设 ························· 514

　　　　15.2.1　生产岗位人员培训的特点 ··················· 514

15.2.2　生产岗位人员培训的方式 ……………………………………… 514

15.2.3　生产一线人员培训体系设计 …………………………………… 515

15.3　财务岗位培训体系建设 ………………………………………………… 523

15.3.1　财务人员培训的特点 ……………………………………………… 523

15.3.2　财务人员培训的方式 ……………………………………………… 524

15.3.3　财务人员培训体系设计 …………………………………………… 525

15.4　管理岗位培训体系建设 ………………………………………………… 529

15.4.1　管理岗位培训的特点 ……………………………………………… 529

15.4.2　管理岗位培训的方式 ……………………………………………… 530

15.4.3　管理人员的培训体系设计 ………………………………………… 534

第16章　基于职业生涯规划的培训体系建设 …………… 545

16.1　职业生涯规划 …………………………………………………………… 547

16.1.1　职业生涯规划的内容 ……………………………………………… 547

16.1.2　职业生涯规划的流程 ……………………………………………… 548

16.1.3　职业生涯规划的工作设计 ………………………………………… 550

16.2　职业生涯规划与培训体系建设 ………………………………………… 556

16.2.1　基于职业生涯的新员工培训体系 ………………………………… 556

16.2.2　基于职业生涯的在职员工培训体系 ……………………………… 558

第17章　基于核心和特殊人才的培训体系建设 ………… 561

17.1　基于核心人才的培训体系建设 ………………………………………… 563

17.1.1　核心人才具备的素质 ……………………………………………… 563

17.1.2　核心人才的素质测评 ……………………………………………… 563

17.1.3　核心人才培养体系设计 …………………………………………… 565

17.1.4　核心人才培养课程开发 …………………………………………… 571

17.1.5　核心人才培训效果评估 …………………………………………… 572

17.2　基于特殊人才的培训体系建设 ………………………………………… 574

17.2.1　特殊岗位的特殊人才 ……………………………………………… 574

17.2.2　特殊人才培训的方式 ……………………………………………… 574

17.2.3　特殊人才培训体系建设 …………………………………………… 575

第18章 国际化人才的培训体系建设 ……………………… 577

18.1 国际化人才 ……………………………………………… 579
18.1.1 国际化人才具备的素质 ……………………………… 579
18.1.2 国际化人才的培养方式 ……………………………… 579
18.1.3 国际化人才的培养计划 ……………………………… 580
18.1.4 国际化人才培养体系设计 …………………………… 584

18.2 不同行业的国际化人才培养模式构建 …………………… 587
18.2.1 酒店业国际化人才培养模式设计 …………………… 587
18.2.2 航空业国际化人才培养模式设计 …………………… 588
18.2.3 电子业国际化人才培养模式设计 …………………… 589
18.2.4 金融业国际化人才培养模式设计 …………………… 590

第19章 著名企业培训体系建设及案例 ……………………… 595

19.1 美国通用电气公司培训体系 ……………………………… 597
19.1.1 培训体系的特点 ……………………………………… 597
19.1.2 培训体系建设案例 …………………………………… 597

19.2 摩托罗拉公司培训体系 …………………………………… 600
19.2.1 培训体系的特点 ……………………………………… 600
19.2.2 培训体系建设案例 …………………………………… 601

19.3 西门子公司培训体系 ……………………………………… 605
19.3.1 培训体系的特点 ……………………………………… 605
19.3.2 培训体系建设案例 …………………………………… 606

19.4 惠普公司培训体系 ………………………………………… 607
19.4.1 培训体系的特点 ……………………………………… 607
19.4.2 培训体系建设案例 …………………………………… 609

19.5 三星公司培训体系 ………………………………………… 611
19.5.1 培训体系的特点 ……………………………………… 611
19.5.2 培训体系建设案例 …………………………………… 611

19.6 LG公司培训体系 ………………………………………… 614
19.6.1 培训体系的特点 ……………………………………… 614
19.6.2 培训体系建设案例 …………………………………… 615

第 1 章

培训体系的构成与建设

1.1 培训体系建设的意义

1.1.1 实现组织战略目标

组织的战略目标可以分为总体战略目标和细分战略目标。其中，细分战略目标是对总体战略目标的分解，包括人力资源战略目标、营销战略目标、品牌战略目标、技术战略目标等。组织战略目标的实现最终要依靠高素质和高能力的员工来实现（如图1-1所示）。

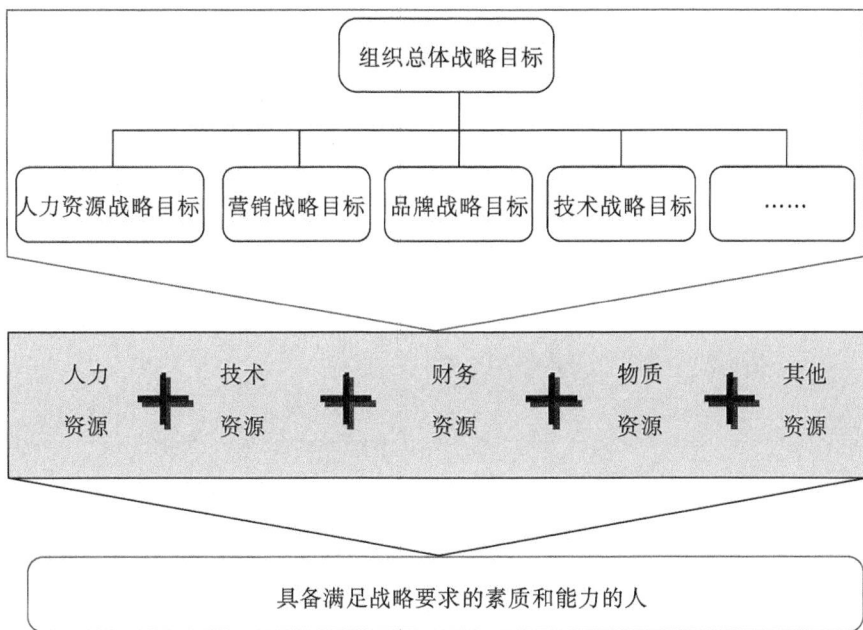

图1-1 组织战略目标与人员素质、能力的关系

基于对图1-1的分析可以看出，拥有满足战略要求的人才是实现组织战略目标的基础，而构建有效的培训体系是提升和提高员工整体素质与能力的必备方法。

1.1.2 创建员工成长环境

员工要创造高效业绩，就需要拥有创造力和积极的态度，这就需要组织创建有利于培养创造力和发挥积极性的成长环境。组织要实现对员工职业生涯的规划，帮助员工确立其成长方向和成长空间，就需要为员工提供态度、知识、技能等方面培训的支持，也需要创建有利于员工成长的环境。

构建有效培训体系能够帮助员工应对工作中的困难和挑战，掌握职业发展的技巧和方法，拥有实现职业发展的眼光和头脑。

创建有效的员工成长环境应当满足如图1-2所示的四个条件。

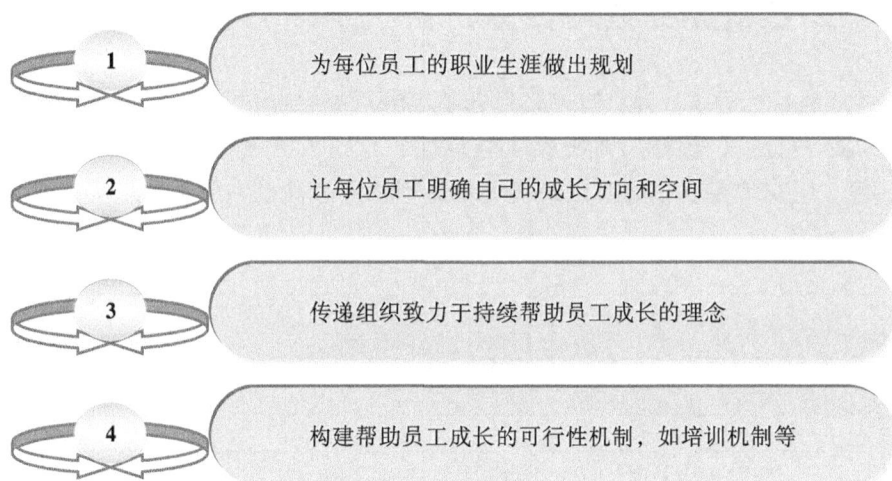

1	为每位员工的职业生涯做出规划
2	让每位员工明确自己的成长方向和空间
3	传递组织致力于持续帮助员工成长的理念
4	构建帮助员工成长的可行性机制，如培训机制等

图1-2　创建有效的员工成长环境

1.1.3　实现组织人才战略

组织要实现自身的战略目标，就需要培训组织发展所需要的各种人才，形成自身的人才战略。有效的培训体系建设能够帮助组织实现在专业人才、管理人才等方面的人才发展战略，不同层次、不同水平的课程设计能够帮助组织实现各类人才的快速增长。

实现组织人才战略不可能一蹴而就，而培训体系的良性运作则能够确保组织人才的持续培养，进而最终实现组织的人才战略。

1.1.4　提升组织竞争能力

完善的培训体系能够确保组织的所有员工都可以在各自的岗位上接受相应的培训，从提高人员工作能力的角度提高工作效率、工作质量，实现持续创新，进而提升组织的竞争能力。培训同提升组织竞争能力的关系如图1-3所示。

提高组织竞争力的根本在于提高员工素质。知识是构成员工综合素质的重要部分，具有较强竞争力的组织应善于通过培训将员工的隐性知识迅速转化为组织的共享知识。

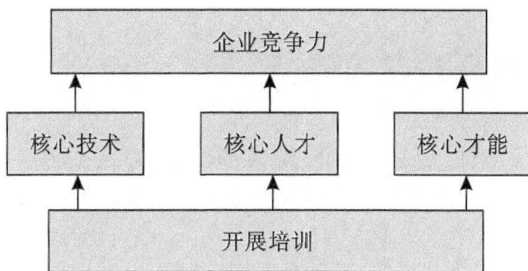

图 1-3 培训同提升组织竞争能力的关系

1.2 培训体系的构成和难点

1.2.1 培训体系的内容构成

组织要构建有效的培训体系,首先要清楚培训体系的构成内容,即清楚"要干哪些事"。组织构建的培训包括 10 项内容(如图 1-4 所示)。

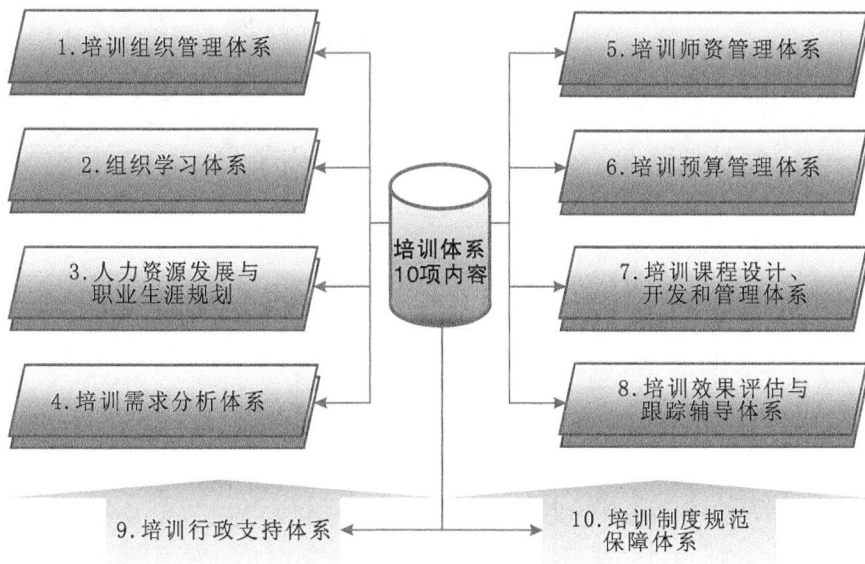

图 1-4 培训体系的 10 项内容构成

培训体系的建设要与组织的经营管理过程相融合,如果不能将培训体系建设融合到组织的经营管理过程中,就会导致组织培训效果大打折扣,甚至会起到反作用。

1.2.2　培训体系的建设难点

如今，越来越多的组织已经认识到构建培训体系的重要性，然而在实践的过程中，培训体系的构建效果往往不尽如人意。其原因就在于存在以下八项建设难点（如图 1-5 所示）。

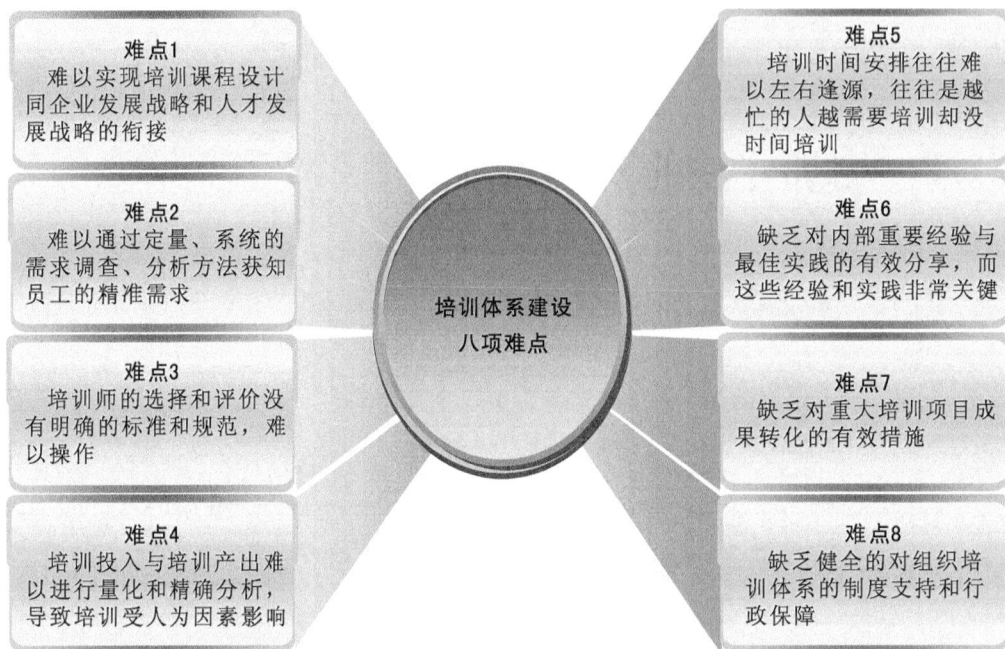

难点1
难以实现培训课程设计同企业发展战略和人才发展战略的衔接

难点2
难以通过定量、系统的需求调查、分析方法获知员工的精准需求

难点3
培训师的选择和评价没有明确的标准和规范，难以操作

难点4
培训投入与培训产出难以进行量化和精确分析，导致培训受人为因素影响

培训体系建设
八项难点

难点5
培训时间安排往往难以左右逢源，往往是越忙的人越需要培训却没时间培训

难点6
缺乏对内部重要经验与最佳实践的有效分享，而这些经验和实践非常关键

难点7
缺乏对重大培训项目成果转化的有效措施

难点8
缺乏健全的对组织培训体系的制度支持和行政保障

图 1-5　培训体系的八项建设难点

1.3　培训体系建设原则和收益

1.3.1　培训体系建设的原则

明确的原则能够指导培训实践活动的具体实施，能够确保培训的效果。组织在建设自身培训体系时，通常要遵循以下六项原则（如图 1-6 所示）。

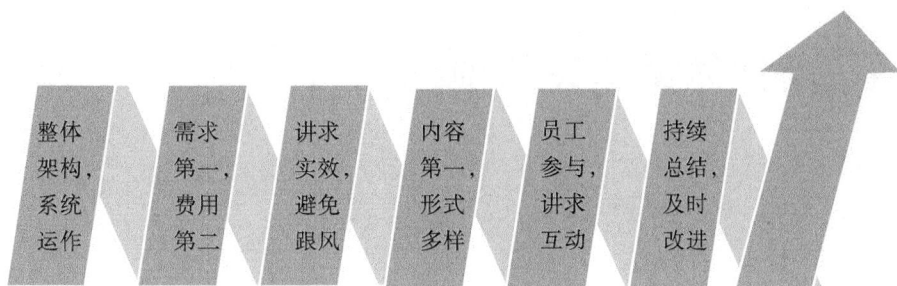

图1-6 培训体系建设需要遵循的六项原则

1.3.2 培训体系建设的收益

培训体系建设的收益涉及多个层面和主体，具体内容如图1-7所示。

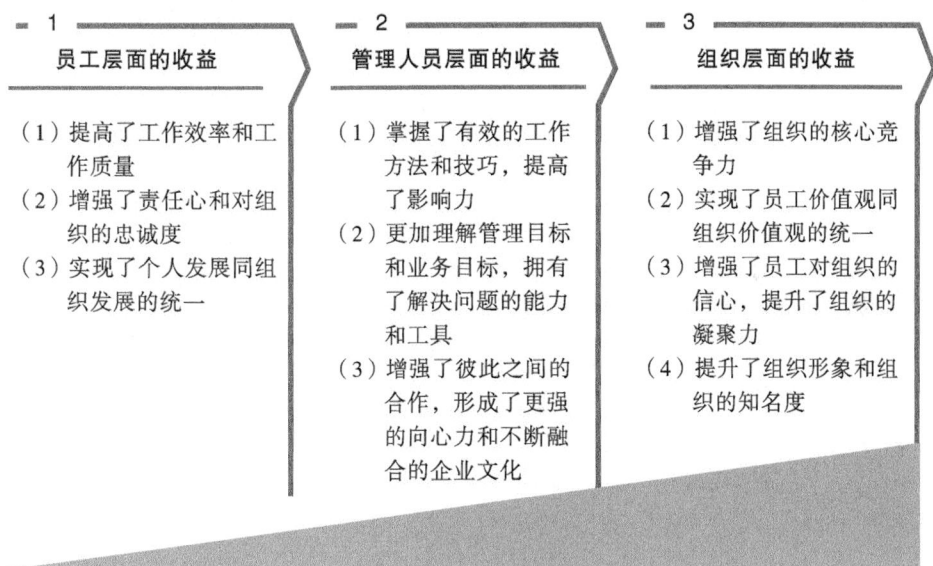

1 员工层面的收益	2 管理人员层面的收益	3 组织层面的收益
（1）提高了工作效率和工作质量 （2）增强了责任心和对组织的忠诚度 （3）实现了个人发展同组织发展的统一	（1）掌握了有效的工作方法和技巧，提高了影响力 （2）更加理解管理目标和业务目标，拥有了解决问题的能力和工具 （3）增强了彼此之间的合作，形成了更强的向心力和不断融合的企业文化	（1）增强了组织的核心竞争力 （2）实现了员工价值观同组织价值观的统一 （3）增强了员工对组织的信心，提升了组织的凝聚力 （4）提升了组织形象和组织的知名度

图1-7 培训体系建设收益

杰克·韦尔奇在其自传中直接表述了对组织培训体系建设收益无限性的认同。他在自传中谈到对某培训中心增建方案的审核情况："他在1983年6月完成了方案起草工作，其中包括申请拨款4 600万美元在克罗顿维尔修建生活居住区。……当我审完他的方案后，我把他最后一页的投资回报分析拿掉了。我在幻灯片上画了个'×'，并写了个词——'无限'。我用这个词意在强调，我们在这项投资上的回报将永远持续下去。"

1.4 培训体系建设的前提

1.4.1 建立岗位体系

岗位体系是组织实施管理的重要前提，健全的岗位体系能够帮助员工明确角色定位，明晰发展目标，实现职业发展。具体而言，构建岗位体系就是要明确以下六个因素（如图1-8所示）。

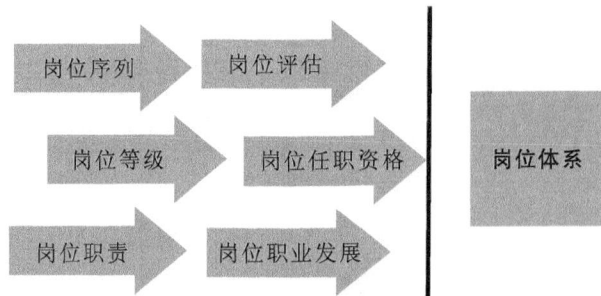

图1-8 建立岗位体系要明确的六个因素

对图1-8中所示的岗位体系的说明如表1-1所示。

表1-1 岗位体系六种构成因素说明

要素名称	要素说明
岗位序列	根据员工所从事工作内容的不同，对职责相近、知识技能要求类似的岗位进行归类组合，即称为岗位序列，组织常见的岗位系列包括管理类、职能类、技术类、营销类、操作类等
岗位等级	岗位等级是岗位之间相对价值的体现，岗位等级的确定与岗位任职员工的资历与能力无关，大规模的组织通常划分为20多个等级，涵盖从最高管理者到基层人员的所有岗位
岗位职责	基于岗位的职务与责任的统一，由权利和责任两部分构成
岗位评估	对岗位所体现出来的价值进行评价的标准、指标、方法等
岗位任职资格	对胜任该岗位所需要的资历、经验、知识等要求的细化描述
岗位职业发展	对该岗位未来的职业发展方向和职业发展通道的描述

组织常见的岗位体系构成如表 1-2 所示。

表 1-2　组织常见岗位体系构成

岗位序列	岗位等级	岗位名称
管理类	23～25 级	总经理
	20～22 级	人力资源总监、行政总监
	20～23 级	财务总监、生产总监、营销总监、技术总监
营销类	17～21	销售经理、客服经理
	13～19	销售主管、呼叫中心主管
	7～14	销售专员、市场调研专员
技术类	17～21	技术经理、研发经理
	13～19	技术主管、研发主管
	7～14	技术专员、研发专员
财务类	17～21	财务经理
	13～19	会计主管、财务主管
	7～14	会计、出纳
职能类	17～21	人力资源经理、行政经理、办公室主任
	13～19	招聘主管、薪酬主管、行政主管
	7～14	招聘专员、绩效专员、秘书
操作类	6～15	高级工
	3～7	中级工
	1～3	初级工

1.4.2　建立胜任素质模型

胜任素质（Competency）又称能力素质，在组织管理中是指驱动员工取得卓越绩效的一系列综合素质，是员工通过不同方式表现出来的知识、技能/能力、职业素养、自我认知、特质等素质的集合。

1. 胜任素质模型建立流程

构建胜任素质模型的流程如图1-9所示。

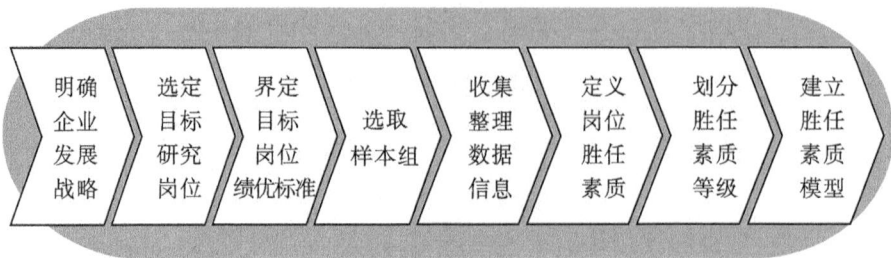

图1-9　胜任素质模型建立流程

（1）明确组织发展战略目标

组织的发展战略目标是建立胜任素质模型总的指导方针，分析影响战略目标实现的关键因素，研究组织面临的竞争和挑战，据此提炼出组织要求员工具有的胜任素质，从而构建符合组织文化及环境的胜任素质模型。

（2）选定所要研究的目标岗位

组织战略计划的实施往往与组织中的关键岗位密切相关。在建立胜任素质模型时应首先选择那些对组织战略目标的实现发挥关键作用的核心岗位作为目标岗位。分析目标岗位所要求员工应具备的胜任力特征，从而构建符合岗位特征的胜任素质模型。

（3）界定目标岗位绩优标准

完善的绩效考核体系是界定绩优标准的基础。通过对目标岗位的各项构成要素进行全面绩效评估，区分员工在目标岗位绩效优秀、绩效一般和绩效较差的行为表现，再将界定好的绩优标准分解细化到各个具体的任务要项，从而识别任职者产生优秀绩效的行为特征。

（4）选取样本组

根据目标岗位的胜任特征要求，在从事该岗位工作的员工中随机抽取绩效优秀员工（3~6名）和绩效一般员工（2~4名）作为样本组。

（5）收集整理数据信息

收集整理数据信息是构建胜任素质模型的核心工作，一般通过行为事件访谈法、专家数据库、问卷调查法、个人访谈法、小组座谈法等方法来获取样本组有关胜任特征的数据资料，并将获得的信息与资料进行归类和整理。

（6）定义岗位胜任素质

根据归纳整理的目标岗位数据资料，重点对实际工作中员工关键行为、特征，对思想和感受有显著影响的行为过程或片断进行分析，发掘绩优员工与绩效一般员工在处理类似事件时的反应及行为表现之间的差异，识别导致关键行为及其结果并具有显著区分性的能力素质，并对识别到的胜任素质做出规范定义。

（7）划分胜任素质等级

定义了目标岗位胜任素质的所有项目后，应对各个素质项目进行等级划分，并对不同的素质等级做出行为描述，初步建立胜任素质模型。

（8）建立胜任素质模型

结合组织发展战略、经营环境及目标岗位在组织中的地位，将初步建立的胜任素质模型与组织、岗位、员工三者进行匹配和平衡，构建并不断完善胜任素质模型。

2. 高层通用岗位胜任素质模型实例

本实例将胜任素质划分为职业素养、知识和技能/能力，通用的 20 类岗位的胜任组织模型如下所示。

（1）高层通用岗位胜任素质模型实例

①总经理的胜任素质模型（如图 1-10 所示）

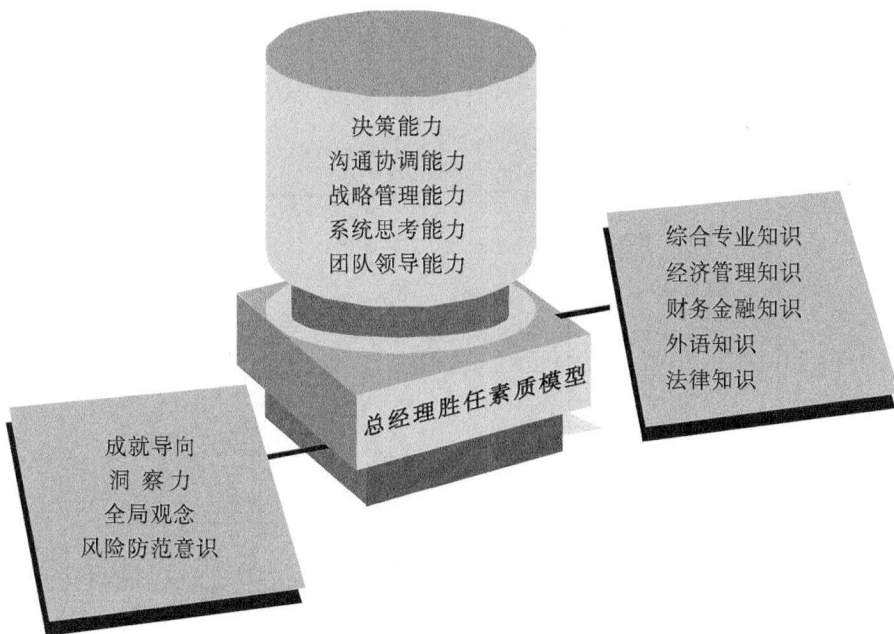

决策能力
沟通协调能力
战略管理能力
系统思考能力
团队领导能力

综合专业知识
经济管理知识
财务金融知识
外语知识
法律知识

总经理胜任素质模型

成就导向
洞察力
全局观念
风险防范意识

图 1-10　总经理胜任素质模型

②生产总监的胜任素质模型（如图 1-11 所示）

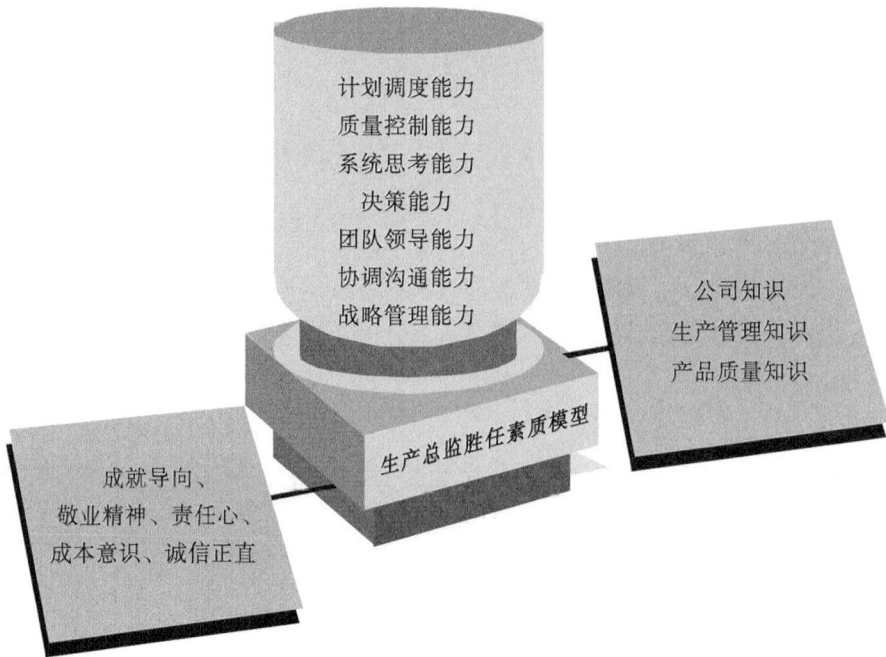

图 1-11　生产总监胜任素质模型

③行政总监的胜任素质模型（如图 1-12 所示）

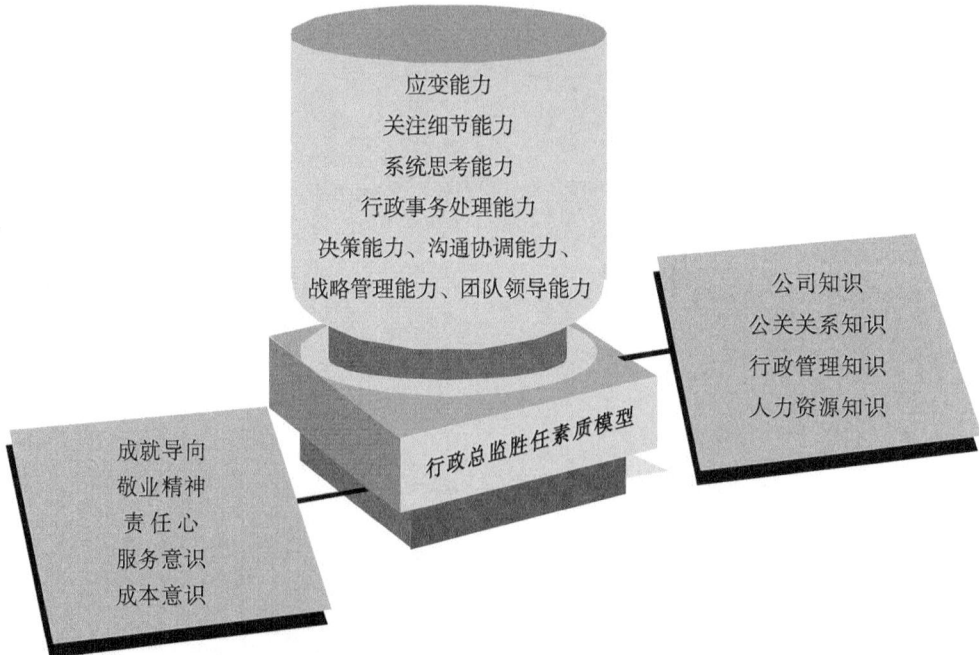

图 1-12　行政总监胜任素质模型

④人力资源总监的胜任素质模型（如图1-13所示）

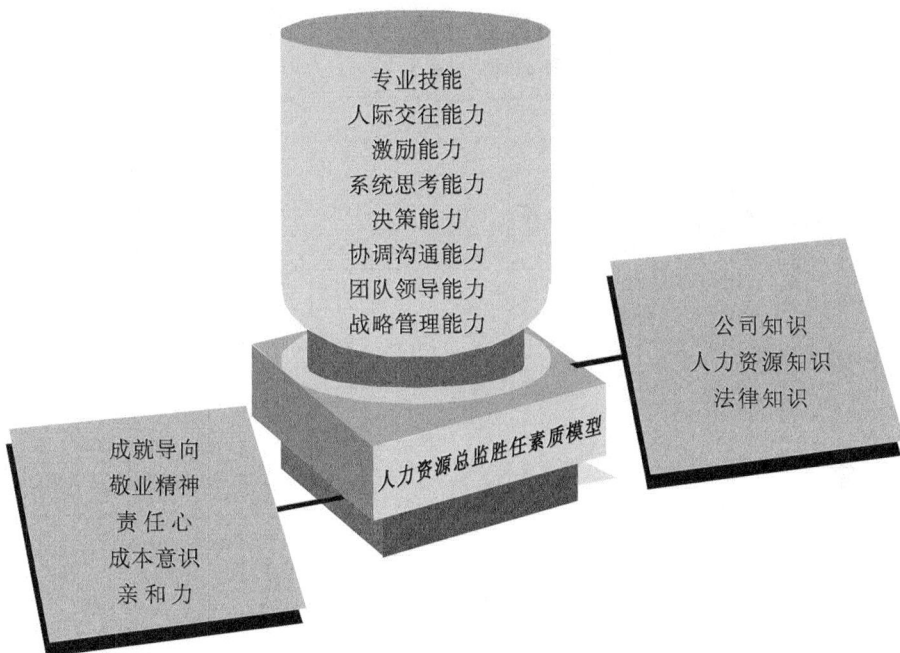

图1-13 人力资源总监胜任素质模型

（2）中层通用岗位胜任素质模型实例

①采购经理的胜任素质模型（如图1-14所示）

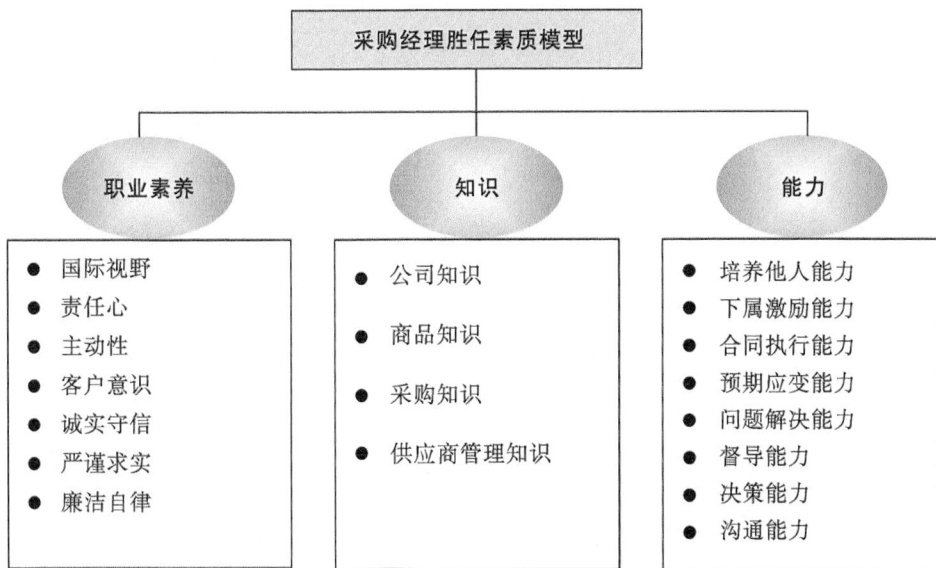

图1-14 采购经理胜任素质模型

②销售经理的胜任素质模型（如图 1-15 所示）

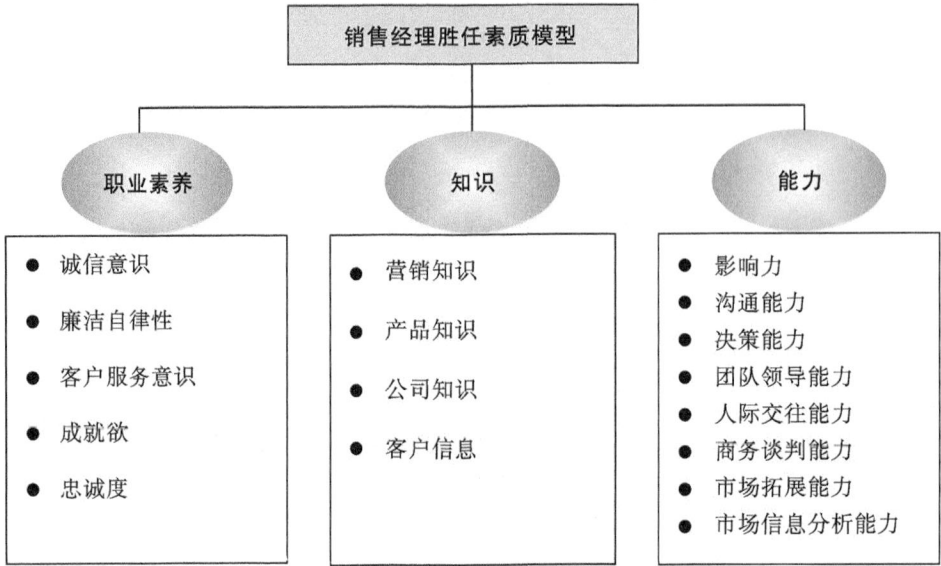

图 1-15　销售经理胜任素质模型

③客服经理的胜任素质模型（如图 1-16 所示）

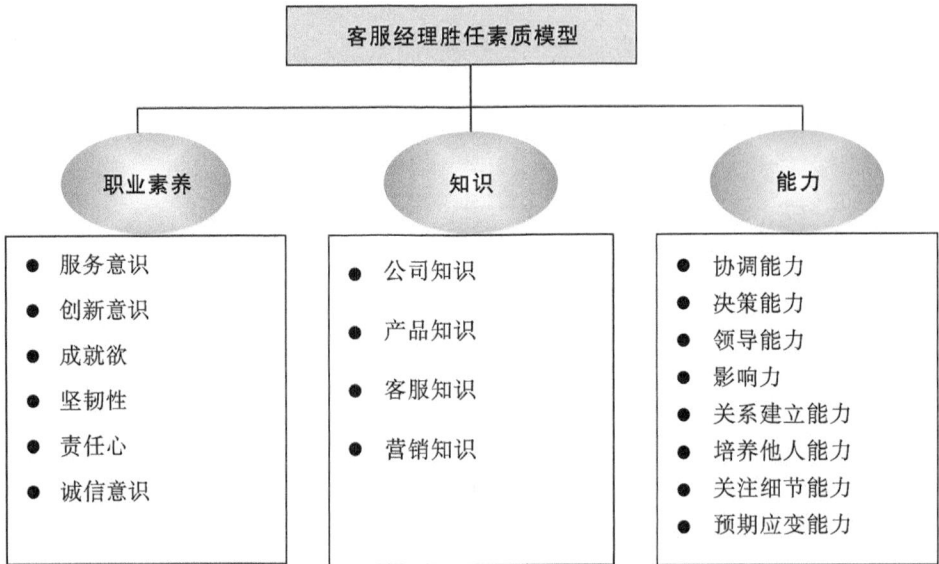

图 1-16　客服经理胜任素质模型

④研发经理的胜任素质模型（如图1-17所示）

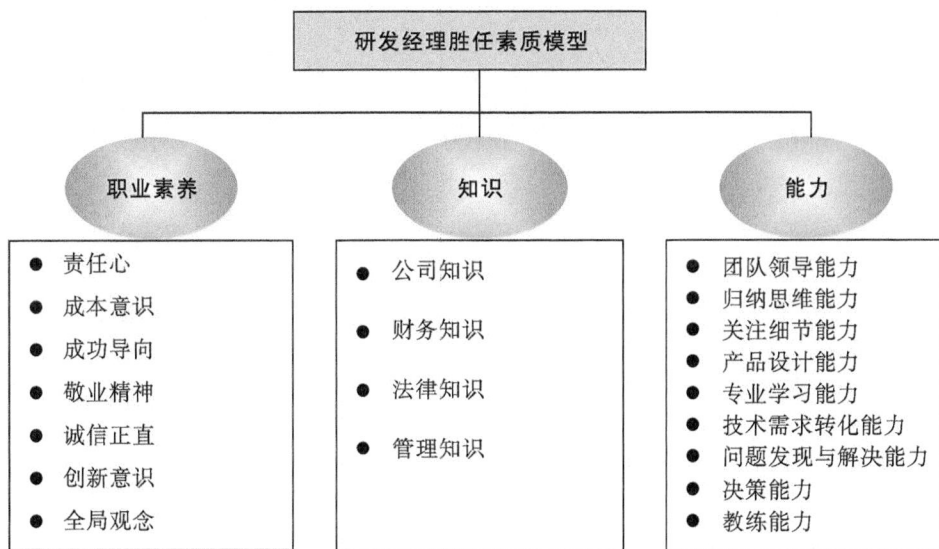

图1-17 研发经理胜任素质模型

⑤质量经理的胜任素质模型（如图1-18所示）

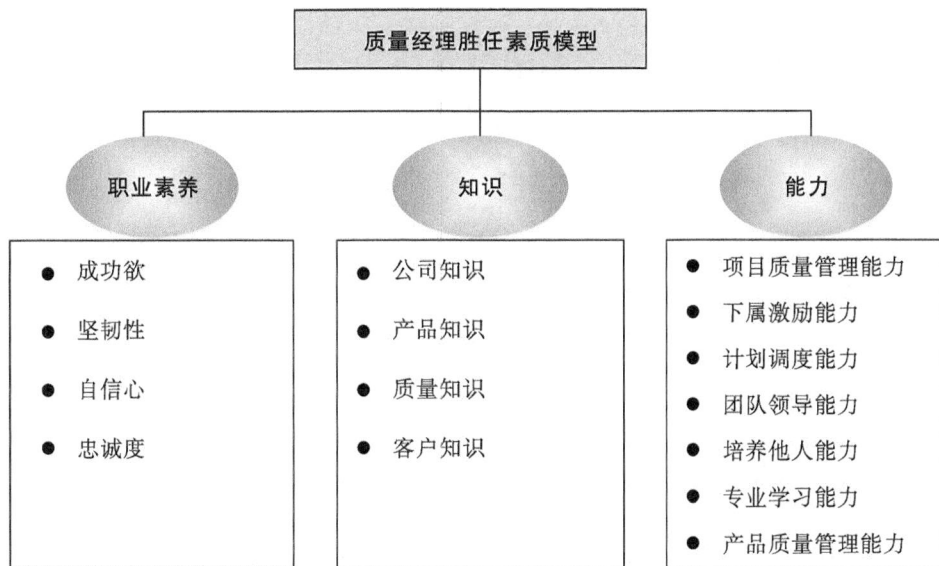

图1-18 质量经理胜任素质模型

⑥行政主管的胜任素质模型（如图1-19所示）

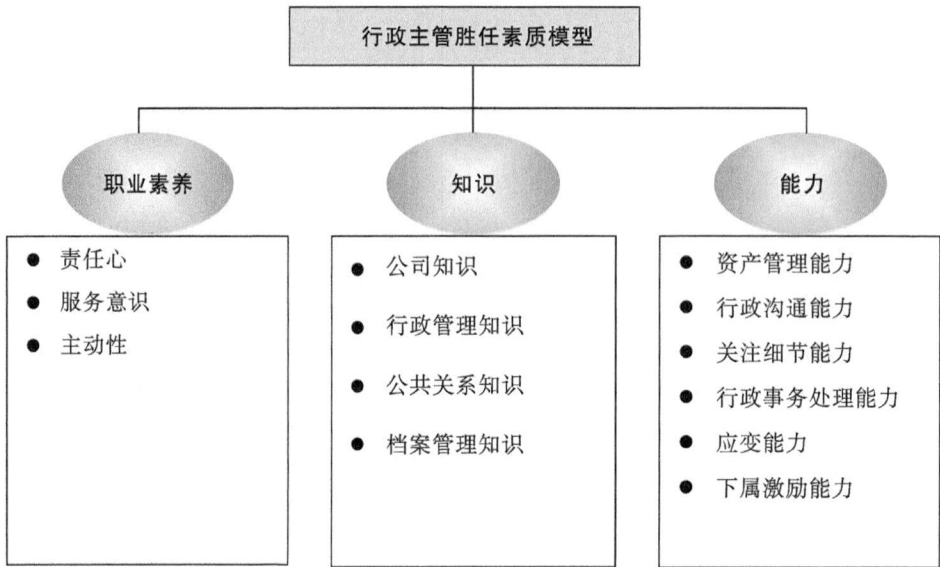

图1-19　行政主管胜任素质模型

⑦财务主管的胜任素质模型（如图1-20所示）

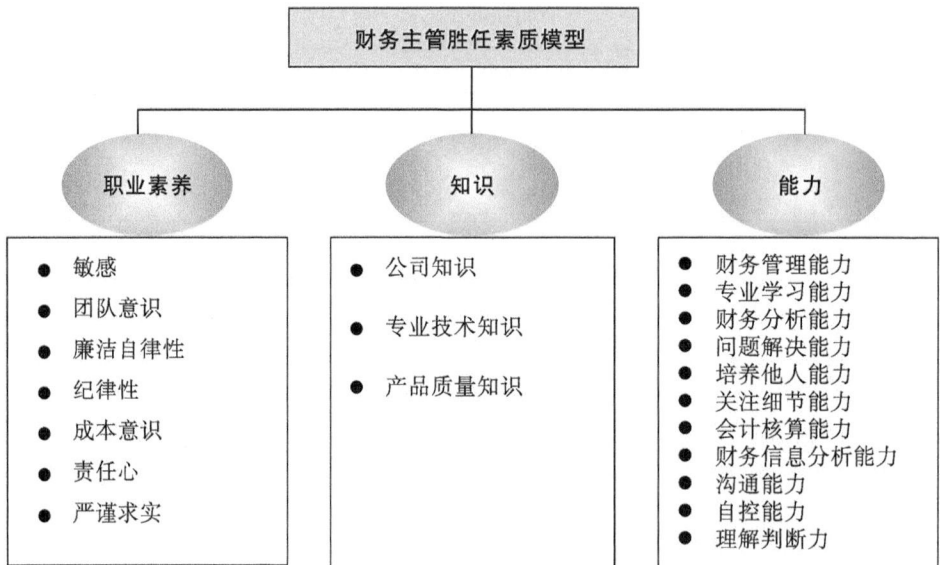

图1-20　财务主管胜任素质模型

⑧市场调研主管的胜任素质模型（如图1-21所示）

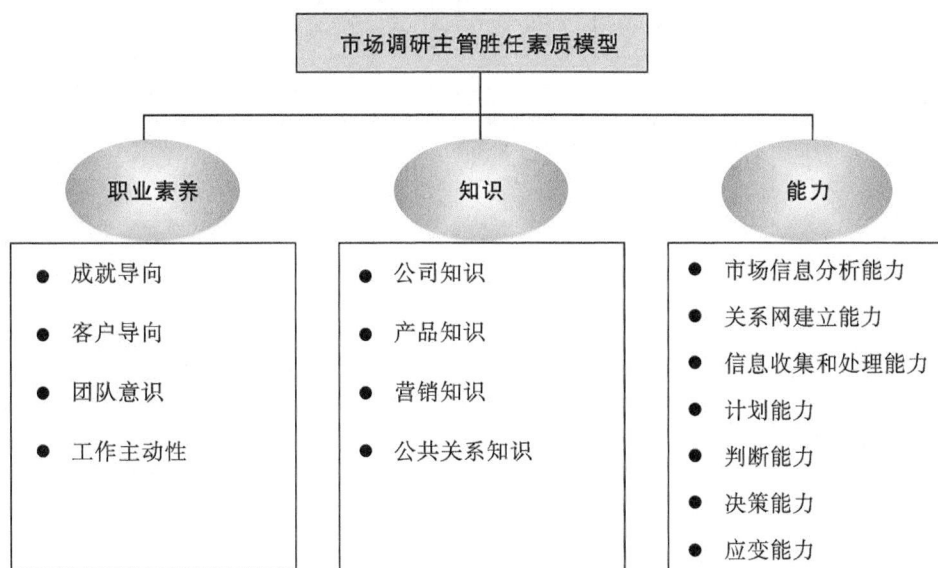

图1-21 市场调研主管胜任素质模型

⑨薪酬主管的胜任素质模型（如图1-22所示）

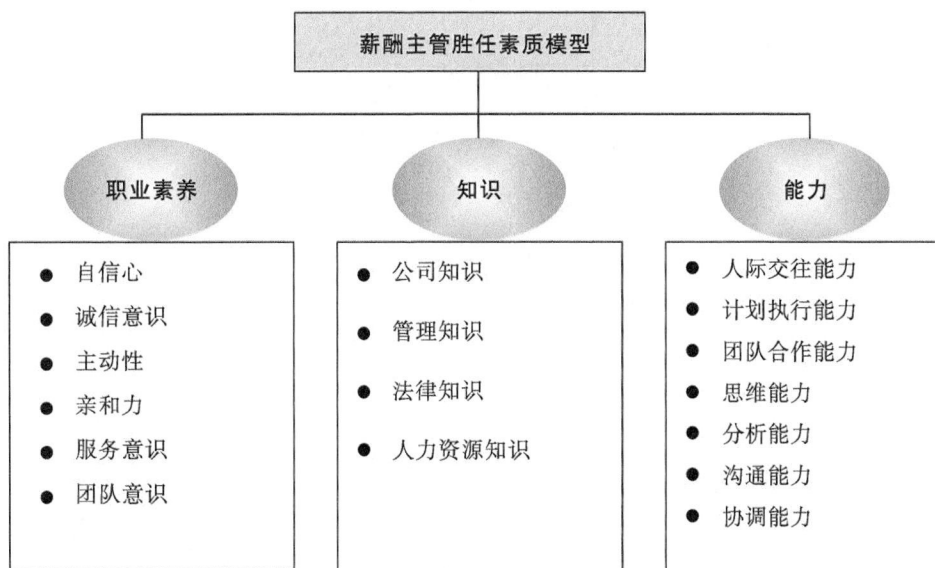

图1-22 薪酬主管胜任素质模型

⑩生产班组长的胜任素质模型（如图1-23所示）

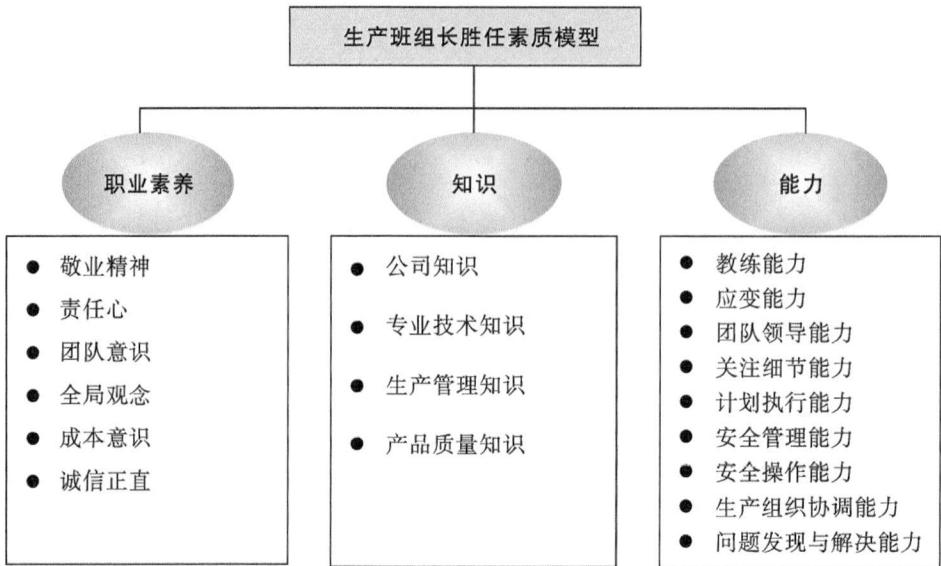

图1-23　生产班组长胜任素质模型

（3）基层通用岗位胜任素质模型实例

①行政秘书的胜任素质模型（如图1-24所示）

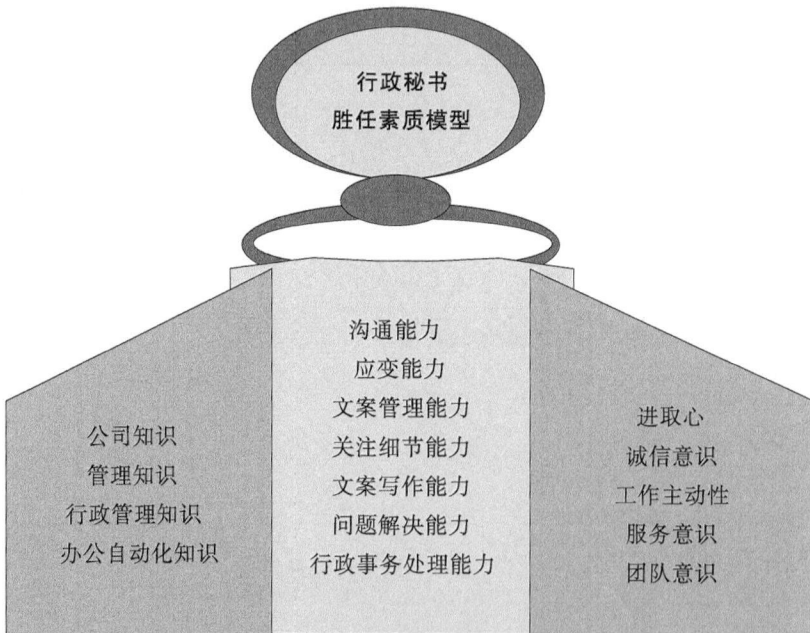

图1-24　行政秘书胜任素质模型

②质检专员的胜任素质模型（如图1-25所示）

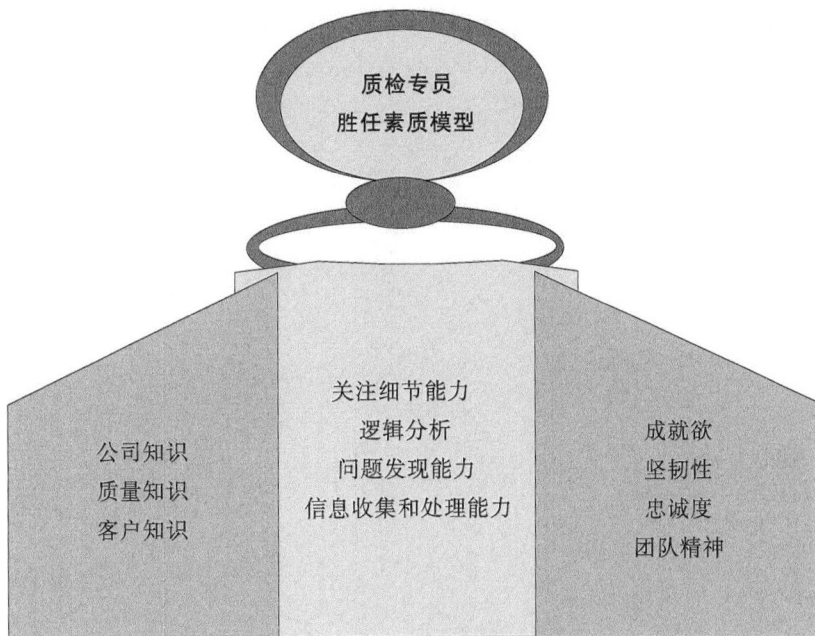

图 1-25　质检专员胜任素质模型

③生产计划专员的胜任素质模型（如图1-26所示）

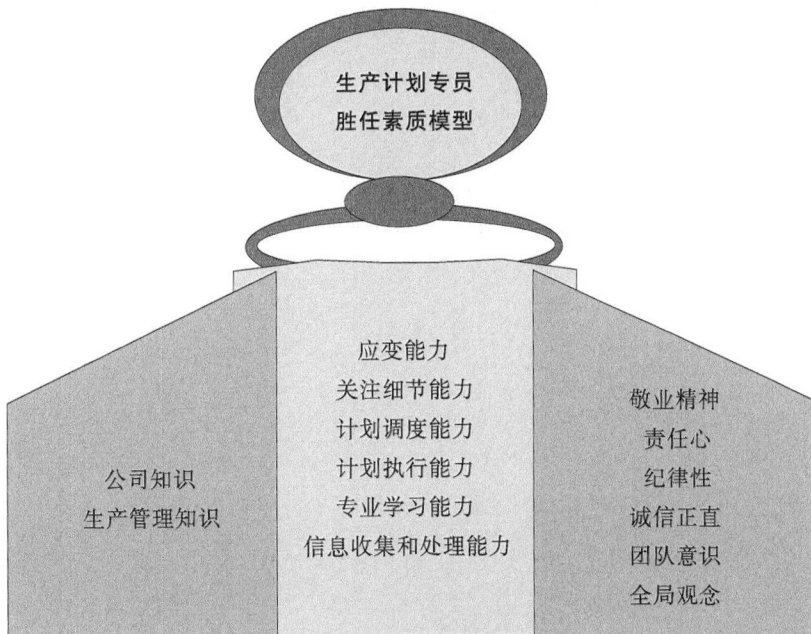

图 1-26　生产计划专员胜任素质模型

④渠道专员的胜任素质模型（如图 1-27 所示）

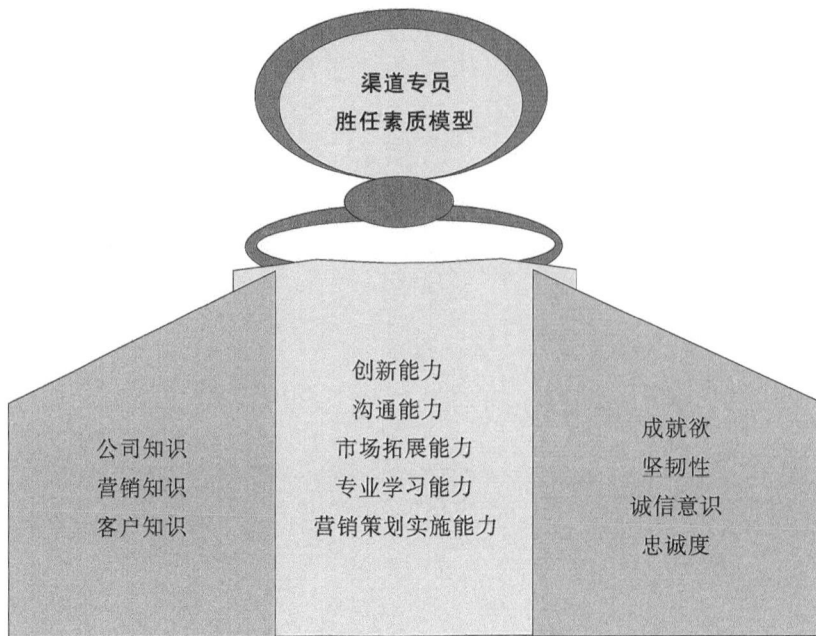

图 1-27　渠道专员胜任素质模型

⑤出纳的胜任素质模型（如图 1-28 所示）

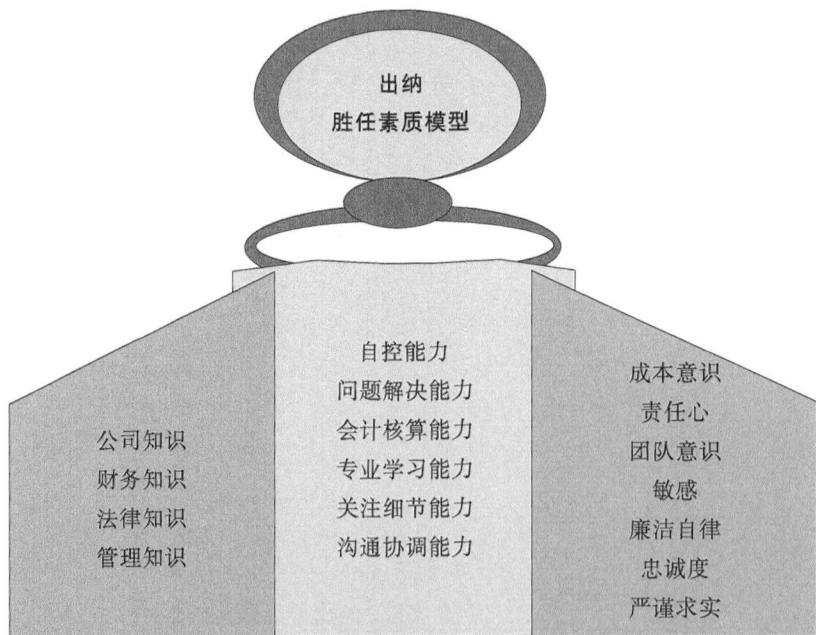

图 1-28　出纳胜任素质模型

⑥售后服务专员的胜任素质模型（如图 1-29 所示）

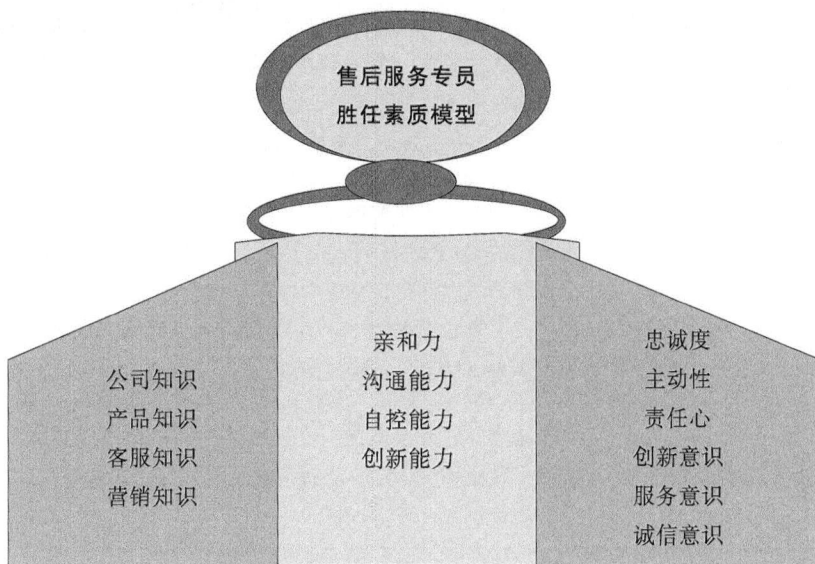

图 1-29 售后服务专员胜任素质模型

1.4.3 进行岗位—能力分析

在构建了岗位的胜任素质模型后，组织需要针对每位在岗人员，对其能力进行测定，以发现岗位应有能力同在岗人员实际能力之间的差距。组织可以使用如表 1-3 所示的通用测评工具对在岗人员进行能力分析。

表 1-3 岗位—能力分析常用测评工具

测评范围	测评工具	测评工具说明
智力测评	韦克斯勒成人智力量表（WAIS-R）	由 11 个分测验组成，其中，常识、背诵数字、词汇、算术、理解、类同 6 个分测试构成言语分量表；填图、图画排列、积木图案、拼图、数字符号 5 个分测试构成操作分量表
人格测评	卡特尔 16 种性格因素测评量表（16PF）	16PF 测评量表是有关性格的自测量表之一，主要用于教育及教育辅导，心理障碍、身体疾病的预防、诊断、治疗，以及用于人才的选拔和培养
	艾森克人格测试问卷（EPQ）	该问卷由英国的艾森克（H. J. Eysenck）夫妇编制，采用是非题的形式进行测评，主要用于测量人们在内外倾向、神经质（情绪性）、心理变态倾向这三个方面的表现程度

（续表）

测评范围	测评工具	测评工具说明
职业兴趣测评	霍兰德职业兴趣与价值观测评量表	该量表主要由"您心目中的理想职业（或专业），您感兴趣的活动，您擅长或胜任的活动，您所喜欢的职业，您的能力类型和自我简评，您的职业兴趣类型和职业倾向，您的职业价值观"7部分组成
一般能力测评	一般能力倾向成套测试（General Aptitude Tests Battery，简称"GATB"）	由美国劳工部就业保险局设计而成的综合性职业倾向测试。本套测试包括15个分测试，其中11种是笔试，另外4种是操作测试。全套测试可以测量9种能力倾向，包括智力能力、言语能力、数理能力、书写知觉能力、空间判断能力、形状知觉能力、运动协调能力、手指灵活度、手腕灵活度
	面试法	在特定的时间、地点，通过测评人员与被测人员面对面的观察、交谈，收集相关信息，从而了解被测人员的素质状况、能力特征以及求职动机的一种测评技术
	无领导小组讨论	是一种情境模拟测试方法，由一组无具体负责人的被测人员在一定时间（1小时左右）内，围绕给定的问题或在既定的背景之下展开讨论，并得出小组意见，以此来评价被测人员各方面的能力、个性特点和风格
特殊能力测评	明尼苏达文书能力测试	该测试主要用于选拔和测评办公室人员、检验员和其他要求知觉能力的专业人员。测试分两部分，即数字比较和姓名比较，要求测试对象检查200对数字和200对姓名的匹配正误。测试结果以正确题目数减去错误题目数计分
	公文筐测试	又称为公文处理练习，属于情境模拟测评方法，要求被测人员在一定时限内处理与管理岗位相关的报告、信函、备忘录、请示等文件（涉及人事、资金、财务、工作程序等内容），用来测评其实际工作能力和管理潜力
	吉尔福特创造力测试	吉尔福特运用词语流畅性、思想流畅性、联想流畅性、表达流畅性、多项用途、相似解释、情节标题、结果、可能工作、绘图、火柴问题、装饰、加工物体共13个分测试来测量30种创造力因素
	威廉斯创造力倾向测评量表	威廉斯继承并发展了吉尔福特的三维智力理论，创立了测评量表，共50题，包括冒险性、好奇性、想象力、挑战性4项内容

此外，组织也可以根据自身的情况，通过设置开放式问题、封闭式问题以及通过其他形式对岗位任职能力进行测定。

1.4.4 进行能力—课程匹配

以岗位为基础对各岗位所需能力进行测评并予以确认后，就需要根据这些能力的具备程度，设置各岗位的培训课程。能力—课程的匹配方法如图1-30所示。

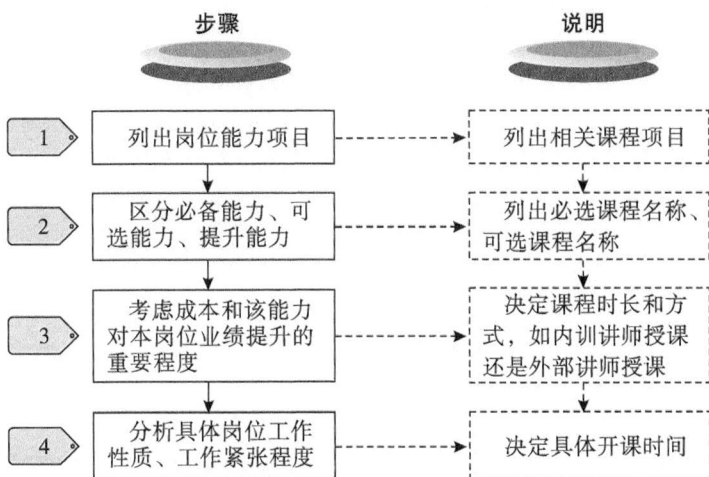

图1-30 能力—课程匹配方法

图1-31是××公司基于基层管理人员能力分析的课程设置示例。

能力—课程匹配示例

××公司根据对2009年基层管理人员绩效的分析，借助头脑风暴法分析了基层管理人员在开展工作实践中普遍需要提升的能力，并据此设置了该公司基层管理人员2010年的专项培训项目。具体如下表所示。

××公司基层管理人员专项培训设置

能力	课程	授课方式	授课师资
综合管理能力不足	如何成为优秀的基层管理者	结合案例分析、情境模拟、分组讨论等形式，确保受训的基层管理人员积极参与	内部高层管理者授课
书面写作能力欠缺	有效提高写作能力		内部行政部主管授课
时间管理能力不强	时间管理的七种有效方法		外部讲师授课
情绪管理能力不够	有效管理情绪		外部讲师授课

图1-31 ××公司基于基层管理人员能力分析的课程设置示例

1.5 培训体系建设的流程

1.5.1 培训需求分析流程

培训需求分析是建设培训体系的第一步，开展培训需求分析就是一个收集需求信息、汇总需求信息、分析需求信息、整合需求信息进而得出结论的过程。有效的培训需求分析需要考虑七个问题（如图 1-32 所示）。

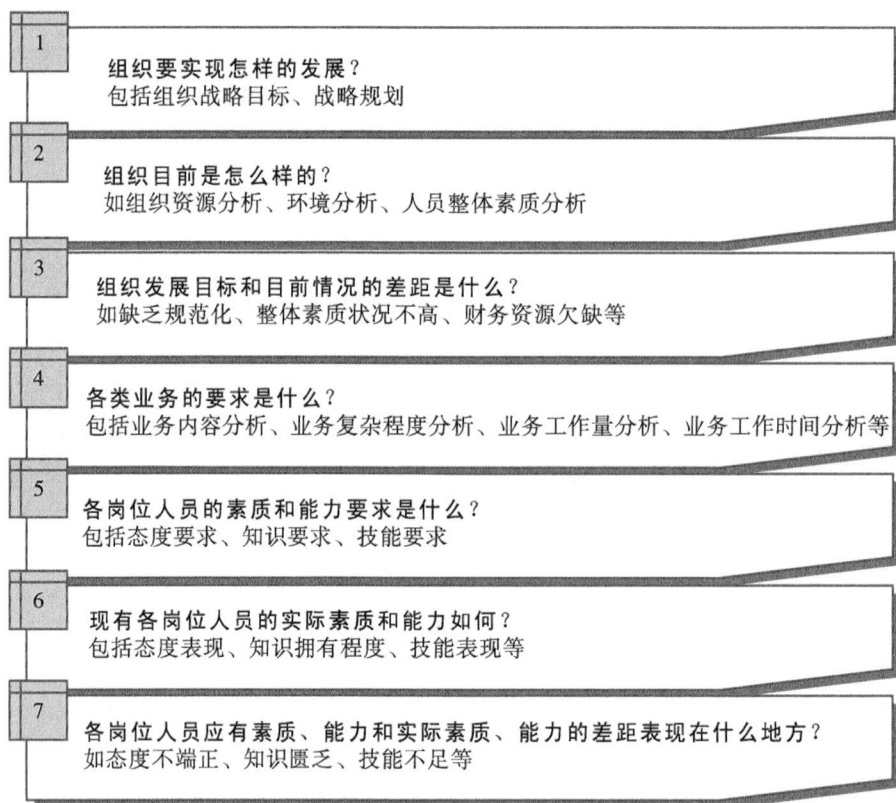

1. 组织要实现怎样的发展？
包括组织战略目标、战略规划

2. 组织目前是怎么样的？
如组织资源分析、环境分析、人员整体素质分析

3. 组织发展目标和目前情况的差距是什么？
如缺乏规范化、整体素质状况不高、财务资源欠缺等

4. 各类业务的要求是什么？
包括业务内容分析、业务复杂程度分析、业务工作量分析、业务工作时间分析等

5. 各岗位人员的素质和能力要求是什么？
包括态度要求、知识要求、技能要求

6. 现有各岗位人员的实际素质和能力如何？
包括态度表现、知识拥有程度、技能表现等

7. 各岗位人员应有素质、能力和实际素质、能力的差距表现在什么地方？
如态度不端正、知识匮乏、技能不足等

图 1-32　有效需求分析的七个问题

有效的需求分析是基于对差距的判断，这种差距可能是目前存在的，也可能是目前尚不存在但将来可能会出现的。因此，培训需求分析不仅应立足于现在，更应立足于组织发展的未来。

1.5.2 培训课程建设流程

培训课程建设的过程是一个为了达到培训目的而选择和管理培训内容的过程。培训课程建设包含的事项如图 1-33 所示。

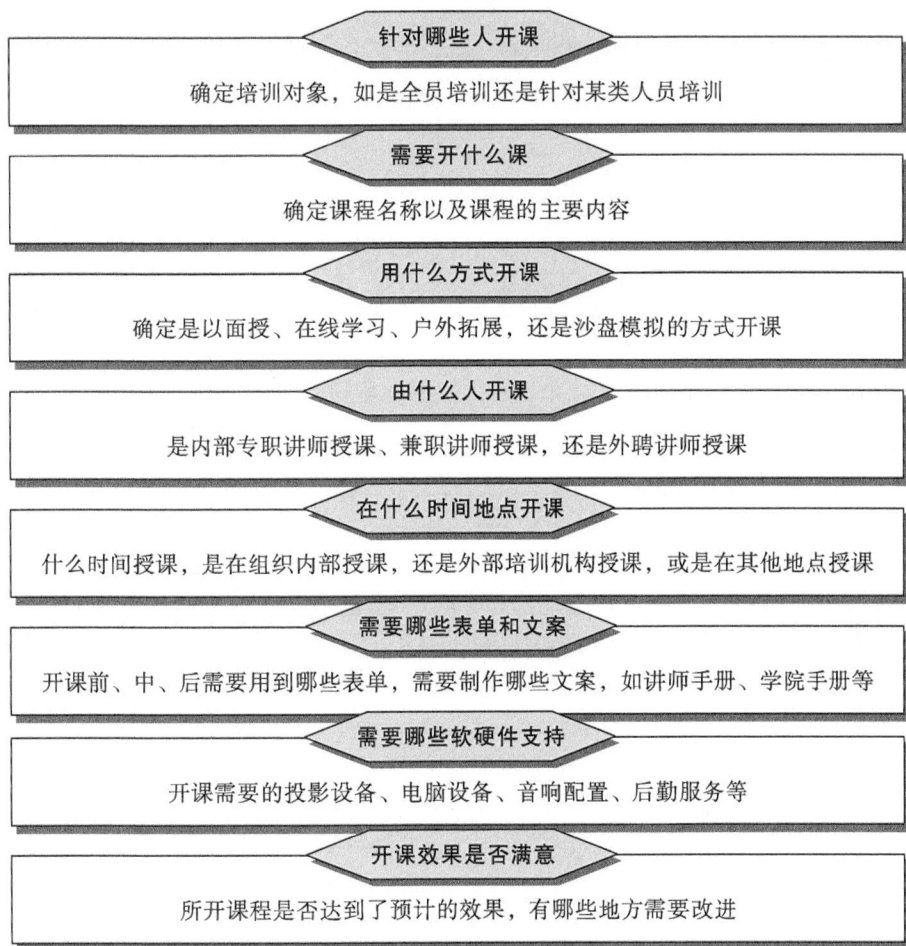

针对哪些人开课
确定培训对象，如是全员培训还是针对某类人员培训

需要开什么课
确定课程名称以及课程的主要内容

用什么方式开课
确定是以面授、在线学习、户外拓展，还是沙盘模拟的方式开课

由什么人开课
是内部专职讲师授课、兼职讲师授课，还是外聘讲师授课

在什么时间地点开课
什么时间授课，是在组织内部授课，还是外部培训机构授课，或是在其他地点授课

需要哪些表单和文案
开课前、中、后需要用到哪些表单，需要制作哪些文案，如讲师手册、学院手册等

需要哪些软硬件支持
开课需要的投影设备、电脑设备、音响配置、后勤服务等

开课效果是否满意
所开课程是否达到了预计的效果，有哪些地方需要改进

图 1-33 培训课程建设事项

1.5.3 内部讲师养成流程

组织培养内部讲师的目的在于满足本组织个性化的培训需求，追求最优的培训效果。内部讲师是组织进行培训体系建设的教学资源。有效的内部讲师养成体系包括三类主要事项（如图 1-34 所示）。

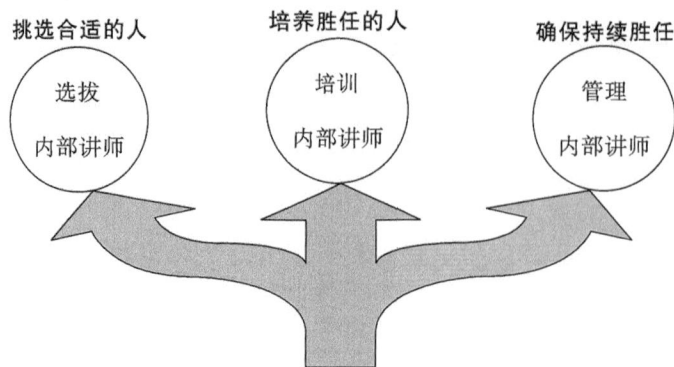

挑选合适的人　　　培养胜任的人　　　确保持续胜任

选拔
内部讲师　　　　培训
内部讲师　　　　管理
内部讲师

图 1-34　内部讲师养成要做的三类主要事项

1.5.4　培训计划制订流程

在确定"培训什么"和"谁来培训"后，就要制定指导培训活动开展的方案，即培训计划。要确保制订的培训计划的有效性和可行性，就需要考虑如图 1-35 所示的五大制订依据。

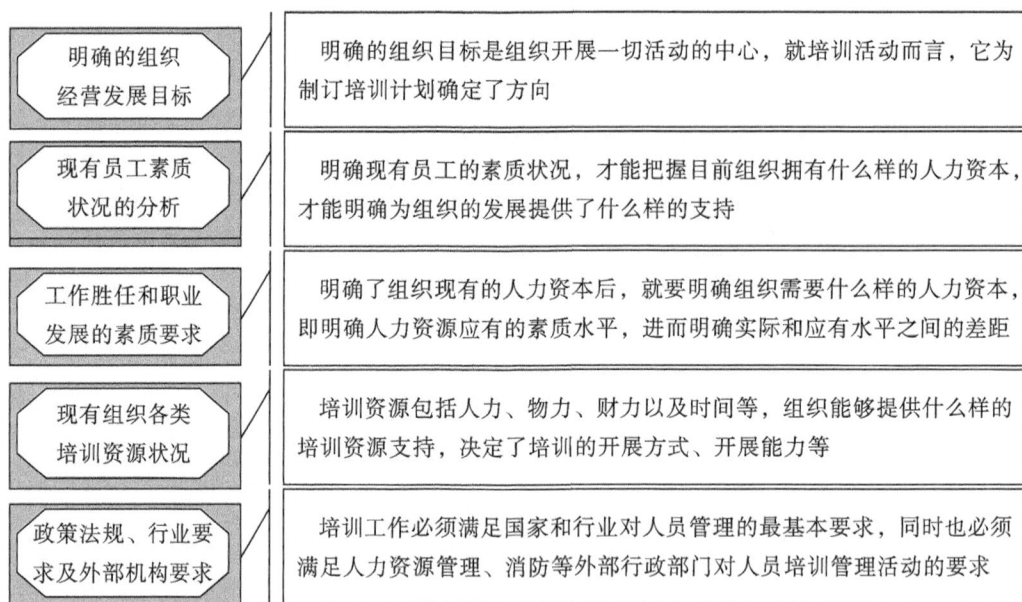

明确的组织经营发展目标	明确的组织目标是组织开展一切活动的中心，就培训活动而言，它为制订培训计划确定了方向
现有员工素质状况的分析	明确现有员工的素质状况，才能把握目前组织拥有什么样的人力资本，才能明确为组织的发展提供了什么样的支持
工作胜任和职业发展的素质要求	明确了组织现有的人力资本后，就要明确组织需要什么样的人力资本，即明确人力资源应有的素质水平，进而明确实际和应有水平之间的差距
现有组织各类培训资源状况	培训资源包括人力、物力、财力以及时间等，组织能够提供什么样的培训资源支持，决定了培训的开展方式、开展能力等
政策法规、行业要求及外部机构要求	培训工作必须满足国家和行业对人员管理的最基本要求，同时也必须满足人力资源管理、消防等外部行政部门对人员培训管理活动的要求

图 1-35　培训计划制订的五大依据

制订培训计划必须突出可操作性。可操作性就是要求明确各分阶段目标或具体分项目标培训计划的实施细节，包括年度计划、季度计划、公司级计划、部门级计划的实施过程、时间跨度、阶段划分、步骤、方式、具体要求、评估方法、费用支持等内容，这些都应当通过书面的形式明确下来，并要所有参与培训工作的人知晓并严格执行。

1.5.5 培训计划实施流程

实施培训计划需要配备硬件、软件等资源，具体包括人力资源、财务资源、物质支持资源等。而培训计划实施的有效性还依赖于良好的统筹、沟通、协调等能力。

培训计划实施的过程就是检验培训计划有效性的过程，也是对培训计划进行完善的过程。被实践所证明的不完备、不合理的培训计划必须在实施培训的过程中及时进行改进。有效的培训实施应该能够体现如图1-36所示的三个特征。

图1-36 培训计划有效实施的三个特征

1.5.6 培训评估与改进流程

培训评估是为了对培训的结果有一个系统、全面、准确的认识，以判断培训是否达到了预期目标，如果没有，则原因是什么、应当做怎样的改进。没有进行有效评估的培训是缺乏管理的培训、是不完善的培训。要实现高效的培训评估，需要做好如图1-37所示的三件事。

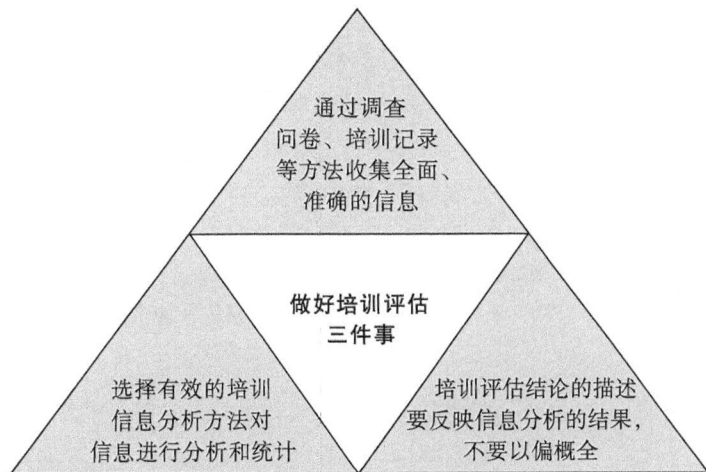

图1-37 进行高效评估需要做的三件事

1.6 培训体系建设的五大关键

1.6.1 岗位能力课程对照体系

岗位能力课程对照体系是确立培训目标的关键。根据岗位明确所需能力，根据所需能力推导出需要开设的课程，这是组织构建培训体系的关键。如果不清楚各岗位所需的能力，就无法确定需要培养哪些方面能力的课程。

依据岗位能力要求可以对岗位人员进行测评，以确定需要培养哪种关键能力，要培养这一关键能力，需要开设什么样的课程。

1.6.2 培训课程设计开发体系

培训课程设计开发体系是达成培训目标的关键。培训课程设计开发体系构建得是否有效，直接决定了培训效果的好坏。有效培训课程设计开发体系的六种表现如图1-38所示。

六种表现	1	能够及时将培训需求转化为培训课程和资源
	2	能够针对受训人员提供有针对性的全面的课程体系
	3	能够及时对不适用、不合理的课程设置作出调整
	4	能够让受训人员感到接受培训是需要而不是负担
	5	能够确保课程设计开发根植于组织发展战略和目标
	6	能够确保课程设计开发经常更新却不会反复做根本性改变

图1-38 有效培训课程设计开发体系的六种表现

1.6.3 内部培训师的养成体系

建立内部培训师养成体系、培养组织内部在培训管理中的自主师资力量，能够满足组织个性化的培训需求，实现组织内部最佳实践的共享和知识管理的推进，同时节约组织有限的培训成本。内部培训师养成体系设计如图 1-39 所示。

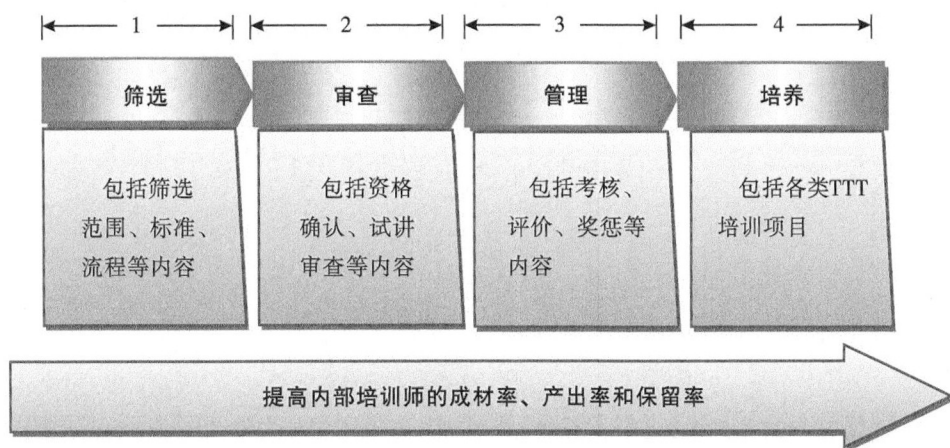

图 1-39　内部培训师养成体系设计

1.6.4　培训效果评价转化体系

培训效果评价转化体系是培训体系建设最后的关键一步，如果不对培训效果进行评价和转化，就会导致之前的培训工作前功尽弃，也就更谈不上培训对于战略目标实现、员工成长环境创建、组织人才战略实现、组织竞争能力提升的支持了。

1.6.5　培训支持与制度保障体系

培训支持与制度保障体系的作用贯穿于整个培训体系的建设过程中，它能够确保培训体系建设得到持续的、有力的支持和保障。该体系的不断完善能够为培训体系建设提供可持续的人力、物力、财力以及其他资源的支持，为培训体系的成功建设不断地提供动力。

第 2 章

2.1 培训组织体系设计

2.1.1 职能划分

1. 培训职能划分

不同部门在培训不同时期的角色和责任不同，具体的划分如图2-1所示。

	企业高层	培训组织部门	相关部门	员工个人
需求分析	共同分析与企业整体战略发展相关的培训需求	1. 组织进行企业整体培训需求分析 2. 协助各部门进行培训需求分析，汇总各部门的培训需求	1. 了解、掌握本部门员工的培训需求并进行分析整理 2. 将部门需求汇总至培训组织部门	分析个人培训需求，填写"员工培训需求表"
培训计划	决定企业的中长期和年度培训方针，批准培训计划	1. 负责制订企业的中长期培训计划及企业培训预算 2. 负责具体培训课程的设计和规划	负责制订本部门的培训计划及培训预算	清楚地知道企业和部门的培训计划
培训实施	在工作安排中预留一定的培训空间	1. 负责培训准备和实施的过程监控 2. 进行各部门专业培训的协调和指导	组织开展本部门的培训活动	1. 参与培训前评估 2. 按照需求分析结果参加相关培训
培训评估	指导培训评估并提出改进建议	对培训结果进行检查、评估并作出报告	对员工培训的结果进行检查、评估并做出报告	配合开展培训后的评估工作

图2-1 企业培训职能的划分

2. 培训组织的具体职能

培训组织的主要职能是在企业主管副总的领导下，根据企业发展对人才的需求，做好丰富员工专业知识、增强员工业务技能、改善员工工作态度等工作，使员工的素质水平达到企业的要求。其具体职能体现在以下八个方面（如图2-2所示）。

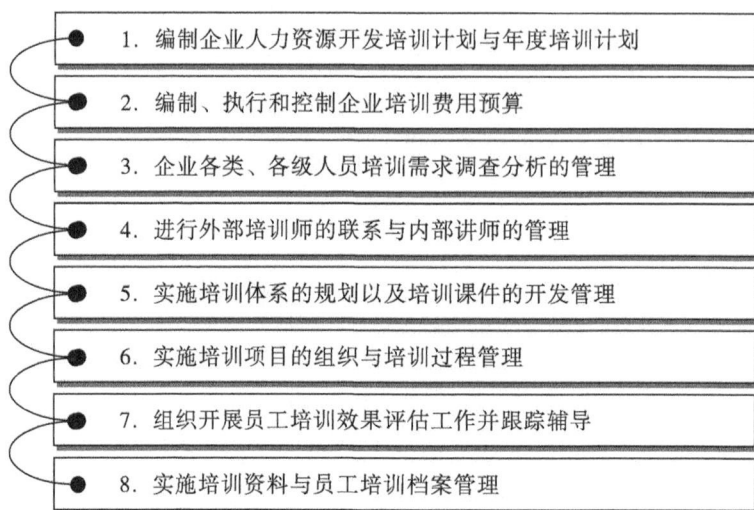

- 1. 编制企业人力资源开发培训计划与年度培训计划
- 2. 编制、执行和控制企业培训费用预算
- 3. 企业各类、各级人员培训需求调查分析的管理
- 4. 进行外部培训师的联系与内部讲师的管理
- 5. 实施培训体系的规划以及培训课件的开发管理
- 6. 实施培训项目的组织与培训过程管理
- 7. 组织开展员工培训效果评估工作并跟踪辅导
- 8. 实施培训资料与员工培训档案管理

图2-2　培训组织的具体职能

2.1.2　角色扮演

培训组织的角色不仅仅定位于培训组织实施者，除了这个基本角色外，培训组织者还扮演着其他重要角色，具体如图2-3所示。

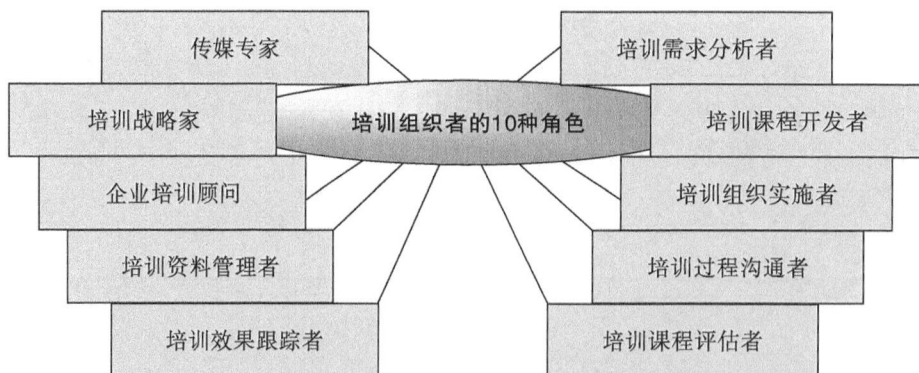

传媒专家　培训需求分析者　培训战略家　培训组织者的10种角色　培训课程开发者　企业培训顾问　培训组织实施者　培训资料管理者　培训过程沟通者　培训效果跟踪者　培训课程评估者

图2-3　培训组织者扮演的10种角色

2.1.3 任务分配

培训组织的主要任务概括起来主要包括以下六项，具体如图2-4所示。

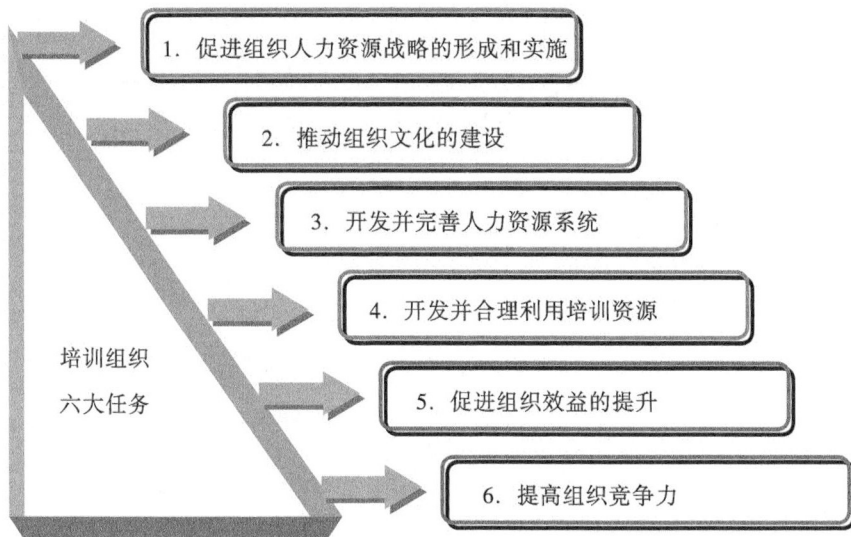

1. 促进组织人力资源战略的形成和实施
2. 推动组织文化的建设
3. 开发并完善人力资源系统
4. 开发并合理利用培训资源
5. 促进组织效益的提升
6. 提高组织竞争力

培训组织
六大任务

图2-4 培训组织的主要任务

培训组织的任务一般按图2-3扮演的角色进行分配，具体任务分配如表2-1所示。

表2-1 培训组织任务分配一览表

角色定位	任务分配
培训需求分析者	找出员工的实际情况与企业要求之间的差距，通过分析明确培训目标，并将需求准确反映到培训过程中
培训课程开发者	掌握培训课程开发流程、技巧和方法，根据企业和员工的需要开发相应的课程
培训组织实施者	选定培训内容、讲师、培训机构、培训方式，准备培训设施、辅助资料等，选择培训场地，确定培训时间，发放培训通知，制订培训课程表等
培训过程沟通者	评价员工在培训期间的表现，与他们充分沟通后帮助其制订自我开发计划
培训课程评估者	为提高培训效果，评价培训课程，分析讲师和学员的反映等
培训效果跟踪者	与部门经理合作，跟踪员工培训后行为的改变情况，指导学员参加培训后的现场学习
培训资料管理者	准备各种学习资料和讲课资料并定期更新，同时不断收集新的学习资料
企业培训顾问	加强自身素质，不断提升自己的专业水平和能力，成为企业培训的顾问和专家

（续表）

角色定位	任务分配
培训战略家	把员工培训目标与企业经营战略密切联系，树立适合本企业发展的人才培养战略
传媒专家	为提高培训的参与度，到现场拍摄实际工作情形，并制作成各种视觉和听觉资料

2.1.4 组织设计

1. 培训组织设计应考虑的因素

决定培训组织设计的因素主要包括以下两个方面，具体如图 2-5 所示。

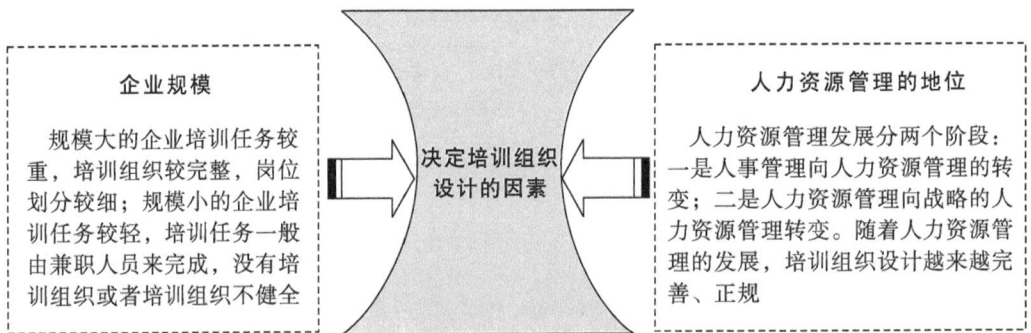

图 2-5 培训组织设计应考虑的两个因素

2. 培训组织设计四层级

（1）培训组织一级设计

企业创业初期，规模较小，没有明确独立的培训组织来专门实施培训管理工作，一般由人力资源部相关人员兼任。

（2）培训组织二级设计

随着企业的发展，一般会设立培训部门和专职人员全面负责培训管理工作，并在重要业务部门设有兼职的培训管理员。

（3）培训组织三级设计

企业规模较大时，设立两级以上培训组织机构，一般将总部培训部定为培训体系建设和资源建设中心，将分公司的培训部定为培训项目实施中心，明确培训管理的职责。

（4）培训组织四级设计

企业发展到一定规模会建立起自己的企业大学，肩负起向公司内部、客户、合作伙伴和社会提供培训和服务的职责。

3. 培训组织设计模型

（1）小型企业培训组织设计

小型企业由于员工数量不多，一般不需要设置专门的培训组织，培训工作通常是由在人力资源部下面设置的一个培训主管或培训专员来负责（如图2-6所示）。

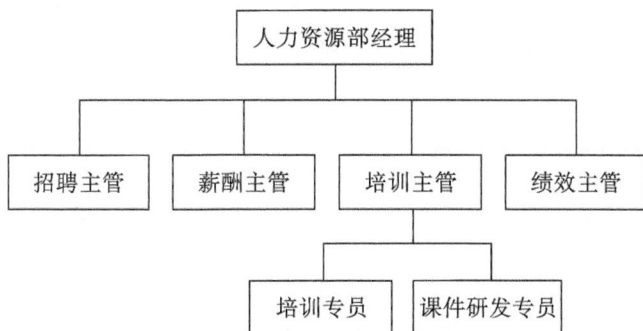

图2-6　小型企业培训组织设计

（2）中型企业培训组织设计

中型企业通常将培训部门和人力资源部设置为同一层次的相互协作的两个部门。培训部门在制订培训计划、组织实施培训、对培训效果进行评估等方面需要人力资源部提供支持；人力资源部负责制定企业人力资源战略和规划，为培训部门制订培训计划提供依据。具体模型如图2-7所示。

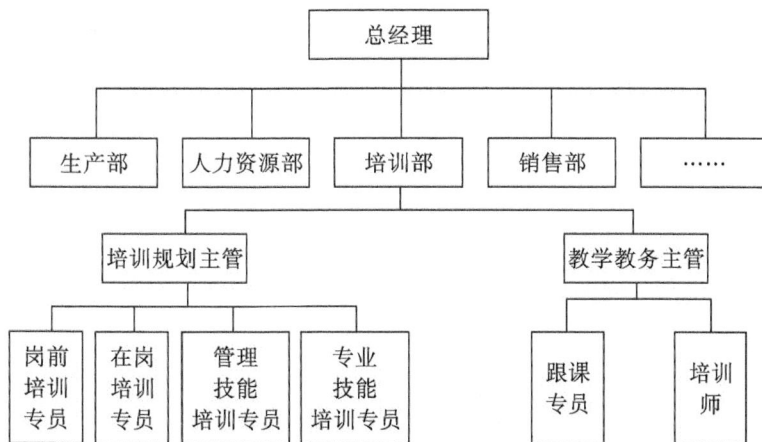

图2-7　中型企业培训组织设计

（3）大型企业培训组织设计

大型企业一般会设有企业大学来负责企业的培训工作。

①项目式企业大学

项目式企业大学是按培训内容划分为若干培训项目，如管理技能类、生产类、营销类、技术类、新员工培训等，每一个项目都是一个协作完成培训任务的团队，由教学人员、课程开发人员、教材开发人员、培训管理人员组成。规模较大的团队又按职能划分为若干小组和部门。具体形式如图2-8所示。

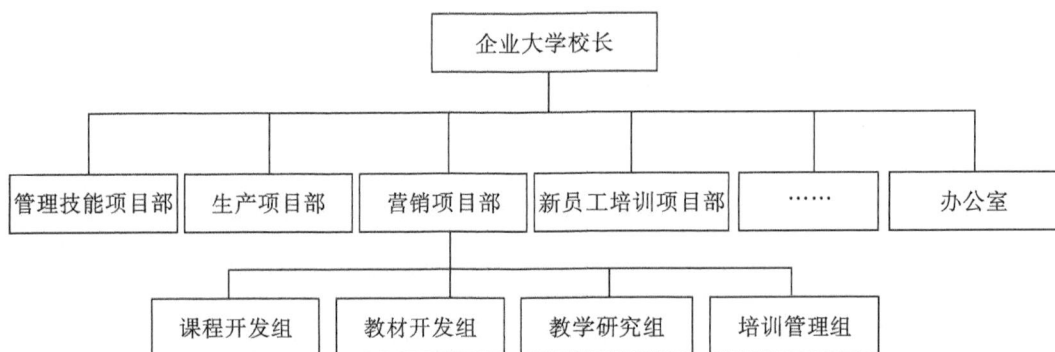

图2-8 项目式企业大学组织设计

②职能式企业大学

职能式企业大学的组织形式是比较常见的形式，其特点是根据企业大学的基本职能设置培训部、教学管理部等部门，根据每个部门的具体职能设置二级部门岗位。具体形式如图2-9所示。

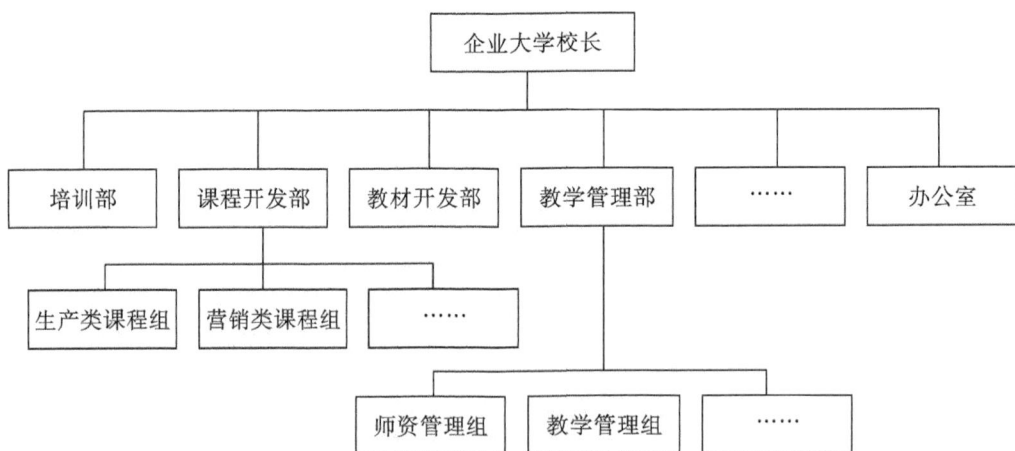

图2-9 职能式企业大学组织设计

2.2 培训组织业务体系

2.2.1 培训体系建设

建立适合本企业的培训体系是培训组织的重要业务之一。未构建培训体系的企业需要不断积累讲师和课程资源，已建立培训体系的企业需要不断对其进行改进和完善。培训组织在建立培训体系业务中需要具体负责的事项如图 2-10 所示。

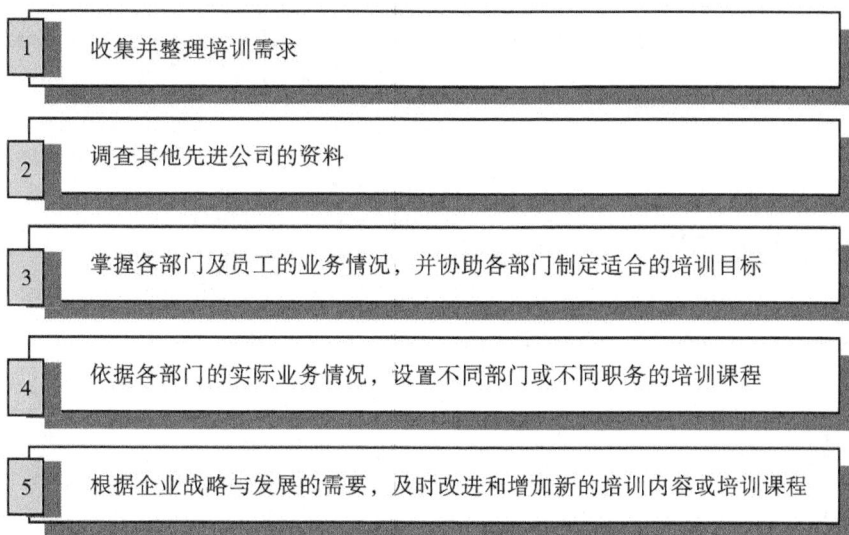

1	收集并整理培训需求
2	调查其他先进公司的资料
3	掌握各部门及员工的业务情况，并协助各部门制定适合的培训目标
4	依据各部门的实际业务情况，设置不同部门或不同职务的培训课程
5	根据企业战略与发展的需要，及时改进和增加新的培训内容或培训课程

图 2-10 培训体系建设的业务事项

2.2.2 培训课程开发

培训组织要熟练掌握培训课程开发的流程和方法。若培训组织暂时没有开发课程的实力，则可以委托外部专业机构，此时最重要的工作就是要清晰地把企业的实际需求传达给课程开发人员。培训课程开发的基本步骤如图 2-11 所示。

收集课程开发信息	收集与课程开发有关的内部和外部信息，包括内部已有的相关培训课程和外部市场上已有的经典培训课程等
调查培训需求	需要选择不同层级、不同岗位的相关人员进行调查，听取所有人的意见和建议，整合分析这些意见，找出课程需求点
制订课程开发计划	课程开发计划的主要内容包括课程开发的背景介绍、课程开发目的、培训对象、课程开发方向、经费以及具体时间安排
进行课程开发	根据课程开发计划实施课程开发，主要工作包括拟定课程大纲、确定培训方法、制作培训课程表等
召开课程开发研讨会	邀请所有相关人员参加课程开发研讨会，共同讨论课程大纲和培训课程表，审核课程框架是否符合培训的需求
进行内部试讲	为了保证培训课程的实际效果，课程开发之后要先在企业内部进行试讲，根据试讲结果进行调整和改进
制作教材和辅助资料	根据课程大纲收集并制作讲师用的PPT资料、讲师讲义、学员手册以及其他辅助资料

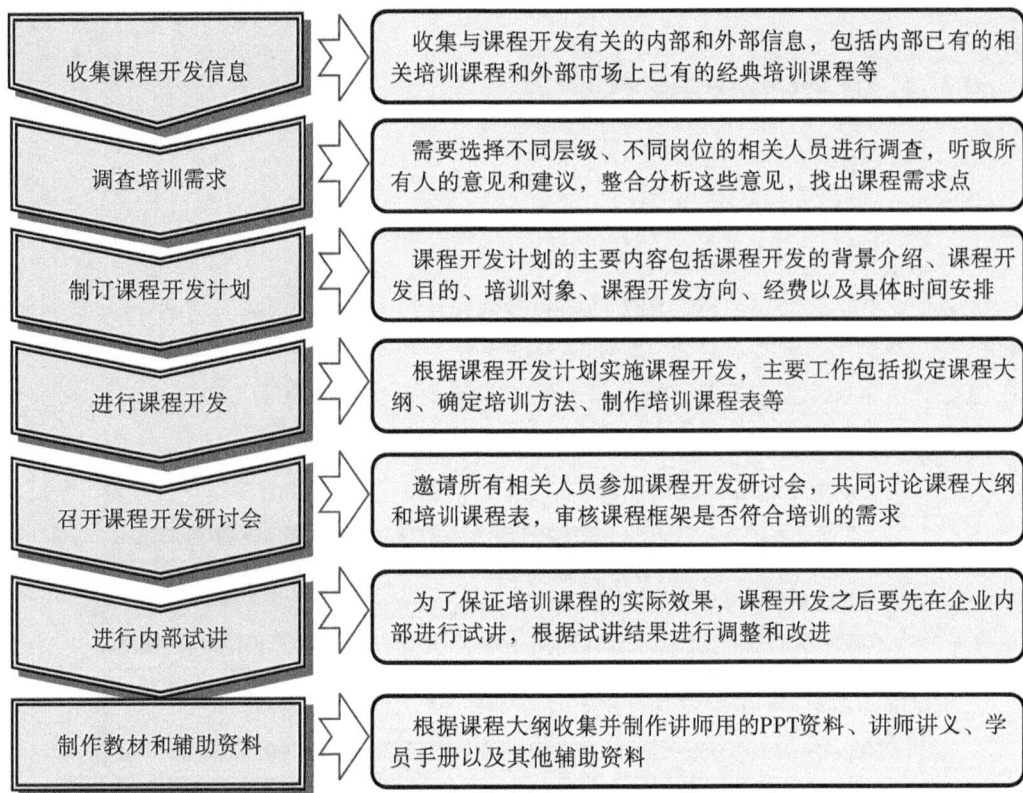

图 2-11　培训课程开发的七个步骤

2.2.3　培训制度制定

1. 培训制度制定的四要点

培训组织不但要制定切实可行的培训制度，而且必须严格执行。为了实现上述目标，培训组织一定要做到以下四点（如图 2-12 所示）。

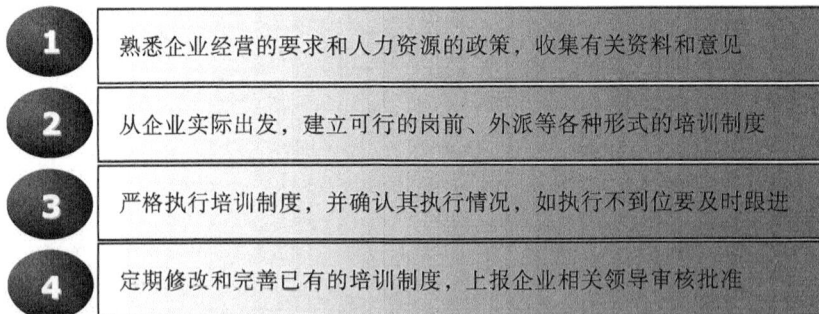

1	熟悉企业经营的要求和人力资源的政策，收集有关资料和意见
2	从企业实际出发，建立可行的岗前、外派等各种形式的培训制度
3	严格执行培训制度，并确认其执行情况，如执行不到位要及时跟进
4	定期修改和完善已有的培训制度，上报企业相关领导审核批准

图 2-12　培训制度制定的四要点

2. 培训制度的范例

制度名称	××公司培训管理制度		受控状态	
			编　号	
执行部门		监督部门	考证部门	

第1章　总则

第1条　为规范公司的员工培训工作，确保培训工作顺利进行，建立完善、系统的员工培训体系，特制定本制度。

第2条　本制度适用于公司所有人员的培训管理。

第3条　公司培训部是员工培训管理的归口管理部门，其具体职责如下。

1. 负责制订公司年度培训计划，并组织实施。

2. 开发公司员工培训课程。

3. 对公司整体培训工作的实施进行监督、指导和评估。

4. 建立并管理内部培训师队伍。

5. 建立、管理公司员工培训档案。

第4条　公司各相关部门负责本部门相关专业的技术、业务培训及部门内部员工培训的组织、评估、汇总工作。

第2章　培训类别

第5条　新员工培训

新员工培训是使新员工掌握企业的基本信息（如发展历程、规章制度等），熟悉工作环境，了解工作基本要求，从而具备公司所期望的个人态度、工作技能，并达成工作绩效，完成新员工的职业化过程。

第6条　在岗培训

在岗培训是使员工掌握本职位所需的专业技能和技巧，提高工作效率，完成工作目标的培训方法。

第7条　职业培训

职业培训根据员工个人的可塑性和个人意愿，将员工看成公司增值的资源，为员工制定职业生涯发展规划，进行相关性的职业培训，以适应公司发展的要求，同时提高员工自身的价值。

第8条　目标培训

公司为完成特定的目标组织相关人员学习相关内容。

第3章　培训计划的制订

第9条　培训部在年初制订年度培训工作计划时，应考虑以下四个因素。

1. 公司的人力资源计划（如员工招聘计划、调动计划）。

2. 公司发展目标。

3. 上年培训计划完成情况。

4. 所收集的培训需求。

第10条　培训部应将编制好的年度培训工作计划应下发到各部门，收集各部门意见，综合平衡后编制年度培训工作计划。

第11条　培训部根据年度培训计划进行合理预算，并将其与年度培训工作计划一同上报人力资源中心经理及人力资源总监审批。

第12条　经审批同意的年度培训工作计划由培训部按部门分解成月度培训计划，并下发到各部门。

第13条　培训部需建立年度培训工作计划与各部门月度培训工作计划档案。

第4章　员工培训基本内容及方式

第14条　新员工培训的基本内容

1. 公司概况、组织机构和主要管理层人员。

2. 公司的经营方针、目标、公司文化。

3. 公司经营活动、产品特征、销售方式等。

4. 公司的主要规章制度。

5. 所担任职务的工作情况和业务知识。

第15条　新员工的培训方式主要为培训讲师集中进行授课、参观、小组讨论等，并在入职后一周内进行。

第16条　在岗培训的主要内容

1. 应知部分包括岗位职责、人员配置及设备、设施的分布情况等。

2. 应会部分包括岗位工作操作规程、工作程序、相关管理知识、服务意识、技巧、特殊状况时的特殊处理程序等。

第17条　在岗培训的培训方式为宣讲、实际案例分析和实际操作相结合。

第18条　在岗培训的培训时间和培训地点由培训部进行具体安排。培训结束后，将采用闭卷、实际操作等方式进行考核。

第19条　其他培训

1. 经理级员工培训将根据公司长远发展目标和总经理的指示进行，以便不断提高各部门经理的专业知识、管理知识、管理水平和管理技巧。

2. 对公司内部发生的重大事件，将邀请总经理、各总监及相关专业人员进行专题培训，以便不断改进工作方式和方法，提高公司的竞争能力。

第5章　培训的评估与考核

第20条　在培训计划实施过程中，培训部需要派出专人对培训进行记录、评估，不断推进培训工作的深入开展。

第21条　每次培训评估结束后，培训部相关人员需要总结培训项目的经验得失，并编写培训报告，报相关授权人员审批。

第22条　培训结束后，培训部组织对受训人员进行考核，以便了解培训效果。受训人员的考核成绩将直接与其工作绩效挂钩。

（续）

第23条 培训记录
1. 所有培训记录由公司培训部统一保存。培训记录包括培训计划、教学内容、培训申请表、培训协议、考核记录、员工培训登记表等。
2. 培训记录将作为员工升职、工作转换和其他人事工作目标的重要依据之一。
第6章 培训风险管理
第24条 员工在参加培训时应严谨、科学地预算费用，培训费用包括授课费、书本费及差旅费等，实际费用不能与预算费用相差太大。超额5%以上的部分按个人与公司7：3的比例进行分担。
第25条 培训费用在人民币1 000元～2 000（含）元的，受训对象必须在培训期结束后为公司服务1～2年（含）。
第26条 培训费用在人民币2 000元以上的，受训对象必须在培训期结束后为公司服务2年以上。
第27条 如果受训对象未经公司同意擅自解除劳动合同或提前离职的，受训对象须向公司支付所有的培训费用。
第28条 受训对象培训合格后所获得的有关资格证书原件交由公司统一保管，直至受训对象服务期满自愿离职方可归还其本人。
第7章 培训结果应用与职称管理
第29条 对自学取得国家承认本科以上学历（含本科）的员工，公司一次性奖励人民币3 000元。
第30条 对取得工程师技术职称的员工，公司每月发放人民币100元职称津贴；对取得高级工程师资格的员工，公司每月发放人民币200元职称津贴。
第31条 对其他取得行业或国家统一认证中级以上（含中级）职称的专职工作人员，公司每月发放人民币100元职称津贴。
第8章 附则
第32条 本制度由培训部制定，其修改权、解释权归培训部所有。
第33条 本制度经总经理办公会议审议通过后，自颁布之日起执行。

编制日期		审核日期		批准日期	
修改标记		修改处数		修改日期	

2.2.4 培训计划制订

培训组织必须制订培训计划，并根据实际情况做出相应的调整。培训计划一定要有系统性和连续性，这样可以减少培训的盲目性。培训计划通常分为年度培训计划、季度培训计划和月度培训计划。

年度培训计划是企业未来年度培训实施的总纲，在整个年度的培训工作中起指导作用。年度培训计划质量的高低直接影响着培训的实施效果。

季度培训计划是年度培训计划的分解，其主要目的是根据企业培训现状调整年度培训计划，使培训工作更贴近实际。

月度培训计划则是在年度及季度培训计划的基础上，根据企业上月培训工作开展的情况，结合相关部门对培训工作的意见或建议进一步确定。

培训组织必须制订年度培训计划，制订年度培训计划时可以参考以下六个要点（如图2-13所示）。

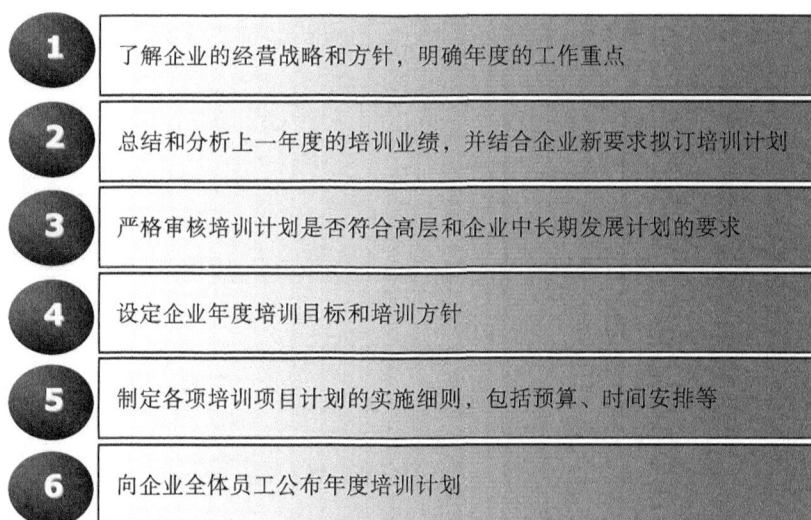

1 了解企业的经营战略和方针，明确年度的工作重点

2 总结和分析上一年度的培训业绩，并结合企业新要求拟订培训计划

3 严格审核培训计划是否符合高层和企业中长期发展计划的要求

4 设定企业年度培训目标和培训方针

5 制定各项培训项目计划的实施细则，包括预算、时间安排等

6 向企业全体员工公布年度培训计划

图2-13　年度培训计划制订六要点

2.2.5　培训组织实施

组织实施培训是培训组织的基本业务，在开展本业务时，必须要注意以下六个方面的工作。

1. 制订培训实施计划

在培训实施之前必须制订详细的实施计划，主要包括培训目的、培训时间、培训对象、培训师来源、场地选择、预算经费等内容。

2. 进行受训人员管理

确定培训对象，了解和分析受训人员情况，并将受训人员的基本情况告知培训师。对受训人员参加培训的出勤情况、学习态度、组织纪律等进行管理。

3. 进行培训师管理

正确选择培训师资源，尤其是对外部培训师的选择要从其行业背景、业内的口碑、客户的反映等多个方面综合考虑。培训师管理还包括做好接待、培训师介绍、发放讲课费、培训师缺席时的预防措施等事项。

4. 营造培训气氛

培训组织要尽全力做好课程前的开场、带领员工复习和总结、完善培训环境的硬件条件等能够营造培训气氛的工作。

5. 制作培训实施清单

培训组织要提前准备好培训实施清单，主要包括培训所需物品、场所布局、座位设置、基本讲课设施、学习资料等。培训实施清单如表2-2所示。

表2-2　培训实施清单

准备项目	详细说明
资料	培训教材、学员手册、课程大纲、培训说明性资料、讨论资料、测试资料
教具	黑板、白板、投影仪和投影屏幕、幻灯片、录音机、摄像机、麦克风、油性笔
辅助材料	磁带、光盘、优盘、绘图纸、笔记本
课程计划表	授课时间、授课时数、授课地点、培训对象、培训讲师
培训场所环境	培训教室、能源设备、恒温设备、充足的自然光、无噪音、多项插座的电源、舒适的桌椅
其他	座位牌、记录表、学员名单

6. 分析和总结培训结果

培训结束后，培训组织要及时汇总和分析课程评价结果，编写培训效果报告，并附上提出的改进建议，提交给相关领导审阅。

2.2.6　培训设施管理

如果企业内部有培训设施，需要及时进行准备和确认；如果租用外部培训设施，则需要提前预约和确认。培训设施管理的四个事项如图2-14所示。

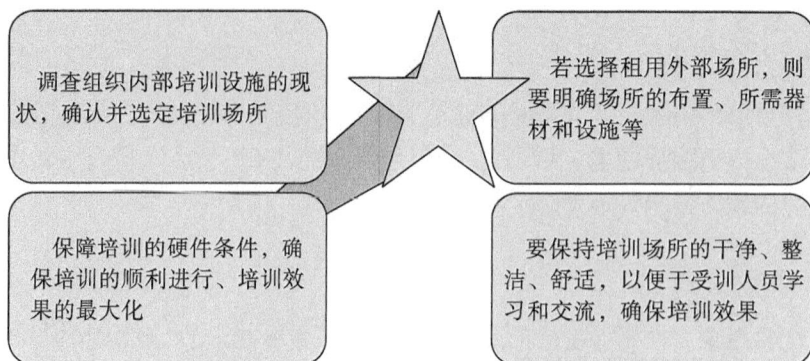

图 2-14　培训设施管理的四个事项

2.2.7　培训效果评估

1. 影响培训效果的因素

培训效果评估是培训组织所有业务中最难的一项，也是企业比较关注的问题。因此，培训组织在进行培训效果评估之前，一定要清楚影响培训效果的七个因素，具体如表 2-3 所示。

表 2-3　影响培训效果的七个因素

影响培训效果的因素	说　　明
培训内容	培训内容不应该依据市面上比较热门的课程或比较有名的讲师来选取，而应根据企业的需要和员工的实际情况来选择
培训师	针对不同的培训内容应选用不同的讲师，培训组织者应通过试听讲课、观看影像资料、考察工作经历和背景以及客户的反映等方式对讲师进行选择
受训人数	如果受训人数过多，可能会导致课堂上本应该演练的部分由于时间问题无法深入练习，因此会影响培训效果
培训时间	培训时间一般会因工作忙等原因安排在下班时间或周末，这样部分员工可能会有抵触情绪，从而影响培训效果，因此企业在安排培训课程时应尽量减少这些影响因素
培训方法	为了取得良好的培训效果，培训组织应根据培训内容选择不同的培训方法，不要一味选择讲座式或授课式的方法
培训环境	培训环境不仅包括场地布局、培训设施等硬件环境，还包括课堂氛围、学员的参与度等软件环境；培训组织和讲师应共同营造良好的学习氛围和环境
培训制度	企业应有相应的培训管理制度来保障培训的顺利实施。通过制度的约束，要求员工参加必要的培训；通过相应奖励制度，调动员工参加培训的积极性

2. 培训效果评估的步骤

培训组织在进行培训效果评估时，应遵循一定的评估步骤。

（1）进行需求分析，暂定评估目标

在培训项目实施之前，应将评估目标确定下来。可以通过需求分析获得有助于设计评估目标的信息，即确定培训项目必须要达到的目标。

（2）建立基本数据库

在进行培训效果评估之前，应该将项目执行前后所有的数据收集备用。收集的数据应是同一个时段内的数据，以便对其进行实际分析与比较。

（3）选择评估方法

评估方法的类型包括课程前后的测试、学员的反馈意见、对学员进行的培训后跟踪、采取的行动计划以及绩效的完成情况等。

（4）确定评估策略

这一步骤将解决效果评估由谁来实施、信息将从参加培训学员的直接上级还是直接下属收集、谁来分析数据和解说数据、谁将继续实施后续评估以及谁来决定停止或改变评估程序等问题。

（5）确定评估项目所要达成的目标

培训目标应当考虑不同层次的特点，应当符合合理化目标所应具备的普通标准，即挑战性、明确性、时限性、可实现性和简单易懂。为了达到这些标准，所有各方都应该参与目标的制定工作。

（6）估算开发和实施培训项目的成本收益

基本数据库一旦形成，评估策略和培训项目目标一经确定，就要估算开发和启动该培训项目所需的成本，并与预计收益进行比较，进而对投资回报率进行预测。成本可以按需求分析、课程开发、培训实施和培训项目评估等分类统计分析，据此，还可以估计各种潜在的现金收益。

（7）设计评估手段和工具

评估手段是一种数据收集的工具，用收集的数据来描述学员在态度、学习和行为方面的变化。这些工具包括数据记录系统、问卷、考试、态度调查、面谈、观察和工作模拟等。

（8）收集评估数据

要想在恰当的时候收集合适的数据，就必须要制订数据收集计划。如果不能在适当的时间收集到所需的数据，评估计划就达不到预期的效果。

（9）对数据进行分析和解释

在分析评估数据时，可以借助趋中趋势分析、离中趋势分析和相关趋势分析三类统计分析方法。如果方法适当，可在此步骤中计算出培训结果的货币价值。

（10）调整培训项目

根据评估分析结果调整培训项目。若评估结果表明培训项目没有什么效果或存在较大问题，就要对该项目进行调整或考虑取消该项目；若培训项目的某些部分不够有效，可以对这部分进行重新设计或调整。对取消培训项目的结果进行分析，以便确定失败的原因。这些原因主要包括内容不恰当、授课方式不适当、学员本身缺乏积极性等。

（11）计算投资回报率

投资回报率的基本计算公式为：投资回报率 = 项目净利润 ÷ 项目成本 × 100%。计算投资回报率之后，要将它们与培训项目的目标进行比较，确定是否达成了预估目标。

（12）对培训项目的结果进行沟通

培训结果出来后，培训组织的相关人员一定要与四类人员进行沟通，具体如图 2-15 所示，在沟通时，一定要做到不存有偏见且有效率。

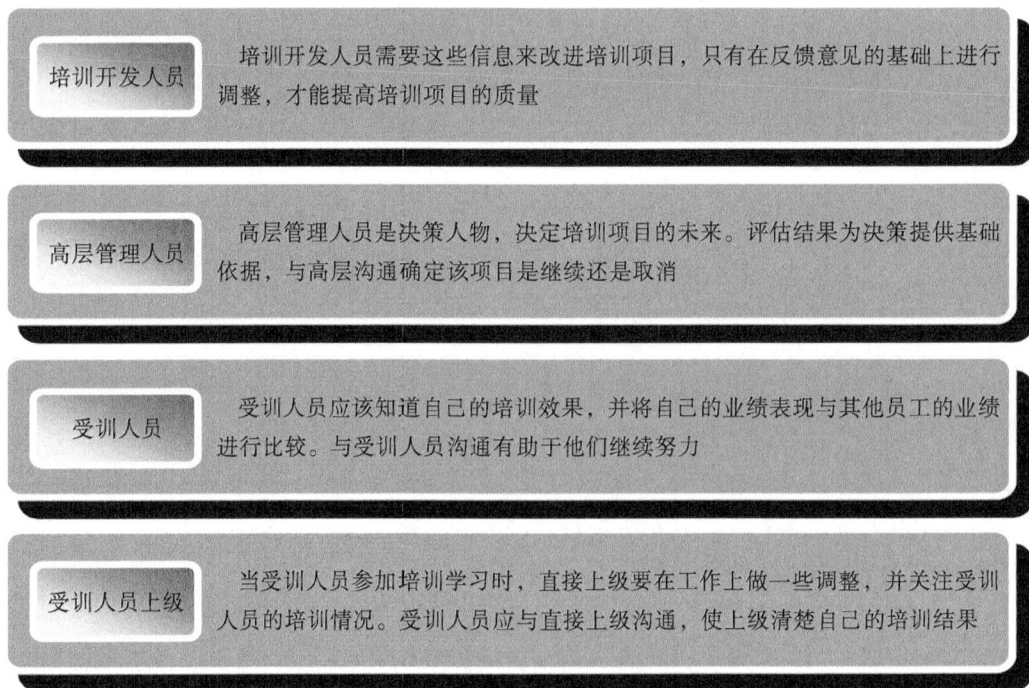

培训开发人员	培训开发人员需要这些信息来改进培训项目，只有在反馈意见的基础上进行调整，才能提高培训项目的质量
高层管理人员	高层管理人员是决策人物，决定培训项目的未来。评估结果为决策提供基础依据，与高层沟通确定该项目是继续还是取消
受训人员	受训人员应该知道自己的培训效果，并将自己的业绩表现与其他员工的业绩进行比较。与受训人员沟通有助于他们继续努力
受训人员上级	当受训人员参加培训学习时，直接上级要在工作上做一些调整，并关注受训人员的培训情况。受训人员应与直接上级沟通，使上级清楚自己的培训结果

图 2-15　进行培训结果沟通的四类人员

2.2.8　内部讲师养成

培训组织的另一项业务就是建设内部讲师队伍。培训组织可以参考内部讲师应具备的条件以及内部讲师养成的步骤来创建内部讲师队伍。

1．内部讲师应具备的条件

做一名合格的内部讲师应具备以下四个条件，具体如图2-16所示。

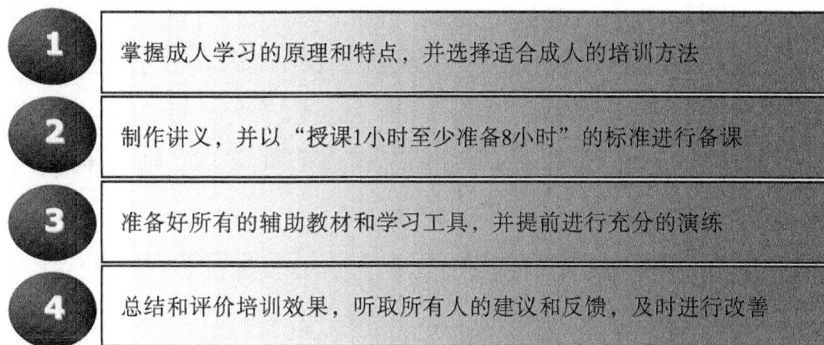

图2-16 内部讲师应具备的四个条件

2．内部讲师养成的三个步骤

（1）选拔人才，建立内部讲师团队

通过报名、笔试、面试和内部评审等选拔流程，来分别考核个人素质、专业知识、逻辑思维、沟通技巧和组织能力等各项内部讲师应该具备的基本素质和授课技巧，从而选拔出一批合适的专/兼职内部讲师。

（2）培养人才，进行内部讲师分级培训

从个人综合素质、专业知识、社会知识、教学经验、个人与团队学习技巧、授课技巧、培训与管理学员能力等多层面进行分级培训，做到讲师助理、初级讲师、中级讲师和高级讲师四层覆盖、互为补充。

（3）评估人才，结合培训实施辅导与效果认证

针对每一层级的内部讲师进行培训现场考核。培训结束后一个月再进行培训，对内部讲师进行有针对性的辅导，并就辅导效果进行评估，以确保受训的内部讲师在其整体素质与职位能力方面有持续的提升。

2.3 培训组织的自我培训

2.3.1 培训体系设计

1．培训体系设计应考虑的因素

培训体系的设计必须从企业的自身特点和实际出发，与本企业人力资源结构和人力资

源政策等相结合。在设计培训体系时，除了需明确培训体系所包含的内容和本企业的培训现状以外，还应考虑以下五个因素（如图2-17所示）。

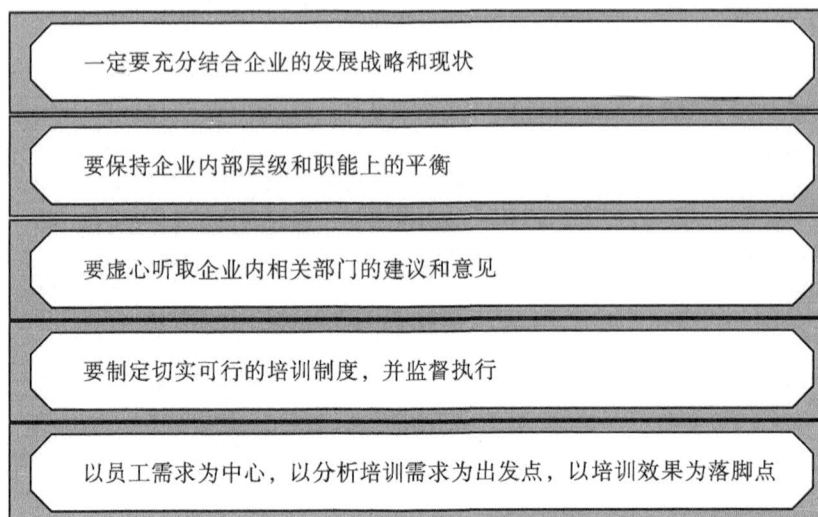

一定要充分结合企业的发展战略和现状

要保持企业内部层级和职能上的平衡

要虚心听取企业内相关部门的建议和意见

要制定切实可行的培训制度，并监督执行

以员工需求为中心，以分析培训需求为出发点，以培训效果为落脚点

图2-17　培训体系设计应考虑的五个因素

2. 培训体系设计内容

培训体系设计的具体内容如表2-4所示。

表2-4　培训体系设计内容一览表

培训体系设计模块	具体内容	
权责划分	企业决策层权责、企业培训部门权责、企业各部门权责	
培训类别	企业层级培训	高层管理人员培训、中层管理人员培训 基层管理人员培训、新员工入职培训
	企业职能培训	生产职能培训、销售职能培训 财务职能培训、人事职能培训 行政职能培训、技术研发职能培训
培训形式	脱岗培训、在岗培训、外派培训、员工自我开发	
培训讲师	内部讲师队伍建设、外聘讲师选择标准	
培训流程	入职培训的流程、在岗培训流程、脱岗培训流程	
培训制度	培训管理制度、培训课堂纪律制度、培训课时费补助制度、培训奖惩制度、培训服务制度、培训参与制度	

2.3.2 培训课程设计

培训组织人员通过培训可以明确自己应该扮演怎样的角色、如何定位、发挥哪些作用；培训组织的工作任务和责任是什么，如何根据企业的战略和需求树立培训目标和计划，培训需求的落脚点在哪里，怎样把握培训需求；培训组织人员应掌握哪些相关的技能和方法，如何最大限度地保证培训效果，怎样进行课程的评估并进行课程改善等。

1. 培训组织的基本能力

培训组织在行使其职能时，需要具备一定的能力。培训组织的职能与能力的关系如表 2-5 所示。

表2-5 培训组织的职能与能力的关系

培训组织的职能	培训组织的基本能力
培训需求的调查分析	分析能力
培训目标和计划的制订	策划能力、组织能力
组织培训计划的实施	组织能力
全程评估培训活动	观察能力、分析能力
提供培训信息	应变能力、分析能力
具体分配培训资源	组织能力、沟通协作能力
参与组织的培训评估	分析判断能力、团队合作能力
培训课程的讲授或配合培训师的课程实现	授课能力、沟通能力

2. 培训组织的培训课程

培训组织的课程及内容如表 2-6 所示。

表2-6 培训组织的课程及内容

培训维度	培训课程	课程内容
基础课程	培训组织的角色与职责	1. 培训组织在培训中的作用 2. 培训组织的角色认知与定位 3. 培训组织的具体工作事项
	培训课程的组织与实施技巧	1. 培训实施的准备 2. 培训的组织和主持技巧 3. 实习和演练

培训维度	培训课程	课程内容
	培训体系的基本概述	1. 培训体系的概念 2. 培训体系的内容 3. 建立培训体系的技巧和方法 4. 培训计划的制订 5. 培训效果评价的方法
	培训组织具备的基本技巧	1. 演讲技巧 2. 成人培训常用的授课方法 3. 调动学习气氛的技巧和方法 4. 培训管理的基本方法
提升课程	培训需求调查	培训需求调查方法和技巧
	课程开发	课程开发流程以及开发技巧和方法
	经验分享与交流（研讨会）	1. 培训项目管理和绩效认同 2. 内部培训讲师的培养和管理 3. 培训组织管理者的能力建设

2.3.3 培训方式设计

培训组织的培训方式主要包括外聘老师的内训、参加外部公开课、内部培训师内训、参加大学课程、多媒体网络学习、在工作中学习以及导师制培训，共七种。每种培训方式都有其适用范围和优缺点，具体如表2-7所示。

表2-7 培训方式一览表

培训方式	优点	缺点	适用范围
外聘培训师的内训	1. 带来解决问题的新思维、新方法 2. 互动性强、训练强度高、技能提升快	1. 讲师素质参差不齐 2. 授课费用不确定，无法准确预估成本	适用于10人以上的培训组织人员的培训
参加外部公开课	1. 可带来企业管理的新思路 2. 可带来解决企业问题的新方法	1. 难以有针对性地解决企业的具体问题 2. 互动性差、时间固定、质量无法保证	适用于培训组织中的高层管理人员或有晋升需求的中层管理人员的个人单独培训

（续表）

培训方式	优点	缺点	适用范围
内部讲师内训	1. 对企业业务有专业的了解 2. 可传授实用性的技能 3. 互动性强、成本较低	1. 培训师思维受局限 2. 培训师易受授课技巧、内心动力、时间、精力等方面的影响	适用于培训组织人员的基础课程培训
参加大学课程	1. 可获得系统的管理知识 2. 可取得相应的学历证书	1. 讲师实战经验不足 2. 与学员互动性差 3. 时间固定且较长、成本高	适用于培训组织中的高层管理人员的个人培训
多媒体网络学习	1. 随时随地可以学习 2. 针对性强	1. 课件质量不稳定 2. 投资较大 3. 培训靠学员自觉性，不易管理	适用于培训组织人员的个人培训，如礼仪、沟通、时间管理等课程
工作中学习培训	1. 切身体会各种知识与环境 2. 快速提高工作技能 3. 成本接近于零	1. 缺乏系统性 2. 无人监督，进步缓慢 3. 可能得出错误的经验	适用于培训组织中层及低层各岗位人员的培训
导师制培训	1. 员工切身体会各种知识和技能 2. 有人监督，员工可迅速提高，成本低	1. 系统性差 2. 难以选择合适的导师	适用于新进、新晋、调岗等员工的培训，以及工作绩效较差的员工

第 3 章

组织学习体系设计

3.1 组织学习方式

3.1.1 岗前培训

岗前培训（Pre-post Training）主要是向受训人员介绍组织的规章制度、组织文化、相关业务等内容。岗前培训的对象主要包括组织从外部新招聘的人员，组织内部轮岗、轮换及晋升人员，由于新技术、新标准、新产品引进而需要接受培训的人员。

1. 岗前培训的内容

岗前培训的内容主要包括以下四个方面，具体如图3-1所示。

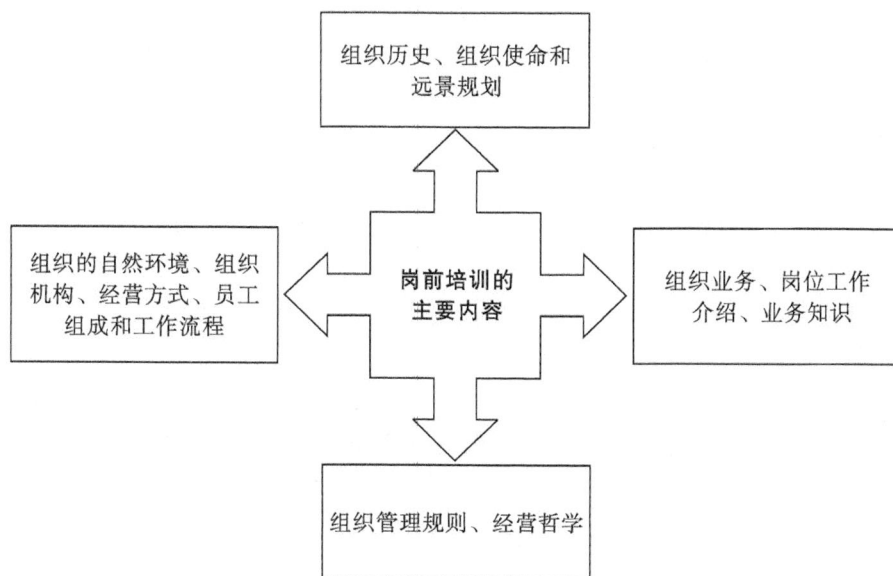

图3-1 岗前培训内容示意图

2. 岗前培训的方式

岗前培训的方式主要有讲座、案例研究等，具体如表3-1所示。

表 3-1　岗前培训的方式、内容及对应讲师

岗前培训方式	培训内容	培训讲师
讲座、案例研究	组织文化	组织高层管理者
	规章制度	人力资源部人员
	岗位职责	部门主管
观察法、练习法、体验法	生产工序	生产部门人员
	设备操作	设备操作人员
户外运动、拓展训练	团队协作、信任	外部培训机构

3. 岗前培训的作用

岗前培训对组织和员工来说都有重要作用，具体内容如图 3-2 所示。

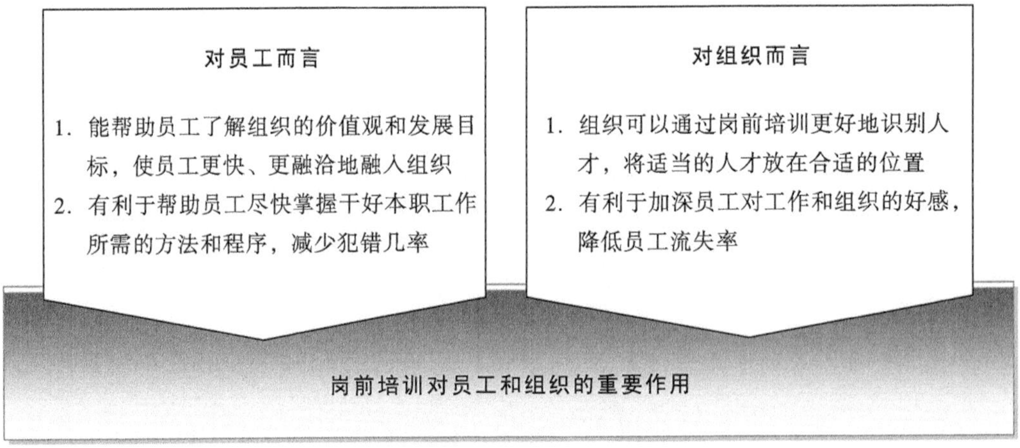

对员工而言

1. 能帮助员工了解组织的价值观和发展目标，使员工更快、更融洽地融入组织
2. 有利于帮助员工尽快掌握干好本职工作所需的方法和程序，减少犯错几率

对组织而言

1. 组织可以通过岗前培训更好地识别人才，将适当的人才放在合适的位置
2. 有利于加深员工对工作和组织的好感，降低员工流失率

岗前培训对员工和组织的重要作用

图 3-2　岗前培训的作用

4. 岗前培训中应避免出现的情况

组织应充分重视岗前培训，在培训过程中应注意避免出现如图 3-3 所示的情况。

岗前培训

| 仅限于为员工填表造册，让员工在人力资源部填写大量的入职表格后，参加一个简单的欢迎会就上岗工作 | 仅用半天甚至更短的时间进行岗前培训，无法给员工留下深刻印象 | 进行填鸭式的岗前培训，给员工的信息太多太快，使员工产生负担感，无法达到岗前培训的目的 |

岗前培训中应避免出现的情况

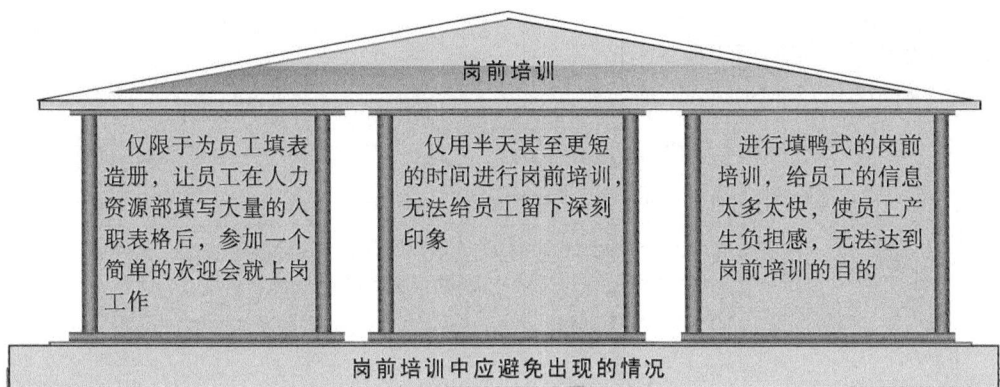

图3-3 岗前培训中应避免出现的情况

3.1.2 在岗培训

在岗培训（On the Job Training，简称OJT），也叫在职培训，是指员工不脱离岗位，利用业余时间和部分工作时间参加的培训，培训形式主要有工作辅导、企业内训、内部会议等。

在岗培训主要是结合工作现场业务，通过上级或优秀老员工的培训、指导及员工的自我学习，不断提升自身工作胜任力的一种培训方式。在岗培训内容主要包括工作中所需的知识、技能及态度等。

1. 在岗培训的实施步骤

在岗培训的实施主要包括以下六个步骤，具体如图3-4所示。

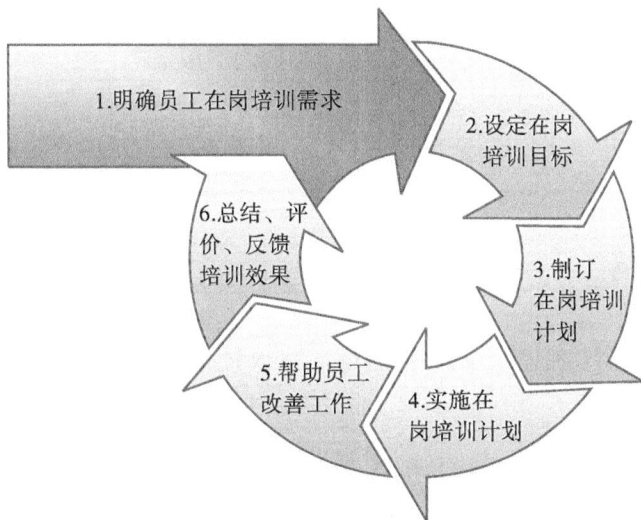

1.明确员工在岗培训需求
2.设定在岗培训目标
3.制订在岗培训计划
4.实施在岗培训计划
5.帮助员工改善工作
6.总结、评价、反馈培训效果

图3-4 实施在岗培训的六个步骤

（1）明确员工在岗培训需求

员工当前的岗位要求与员工绩效现状之间的差距产生员工的培训需求，这里有三点需要特别注意，具体如图 3-5 所示。

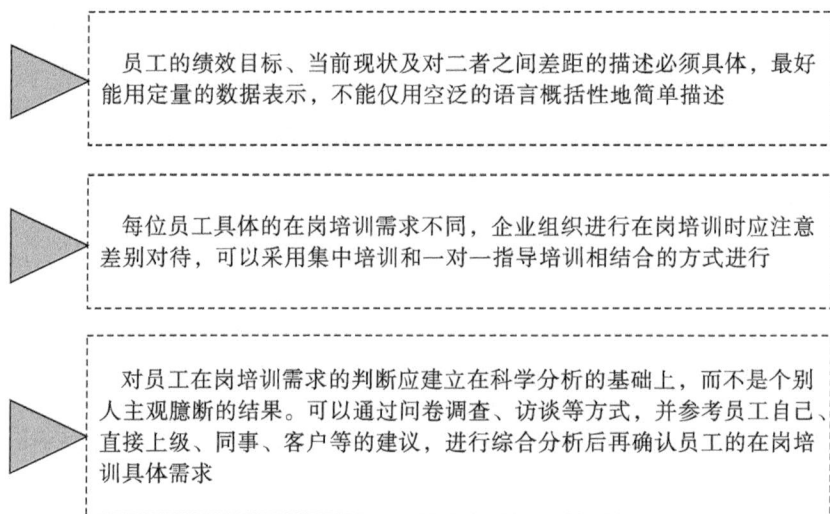

图 3-5　明确员工在岗培训需求过程中需注意的问题

（2）设定在岗培训目标

有效的在岗培训目标应符合三个要求，具体如图 3-6 所示。

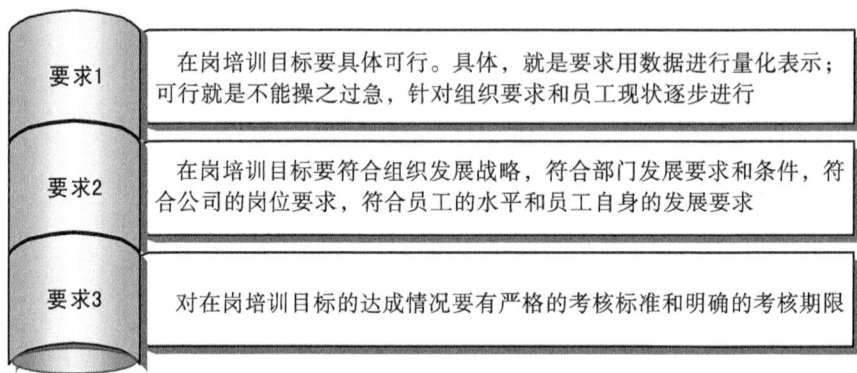

图 3-6　有效的在岗培训目标应符合的三个要求

（3）制订在岗培训计划

在岗培训计划是实现培训目标的重要手段和方法，制订详细的在岗培训计划并制订出具体的日程表可以有效保证在岗培训目标的实现。

在岗培训计划应由受训人员的直接上级协助培训部门共同制订，并经部门经理和培训部门经理审批通过后方可执行。同时，在岗培训计划应包含具体的实施日期、培训讲师和所采用的培训方法。

（4）实施在岗培训计划

实施在岗培训计划主要是按照审批通过后的在岗培训计划执行，在执行过程中应随时注意实施后的效果，并根据实际情况进行调整。

（5）帮助员工改善工作

在岗培训的目的是改善员工的工作，达到岗位要求，因此培训过后要注意指导员工将培训内容应用到实际工作中，可以通过做项目的方式协助员工不断对工作做出前瞻性的思考，提出创新的建议，改善工作流程，提高工作效率。

（6）总结、评价反馈培训效果

培训管理人员应时刻保持与受训人员和培训讲师的沟通，通过书面、面谈等方式跟进培训效果，及时发现培训过程中存在的问题，并进行调整。

2. 在岗培训实施计划表

在岗培训可以分为集体培训和一对一培训两种。以某公司销售人员在岗培训实施计划表为例，具体如表3-2和表3-3所示。

表3-2　××公司销售人员在岗集体培训实施计划表

实施日期	2010年8月1日~2010年8月19日			
培训方式	培训内容	培训人员	培训日期	跟进人员
集体培训	激发客户需求的面谈技术	销售总监	8月2日	培训专员张××
	电话沟通技巧	外聘讲师	8月11日	
	销售人员礼仪	外聘讲师	8月19日	

表3-3　××公司销售人员一对一在岗培训实施计划表

实施日期	2010年8月1日~2010年8月31日				
培训方式	受训人员	培训人员	跟进人员	培训内容	培训时间
一对一培训	王××	章××	章××	销售技巧 订单谈判技巧 价格谈判技巧	每项课程累计培训时间不得少于4小时，具体时间由培训双方协商安排
	刘××	彭××	彭××		
	李××	廖××	廖××		

3. 在岗培训的关键要素

在岗培训具有不耽误工作时间、节约培训费用、建立上级与员工之间的沟通渠道、更有针对性等优势，同时，在岗培训效果的好坏取决于图3-7中所示的四个关键要素。

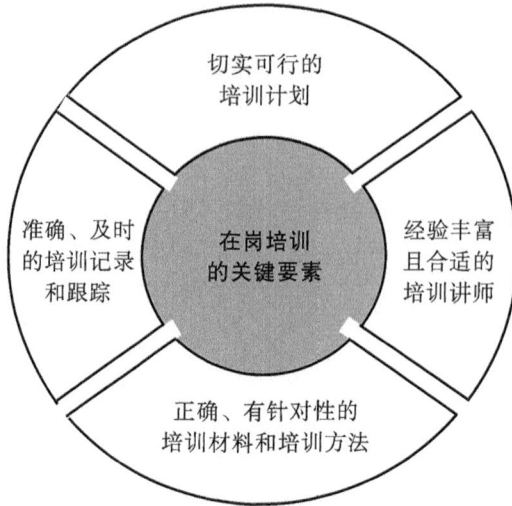

图3-7　在岗培训的关键要素

3.1.3　离岗培训

离岗培训（Off the Job Training，简称OFF-JT），相对于在岗培训而言，它是指受训人员不在工作现场接受培训的一种方式。

1. 离岗培训的条件

在以下两种情况下，员工会选择进行离岗培训，具体如图3-8所示。

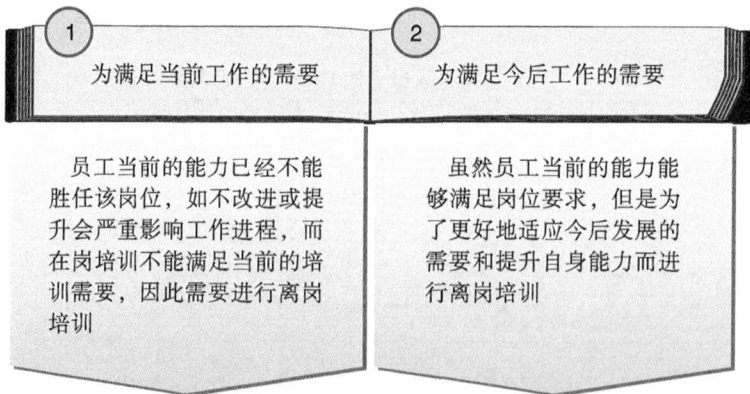

1	为满足当前工作的需要	2	为满足今后工作的需要
	员工当前的能力已经不能胜任该岗位，如不改进或提升会严重影响工作进程，而在岗培训不能满足当前的培训需要，因此需要进行离岗培训		虽然员工当前的能力能够满足岗位要求，但是为了更好地适应今后发展的需要和提升自身能力而进行离岗培训

图3-8　离岗培训的条件

2. 离岗培训的分类

离岗培训根据受训人数、培训产生方式以及受训时间等的不同分为脱岗培训和外派培训。脱岗培训和外派培训的相同点及区别具体如表3-4所示。

表3-4 脱岗培训和外派培训的相同点及区别

项 目		脱岗培训	外派培训
区 别	受训人数	受训人数较多,覆盖面较广	受训人数较少
	培训产生方式	由公司或部门统一决策、安排	个人申请或由组织、部门推荐产生
	受训时间	时间较长,会占用较多的工作时间	时间长短不一,视具体情况而定
相同点	培训内容	针对知识、技能、业务、态度等方面的培训,培训范围广泛	
	受训地点	不在工作现场	
	培训费用	培训费用较多	

3. 离岗培训的工作流程

离岗培训的工作流程如图3-9所示。

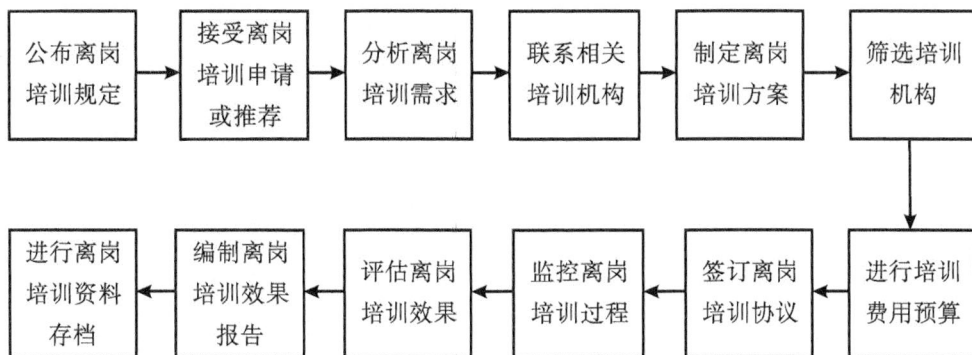

图3-9 离岗培训工作流程

4. 离岗培训工具示例

离岗培训中常用的工具之一就是"员工离岗培训申请表",具体示例如表3-5所示。

表 3-5　××企业个人离岗培训申请表

编号：　　　　　　　　　　　　　　　　　　　填表日期：＿＿＿年＿＿＿月＿＿＿日

申请人姓名		性别		出生年月	
所在部门		职位		进司时间	
培训类别		□脱岗培训		□外派培训	
参训机构			参训课程		
培训目标			所需费用		
离岗培训日期		＿＿年＿＿月＿＿日至＿＿年＿＿月＿＿日			
申请培训原因					

培训课程内容	课程名称	具体内容	课时

受训期间的工作计划与安排	
借款计划	
其他说明	

审核	审核人签名	审核日期	备注

部门经理意见	签章：　　　　日期：＿＿＿年＿＿＿月＿＿＿日
人力资源部经理意见	签章：　　　　日期：＿＿＿年＿＿＿月＿＿＿日
财务部负责人意见	签章：　　　　日期：＿＿＿年＿＿＿月＿＿＿日
总经理审批意见	签章：　　　　日期：＿＿＿年＿＿＿月＿＿＿日

3.1.4 自我开发

自我开发（Self Development，简称 SD），是员工根据自己的实际情况，自学工作所需要的专业知识、技能等的一种学习方式。

1. 组织支持员工自我开发的方式

自我开发既是员工自身的需要也是组织发展的需要，组织应为员工自我开发创造条件，具体的支持方式如图 3-10 所示。

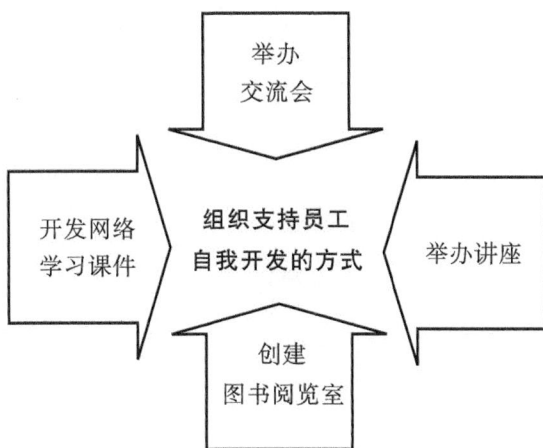

图 3-10　组织支持员工自我开发的方式

2. 自我开发管理流程

组织对员工自我开发进行管理的流程如图 3-11 所示。

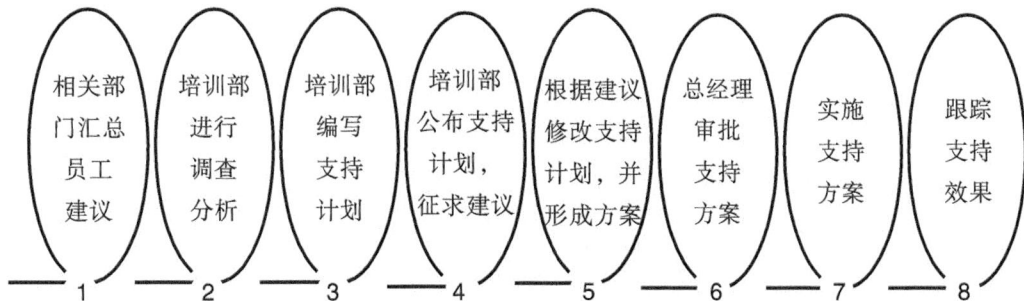

图 3-11　自我开发管理流程图

3.2 学历与资格认证教育

3.2.1 学历教育培训

学历教育培训是通过组织选派人员研读大学课程、MBA 以及博士课程等方式对员工进行培训的一种方法。

1. 学历教育培训的优缺点

学历教育培训的优缺点如图 3-12 所示。

图 3-12 学历教育培训的优缺点

2. 实施学历教育培训注意事项

学历教育培训实施成本过高，因此组织在采取该种培训方式时需要注意以下三点，具体内容如图 3-13 所示。

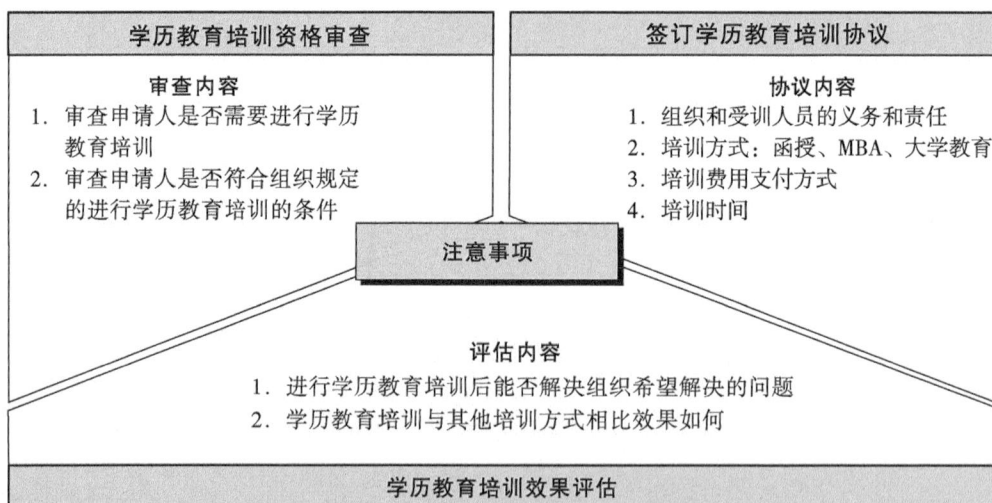

图 3-13 实施学历教育培训注意事项

3. 学历教育培训协议示例

××公司学历教育培训协议

甲方：

法定代表人：

乙方：

经乙方本人申请、甲方审核同意，由甲方出资，选派乙方到____（培训单位全称）参加____培训，学习期限自____年____月____日始，至____年____月____日止，共____年（月）。

培训性质为：□离岗学习 □半离岗学习 □在岗学习

甲乙双方协商一致、平等自愿签订本协议，内容如下。

一、培训缴费类型（两项只选其一）

1. 培训费由乙方先行支付，学历教育培训结束后，按照《学历教育培训管理制度》和本协议约定，凭相关证书、证件及发票按比例报销学历教育培训费，乙方应按约定为甲方服务满规定期限。

2. 培训费由甲方统一支付，学历教育培训结束后，按照《学历教育培训管理制度》和本协议约定，乙方应按约定为甲方服务满规定期限。

二、培训管理要求

1. 乙方在培训期间的工作安排、工资及福利待遇按照《学历教育培训管理制度》中的相关规定执行。

2. 乙方在培训学习期间，应严格保守组织秘密，遵纪守法，认真学习系统理论和相关知识、技术，圆满完成培训学习任务。

3. 乙方在培训学习期间，除应遵守培训单位的各项规章制度外，还应遵守甲方的所有相关规定。

4. 由乙方先行支付培训费用的，培训期间无论因何原因致使双方解除劳动合同，甲方不再有报销乙方学成之后培训费用的义务。

5. 乙方培训学习结束，返回工作岗位两周内，需向甲方培训部提交一份培训报告，作为组织内部培训材料，并有义务对本部门相关岗位的其他员工进行培训。

6. 乙方完成学业后应取得____证书，若乙方未能取得证书，则由乙方先行支付费用的，甲方不予报销学费；由甲方统一支付费用的，甲方则有权从乙方工资中扣除。乙方所占用工作时间按《学历教育培训管理制度》中的相关规定执行。

三、培训费用报销及服务期限约定

1. 乙方完成学历培训后凭____学位证书、毕业论文、学费发票及本协议到甲方培训部备案，由甲方一次性为乙方报销学费。

2. 报销比例为学费总额的____％。

3. 报销金额为____元，大写____。

4. 乙方完成学历培训后由甲方报销培训费用的，从按学位证书记录的乙方取得学位之日起计算应为甲方服务的年限。按《学历教育培训管理制度》的约定，乙方应为甲方服务满____年，自____年____月____日至____年____月____日。

四、违约责任

甲方为乙方支付或报销培训费用后，无论因何原因乙方未能为甲方工作达到本协议约定期限的，按下列标准执行。

1. 因乙方原因提出提前解除劳动合同，自乙方离职之日起计算乙方未满服务期应支付的违约金。

2. 因违反甲方管理规章制度被辞退或在合同期内擅自离职的，除应支付未满服务期的违约金额作为补偿外，还应赔偿未满服务期给甲方造成的经济损失，每月____元。

3. 除上述两条所列原因外，由于其他原因使员工未能为甲方工作达到约定期限而提前与甲方解除合同的，自解除劳动合同之日起计算乙方未满服务期应支付的违约金。

五、其他约定事项

本协议为劳动合同的附件。本协议未尽事宜，应由双方友好协商解决，若不能达成共识，可报____市劳动仲裁委员会申请仲裁。

本协议自双方签字之日起生效，协议一式两份，甲乙双方各持一份，具同等法律效力。

甲方：   乙方：

签章：   签章：

日期：____年____月____日   日期：____年____月____日

编制人员		审核人员		批准人员	
编制日期		审核日期		批准日期	

3.2.2 资格认证培训

资格认证培训是通过帮助员工获得资格认证进行培训的一种方式。很多组织将是否拥有相关岗位资格证书作为员工岗位胜任能力的一种评价标准，资格认证培训也成为组织常用的培训方法之一。

1. 资格认证培训与学历教育培训的区别

资格认证培训与学历教育培训的区别如图3-14所示。

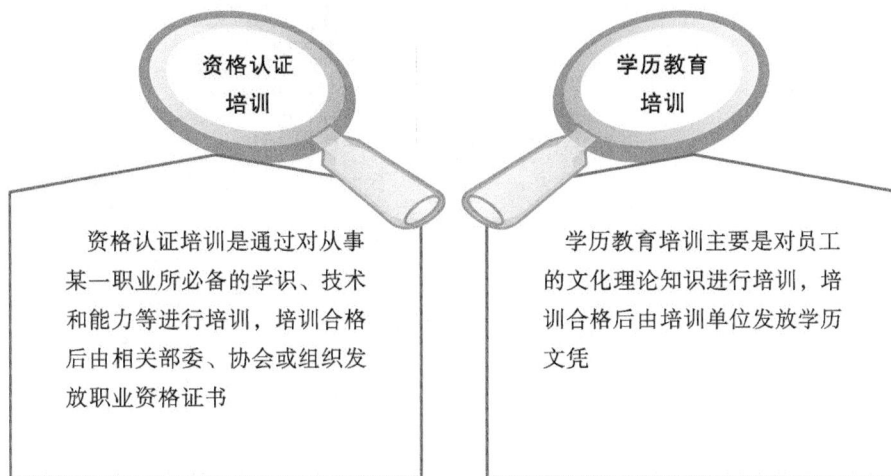

资格认证培训是通过对从事某一职业所必备的学识、技术和能力等进行培训，培训合格后由相关部委、协会或组织发放职业资格证书

学历教育培训主要是对员工的文化理论知识进行培训，培训合格后由培训单位发放学历文凭

图3-14 资格认证培训与学历教育培训的区别

2. 资格认证培训管理内容

资格认证培训管理主要包括以下四项内容，具体如图3-15所示。

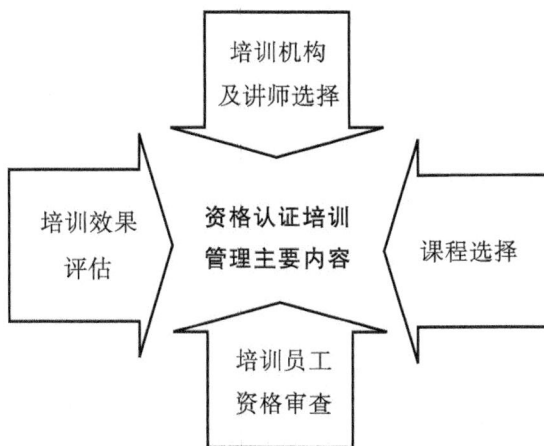

图3-15 资格认证培训管理内容

3. 员工资格认证培训资格审查示例

员工资格认证培训资格审查示例如表3-6所示。

表3-6 ××公司员工资格认证培训资格审查标准

审查项目	审查内容	审查标准
申请人个人资料	个人资历	相关资料真实可信
		在企业服务满规定年限
		无重大过失及不良记录
	个人品质	工作责任心强、对企业忠诚
组织人才需求		培训投入与所得价值成正比
		企业需要进一步开发此类人才
		所申请的职业技能与资格认证培训符合企业的培训原则
申请培训项目	项目名称	符合申请人现有水平
	培训内容	与申请人的培训需求相符
	培训机构	属于企业规定的培训机构
培训经费	所申请培训项目的所有费用总和	培训费用总和在相应部门的授权范围内

3.2.3 职业技能与资格认证培训体系设计

职业技能资格认证培训体系设计包括多方面内容，其中主要有职业技能与资格认证培训体系构成内容和职业技能与资格认证培训体系确立的方式等。

1. 职业技能与资格认证培训体系构成内容

职业技能与资格认证培训体系主要由五部分内容构成，具体如图3-16所示。

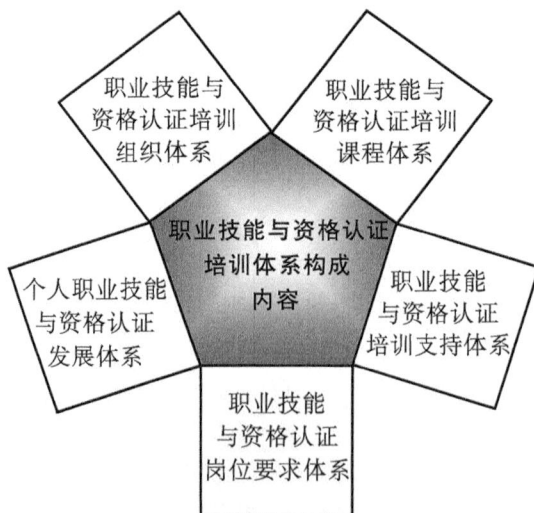

图3-16 职业技能与资格认证培训体系构成内容

（1）职业技能与资格认证培训组织体系

职业技能与资格认证培训组织体系应包括职业技能与资格认证培训组织结构、职业技能与资格认证培训运作模式、职业技能与资格认证培训人员构成、职业技能与资格认证培训相关工作职责分配。

（2）职业技能与资格认证培训课程体系

职业技能与资格认证培训课程体系主要是指组织对自己要求的在职业技能与资格认证方面的课程是否有自己的相关资料库、课程设计、规划及配置。

（3）职业技能与资格认证培训支持体系

职业技能与资格认证培训支持体系包括组织对员工职业技能与资格认证培训在制度、设备、资金、人员等各方面的支持。

（4）职业技能与资格认证岗位要求体系

职业技能与资格认证岗位要求体系主要是指组织是否对各部门、各岗位需要的技能水平和资格内容有明确规定。

（5）个人职业技能与资格认证发展体系

个人职业技能与资格认证发展体系属于个人职业生涯规划体系中的一部分，是个人在职业技能与资格认证发展方面对个人的规划。

2. 职业技能与资格认证培训体系确立的方式

职业技能与资格认证培训体系确立的方式如图 3-17 所示。

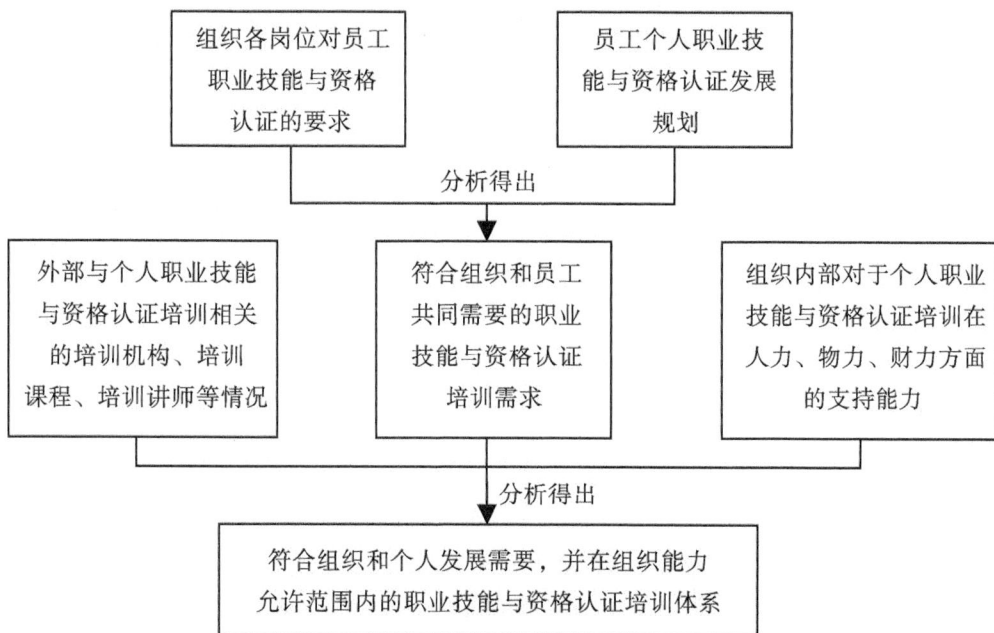

图 3-17 职业技能与资格认证培训体系确立的方式

3.3 因需而变的学习体系设计

3.3.1 培训方式与职位对应关系

培训方式是培训讲师在讲课过程中所选择的能够有效辅助培训讲师传授学习内容,加强学习效果的方式。只有针对不同的职位选择恰当的培训方式,才能使培训发挥最大的效果,下面从培训方式、培训方式与职位对应需考虑的因素以及培训方式与职位对应建议三方面阐述培训方式与职位的对应关系。

1. 培训方式

常用的培训方式有讲授法、研讨法、视听法、角色扮演法、案例分析法、户外训练法、游戏模仿法等,部分培训方式的具体说明见表3-7所示。

表3-7 部分常用的培训方式及其具体说明

培训方式	方式说明
讲授法	也称课堂演讲法,通过语言表达的形式传授知识、技能,使抽象知识变得具体形象、浅显易懂,包括讲述、讲解、讲演三种方式,常用于一些理论性知识的培训,用于向群体学员介绍或传授单一课程的内容
研讨法	着重培养学员独立钻研的能力,允许学员提问、探讨和争辩,有分组讨论研究、沙龙研讨、集体讨论、委员会研讨和公关研讨等具体方式
视听法	也称"多媒体教学",主要是利用电影、录像、录音、电脑等视听教材与学员之间互动交流来刺激学员,使其在视觉、听觉、触觉上形成多方位的感受,从而产生体验,多用于介绍企业概况、传授技能等
角色扮演法	设定一个最接近现状的情景,指定学员扮演某种角色,借助角色的演练来理解角色的内容,从而提高学员主动面对现实和解决问题的能力,分为结构性角色扮演和自发性角色扮演两种
案例分析法	把实际工作中出现的问题作为案例,向学员展示真实的背景,由学员依据背景材料分析问题,提出解决问题的方法,从而增强学员的分析能力、判断能力、解决问题能力及执行业务能力,重点是对过去发生的事情作诊断以及解决特别的问题,比较适合静态地解决问题

（续表）

培训方式	方式说明
户外训练法	又称拓展训练，是一种让学员在不同寻常的户外环境下直接参与一些精心设计的程序，从而自我发现、自我激励，达到自我突破、自我升华的培训方式，可以提高个体和团队的环境适应与发展能力，其本质是生存训练
游戏模仿法	本身是一种娱乐活动，把游戏引入到培训活动中，使学员通过娱乐活动加强对知识、技能和态度的理解，加强沟通，加强竞争和团队意识，激发人们的创新精神，是寓教于乐的培训方法

2. 培训方式与职位对应需考虑的因素

不同的职位应选择不同的培训方式，在选择过程中应考虑以下六个因素，具体如图 3-18 所示。

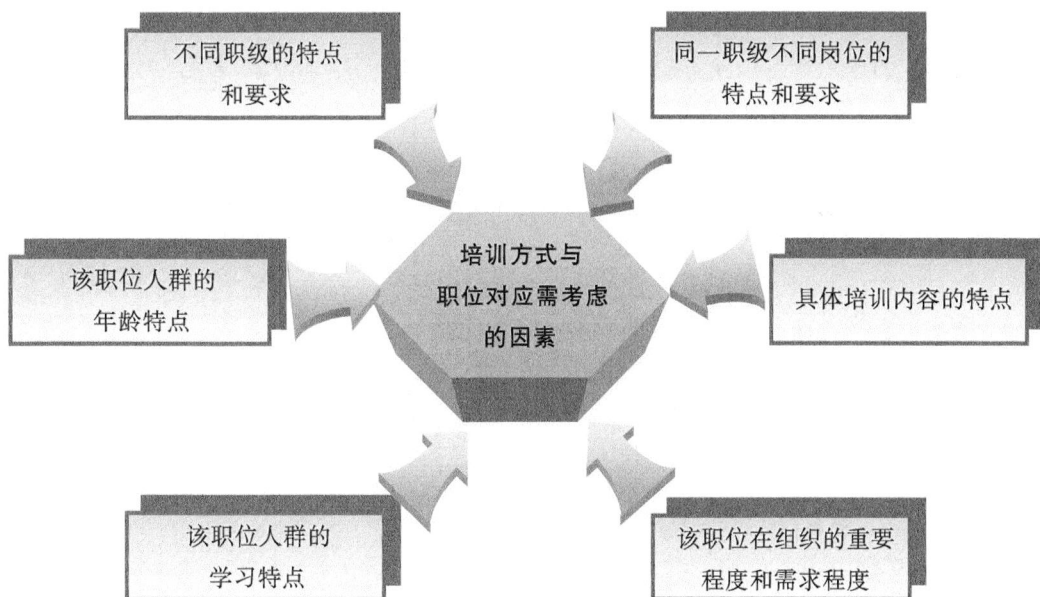

图 3-18　培训方式与职位对应需考虑的因素

3. 培训方式与职位对应建议

以为不同职位层次的学员选择合适的培训方式为例，说明培训方式与职位对应的关系，具体如表 3-8 所示。

73

表 3-8 不同职位层次学员培训方式选择

职位层次	工作性质	培训方法建议
基层人员	负责一线的具体操作，其工作性质要求其接受的培训内容具体且有较强的实用性	角色扮演法、一对一教练法、游戏模仿法等
基层管理者	在一线负责管理工作，其工作性质要求其接受如何与一线工作人员和上层管理者进行有效沟通的培训	讲授法、案例分析法等
中、高层管理者	负责组织的计划、控制、决策和领导工作，其工作性质要求其接受新观念和新理念、制定战略和应对环境变化等的培训	了解行业最新动态的讲授法和激发新思想的研讨法，以及激发创新思维的户外训练法等

3.3.2 学习特点与培训方式对应关系

培训方式的选择不仅与受训人员的职位有密切关系，与受训人员的学习特点也相关，下面从成年人的学习特点以及不同类型成年人的学习特点与培训方式对应关系两个方面作进一步阐述。

1. 成年人的学习特点

组织培训的对象均为成年人，而成年人由于人生阅历和思想深度的影响对培训方式的要求很高，要想保障培训效果，必须深入了解成年人的学习特点。成年人的学习特点主要可以归纳为五点，具体内容如图 3-19 所示。

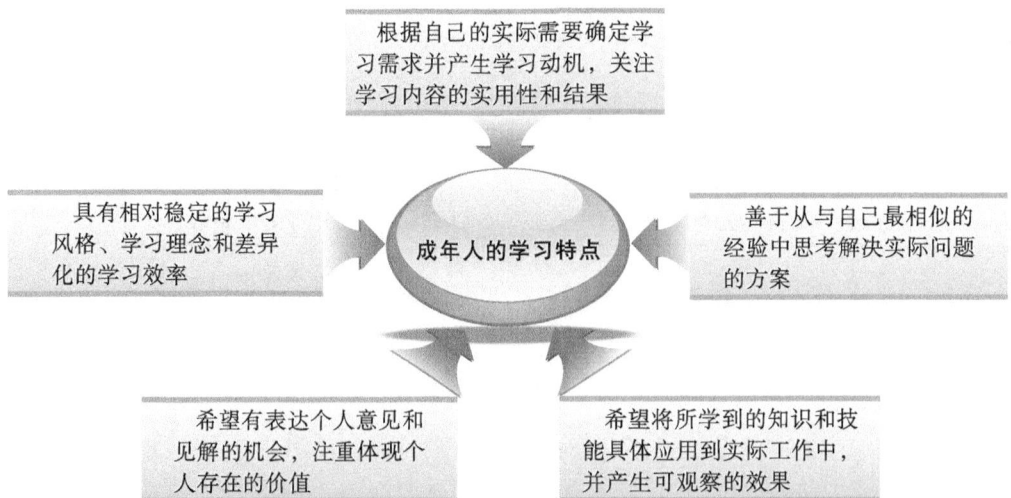

图 3-19 成年人的学习特点

2. 不同类型成年人的学习特点与培训方式对应关系

不同类型成年人的学习特点各有侧重，培训方式的选择相应也有所区别，具体如表3-9所示。

表3-9 不同类型成年人学习特点与培训方式对应表

不同类型成年人	学习特点	培训方式建议
刚毕业的学生	社会经验不多，容易接受新知识，求知欲旺盛，但需要更多的鼓励	课堂讲座、多媒体教学、工作指导、角色扮演、工作轮换
技术型人员	受本专业影响深，善于思考，思维严谨，强调数据和事实	普通授课、工作指导、安全研讨、录像、多媒体教学、认证培训
管理型人员	强调系统，更喜欢实用性的管理理论和方法	短期培训、工作轮换、替补训练、案例研究、角色扮演、离岗培训
销售型人员	喜欢活泼的授课方式，喜欢实用的技巧和方法，偏好参与其中的培训	室内课堂教学、会议培训、案例讨论研究、角色扮演、情景模拟、参观学习、现场辅导、E-Learning

3.3.3 学习内容与培训方式对应关系

学习内容的不同也是影响培训方式的重要因素之一，根据不同的学习内容，培训讲师需要选择能更好地诠释该学习内容的培训方式。

1. 学习内容分类

学习内容可以分为知识类、技能类和态度类三部分内容，针对不同的学习内容应采用不同的培训方法，具体如图3-20所示。

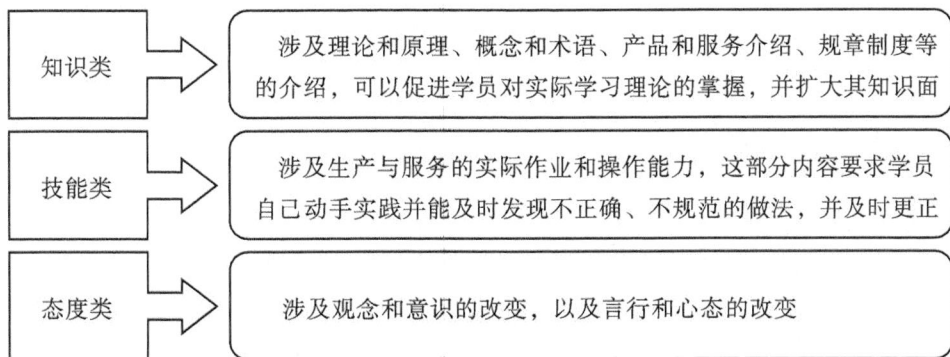

知识类 → 涉及理论和原理、概念和术语、产品和服务介绍、规章制度等的介绍，可以促进学员对实际学习理论的掌握，并扩大其知识面

技能类 → 涉及生产与服务的实际作业和操作能力，这部分内容要求学员自己动手实践并能及时发现不正确、不规范的做法，并及时更正

态度类 → 涉及观念和意识的改变，以及言行和心态的改变

图3-20 学习内容分类及相关说明

2. 学习内容与培训方式对应建议

针对技能类、知识类和态度类内容，所选择的培训方式也各不相同，具体如表 3-10 所示。

表 3-10　学习内容与培训方式对应示例表

培训内容类型	采用的培训方式
技能类	身体语言、角色扮演法、演习、反复练习、用实例做示范、指导、仿真模拟等
知识类	讲授法、小组讨论法、自由发言、视听法、展示、陈列、实地观摩、E-Learning 等
态度类	调查问卷、户外训练、角色扮演、角色反串、录像反馈、小组讨论、游戏、经验练习等

3.4　新员工在岗培训体系设计

3.4.1　在岗培训的实施步骤

新员工在岗培训的实施步骤如图 3-21 所示。

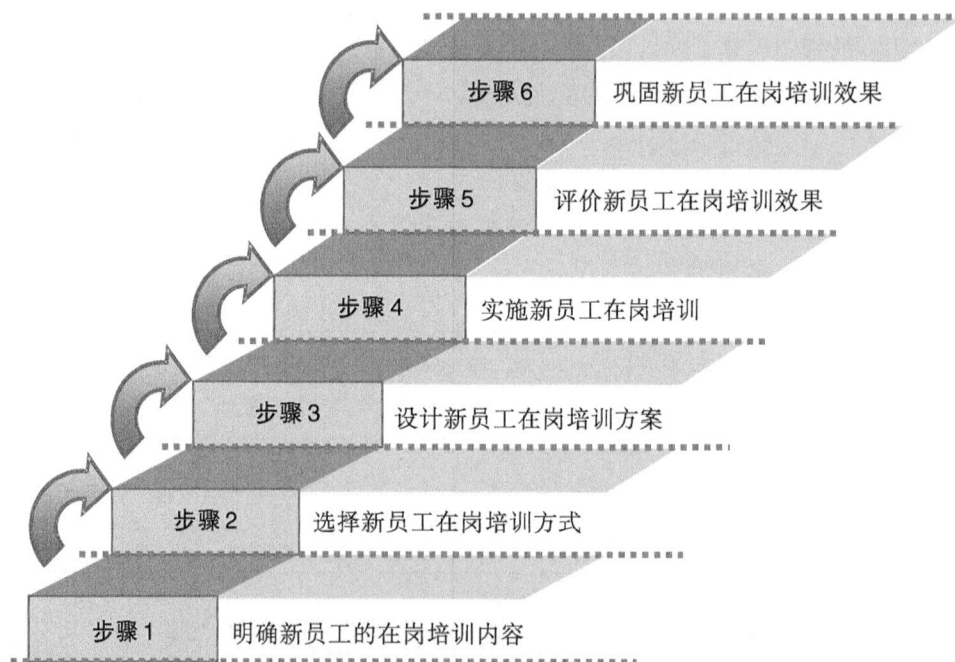

图 3-21　新员工在岗培训的实施步骤

3.4.2　在岗培训的注意事项

新员工在岗培训有八点需要注意，具体内容如图 3-22 所示。

● 1. 注意时刻保持反馈渠道的顺畅

● 2. 切实做到说与示范相结合，不能只说不示范

● 3. 避免过分重视知识技能的培训，忽视"做人"方面的培训

● 4. 注意循序渐进，切忌一次灌输太多知识，使员工不能消化

● 5. 避免过分强调通过培训提高员工绩效或生产率，使员工产生恐惧心理

● 6. 应采用多种培训方式并相互配合使用，以提高新员工的学习兴趣

● 7. 要有耐心，不能认为工作简单，仅仅示范一下就要求学员能够掌握

● 8. 不要施加太多压力，避免使新员工过分紧张，造成慌乱，影响课程学习效果

图 3-22　新员工在岗培训的注意事项

3.4.3　新员工在岗培训体系设计与实施

1. 新员工在岗培训体系设计内容

新员工在岗培训体系设计内容主要包括以下四个部分，具体如图 3-23 所示。

新员工在岗培训
课程体系

新员工在岗培训
组织管理体系

新员工在岗培训
预算管理体系

新员工在岗培训效果
评估与跟踪辅导体系

图 3-23　新员工在岗培训体系设计内容

2. 新员工在岗培训体系实施要点

新员工在岗培训主要是以师傅带徒弟的形式进行的，在进行新员工在岗培训体系设计和实施过程中，应该着重注意过程指导这一环节，过程指导是影响新员工在岗培训效果的重要方面。过程指导有以下五大实施要素，具体如图 3-24 所示。

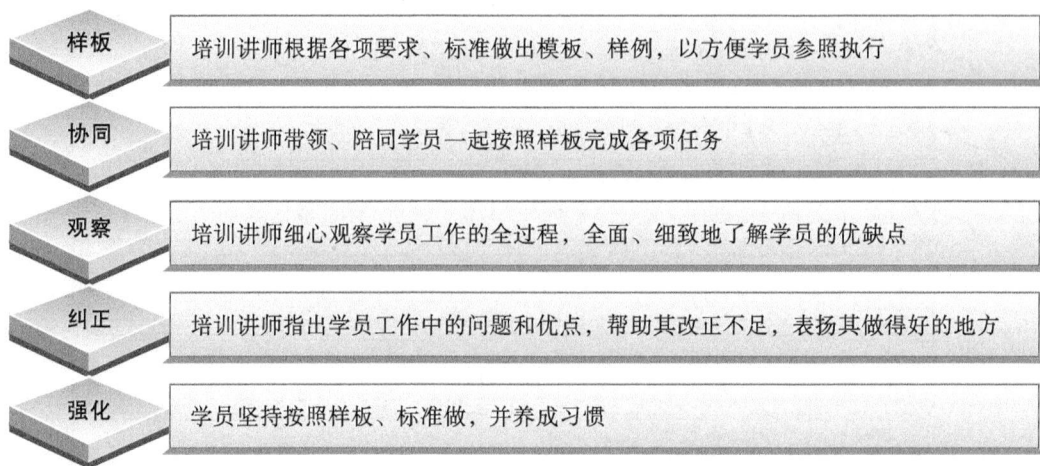

样板	培训讲师根据各项要求、标准做出模板、样例，以方便学员参照执行
协同	培训讲师带领、陪同学员一起按照样板完成各项任务
观察	培训讲师细心观察学员工作的全过程，全面、细致地了解学员的优缺点
纠正	培训讲师指出学员工作中的问题和优点，帮助其改正不足，表扬其做得好的地方
强化	学员坚持按照样板、标准做，并养成习惯

图 3-24　过程指导的五大实施要素

第 4 章

培训需求调查分析体系

4.1 培训需求的细分

4.1.1 普遍培训需求

普遍培训需求是指全体人员的共同培训需求，普遍培训需求包括职业素养、通用管理技能以及个人发展的培训需求，不涉及专业知识、专业技能的培训。普遍培训需求的具体内容如表4-1所示。

表4-1 普遍培训需求的具体内容

增强组织认同的内容	组织文化、组织发展历程、组织关键事件、组织基本规章制度
提升员工素质的内容	员工工作态度、员工工作方法、员工工作效率、员工人际关系、员工职业生涯管理
提升员工技能的内容	基本计算机操作技能、外语基本技能

4.1.2 个别培训需求

个别培训需求由于部门不同、层级不同、岗位不同、资历不同而产生，体现出部分人或个别人的培训需求，各类专业技能培训就属于此类内容。个别培训需求的具体内容如表4-2所示。

表4-2 个别培训需求的具体内容

个别需求分类	需求内容
工作经验	新入职员工、新任管理人员等的培训需求
工作部门	人力资源部门、行政部门、生产部门、质量管理部门、采购部门、营销部门等的培训需求
工作形式	项目、跨部门、部门内团队等的培训需求

4.1.3 短期培训需求

短期培训需求大多是指组织在未来一年内的培训需求，包括年度培训需求、季度培训需求、月度培训需求等。

短期培训需求包括突发情况的解决、引进技术的普及、政策行规的学习，侧重于对具体问题的解决和具体事项的处理，适用于由不满意到满意、由不合格到合格、由不胜任到胜任这一范畴的培训。

4.1.4　长期培训需求

长期培训需求指组织在未来一年以上（不含一年）的培训需求，这类培训需求的产生并不是基于现状，而是基于组织未来发展的要求，长期培训需求制定的依据是未来组织的发展战略目标和经营管理目标。

长期培训需求涉及理念变革、战略转换、人才培养等方面的内容。

4.2　培训需求分析

4.2.1　个人层次

个人层次的培训需求分析是结合员工本身在组织中的发展定位，与其目前所具有的知识和能力进行对比，以把握其培训需求。个人层次的培训需求分析如图4-1所示。

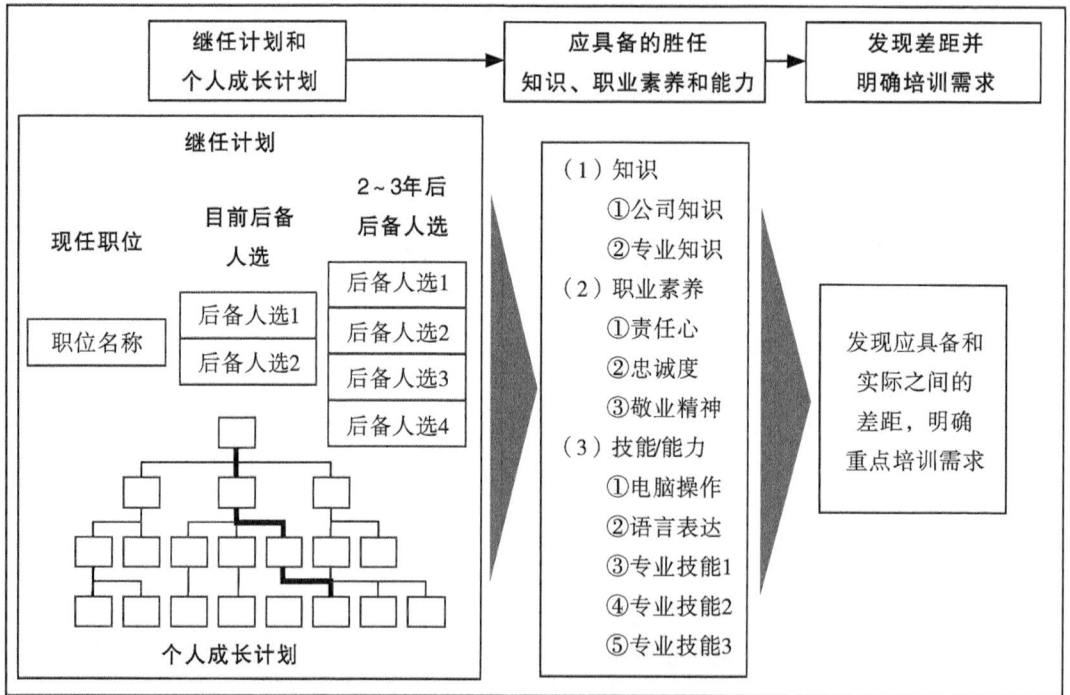

图4-1　个人层次培训需求分析简图

个人层次培训需求分析的实施步骤如图 4-2 所示。

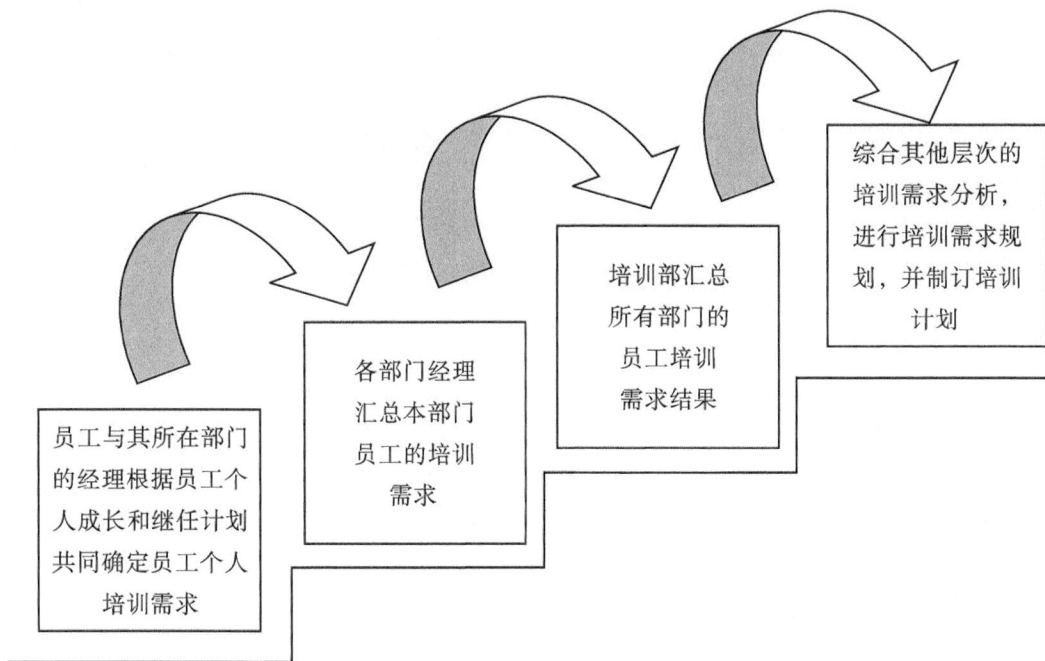

图 4-2　个人层次培训需求分析的实施步骤

4.2.2　职务层次

职务层次是对员工现任职务的任职要求和业绩指标进行评价，由此导出对现任员工应掌握的知识和技能的要求，并同员工的实际知识和能力进行比较，进而产生培训需求。进行职务层次分析的依据如图 4-3 所示。

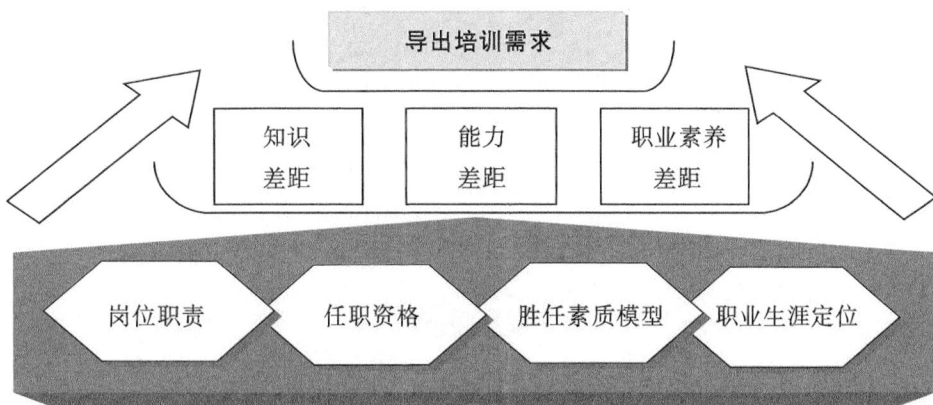

图 4-3　进行职务层次分析的依据

4.2.3　组织层次

通过对组织的目标、资源、环境等因素的分析，准确找出组织存在的问题，并确定借助培训解决这些问题的可行性和有效性。

培训如果违背组织目标的发展要求，置组织实际情况于不顾，就会导致虽投入了大量的时间和金钱，但员工仍无法掌握适应组织发展的知识和技能的情况。

1. 组织层次培训需求分析的内容

组织层次培训需求分析的内容如表4-3所示。

表4-3　组织层次培训需求分析的内容

分析内容	分析内容细化说明
组织目标	明确的组织目标是确定培训目标的关键，组织目标不清晰，就无法有效界定培训目标，并会最终影响培训的实施和培训效果的分析
组织资源	组织资源包括： ①资金资源——组织为支持培训工作开展所能承担的费用 ②时间资源——组织业务开展方式和经营管理的特点是否能确保有足够的时间用于培训 ③人力资源——包括组织目前人力资源状况的分析，也包括未来人力资源状况的需求
组织文化	组织文化涵盖了组织的制度、流程、工作方式、交流方法、组织结构特点、核心价值等，培训计划能否顺利开展与其是否适应组织文化的要求紧密联系

2. 组织层次常见培训需求事项

组织层次提出的常见培训需求事项如图4-4所示。

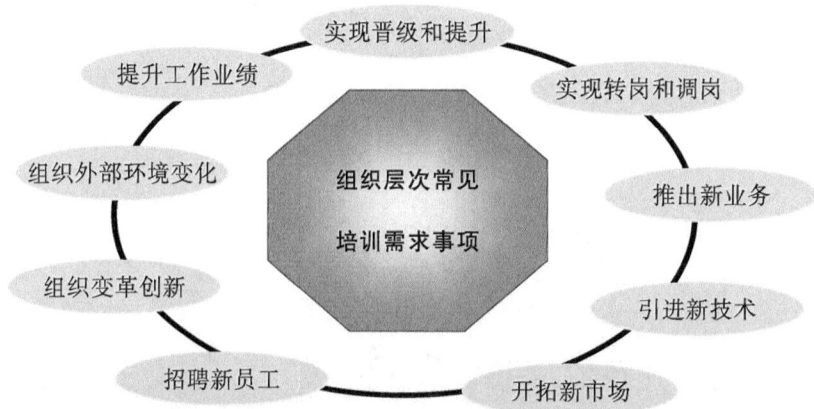

图4-4　组织层次常见培训需求事项

4.3 需求调查的方法

4.3.1 面谈法

面谈法指的是访问者根据与受访人面对面的交谈，从受访人的表述中发现问题，进而判断出培训需求产生的真正原因。

面谈分为正式和非正式两种情况。正式面谈是以标准的模式向所有的受访者提出同样的问题；非正式面谈是由访谈者针对不同的受访者提出不同的开放式问题以获取所需的信息。

1. 面谈法的优缺点分析

面谈法同其他培训需求调查方法一样，有着自身的优缺点和适用范围，所以，组织在实际开展培训需求调查时，最好不要单独使用一种方法，要与其他调查方法结合使用。面谈法的优缺点如图4-5所示。

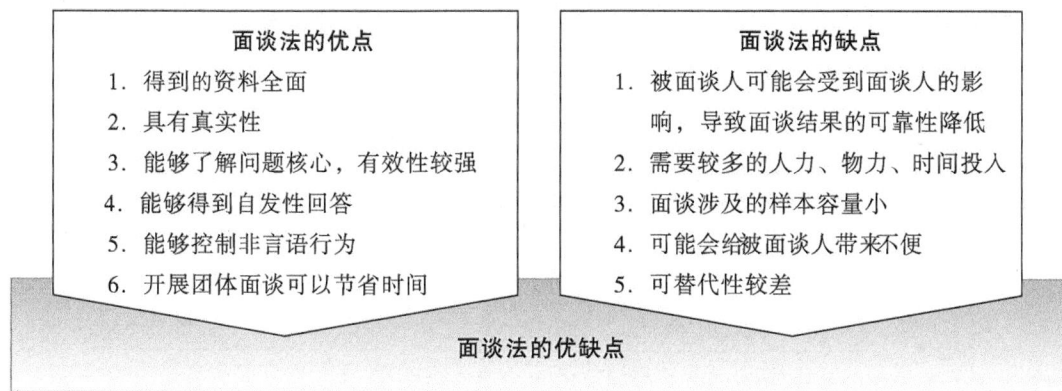

图 4-5 面谈法优缺点

2. 开展面谈的流程

通过面谈法收集培训需求分析信息时，可以按照图4-6中的流程进行。

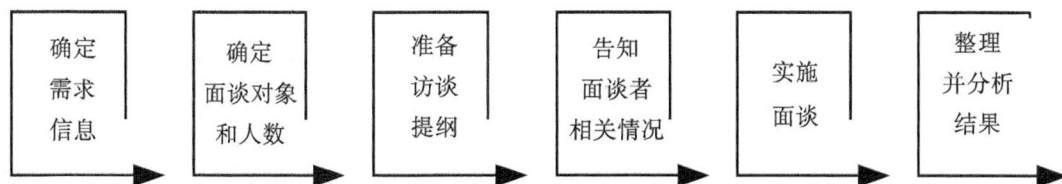

图 4-6 面谈法收集信息的流程图

3. 不同层级员工实施面谈法关键点

在组织做培训需求分析调查，针对新员工、专员、主管、经理不同级别的人员进行培训时，要依据具体要求选择面谈内容，具体内容如表4-4所示。

表4-4　不同层级员工实施面谈法关键点

培训人员类别	面谈法实施关键点
新员工	组织文化、规章制度、职业化心态等内容
专员级员工	岗位技能、专业技能等内容
主管级员工	职业化、管理技能等内容
经理级员工	管理技能、领导力提升等内容

4. 面谈提纲示例

运用面谈法进行组织培训需求分析调查时，决定面谈法能否达到面谈目标的关键在于面谈人是否有一个启发、引导被面谈人讨论关键信息，防止偏离中心的提纲。鉴于面谈提纲对于面谈目标达成的重要性以及面谈提纲极强的可操作性，下面提供一个范例以供读者参考，具体内容详见表4-5。

表4-5　基层员工绩效提升培训需求面谈提纲示例

访谈对象：　　　　　　　　　　　　　　　　　访谈时间：

调查指标	访谈具体问题	访谈记录
员工目前绩效现状自我认知	个人绩效方面目前存在哪些不足	
	个人是否清楚自己职位的目标绩效水平	
	个人目标绩效与现实绩效之间有什么明显的差距	
	个人如何得到关于自己绩效的反馈	
	个人绩效低下会对组织有什么影响，是否妨碍团队达到目标	
绩效低下的原因 1. 工作环境 2. 知识技能 3. 工作态度	你认为是什么原因阻碍了个人绩效的发挥	
	工作环境中的哪些变化会导致个人绩效低下	
	个人目前拥有的技能是什么	
	为达到标准绩效水平，个人当前的技能是否足够	
	如果个人没有掌握目标要求技能，如何消除差距	
	个人是否已经掌握目标要求技能却没有使用，为什么	
	个人技能低下，个人仍然取得哪些令人满意的绩效	

（续表）

调查指标	访谈具体问题	访谈记录
学习动机调动	如果没有被指出个人绩效低下，会发生什么事情	
	如果个人绩效低下的情况被指出，会得到什么裨益	
	如果是上述因素导致绩效低下，采取什么措施可以改变现状	
	自己是否有尝试过直接针对问题的解决方案	
	是否有比培训和发展更简单的解决方案	
培训负责人	你期望公司由谁来负责培训，具体原因是什么	
培训内容	改变绩效现状，应进行知识、技能还是工作心态的培训	
培训期限、时间	培训期限多长为宜，应在工作时间还是休息时间进行培训	
	如果工作时间段培训不太现实，休息时间何时培训合适	
培训地点	培训选择内部培训场地还是外部培训场地	
培训方式	你希望采取讲课类培训、阅读类培训、研讨类培训还是演练类培训	
	各类培训对培训师和讲授方法有什么要求	
	个人的学习风格是什么	
培训评估	你认为培训结束后要达到什么效果	

4.3.2 问卷法

1. 问卷形式分类

问卷法是对随机样本、分层样本或总体进行调查或民意测验。问卷形式包括开放式、探究式和封闭式三种，具体如表4-6所示。

表4-6 调查问卷形式分类

类型	特征	作用
开放式	使用"什么"、"如何"、"为什么"和"请"等词语，而不用"是"或"否"来回答，例如，"你为什么参加此类培训"	发掘对方的想法和观点
探究式	更加具体化，使用"多少"、"多久"、"谁"、"哪里"、"何时"等词语，例如，"你希望这样的培训多久举行一次"	缩小所收集信息的范围
封闭式	只能用"是"或"否"来回答，或者用选择题的形式表达	限制所能收集信息的范围

2. 问卷设计流程

图 4-7 为设计问卷的流程图。

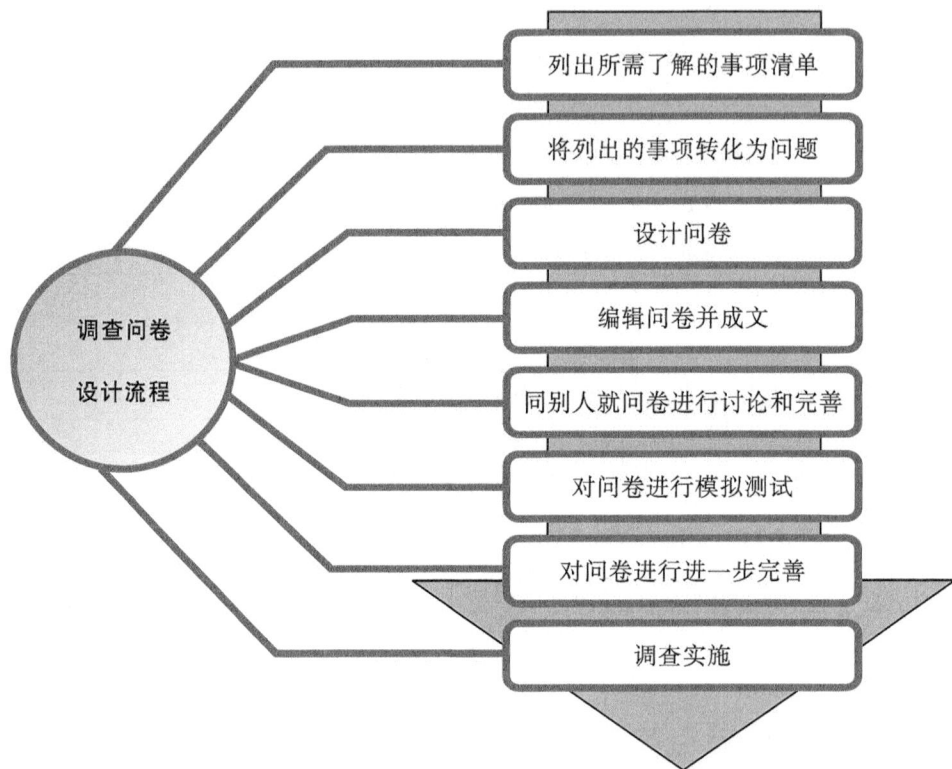

图 4-7　问卷设计流程

3. 问卷设计样例

表 4-7 为了解在岗员工培训需求的调查问卷的样例。

表 4-7　在岗员工问卷调查表

日期：_____年_____月_____日

姓名		性别		年龄	
专业		学历		所属部门	
职务		任职年限		工作年限	
工作情况					
主要工作内容					

（续表）

工作问题处理				
在工作中经常遇到的问题				
解决方式				
结果如何				

培训情况		
参训经历（课程名称）	就职公司	参训日期
针对上述培训课程的感受		
希望公司安排何种培训（希望和建议）		

4.3.3 观察法

观察法是通过较长时间的反复观察或通过多种角度、多个侧面或选择有典型意义的具体时间进行细致观察，进而得出结论的方法。

1. 观察法的优缺点

了解员工工作表现的最佳方式就是观察，通过仔细观察可以发现工作中存在的问题。实施观察法的优缺点如图4-8所示。

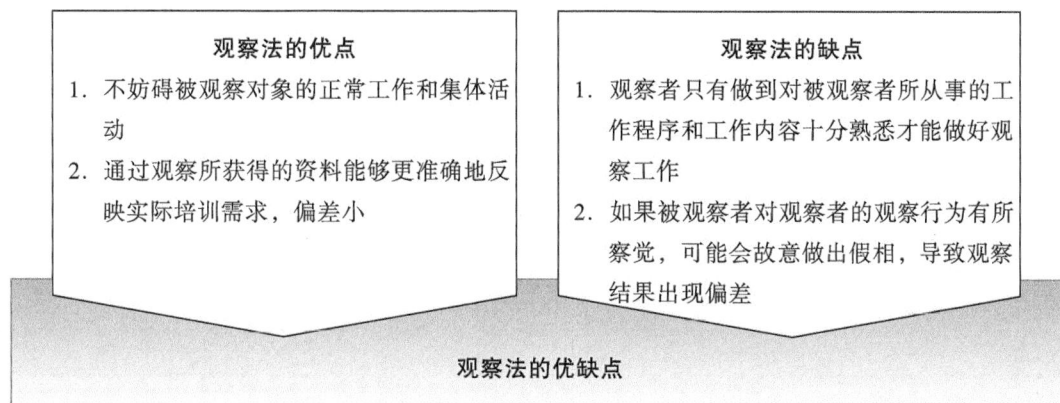

图4-8 观察法的优缺点

基于观察法存在的缺点，在运用观察法把握培训需求时，可以采取如图 4-9 所示的两种改进方法。

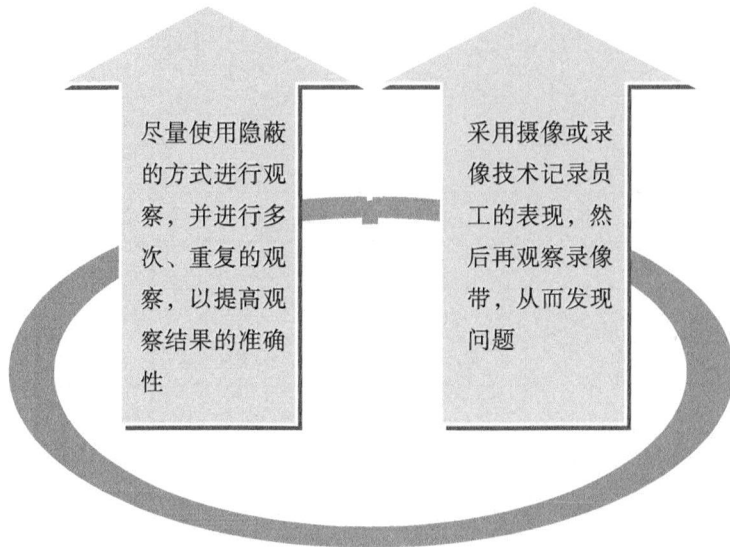

图 4-9　观察法实施的改进方法

2. 观察法使用实例

表 4-8 是收集培训需求信息时所采用的一种观察法的使用实例。

表 4-8　观察法使用实例

观察对象：＿＿＿＿ 地点：＿＿＿＿ 日期：＿＿＿＿			
观察项目	很好	好	一般	差
工作效率	☐	☐	☐	☐
工作质量	☐	☐	☐	☐
工作情绪	☐	☐	☐	☐
服务态度	☐	☐	☐	☐
工作中的耗损情况	☐	☐	☐	☐
工作中的安全意识	☐	☐	☐	☐
工作的熟练程度	☐	☐	☐	☐
工作方法是否恰当	☐	☐	☐	☐
时间安排的合理性	☐	☐	☐	☐
创新能力	☐	☐	☐	☐
团队协作能力	☐	☐	☐	☐
领导组织能力	☐	☐	☐	☐

（续表）

观察项目	很好	好	一般	差
语言表达能力	□	□	□	□
解决问题能力	□	□	□	□
团队中的影响力	□	□	□	□
部门整体情况				

注：根据观察到的结果在最贴切的选项下的"□"内打"√"。

4.3.4 小组讨论法

小组讨论法同面谈法有相似之处，该方法适用于对工作分析、群体问题分析、目标确定，或者对任务、专题的分析。

1. 小组讨论法的开展步骤

小组讨论法的开展步骤如图4-10所示。

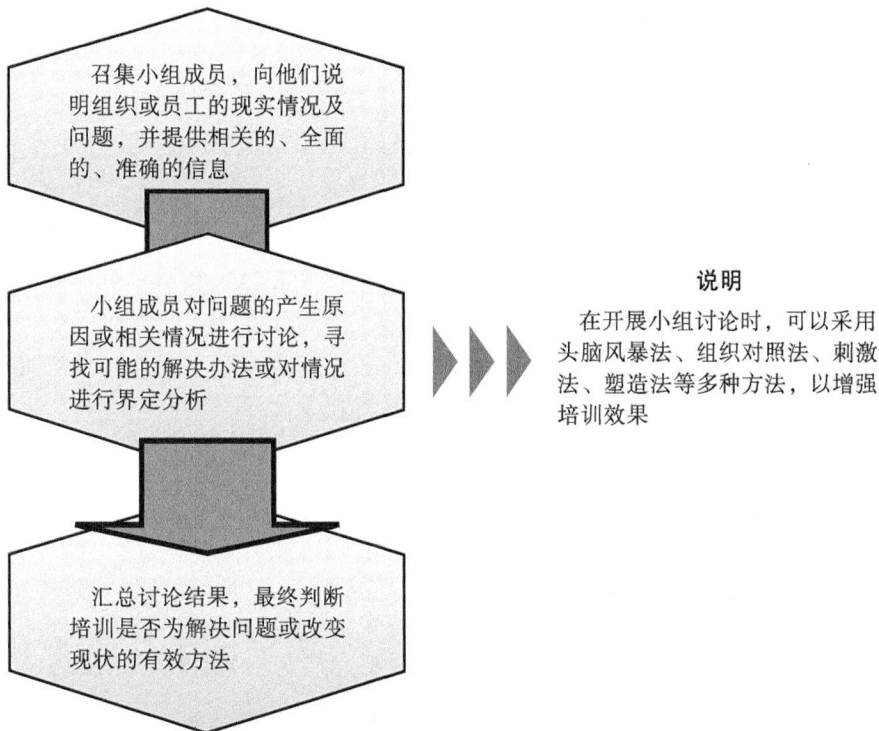

图4-10 小组讨论法的开展步骤

2. 小组讨论法的优缺点

小组讨论法的优缺点如图 4-11 所示。

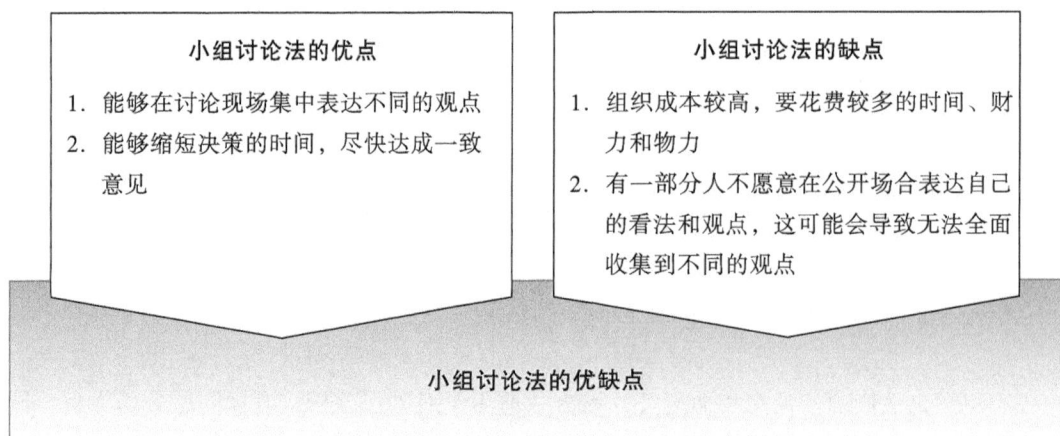

小组讨论法的优点
1. 能够在讨论现场集中表达不同的观点
2. 能够缩短决策的时间，尽快达成一致意见

小组讨论法的缺点
1. 组织成本较高，要花费较多的时间、财力和物力
2. 有一部分人不愿意在公开场合表达自己的看法和观点，这可能会导致无法全面收集到不同的观点

小组讨论法的优缺点

图 4-11　小组讨论法的优缺点

4.4　培训需求确认

4.4.1　面谈确认

培训部门将通过各种方法所获得的培训需求信息进行汇总、整合、分类后，形成组织或员工的初步培训需求。为明确初步的培训需求是否切合组织或员工的实际培训需求，需要进行培训需求的确认。

面谈确认是针对某一个别培训需求，与培训对象进行面对面交流，听取培训对象对培训需求的意见和态度，在此基础上对培训需求进行确认。

4.4.2　主题会议确认

主题会议确认往往是针对某一普遍培训需求而实施的，它通过就某一培训需求主题进行会议讨论，了解参会人员的意见和看法，进而完善培训需求，确保培训需求的普遍性和真实性，为培训决策和培训计划的制订提供信息支持。

4.4.3 正式文件确认

在对培训需求达成共识后，为了便于以后各部门培训的组织实施，减少推诿和扯皮，最后需要用一份正式的组织文件进行确认。具体实施可采用"培训需求确认会签表"的形式，"培训需求确认会签表"的样例如表4-9所示。

表4-9 培训需求确认会签表样例

培训部门	个别培训	短期培训	长期培训	目前培训	未来培训

4.5 培训需求调查文件

4.5.1 培训需求调查表

"培训需求调查表"是组织掌握培训需求的常用表单。

1. 在岗员工问卷调查表

表4-10是在对在岗员工进行培训需求调查时所使用的表单。

表4-10 在岗员工问卷调查表

日期：

姓名		性别		年龄	
专业		学历		所属部门	
职务		任职年限		工作年限	
工作情况					
主要工作内容					

（续表）

工作问题处理				
在工作中经常遇到的问题				
解决方式				
结果如何				

培训情况		
参训经历（课程名称）	就职公司	参训日期
针对上述培训课程的感受		
希望公司安排何种培训（希望和建议）		

2. 部门年度培训需求调查表

"部门年度培训需求调查表"的样例如表4-11所示。

表4-11 部门年度培训需求调查表（各部门填写）

部门名称：　　　　　　　　　　　　　　　　　　　　　　日期：

部门工作目标/内容	需改进的能力	需求课程名称	授课方式	预定实施月份	授课机构/讲师	学时	培训对象	预计人数	预计费用
备注	1. "授课方式"可以填写"内训"或"外训" 2. "培训对象"可以填写"岗位名称"、"新进人员"等								

填表人签字：　　　　　　　　　　　　　部门经理签字：

4.5.2 培训需求调研报告

1. 调研报告内容

在确认员工的培训需求后，需要对各类培训需求进行整理、汇总、分类、合并、分析，在分析的基础上编制"培训需求调研报告"。"培训需求调研报告"是制订员工培训计划的基础。

（1）培训需求调研背景和概况。

（2）培训需求调研的实施说明。

（3）开展培训需求调研的目的和性质。

（4）实施培训需求调研的方法和流程。

（5）分析培训需求调研所获得的信息。

（6）进行培训需求调研信息与培训目标的比较

（7）对调查结果的简要评析和对培训目标的调整意见。

（8）附录。包括收集和分析信息时所用的相关图表、原始资料等，其目的在于鉴定收集和分析相关资料和信息时采用的方法是否合理和科学。

2. 需求调研报告实例

××公司培训需求调研报告

一、调研简介

1. 调研部门

人力资源部为本次调研活动的实施部门。

2. 调研目的

为强化年度教育训练课程的实施，并对年度培训工作作出整体性规划和系统化执行，了解员工培训需求，充分、有效地运用培训资源，为年度培训计划的制订提供依据。

3. 调研时间

____年____月____日至____年____月____日。

4. 调研对象

公司所有人员，共120人。

5. 调研方式

采用纸质问卷，发放后收回。

二、员工培训需求调查结论

1. 培训需求定位

在本次调研活动中，按照选择频率的高低，员工所提出的工作中面临的困难和问题如下。

（1）跨部门沟通难度加大，使在部门间获得有效支持变得越来越困难。

（2）专业技能和经验不足，影响了工作效率和工作效果。

（3）其他。

各部门在工作中遇到的主要困难：第一，部门间的沟通难度较大，如何获得其他部门（或下属单位）对本部门工作的理解与支持，是各部门面临的较大问题；第二，专业经验不足，个人技能与经验增长较慢。

2. 培训课程需求

（1）课程需求

课程类别及课程名称如下表所示。

课程类别及课程名称表

需求排名	课程类别	课程内容
1	生产管理类	如何当好班组长、生产现场管理技巧、生产进度控制、现场问题解决
2	领导力提升类	工作计划与时间管理、提高影响力、高效决策
3	通用管理技能	沟通技巧、个人知识管理、自我激励与压力管理、执行力
4	营销管理类	销售技能、谈判技能、成单技巧
5	客户服务类	大客户服务、客户信息管理
6	人力资源类	人员规划与工作分析、胜任素质及其应用、劳动合同风险防范
7	财务管理类	财务报表分析、日常资金管理与控制
8	行政文秘类	商务礼仪、商务写作、文档管理

（2）对培训工作的建议

对培训工作建议的汇总内容如下表所示。

培训工作建议内容汇总

序号	问题	调研结论（按照选择频率由高到低排列）
1	最有效的培训方法	案例分析、情景模拟、专题研讨、小组讨论
2	阻碍工作绩效的主要因素	缺乏足够的培训、工作分配不合理、缺乏热情、专业技能滞后

序号	问题	调研结论(按照选择频率由高到低排列)
3	培训时间的长短	7小时、4小时、12小时、2小时
4	培训讲师的选择	外部实战知名培训师、组织内部优秀培训师、知名科研机构专家
5	培训时间的安排	上班期间、双休日、下班后、其他时间
6	月累计培训时间	8小时、8小时以上、4小时、2小时

三、培训实施建议

基于本次调研的结论,特提出如下培训实施建议。

1. 培训形式多元化

采用多元化的培训课程开展形式,综合使用案例分析、情景模拟、专题研讨等形式。

2. 培训时间和讲师选择灵活

(1)尽可能将培训时间安排在双休日。

(2)培训讲师根据开展课程的不同,选择外部实战知名培训师或内部优秀培训师。

3. 课程内容实务化

在课程内容选择上,强调工具、技巧、方法等的使用,注重快速提高员工的工作效率和效果。

附录:本次调研问卷(具体内容略)

编制人员		审核人员		批准人员	
编制日期		审核日期		批准日期	

第 5 章

培训课程设计与开发体系设计

5.1 培训内容的层次

5.1.1 初级层次

初级层次的培训内容针对具体工作任务、工作对象和工作事项而设计。基于"缺什么、补什么"的要求,从解决实际问题和具体问题出发。最常见的就是将培训内容划分为三类,即知识、技能和态度。

在学历层级较低、工作创新性要求不高、职位层级较低的情况下,更多地采用知识、技能和态度的培训。常见的知识、技能和态度的细化说明如表5-1所示。

表5-1 常见知识、技能和态度细化说明

内容划分	细化说明
知识	专业知识、经验知识、社会知识、经济知识
技能	操作技能、目标管理技能、风险管控技能、决策技能、沟通技能、书面写作技能
态度	忠诚、责任、自律性、服务意识、成本意识、进取心

5.1.2 深度层次

深度层次的培训内容解决的是如何实现可持续的创新、可持续的变革、可持续的良性发展,怎样获得面对问题的思路,如何思考才有效等问题。

深度层次的培训内容包括潜能挖掘、思维培训、问题解决等,它针对的不是一次或一时的问题解决,而是侧重于获得无数次解决问题的方法并掌握高效思考的技巧。

如果初级层次的培训解决的是授之以"鱼"的问题,那么深度层次的培训解决的就是授之以"渔"的问题。

深度层次的培训适用于组织高层管理者以及对变革和创新要求较高的行业和岗位,而且随着知识时代的到来、网络的普及、生活节奏的加快,组织对深度层次培训的需求也越来越强烈。

5.2 培训内容的分类

5.2.1 按照内容本身分类

按照培训内容本身的属性，可以把培训内容进行如图 5-1 所示的划分。

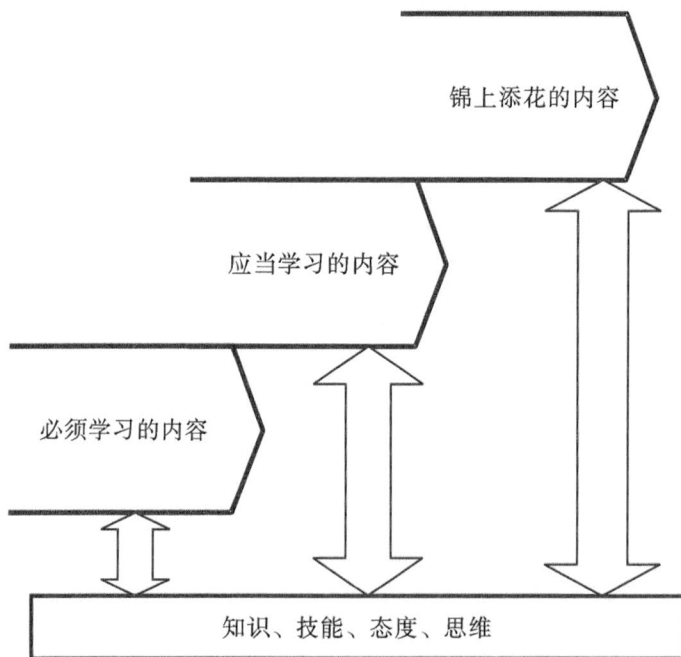

图5-1　按照培训内容本身属性进行的内容划分

5.2.2 按照岗位类别分类

组织在构建培训课程内容体系时，按照组织岗位类别的不同进行培训内容的分类是常见的分类方法。

按照岗位类别的不同可以将内容划分为行政管理类岗位、财务管理类岗位、人力资源类岗位、生产管理类岗位、市场营销类岗位、采购管理类岗位、技术研发类岗位、客户服务类岗位等。表5-2是八类常见岗位类别的培训内容举例。

表 5-2　常见岗位类别培训内容举例

岗位类别	培训内容举例	岗位类别	培训内容举例
人力资源类	1. 组织结构设计与部门职能划分 2. 招聘与面试技术和技巧 3. 绩效管理实务—工具和方法 4. 内部培训师的养成与管理 5. 培训工作实务—工具和方法 6. 现代组织薪资福利设计与操作 7. 职责划分和岗位说明书的编写与应用 8. 员工激励实务—方法和技巧 9. 员工离职原因及解决方案 10. 员工辞退管理与辞退面谈 11. 组织选人方法与心理测量技术 12. 如何成为高效人力资源管理者	财务管理类	1. 组织成本控制 2. 财务分析与风险防范 3. 预算管理与预算编制技巧 4. 会计科目审查与查账技巧 5. 合同签订技巧与风险控制 6. 内部控制及风险管理实务 7. 财务管理制度及流程规范化设计 8. 问题账款管理与账款追收技巧 9. 财务报表分析与分析报告编写技巧 10. 电子表格在会计信息系统中的应用 11. 税务筹划实战操作技巧及其案例分析
行政管理类	1. 政府公关 2. 危机公关 3. 职业秘书训练 4. 接待与电话技巧 5. 会议组织与活动管理 6. 行政经费管理与控制 7. 行政经理职业素质技能训练	生产管理类	1. 精益生产管理 2. 六西格玛管理 3. 高效的5S管理 4. 现场管理技巧训练 5. 零缺陷与质量成本 6. 生产现场与问题解决 7. 物料管理与库存控制 8. 现场质量分析与问题解决 9. 如何成为一名出色的班组长 10. 如何成为一名出色的生产主管
市场营销类	1. 促销管理 2. 广告管理 3. 销售谈判技巧 4. 电话销售技巧 5. 销售渠道管理 6. 大客户管理与销售 7. 品牌策划与品牌营销 8. 市场营销与竞争优势 9. 打造卓越的销售队伍 10. 经销商的经营管理 11. 处理客户抱怨的销售技巧 12. 提高销售人员的表达和介绍技巧	采购管理类	1. 采购流程管理 2. 采购成本控制 3. 采购制度设计 4. 采购计划制订 5. 采购合同管理 6. 采购谈判技巧 7. 采购项目验收

（续表）

岗位类别	培训内容举例	岗位类别	培训内容举例
技术研发类	1. 新产品研发流程优化 2. 研发项目管理 3. 工艺改进流程 4. 研发成本管理	客户服务类	1. 如何处理现场冲突 2. 如何处理客户投诉 3. 如何寻找潜在客户 4. 客户满意与客户服务技巧 5. 内部客户服务与沟通技巧 6. 如何进行顾客满意度的测量 7. 如何建立客户调查和反馈系统

5.2.3 按照管理层级分类

组织的管理层级最为常见的就是划分为高层管理者、中层管理者和基层管理者三个层级，每一管理层级都有针对自身特点的培训需求，因此，组织在设计培训内容时，应考虑每一层级管理者的特点。图5-3以三个层级管理者领导能力培训内容的设计为例，分析了不同层级管理者的特点。

表5-3 不同层级领导能力培训内容分析示例

层级划分	所需知识和能力	培训内容
高层管理者	1. 战略分析能力 2. 决策能力 3. 外部协调能力 4. 谈判能力 5. 危机处理能力	1. 宏观经济形势分析 2. 行业发展状况 3. 战略规划 4. 高级谈判技巧
中层管理者	1. 战略执行能力 2. 计划预算能力 3. 谈判能力 4. 团队建设能力 5. 人员管理能力	1. 战略管理体系 2. 计划预算管理 3. 中级谈判技巧 4. 建立高绩效团队
基层管理者	1. 进度掌控能力 2. 内部沟通能力 3. 人员管理能力	1. 有效问题解决 2. 内部有效沟通 3. 任务分配和人员管理

5.2.4 按照管理能力分类

管理能力是组织中每位员工都应当具备的能力，这种能力包括管理他人的能力、管理自我的能力等。组织发展对员工管理能力的要求越来越高，管理能力提升已经成为组织不可或缺的培训内容。常见的管理能力培训内容如表 5-4 所示。

表 5-4　管理能力常见培训内容

管理能力	培训内容举例	管理能力	培训内容举例
沟通管理能力	1. 表达、倾听、反馈、谈判、演讲 2. 沟通技巧、沟通方法、沟通工具 3. 团队沟通、项目沟通、跨部门沟通、跨文化沟通、客户沟通、上级沟通、平级沟通、下级沟通	团队管理能力	1. 团队目标确定、团队角色认知、团队成员训练、团队领导修炼 2. 项目团队打造、销售团队打造、虚拟团队打造、职能团队打造、跨职能团队打造
时间管理能力	1. 审查时间、分配时间、锁定时间、管理时间、克服时间障碍、培养管理时间的习惯 2. 时间管理的 N 种技巧、时间管理的 N 种方法、时间管理的 N 种工具、影响时间效率的 N 个原因、提高时间效率的 N 个诀窍、跨越时间陷阱的 N 种方法	问题解决能力	1. 树立问题意识和思考力，识别问题、分析问题、解决问题 2. 问题解决技巧、问题解决的工具、8D 问题解决法、5S 问题分析与对策、麦肯锡 7 步解决法
执行能力	1. 执行不力的原因、制订计划、分配任务、采取行动、提升效率、高效授权、有效沟通、时间管理、用对方法、解决问题、细节管理、制度保障、流程设计 2. 高层执行力提升、总裁执行力提升、中层执行力提升、基层执行力提升、个人执行力提升、组织执行力提升、团队执行力提升	会议管理能力	1. 准备会议、出席会议、主持会议、组织和控制会议、总结会议 2. 高效会议的工具（六顶思考帽）、确保会议高效的 N 个技巧 3. 营销会议管理、广告媒体会议管理、班组长班前班后会管理、部门会议、董事会议、洽谈会议、谈判会议

5.2.5 按照人员类别分类

组织可以根据某一类人员的数量和该类人员在组织中的重要程度设计针对该类人员的培训内容。表5-5是组织常见人员类别的培训内容设计。

表5-5 按照人员类别划分的培训内容

人员划分	培训内容划分维度	培训内容	
班组长	管理自我	1. 班组长的自我修炼	2. 班组长如何担当责任
	管理业务	1. 现场业务管理 3. 质量问题解决技能培训	2. 班组长生产管理实战 4. 作业改善问题解决与方法
	管理他人	1. 如何督导培养下属	2. 班组长的 HR 管理
	管理技能	1. 打造高绩效班组团队	2. 班组长管理技能提升训练
	日常管理	1. 班组长的一天	2. 班组长的日常管理能力修炼
新任管理者	新任主管	1. 新任主管的权利和责任 3. 如何建设团队 5. 新任主管管理技巧	2. 部门主管角色定位 4. 如何培养下属
	新任经理	1. 企业经营理念和策略 3. 部门计划制订和执行	2. 员工业绩考核和评估 4. 部门经理管理技能提升
	新任总监及总裁	1. 经营理念和管理哲学 3. 战略决策分析与管理 5. 变革和创新	2. 塑造管理魅力 4. 风险防范和危机化解

5.2.6 按照问题类别分类

设计组织培训内容大多数情况下是为了解决组织面临的各类问题，组织希望通过开展培训解决现存的或可能发生的问题，并在现有基础上不断改善。图5-2是针对不同问题类别而进行的培训内容的设计。

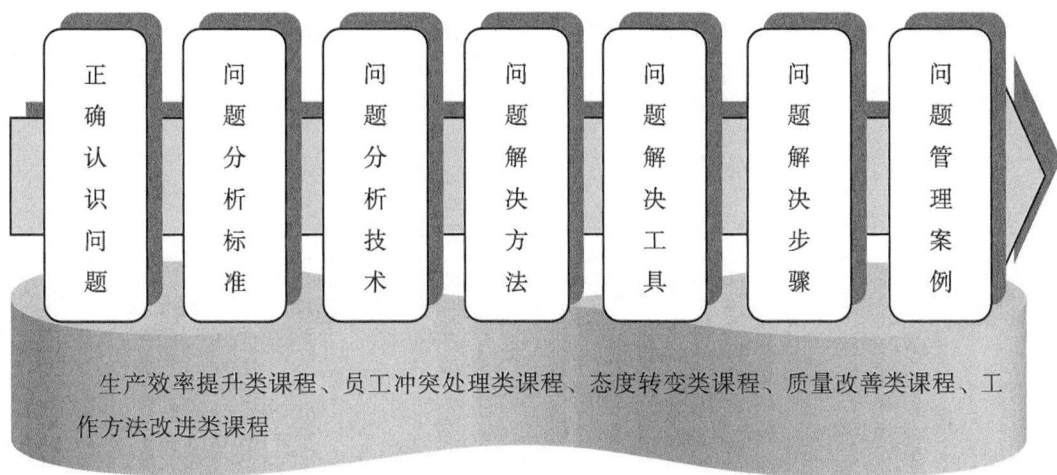

正确认识问题　问题分析标准　问题分析技术　问题解决方法　问题解决工具　问题解决步骤　问题管理案例

生产效率提升类课程、员工冲突处理类课程、态度转变类课程、质量改善类课程、工作方法改进类课程

图 5-2　按照问题类别进行培训内容设计

5.3　课程讲授的方式

5.3.1　内训面授课程

面授是一种按照既定的时间在特定的地点集中开展的培训，其表现为培训师同受训人员之间的面对面的授课过程。面授课程的效果同授课讲师水平以及授课方法有密切关系，面授的优势、不足及其适用范围如表 5-6 所示。

表 5-6　面授的优势、不足和适用范围

面授优势	面授不足	面授适用范围
1. 精品课程授课质量高 2. 面授内容相对丰富 3. 面授方式也灵活选择 4. 面授互动效果较好	1. 培训对象数量受限 2. 培训组织难度较大 3. 培训脱离工作环境 4. 培训成本相对较高	1. 对互动性要求较高的课程 2. 突出培训师影响力的课程

5.3.2　E-Learning 课程

E-Learning 又称电子化学习、在线学习，指通过计算机、网络等数字化方法进行学习活动。E-Learning 最大的特点就是充分利用了 IT 技术所提供的全新的沟通机制以及资源丰富的学习环境。E-Learning 课程就是借助 E 化平台和技术而实施的课程。

1．E-Learning 课程的优势和适用范围

E-Learning 课程的优势和适用范围如表 5-7 所示。

表 5-7　E-Learning 课程的优势和适用范围

优势	不足	适用范围
1．实现随时随地学习，受众范围广 2．学习成本低 3．便于跟踪进度和学习结果，及时跟进和辅导 4．便于实施考核和进行培训统计	1．打造精品课程难度大、成本高 2．偏重表现形式 3．对受训人员的学习习惯、学习方式和学习理念有一定要求 4．满足个性化培训的难度较大	1．大中小型企业内部自学，具有一定人员规模，授课频繁 2．机构分布较广泛，不便于经常性的集中培训 3．对培训内容实时性要求不高，培训内容的重复性较强 4．授课对象数量较多，且课程内容侧重基础内容 5．一线员工更换比较频繁，而又不便集中培训，且要花费大量培训经费

2．E-Learning 课程的建设方式

组织可以参考如表 5-8 所示的方式进行 E-Learning 课程建设。

表 5-8　E-Learning 课程的建设方式

建设方式	方式说明	适合课程类型
自主开发	组织自行开发的在线课程。自主开发课程有利于充分考虑本组织的实际要求，将组织中大量的内部专业知识和隐性知识通过课件制作工具制作成适合组织的课程，这类课程在组织课程建设体系中所占的比例最大	适合制作容易、课程生命周期短、成本低的课程
直接采购	直接向课程内容提供商采购在线课程。采购的课程类型主要是通用类课程，这类课程适用于不同行业、不同类型的组织和其他组织。在组织的课程体系中，一般直接采购的课程数量以不超过组织所有课程的 30% 为宜	适合对岗位差别、行业差别、组织类型差别不大、要求不高的基础类课程
委托开发	由组织培训管理的相关人员会同外部聘请的教学设计师、多媒体设计师和技术工程师共同组建课程开发小组，完成在线课程的开发，这类课程是组织课程体系建设的重点	适合生命周期长、使用频率高、重点规划的专业知识课程
免费资源	组织充分利用网络的巨大资源，选择一些免费的网络在线资源作为组织课程体系建设的补充	适合课程相关的素材、资料等的内容

5.3.3 拓展训练类课程

拓展训练类课程是指以体验为主的培训活动，是一种情景式心理训练。受训人员通过解决问题和应对挑战的训练，达到提高团队意识、磨练意志，进而改善心态、完善性格的目的。

拓展训练类课程随着组织间竞争的加剧、社会节奏的加快、员工间竞争压力的加大而被越来越多的组织作为培训的必选课程。

拓展训练类课程适合于销售人员培训、新员工入职培训、核心人才等的心态、理念、习惯、团队等的培训，而且随着拓展训练类项目的开发，组织各级员工都能通过参加合适的拓展训练类课程获得提高。图5-3所示的五类人员或组织更适合通过拓展训练类课程进行培训。

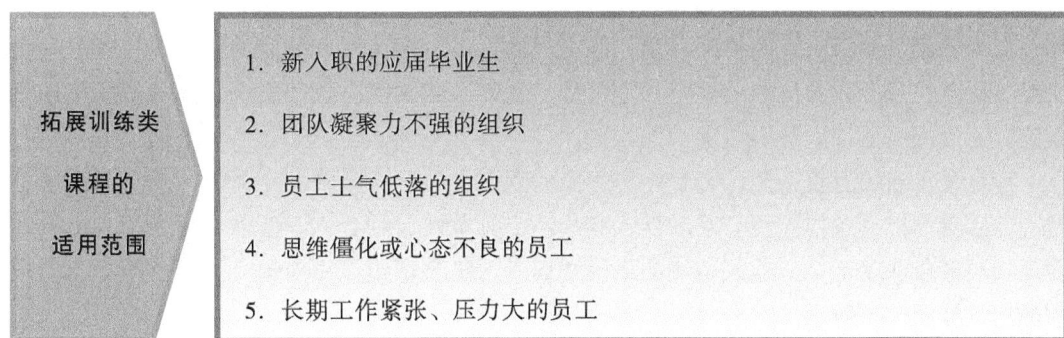

拓展训练类课程的适用范围

1. 新入职的应届毕业生
2. 团队凝聚力不强的组织
3. 员工士气低落的组织
4. 思维僵化或心态不良的员工
5. 长期工作紧张、压力大的员工

图5-3 拓展训练类课程适用范围

常见的拓展训练项目如表5-9所示。

表5-9 常见的拓展训练项目

项目类型	项目名称
水上项目	水上漂、搭板过河、同舟共济、潜水
野外项目	徒步穿越、野外生存、古城识途、高空相依、高空吊桩、高空断桥、攀岩、空中单杠
场地项目	信任背摔、孤岛求生、突破封锁线、高空单杠、有轨电车、勇渡断桥、匍匐前进、生命之旅

组织在选择拓展训练培训机构时，需要考察如图5-10所示的三项内容。

表 5-10　拓展训练培训机构考察内容

考察项目	考察项目的具体内容
培训机构服务信息	包括机构发展简介、机构优势、机构课程介绍、机构信誉机构课程收费等
培训机构培训设施	包括设施是否齐全、设施是否安全、设施是否有相关的合格标志等
培训机构培训师资	包括师资所具备的经验、所应具备的资质、所应具备的专业水平等

组织在选择拓展训练类课程时，特别需要考虑的因素包括培训风险和培训成本。

5.3.4　沙盘模拟类课程

沙盘模拟是一种富有极强实战色彩的管理培训课程，是借鉴军事演习而开发出的一种高端培训模式。

沙盘模拟将组织置身于国际化、信息化的复杂环境中，通过模拟组织的整体运营过程，让受训人员分析组织内外部环境，制定战略方案、市场及产品决策、生产决策、营销决策、财务决策，体验组织的经营决策过程，从而掌握制定决策的方法，远离决策陷阱和误区，达到提高受训人员决策能力的目的。

沙盘模拟演练课程是美国、日本等国家的众多大中型企业中高层管理人员的常设必修课程，沙盘模拟具备体验性、互动性、实战性、竞争性、综合性、有效性等特点，有利于受训人员形成深度记忆，这是传统的面授培训所无法实现的。目前被运用于沙盘模拟类培训的项目如图 5-4 所示。

1. 企业系统运营管理沙盘模拟课程　2. 高效团队建设沙盘演练
3. 企业战略管理与经营决策沙盘模拟课程　4. "团队领导力提升"沙盘演练
5. 企业营销实务沙盘模拟课程　6. 专业销售技术沙盘训练课程
7. 金牌导购技术沙盘模拟训练课程　8. 执行力沙盘模拟演练
9. 非财务经理的财务管理沙盘模拟课程　10. 项目管理沙盘模拟课程
11. 非人力资源经理的人力资源管理沙盘模拟课程　12. 物流沙盘模拟培训课程

图 5-4　常见沙盘模拟类课程项目

5.4 培训课程设计流程

5.4.1 课程需求确定

课程需求分析是课程设计者进行培训课程开发的第一步。进行课程需求分析的目的是以满足组织和组织成员的需要为出发点，从组织环境、个人和职务各个层面上进行调查和分析，从而判断组织和个人是否存在需求以及存在哪些需求。

确定课程需求可以采用如图 5-5 所示的三种方法。

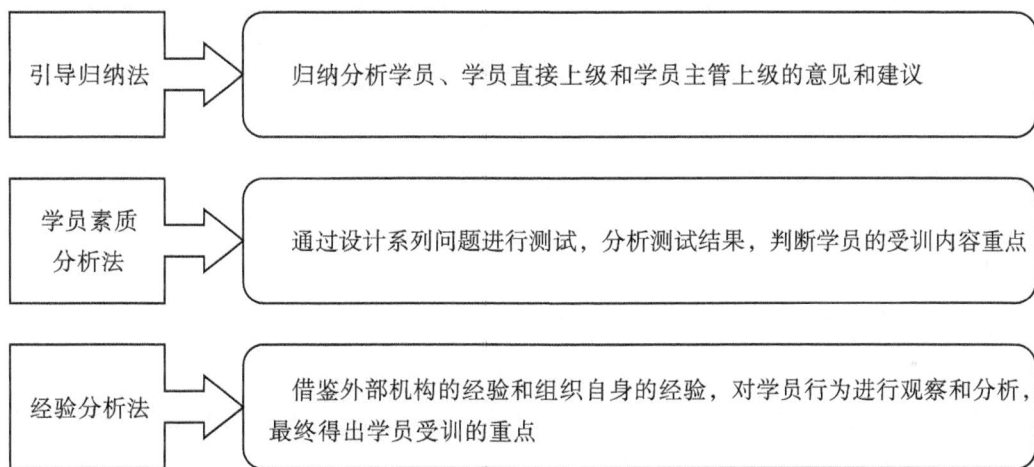

引导归纳法	归纳分析学员、学员直接上级和学员主管上级的意见和建议
学员素质分析法	通过设计系列问题进行测试，分析测试结果，判断学员的受训内容重点
经验分析法	借鉴外部机构的经验和组织自身的经验，对学员行为进行观察和分析，最终得出学员受训的重点

图 5-5　课程分析的三种方法

确定课程需求的人员包括受训人员的部门经理、内部培训师、培训学员，而培训部门则负责组织确定课程的具体需求内容。

5.4.2 课程目标设定

课程目标是制定课程大纲的依据，课程目标根据环境的需求而确定，它提供了学习的方向和要达到的标准。课程目标表达可以运用 ABCD 法：Audience（培训对象）、Behavior（行为）、Condition（环境）、Degree（标准），即"在什么样的环境下，做什么样的行为，可以达到什么样的水平"。培训课程目标描述的特点如图 5-6 所示。

图 5-6　培训课程目标描述特点

制定课程目标时要考虑课程类型、课程的具体内容、课时长度、学员的理解与操作能力。不同课程内容的课程目标描述如表 5-11 所示。

表 5-11　不同课程内容的课程目标描述

课程内容类别	课程目标描述
理论与知识类	记忆、理解、简单应用、综合应用、创新应用
技能类	理解、模仿、简单应用、熟练应用
观念态度类	转变、接受、行为转化、内化为价值观
备注	课程目标描述的程度依次加深

在设计课程目标时，可利用表 5-12 所示的指导表作为辅助工具。

表 5-12　用于准备课程目标的指导表

	目标内容	说明
目标 1	动词描述	以动词开头
	绩效	学员将知道什么或做什么
	标准	绩效应该达到什么程度
	条件	学员展开该行为时，所需要的设备或其他资源
目标 2	动词描述	以动词开头
	绩效	学员将知道什么或做什么
	标准	绩效应该达到什么程度
	条件	学员展开该行为时，所需要的设备或其他资源
……		……

注：1. 在第一列中描述工作任务或课程内容，目标制定将以此作为基础。

　　2. 第一项、第二项、第三项以及第四项内容的总和，形成完善的课程目标。

5.4.3 课程大纲设计

1. 选择课程内容

一门培训课程不可能包括所有的相关内容，因此在选择课程内容时，应先考虑与学员相关的学习背景和学习需求。在对环境、职务及学员需求进行分析之后，确定学员必须学会的知识、技能和态度。在选择培训课程内容时，可以采用如图5-7所示的步骤进行。

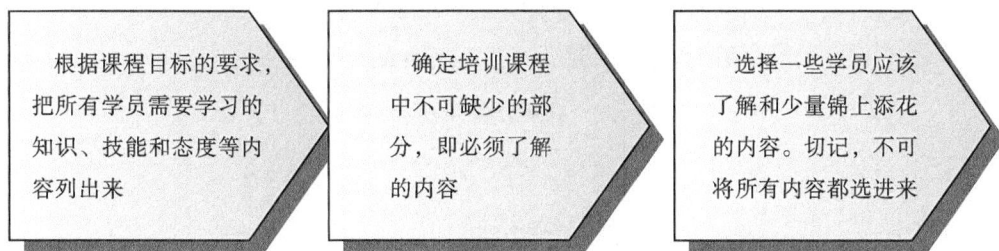

图5-7 课程内容排序流程

在进行具体内容选择时，应着重考虑如表5-13所示的标准。

表5-13 课程具体内容的选择标准

课程内容	选择标准
心态和观念	可能存在哪些误区，需要什么样的引导
知识缺项	讲授哪些理论与原理，采用什么方式讲授
技能缺项	需要掌握哪些典型情形，有哪些实施步骤和实施要点，要避免犯哪些错误
其他	选择重要性强、学习难度大、发生频率高而且目标学员胜任程度不高的内容作为培训的重点

2. 形成课程大纲

课程大纲是对课程内容和培训方法的初步设想。大纲界定了课程的方向和框架，整个课程将围绕这个框架进一步充实和延伸。

（1）课程大纲的主要内容

图5-8是对课程大纲主要内容的总结。

图5-8 课程大纲的主要内容

（2）课程大纲编写步骤

①根据课程目的和目标写下培训课程名称。

②为课程提纲搭一个大体框架。

③记录每项具体的培训内容。

④选择各项培训内容的授课方式。

⑤修订、重新措辞或调整安排的内容。

5.4.4 课程单元设计

课程单元设计是在完成课程大纲的基础上，具体确定每一单元的授课内容、授课方法和授课材料的过程。

课程单元设计的优劣直接影响了培训效果的好坏和学员对课程的评估等级。在培训开展过程中，相对独立的课程单元不应在时间上被分割开。课程单元设计的具体内容如图5-9所示。

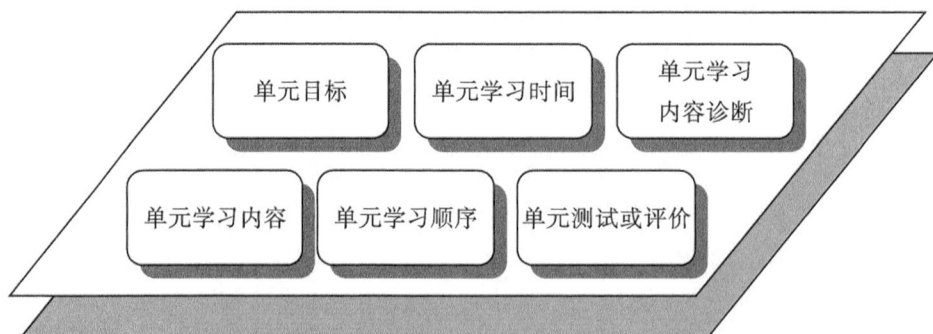

图5-9 课程单元设计六项内容

组织在进行课程单元设计时，可以根据不同的学习对象和学习需求设定核心单元、必修单元和选修单元，搭配不同的学习单元形成适合学习对象、满足个性化学习需求的课程。

5.4.5 课程试讲研讨

课程试讲和研讨的目的在于对所设计课程内容进行实操性的演练，以判断课程设计是否达到了预计的培训目标，实现有效的培训效果。课程试讲研讨实施的具体内容如表5-14所示。

表5-14 课程试讲研讨的实施

实施事项	事项说明
采用形式	小规模内部试讲，按照正式授课的要求开展试讲和研讨
参加人员	内部培训师、被培训人员代表、外请课程专家、培训管理人员等
关注内容	授课风格是否恰当、授课逻辑是否严谨、课程模板是否适用、课程时间是否合理、课程内容选择是否合理等
研讨实施	课程试讲完毕后，由参加试讲的人员根据对试讲的感受提出改进意见，由试讲人员汇总意见后实施课程改进，在听取课程意见时，要有选择性地倾听培训对象的意见，并充分考虑组织对培训的要求
说明	若授课对象包含不同层级、不同部门的人员，则可以针对不同的学员安排多次试讲

5.4.6 课程提升改进

在对课程进行试讲研讨的基础上进行课程的提升和改进，提升和改进集中在如图5-10所示的八个方面。

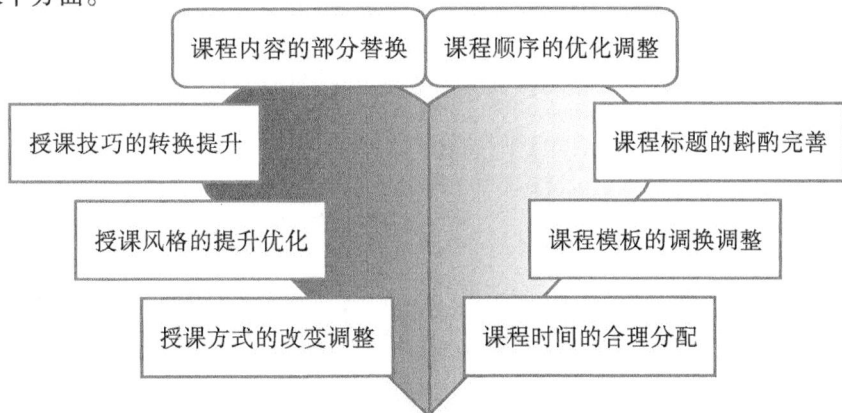

图5-10 课程提升改进的具体内容

5.4.7 正式制作课件

1. 构建课件内容框架

课件内容框架的具体构成要素如图 5-11 所示。

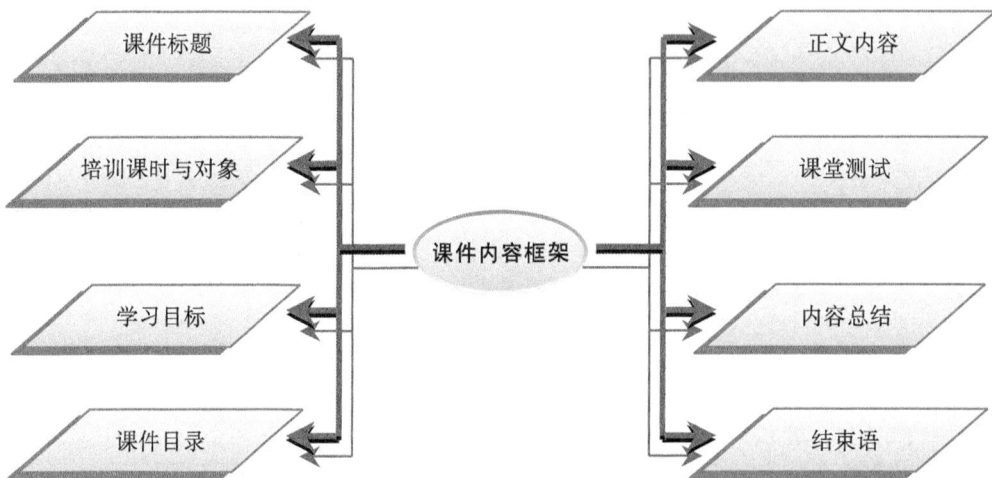

图 5-11 课件的内容框架

2. 进行课件形式设计

课件内容框架的展示需要借助于课件形式设计，课件形式设计的事项及其说明如表 5-15 所示。

表 5-15 课件形式设计事项及说明

形式设计事项	形式设计事项说明
整体设计	1. 每一张幻灯片中应同时具有文字、图形、导航等要素 2. 课件设计以美观为主，整体体现统一风格和基调
颜色搭配	课件中每一张幻灯片的颜色选择最好不超过四种
导航系统设计	1. 课件的正文目录和正文内容之间可以做简单的链接操作 2. 可根据课件开发需求在每页中设"上一页"、"下一页"、"本章目录"、"案例"、"故事"、"资料"等链接 3. 每项链接要保持字体、字号、颜色等的统一性

形式设计事项	形式设计事项说明
页码设置	课件一般需要添加页码，页码可以置于本页右下角或中间，幻灯片的封面页、标题页可以不加页码
动画设计	根据课件展示的需要进行简单的动画设计，进行动画设计的种类在整个课件中最多不超过五种
文字格式设计	包括字体、字号、行距、文字编号等内容，文字格式设计时要注意保持统一，标题文字和正文文字之间要在字体样式、字号大小上有所区别

5.4.8 编写学员手册

学员手册是学员参加培训时得到的培训资料，包括学员需要或者被要求掌握的所有知识要点。它可以是一本外购的图书，也可以是自编的一套教材。就自编的学员手册而言，主要表现为 PPT 形式。学员手册的内容和形式可以根据课程的需要有多样化的选择，如可以选择教材、培训资料的某些部分或讲义的某些资料等。

在培训开展过程中，也会发放对学员手册进行补充的资料，包括参考资料、讲义、案例分析资料、角色扮演资料以及游戏说明资料等。

编制 PPT 形式的学员手册时，可以根据培训师制作的课程演示文稿为蓝本，根据学员的特点进行内容的调整和排版的相关优化。学员手册的编写要满足的要求如表 5-16 所示。

表 5-16 学员手册编写要求及其说明

编写要求	要求说明
准确性	只有确保所有内容准确无误才能保持课程在学员心中的可信度
针对性	学员手册的编写内容要紧紧围绕学习目标来组织，在满足学习目标要求的基础上增加内容的趣味性
难易适中	不同学员在文化程度和理解能力上存在差别，这就要求编写学员手册时应充分考虑学员的文化水平和理解能力，避免给学员的学习增加压力
留存适当空白	编制学员手册时，应适当留出空白，供学员在学习过程中进行记录
排版的适宜性	在编写学员手册时，应当设计合适的字体和字号，以供学员在培训过程中和培训结束后使用

5.4.9 编写讲师手册

讲师手册是讲师讲解课程的参考手册，是培训师在上培训课时的顺序、内容的指引，在课程设计中，它属于培训师备课的一部分。

讲师手册的内容包括开场、气氛调节、所要教授的主要理论和技能，培训方式、案例分析、游戏编排、互动讨论、相关测试及测试结果分析、所提问题及问题答案、可能遇到的困难及对策等所有与课程有关的所有内容。因此，编辑讲师手册是整个培训课备课过程中最艰巨、最具创造性的工作。讲师手册一定要做到"傻瓜化"、图文并茂，便于讲师据此操作。

讲师手册的编制步骤如图 5-12 所示。

图 5-12　讲师手册编制流程示意图

（1）充分把握培训需求

在编制讲师手册前仔细考虑所授课程的目标、学员的特点、学员的理解水平等问题，这可以通过与学员及学员所在部门的领导进行交谈找到答案。

（2）确定课程的主要章节标题和培训课时分配

在确定课程的主要章节标题时，可以参考市场上类似课程的大纲介绍，取长补短、查漏补缺。时间安排的确定是分配章节内容所需时间的前提，是设计案例、游戏、讨论内容的前提，也是掌控案例、游戏、讨论时间的必然要求。

（3）收集资料，编写内容

①理论知识。理论知识资料可以从相关教材类图书、网络和公司资料中查找。

②知识应用的设计。知识应用包括案例、游戏、活动等环节的设计。这些可以从网络、实务类图书或自己的切身经历等方面获取素材，并编排成可操作、可应用的案例、游戏、活动等。这一部分内容的关键在于对案例、游戏、活动进行分析和总结，并设法将其控制在可控范围内。

5.5 世界著名课程设计模型

5.5.1 泰勒课程设计模型

泰勒是目标模式的代表人物,目标模式是课程设计的主流模式。泰勒基于对课程的规划和设计提出了以确定教育目标为核心的课程理论。泰勒课程设计的原理如图5-13所示。

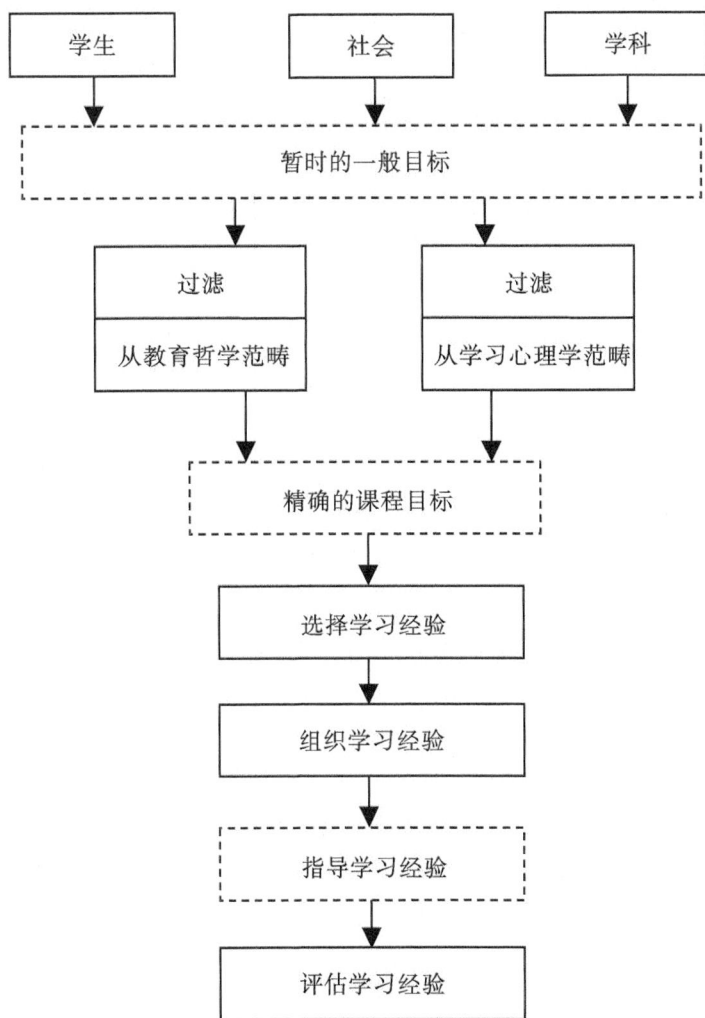

图5-13 泰勒课程设计原理

1. 形成课程目标

在课程设计之初，首先需要回答"达成什么教育目的"的问题，即要确定课程目标。课程目标的决定需要考虑学生、社会以及学科等的需求，并综合这些需求形成暂时的课程目标。针对暂时的课程目标从教育哲学和学习心理学两个方面进行过滤，进而形成精确的课程目标。精确的课程目标应当数量少而重要。

2. 选择学习经验

选择学习经验，即确定需要提供什么样的学习内容或活动，才能达到之前确定的课程目标。

3. 组织学习经验

在选择了众多的内容或活动后，需要回答"怎样将这些学习经验有效组织起来"的问题，即组织学习经验。组织学习经验的过程就是要对选择的内容或活动进行适当的分配、整合，并安排合理的学习顺序，形成指导学习活动的教材。

4. 指导学习经验

指导学习经验阶段涉及到了实际教学活动的开展，即将课程通过教材内容或活动以及教师的教学引导，让学生开展学习。

5. 评估学习经验

在进行了一段时间的学习后，需要对已经开展的学习进行评估，以判断"是否达成了教学目标"，为后续的课程改善、调整或放弃提供信息支持。

5.5.2　塔巴课程设计模型

塔巴的课程设计主张采用系统、客观、研究导向的思路。塔巴将泰勒的课程设计的四段模式改良为七步模式，重点集中在"目标、学习经验和评价"三个层面上，这与泰勒是一样的。塔巴课程设计的七步模式如图5-14所示。

该模式的根本目的是发展学生的思维技能，即教学生如何思考。教师应当避免过多地向学生提供事先准备好的整套概括，应当让他们学会独立地处理信息以形成自己的概括。该模式定向于过程，提倡通过观察形成各种推理类型。

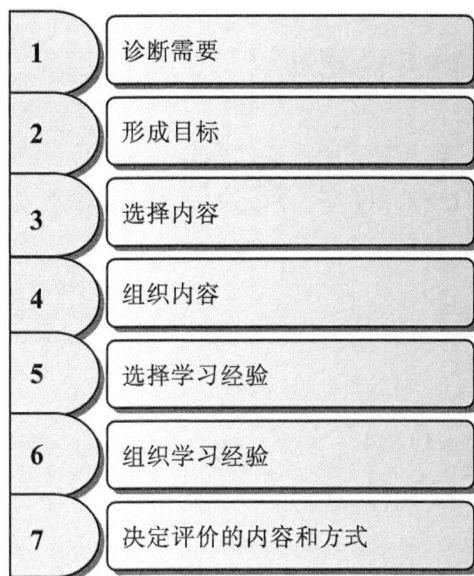

图 5-14 塔巴课程设计的七步模式

5.5.3 斐勒课程设计模型

斐勒（Wheeler）认识到泰勒课程设计模型为直线型模型，缺乏回馈，因此对其进行了改良并提出了圆环模式，如图 5-15 所示。

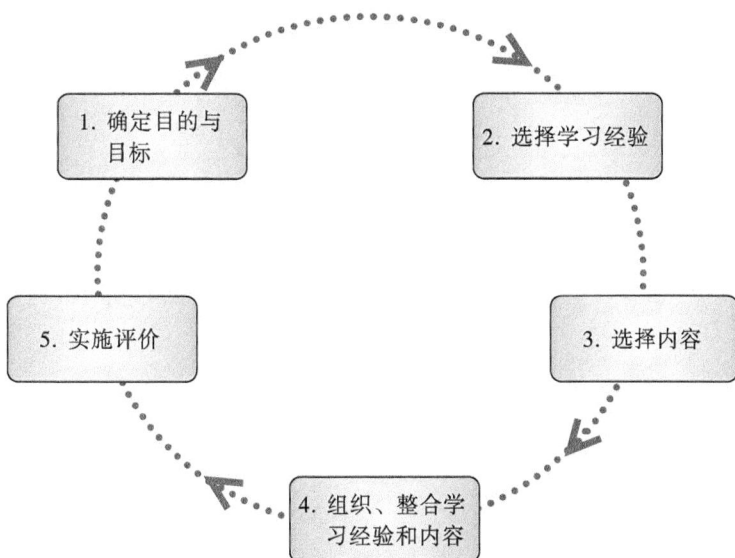

图 5-15 斐勒的圆环模式

5.5.4 柯尔课程设计模型

柯尔（Kerr）提出了一种具有实用价值且内容丰富的目标模式，该模式包括四项构成内容，即目标、知识、学习经验和评鉴。柯尔的课程设计模型如图 5-16 所示。

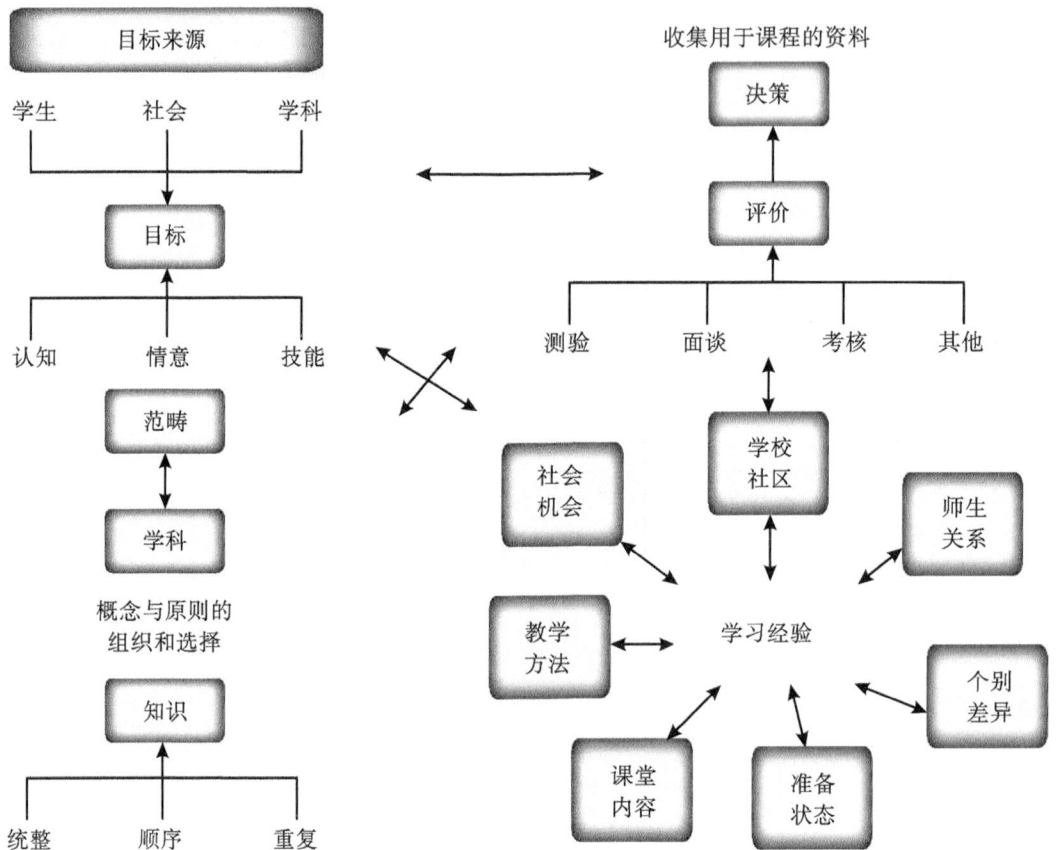

图 5-16 柯尔的课程设计模型

1. 目标

学生的发展、需要及兴趣，所面临的社会状况，学科性质和学习形态这三方面是确立目标的来源，同时，确定目标还要考虑认知、情意与技能三个方面的内容。

2. 知识

知识的构成要素来源于各学科的基本概念和探究方法，统整、重复和顺序原则是构建知识的标准。

3. 学习经验

学习经验来自学习者同情境的交互影响。学习者借助各种感官、肢体的参与体验，其学习效果会更加深刻而持久。

4. 评价

评价的目的在于确认是否达成了目标。进行评价所要收集的数据包括目标的可行性、内容与方法的切合性、学习者的需要与成就等。测验、面谈、考核等是评价的方法。

柯尔的课程设计模型主张学习者获得学科内的系统知识和基本概念后，仍须参加适当的学习活动，以帮助学习者亲自参与和体验，达成学习目标。

柯尔课程设计模型的不足之处是，在于在学习经验和评价之间缺少实施这一动态的运作。只有借助于实施，学习者所学到的客观课程内容才能转化为主观表现，以进行评价。

5.5.5 朗催课程设计模型

朗催（Rowntree）提出的课程设计模式，主张课程发展要经过拟定目标、学习设计、评估、改进四个阶段，各阶段又分为若干细节步骤。朗催的课程设计模型如图5-17所示。

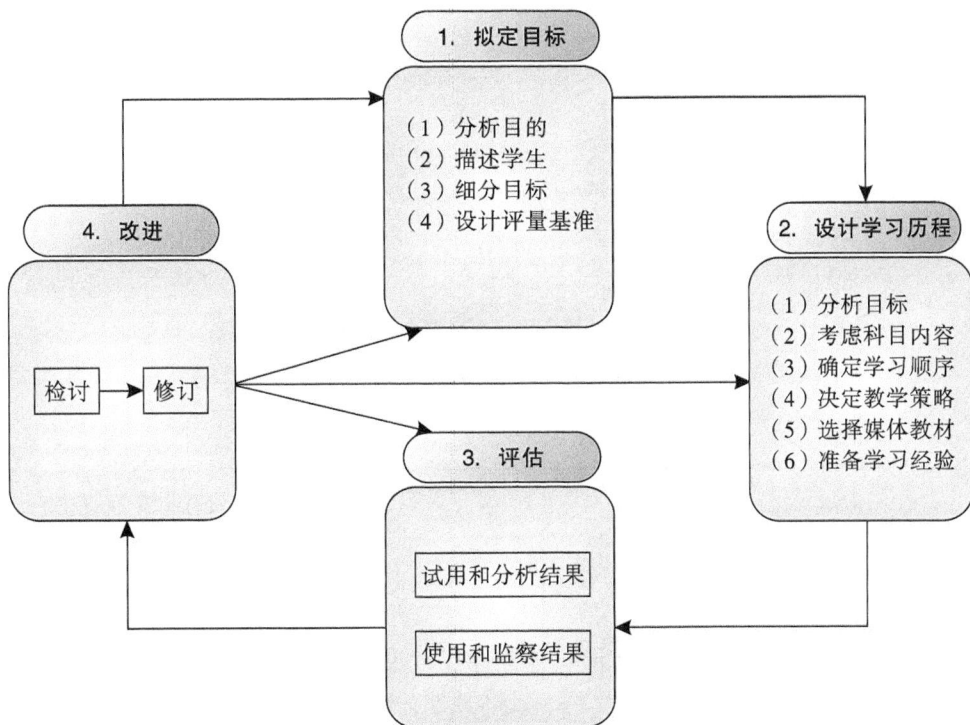

图5-17 朗催的课程设计模型

表 5-17　朗催课程设计模型细化说明

阶段	阶段说明
拟定目标	（1）分析目的：如课程的目的为何 （2）描述学生：描述学生的背景、兴趣、知识、态度和技能等，以了解学生的起点行为 （3）细分目标：将目的化为行为目标，拟定学生通过学习要获得哪些态度、技能和知识 （4）设计评量基准：如何评估学生达成目标的程度
设计学习历程	（1）分析目标：分析能够达成每个目标的必要条件 （2）考虑科目内容：如包括哪些课程、概念、原则及例子等 （3）确定学习顺序：决定构成元素及其排列和组织的方式 （4）决定教学策略：根据行为目标和学生的需要选择教学策略 （5）选择媒体教材：选择适合的学习媒体和学习教材，以达成学习目标 （6）准备学习经验：确定学习的活动或具体的内容
评估	（1）试用：将学习经验在学校中试用，观察其效果和效率 （2）分析结果：分析试用的结果，若觉得结果满意，则可以进行下一步骤——使用；若不满意，则需要进行修订 （3）使用：继续实施这个课程或课程当中的一些学习经验 （4）监察结果：对使用的结果进行评价和考核，以确定学生是否达到预定的学习目标
改进	（1）检讨：检讨课程设计的各种限制条件，了解其影响程度，并进行积极的补救 （2）修订：根据达成的以及尚未达成的目标，结合教、学中存在的困难，了解学习经验的优缺点并加以修订，然后试用并重新评估

5.5.6　詹森课程设计模型

詹森（Johnson）的课程模型将课程视为课程发展系统的产出，同时也视为教学系统的投入，并界定课程为"具有结构性的一系列预期的学习结果"。詹森的课程概念模式如图 5-18 所示。

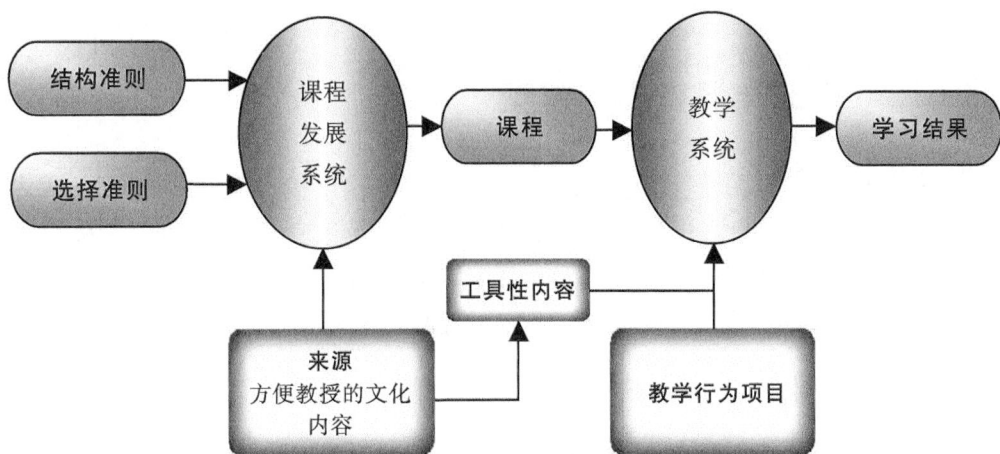

图 5-18 詹森课程设计模型

詹森后来将自己的模式改良成为 P－I－E 模式，即规划、实施和评价，詹森的课程概念模式应用于课程与教学时，共分为五个要素，即目标建立、课程选择、课程结构、教学规则和技术性评价等。

5.5.7 瓦克课程设计模型

瓦克的自然模型比泰勒的目标模型更具有弹性，目标在瓦克自然模型中的重要程度较低。瓦克的自然设计模型如图 5-19 所示。

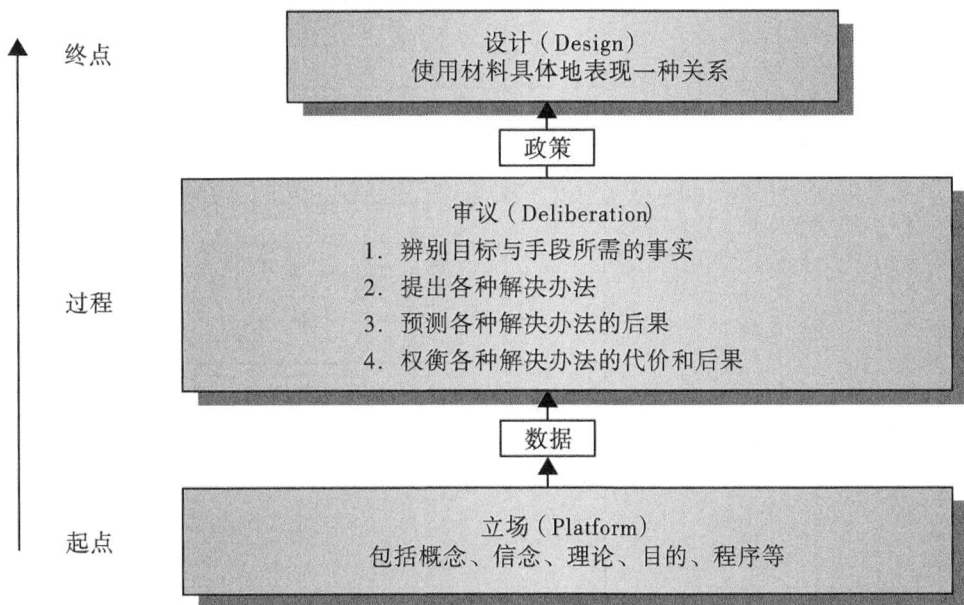

图 5-19 瓦克的自然设计模型

5.5.8　史北克课程设计模型

史北克（Skilbeck）的课程设计模式属于情境分析模式，是介于目标模式和过程模式的折衷模式，他的课程设计过程架构包括情境分析，目标形成，学程建立，诠释与实施，监察、反馈、评估和重建五个部分的内容，具体如图 5-20 所示。

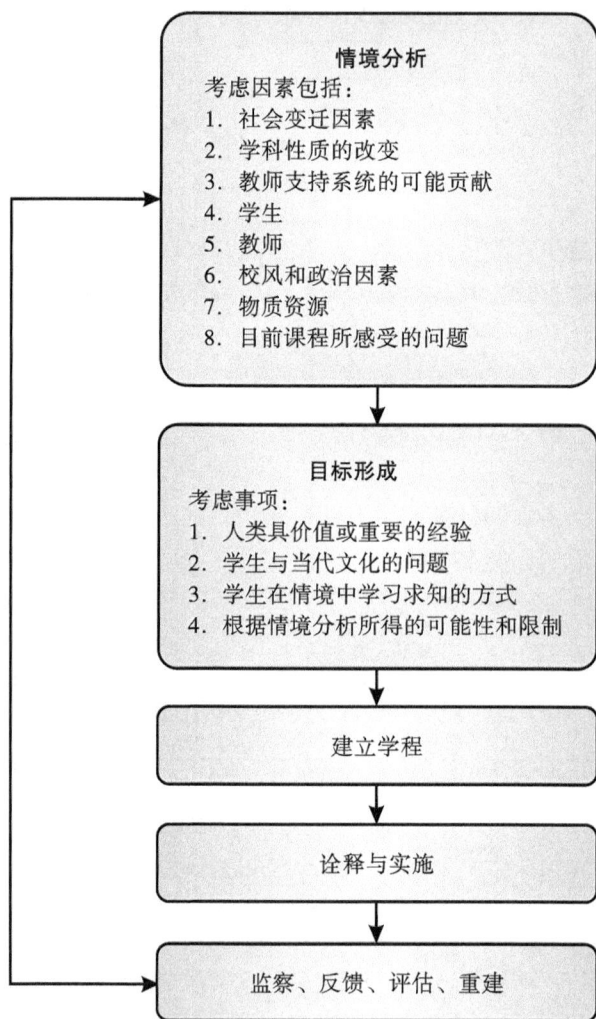

图 5-20　史北克课程设计模型

1. 情境分析

情境分析涉及课程设计的脉络和设计的可行性，课程设计者在这个阶段需要收集包括相关教育制度、教师的基本资料、学习者的基本资料等在内的信息，并回答"课程问题和需要是什么？我们如何应付它们？"这个中心问题。

2. 目标形成

情境分析的结果是形成目标的前提。

目标描述包括教师和学生的行动（不仅限于行为取向）、预期的学习成果等。

目标的类型包括普遍目标、特定目标、短期目标、长期目标等，这些目标会暗示设计者的偏好、价值、判断、优先性和强调重点。

3. 学程建立

学程建立包括设计教学活动（内容、结构和方法、范围、顺序）、教材、合适的环境、人事调配和角色界定、时间安排、其他资源的供应。

4. 诠释与实施

诠释与实施关注课程转变时所遇到的问题，因为课程的引进可能会导致是否接受的问题，设计者应做好准备以应对可能会出现的不确定情况，处理混乱、抗拒、漠不关心等难题。

5. 监察、反馈、评估、重建

该阶段的主要工作是设计监察和沟通系统，构建评估程序，应付持续评估的实施，保证课程设计过程的连续性。

该阶段设计者评估的重点包括两个方面：一是评估学习者的学习潜能和表现；二是评估设计和实施课程的过程。评估结果会成为讨论、反省和行动的依据。

5.5.9　迪金课程设计模型

迪金课程设计是一种行动研究模式，它主要是指澳大利亚迪金大学（Deakin University）所提出的批判性的行动研究模式。

迪金模式的行动研究构成了一系列反省性的螺旋，这个螺旋包括四个"过程时刻"，即普遍计划、行动、行动的观察、对行动的反省。这一模式的目的在于鼓励参与者之间的讨论和持续的实践。迪金的行动研究模式如图5-21所示。

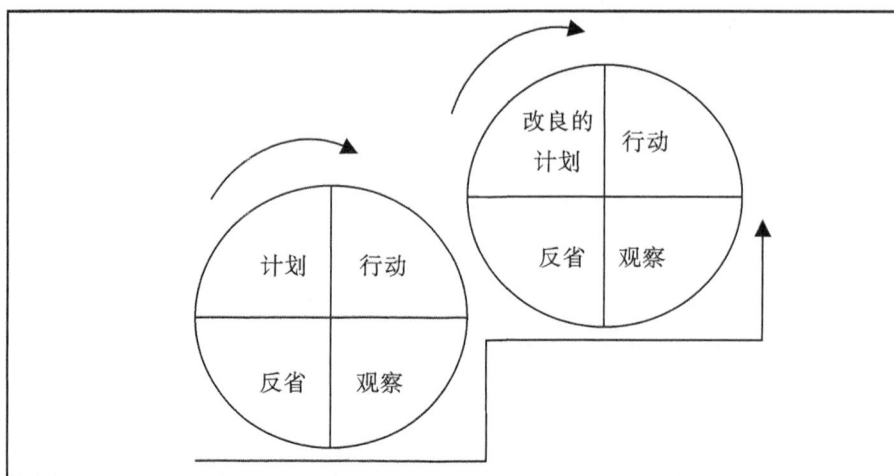

图 5-21　迪金行动研究模式

对于迪金行动研究模式的分析如图 5-22 所示。

图 5-22　迪金行动研究模式分析

5.6　组织常用课程设计模型

5.6.1　ISD 模型

1. ISD 模型介绍

ISD（Instructional System Design）模型，即教学系统化设计，是以传播理论、学习理论、教学理论为基础，运用系统理论的观点和知识分析教学中的问题和需求并从中找出最佳答案的一种理论和方法。

（1）分析

对教学内容、学习内容、学习者特征的分析。

（2）设计

对学习资源，学习情景，认知工具，自主学习策略、管理与服务进行设计。

（3）开发

根据设计内容进行课程开发。

（4）实施

根据课程开发的成果实施培训。

（5）评估

对开发的课程评估并形成评估报告。

2. 组织 ISD 模型设计实例

图 5-23 是 ISD 模型在组织培训中应用的模型示例。

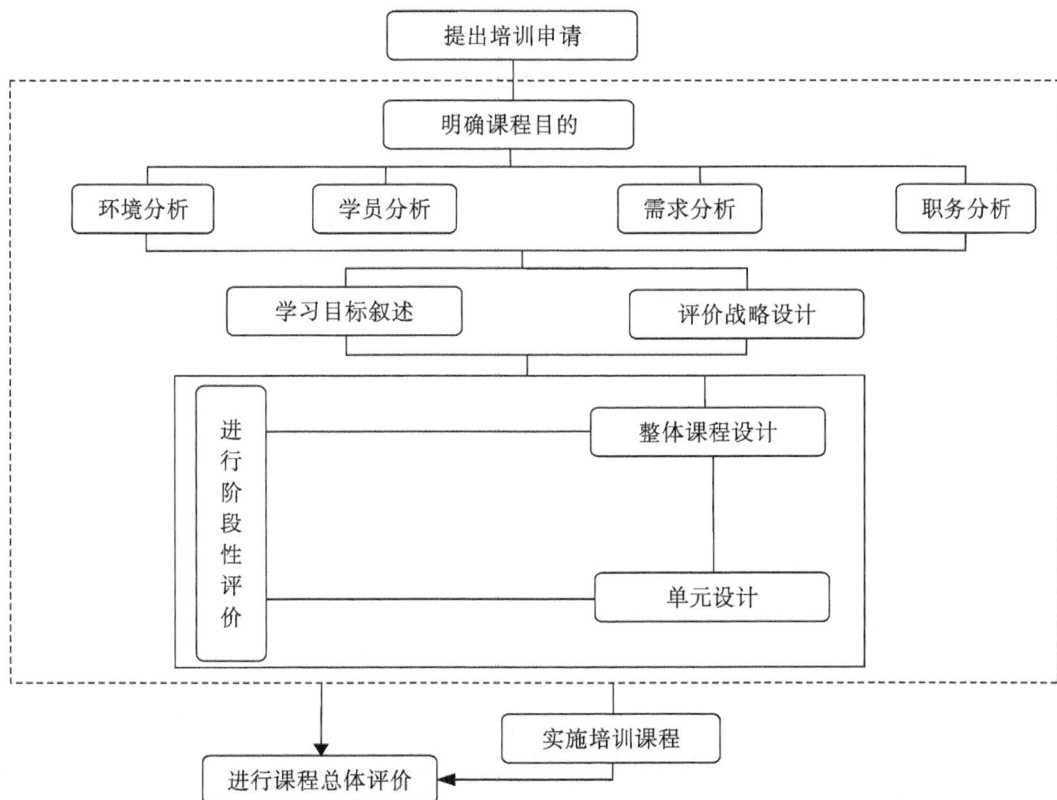

图 5-23 ISD 模型示意图

5.6.2 HPT 模型

HPT（Human Performance Technology），即绩效技术模型，它通过确定绩效差距，采取有效益和效率的干预措施，获得所希望的人员绩效。该模型强调对低成本、高效益和高效率的解决问题的方法选择。HPT 模型的操作步骤如图 5-24 所示。

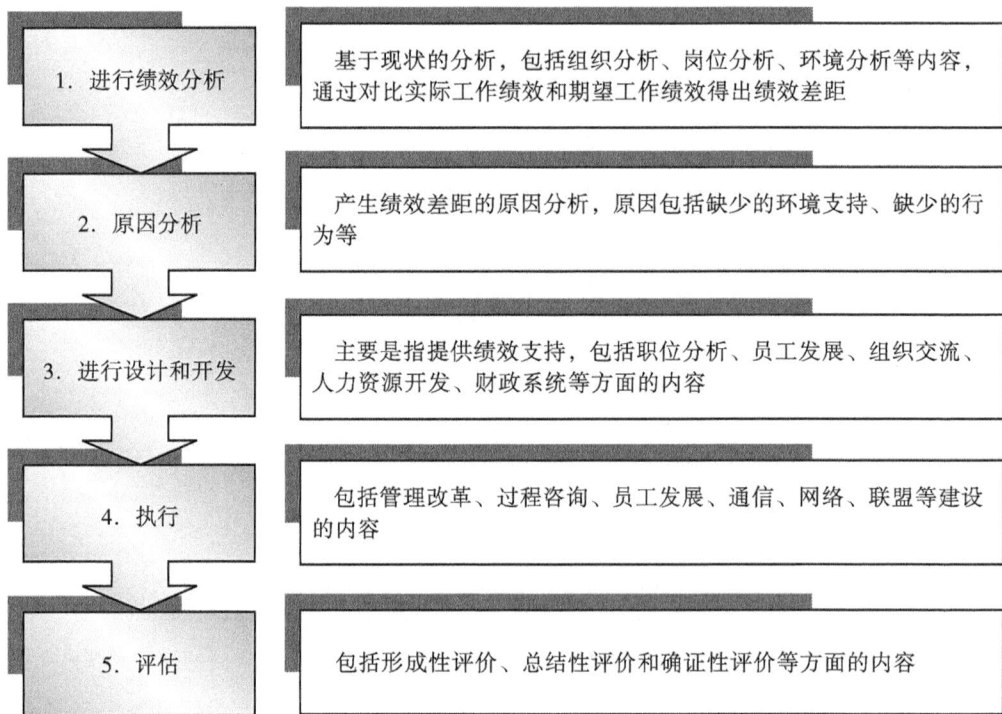

1. 进行绩效分析	基于现状的分析，包括组织分析、岗位分析、环境分析等内容，通过对比实际工作绩效和期望工作绩效得出绩效差距
2. 原因分析	产生绩效差距的原因分析，原因包括缺少的环境支持、缺少的行为等
3. 进行设计和开发	主要是指提供绩效支持，包括职位分析、员工发展、组织交流、人力资源开发、财政系统等方面的内容
4. 执行	包括管理改革、过程咨询、员工发展、通信、网络、联盟等建设的内容
5. 评估	包括形成性评价、总结性评价和确证性评价等方面的内容

图 5-24　HPT 模型的操作步骤

5.6.3 CBET 模型

CBET 模型（Competency Based Education and Training Model），即能力本位教育培训模式，起始于技术工人的职业培训，基于职业岗位而开发，明确模式的教学基础、教学目标和评价标准。

能力可以是动机、特性、技能、人的自我形象、社会角色的一个方面或所使用的知识整体。所以，能力是履行职务所需的素质准备，通过培训，可以使人的潜能转化为能力。CBET 模型基于岗位的课程开发和实施流程如图 5-25 所示。

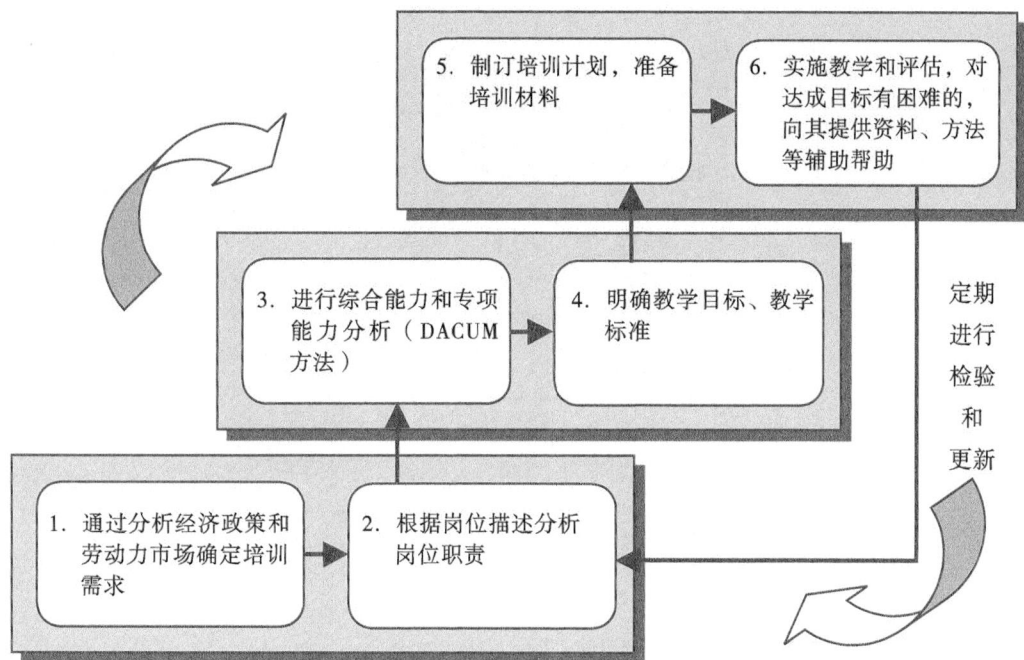

图 5-25　CBET 模型基于岗位的课程开发和实施流程

在图 5-25 中，进行综合能力和专项能力分析所使用的是 DACUM 方法，该方法基于从事某项工作所必需具备的各种能力系统的分析，一般由 1～12 项综合能力构成，而每一项综合能力由若干专项能力构成，每一专项能力又由知识、态度、经验和反馈构成。专项能力是由工作任务来具体描述和规定的。于是，学生只要能完成相关的工作任务，叠加起来就获得了职业能力。

CBET 是以某一工作岗位所需的能力作为开发课程的标准，并将学习者获得相关能力作为培训的宗旨。CBET 模型体现的能力观是任务能力观，它将任务或任务的叠加作为能力，但这种能力观的应用有其局限性。

CBET 模型的指导思想和课程开发方法说明，不同的人才类型存在不同的培养规格和课程模式，所以，不存在离开人才特征的统一的教学标准。CBET 模型应用于组织培训中，需考虑如图 5-26 所示的三个要素。

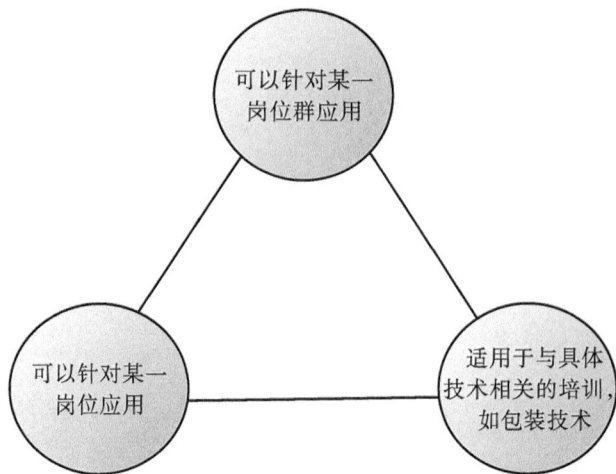

图 5-26　CBET 模型组织应用三要素

5.6.4　ADDIE 模型

ADDIE 模型包含三个方面的内容，即要学什么（学习目标的制定）、如何去学（学习策略的应用）、如何去判断学习者已达到学习效果（学习考评实施）。ADDIE 模型的流程与内容如图 5-27 所示。

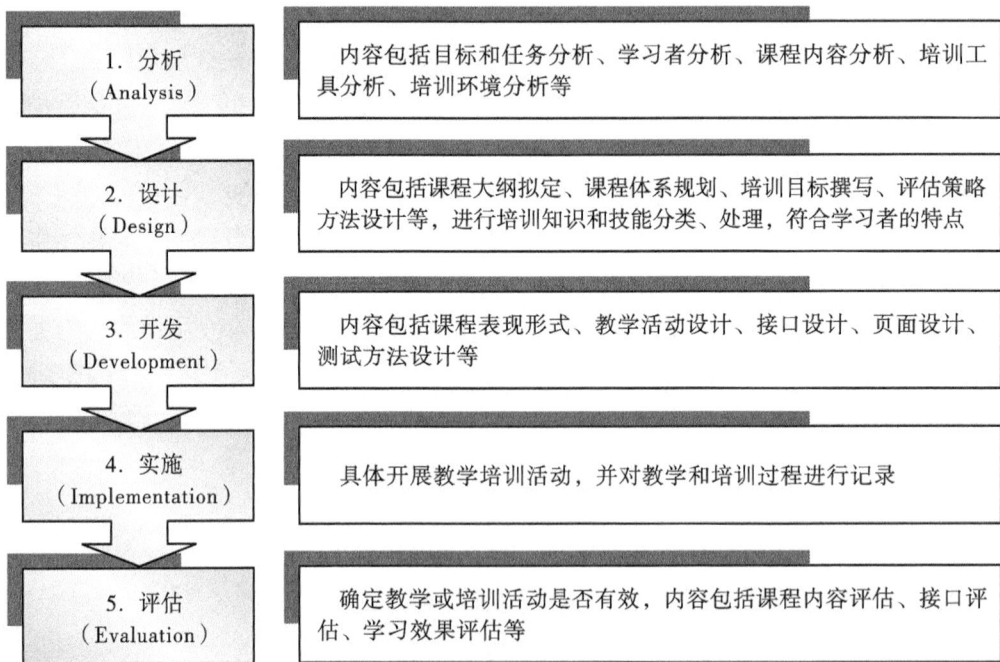

1. 分析（Analysis）	内容包括目标和任务分析、学习者分析、课程内容分析、培训工具分析、培训环境分析等
2. 设计（Design）	内容包括课程大纲拟定、课程体系规划、培训目标撰写、评估策略方法设计等，进行培训知识和技能分类、处理，符合学习者的特点
3. 开发（Development）	内容包括课程表现形式、教学活动设计、接口设计、页面设计、测试方法设计等
4. 实施（Implementation）	具体开展教学培训活动，并对教学和培训过程进行记录
5. 评估（Evaluation）	确定教学或培训活动是否有效，内容包括课程内容评估、接口评估、学习效果评估等

图 5-27　ADDIE 模型的流程与内容

5.6.5 DACUM 模型

DACUM（Develop A Curriculum）模型是通过职务分析或任务分析从而确定某一职业所要求的各种综合能力及相应专项技能的系统方法。

DACUM 表是由某一职务所要求的各种综合能力（任务领域）以及相应的专业技能（单项任务）所组成的二维图表，描述了专业课程开发的目标和从事该项职务必须满足的各种要求。其中，"行"代表专项技能，"列"代表综合能力（如表 5-18 所示）。

表 5-18　DACUM 表

A	A1	A2	A3	A4	…
B	B1	B2	B3	B4	…
C	C1	C2	C3	C4	…
D	D1	D2	D3	D4	…
…					

DACUM 包括名称、任务领域、单项任务和任务完成评定标准四项内容。用 DACUM 法进行工作任务分析的流程见图 5-28 所示。

图 5-28　DACUM 法的工作任务分析流程图

DACUM 方法适用于在活动过程中呈现固定性程序和重复性特征的再生性技能，如钻孔工序。但对于需要具备一定理论基础开展的活动，以及同时呈现灵活性和变通性的创造性技能（如解决工艺问题），DACUM 模型在使用中会有一定困难。

5.7 培训课程开发方法工具

5.7.1 培训课程的开发分工方法

组织培训课程的内容繁杂，内容资源分布在不同的部门和人员中，因此，进行合理的培训课程开发责任分工是确保培训课程质量的必然选择，表5-19列举了常见的培训课程开发责任分工的方法。

表5-19　培训课程的开发责任分工

课程＼部门		人力资源部	业务部门
领导力		主导	配合
通用管理技能		主导	配合
专业技能		配合	主导
新员工入职	应届大学生	主导	配合
	其他人员	平责	平责
职业资格认证		平责	平责
学历提升		主导	配合
备注		平责是指按人员管理权限负责相应人员的培训项目的组织与实施	

5.7.2 课程内容呈现的导演工具

课程内容呈现需要考虑受训人员的需求、个性、偏好、兴趣、心理等特点，在确定了课程所需要传授的知识、能力和态度后，就需要设计课程内容的呈现方式。无论采取什么样的课程内容呈现方式，都要遵守呈现的逻辑顺序，让受训人员听懂、看懂。

1. 情节化和故事化的内容呈现方式

课程内容呈现要能充分调动受训人员的兴趣，进行课程内容的情节化和故事化设计是调动受训人员兴趣的有效做法，应用情景和情境设计是体现情节化和故事化的基础。情景和情境的比较如表5-20所示。

表5-20 情景和情境的比较

	特征描述	培训应用特点	举例展示
情景	相对单一的情形，侧重静态展示，没有主体人物	较短的时间跨度，较小的活动空间，难度低，较少的涉及要素，学习主体被动感受，以激发学习兴趣	自然风景、布景、环境展示，适用于某一节课或某个具体授课问题的展示
情境	多个单一情形的整合，侧重动态过程，具有主体人物	较长的时间跨度，较大的活动空间，难度高，涉及要素较多，学习主体主动体验，强调学习动机的激发	愤怒、失望等相互关联而存在的复合场景，适用于整体课程设计、单元课程的设计

2. 导入内容呈现工具

在开展课程培训的过程中，基于对受训人员心理的把握，采用表5-21中的九种内容导入方式可以显著改善培训效果。

表5-21 九种内容导入方式

序号	导入方式	导入说明
1	面临危机	"外部和内部的变化要求我们必须做出改变"
2	恰逢机会	"这样一种新的观念可以突破性地提高工作效率，我们没有理由不去学习"
3	需要改变	"事实证明，我们已经落后很多，如果不跟上，我们将会自取灭亡"
4	实现梦想	"谁不愿意为了梦想而奋斗，为了实现梦想，不论付出多少都是值得的"
5	困惑彷徨	"站在十字路口，不清楚往哪个方向迈步，这种情境谁都会遇到，关键在于我们需要借助什么做出正确的选择"
6	失望悲观	"真正的失望是想有选择却没有选择，从这个角度看，做一种错误的选择其实也是幸福的，因为至少还有选择，所以，只要有选择，就是有希望"
7	兴奋自豪	"我们已经取得了骄人的业绩，回头望向落后者的身影，我们除了感到骄傲，更应当往前走得更远"
8	被迫抵触	"被动接受和执行会让人不快乐，但如果你不得不这样做，那就要尝试改变心情，何不趁此磨练自己呢"
9	存在差距	"如果我们现在不强调明确的是非观，差距必然存在，存在差距并不可怕，可怕的是自甘于差距的存在，却不思图变"

5.7.3 课程脚本的设计开发工具

1. 课程脚本构成内容

课程脚本设计是制作课件的重要环节，它已经被越来越多地应用到多媒体课程开发中。课程脚本类似于影视剧本，包括以下六项内容（如图 5-29 所示）。

内容	说明
选择课程内容	课程要阐述什么样的内容，课程结构布局，课程章节顺序等
设定人物形象	在概述中注明脚本出场人物，一般包括人物姓名、性别、身份、个性特征等，描述人物时，语言要简炼
进行场景描述	描述场景特点和场景的具体呈现方式，如需特殊道具，也应当特别指出
撰写解说词	包括在画面上出现的文字和配音内容，配音内容即以音频形式出现的内容，如旁白、对白等
设计音响和配乐	包括背景音乐、导入音乐、切换音乐、按钮声音等

说明：撰写脚本时需要注意以下三方面内容：
1. 明确必须在画面上出现的文字；
2. 明确需要在画面上着重突出的文字，如演示效果、动画效果等；
3. 明确既需要在画面上出现，也需要在画面上重点突出的内容。
要表示以上三项内容，可以通过设定字体格式，如加粗、加底纹、配以特定颜色、变换文字大小等来实现。

图 5-29 课程脚本六项构成内容

2. 课程脚本设计模板

课程脚本设计模板如表 5-22 所示。

表 5-22　课程脚本设计模板

标题				
时长				
主要人物				
其他人物				
脚本描述				
镜头	场景	镜头内容	时长	解说词（旁白/对白）
1		画面 1		
		画面 2		
2		画面 1		
		画面 2		
3		画面 1		
		画面 2		
…				

说明：表中的"场景"主要填写地点；"时长"主要描述完成该镜头的时间，"旁白/对白"主要列出该镜头中所要出现的音频文字。

5.7.4　课程视频内容的开发工具

课程的视频内容主要是指可以通过视频播放软件播放的视频内容。视频内容随着课程展现形式的多样化而在课程中起着越来越重要的作用，概括而言，视频内容在整体课程中的作用体现在如图 5-30 所示的五个方面。

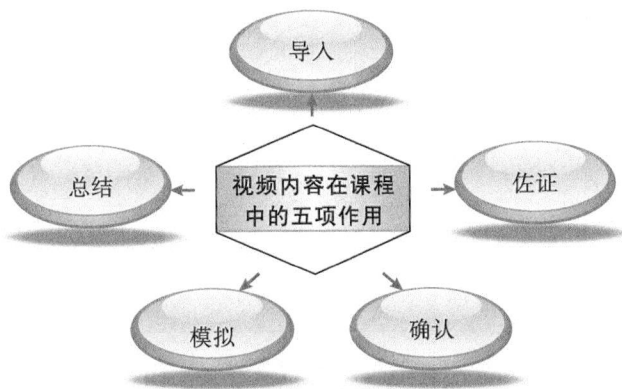

图 5-30　视频内容在课程中的五项作用

137

组织可以通过如表5-23所示的三种方式构架视频内容。

表 5-23　视频内容的三种架构方式

方式1	直接剪辑	来自于电视剧和电影的部分内容的剪辑
方式2	直接引用	来自电视媒体和网络媒体的热点视频、新闻视频等的引用
方式3	自主研发	由组织自身进行情节设计，并进行拍摄，借助视频编辑软件进行处理后作为课程的组成部分

5.7.5　课程故事内容的开发方法

故事是保证课程生动、富有吸引力的必备因素。无论是课程导入、课程内容，还是课程结束，都可以通过恰当的故事讲解达到强化记忆、强化效果的目的。

1. 开发故事的步骤

开发故事的步骤如图5-31所示。

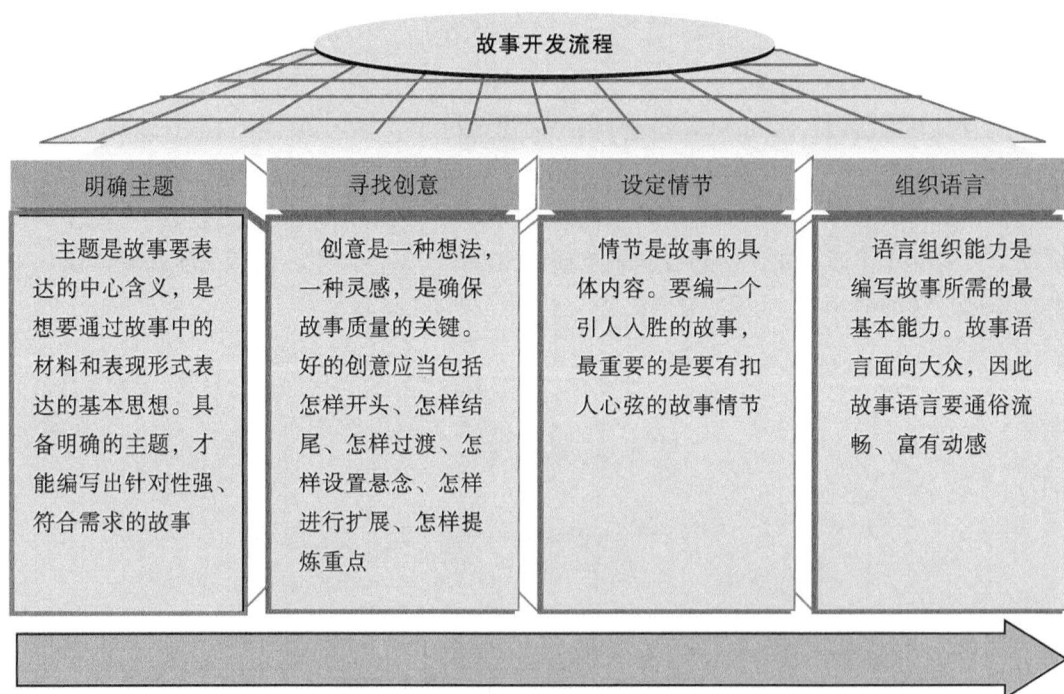

图 5-31　故事的开发步骤

2. 开发故事的具体要求

开发故事需要考虑语言、环境、创意、情节等诸多因素，在进行课程故事的开发时需要考虑的具体要求如表5-24所示。

表5-24　开发故事的具体方法

故事开发事项	故事开发的具体要求
故事语言	体现可读性，语言要大众化、通俗化、生动简炼，少用书面化过强的语言故事的语言，最忌讳用生僻字，言不在多，但要一语中的，起到携动情节的作用
故事创意	可以从一个吸引人的问题入手；确定故事中的主要角色；构思故事可能出现的结局
故事线索	以人物活动为线索；以人物的某一富有特征的语言为线索；以人物的行动、细节为线索；以体现人物性格特点或主题的某一物品为线索；以人物的思想感情为线索
故事顺序	故事顺序包括倒叙、顺叙和插叙。倒叙可以巧设悬念，引人入胜；顺叙可以把故事娓娓道来，水到渠成；插叙可以交代原委，补充情节。确定故事顺序后，就可以按照故事的序幕、发生、发展、高潮和结局来描述故事
故事撰写	撰写故事就需要积累平时的重要材料，如从自身工作场景、影视作品、别人交流心得、平面媒体等途径获得故事撰写的素材。在撰写过程中，要不断修改、润色
其他	编写故事要符合生活现实，不能背离基本常识，不能违背客观规律，不能违背基本逻辑，尽可能导向故事受众的现实生活和情感

5.7.6　课程互动环节的设计方法

课程互动环节设计的直接作用就是增加了培训师与受训人员之间的交流和沟通，活跃了课堂气氛、引发了学习兴趣、提高了培训效果，互动包括情感互动和行为互动。课程互动过程中常见的互动表现如表5-25所示。

表5-25　课程互动的表现

互动表现	互动表现
问答	提问、追问、重复、提示、回答
手势	象征、指示、强调、描述、评价、示意
表情	微笑、皱眉、环视、凝视、点头、摇头、严肃、生气
体态	站立、就坐、走动、叉腰、俯身、面向、侧向、背向
辅助语言	轻音、重音、拖腔、变声、快语、慢言、无声、笑、哭、叹息、呻吟、咳嗽、哼唧

1. 面授课程的基本互动模式

在传统的面授过程中，培训师和受训学员之间互动的基本模式如图 5-32 所示。

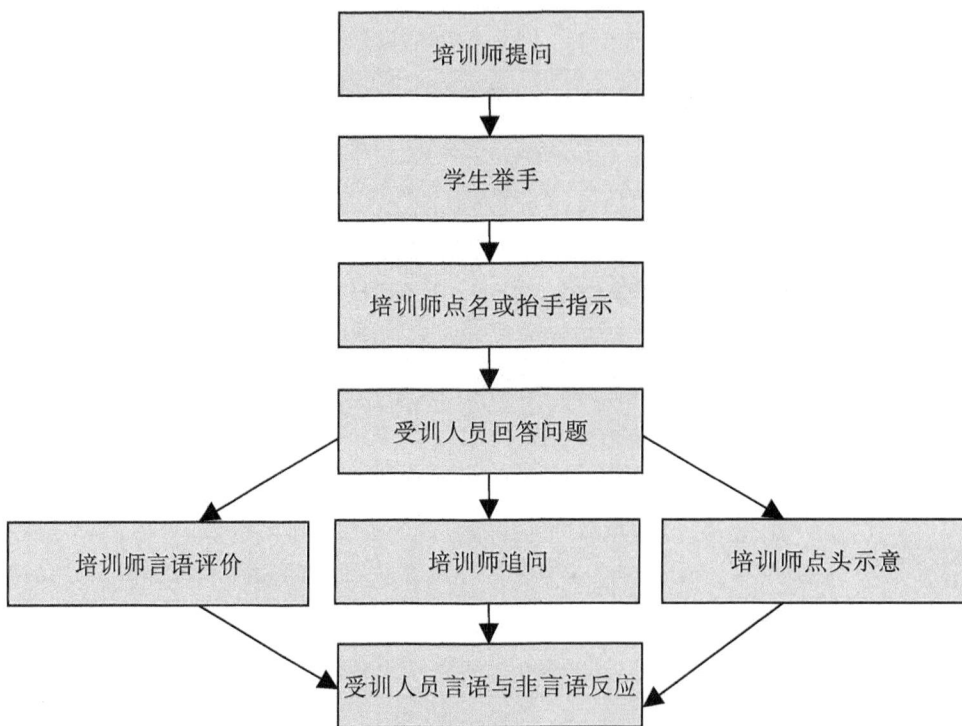

图 5-32　面授课程的基本互动模式

2. 课程互动环节设计

为适应课程传授方法多样化的需求，并满足持续改善培训效果的要求，在授课过程中强调将互动环节作为课程的重要组成部分，进而增加了受训学员参与课程的机会，突出了受训人员在培训过程中的主导性。不同授课过程的互动环节的设计方法如表 5-26 所示。

表 5-26　不同授课过程的互动环节设计方法

授课方法	互动环节设计方法
面授	问题或课题的问答互动、情景模拟互动、小组讨论互动
E-Learning	设定受训学员参与程序，具体表现为：留出一定时间让受训学员进行思考并通过点击鼠标参与；通过选择认为正确的问题答案参与互动；通过参与同课程内容有关的游戏进行互动

5.7.7 课程内容的审核评估方法

审核评估的具体对象如表5-27所示。

表5-27 课程内容审核评估对象

审核评估对象	具体审核评估内容
课程目标	课程目标是否具有针对性、课程目标是否进行了明确的量化描述、课程方法是否多元化
课程结构	内容结构完整性和逻辑性、内容的难易度、内容的正确性、内容的实用性、内容的适宜性、内容的针对性
课程版面	版面设计、纸张成分、图表与文字的配合、图表及其配色的变化、课程适用说明是否齐全
课程表达	句子长短是否恰当、文法结构是否合理、文句是否流畅、概念说明是否准确、词汇的难度是否合理

5.8 培训课程的运营改进

5.8.1 培训课程的调整更新

培训课程的调整和更新的目的在于满足受训人员变化的培训需求、提高培训效率、降低培训成本。

课程的调整更新既包括对某一课程的具体内容、表现形式的调整更新，也包括对某一课程体系的结构进行的调整更新。

1. 培训课程调整更新的流程

培训课程调整更新的流程如图5-33所示。

收集调整更新信息	信息来源于特定的调研活动或受训人员针对培训课程提出的具体反馈意见等
汇总、分析信息	按照部门、课程类别等汇总信息，对信息的代表性、准确性进行分析，并形成报告
组织对信息的讨论	分析调整更新的必要性、可行性
评估调整更新成本	包括时间成本、财务成本和人力成本等
作出调整更新的决策	主管领导提出审核意见，组织负责人进行签字确认
发出调整更新的通知	培训部门根据调整、更新的决策修订相关文件，发出课程调整更新的通知

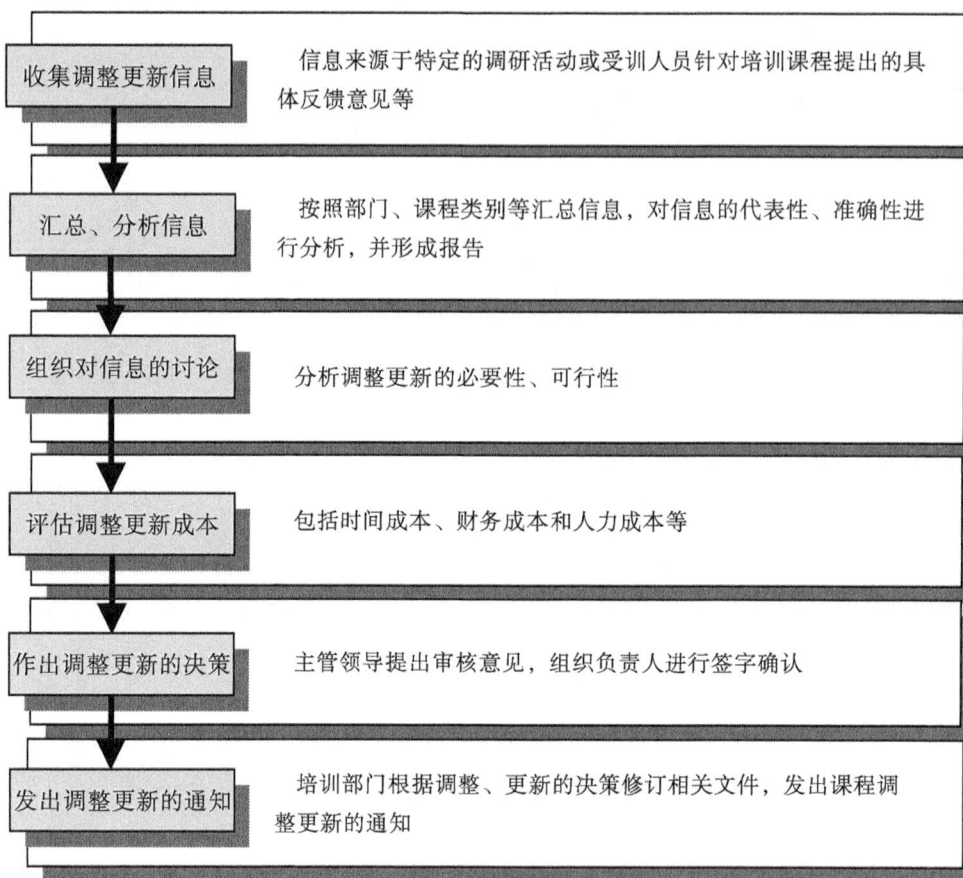

图 5-33　培训课程调整更新流程

2. 调整更新的对象

调整更新的对象如图 5-34 所示。

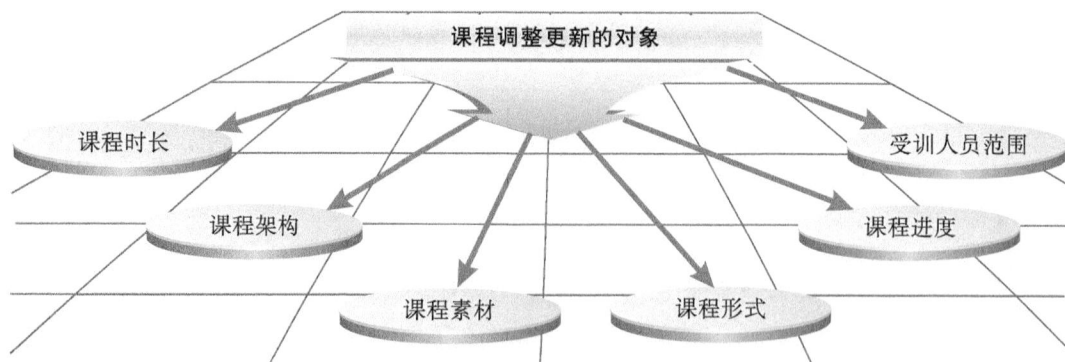

图 5-34　课程调整更新的对象

上图中，课程素材包括故事、案例、游戏以及图片、图形等内容，课程形式包括面授形式、在线学习形式、户外拓展形式、沙盘模拟形式等。

3. 调整更新的条件

当出现如图 5-35 所示的条件时，需要进行课程的调整更新。

1	组织外部环境发生变化，如行业政策、市场环境、经济形势
2	组织战略、经营策略、人力资源战略、市场营销战略等发生变化
3	组织赢利能力和利润收入发生变化，影响了课程投入
4	原有课程开发不合理，培训师、受训人员提出了调整更新要求

图 5-35 课程调整更新的条件

5.8.2 培训课程的更换淘汰

必须进行培训课程更换淘汰的课程如表 5-28 所示。

表 5-28 必须进行培训课程更换淘汰的四种情况

更换淘汰课程	更换淘汰说明
具有时效性属性的课程	如对行业规范的介绍，当该规范进行改变后，相关的课程内容也必须进行更换
年度工作目标和内容的课程	基于组织每年的工作目标设定，组织每年的工作目标不一样，课程内容必然要更换或淘汰
组织核心价值观发生变化的课程	有些课程反映的是组织的核心价值要求，当组织调整自身的核心价值要求后，就需要对相关课程进行更换或淘汰
管理能力类的课程	当该类课程在推行一段时间后，相关的能力问题已经解决，则相关的课程需要进行更换

对那些更换淘汰的课程内容不能进行简单的删除或存放，而应当将其纳入组织的培训资料库中，以备相关人员进行查询时使用。

5.9 培训课程的体系建设

5.9.1 培训课程体系的规划

1. 规划培训课程体系的三个维度

组织要规划适合自身的培训课程体系需要考虑如图5-36所示的三个维度。

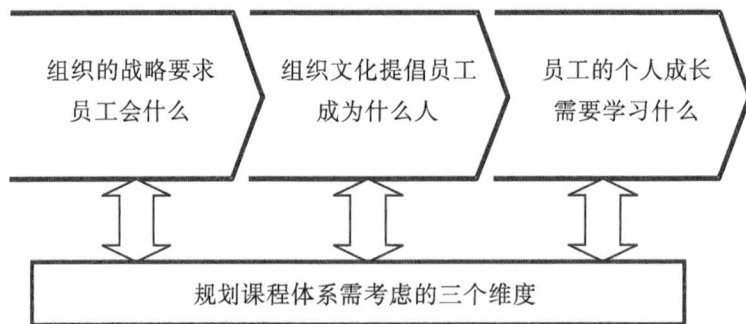

图5-36 规划培训课程体系的三个维度

规划课程体系的最终导向就是要有针对性地设计培训项目，实现岗位胜任。课程体系就是要系统化地提供岗位胜任的知识、技能和态度等。

2. 培训课程体系规划流程

培训课程体系规划流程如图5-37所示。

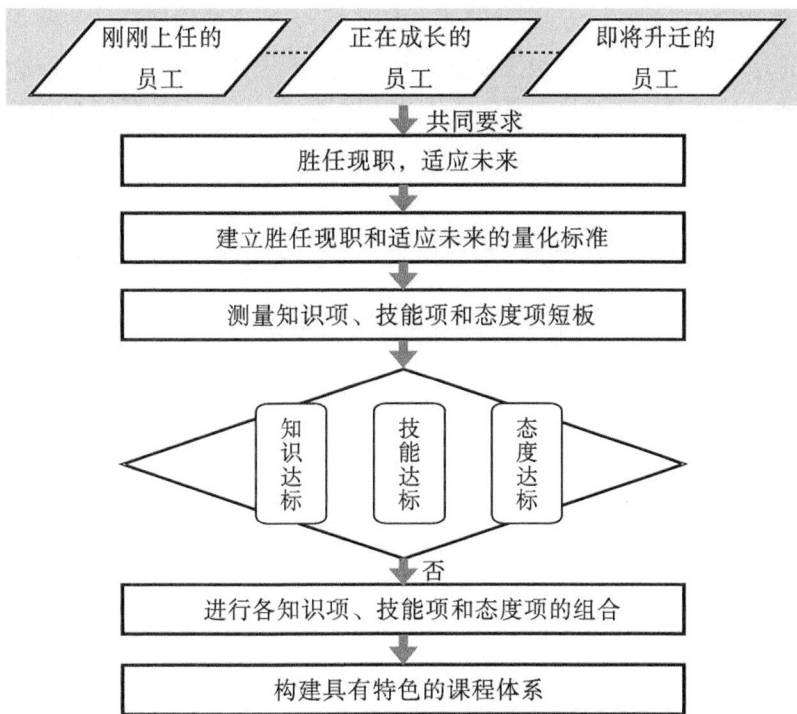

图 5-37　培训课程体系规划流程

5.9.2　管理类课程体系建设

管理类课程体系设计内容如图 5-38 所示。

项目	管理自我	管理他人	管理事务
高层管理人员	情绪管理、压力管理、礼仪、应变能力、情商管理	高效授权、团队管理、识人用人、监督指导	风险管理、危机管理、变革与创新
中层管理人员	情绪管理、时间管理、工作礼仪、压力管理	团队建设、工作授权、监督指导、树立威信	项目管理、目标管理、问题解决、会议管理、绩效管理
基层管理人员	时间管理、进度管理、教练技术、压力管理	沟通管理、有效指导、打造管理风格	计划制订与实施、问题解决、例会管理
普通员工	时间管理、计划管理、沟通管理、效率管理		

图 5-38　管理类课程体系设计

组织在构建管理类课程体系时，可以针对不同层级的人员设定相同的课程类别，但在课程内容的选取上要考虑不同层级人员的工作职责、专业知识以及胜任能力的具体要求。如时间管理的课程可分为初级、中级和高级三个层次，以适应不同员工对时间管理的不用要求。

5.9.3 业务类课程体系建设

业务类课程主要是指对组织中行政、人力资源、生产、技术、质量、财务、营销等不同职能岗位的专业知识和能力的培训。组织的业务类课程体系建设可参考如图5-39所示的内容。

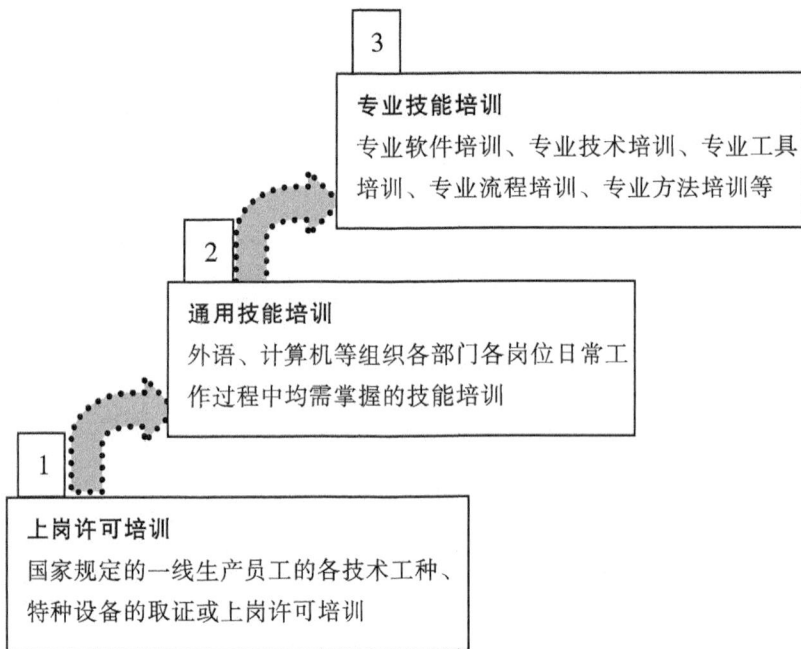

图5-39 业务类课程体系建设内容

5.9.4 态度类课程体系建设

组织中的每位员工对工作都应当有正确的态度，但态度培训不必针对所有人员和所有事项开展，可以根据工作级别、职能的不同，有选择性地进行态度培训。

态度类课程体系的建设同组织文化特点密不可分，如制造类企业强调对纪律的严格遵守，而高科技企业则会体现对员工习惯和风格的尊重。态度类课程体系设计如图5-40所示。

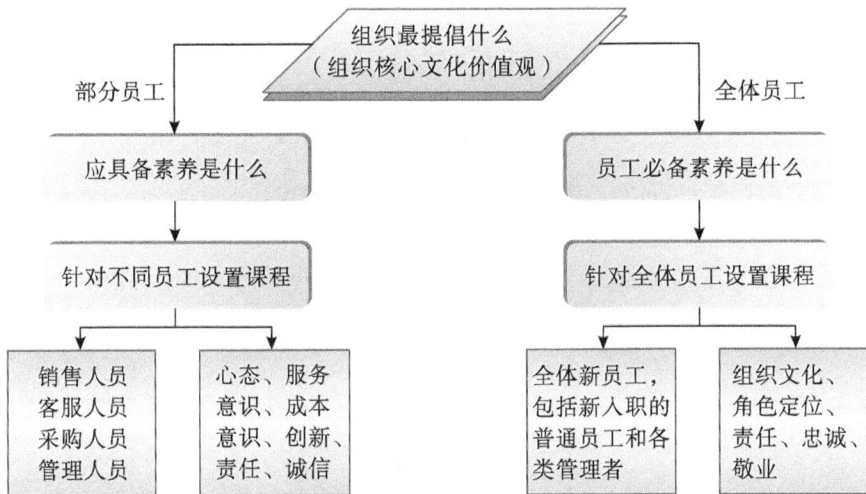

图 5-40　态度类课程体系设计

5.9.5　夹心式培训课程体系设计

夹心式培训课程体系是很多组织构建自身培训体系的常用模型，该模型综合考虑了职级差别、部门职能差别、工作经验差别、人才培养差别对培训体系建设提出的要求。该模型的具体内容如图 5-41 所示。

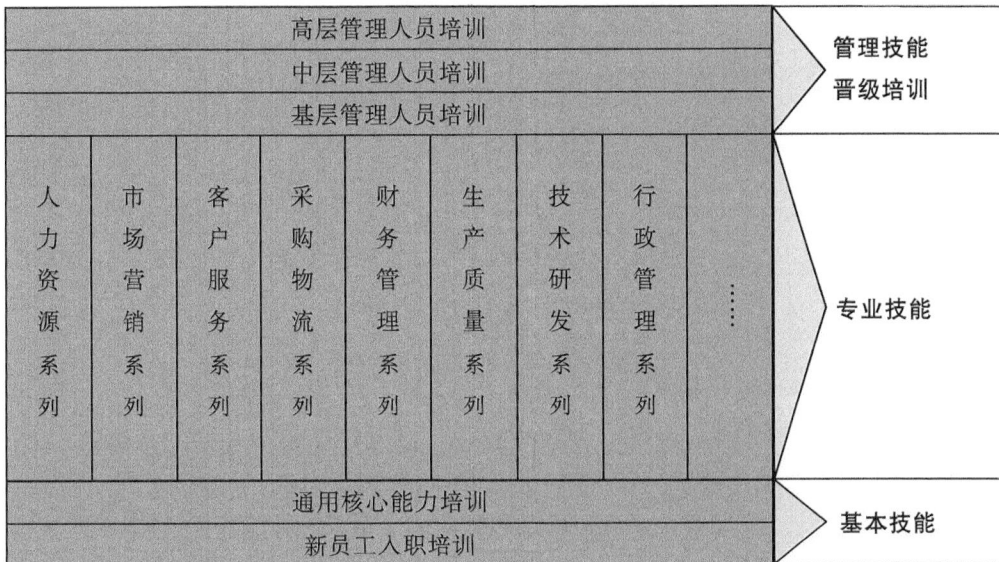

图 5-41　夹心式培训课程体系设计

5.10 课程开发资源库建设

5.10.1 PPT 制作模板库的建设

PPT 制作模板库是保存和管理 PPT 制作中可重复使用的 PPT 制作元素的资源库，它的建设涉及四部分内容，具体如图 5-42 所示。

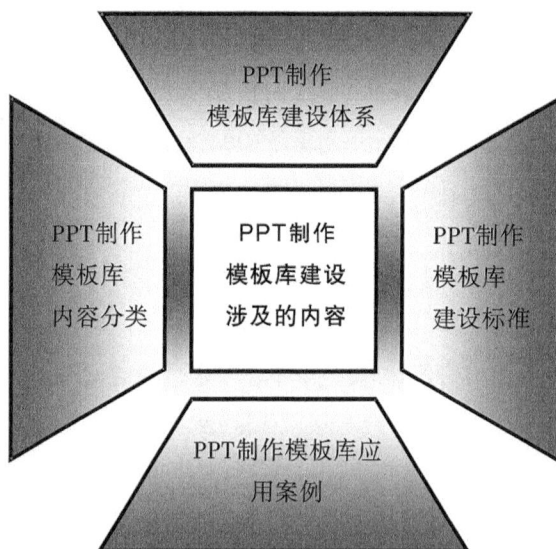

图 5-42　PPT 制作模板库建设涉及的四部分内容

1. PPT 制作模板库内容分类

PPT 制作模板库的内容通常按 PPT 制作使用对象进行分类，具体可分为四类（如图 5-43 所示）。

2. PPT 制作模板库建设体系

PPT 制作模板库建设体系可以分为三个层级，具体层次划分及其内容如图 5-44 所示。

母板

可以按照色系，如黄色、绿色、蓝色等进行分类；也可以按照风格，如稳重、活泼分类；还可以按照母版展示内容的取向划分，如营销、生产、领导力等

元素

元素在这里特指制作PPT过程中需要用到的小的辅助元素，如箭头、圆形、方形、多边形等

PPT制作模板库内容分类

图片

可以按用途分为背景图片库、插图库等；也可以按图片内容分为卡通、人物、活动、场景、办公、风景等

图形

可以按照图片所展示内容的关系划分，如递进、并列、包含、总分、递延、对比等；也可以按照所要展示内容的数量划分，如一项内容、二项内容、三项内容、四项内容等

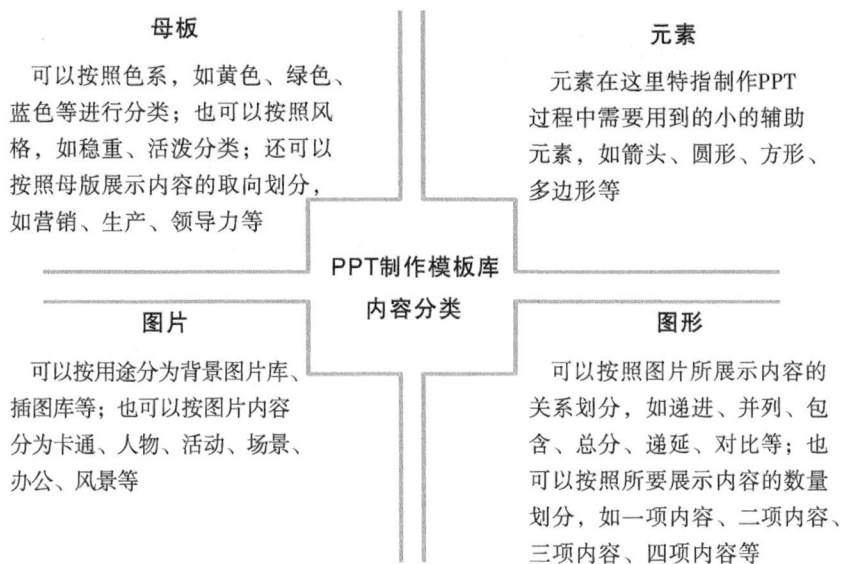

图 5-43　PPT 制作模板库内容分类

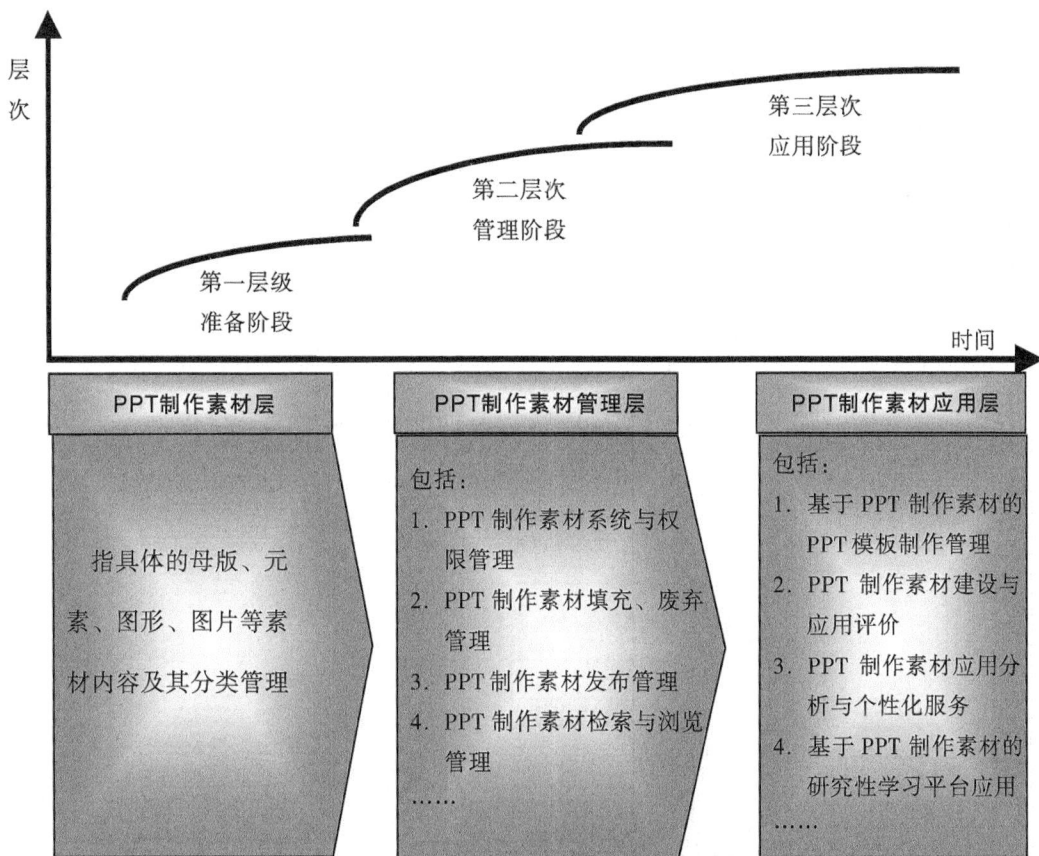

层次

第三层次
应用阶段

第二层次
管理阶段

第一层级
准备阶段

时间

PPT制作素材层

指具体的母版、元素、图形、图片等素材内容及其分类管理

PPT制作素材管理层

包括：
1. PPT 制作素材系统与权限管理
2. PPT 制作素材填充、废弃管理
3. PPT 制作素材发布管理
4. PPT 制作素材检索与浏览管理
......

PPT制作素材应用层

包括：
1. 基于 PPT 制作素材的PPT 模板制作管理
2. PPT 制作素材建设与应用评价
3. PPT 制作素材应用分析与个性化服务
4. 基于 PPT 制作素材的研究性学习平台应用
......

图 5-44　PPT 制作模板库建设体系

3．PPT 制作模板库建库标准

建立建库标准的目的是为达到资源共享和系统之间的相互协作，即提高 PPT 制作模板库的通用性和兼容性。PPT 制作模板库建库标准包括以下五个部分，具体如图 5-45 所示。

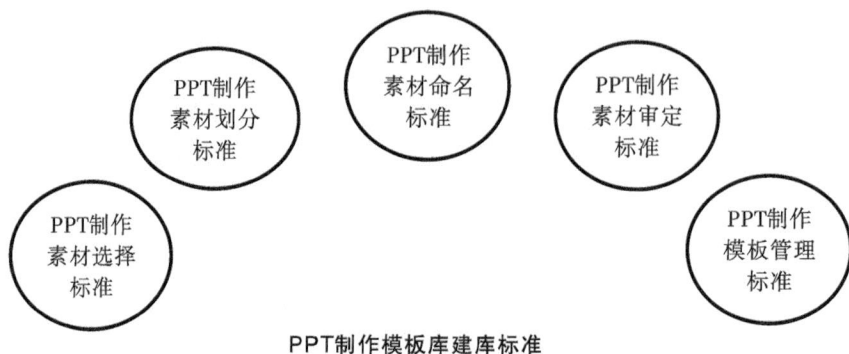

图 5-45　五种 PPT 制作模板库建库标准

4．PPT 制作模板库应用案例

PPT 制作模板库建设是为应用服务的，提供 PPT 制作模板库应用案例可以帮助使用者更快、更省力地了解 PPT 制作模板库的使用。PPT 制作模板库应用案例主要包括以下四方面内容，具体如图 5-46 所示。

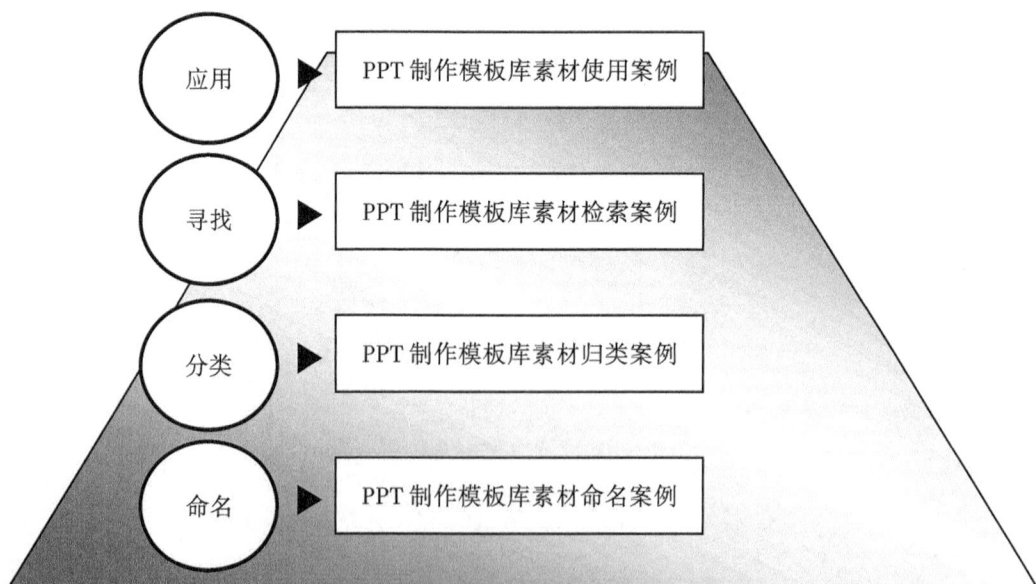

图 5-46　四类 PPT 制作模板库应用案例

5.10.2 课程开发案例库的建设

课程开发案例库的建设包括课程开发案例的收集、整理、管理、应用四部分内容。而课程开发案例的收集、整理是课程开发案例库建设的基础和重点。

1. 课程开发案例的收集

课程开发案例的收集就是通过各种渠道寻找适当的课程开发案例。具体来说，主要是通过以下三个渠道收集课程开发案例（如图 5-47 所示）。

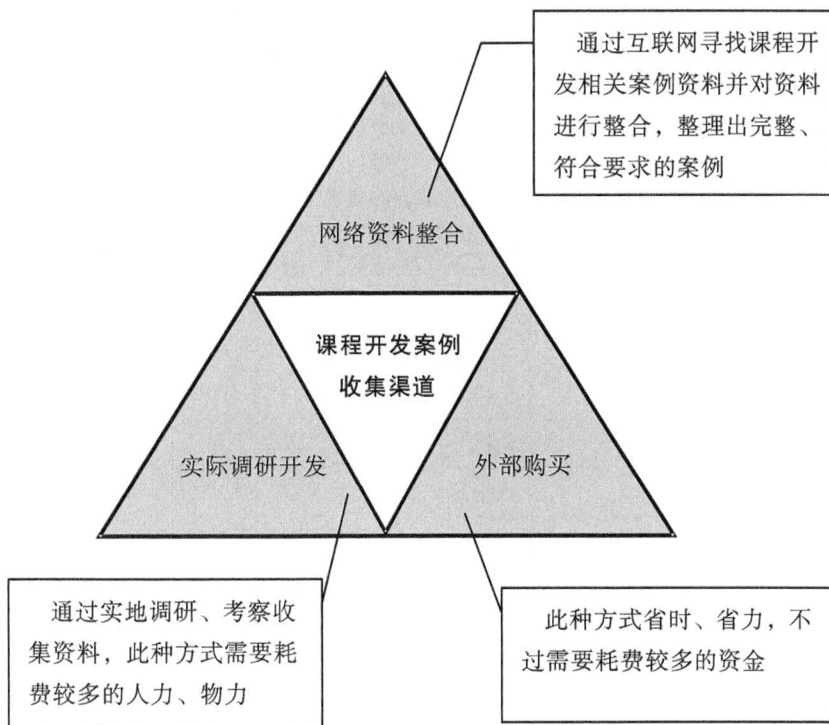

图 5-47　课程开发案例的收集渠道及相关说明

2. 课程开发案例的整理

对课程开发案例进行整理就是对收集而来的课程开发案例资源进行筛选、分类的过程，其具体内容如图 5-48 所示。

1. 根据组织课程开发案例库的需
   要，依据特定的标准进行
2. 通常在建库初期所有属于课程
   开发类的案例资源均收录入库

根据既定的划分标准，如行
业、内容、地点等对课程开发
案例资源进行归类，具体分类
可参考表5-29所示的方法

图 5-48　课程开发案例的整理模式

表5-29列举了部分常用的课程开发案例分类标准，供读者参考。

表5-29　部分常用课程开发案例划分参考

分类标准	分类项	细分项目
案例课程	人力资源	招聘、培训、绩效考核、薪酬、员工关系、综合案例
	生产管理	生产计划、生产现场、生产质量、生产安全
	营销管理	销售谈判、订单成交、电话销售
	领 导 力	沟通、执行力、团队管理
	综 合 类	根据具体情况进行细分
案例发生的地点	国内	内地、沿海、港澳、台湾
	国外	欧洲、拉美、韩日、其他
案例所在行业	汽车	可根据案例体系内容、发生地点、收集渠道进行细分
	物流	
	金融	
	日化	
	医药	
	学校	
	房地产	
	生产制造	
	科研机构	
	其他	

（续表）

分类标准	分类项	细分项目
案例收集渠道	网络	可根据案例体系内容、发生地点、所在行业进行细分
	调研	
	购买	
	其他	
案例内容	品牌	可以按照媒体、金融、医药、日化等进行细分
	全案	
	创意	

5.10.3 课程开发故事库的建设

课程开发故事库建设的主要作用是帮助课程开发人员在需要故事支持的时候快速寻找到适合的故事。因此，应注重对故事进行合理的归类并对故事库进行有效的管理。

1. 故事的合理归类

要做到故事的合理归类，就是要求将收集到的故事依据"有效区分、方便寻找"的标准进行划分，并归于不同的文件夹中。故事可以根据故事适用对象、用途、属性等方式进行划分，图 5-49 中列举了四种常用的划分标准，供读者参考。

2. 故事库的有效管理

故事库的有效管理主要是保证所建设的课程开发故事在应用过程中的安全性、可靠性、应用快捷性。为达到该目的，所建设的课程开发故事库需要具备九项基本功能，具体如图 5-50 所示。

划分标准	分类项	细分项
故事用途	调节氛围	缓解紧张气氛、制造紧张气氛
	说明道理	励志、技能提升、个人修养
主人公的知名度	名人故事	外国名人故事、中国名人故事
	普通人故事	励志、个人修养、技能提升
所用语言	中文故事	外国名人故事、中国名人故事
	外文故事	英语故事、韩语故事、阿拉伯语故事
发生地点	中国	古代、近代、现代
	外国	欧美、日韩、非洲、拉美、大洋洲
适用对象	年龄	儿童、青少年、成年人、中老年
	职级	普通员工、基层、中层、高层
	所属组织性质	政府机关、教育科研机构、企业
故事作用	励志	青少年、中老年；健康人、残疾人
	技能提升	团队建设、执行力、领导力、绩效管理
	个人修养	礼仪、文化修养、其他
故事属性	童话故事	格林童话、安徒生童话、原创童话、其他
	寓言故事	欧美寓言故事、亚洲寓言故事、其他
	神话故事	中国神话、外国神话
	成语故事	中文成语故事、英语成语故事、其他

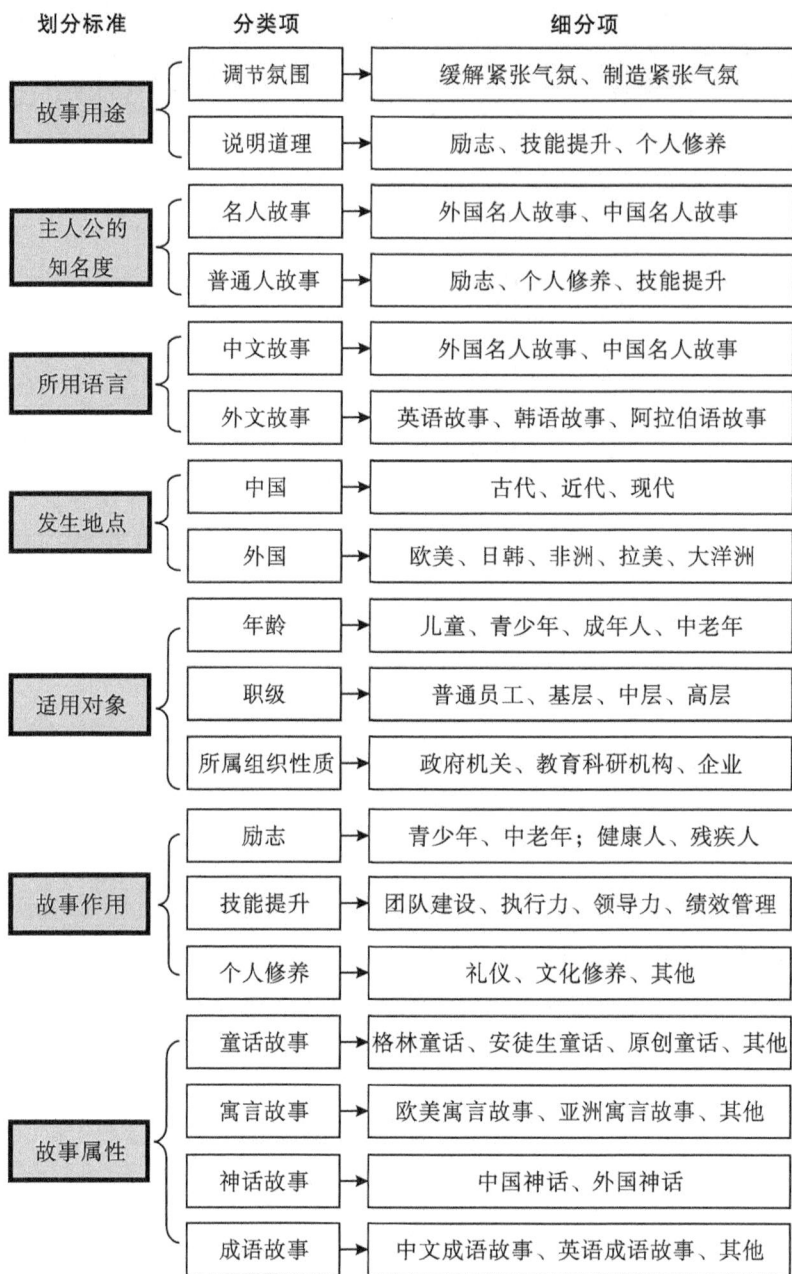

图 5-49　部分常用课程开发故事划分参考

通过平台能够快速浏览故
事的具体内容或摘要以便决
定是否选用该故事

预 览

收 录

有一套完善的标
准将收集到的故事
按要求进行分类并
保存到指定位置

1. 具有审核权限的故事库管理人员
根据评审标准对收录的故事进行
评审，以确定是否收录该故事
2. 系统对需下载的用户进行审核，
确定其是否拥有下载资格

下 载

审 核

用户在遵守一定规定
的前提下可以下载故事，
将其应用到课程开发中

在故事库中无法获得所需故
事时，用户可在相关平台中发
布需求信息，故事库的管理人
员可以根据需求信息有针对性
地收集故事

搜 索

1. 用户输入特定关键字可以
迅速、准确地搜索到相应
的故事
2. 用户可以根据需要对故事
进行筛选、排序、分类

定 制

故事库管理平台有相应
的系统可以对故事的使用、
下载情况进行记录、统计，
为故事库管理人员优化故
事库提供数据支持

删 除

故事库管理人员根据既
定的规定可以删除不符合
标准的和过期的资源

记 录

评 论

1. 用户可以在故事库管理平台上对故
事库的故事及建设问题提供建议
2. 用户对故事进行注释、评价，发表
心得、体会等

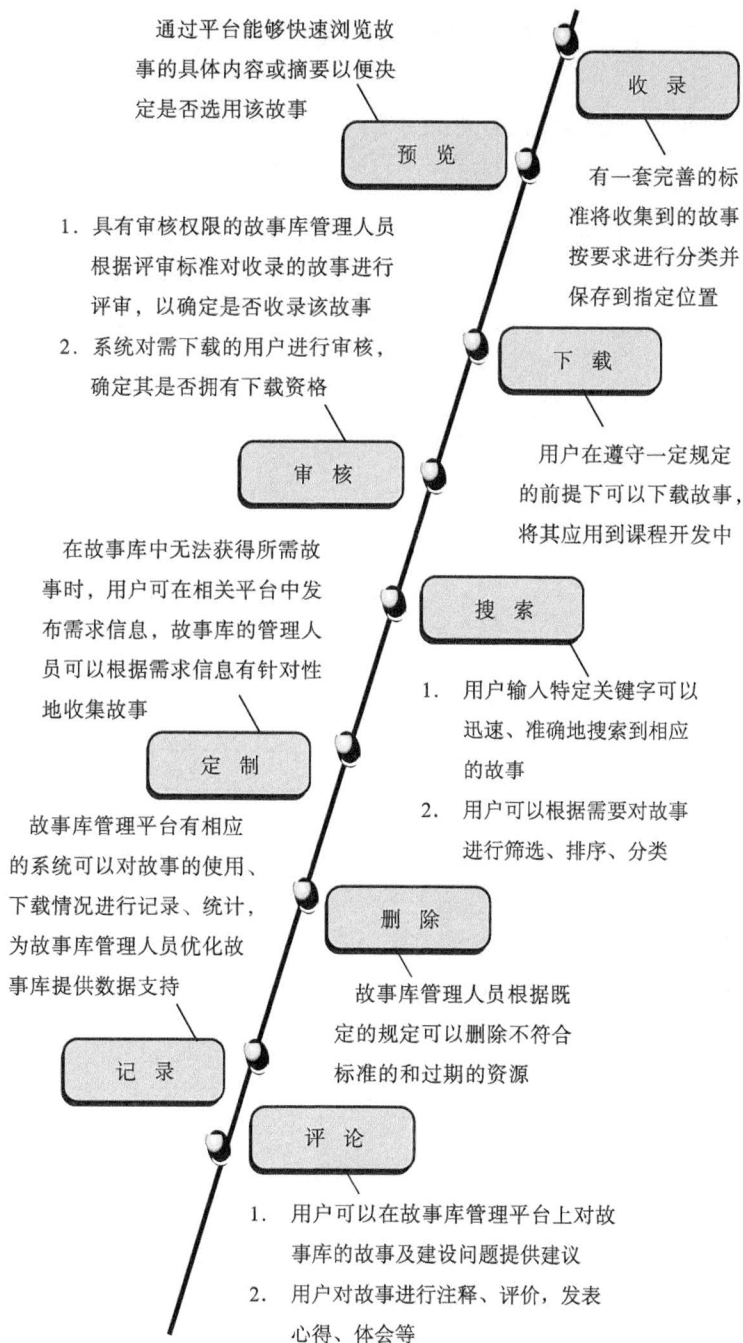

图 5-50　课程开发故事库需要具备的九项基本功能

155

5.10.4 课程开发图片库的建设

课程开发图片库的建设需要重点解决两个问题，具体如图 5-51 所示。

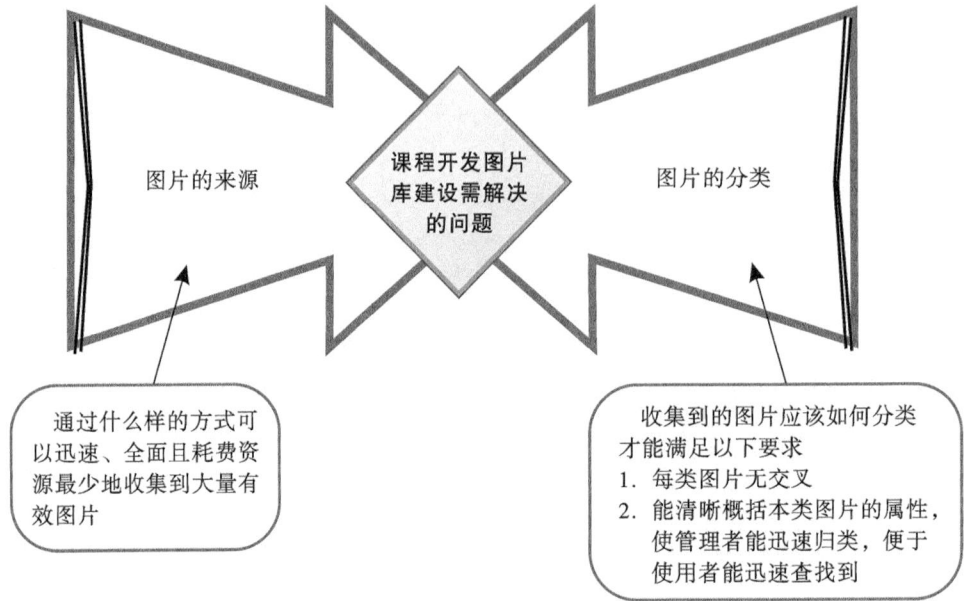

图片的来源

课程开发图片库建设需解决的问题

图片的分类

通过什么样的方式可以迅速、全面且耗费资源最少地收集到大量有效图片

收集到的图片应该如何分类才能满足以下要求
1. 每类图片无交叉
2. 能清晰概括本类图片的属性，使管理者能迅速归类，便于使用者能迅速查找到

图 5-51 课程开发图片库建设需要重点解决的两个问题

对课程开发图片库建设需要重点解决的两个问题进行具体阐述如下。

1. 图片的来源

图片的来源有七种主要渠道，具体如图 5-52 所示。

组织自己拍摄的图片

报纸杂志上的图片

网络上下载的图片

广告图片

通过朋友或其他方式征集到的图片

通过摄影师或其他渠道购买的图片

信息中心馆藏图片及老报纸上的图片

图 5-52 图片的七种主要来源

2. 图片库的分类

图片常用分类方法之一是根据图片所展示的内容进行分类，具体可以分为18类（如图5-53所示）。

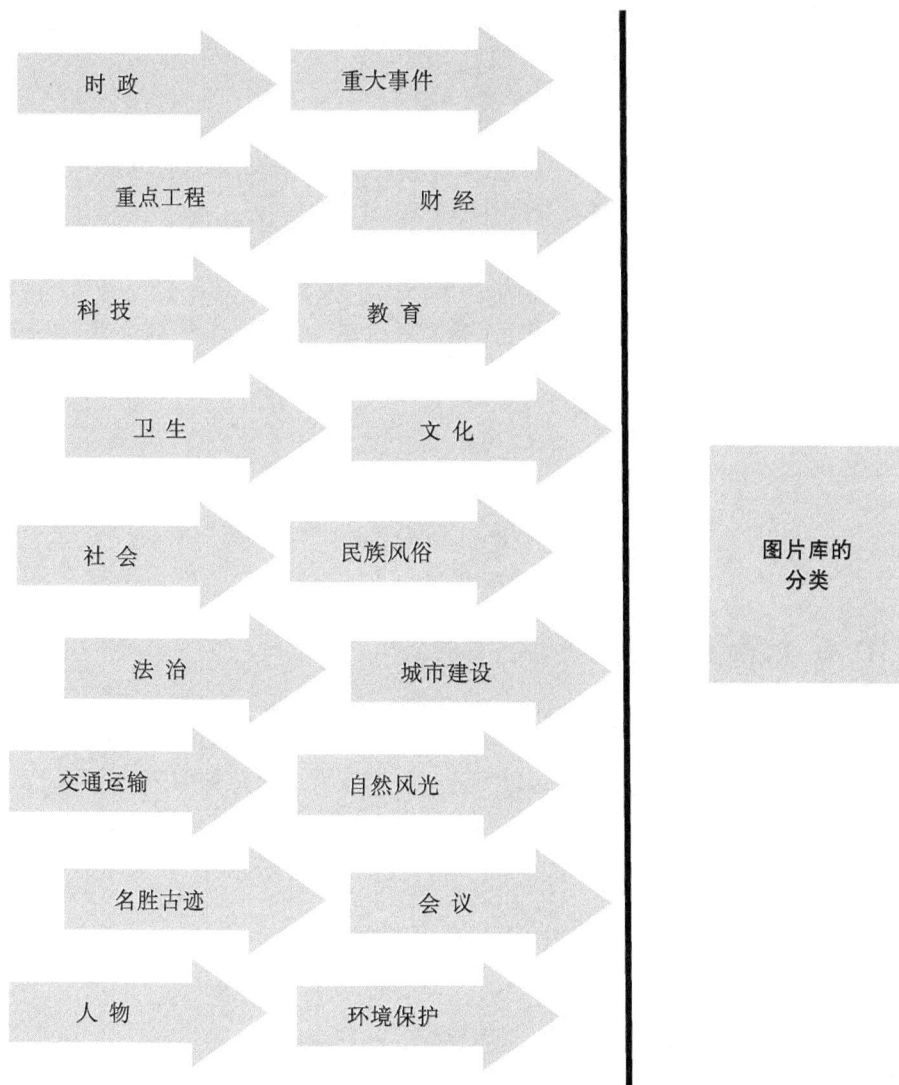

图 5-53 图片库的分类

在对图片进行分类整理时，要注意对图片的格式进行处理，并对图片进行有效命名，具体内容如图5-54所示。

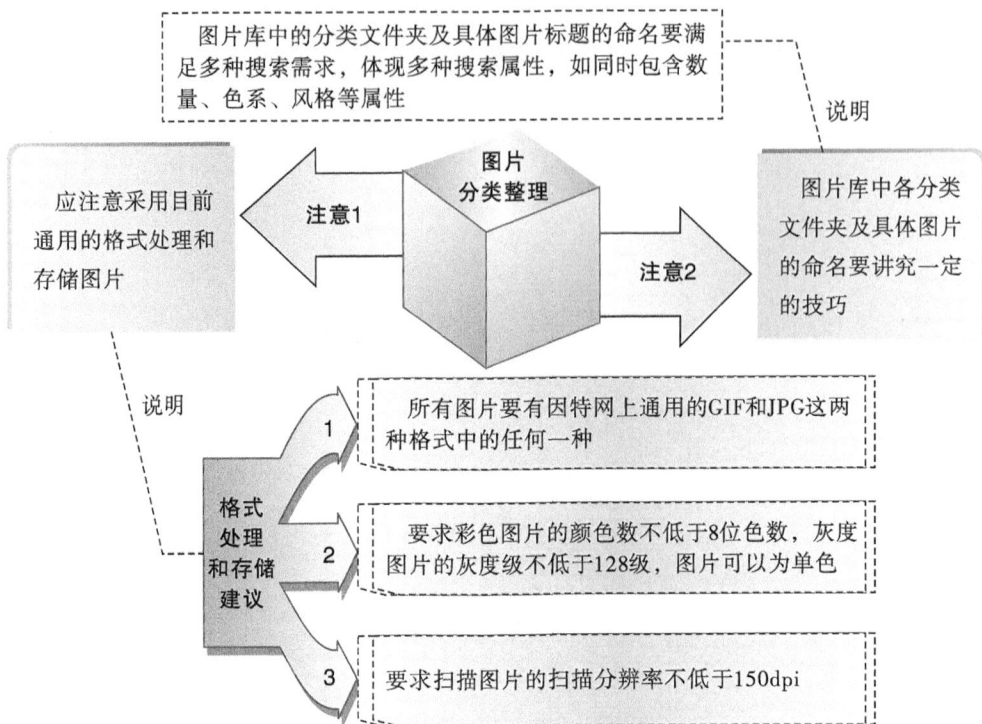

图片库中的分类文件夹及具体图片标题的命名要满足多种搜索需求,体现多种搜索属性,如同时包含数量、色系、风格等属性

说明

图片分类整理

应注意采用目前通用的格式处理和存储图片

注意1

注意2

图片库中各分类文件夹及具体图片的命名要讲究一定的技巧

说明

格式处理和存储建议

1　所有图片要有因特网上通用的GIF和JPG这两种格式中的任何一种

2　要求彩色图片的颜色数不低于8位色数,灰度图片的灰度级不低于128级,图片可以为单色

3　要求扫描图片的扫描分辨率不低于150dpi

图 5-54　对图片进行分类整理时的注意事项

5.10.5　课程开发图形库的建设

建设课程开发图形库主要是为课程开发提供图形资料,用以增强课程内容的表达力和可读性。高效的课程开发图形库应满足以下五个基本条件,具体如图 5-55 所示。

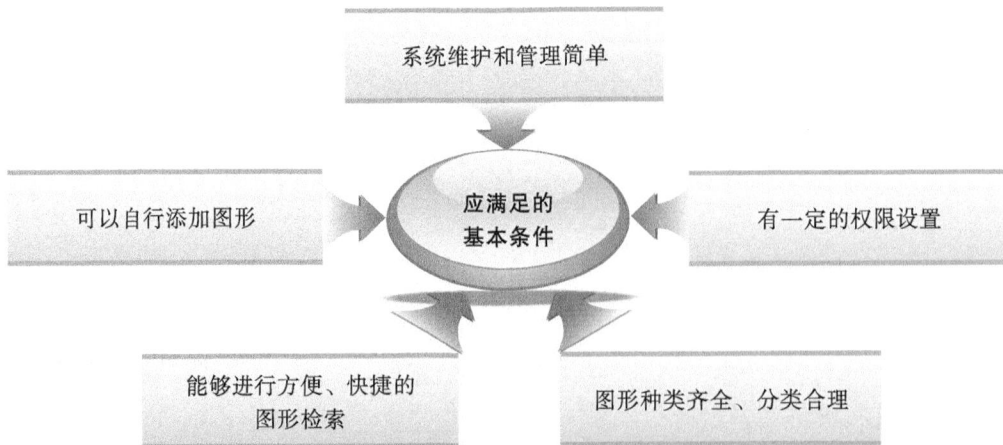

系统维护和管理简单

可以自行添加图形

应满足的基本条件

有一定的权限设置

能够进行方便、快捷的图形检索

图形种类齐全、分类合理

图 5-55　高效的课程开发图形库应满足的五个基本条件

在上图所示的五个条件中，确保图形种类齐全、分类合理是其中最重要的一点，图形可以按照图形所展示的内容、图形的存储形式、图形的展现形式等进行分类，具体分类举例说明如图 5-56 所示。

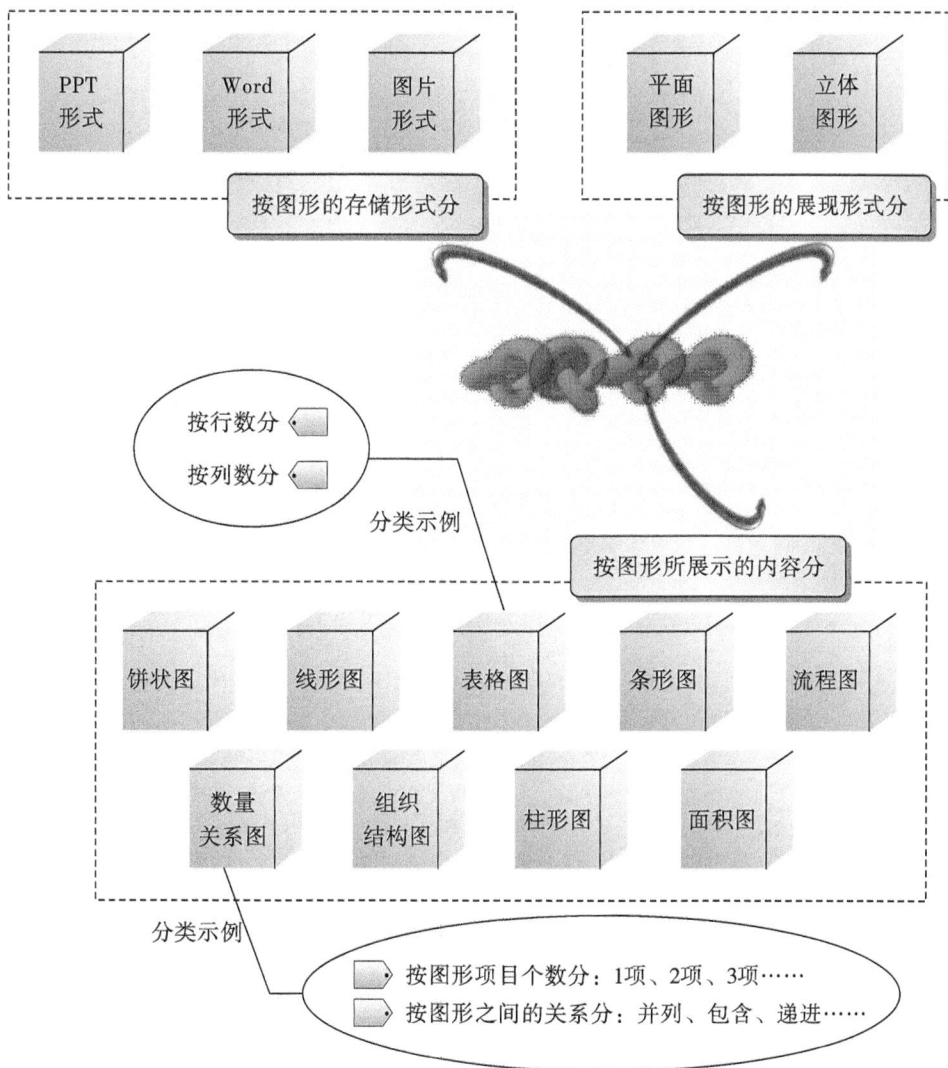

图 5-56　课程开发图形分类示例

5.10.6　课程开发大纲库的建设

课程开发大纲库是收录课程大纲并对其进行归纳、整理，为课程开发提供课程大纲资料和建议的一种资料库。本文从课程开发大纲的分类及课程开发大纲库的建设阶段两个方面进行详细讲述。

1. 课程开发大纲的分类

课程开发大纲通常按课程内容进行分类，图 5-57 提供了一种分类方式，供读者参考。

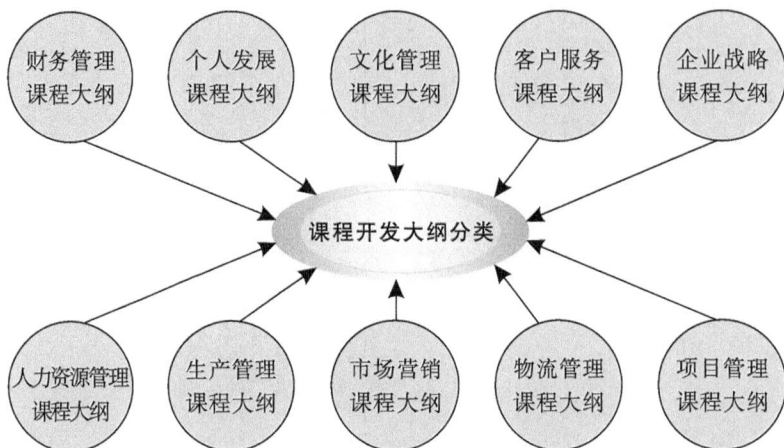

图 5-57　课程开发大纲分类示例

2. 课程开发大纲库的建设阶段

课程开发大纲库建设可以分为课程开发大纲的收集（获得及验证）、整理（以系统的或有条理的方法）、维持（存储并不断更新）和显示（可用电子的或其他的方法单独得到）四个阶段，具体如图 5-58 所示。

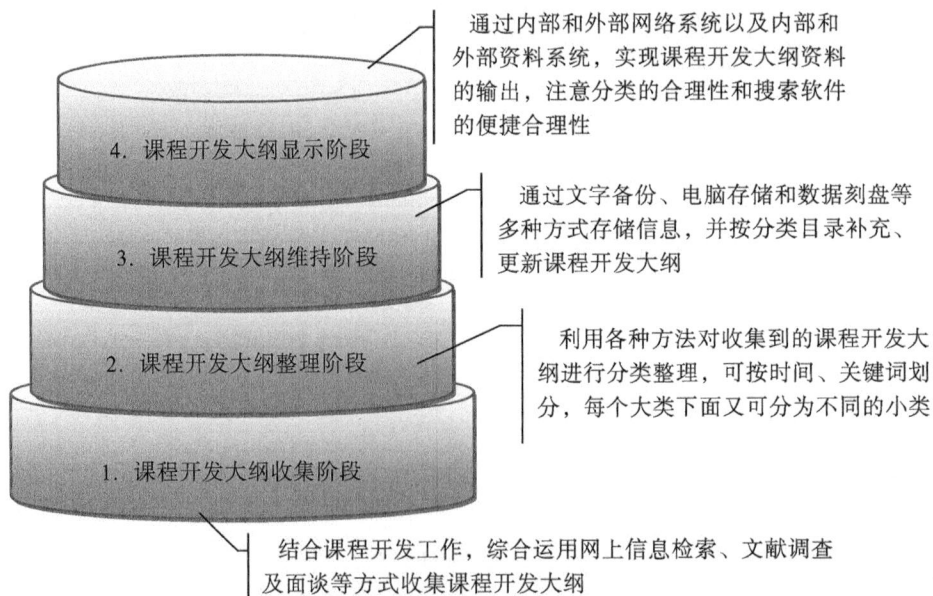

图 5-58　课程开发大纲库建设的四个阶段

5.10.7 课程开发游戏库的建设

课程开发游戏库是独立的、可以用于课程开发的游戏资料的汇集，这些游戏资料都应经过系统的、有条理的整理。下面从课程开发游戏库应具备的特点以及课程开发游戏的分类两个方面详细说明课程开发游戏库的建设问题。

1. 课程开发游戏库应具备的特点

合理的、能有效运行的课程开发游戏库应具备如图 5-59 所示的六个特点。

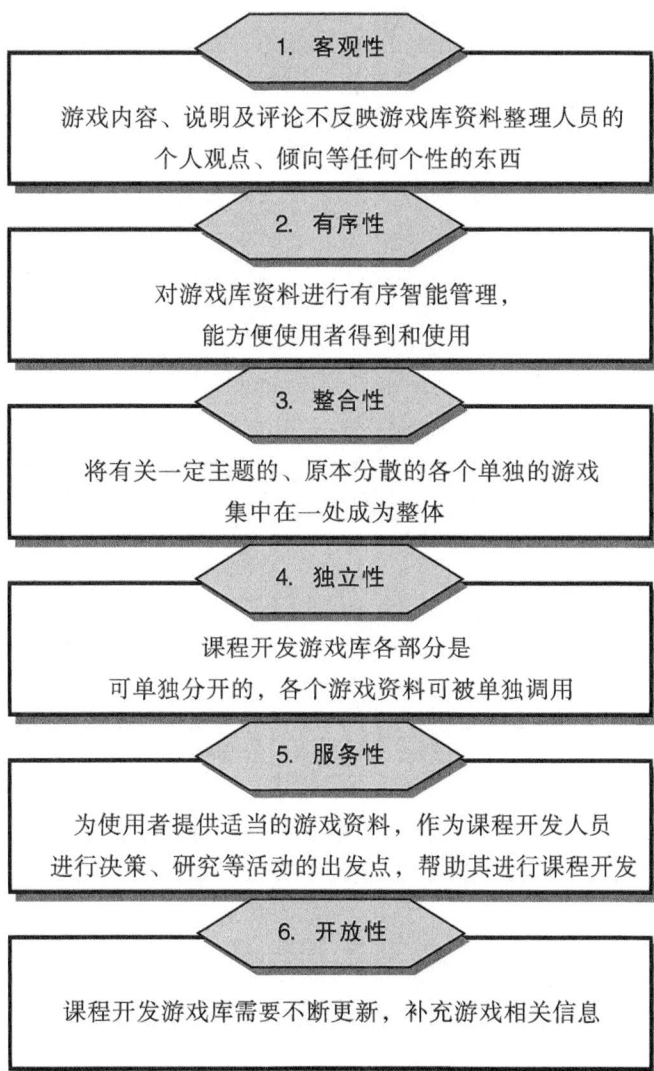

1. 客观性

游戏内容、说明及评论不反映游戏库资料整理人员的个人观点、倾向等任何个性的东西

2. 有序性

对游戏库资料进行有序智能管理，能方便使用者得到和使用

3. 整合性

将有关一定主题的、原本分散的各个单独的游戏集中在一处成为整体

4. 独立性

课程开发游戏库各部分是可单独分开的，各个游戏资料可被单独调用

5. 服务性

为使用者提供适当的游戏资料，作为课程开发人员进行决策、研究等活动的出发点，帮助其进行课程开发

6. 开放性

课程开发游戏库需要不断更新，补充游戏相关信息

图 5-59　合理的、能有效运行的课程开发游戏库应具备的六个特点

2. 课程开发游戏的分类

课程开发游戏分类示例如图 5-60 所示。

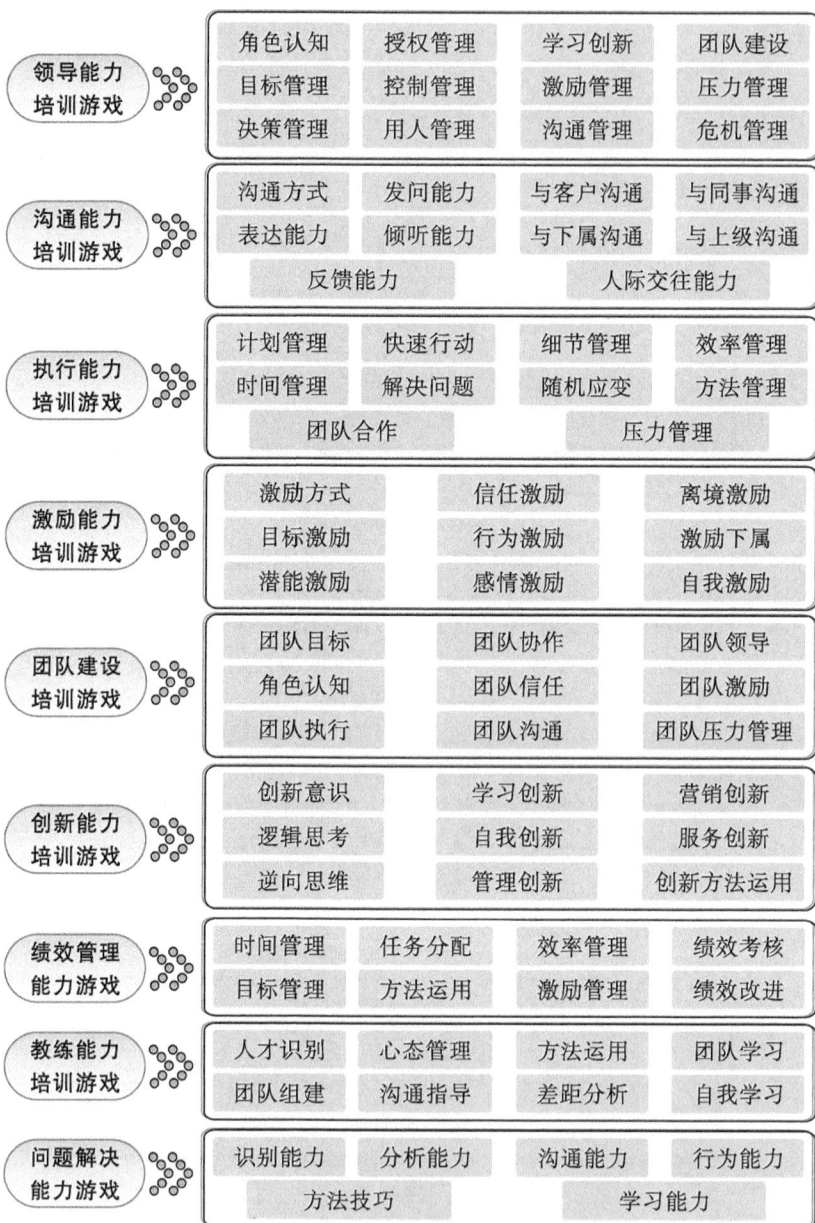

领导能力 培训游戏	角色认知	授权管理	学习创新	团队建设
	目标管理	控制管理	激励管理	压力管理
	决策管理	用人管理	沟通管理	危机管理

沟通能力 培训游戏	沟通方式	发问能力	与客户沟通	与同事沟通
	表达能力	倾听能力	与下属沟通	与上级沟通
	反馈能力		人际交往能力	

执行能力 培训游戏	计划管理	快速行动	细节管理	效率管理
	时间管理	解决问题	随机应变	方法管理
	团队合作		压力管理	

激励能力 培训游戏	激励方式	信任激励	离境激励
	目标激励	行为激励	激励下属
	潜能激励	感情激励	自我激励

团队建设 培训游戏	团队目标	团队协作	团队领导
	角色认知	团队信任	团队激励
	团队执行	团队沟通	团队压力管理

创新能力 培训游戏	创新意识	学习创新	营销创新
	逻辑思考	自我创新	服务创新
	逆向思维	管理创新	创新方法运用

| 绩效管理
能力游戏 | 时间管理 | 任务分配 | 效率管理 | 绩效考核 |
| | 目标管理 | 方法运用 | 激励管理 | 绩效改进 |

| 教练能力
培训游戏 | 人才识别 | 心态管理 | 方法运用 | 团队学习 |
| | 团队组建 | 沟通指导 | 差距分析 | 自我学习 |

| 问题解决
能力游戏 | 识别能力 | 分析能力 | 沟通能力 | 行为能力 |
| | 方法技巧 | | 学习能力 | |

图 5-60 课程开发游戏分类示例

5.10.8 课程开发视频库的建设

课程开发视频库的建设有两大问题需要解决，即课程开发视频的分类以及课程开发视频库视频的格式，具体内容如图5-61所示。

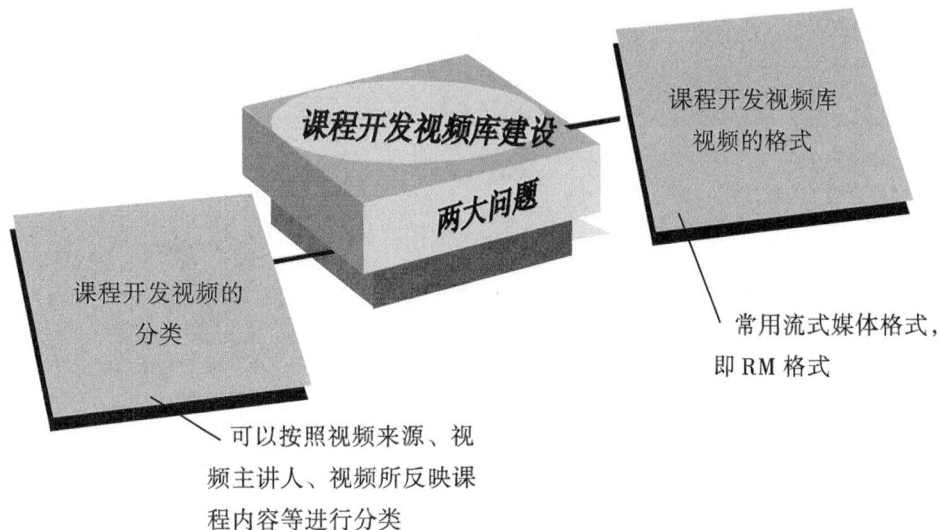

图5-61 课程开发视频库建设的两大问题

1. 课程开发视频的分类

课程开发视频可以按照视频来源、视频主讲人、视频所反映课程内容等进行分类。以按视频来源和视频主讲人进行分类为例，具体示例如图5-62和图5-63所示。

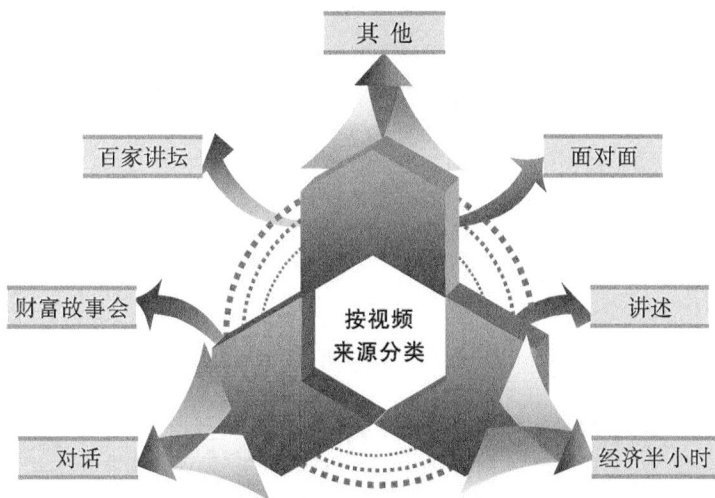

图5-62 按视频来源分类示例

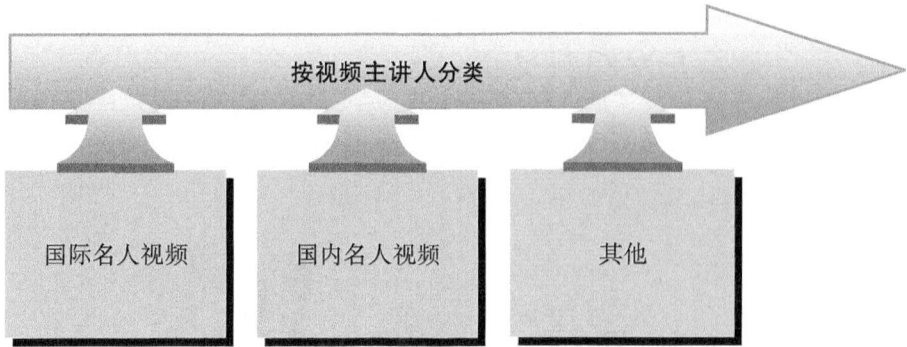

按视频主讲人分类

国际名人视频　　国内名人视频　　其他

图5-63　按视频主讲人进行分类示例

2. 课程开发视频库视频的格式

课程开发视频库中视频的存储格式主要有四种,具体如图5-64所示。

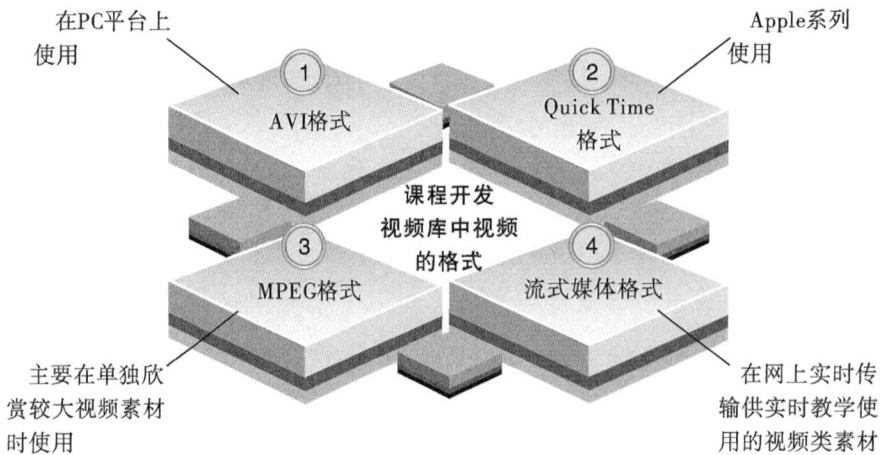

在PC平台上使用

Apple系列使用

① AVI格式

② Quick Time格式

课程开发视频库中视频的格式

③ MPEG格式

④ 流式媒体格式

主要在单独欣赏较大视频素材时使用

在网上实时传输供实时教学使用的视频类素材

说明:
1. 通常,企业建立的课程开发视频库中的所有视频资料都要求制作成REAL流式媒体(RM)格式,如有其他格式的音频数据(AVI、MPEG、MOV等),则需提交两份,一份是原格式,一份转换为REAL流式媒体格式
2. 为保证视频资料的播放质量,要求所建立的课程开发视频库内视频类资料每帧图像颜色数不低于256色,或灰度级不低于128级,且确保视频类素材中的音频与视频图像有良好的同步性

图5-64　课程开发视频库中视频内容的存储格式及适用情况

5.10.9　课程开发测评库的建设

测评是以现代心理学和行为科学为基础,通过心理测试、面试、情景模拟等方法对人

的性格特征、发展潜力等心理特征进行客观测量与科学评价的过程。测评可以分为选拔性测评、配置性测评等六类，具体分类及其特点如表5-30所示。

表5-30　测评的种类及特点

种类	说明	特点
选拔性测评	是一种以选拔优秀人才为目的的素质测评	1. 强调测评的区分功用 2. 测评标准的刚性最强 3. 测评指标具有选择性 4. 测评过程特别强调客观性 5. 选拔性测评的结果或是分数或是等级
配置性测评	以人事合理配置为目的，是人力资源管理中常见的一种测评形式	具有针对性、客观性、严格性、准备性等特点
开发性测评	以开发人员素质为目的，为人力资源开发提供科学性与可行性依据	具有勘探性、配合性、促进性等特点
诊断性测评	是以服务于了解素质现状或素质开发问题为目的的素质测评	1. 测评结果不公开 2. 测评具有较强的系统性 3. 诊断性测评的过程是寻根究底 4. 测评内容或者十分精细，或者全面、广泛
考核性测评	以鉴定与验证某些素质是否具备或者具备程度大小为目的，经常穿插在选拔性测评与配置性测评之中	1. 测评结果是对被测试者素质结构与水平的鉴定 2. 侧重于被测试者现有素质的价值与功用 3. 是一种总结性的测评，具有概括性 4. 要求测评结果具有较高的信度与效度

课程开发测评库主要收录课程开发测评工具、方法等相关内容，图5-65中列举了两种课程开发测评资料分类方式，供读者参考。

图5-65　两种课程开发测评资料分类方式示例

课程开发测评库建设的重要一环就是对课程开发测评库的管理，为了实现高效管理，课程开发测评库的管理应按照以下七个步骤进行，具体内容如图 5-66 所示。

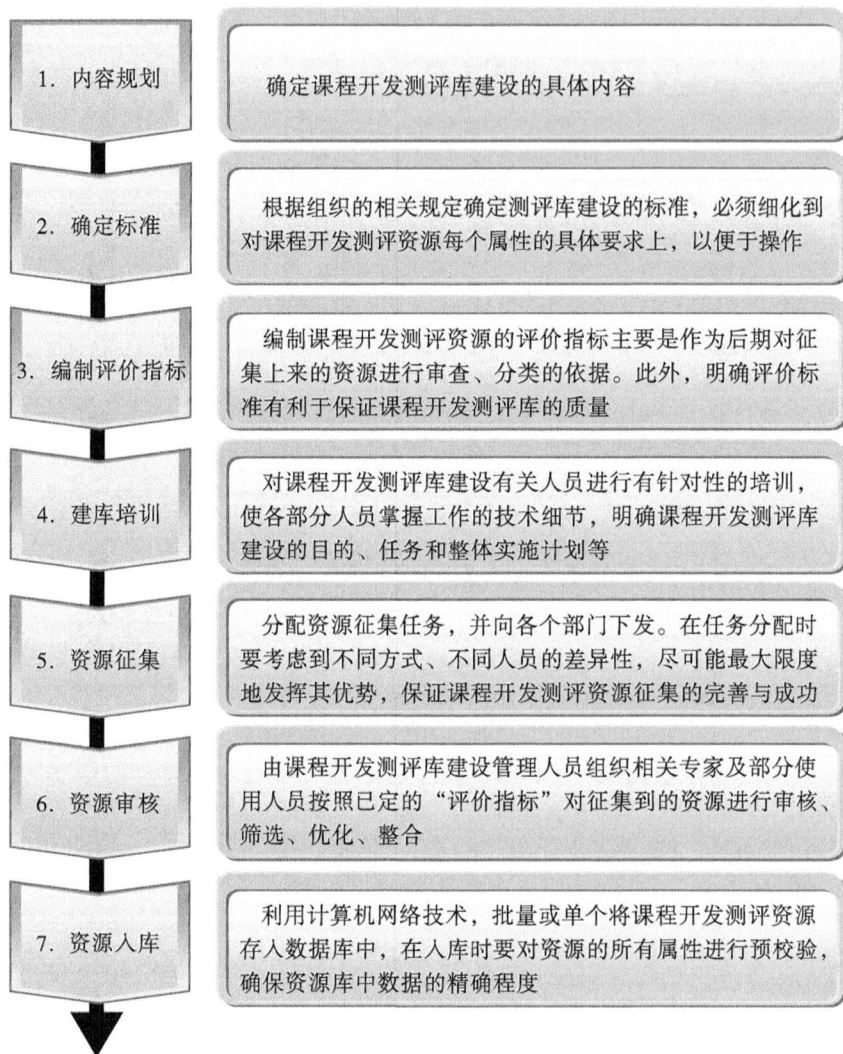

1. 内容规划	确定课程开发测评库建设的具体内容
2. 确定标准	根据组织的相关规定确定测评库建设的标准，必须细化到对课程开发测评资源每个属性的具体要求上，以便于操作
3. 编制评价指标	编制课程开发测评资源的评价指标主要是作为后期对征集上来的资源进行审查、分类的依据。此外，明确评价标准有利于保证课程开发测评库的质量
4. 建库培训	对课程开发测评库建设有关人员进行有针对性的培训，使各部分人员掌握工作的技术细节，明确课程开发测评库建设的目的、任务和整体实施计划等
5. 资源征集	分配资源征集任务，并向各个部门下发。在任务分配时要考虑到不同方式、不同人员的差异性，尽可能最大限度地发挥其优势，保证课程开发测评资源征集的完善与成功
6. 资源审核	由课程开发测评库建设管理人员组织相关专家及部分使用人员按照已定的"评价指标"对征集到的资源进行审核、筛选、优化、整合
7. 资源入库	利用计算机网络技术，批量或单个将课程开发测评资源存入数据库中，在入库时要对资源的所有属性进行预校验，确保资源库中数据的精确程度

图 5-66　课程开发测评库建设管理步骤

5.10.10　课程开发内容资源库建设

课程开发内容资源库建设是课程开发资源库建设的核心内容之一，下面主要从课程开发内容资源的分类以及课程开发内容资源上传标准两方面进行具体阐述。

1. 课程开发内容资源的分类

对课程开发内容资源分类可以根据课程开发内容资源的形式、表述内容以及针对的对象进行分级划分，图5-67中提供一种分级划分的示例，供读者参考。

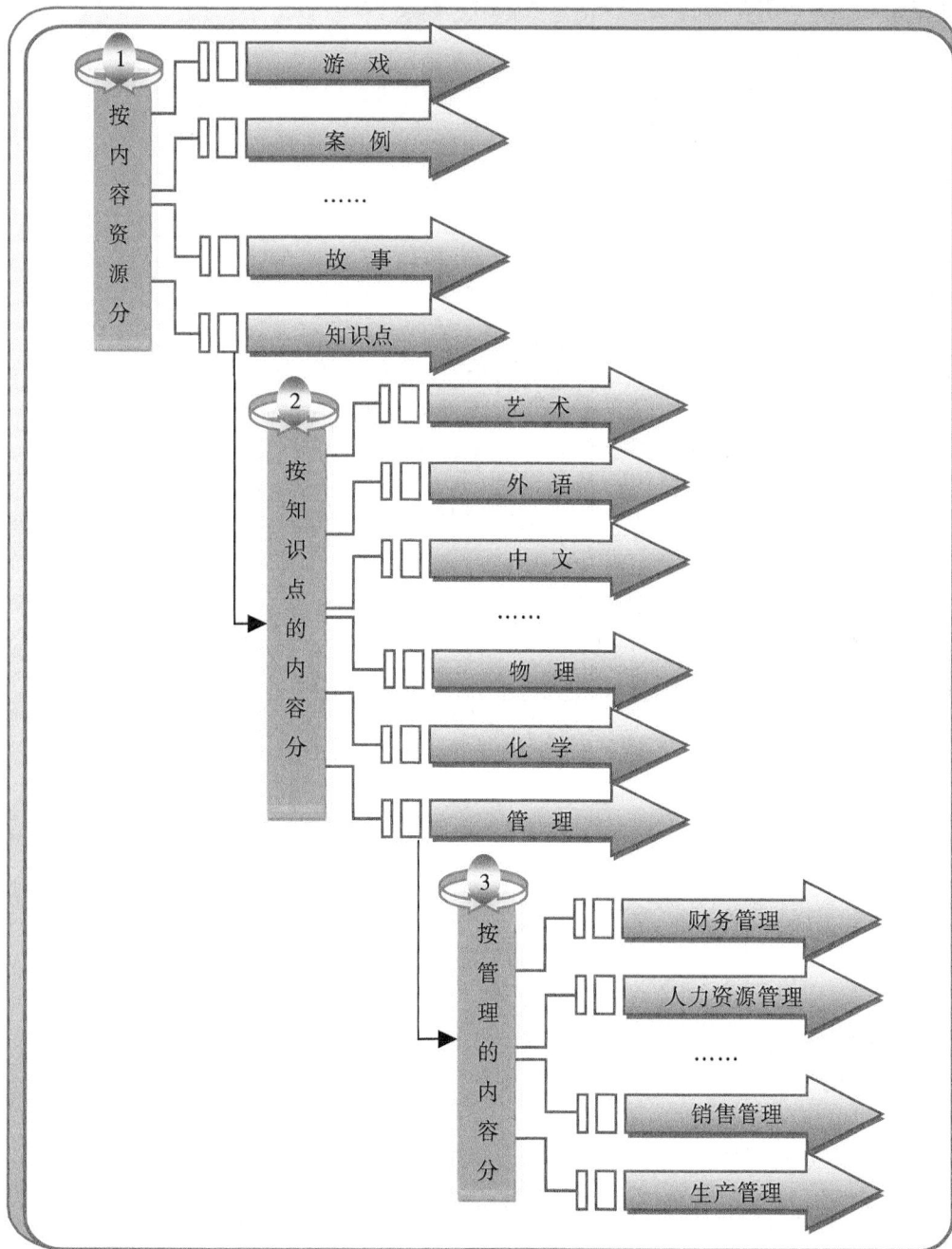

图 5-67　课程开发内容资源分类示例

2. 课程开发内容资源收录入库标准

收集到的课程开发内容资源需要进行整理使其符合一定的标准方可收录入库，标准的制定主要从以下三个方面进行考虑，具体如图 5-68 所示。

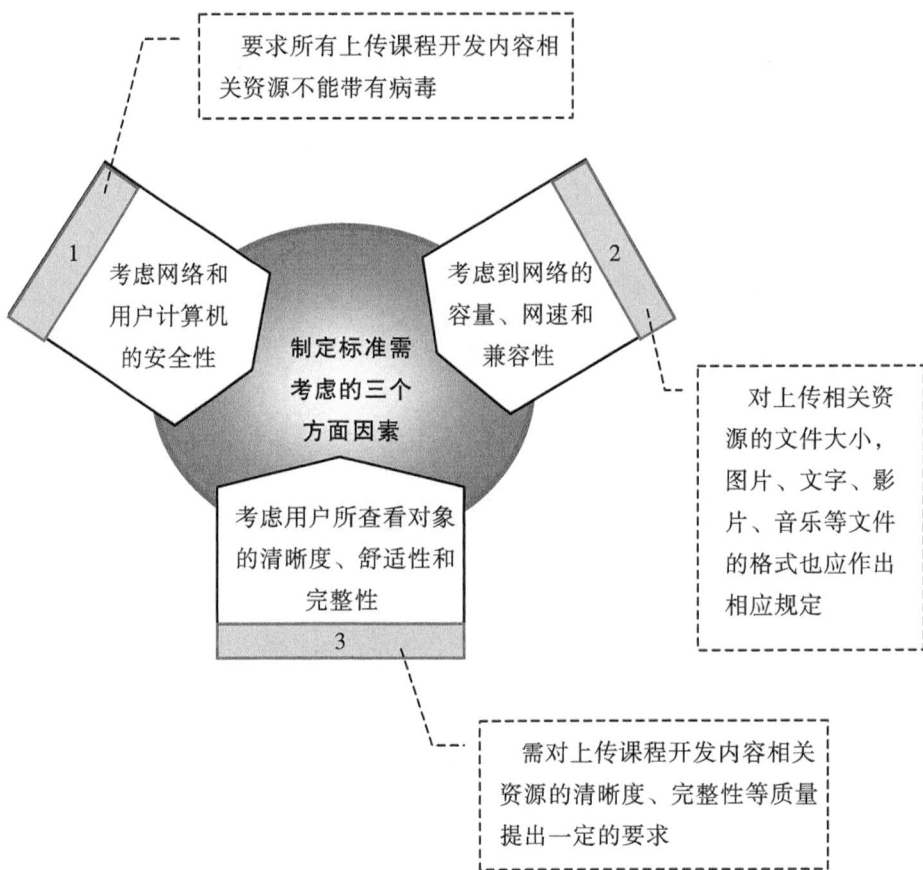

图 5-68　制定课程开发内容资源收录入库标准需考虑的因素

以××企业课程开发内容资源收录入库标准为例，具体说明课程开发内容资源收录入库标准的具体要求，供读者参考，具体如图 5-69 所示。

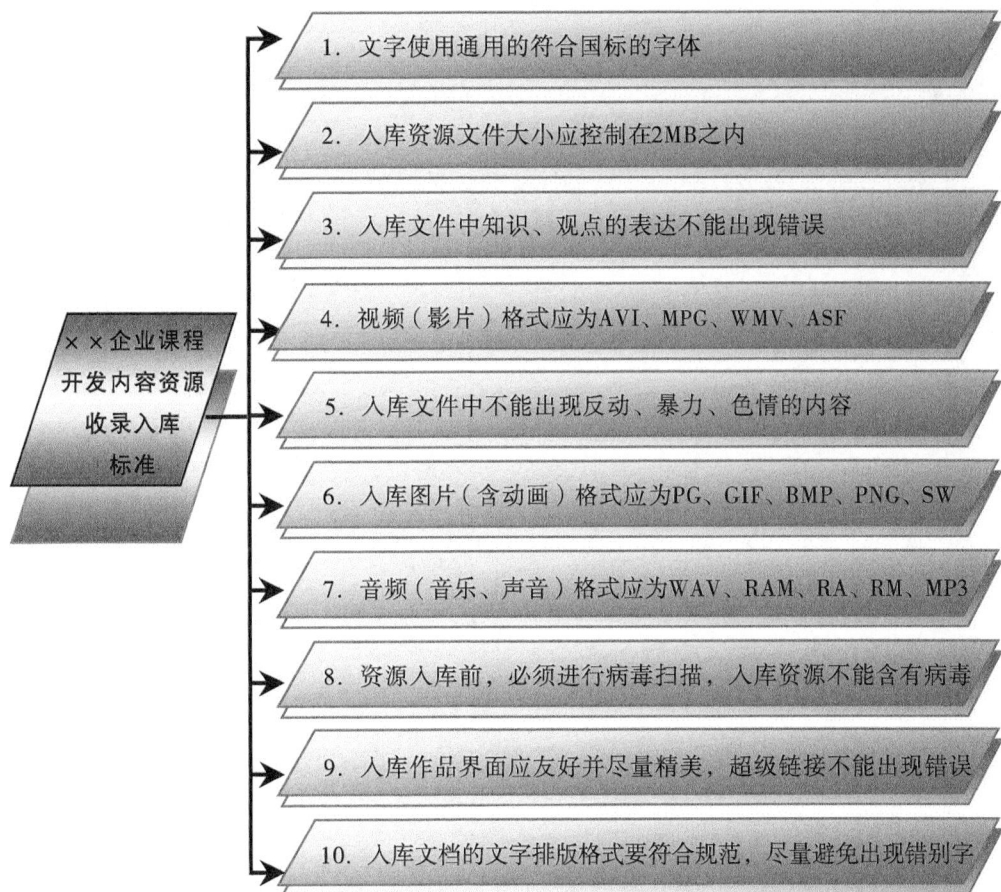

××企业课程开发内容资源收录入库标准

1. 文字使用通用的符合国标的字体

2. 入库资源文件大小应控制在2MB之内

3. 入库文件中知识、观点的表达不能出现错误

4. 视频（影片）格式应为AVI、MPG、WMV、ASF

5. 入库文件中不能出现反动、暴力、色情的内容

6. 入库图片（含动画）格式应为PG、GIF、BMP、PNG、SW

7. 音频（音乐、声音）格式应为WAV、RAM、RA、RM、MP3

8. 资源入库前，必须进行病毒扫描，入库资源不能含有病毒

9. 入库作品界面应友好并尽量精美，超级链接不能出现错误

10. 入库文档的文字排版格式要符合规范，尽量避免出现错别字

说明：
1. 企业需选定专业人员对课程开发内容资源库进行管理
2. 随着工作的推进，对课程开发内容资源的分类、采集和审定也将会有新的标准和要求，本课程资源开发内容资源库在将来的建设过程中，也应适应时代发展的要求，不断做出新的调整

图5-69 ××企业课程开发内容资源收录入库标准示例

第 6 章

内部讲师筛选与资格认证体系

6.1 内部讲师筛选规则

6.1.1 选拔范围

组织选拔内部讲师，建立内部讲师队伍，首先要明确内部讲师的选拔范围。选拔的范围主要从入职时间、学历和培训对象三个方面进行，具体内容如表6-1所示。

表6-1 内部讲师选拔范围一览表

选拔维度			选拔范围
入职时间			___年（含）以上
学历			___及以上
培训对象	普通员工培训		主管级以上
	主管级培训		经理级以上
	经理级培训		总监级以上
	生产型企业	生产一线员工	班组长以上
		班组长培训	生产主管以上
		以此类推	以此类推

说明：职务级别高的讲师被学员接纳的程度要高于同等级别的员工。

下面以"培训新员工的内部讲师选拔"为例，讲述内部讲师选拔的具体范围及要求（如图6-1所示）。

| 培训内容 | 内部讲师选拔范围 |

培训新员工的内部讲师选拔范围	企业文化培训	1. 公司人力资源部经理及经理级以上人员 2. 在公司服务不少于5年，能深刻理解企业文化 3. 有企业文化培训相关经验
	基本素养培训	1. 至少连续2年获得优秀员工称号，在基本素养方面表现优秀 2. 具有3年以上工作经验，熟悉职场基本素养要求 3. 有基本素养培训相关经验
	专业素质培训	1. 部门经理及以上人员 2. 在该岗位工作不少于3年，熟悉岗位内容和要求 3. 有给新员工进行培训的经验
	工作态度培训	1. 至少具有3年及以上该方面培训经验的专职培训师或是具有相关新员工培训经验的部门经理及以上人员 2. 至少工作7年以上，具有丰富的工作经验
	自我发展培训	1. 人力资源部经理、培训部经理及以上人员 2. 在自我发展方面有成功经验 3. 有给新员工进行相关培训的经验

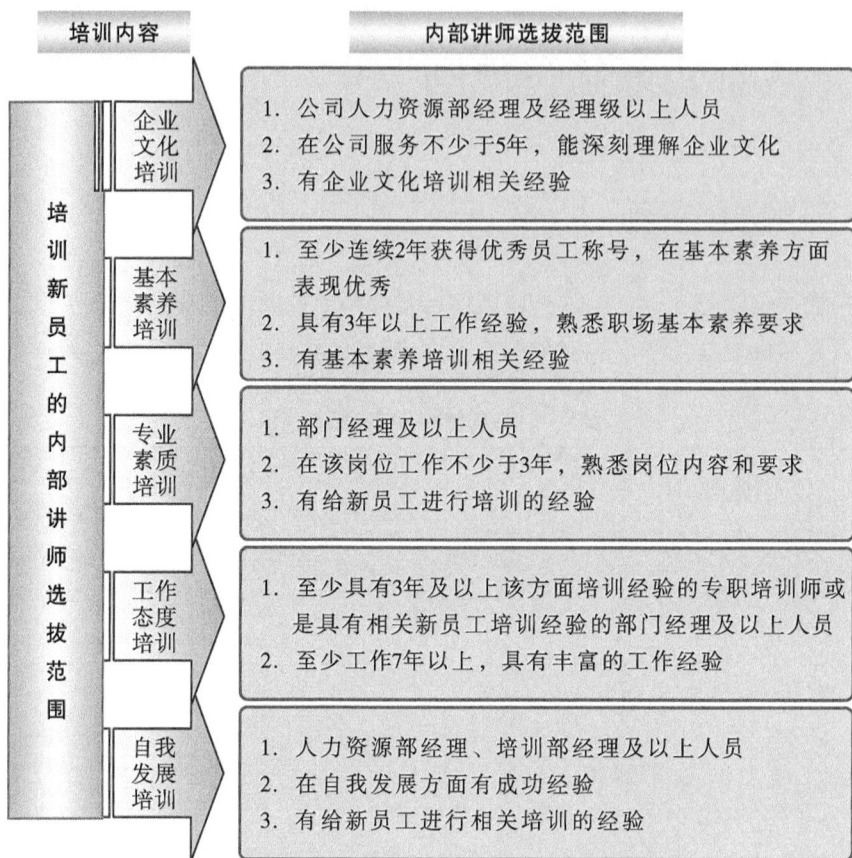

图6-1　培训新员工的内部讲师选拔范围

6.1.2　选拔标准

组织选拔出合适的员工，再对其进行相应的讲师技巧培训，可以达到事半功倍的效果，这就需要组织明确内部讲师的选拔标准。一般而言，内部讲师选拔的标准主要包括以下10个方面（如图6-2所示）。

1 对培训工作有浓厚的兴趣	6 具有一定的实践经验和相关阅历
2 热爱本职工作，具有积极的心态	7 具有较强的语言表达能力，善于沟通
3 具备丰富、扎实的专业知识	8 具有较高的业务能力和职业素质
4 具有幽默、自信的性格特质	9 具有良好的工作态度和高尚的职业道德
5 具有健康的身体和健全的心理	10 坚持"以受训人员为中心"的服务理念

图6-2　内部讲师选拔的10个标准

6.1.3 选拔流程

内部讲师选拔的方式包括推荐和自荐两种。具体的选拔流程如图6-3所示。

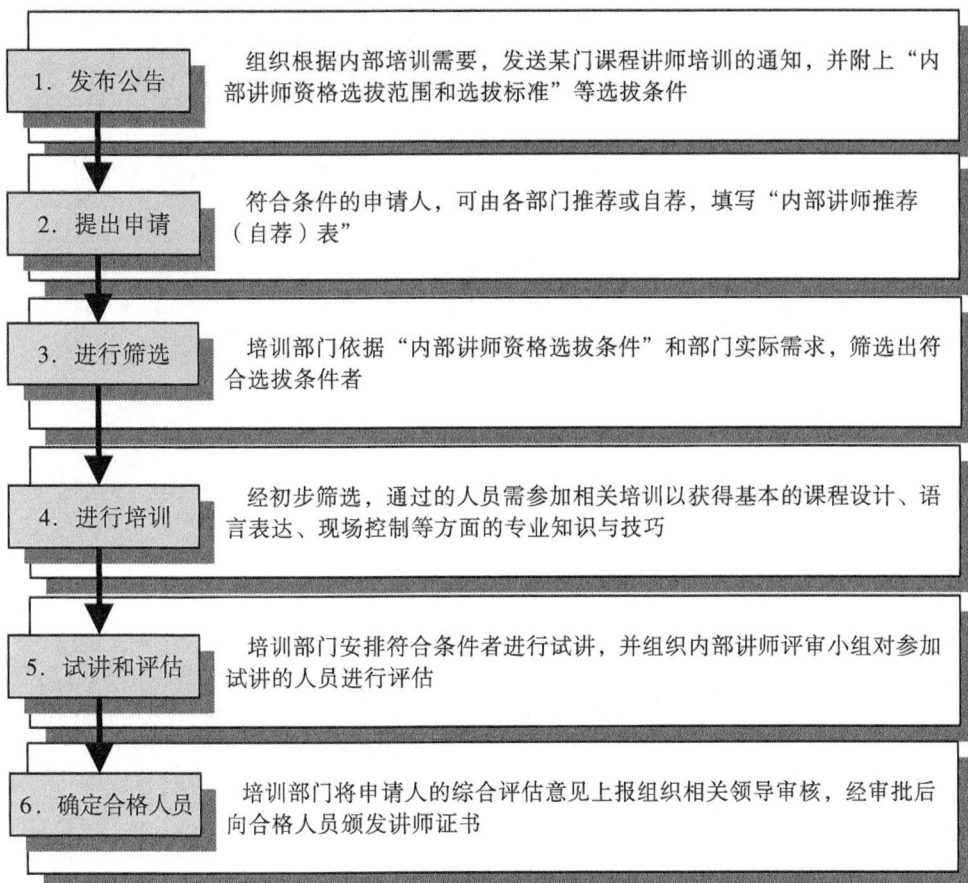

1. 发布公告	组织根据内部培训需要，发送某门课程讲师培训的通知，并附上"内部讲师资格选拔范围和选拔标准"等选拔条件
2. 提出申请	符合条件的申请人，可由各部门推荐或自荐，填写"内部讲师推荐（自荐）表"
3. 进行筛选	培训部门依据"内部讲师资格选拔条件"和部门实际需求，筛选出符合选拔条件者
4. 进行培训	经初步筛选，通过的人员需参加相关培训以获得基本的课程设计、语言表达、现场控制等方面的专业知识与技巧
5. 试讲和评估	培训部门安排符合条件者进行试讲，并组织内部讲师评审小组对参加试讲的人员进行评估
6. 确定合格人员	培训部门将申请人的综合评估意见上报组织相关领导审核，经审批后向合格人员颁发讲师证书

图6-3 内部讲师选拔流程

6.1.4 选拔制度

1. 选拔制度规范的内容

内部讲师选拔制度是对组织的内部讲师选拔工作如何进行规范化运作的规定，以保证内部讲师选拔的公正性和公平性。内部讲师选拔制度规范的内容如图6-4所示。

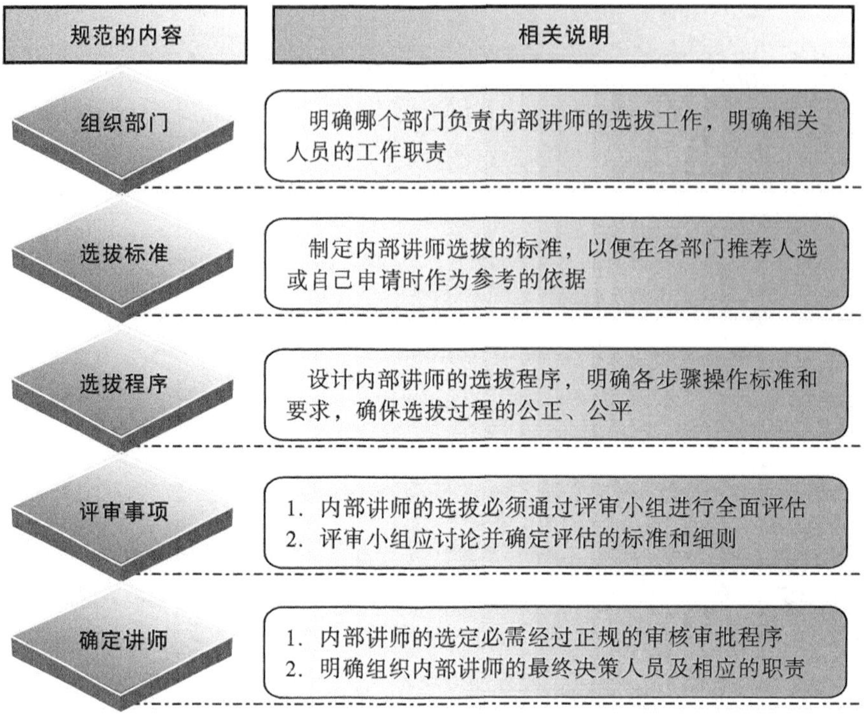

图6-4　内部讲师选拔制度规范的内容

2. 选拔制度的范例

制度名称	××公司内部讲师选拔制度		受控状态	
			编　　号	
执行部门		监督部门	考证部门	

第1条　目的

为明确本公司内部讲师选拔范围和标准等选拔条件，规范选拔程序，提高内部讲师选拔的质量，特制定本制度。

第2条　适用范围

公司所有内部讲师的选拔工作均依本制度执行。

第3条　选拔范围

在公司工作两年以上的正式员工。

第4条　选拔原则

公司内部讲师选拔应遵守公正、公平、公开、合理和专业的原则。

第5条　选拔方式

1. 部门推荐

公司人力资源部制定"内部讲师资格选拔条件"发给有关部门，由各部门参照"内部讲师资格选

（续）

拔条件"推荐讲师候选人。

2．自我推荐

感兴趣的员工可以自我推荐，经初步审核合格者也可以作为讲师候选人。

第6条 选拔标准

1．心态和兴趣

具有积极的心态，对讲课、演讲具有浓厚的兴趣。

2．知识和能力

知识渊博，并具有相应的工作经验和阅历，具有良好的语言表达能力和较强的学习能力。

第7条 选拔程序

1．发布公告

人力资源部根据培训工作的需要，在公司内部发布某课程培训讲师的选拔通知。通知中应说明基本的选拔条件以及提交申请的方式和时间，并附上"内部讲师申请表"，如下表所示。

内部讲师申请表

申请人		所在部门	
入职时间		职务	
学历		授课方向	
特长描述			
培训经历			
是否参加过员工与此类课程相关的培训课程		□ 否	
		□ 是 课程名称：	
是否参加过讲师培训课程		□ 否	
		□ 是 课程名称：	
是否有相关授课的经验		□ 否	
		□ 是 课程名称： 授课对象：	
审核意见			
个人自荐理由			
部门推荐意见			
人力资源部意见			

（续）

2. 提交申请

符合条件的申请人，可由各部门经理推荐或自荐，填写"内部讲师申请表"，报公司人力资源部进行初步审核。

3. 参加培训和辅导

经初步审核，通过的人员需参加公司人力资源部组织的相关培训以获得演讲的开场、主体的展开和结尾、基本的课程设计、语言表达、现场控制等方面的专业知识与技巧。

4. 试讲与评审

（1）成立讲师评审小组

在公司中高层领导中选出有培训经验的若干人员组成评审小组，并选出一人担当评审小组的组长，负责评审小组的全面工作。人力资源部负责辅助其工作。

（2）明确评审人员职责

召开评审小组工作会议，确定各人员的工作职责，对评审过程中可能出现的问题进行商讨，以文件的形式确认评审标准和评审细则。

（3）安排试讲

给讲课人员两周准备时间，自拟题目，在指定日期进行 1 小时的试讲。

（4）进行评审

评审小组跟进试讲的全过程，对讲课人进行全面评价，并填写"内部讲师评价表"，如下表所示。

内部讲师评价表

课程基本情况	课程名称		课程时间	
授课内容评价	导入		素材	
	切题		案例	
	活动		收结	
	课堂气氛		师生互动	
授课技巧评价	语言表达		肢体语言	
	时间掌握		技巧细节	
授课材料评价	幻灯配合		板书效果	

（5）聘任决定

公司人力资源部将申请人的综合评审意见上报公司人力资源总监审核，经公司总经理审批后，由人力资源部向申请人发出是否聘任的决定。

第 8 条　本制度由人力资源部制定，其修改、解释权归人力资源部所有。

第 9 条　本制度自总经理签发之日起实施。

编制日期		审核日期		批准日期	
修改标记		修改处数		修改日期	

6.2 内部讲师资格确定

6.2.1 资格审查

在确定内部讲师资格之前，首先应对员工进行资格审查，以确定员工资格的真实性。

1. 明确资格审查要求

进行员工资格审查时，应对其明确以下三点要求，如图6-5所示。

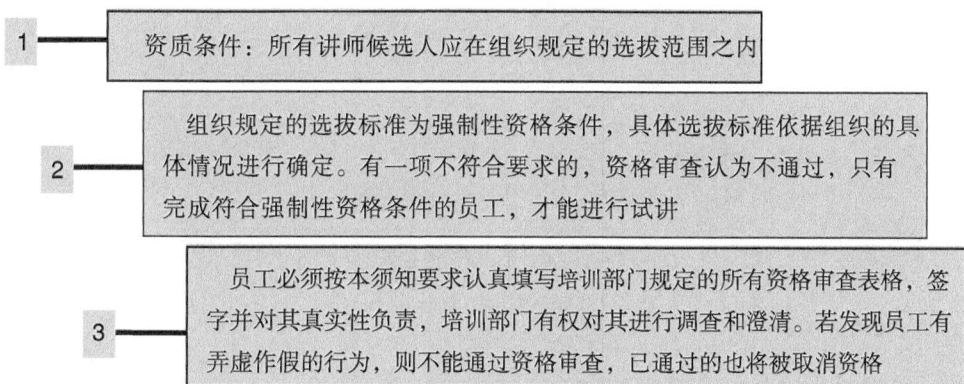

图6-5 内部讲师资格审查要求

说明各框内容：

1　资质条件：所有讲师候选人应在组织规定的选拔范围之内

2　组织规定的选拔标准为强制性资格条件，具体选拔标准依据组织的具体情况进行确定。有一项不符合要求的，资格审查认为不通过，只有完成符合强制性资格条件的员工，才能进行试讲

3　员工必须按本须知要求认真填写培训部门规定的所有资格审查表格，签字并对其真实性负责，培训部门有权对其进行调查和澄清。若发现员工有弄虚作假的行为，则不能通过资格审查，已通过的也将被取消资格

2. 资格审查表

培训部门在对员工进行资格审查时，可以参考"内部讲师资格审查表"，如表6-2所示。

表6-2 内部讲师资格审查表

姓名		工作年限		入职时间	
所在部门		岗位		职称	
学历		专业		授课方向	
相关经历					
专业特长					
授课经验					
参加培训经历					
备注					

（续表）

（签字前，请认真核对上述内容） **诚信承诺书** 我保证所提供的上述信息真实、准确，并愿意承担由于上述信息虚假带来的一切责任和后果 　　　　　　　　　　　　　　　　　员工签字：　　　　　日期：＿＿＿年＿＿＿月＿＿＿日	
部门审核意见	部门盖章　　　　经办人签字：　　　　　日期：＿＿＿年＿＿＿月＿＿＿日
培训部门审核意见	部门盖章　　　　经办人签字：　　　　　日期：＿＿＿年＿＿＿月＿＿＿日

说明：请员工仔细核查上述信息，并打印留存，提交后不予更改。

6.2.2 进行试讲

安排符合选拔条件的员工进行试讲，确定其是否具备成为内部讲师的能力。

1. 明确试讲的要求

试讲的要求如图6-6所示。

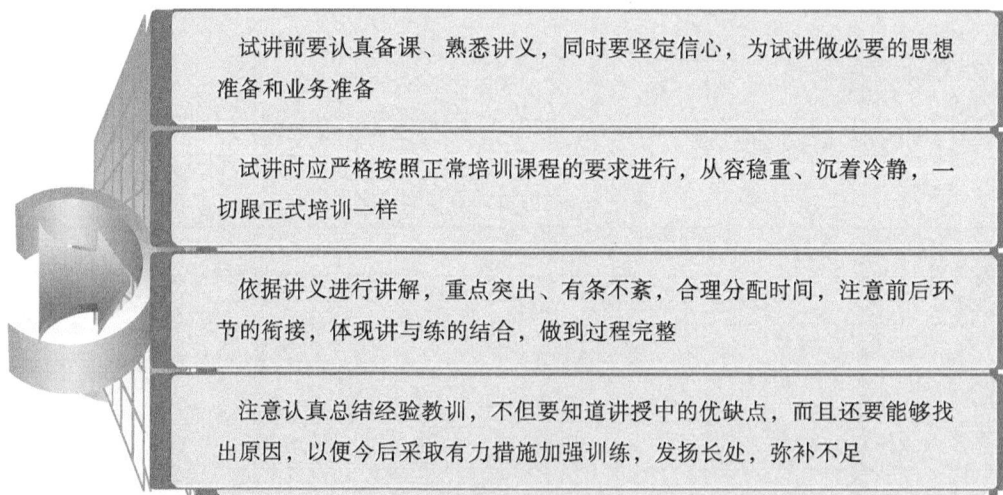

试讲前要认真备课、熟悉讲义，同时要坚定信心，为试讲做必要的思想准备和业务准备

试讲时应严格按照正常培训课程的要求进行，从容稳重、沉着冷静，一切跟正式培训一样

依据讲义进行讲解，重点突出、有条不紊，合理分配时间，注意前后环节的衔接，体现讲与练的结合，做到过程完整

注意认真总结经验教训，不但要知道讲授中的优缺点，而且还要能够找出原因，以便今后采取有力措施加强训练，发扬长处，弥补不足

图6-6　试讲的四点要求

2. 选择试讲的形式

试讲的形式从不同的角度可以有不同的分法，如可以按试讲的人数、范围划分，按时间划分，以及按培训场所划分。每种试讲形式都有其各自的作用和要求，具体形式如表6-3所示。

表6-3　试讲形式的分类

划分标准	具体类型
试讲人数和范围	个别试讲和小组试讲
试讲时间	平时试讲和集中试讲
培训场所	课堂试讲和现场试讲

3. 确定试讲时间和内容

试讲的时间和内容如图6-7所示。

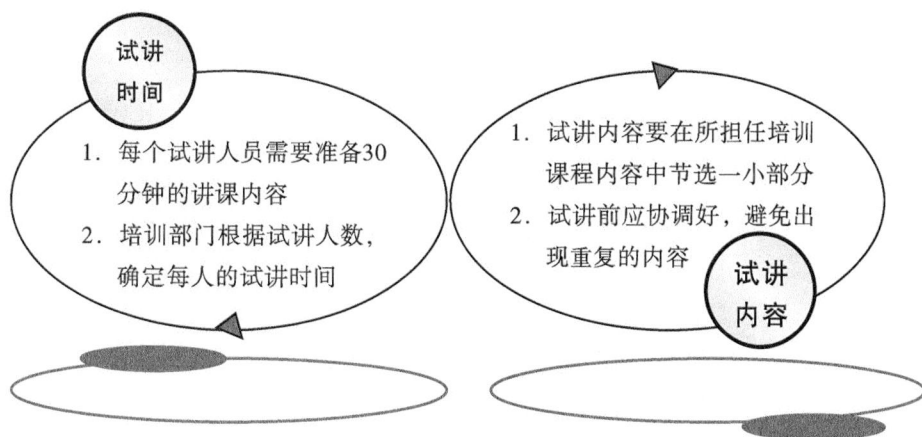

试讲时间

1. 每个试讲人员需要准备30分钟的讲课内容
2. 培训部门根据试讲人数，确定每人的试讲时间

试讲内容

1. 试讲内容要在所担任培训课程内容中节选一小部分
2. 试讲前应协调好，避免出现重复的内容

图6-7　试讲时间和内容

4. 进行试讲评价

（1）评价要求

评价人员在评价试讲情况时应注意以下三点，如图6-8所示。

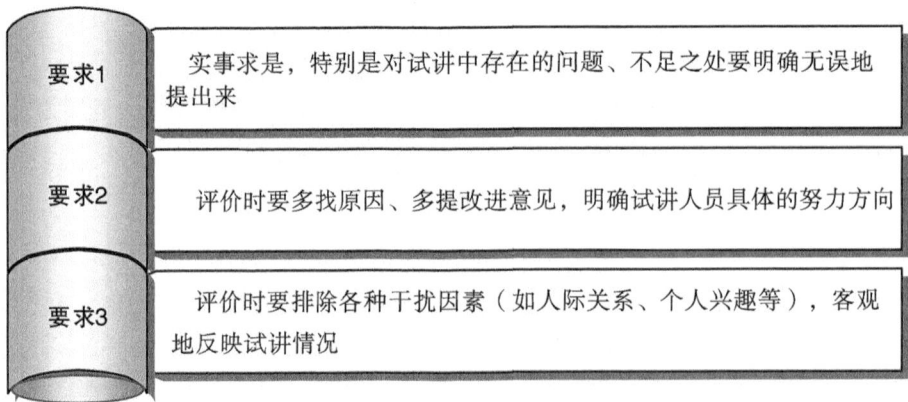

要求1	实事求是，特别是对试讲中存在的问题、不足之处要明确无误地提出来
要求2	评价时要多找原因、多提改进意见，明确试讲人员具体的努力方向
要求3	评价时要排除各种干扰因素（如人际关系、个人兴趣等），客观地反映试讲情况

图6-8　试讲评价的三个要求

（2）评价实施

在员工试讲时，由员工自己、培训部门管理者和专业培训师共同进行评价，并赋予不同的权重，根据三者评价的总分来确定内部讲师人选。"内部讲师试讲评价表"如表6-4所示。

表6-4　内部讲师试讲评价表

试讲者姓名		所在部门	
岗位		试讲课程	
试讲评价			

序号	评价内容	评分		
		员工自己（20%）	培训部门管理者（20%）	专业培训师（60%）
1	语音语调			
2	现场气氛			
3	表达流畅性			
4	肢体语言			
5	目光交流			
6	形象仪表			
7	时间掌控			
8	内容充实度			
9	案例讲解			
10	提问情况			

说明：评价采用百分制，每项评价的满分为10分。

6.2.3 资格确定

根据上述三者评价的总分来确定讲师人选，具体步骤如图6-9所示。

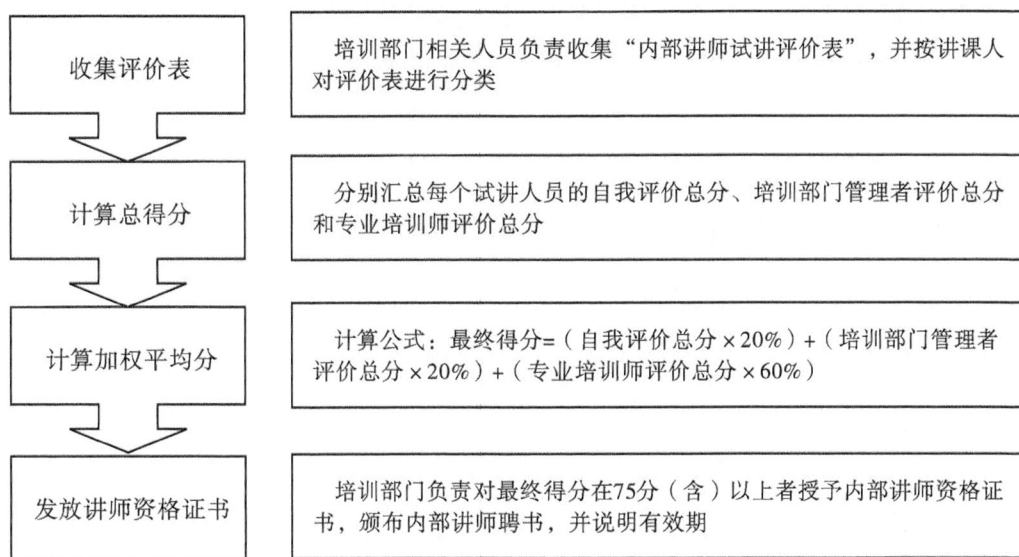

收集评价表	培训部门相关人员负责收集"内部讲师试讲评价表"，并按讲课人对评价表进行分类
↓	
计算总得分	分别汇总每个试讲人员的自我评价总分、培训部门管理者评价总分和专业培训师评价总分
↓	
计算加权平均分	计算公式：最终得分=（自我评价总分×20%）+（培训部门管理者评价总分×20%）+（专业培训师评价总分×60%）
↓	
发放讲师资格证书	培训部门负责对最终得分在75分（含）以上者授予内部讲师资格证书，颁布内部讲师聘书，并说明有效期

图6-9 内部讲师资格确定步骤

6.3 内部讲师的管理

6.3.1 内部讲师工作职责

内部讲师的工作职责是在培训部门管理者的领导下，负责培训课程的开发和讲授，向其他员工传授知识和技能，通过组织内部知识的共享和传播提高组织员工的整体素质水平，其具体职责如图6-10所示。

1. 在保证完成本职工作的前提下，完成所负责课程的授课任务

2. 负责课程的开发、培训的实施、对学员的考核评估，并定期进行总结

3. 有义务向培训部门提供培训课程改善的建议

4. 在培训部门的组织下，编写或改善所讲授课程的教案

5. 协助培训部门修改课件，并把修改内容提交给培训部门

6. 因工作或其他原因不能按时授课时，应提前通知组织的培训部门

7. 积极参加组织内部的培训、协助组织及本部门员工培训工作的开展

8. 在培训实施过程中应保证培训设备完好

9. 每年必须完成～2个新课题的开发，否则将取消其内部讲师资格

10. 内部讲师皆有权利参加年度"优秀讲师"的评选活动

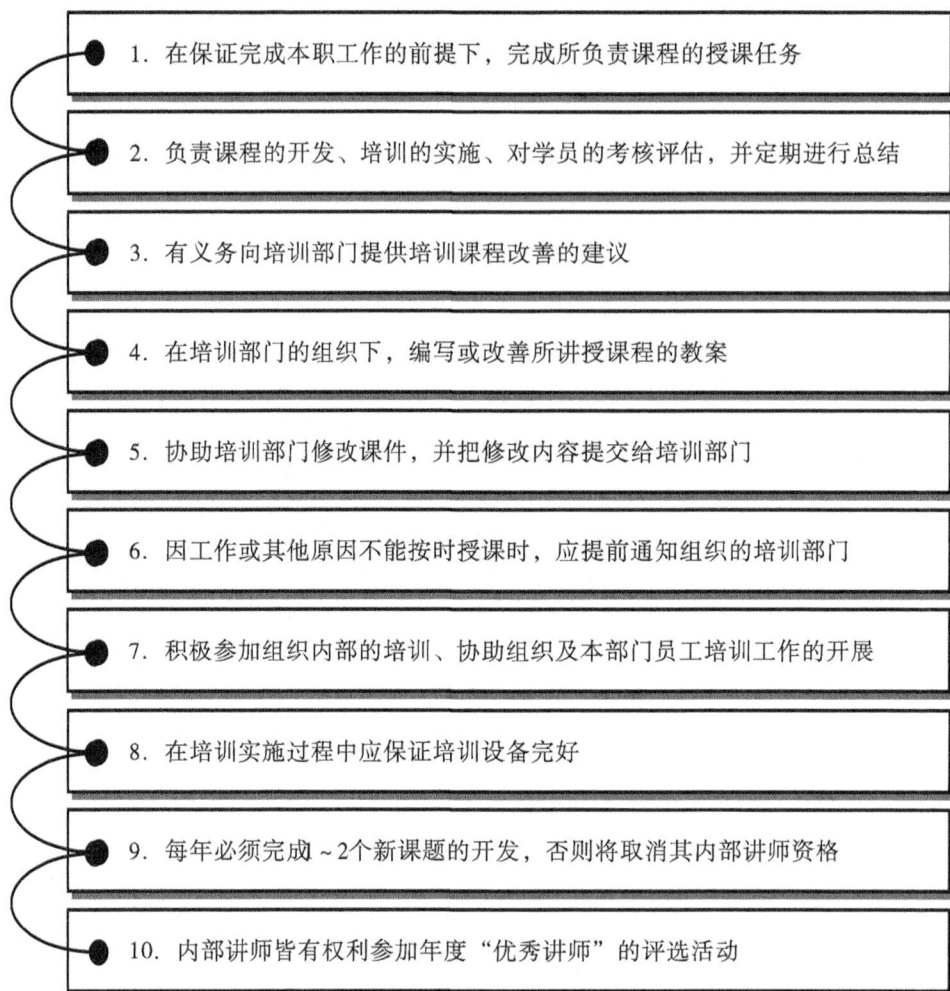

图 6-10　内部讲师的工作职责

6.3.2　内部讲师管理办法

1. 内部讲师管理办法规范的内容

内部讲师管理办法的目的是规范组织内部讲师的管理工作，积极培养内部讲师队伍，发挥其在组织培训体系中的核心作用。内部讲师管理办法规范的内容如图 6-11 所示。

规范的内容	相关说明

管理职责 — 明确组织内部讲师的归口管理部门以及内部讲师的工作职责

讲师定级 — 为了调动组织内部讲师的工作热情和积极性，应定期对内部讲师进行等级评价

讲师奖励 — 内部讲师除了获得一定的授课费用外，还享受带薪调休、一定金额的书费报销及优先参加培训等激励

讲师考核 — 确定考核主体以及考核形式，明确内部讲师的考核周期以及考核方法

讲师培养 — 明确组织内部讲师的培养方式以及需要参加的深层次培训课程

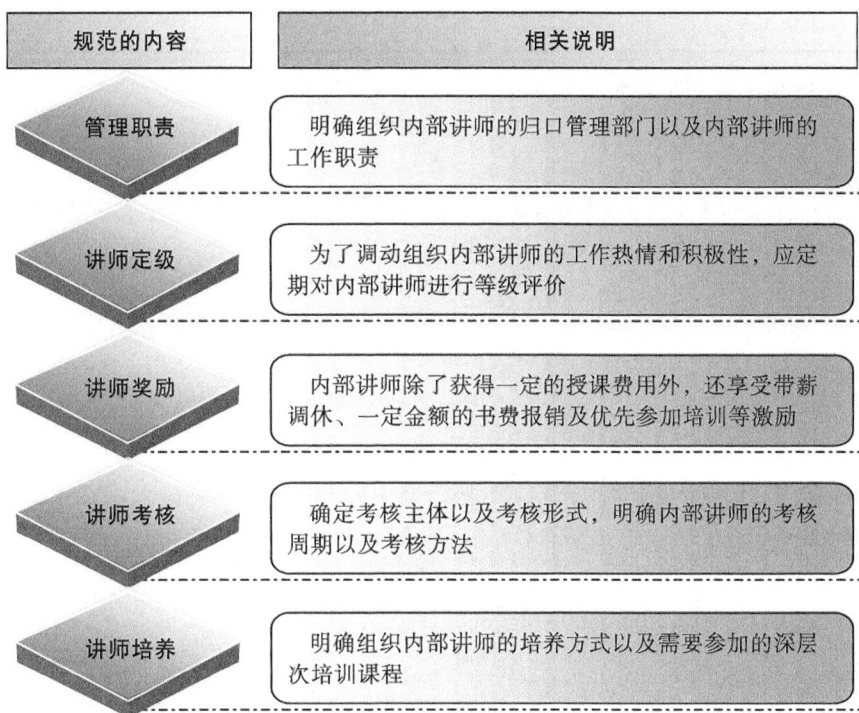

图6-11 内部讲师管理办法规范的内容

2. 内部讲师管理办法的范例

制度名称	××公司内部讲师管理办法		受控状态	
			编　　号	
执行部门		监督部门	考证部门	

第1章　总则

第1条　目的

为构建公司内部讲师培训队伍，实现内部讲师管理的正规化，帮助员工改善工作并提高绩效，有效传承公司相关技术和企业文化，特制定本办法。

第2条　适用范围

本办法适用于公司各部门。

第2章　管理职责

第3条　人力资源部为内部讲师的归口管理部门，负责讲师的等级评聘、评审、制订课程计划及日常管理。

第4条　各部门培训负责人协助人力资源部管理内部讲师，积极开展内部授课。各部门应积极协助与支持内部讲师的授课管理与培养工作。

（续）

第5条　内部讲师的工作职责

1. 参与课程的前期培训需求调研，明确员工的培训需求，向人力资源部提供准确的员工培训需求资料。

2. 开发设计所授课程，如培训标准教材、案例、授课 PPT、试卷及答案等，并定期改进。

3. 在人力资源部的安排下落实培训计划，讲授培训课程。

4. 负责培训后阅卷、后期跟进工作，以达到预定的培训效果。

5. 负责参与公司年度培训效果工作总结，对培训方法、课程内容等提出改进建议，协助人力资源部完善内部培训体系。

6. 积极学习，努力提高自身文化素质和综合能力。

第3章　讲师等级评定

第6条　内部讲师分为四个级别，从助理讲师开始逐步升级，升级需要通过内部讲师资格评审。

第7条　内部讲师的四个级别的评级标准如下表所示。

内部讲师评级标准表

级别	标准	授课任务
助理讲师	符合候选人标准，并取得内部讲师资格证书	无要求
初级讲师	具备助理讲师资格，累计授课达到 20 课时	授课任务 20 课时/年
中级讲师	具备初级讲师资格，累计授课达到 50 课时	授课任务 30 课时/年
高级讲师	具备中级讲师资格，累计授课达到 80 课时	授课任务 30 课时/年

第4章　讲师奖励

第8条　授课津贴奖励

1. 内部讲师的授课津贴标准如下表所示。

内部讲师授课津贴标准表

级别	津贴标准	
	工作时间	业余时间
助理讲师	15 元/课时	20 元/课时
初级讲师	25 元/课时	35 元/课时
中级讲师	60 元/课时	80 元/课时
高级讲师	200 元/课时	300 元/课时
说明	授课津贴 = 津贴标准 × 课时 × 授课满意度系数（详见 6.3.3） 授课满意度在 60 分以下者，不享受授课津贴	

（续）

2. 只有经人力资源部统一安排并考核合格的课程才给予授课津贴，津贴以现金形式发放，发放时间为课程后期跟踪、总结完成后1个月内。

3. 不属于发放授课津贴范畴的情况主要包括以下四种。

（1）各类部门会议、活动。

（2）公司管理层、部门经理等对下属部门及本部门人员开展的例行的分享、交流、培训等。

（3）试讲以及其他非正式授课。

（4）工作职责内要求的授课。

4. 对于无法界定是否发放讲师授课津贴的课程，统一由公司人力资源部最后界定。

5. 各部门将授课津贴统一申报至人力资源部，由人力资源部复核报总经理审批后发放。

第9条　担任讲师期间，可获得每年1 000元的书报费，年底持凭证报销。

第10条　讲师具有优先参加所提供课程相关领域的外部培训机会。

第11条　讲师授课的业绩作为本人年度业绩考核和晋升的参考标准，同等条件下，薪资调整、评优活动、升职等优先考虑内部讲师。

第12条　按照公司配备手提电脑的相关规定，初级以上的讲师经公司人力资源部提名、总经理批准后，可以配置笔记本电脑一台。

第13条　因授课需要而发生的费用需提前经公司人力资源部审批后购买，具体内容如下所示。

1. 道具、小礼品等未使用完的物品，由公司行政部保管，下次备用。

2. 课程需要的书籍、讲义及教案等课程教材，所有权归公司。

3. 交通住宿费用按公司出差规定执行。

第5章　讲师培养

第14条　人力资源部将不断发放大量的培训资料、学习资料给内部讲师。

第15条　公司内部讲师必须接受专职讲师的"培训培训师"的课程培训，人力资源部负责根据内部讲师的发展情况筛选接受培训的讲师名单。具体培训内容和频次如下表所示。

内部讲师培训内容和频次一览表

培训项目	培训内容	培训频次
课程内容深化培训	进行课程内容的设计与开发	每年两次
讲师素质提高培训	对讲师进行素质提高培训	每年一次
讲师研讨会	针对课程内容改善、课程内容理解、讲授技巧、讲授存在的问题等进行探讨，并收集现场案例	每年一次
授课技巧培训	提高讲师的授课技巧	每年至少一次

第16条　所有接受"培训培训师"课程的内部讲师在培训后必须制订行动改进计划，以改进自己在授课当中的不足之处，提高授课水平。

（续）

第17条 获得国家劳动和社会保障部统一印制的企业培训师国家资格证书，经人力资源部确认后，可上调一级（内部讲师等级），并由公司报销其考试及学习费用。 第18条 人力资源部将每年组织一次全体讲师的经验分享与交流，并聘请资深人士或外部专家指导、培训。

第6章 讲师考核

第19条 根据每次授课的情况，人力资源部和培训对象对授课质量、教学效果、工作态度、授课技巧、课程内容的熟练程度等进行评价，并及时记录。

第20条 人力资源部参考"内部讲师年终评价表"（详见6.3.3）对讲师进行年度综合评定，分数低于65分者将被取消讲师资格。

第21条 每年度从讲师队伍中评选出优秀讲师，并给予一定物质奖励和精神奖励。

第7章 附则

第22条 本制度由人力资源部制定，其修改、解释权归人力资源部所有。

第23条 本制度自总经理签发之日起实施。

编制日期		审核日期		批准日期	
修改标记		修改处数		修改日期	

6.3.3 内部讲师评价考核

1. 内部讲师评价考核方式

（1）培训项目考核

受训学员和培训部门对培训项目的效果、教材设计、授课风格、学员收益等进行评估。

（2）年终考核

年终时，组织人力资源部对讲师的考核进行综合评定，考核结果由人力资源部审核。对于考核结果不合格或者受到学员两次以上重大投诉的讲师，将取消其讲师资格。

2. 内部讲师评价考核依据

对讲师的考核依据主要包括学员满意度和培训部门评价两个方面，具体内容如图6-12所示。

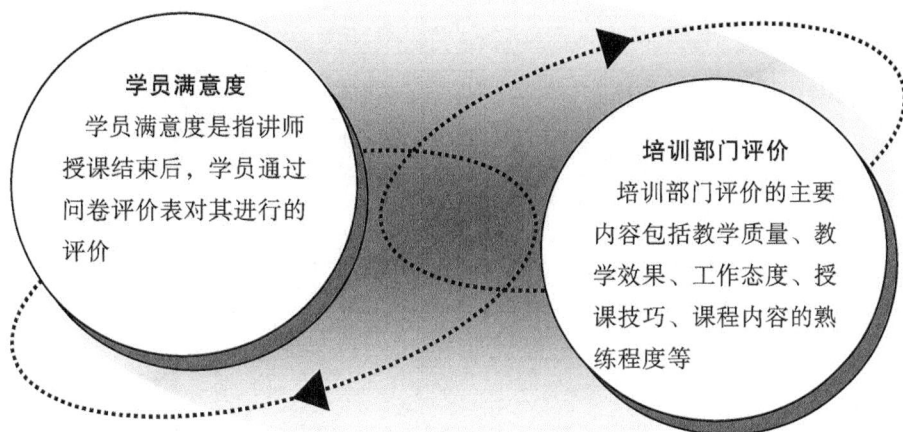

图 6-12 内部讲师评价考核依据

3. 内部讲师考核方法

内部讲师考核方法如表 6-5 所示。

表 6-5 内部讲师考核方法一览表

考核方式	考核内容	考核者	实施者	所用工具	考核时间
培训项目考核	课程内容的熟练程度、授课技巧、课堂控制等	受训人员、培训部门、	人力资源部	评价问卷、培训部门评价表	课程结束后一周内进行
年终考核	教学质量、教学效果、工作态度、授课技巧、课程内容开发等	培训部门	人力资源部	内部讲师年终评价表、内部讲师年度考核表	年终进行一次

4. 评价考核工具

（1）学员满意度评价问卷

学员满意度评价问卷样例如表 6-6 所示。

表6-6　学员满意度评价问卷

感谢你在百忙中参加本次培训。为改善和提高培训效果，请如实填写下表。

课程名称		课程时间	
培训讲师		培训方式	

一、学员基本情况

姓名		工作岗位	
联系电话		工作年限	

二、培训师评估项目（在相应选项下的表格内画对号）

评估项目	很满意 （5分）	满意 （4分）	一般 （3分）	不满意 （2分）	极不满意 （1分）
授课态度					
培训课程讲义的展示					
对课程重点内容的把握程度和对总体内容的驾驭程度					
沟通技巧的掌握程度					
仪表仪容整洁得当					
激发学员兴趣的程度					
对课程时间的掌控程度					
培训工具运用熟练程度					

三、本次培训中，培训师给您留下的印象最深刻的地方：

四、您觉得培训师还有哪些有待改进的地方：

五、其他建议：

（2）培训部门评价表

培训部门对培训项目进行考核时，可以参考表6-7所示的评价表。

表6-7 培训部门评价参考样表

培训方向			培训师				
评估项目	项目细化	基本要素	评分标准				
			5分 （非常好）	4分 （很好）	3分 （好）	2分 （一般）	1分 （差）
课程内容 开发 （40分）	能够结合企业实际自主开发课程，对工作有帮助和指导	课程结构					
		课程案例选取					
		故事、游戏的开发					
		课程互动环节					
		对工作的指导性					
		对学员的启发性					
		内容的深度和广度					
		内容的创新性					
课程讲授 方法 （20分）	能够根据课程内容选取适当的教学方法，从而使培训效果最大化	讲授法的效果					
		讨论法的效果					
		角色扮演法的效果					
		情景模拟法的效果					
课程讲授 效果 （40分）	能够根据课程内容和学员情况掌控课堂气氛，达到最优的授课效果	课程PPT制作					
		培训师仪表、素质					
		培训语言运用					
		课堂气氛掌控					
		讲授时间掌控					
		肢体语言使用					
		提问及多种技巧 使用					
		互动效果					
合计得分							

（3）内部讲师年终评价表

内部讲师年终评价表样例如表6-8所示。

表6-8　内部讲师年终评价表样例

个人信息						
姓名		性别		所在部门		
岗位		学历		担任课程名称		
评价内容						
授课完成率	计划授课时间		完成率＝实际授课时间÷计划授课时间×100%			
	实际授课时间					
课程改善	课程改善目标					
	课程改善完成					
	课程改善评价	非常好，比较好，一般，较差，极差				
学员满意度评价	授课时间		满意度评价		综合满意度	
	授课时间		满意度评价			
	授课时间		满意度评价			
评语						

（4）内部讲师年终考核表

"内部讲师年终考核表"的样例如表6-9所示。

表6-9　内部讲师年终考核表样例

基本情况（讲师填写）						
姓名		学历		专业		
所在部门		岗位		职称		
讲师资格			评聘时间			
教授课程	目前					
	意向					
年度总结						
培训绩效记录						
序号	培训项目		培训时间	培训对象	平均成绩	
	（讲师填写）				（人力资源部填写）	
1						
2						
3						
4						
年度总体评价	评语					
	奖励					
人力资源部经理意见			人力资源总监意见			

6.4 内部讲师培训

6.4.1 课程开发

对内部讲师进行培训时，首先要做的是培训课程开发培训，从而提高其开发培训课程的质量。

1. 熟知课程开发要领

课程开发要领的主要作用是不断提醒内部讲师应注意的某些重要事项，使内部讲师的教学能够较好地符合培训要求。课程开发要领的主要内容如表6-10所示。

表6-10 课程开发要领

课程开发要领
1. 你是否明白成人教育与学生在校上课的区别？
2. 你是否花了足够的时间进行课程开发的准备？
3. 你是否在即将开发的课程中把要点列举出来？
4. 你在课程中是否安排了受训人员互相讨论的环节？
5. 你是否已经清楚员工对培训已了解的内容？
6. 课程开发期间，你是否充分考虑了受训人员的培训需求？
7. 在技能类课程开发中，你是否安排了听、看和动手的环节？
8. 在态度类课程开发中，你是否选取了与本组织或本行业相关的案例？
9. 在知识类课程开发中，你是否设计了知识竞赛或课堂测试等内容？
10. 你是否把课程内容开发得非常详细，没有任何遗漏的内容和要点？
注：上述所有答案都应该以"是"为好

2. 熟悉课程开发类型

内部讲师课程开发的类型主要包括以下三种，具体如图6-13所示。

图6-13 课程开发类型

3. 掌握课程开发流程

课程开发包括调查课程需求、制定课程大纲、准确各项课程资源、编写课程资料、试讲与课程评估、课程修订与确认六个步骤，具体内容如图6-14所示。

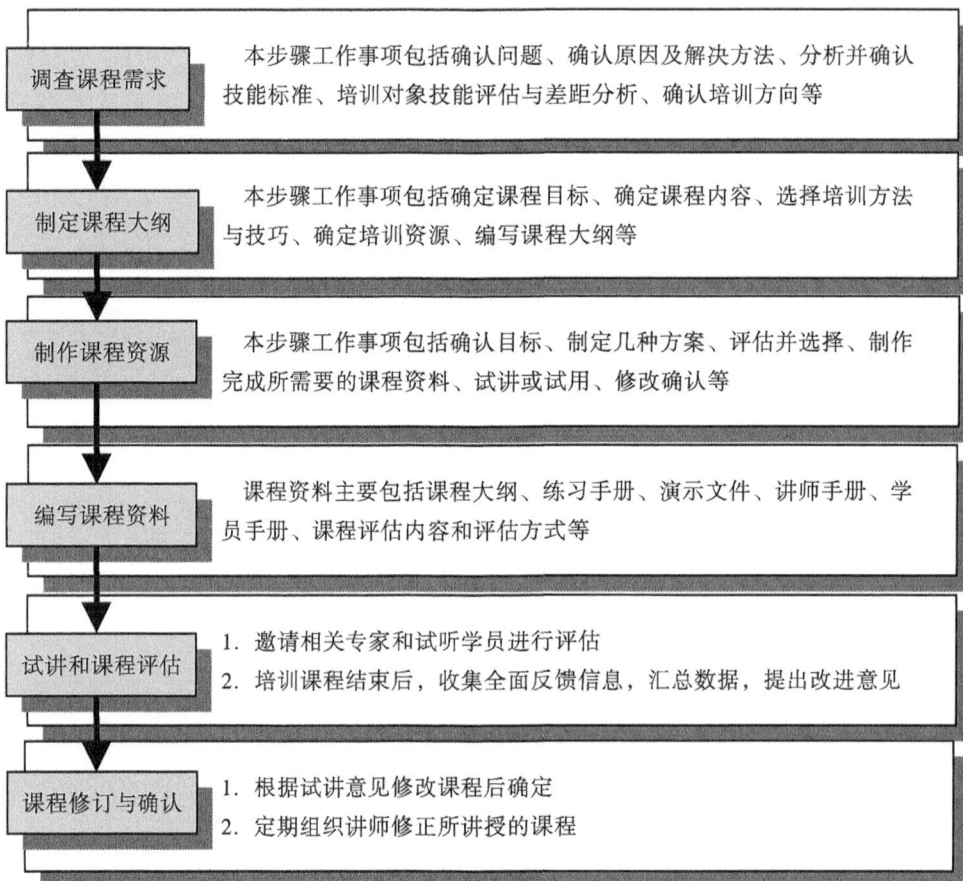

调查课程需求	本步骤工作事项包括确认问题、确认原因及解决方法、分析并确认技能标准、培训对象技能评估与差距分析、确认培训方向等
制定课程大纲	本步骤工作事项包括确定课程目标、确定课程内容、选择培训方法与技巧、确定培训资源、编写课程大纲等
制作课程资源	本步骤工作事项包括确认目标、制定几种方案、评估并选择、制作完成所需要的课程资料、试讲或试用、修改确认等
编写课程资料	课程资料主要包括课程大纲、练习手册、演示文件、讲师手册、学员手册、课程评估内容和评估方式等
试讲和课程评估	1. 邀请相关专家和试听学员进行评估 2. 培训课程结束后，收集全面反馈信息，汇总数据，提出改进意见
课程修订与确认	1. 根据试讲意见修改课程后确定 2. 定期组织讲师修正所讲授的课程

图6-14　课程开发流程

6.4.2　授课技巧

内部讲师一般是组织内各部门的管理者、督导或资深员工，并非所有掌握了各自部门或岗位的专业技能和知识的人员也能同时掌握培训的专业授课技巧。

1. 遵循授课原则

内部讲师若能灵活运用授课原则，一定能够迅速提高授课水平。内部讲师应遵循的14

项基本授课原则如图 6-15 所示。

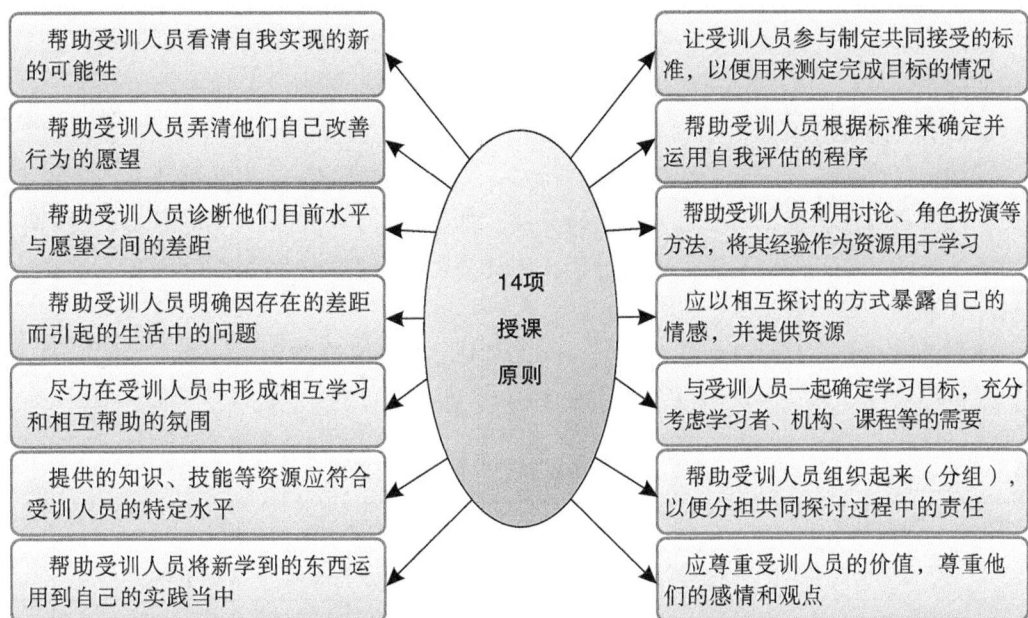

图 6-15 内部讲师应遵循的 14 项授课原则

2. 指导教学计划的制订

教学计划应详细描述内部讲师用什么方法来授课，用什么方式来营造一种有利于成人学习的氛围，用怎样的技巧让受训人员积极参与计划、学习和评价。教学计划的主要内容如表 6-11 所示。

表 6-11 教学计划的主要内容

教学计划的主要内容	
1. 如何介绍自己、描述职责，如何才能让受训人员获得帮助	10. 如何帮助受训人员知道自己的进步
2. 如何让受训人员相互了解各自的工作、经验、资源和兴趣	11. 希望培训场所如何安排
3. 如何营造一种相互尊重、合作，而不是竞争的课堂氛围	12. 课程中建议使用的学习方法
4. 如何让受训人员了解影响课程目标的因素	13. 如何让受训人员使用这些学习方法
5. 如何帮助受训人员承担自己的责任	14. 如何让受训人员了解课程计划并明确他们的责任
6. 如何让受训人员熟悉可用来达成目标的资源	15. 如何把控课堂时间和课程进度
7. 如何设计受训人员在课余时间参加的学习活动	16. 如何设计评价程序和评价工具，并在课程结束时帮助受训人员评价成果
8. 如何帮助受训人员根据自身需要和兴趣设计学习目标	17. 如何定期了解受训人员对培训活动质量的建议
9. 如何让受训人员诊断个人和集体的需要与兴趣	18. 如何评定受训人员的学习成果
	19. 如何评估受训学员通过这次培训能够学到的东西，如知识、技能、态度和价值观等
	20. 如何做好课堂总结，引起受训人员的共鸣

3. 熟练掌握培训过程

内部讲师在进行培训时，应熟练掌握培训过程。培训过程主要分为培训前的准备、培训中的记录与回馈、培训结束时的总结、培训后的回顾四个阶段，具体内容如下所示。

（1）培训前的准备

培训前，内部讲师应分析受训人员的特点，以预测课堂效果。内部讲师根据事先了解或组织内部提供的信息，对受训人员进行分类，如哪些人员可能是表现优秀者、表现不佳者、潜在支持者或问题制造者。通过分析，内部讲师在培训开始前就能够胸有成竹，从而能够深化和强化培训效果。

课堂会呈现某些规律性的变化，所以内部讲师要善于在课前积极准备。在此环节，内部讲师可以借助"课堂效果及学员反应预测表"（如表6-12所示）。

表6-12　课堂效果及学员反应预测表

课程名称		受训人数		
学员平均资历		最高学历		最低学历
学员平均年龄		最大年龄		最小年龄
接受过的培训				
课堂上需要解决的问题				
可能要用到的案例				
可能要进行的活动				
可能要用到的故事				
可能要用到的视听材料				
可能要用到的辅助工具				
可能会出现的提问				
可能会出现的意外情况				
可能的表现优秀者				
可能的表现不佳者				
可能的表现平庸者				
潜在的支持者				
潜在的问题制造者				

（2）培训中的记录与回馈

在培训过程中，内部讲师要认真做好随堂记录，把主要观点、概念、活动、游戏、故事、案例、表格和图形等一一记录下来，全程检讨培训行为，不断提升职业水准。"课程随堂记录表"如表 6-13 所示。

表 6-13 课程随堂记录表

单元时间及内容	主要观点		活动	游戏	故事	案例	辅助工具	
	概念	说法					表格	图形

内部讲师除了记录培训全过程，还要对课程全过程以及在课堂中的表现进行点评。"课堂点评表"如表 6-14 所示。

表 6-14 课堂点评表

课程名称		内部讲师	
课程导入			
课程切题			
课程素材			
课程案例			
活动			
收尾			
职业形象			
语言表达			
肢体动作			
课堂气氛			
师生互动			
时间掌握			
技巧细节			
幻灯配合			
板书效果			

培训中的回馈是很多内部讲师容易忽略的环节。内部讲师应听取各种意见，以便继续得到反馈。在认真聆听时找出症结所在，体会受训人员的坦诚，以合适的方式表达意见，

使他人能够接受。

在提出反馈意见时，内部讲师要做到：不评价、不重复、不建议、不累积、不质疑，避免谈无关的事情。在听取反馈时，内部讲师要做到：不解释、不防卫、不低估，避免赞扬自己，不要期望受训人员能有效地给予反馈。

（3）培训结束时的总结

培训结束时，内部讲师需要做培训总结。培训总结主要包括培训师引导式总结和学员参与式总结两种。培训师引导式总结有利于学员在学习之后能够及时整理内容与感受，但这种总结是单向的，学员有时候很难做到感同身受。

学员参与式总结是把学员发动起来，全体互动，产生共鸣。具体的操作方式是在课程结束时，全体学员每人做一个简短的发言，发言内容主要包括以下五个方面（如图 6-16 所示）。

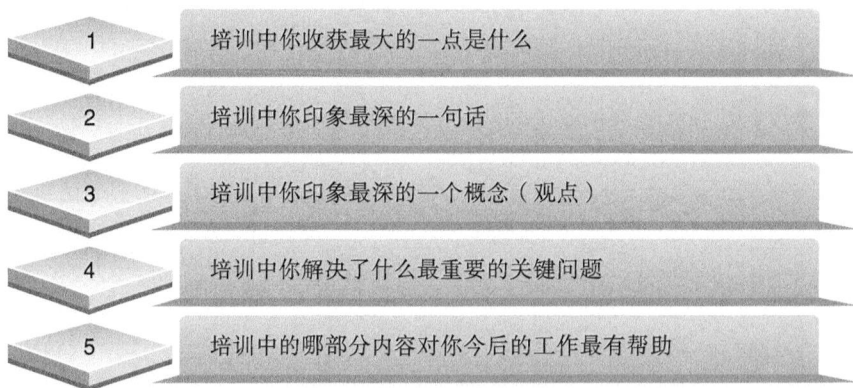

1	培训中你收获最大的一点是什么
2	培训中你印象最深的一句话
3	培训中你印象最深的一个概念（观点）
4	培训中你解决了什么最重要的关键问题
5	培训中的哪部分内容对你今后的工作最有帮助

图 6-16　学员发言的内容

（4）培训后的回顾

内部讲师在培训后一定要做总结，对照学员需求回顾在课堂上的表现，总结还可能做得更好的部分并整理，为以后的培训提供帮助。

4. 练习培训辅助工具的使用

辅助工具主要是用来帮助受训人员更快地学习，通常在培训中使用或在课程结束后发给受训人员，以帮助其更好地记住所学的内容。培训辅助工具主要包括黑/白板、夹板、投影机、幻灯机、录像机、磁带、讲义、图片、产品说明书、操作手册、员工手册等。

（1）使用培训辅助工具注意事项

内部讲师要对员工进行有效培训，就必须善于使用培训辅助工具。在使用这些培训辅助工具时应注意以下七个事项（如图 6-17 所示）。

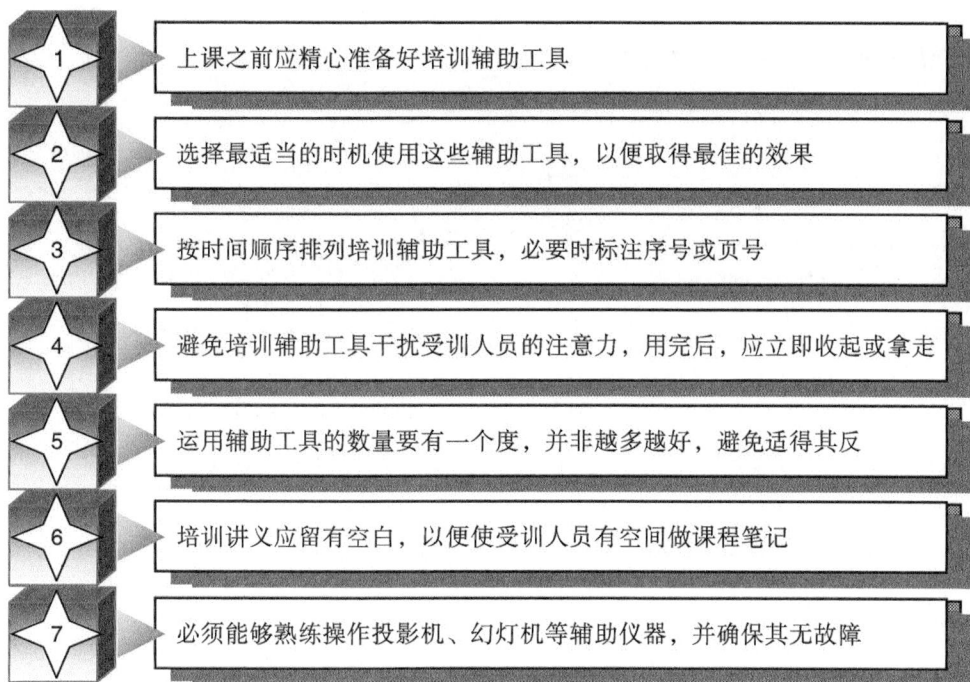

1	上课之前应精心准备好培训辅助工具
2	选择最适当的时机使用这些辅助工具，以便取得最佳的效果
3	按时间顺序排列培训辅助工具，必要时标注序号或页号
4	避免培训辅助工具干扰受训人员的注意力，用完后，应立即收起或拿走
5	运用辅助工具的数量要有一个度，并非越多越好，避免适得其反
6	培训讲义应留有空白，以便使受训人员有空间做课程笔记
7	必须能够熟练操作投影机、幻灯机等辅助仪器，并确保其无故障

图 6-17 使用培训工具应注意的七个事项

（2）板书要领

使用黑/白板时，一定要谨记：不要边说边写。边说边写是不礼貌的行为，因为在你身后的人可能听不到你在说什么。

（3）视觉教具

视觉教具一般是指投影仪、电视、录像、幻灯机、悬挂式放映机等。在使用视觉工具时，应注意以下八个方面（如图 6-18 所示）。

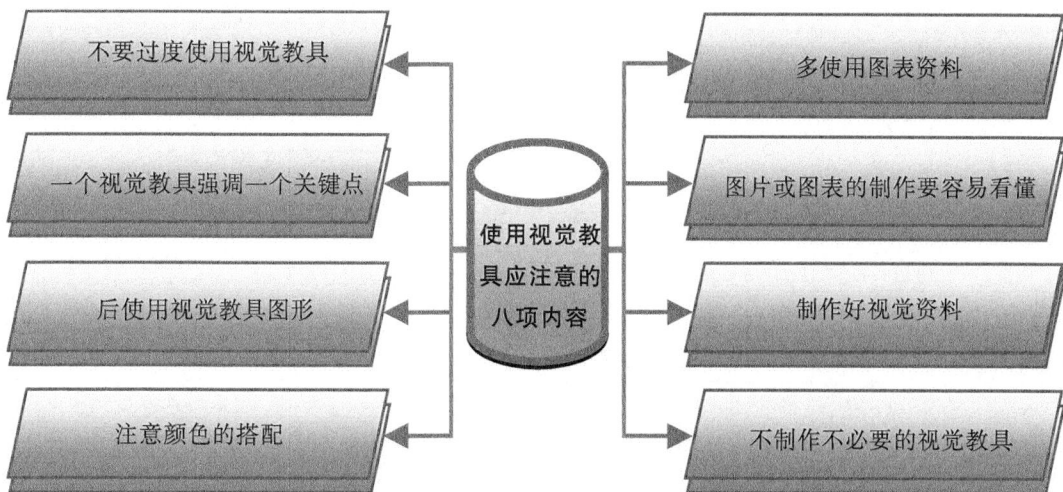

图 6-18 使用视觉教具应注意的八项内容

5. 掌握基本技巧和提升技巧

基本技巧和提升技巧的具体内容如图 6-19 所示。

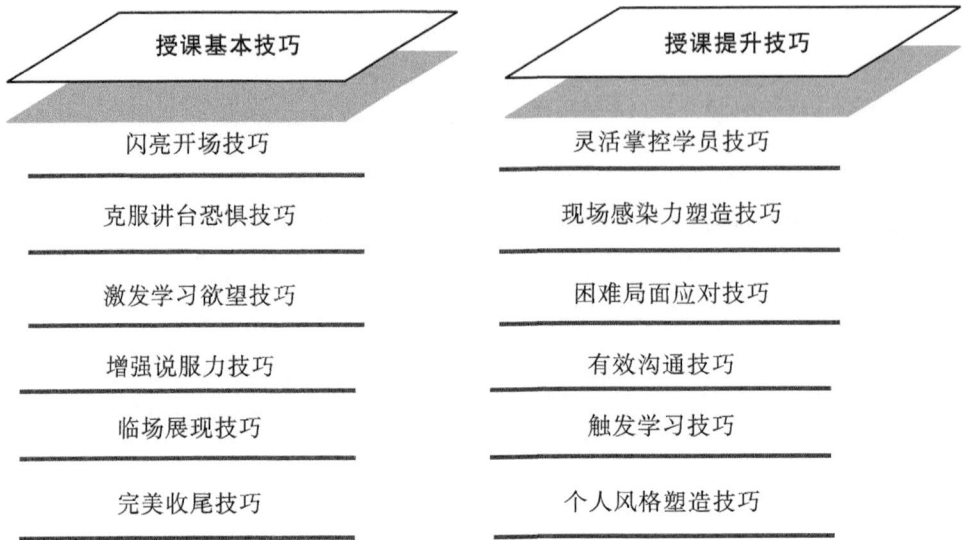

图 6-19　两类授课技巧

图 6-18 中六种基本技巧的具体内容描述如表 6-15 所示。

表 6-15 六种基本技巧内容汇总表

授课基本技巧	具体内容	
闪亮开场技巧	开门见山	事实陈述
	故事导入	问题切入
	彼此交流	时事讨论
	测试引入	游戏导入
	幽默渲染	出其不意
克服讲台恐惧技巧	剖析原因	正视紧张
	精神激励	做运动操
	心理暗示	实战演练
激发学习欲望技巧	挖掘需求	自我激励
	压力激励	奖励激励
	幽默调剂	话语提醒

授课基本技巧	具体内容	
增强说服力技巧	先说服自己，不打无把握之仗	
	用工具说话，事实胜于雄辩	
	善于借用现场演示	
临场展现技巧	口语表达流利	训练音量与音调
	善用肢体语言	克服紧张情绪
	合理利用时间管理	充分展现自信
完美收尾技巧	要点回顾	故事启发
	小组竞赛	行动促进
	激励号召	触动情感

六种提升技巧的具体内容描述如表6-16所示。

表6-16 六种提升技巧内容汇总表

授课提升技巧	具体内容	
灵活掌握学员技巧	察言观色	有效提问
	高效倾听	巧妙测试
现场感染力塑造技巧	言语自信准确	措辞简洁专业
	巧用身体语言	增添声音魅力
困难局面应对技巧	发错材料、叫错姓名时的应对	忘词、回答不上问题的应对
	应付难缠学员的技巧	时间和场面失控的解决
	有效处理环境及设备的影响	
有效沟通技巧	观察技巧	倾听技巧
	澄清回馈技巧	引起共鸣技巧
触发学习技巧	有效学习循环	了解学习风格
	掌握学习需求	克服学习障碍
个人风格塑造技巧	分析了解自己	不盲目效仿他人
	挖掘自身潜力	做最好的自己

6. 牢记10个提示和10个误区

授课过程中应注意掌握的10个提示和应避免的10个误区，具体内容如表6-17所示。

表 6-17　10 个提示和 10 个误区

10 个提示	10 个误区
牢记开场白和结论，不要看教案	僵硬的身体姿势（双手紧握着讲台、双手紧握在前等）
站在讲台上要气定神闲、有权威性	身体不停地摇晃
授课前暂停一会，眼光在学员身上巡视一遍	无目的地移动双脚，走来走去
开始讲课后目光对着学员中友善的面孔，始终保持微笑	不自主地敲击讲台
双手的高度保持在腰间，手势要自然，不可僵硬	盯着教案或天花板看
要面对学员，并和学员保持良好的视线接触	手遮着嘴
适当的暂停，好让学员消化听到的内容	玩弄指挥棒或铅笔
所讲句子要短，一口气说一句话	声调平缓、单调、无强调感
敏锐观察教学情境，适时做出改变	缺乏视线接触或只做局部接触
音调的高低要有变化，以突显重点；重点的地方，说话速度要放慢	虚字词语，如"呃"、"喔"、"嗯"、"哦"等不必要的口头语

6.4.3　授课方法

1. 选择授课方法应考虑的五个因素

内部讲师在选择授课方法时，应考虑以下五个因素（如图 6-20 所示）。

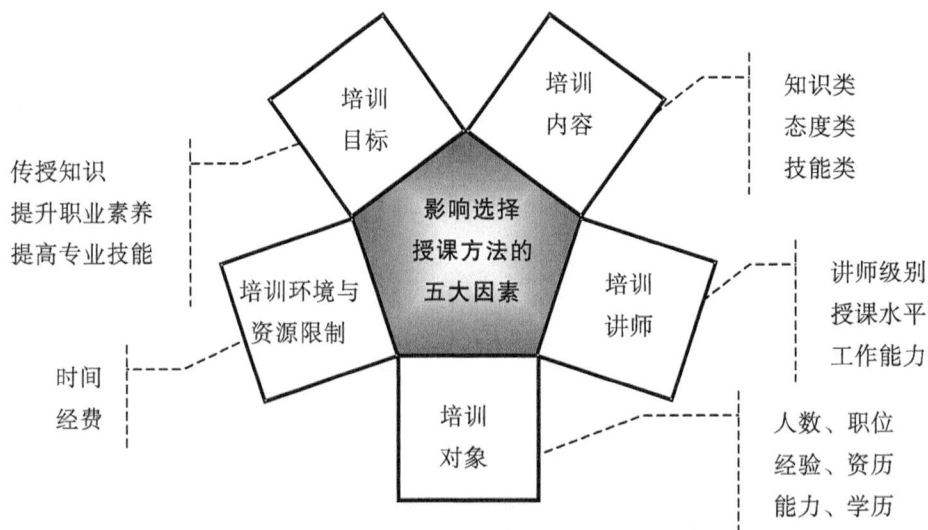

图 6-20　选择授课方法应考虑的五个因素

2. 授课方法种类

授课方法是指交付给学员学习内容的策略，它直接影响培训课程的效果。因此，选择合适的授课方法非常重要。授课方法的种类如图 6-21 所示。

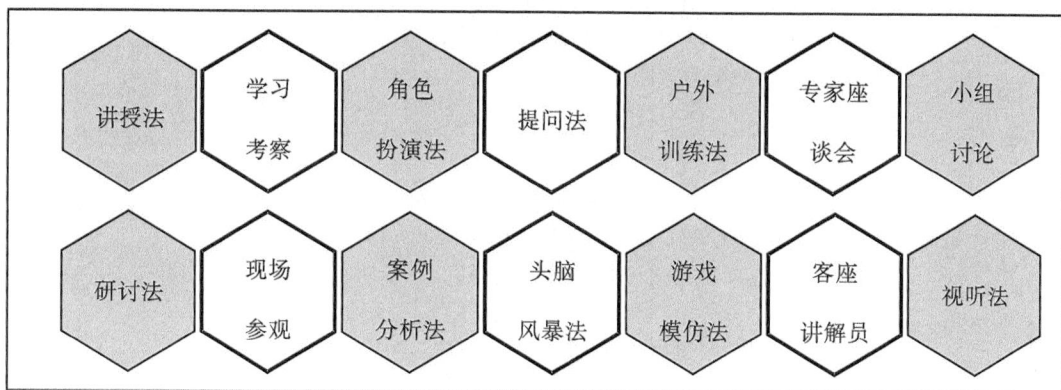

图 6-21 授课方法的种类

不同的授课方法适用于不同的课程，常用授课方法的介绍及适用范围如表 6-18 所示。

表 6-18 常用授课方法介绍及适用范围

授课方法	介绍	适用范围
讲授法	又称"课堂演讲法"，通过语言表达的形式传授知识、技能和态度，使抽象知识变得具体形象、浅显易懂，是一次性传播给众多听课者的培训方法	适用于对企业一种新政策或新制度的介绍与演讲、引进新设备或技术的普及讲座等理论性内容培训
研讨法	研讨培训法是被广泛使用的一种培训方法，在培训中起着很重要的作用。它着重于培养学员独立钻研的能力，允许学员提问、探讨和争辩，使其从培训中获益良多	适用于学员自信心强、自主和自控能力较高，管理方式比较宽松，拥有更多自由发挥空间的知识型内容的培训
角色扮演法	1. 设定一个最接近现在状况的情景，指定学员扮演某种角色，借助角色的演练来理解角色的内容，从而提高主动面对现实和解决问题的能力 2. 角色扮演法可以分为两类 （1）结构性的角色扮演 （2）自发性角色扮演	1. 适用于对实际操作人员或管理人员的培训，主要运用于询问、电话应对、销售技术、业务会谈等基本技能的学习和提高 2. 适用于新员工、岗位轮换和职位晋级的员工的培训

203

（续表）

授课方法	介绍	适用范围
案例分析法	把实际工作中出现的问题作为案例向学员展示，提供大量背景材料，由学员依据背景材料来分析问题，提出解决问题的方法，从而培训学员的分析能力、判断能力、解决问题能力及执行业务能力	1. 适用于新晋员工、管理者、经营干部、后备人员等各级员工 2. 适用于学习解决问题的技巧或教授解决问题的程序
户外训练	又称拓展训练，是一种让学员在不同寻常的户外环境下直接参与的一些精心设计的程序，从而自我发现、自我激励，达到自我突破、自我升华的新颖、有效的培训方法	适用于提高个体的环境适应与发展能力，提高组织的环境适应与发展能力类型的培训课程，从某种意义上说，就是生存训练
游戏模拟法	本身是一种娱乐活动，把游戏引入到培训活动中的目的，是使学员通过娱乐活动加强对知识、技能和态度的理解，加强沟通，加强竞争和团队意识，激发人们的创新精神。所以，这是一种寓教于乐的培训方法	游戏模仿法的趣味性和挑战性强，学员的参与程度高、互动性强，尤其适用于以沟通、人际关系及工作协调为主题的培训课程
小组讨论法	讲师给出一定的主题背景，要求学员在规定时间内讨论出某种结果的授课方法	适用于讲师准备相当充分，要充分运用辅助资料，对环境要求较高的课程
视听法	又称"多媒体教学"，利用幻灯、电影、录像、录音、电脑等视听教材与学员之间互动交流来刺激学员，使其在视觉、听觉、触觉上形成多方位的感受，从而使之产生体验	适用于新晋员工培训中，用于介绍企业概况、传授技能等培训内容，也可用于概念性知识的培训

6.4.4 培训管理

培训部门是内部讲师培训管理的归口部门。为了不断提高内部讲师的授课水平和培训的质量，培训部门需要对他们进行不定期的培训。培训部门根据培训的内容设定培训频次。

1. 明确培训内容

培训部门依据内部讲师在实施培训的过程中需要扮演的三种角色设计培训内容。内部讲师角色定位如图 6-22 所示。

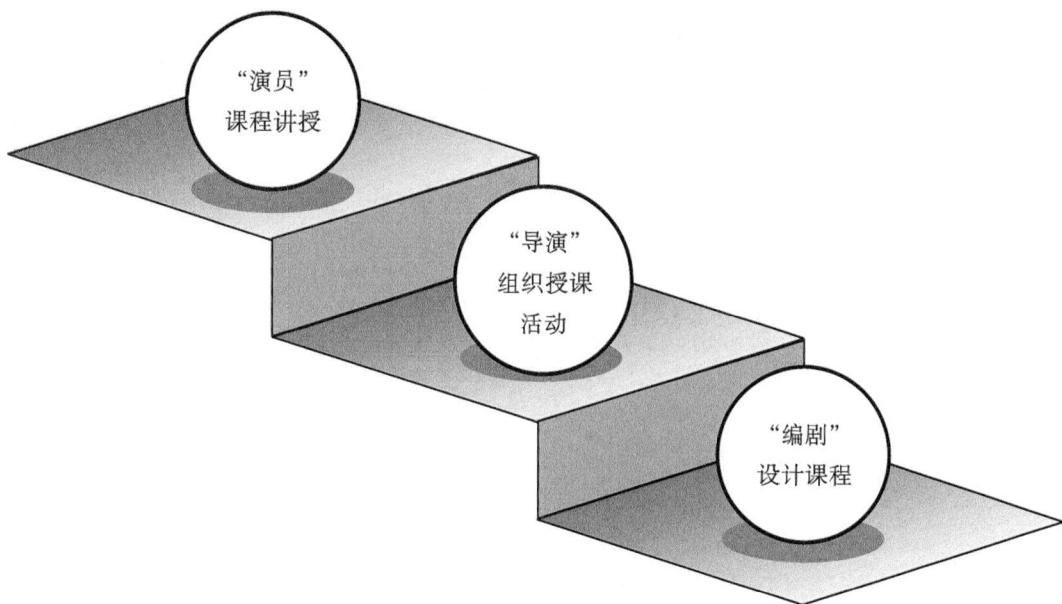

图6-22 内部讲师角色定位

内部讲师要扮演好"编"、"导"、"演"三种角色，需要掌握的内容如表6-19所示。

表6-19 内部讲师需要掌握的内容

"编" 的培训内容	1. 要对谁培训，针对什么实施培训 2. 培训前、培训中、培训后的重点和难点 3. 如何设计课程的五条线，包括时间线、内容线、方法线、情绪线、辅助线 　（1）时间线，指课程的具体讲授时间，如上午9：00～10：00 　（2）内容线，指授课的主题 　（3）方法线，指授课所使用的案例、讨论、角色扮演等方法 　（4）情绪线，指授课是对动手、动脑程度的描述 　（5）辅助线，指进行授课所使用的授课材料，如投影仪、白板等
"导" 的培训内容	1. 可以采取的培训方法，包括案例法、角色扮演法、小组讨论法等 2. 如何"破冰" 3. 如何"控场" 4. 如何"应变" 5. 如何选择培训工具

（续表）

"演"的培训内容	1. 打造形象，包括着装、动作、语气语调等 2. 展示魅力，包括表情、眼神、动作、姿态、语言等 3. 运用技巧，包括感情引导、理性分析、事实证明、巧妙导入和结尾等 4. 借助工具，包括电子教案、投影仪等

2. 进行培训效果评估

（1）内部讲师培训效果评估表（培训前）

这份评估表主要是用于帮助内部讲师了解培训开始之前对下列项目的掌握程度（如表6-20所示）。

表6-20　内部讲师培训效果评估表（培训前）

请您依据目前的实际情况，在适当的分值下打"√"

评估项目	完全不了解——完全了解									
	1	2	3	4	5	6	7	8	9	10
讲师的角色和条件										
实施培训的步骤										
讲义设计应注意的要点										
多样化培训方法的运用										
塑造讲师魅力的技巧										
声音表达的正确方式										
运用非口语语言的表达技巧										
教学投影片制作要领的掌握程度										
处理现场质疑与异议的技巧										
意外事件的处理										

（2）内部讲师培训效果评估结果（培训后）

评估结果的数据来源于"内部讲师培训效果评估表"。在培训开始时实施前测，在培训结束后、座谈讨论结束前实施后测。每次测验时间各为5分钟，由受训讲师自评评估表中各问题的了解程度。内部讲师培训效果评估结果如表6-21所示。

表6-21 内部讲师培训效果评估结果

序号	题目	前测平均值	后测平均值	前后差异
1	讲师的角色和条件			
2	实施培训的步骤			
3	讲义设计应注意的要点			
4	多样化培训方法的运用			
5	塑造讲师魅力的技巧			
6	声音表达的正确方式			
7	运用非口语语言的表达技巧			
8	教学投影片制作要领的掌握程度			
9	处理现场质疑与异议的技巧			
10	意外事件的处理情况			
	总平均			

说明：依题次分别加总再除以总人数后得到平均值，取小数点后两位，并计算前后差异。

第 7 章

培训计划制订体系

7.1 培训计划的分类

7.1.1 年度培训计划

以培训计划的时间跨度作为分类标准，可将培训计划分为长期培训计划、中期培训计划和短期培训计划三种类型。

长期培训计划一般指时间在 3~5 年的培训计划；中期培训计划是指时间跨度在 1~3 年的培训计划；短期培训计划指在 1 年以内的培训计划。短期培训计划又分为年度培训计划、季度培训计划和月度培训计划。

1. 年度培训计划编写要求

培训部门在编制组织年度培训计划时，应注意以下四项编写要求，具体如图 7-1 所示。

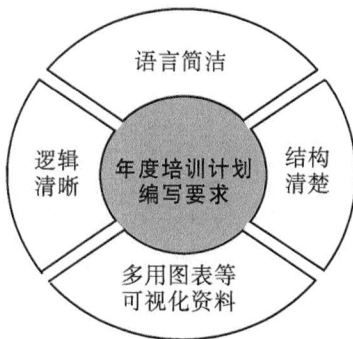

图 7-1　年度培训计划编写要求

2. 年度培训计划编制流程

组织制订年度培训计划应遵循的程序：培训部门分发"培训需求调查表"，经各级单位人员讨论填写完毕并由直属主管核定后，交培训部门汇总，拟定"培训申请表"，提请上一级主管审定，最后在年度计划会议上讨论通过。具体编制流程如图 7-2 所示。

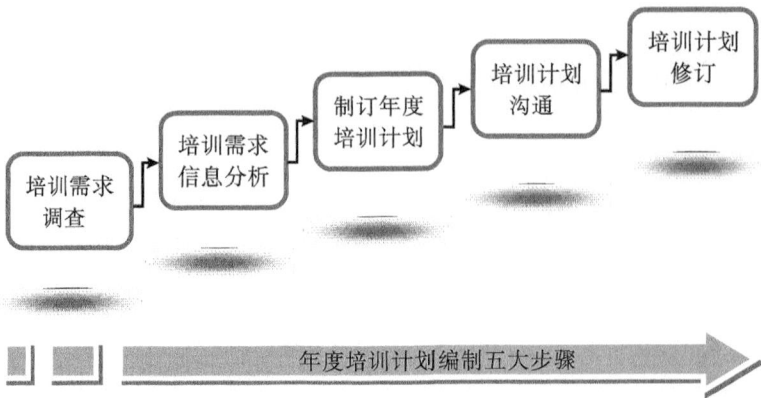

图7-2　年度培训计划编制步骤

3. 年度培训计划的框架

年度培训计划框架即年度培训计划包含的五个模块，具体内容如图7-3所示。

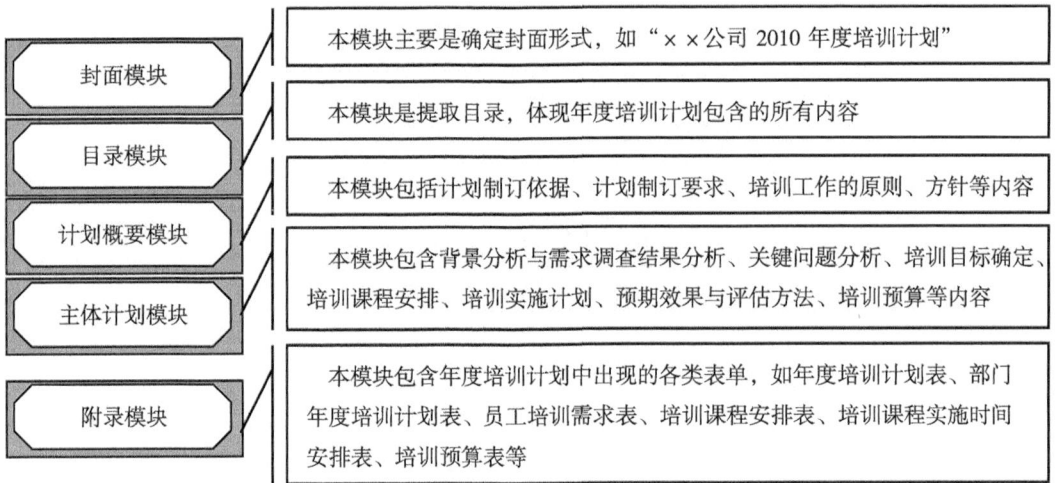

封面模块	本模块主要是确定封面形式，如"××公司2010年度培训计划"
目录模块	本模块是提取目录，体现年度培训计划包含的所有内容
计划概要模块	本模块包括计划制订依据、计划制订要求、培训工作的原则、方针等内容
主体计划模块	本模块包含背景分析与需求调查结果分析、关键问题分析、培训目标确定、培训课程安排、培训实施计划、预期效果与评估方法、培训预算等内容
附录模块	本模块包含年度培训计划中出现的各类表单，如年度培训计划表、部门年度培训计划表、员工培训需求表、培训课程安排、培训课程实施时间安排表、培训预算表等

图7-3　年度培训计划框架图

4. 年度培训计划的主要内容

年度培训计划主要包括以下八项内容，具体内容如图7-4所示。

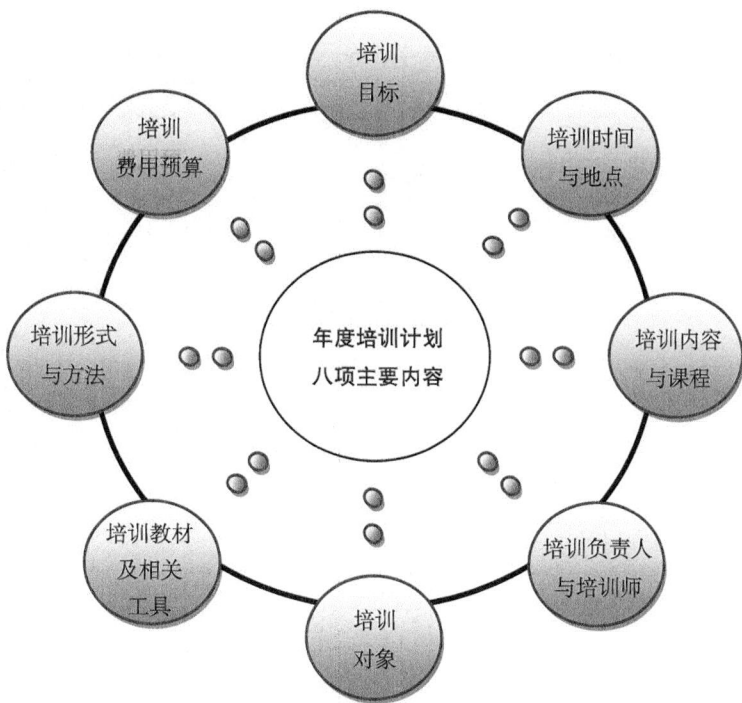

图 7-4　年度培训计划的主要内容

（1）培训目标

组织的培训目标一般分为端正员工态度、更新员工知识和提高员工业务技能三项。确立培训目标的意义在于明确培训要达到的效果，并为培训效果的评估提供切实可行的标准。

（2）培训时间和地点

合理安排培训时间有助于培训师在整个培训过程中按部就班地完成培训任务。培训地点的选择要视其采取的培训方式和培训内容而定。

（3）培训内容和课程

培训目标是培训内容和课程设置的出发点。对于不同的培训对象应选择不同的培训内容，例如，新员工培训和在职员工培训的内容就不同，新员工培训侧重于企业文化、组织发展战略、规章制度以及工作流程和职责等内容，而在职员工培训则侧重于专业技能和管理能力的提升。

（4）培训负责人和培训师

培训工作的组织者一般为组织的培训部门，许多大型企业都单独设有企业大学，专门负责组织的培训工作。对于培训师的选择一般要考虑以下三个方面的问题（如图 7-5 所示）。

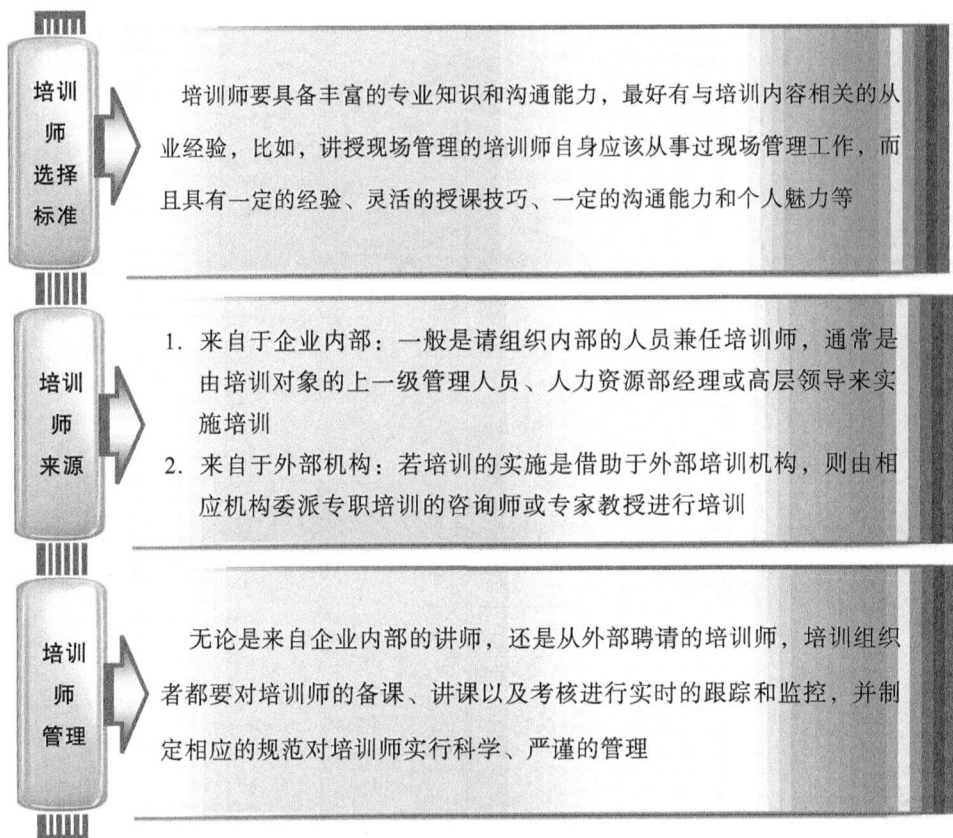

培训师选择标准 培训师要具备丰富的专业知识和沟通能力，最好有与培训内容相关的从业经验，比如，讲授现场管理的培训师自身应该从事过现场管理工作，而且具有一定的经验、灵活的授课技巧、一定的沟通能力和个人魅力等

培训师来源
1. 来自于企业内部：一般是请组织内部的人员兼任培训师，通常是由培训对象的上一级管理人员、人力资源部经理或高层领导来实施培训
2. 来自于外部机构：若培训的实施是借助于外部培训机构，则由相应机构委派专职培训的咨询师或专家教授进行培训

培训师管理 无论是来自企业内部的讲师，还是从外部聘请的培训师，培训组织者都要对培训师的备课、讲课以及考核进行实时的跟踪和监控，并制定相应的规范对培训师实行科学、严谨的管理

图7-5 选择培训师应考虑的三个问题

（5）培训对象

根据培训需求调查分析的结果并结合组织发展战略，确定需要接受培训的人员。

（6）培训教材及相关工具

培训教材是指印刷材料和视听材料，印刷材料主要包括书籍、手册、指南、图表、试卷等，视听材料主要包括录像带、光盘、录音等。相关工具是指投影机、笔记本、幻灯机、音响、录像机等培训辅助设备。

（7）培训形式和培训方法

培训形式有很多种，不仅可以根据培训手段确定培训形式，也可以根据培训对象的特征、兴趣和动机确定。根据人员是否在职、人员入职时间、人员职位等，采取不同的培训形式。培训形式的分类如表7-1所示。

表7-1 培训形式分类

类别	培训形式			
是否在职	在岗培训（OJT）			
	入职培训			
	离岗培训	外派培训	外派短期培训	外派长期进修
			海外留学	外派实习和考察
		脱岗培训	内部组织培训	外聘机构培训
			户外拓展	研读大专院校
入职时间	新员工培训			
	在职员工培训			
职位级别	普通员工培训			
	基层管理者培训			
	中高层管理者培训			

培训方法主要包括讲授法、案例分析法、研讨法、角色扮演法、游戏法、小组讨论法等多种方法。培训组织者应根据培训的内容选择适合本组织及员工的培训方法。

（8）培训费用预算

为了更好地控制成本，组织需要编制整个培训的项目预算。培训费用的多少是由组织的行业特点、销售业绩和员工整体水平等诸多因素决定的。对于生产销售型企业而言，培训预算的费用可以采用销售百分比法，即提取销售额度的百分比，将其作为企业员工培训的费用预算。

对于培训负责人来说，在做培训计划时需要制订必要的成本控制和费用节约方案，并要考虑组织培训预算的合理分配，这直接关系到培训计划能否通过审批并顺利地开展和实施。

5. 年度培训计划制订工具

（1）年度培训计划样表

表7-2、表7-3、表7-4为××公司的"年度培训计划样表"，供读者参考。

表7-2 ××公司年度培训计划表1

编号：　　　　　　　　　　　　　　　　　　　　　　　　　　　　　　　　　　　　　制表日期：

预计日期	培训部门	培训内容	培训对象	受训人数	培训机构	培训方式	培训地点	培训讲师	预期效果	所需资源	费用预算

制表人：　　　　　　　　　　审核人：　　　　　　　　　　　　　　　审批人：

表 7-3　××公司年度培训计划表 2

编号	培训课程	预定培训月份												培训对象	经费预算
		1	2	3	4	5	6	7	8	9	10	11	12		

表 7-4　××公司年度培训计划表 3

编号：

序号	培训内容	培训目标	培训对象	计划人数	计划天数	培训时间	责任部门	协助部门	所需资源	考核方式	备注

制表人：　　　　　　　　　　　　　　　　　　　　　　　　　　　　制表日期：

表 7-5 是××公司制订的年度培训计划表。

表 7-5　××公司年度培训计划表

月份	培训项目	培训者	培训对象	培训课时	培训地点	备注
1	公司规章制度培训	部门经理	全体员工	5 小时	本部门	
2	员工行为规范	部门经理	全体员工	5 小时	本部门	
3	品质管理技术	品管部经理	质量管理员	18 小时	培训室	
4	目标管理	总经理	主管级以上人员	5 小时	培训室	
5	6S 管理	副总经理	管理级人员	6 小时	培训室	
6	团队合作	培训师	销售人员	7 小时	户外训练	
7	会议管理技巧	总经理	主管级以上人员	4 小时	培训室	
8	机器保养	工程部经理	管理级人员	4 小时	培训室	
9	TTT 培训	培训经理	管理级以上人员	10 小时	培训室	
10	沟通技巧	培训师	经理级以下人员	6 小时	培训室	
11	仓储管理	仓储部经理	仓储部人员	8 小时	培训室	
12	采购管理	采购部经理	采购部人员	7 小时	培训室	
其他	新员工入职培训	培训师	新入职员工	18 小时	培训室	

（2）年度培训计划书范例

×× 公司 2010 年度培训计划书

一、封面（略）

本部分包括封面名称、编制部门、编制日期以及审核部门等元素。

二、目录（略）

三、正文部分

（一）计划概要

本计划主要内容包括 2010 年度培训工作具体内容、时间安排和费用预算等。公司员工教育领导小组为加强对培训教育工作的管理，提高培训人员对培训工作的计划性、有效性和针对性，使培训工作能够有效地促进公司经营战略目标的达成，特制订本计划。

（二）计划依据

本计划的制订依据主要是 2010 年度公司发展战略及具体工作安排、职能定位、培训需求调查、部门访谈等。

（三）培训工作的原则、方针和要求

1. 培训原则

（1）按需施教、学用结合的原则。

（2）各个部门各负其责、密切配合、通力协作的原则。

（3）公司内部培训为主、外部培训为辅的原则。

（4）加强培训效果反馈，及时调整相关内容的原则。

（5）培训内容必须有益于公司利益和公司发展的原则。

2. 培训方针

以"专业、敬业、服务、创新"的企业文化为基础，以提高员工实际岗位技能和工作绩效为重点，建立"全面培训与重点培训相结合、自我培训与讲授培训相结合、岗位培训与专业培训相结合"的全员培训机制，促进员工发展和企业整理竞争力的提升。

3. 培训要求

（1）满足公司未来业务发展需求。

（2）满足企业文化建设的需要。

（3）满足中层管理人员以及后备人员发展的需要。

（4）满足企业内部自我培训技能提高的需求。

（5）满足企业内部培训系统发展和完善的需要。

（四）培训目标

1. 培训体系和培训时间

建立并不断完善公司培训组织体系与业务流程，确保培训工作高效率地正常运作，保证本年内为所有管理层提供不少于 30 小时的业务和技能培训。

2. 培训内容及课程

重点推进中层以上管理人员的管理技能培训，提高各部门的工作效率，打造"TTT 培训"、"财务管理培训"和"两非培训（非人力资源经理的人力资源管理、非财务经理的财务管理）"等品牌课程。

3. 培训队伍

建立并有效管理内部培训队伍，确保培训师资的胜任能力和实际效果。

（五）培训体系建设

公司培训体系的建设如下表所示。

培训体系一览表

序号	任务	作用及措施		工作时间
1	培训管理制度体系建设	作用	为推动企业培训体系的建立提供制度保障	
		措施	制定培训管理办法、新员工培训管理制度、岗位技能培训管理制度、员工外派管理制度、培训考核管理制度等	
2	教材库建设	作用	开发教材，使教材成为完成培训目标的保障和基础	
		措施	各职能部门按层次按专业组织教材的开发	
3	案例库建设	作用	使培训生动化，更好地完成培训目标	
		措施	各部门收集日常工作中的突发事件、关键事件，每个部门负责提交 2~3 篇详细案例	
4	素材库建设	作用	通过局域网建立资料共享平台，供员工自我培训	
		措施	各员工负责上传资料，网络部负责资料的审核、分类整理	
5	档案库建设	作用	管理企业及员工培训档案	
		措施	收录培训计划、培训通知、培训签到、培训讲义、培训教材、培训评估、培训抽查记录等	

（续表）

序号	任务		作用及措施	工作时间
6	实施多样化培训方式	作用	提高培训的灵活性及有效性，使员工随时随地可培训	
		措施	开展网络培训、户外拓展、光盘培训、管理游戏等项目	
7	建立员工职业生涯发展系统	作用	挖掘员工潜能，通过对口培训提高员工的归属感	
		措施	为员工进行职业生涯规划，建立与职位升迁相关的必须参加的培训项目列表，完善职位晋升所需要的培训管理体系	
8	建立内部讲师队伍	作用	提高培训水平，降低培训成本	
		措施	年度内通过各种手段开发____位内部讲师，且年授课量不低于____小时，同时建立各讲师的专业、特色课程	

（六）2010 年培训课程计划

1. 计划内培训课程计划

新员工入职培训是每个进入企业的新员工必须参加的培训项目。新员工入职培训分为两个方面：一个是新员工到企业报到之日进行简单的入职培训；另一个是每两个月统一组织一次新员工培训，内容为企业发展里程、规模和发展方向，企业文化，企业理念，组织架构，规章制度等。

年度新员工培训计划如下表所示。

年度新员工培训计划表

序号	培训项目	培训时间（按月份）									培训课时	累计课时	培训讲师	培训预算
		3	4	5	6	7	8	9	10	11	12				
1	企业文化和发展史											2			
2	员工行为规范要求											2			

（续表）

序号	培训项目	培训时间（按月份）										培训课时	累计课时	培训讲师	培训预算
		3	4	5	6	7	8	9	10	11	12				
3	企业业务概况											2			
4	各岗位基本事务											2			
5	安全管理与保密											2			
6	职业道德与利益											2			
7	质量管理体系											5			
8	团队协作											3			
9	试用期辅导计划											1			
10	企业规章制度											1			

在职员工的年度培训计划如下表所示。

在职员工年度培训计划表

序号	培训项目	培训时间（按月份）										培训课时	累计课时	培训讲师
		3	4	5	6	7	8	9	10	11	12			
1	高效团队法则													
2	人力管理案例													
3	职员发展训练课程													
4	时间管理													
5	情绪管理													
6	目标管理													
7	管理文书													
8	绩效管理													
9	高效团队建设指南													
10	沟通力与领导力													
11	平行思维工具训练													
12	培训师授课技巧													

（续表）

序号	培训项目	培训时间（按月份）										培训课时	累计课时	培训讲师
		3	4	5	6	7	8	9	10	11	12			
13	市场拓展技巧													
14	出色主管													
15	核心管理技能培训													
16	内部培训师训练													
17	管理者的十个错误													
18	学习型组织建设													

2. 计划外培训课程

计划外培训是指不在本年度计划内的培训项目，参与组织计划外培训需要办理审核审批手续。

（1）培训项目以及培训内容应符合公司业务或员工专业技能提高的需要。

（2）一般应提前15天申请，且培训项目费用不得超出预算（单次及累计）。

（3）同一主题内容原则上每年只能批准一次。

（七）重点培训项目（略）

（八）培训效果评估

1. 课程培训评估

培训结束时及时做现场反应和学习效果评估，并完成"课程培训评估表"。

2. 培训有效性评估

培训结束3个月后，人力资源部会同部门主管对培训有效性进行评估，并完成"培训有效性评估表"。

3. 培训有效性复评

在每半年的员工教育培训总结会议上，进行半年度培训有效性的复评。培训人员汇集"培训有效性评估表"，作为调整下半年度培训计划及培训持续改进的依据。

（九）培训费用预算

年度培训费用预算如下表所示。

年度培训费用预算表

项目	内容	单价	合计	备注
内部培训师				
外部培训师				

（续表）

项目	内容	单价	合计	备注
拓展项目				
培训教材				
培训资料				
辅助资料				
合　计				

（十）计划控制

1. 月度工作计划和费用预算控制

培训人员每月末需提交本月培训实施方案，报培训领导小组审批。

2. 课程培训计划审批

培训项目开始时，提交课程培训计划到总经理办公室，由总经理办公室通知相关人员。

3. 培训管理

人力资源部经理严格进行培训管理，促使员工完成公司年度最低培训任务，并对日常培训工作的培训效果负责。

4. 培训设施购置

完善硬件支持，购买投影仪、摄像机和录音机各一台。

四、附录（略）

编制人员		审核人员		批准人员	
编制日期		审核日期		批准日期	

7.1.2　部门培训计划

1. 部门培训计划的制订内容

各部门应结合本部门年度工作计划，工作目标责任书，专业知识及专业领域的新态势、新发展，人才队伍建设的需要等，认真制订部门培训计划。有针对性地开展内容丰富、形式多样的培训活动，努力形成具有本部门特色的培训项目。部门培训计划包括的主要内容如下所示。

（1）培训目的

从部门的角度出发，明确培训计划要解决的问题或要达到的目标。

（2）培训需求

在部门运营和管理过程中，哪些方面存在差距，而确实需要通过培训来弥补。

（3）培训目标

培训计划中的培训项目均需要达到的培训结果。

（4）培训对象

培训计划中的培训项目是对什么岗位的任职人员进行的，他们的学历、经验、技能状况怎么样。

（5）培训内容

培训计划中每个培训项目的具体内容，如岗位技能培训、管理技能培训等。

（6）培训方式

培训计划中的每个培训项目所采用的培训形式和培训方式。例如，是外派培训还是内部组织培训，是内部讲师还是外聘培训师担任，是半脱产培训、脱产培训还是业余培训等。

（7）培训费用预算

部门整体计划的执行费用预算以及每个培训项目实施的费用预算。

（8）计划变更或调整方式

明确规定计划变更、调整的程序以及权限范围等。

2. 部门培训计划的制订工具

（1）部门培训计划样表

各部门在制订本部门培训计划表时，可参照表7-6所示的"部门月度培训计划表"和表7-7所示的"部门年度培训计划表"。

表7-6　部门月度培训计划表

编号：　　　　　　　　　　制表人：　　　　　　　　　　制表日期：

部门			月份			
日期	培训内容	受训人员	培训时间	培训地点	培训方式	培训讲师
受训人员共计____人						
备注						

（续表）

部门经理意见	签字：　　　　　日期：
总经理意见	签字：　　　　　日期：

注：各部门于每月 25 日之前交到培训部门。

表 7-7　部门年度培训计划表

部门（盖章）　　　　　　　　　　　　　　　　　　　　　　编号：

月份	培训内容	培训对象	培训课时	培训地点	培训讲师	所需资源	协助部门	备注
1								
2								
3								
4								
…								
12								

制表人：　　　　　　　　审批人：　　　　　　　　制表日期：

（2）部门培训计划书

部门长/中期培训计划书的框架如表 7-8 所示。

表 7-8　部门长/中期培训计划书的框架

部门长/中期培训计划书的框架
一、部门长/中期任务目标分析
二、部门目前的现状分析
三、部门长/中期培训需求分析
四、部门长/中期培训目标
五、部门长/中期培训对象
六、部门需要的培训资源
七、部门拥有的培训资源
八、部门长/中期培训需要的支援
九、部门长/中期培训策略和培训政策

（续表）

十、部门长/中期培训组织设置
十一、部门长/中期培训的内容安排
十二、部门长/中期培训行动
十三、部门长/中期培训的效果预测
十四、部门长/中期培训的效益预测

部门培训实施计划书的框架如表7-9所示。

表7-9 部门培训实施计划书的框架

部门培训实施计划框架
一、部门培训需求分析
二、部门的培训目标
三、部门以往的培训情况
四、现实与培训目标的差距
五、部门的培训对象
六、部门的培训时间
七、部门的培训日程
八、部门的培训地点
九、部门的培训主题
十、部门的培训形式
十一、部门的培训内容
十二、部门的培训师
十三、部门培训组织工作安排
十四、部门培训效果预测
十五、部门培训效益分析

7.1.3 培训支援计划

培训支援计划是组织的培训部门为适应各部门的特殊要求而专门制订的培训计划。培训支援计划的前提条件是各部门需要培训支援，其原因主要体现在需要支援的部门自身不具备实现培训项目的能力或资源。

1. 培训支援计划的内容

培训支援计划包括的内容如图7-6所示。

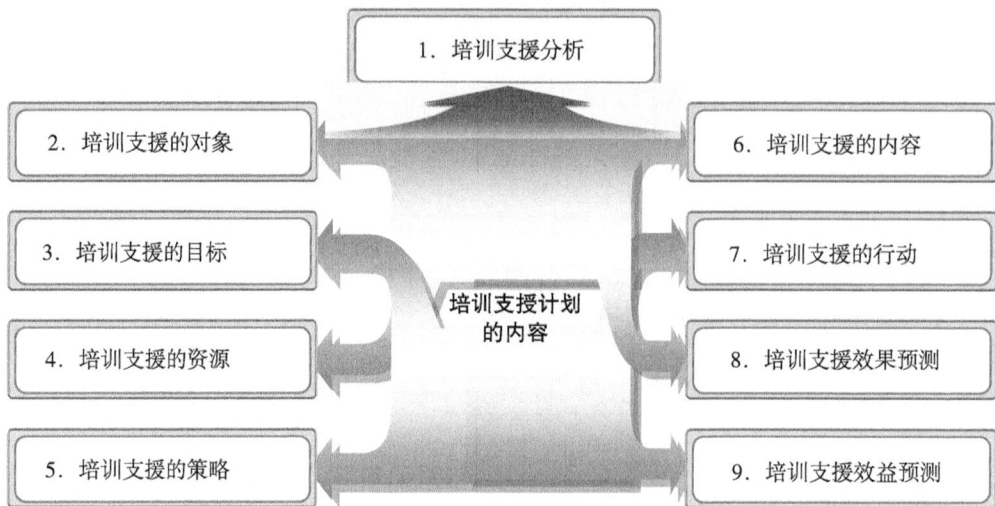

图 7-6　培训支援计划包括的内容

2. 培训支援计划的制订步骤

培训支援计划的制订步骤如图 7-7 所示。

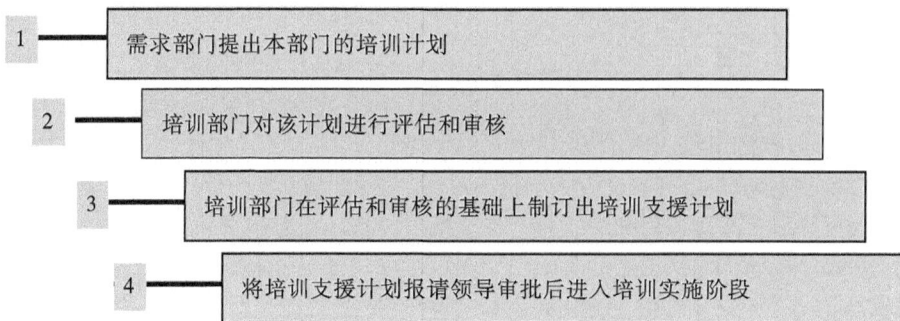

图 7-7　培训支援计划制订步骤

7.2　培训计划制订原则与步骤

7.2.1　培训计划制订原则

组织在制订培训计划时，首先需要明确并把握如图 7-8 所示的七项原则。

1. 培训计划制订须从组织发展战略出发

2. 培训计划制订以各部门的工作计划为依据

3. 更多人参与培训计划的制订，将获得更多的支持

4. 培训计划制订应着重注意培训细节

5. 培训计划制订必须要进行培训需求调查，以培训发展需求为依据

6. 培训计划制订应考虑设计不同的学习方式来适应员工的需要和个体差异

7. 培训计划制订以可以掌控的资源为依据，尤其是学员培训时间上的承诺

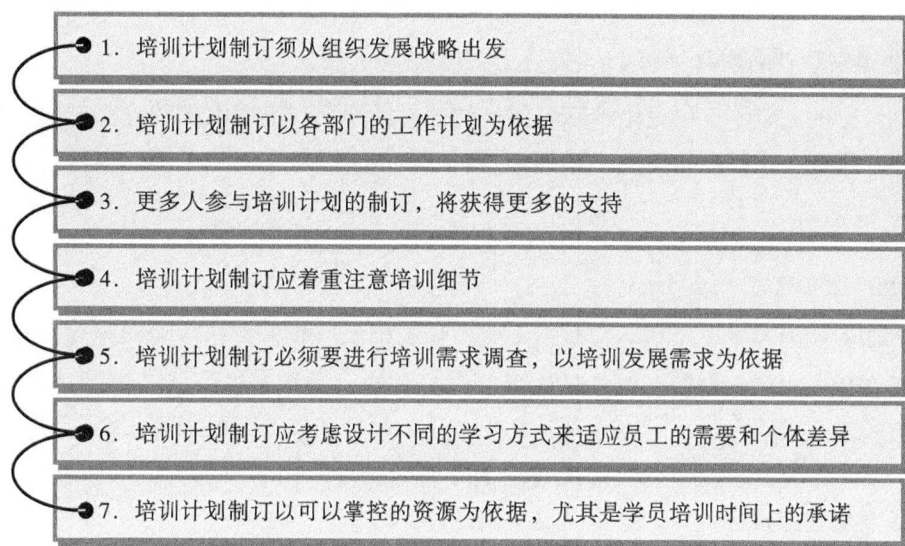

图7-8　培训计划制订的七项原则

7.2.2　培训计划制订要点

培训计划制订主要包括以下七个要点，具体如图7-9所示。

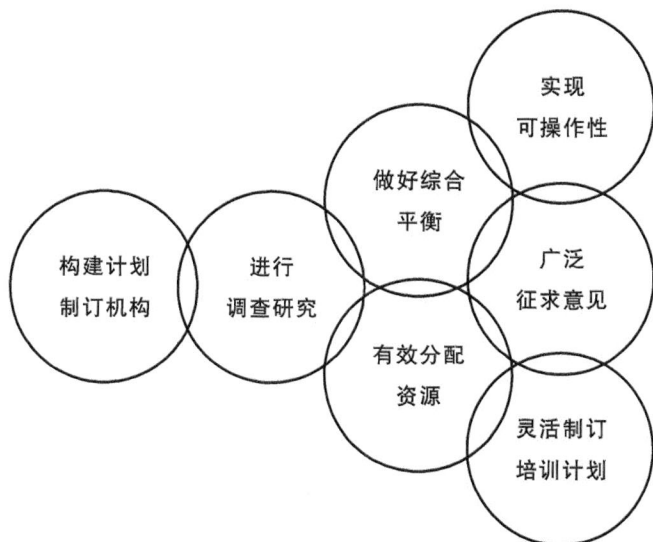

图7-9　培训计划制订的七个要点

1. 构建培训计划制订机构

培训计划的制订不仅仅是培训部门的事情，它还涉及到组织内部的许多部门，是一个系统工程。因此，组织应构建一个培训计划制订机构，以便协调各个部门进行培训计划的制订。

2. 进行调查研究

调查研究的内容主要包括：预测出本组织短、中期内的生产和技术的发展情况；预测出本组织在短、中期计划期内对各种人员的需要数量；做好本组织员工素质方面的普查，切实了解员工在政治思想、行为表现、文化、技术和管理等方面的现有水平；明确员工个人对培训与发展的要求；调查本组织在培训方面的条件，如培训师资、培训资料和教材、培训设备及培训经费等。

3. 做好综合平衡

在制订培训计划时应做好综合平衡，注意员工发展与师资来源的平衡，培训与组织生产、经营正常运转的平衡，组织培训需求与受训人员要求的协调平衡，培训发展与培训投资的平衡等。

4. 有效分配资源

根据各分项目标的轻重缓急分配资源，以保证各项目标都有相应的人力、物力和财力。

5. 实现可操作性

制订的培训计划应有可操作性，制订各分段目标或具体分项目标培训计划的实施细节，主要包括总体计划及各分项目标计划实施的过程、时间跨度、阶段、步骤、方法、措施、具体要求和评估方法等。

6. 广泛征求意见

经过充分的讨论和集中修改，经组织的最高管理层审核批准后，下达到有关的基层单位实施。

7. 灵活制订培训计划

灵活运用制订培训计划的各个步骤，不应平均用力，不能绝对统一。有的步骤多一些，有的则少一些。同时，各个步骤之间也会有交错进行的情况。既要注意向别人学习、借鉴别人的经验，也绝不能盲目照抄，一定要结合本组织的实际情况来进行。

7.2.3 培训计划制订因素

培训计划制订过程中需要考虑的因素主要包括以下六个部分,如图 7-10 所示。

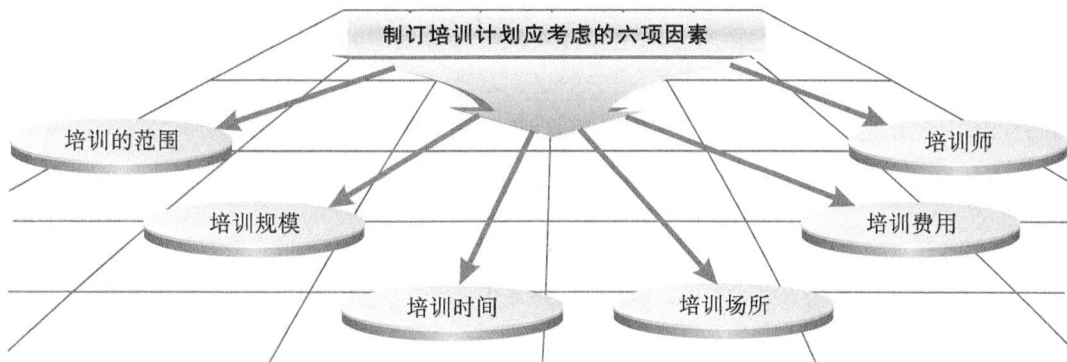

图 7-10 制订培训计划应考虑的六项因素

1. 培训范围

培训计划应针对不同层次的培训对象,一般分为个人、部门和组织三个层次。

(1) 个人层面

培训计划注重个人,一般偏重个人能力和技能的提高,这种培训要求培训师对受训人员进行单独的辅导,具体分析其所从事的工作并做出指导。

(2) 部门层面

培训计划可针对组织内的一个部门来设计。这个部门的人员可能只有几个人,也可能有上千人。大多数技能培训是在这个层次上进行的。

(3) 组织层面

这个层次一般适用于企业精神培训、企业文化教育以及思想教育、安全教育等。在这个层次上制订培训计划必须考虑规模经济的作用,注意战略的正确运用。

2. 培训规模

培训规模一般根据组织的规模、经营方向、培训本身的性质、培训力量的强弱、培训场所的大小、培训工具的性质以及培训费用的多少来决定。

3. 培训时间

每期培训时间从几十分钟到数周不等。培训内容、培训费用和培训对象都能影响培训时间。影响培训时间的还有培训对象的工作时间和业余时间的分配。大部分培训都是在工作时间内进行的，虽然也可以考虑利用员工的业余时间，但是必须征求培训对象的意见。

4. 培训场所

培训场所一般包括现场培训场所和非现场培训场所。现场培训场所主要是指工作车间、培训中心，语音室也适用于现场培训；非现场培训场所包括教师和专门培训基地。体验生活的实际场所也是培训计划所应考虑的培训场所。将教育培训和实地体验相结合，既能使受训人员获得第一手经验，又能让他们进行分析和反思。

5. 培训费用

培训费用直接影响着培训计划的制订以及培训实际效果的好坏。培训的主要费用是外聘培训师费用、工资以及培训对象的相关费用，而培训对象因参加培训而耽误工作所形成的机会成本也必须考虑。

6. 培训师

培训师担负着组织员工培训的重任，培训师素质的高低直接影响组织人力资源素质的高低。因此，培训师的选择和培养对于组织来说至关重要。

培训师的基本职能是培训，即为受训人员提供学习的内容、条件、相关信息、绩效评估和反馈以及其他方面的帮助。培训师要参加课堂教学、集体讨论，监督受训人员完成相应的学习计划等。因此，培训师要能够科学地利用各种学习规律，运用各种激励手段和管理措施，选择必要的培训内容和手段，保证实现培训的最初目的。

7.2.4　培训计划制订步骤

组织开展员工培训首先应制订员工培训计划。制订培训计划必须要综合考虑组织的发展规划、实力、培训目的、员工素质及人才培养策略等。

在制订培训计划时，可以先制订组织级培训计划，然后再制订部门级培训计划。组织级培训计划主要包括岗前管理培训、岗前技术培训、管理技能培训、组织管理培训等。部门级培训计划应根据部门的培训需求制订。

培训计划制订一般分为九个步骤，具体的制订步骤如图7-11所示。

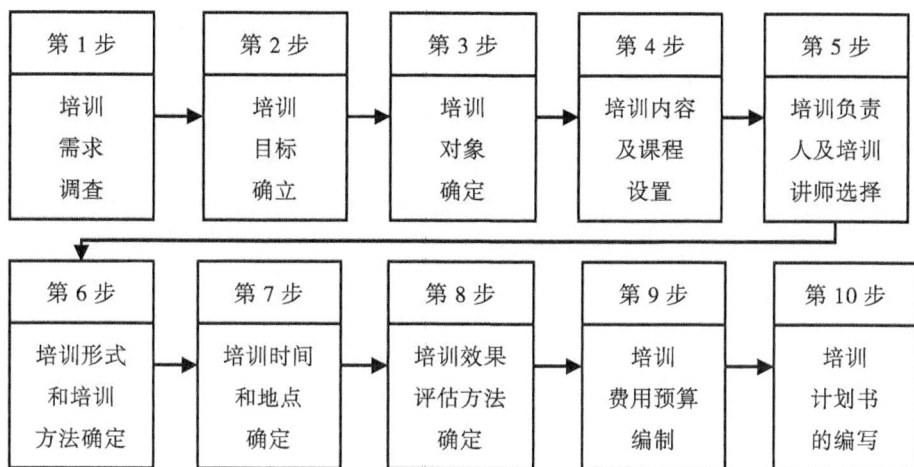

图7-11 培训计划制订步骤图

1. 培训需求调查

依据培训的不同目的，开展培训需求调查。

（1）长期培训计划需求调查

对于长期培训计划，需向组织领导进行调查，通过分析组织经营战略、人力资源开发战略，确定相应的培训目标。

（2）年度培训计划需求调查

对于满足年度经营计划需要的项目，要向各部门调查，以面谈的形式分析各部门年度工作计划，确定各部门需要通过培训来配合和推动的项目。

（3）岗位技能培训需求调查

对于满足岗位技能需求的项目，应向各级管理者和他的下级进行调查，通过分析绩效评估表、技能培训需求调查表以及重点人员的抽样面谈表，确定员工岗位技能差距和重点的技能培训项目。

（4）个人职业生涯培训需求调查

对于满足个人职业生涯需求的培训项目，应向员工及其管理者调查，通过分析职业生涯规划表、管理者与下级面谈的结果，确定培训需求。

2. 培训目标确立

确定培训目标的重要意义在于明确培训要达到的结果，以及为培训效果评估提供现实可行的标准。确立培训目标的依据主要包括以下两个方面。

（1）组织的实际需要

通过对各部门的工作进行分析，确定哪些环节需要通过培训来获得改进；或者通过分析工作中的关键事件以及员工应付关键事件的能力，确定最需要培训的地方；或者依据考核结果中出现的问题，确定培训目标。

（2）员工的素质情况

明确员工距离工作需要存在哪些差距，这些差距中，哪些是因为缺乏知识，哪些是因为缺乏技能，哪些是因为态度不端正，哪些是经过培训可以改善的，哪些是经过培训也不能解决而必须进行岗位调换的，哪些是本组织中无法解决的等。

3. 确定培训对象

根据培训需求调查分析的结果，结合组织的发展战略，确定需要接受培训的人员。

4. 培训内容及课程设置

培训目标是培训内容和课程设置的出发点。不同培训对象，在不同的阶段，其培训内容是不一样的。比如，新员工入职培训与在岗培训的培训内容就要分别设置，具体如表7-10所示。

表7-10　不同培训类别培训内容设置一览表

培训类别	培训对象	培训内容
岗前培训	新员工、新岗位任职人员	企业文化、组织发展状况、规章制度、职业素养、职业礼仪等
专业技能提升培训	在职人员	生产、营销、研发、人力等专业知识和技能
管理能力培训	基层、中层和高层管理人员	管理能力提升类内容，如沟通、授权、激励、执行力、领导力、时间管理、团队建设等

5. 培训负责人和培训师选择

培训工作的组织者一般为培训部门。培训师的选择一般要考虑选择标准、培训师来源和培训师管理三方面的问题。

6. 培训形式和培训方法确定

（1）培训形式

培训形式有很多，可以根据培训手段确定，也可以根据培训对象的特征及其兴趣、动机等确定，培训形式一般包括在岗培训、入职培训和离岗培训（脱岗和外派）。

（2）培训方法

常用的培训方法有很多，组织应根据培训内容、培训场所、培训形式和培训对象选择合适的培训方法。

7. 培训时间和培训地点的确定

合理安排培训时间有助于培训师掌握培训进度，顺利完成培训任务。培训地点的选择要依据其采用的培训方式、培训经费和培训内容来定。

8. 培训效果评估的确定

确定培训效果评估的方法，以便及时跟踪培训效果。培训效果评估的方式一般包括受训者考试、受训者的意见反馈、受训者的行为变化、培训工作的投入产出分析等。

9. 培训费用预算的制定

培训费用预算的制定主要是由组织的人力资源发展战略、组织的行业特点、销售业绩和员工整体水平等诸多因素决定的。

10. 编写培训计划书

培训部门根据上述内容，采用组织规定的培训计划书模板，编写培训计划书，并经相关领导审核审批后确定。

7.3 培训计划的确定方式

7.3.1 会议决策

为整合组织内外的培训资源，应对培训计划的合理性、可行性等因素进行有效的控制。在制订培训计划时往往要召开培训计划会议，来对培训计划进行论证和评价，并确定最终培训计划。

1. 会议组织者

组织的培训部门负责组织召开培训计划确定会议。

2. 会议参加者

会议参加者除了培训部门的相关人员以外，一般还需要涉及制订培训计划的部门经理、课程开发人员以及部分培训对象等参加。

3. 会议决策方式

参加培训计划确定会议的所有人应依照培训计划中的培训项目进行讨论，培训部门负责汇总所有人的意见，然后根据实际情况进行调整，以便使培训计划更为客观、更切合实际。

7.3.2 部门经理沟通

部门经理沟通的方式适用于向组织提供培训计划。如果部门经理之间缺乏深入沟通，即使所提供的培训计划再好，也往往会在实施过程中受到来自部门经理们的干扰或排斥。

供应性培训计划是指向受训人员提供若干备选的培训方案，以便在第一方案出现问题时能及时采取补救措施，避免出现损失。采用部门经理沟通方式确定供应性培训计划的步骤如图 7-12 所示。

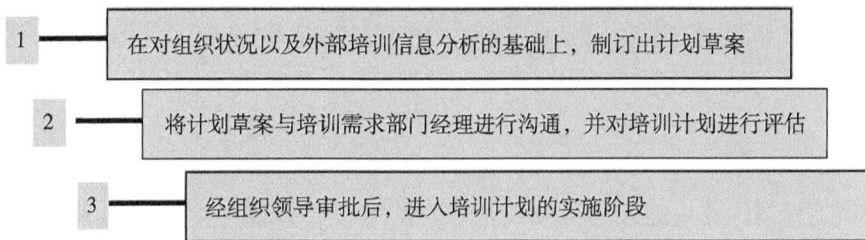

图 7-12 供应性培训计划的确定步骤

7.3.3 领导决策

领导决策是指直接由领导部门针对组织的具体情况加以决策，尤其适用于存在争论、分歧的培训计划。在彼此都不认同对方的意见，处于僵持情形时，最好的方式就是请上级领导定夺。

7.4 培训计划实施的控制

7.4.1 时间调整

时间调整是指因培训师临时有事而需要对培训时间进行调整，或组织内部对培训计划整体进行的时间调整。不管什么原因引起的时间调整，相关负责人必须填写"时间调整表"（如表 7-11 所示），提交人力资源部和分管人事的领导审核。

表7-11 培训时间调整表

编号：

培训内容			
原计划时间		调整时间	
时间调整原因	部门负责人签字：	日期：___年___月___日	
人力资源部意见	人力资源部经理签字： 日期：	人事分管领导签字： 日期：	

7.4.2 需求纠正

1. 培训需求纠正的重点

尽管已经形成培训需求分析的结果，确定了谁需要培训，需要接受什么方面的培训，培训的次数、时间等问题，但是在培训实施过程中还是可能会出现偏差，其主要原因是没有进行纠正控制。培训需求纠正关注的重点体现在以下三个方面，具体如图7-13所示。

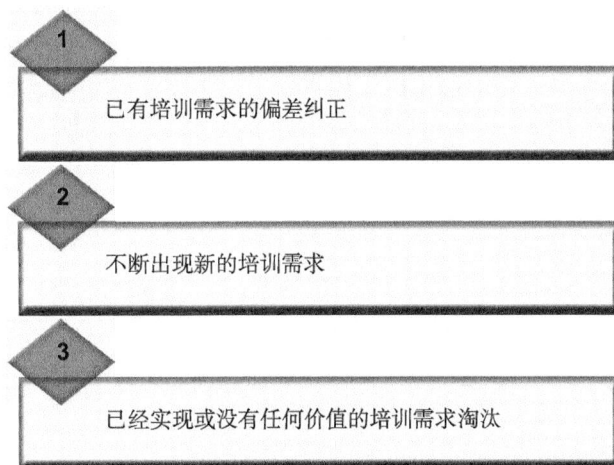

图7-13 培训需求纠正关注的三个重点

2. 产生培训需求偏差的原因

进行需求纠正之前应了解产生培训需求偏差的原因，以便对症下药。产生培训需求偏差的原因主要包括以下四个方面（如图 7-14 所示）。

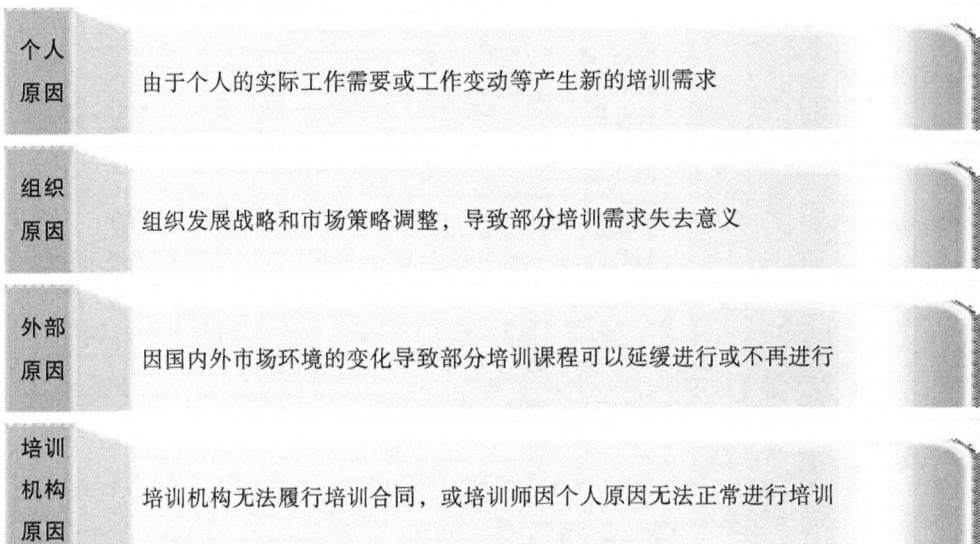

个人原因	由于个人的实际工作需要或工作变动等产生新的培训需求
组织原因	组织发展战略和市场策略调整，导致部分培训需求失去意义
外部原因	因国内外市场环境的变化导致部分培训课程可以延缓进行或不再进行
培训机构原因	培训机构无法履行培训合同，或培训师因个人原因无法正常进行培训

图 7-14　产生培训需求偏差的原因

3. 培训需求纠正表

"培训需求纠正表"是进行培训需求纠正的工具。一旦在培训实施过程中发现原定的培训需求存在偏差，就要及时采取措施，不要等到培训实施结束后再采取措施。"培训需求纠正表"如表 7-12 所示。

表 7-12　培训需求纠正表

原定的培训需求	
目前的实际情况	
采取的纠正措施	
培训对象	签字：＿＿＿＿＿＿＿＿ 日期：＿＿＿年＿＿＿月＿＿＿日
培训部门	签字：＿＿＿＿＿＿＿＿ 日期：＿＿＿年＿＿＿月＿＿＿日

7.4.3 预算内增减项目

预算内增减项目必须经过严格的审核审批程序，说明培训项目变更的原因。各部门负责人在预算内增减项目时，应填写"培训计划变更（增减）项目报告单"（如表7-13所示），提交组织相关领导审核。

表7-13 培训计划变更（增减）项目报告单

编号：

培训项目		变更类型	□增加培训项目	□减少培训项目
培训项目 变更原因	部门负责人签字：			日期：___年___月___日
人力资源部 意见	人力资源部经理签字： 日期：		人事分管领导签字： 日期：	

7.4.4 员工培训记录

1. 员工培训记录的内容

员工培训记录是控制培训计划实施的重要工具，也是员工晋升的参考资料之一。员工培训记录的内容如图7-15所示。

1

记录入司培训课程

员工人手一本培训记录手册，记录其进入公司以来参加过的培训课程

2

记录员工上课资料

加培训部门按月输入员工上课资料，编印给各部门经理

3

记录员工外部培训信息

员工将自己参加的外部培训告知培训部门

图7-15 员工培训记录的内容

2. 员工培训记录表样例

"员工培训记录表"一般包括员工的培训时间、培训内容、培训课时、培训成绩等内容。表 7-14、7-15、7-16 是员工培训记录的样例，供读者参考。

表 7-14　员工培训记录表样例 1
（按每个人进行记录）

姓名		工号		岗位		所在部门	
序号		培训内容		培训课时		培训成绩	备注
费用小计							
姓名		培训课程		培训时间		培训费用	备注
费用小计							

表 7-15　员工培训记录表样例 2
（按培训项目进行记录）

培训项目				时间安排		自____至____共____小时					
培训课、时数及负责人											
课程		培训时间		培训讲师		课程		培训时间		培训讲师	
参加人员共____人，名单及考核成绩											
部门	姓名	成绩	部门	姓名	成绩	部门	姓名	成绩	部门	姓名	成绩
培训合格率											
备注											

表7-16　员工培训记录表样例3

（按部门年度培训记录汇总）

部门：　　　　　　　　　　　　　　　　　　　　　年度：

姓名	培训课程	培训时间	培训费用	备注
	费用小计			
	费用小计			
	费用小计			

第 8 章

培训机构、培训师、课程采购决策体系

8.1 培训机构选择

8.1.1 选择的标准

1. 选择培训机构的 10 个通用标准

社会上的培训机构有很多，每家培训机构都有自己的优势，但是并不一定每家都适合自己的组织。因此在选择培训机构时，一定要针对组织的实际情况进行筛选。通常，在选择培训机构时应参照以下 10 个标准，如图 8-1 所示。

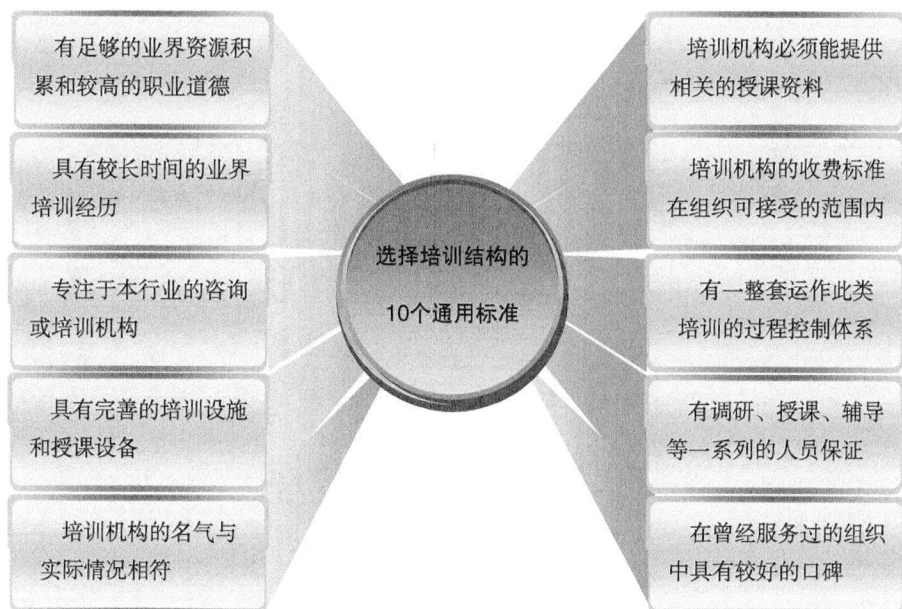

图 8-1 选择培训机构的 10 个通用标准

2. 选择户外拓展培训机构的七个标准

选择户外拓展培训机构的七个标准如图 8-2 所示。

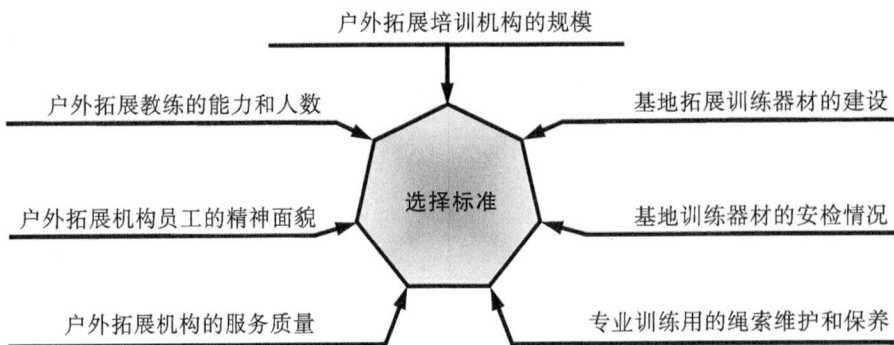

图8-2　选择户外拓展培训机构的七个标准

8.1.2　内部决策流程

培训机构内部决策流程如图8-3所示。

图8-3　培训机构内部决策流程图

1. 收集培训机构信息

组织的培训部门负责收集各培训机构的资料、分门归档，建立培训机构档案。

（1）选择对象

选择收集的对象主要包括管理咨询公司、大学、培训公司和管理顾问等。

（2）收集渠道

收集信息的渠道主要包括专业报纸、杂志、网络和他人推荐。

（3）收集内容

收集的信息主要包括培训机构简介、培训机构的信誉、培训课程种类、培训师构成、收费标准、已接受过该培训机构服务的客户的评价等。

2. 发出询价函

根据年度培训计划确定哪些课程需要由培训机构提供。组织的培训部门与培训机构初步联系，发出询价函，并要求其提供相关培训课程的方案。大型培训项目可以采用招标的形式来选择培训机构。

3. 确定候选培训机构

培训部门负责对有合作意向的培训机构进行资格评审，选择 2～3 家候选机构。选择培训机构时，应注意以下五个问题。

（1）培训教材

检查培训机构教材的资料来源、版权及需要的语言水平，检查教材内容是否符合培训项目所针对的知识和技能。

（2）培训师

了解负责授课的培训师是哪些人，以及他们的教育背景、工作经历和培训授课经验，检查其是否具有培训资格证书。

（3）培训时间表

培训机构必须制订详细的课程时间表，包括课程准备、培训材料撰写、培训课程的时间安排及课后总结的时间。

（4）硬件设施

考虑培训地点，并了解包括食宿、交通、教室、教学设备等在内的一切可能影响培训效果的因素。

（5）培训费用

培训价格以及支付方式等。

（6）相关经验

了解培训机构的课程种类及水平，如有多少人参加过培训，培训课程有什么独特的经验，本课程能否最终影响本组织的员工表现。

4. 评估培训机构综合能力

培训部门应组织成立培训机构评审小组，由人力资源部、受训部门及高层领导等相关人员参与。评审小组负责对候选机构进行能力评价，评价的内容主要包括培训机构的规模、企业文化、师资能力、培训服务能力等。

5. 签订合作协议

培训部门负责与候选机构进行谈判，并签订合作协议。

8.1.3　培训招标制度

1. 培训招标制度规范的内容

培训招标制度是对招标选择培训机构的工作如何进行规范化运作的规定，以保证培训机构选择的公正性、公开性和公平性。培训招标制度应规范的内容如图 8-4 所示。

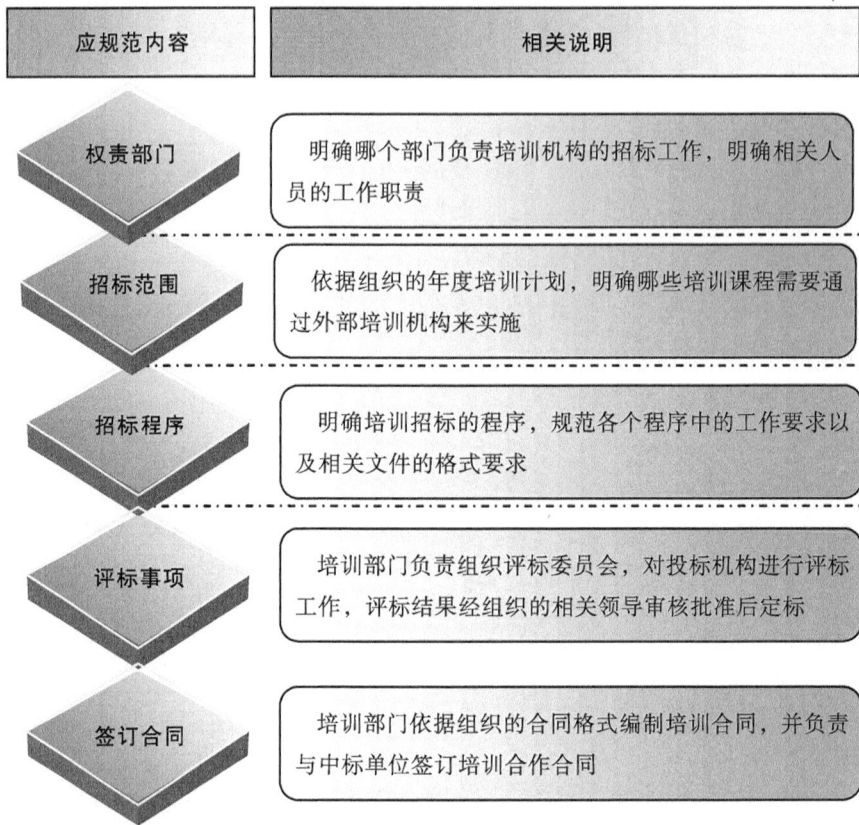

图 8-4 培训招标制度应规范的内容

2. 培训招标制度范例

制度名称	××公司培训招标制度		受控状态	
			编　号	
执行部门		监督部门	考证部门	

第 1 条　目的
为规范公司培训招标管理，确保使用高质量的培训机构，特制定本制度。
第 2 条　适用范围
本制度适用于公司及其所属公司，包括公司总部、各分子公司及全资子公司、控股子公司。
第 3 条　权责部门
各公司的培训部门是培训招标的归口管理部门，负责培训招标的具体事宜。
第 4 条　招标范围
1. 外派培训单次培训金额超过 10 万元，须进行招标。

（续）

2. 户外拓展和沙盘模拟培训项目，均须进行招标。

3. 本公司无法开发的培训课程且培训项目总额超过100万元，须进行招标。

第5条　归口管理部门确定培训机构资质标准及选择办法，上报分管领导审核。

第6条　分管领导对培训机构资质及选择办法审核批准后，由归口管理部门发布"招标公告"。

第7条　参与竞标的候选培训机构在指定期限内提交"投标书"及相关培训课程材料，主要内容包括培训课程名称、培训课时、培训讲师介绍以及报价等。

第8条　归口管理部门对培训机构进行资质预审，评估培训机构的综合能力。评估因素主要包括以下五个方面。

1. 培训机构的规模、企业文化和职业道德。

2. 培训机构类似培训项目的经验、服务能力、知名度和信誉。

3. 培训机构拥有的培训讲师团队情况，主要包括专职讲师以及兼职讲师的数量，以及培训讲师的从业年限、实战经历和授课经验等。

4. 接受过该培训机构培训的企业对该机构的评价。

5. 培训机构的性价比是否合适。

第9条　归口管理部门组织公司其他职能部门进行开标、评标和定标。归口管理部门对候选培训机构的综合能力进行排名。

第10条　公司应根据实际情况确定开标方式。开标应当在招标文件确定的提交投标文件截止的同一时间公开进行，开标地点应当为招标文件中预先确定的地点。

第11条　评标由公司归口管理部门组建的评标委员会负责。

1. 公司应当采取必要的措施，保证评标在严格保密的情况下进行，任何单位和个人不得非法干预、影响评标的过程和结果。

2. 评标委员会由公司相关部门的人员以及外聘有关培训等方面的专家组成，成员人数为5人以上单数，其中，培训等方面的专家不得少于成员总数的2/3。

3. 评标委员会应当按照"招标公告"中确定的评标标准和方法，对"投标书"进行评审和比较；设有标底的，应当参考标底。

4. 评标委员会完成评标后，应当向公司提出书面"评标报告"，并推荐合格的中标候选人。

第12条　中标人的投标应当符合下列条件之一。

1. 能够最大限度地满足公司"招标公告"中规定的各项综合评价标准。

2. 能够满足"招标公告"的实质性要求，并经评审投标价格为最低，但是投标价格低于成本的除外。

第13条　归口管理部门同相关管理层及其他职能部门负责人分别与合规候选培训机构建立联系，并把相关候选名单提交总经理、董事会审定，最后确定中标培训机构。

第14条　归口管理部门和培训机构就"培训合同"的主要条款进行谈判，达成共识，由合同双方代表签署"培训合同"。

（续）

第15条 本制度由公司总部培训部制定，其修改、解释权归培训部所有。					
第16条 本制度自总经理签发之日起实施。					
编制日期		审核日期		批准日期	
修改标记		修改处数		修改日期	

8.1.4 培训效果评估记录

培训效果评估记录是进行再次选择培训机构的一个重要工具，即培训效果评估记录可以作为是否与现有培训机构进行再合作的参考依据。"培训效果评估记录样表"如表8-1所示。

表8-1 培训效果评估记录表

培训机构		地址		合作期限		
培训效果评估记录						
培训课程	学员评价	培训师整体授课水平	培训教材的提供情况	课程时间的安排情况	培训后期跟踪辅导情况	培训收益情况

8.2 培训师选择

8.2.1 选择的标准

1. 丰富的实战经验

培训师必须具备足够的实践经验，全方位融合理论知识与管理实践，能够真正帮助组织解决实际问题。

2. 独立的课程开发能力

培训师必须具有独立的课程开发能力，能够根据组织的实际需求开发并完善培训课程，使所传授的知识和技能保持实用性和先进性。

3. 相关领域的持续研究

培训师必须持续关注相关领域的最新发展，并不断地学习和研究。

4. 一流的授课效果

培训师必须深刻理解成人学习的过程，灵活运用多种培训方式，善于把握和控制课堂气氛，使培训效果最大化。

5. 较强的授课能力

培训师应具有良好的表达和演绎能力，以及问题解答和辅导能力。

6. 良好的客户反馈

通过对接受过该培训师培训的组织进行调查，全面了解培训师所授课程的实用性、授课风格、互动效果等，只有得到客户认可的培训师方可进入培训师候选名单。

8.2.2 选择的来源

培训师主要有外部聘请和内部开发两大来源。组织应根据实际情况选择合适的培训师，确定恰当的内部和外部培训师的比例，做到内外搭配、相互学习、共同进步。

1. 外聘培训师的途径

外聘培训师的主要途径如图8-5所示。

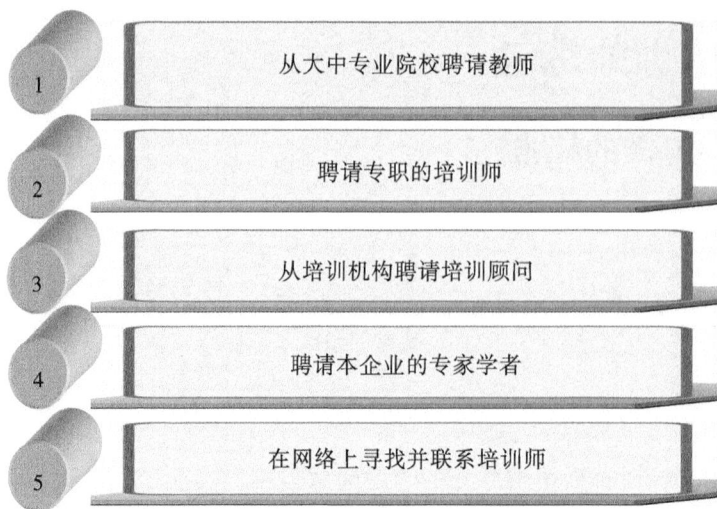

图8-5　外聘培训师的五个途径

2. 外聘培训师与内部讲师的比较

外聘培训师与内部讲师的优缺点比较如表8-2所示。

表8-2　外聘培训师与内部讲师的优缺点比较

培训师来源	优点	缺点
外聘培训师	1. 可以带来许多全新的理念 2. 对培训对象具有较大的吸引力 3. 容易营造培训氛围，从而促进培训效果，可以提高培训档次，引起组织的重视 4. 选择范围大，可获得高质量培训师资源	1. 外聘培训师成本比较高 2. 缺乏对组织和培训对象的了解，可能会降低培训适用性，加大培训风险 3. 学校教师可能由于缺乏实际的工作经验，导致培训达不到预期的效果
内部讲师	1. 培训相对比较好控制 2. 内部开发培训师的成本较低 3. 与培训对象相互了解，能保证在培训过程中交流顺畅 4. 对组织各方面比较熟悉，使培训更具针对性，有利于提高培训效果	1. 内部选择范围小，很难开发出高质量的培训师队伍 2. 内部培训师看待问题受环境限制，不易上升到新的高度 3. 内部讲师很难树立威信，有可能影响培训对象的参与态度

8.2.3　内部决策流程

培训师自身的水平高低对培训效果有着直接的影响，因此，组织在开展员工培训时都想选择优秀的培训师。选择优秀的培训师需要经过缜密的内部决策流程，具体如图 8-6 所示。

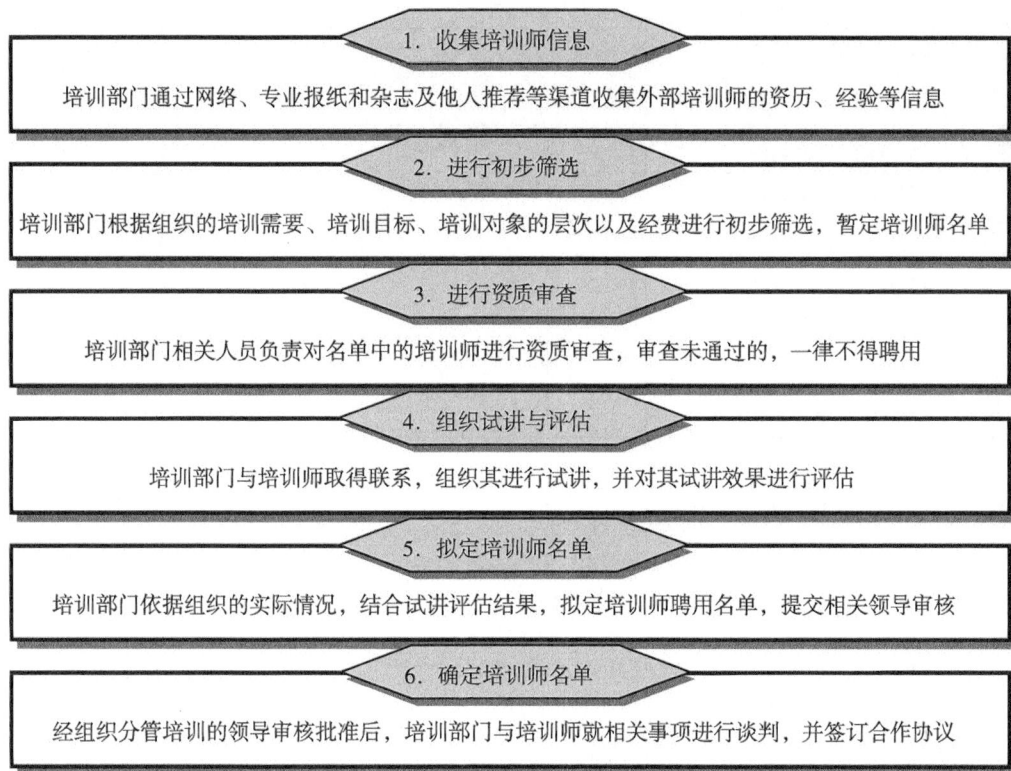

1. 收集培训师信息
培训部门通过网络、专业报纸和杂志及他人推荐等渠道收集外部培训师的资历、经验等信息

2. 进行初步筛选
培训部门根据组织的培训需要、培训目标、培训对象的层次以及经费进行初步筛选，暂定培训师名单

3. 进行资质审查
培训部门相关人员负责对名单中的培训师进行资质审查，审查未通过的，一律不得聘用

4. 组织试讲与评估
培训部门与培训师取得联系，组织其进行试讲，并对其试讲效果进行评估

5. 拟定培训师名单
培训部门依据组织的实际情况，结合试讲评估结果，拟定培训师聘用名单，提交相关领导审核

6. 确定培训师名单
经组织分管培训的领导审核批准后，培训部门与培训师就相关事项进行谈判，并签订合作协议

图 8-6　培训师内部决策流程

图 8-6 步骤 4 中所用到的试讲评估表如表 8-3 所示。

表 8-3　试讲评估表

培训师姓名		试讲课程			
评估项目		非常满意	满意	一般	较差
关于课程	课程目标的明确性				
	内容编排的合理性				
	课程内容的适用性				
	课程的趣味性				
	互动性				

（续表）

关 于 讲 师	对课程内容的理解	
	对学员学习兴趣的激发	
	鼓励学员参与的程度	
	对学员提问所做出的指导	
	把握课程进度的能力	
	课件内容的丰富性	
本次培训中您认为优秀的地方		
您认为课程获奖时最应改进的地方		
其他建议		
培训综合评价		
整体评价（满分100分）		

8.2.4 访谈试讲制度

1. 访谈试讲制度规范的内容

访谈试讲制度是为了规范培训部门在组织访谈和试讲工作中的相关事宜，以确保选择优秀的培训师。访谈试讲制度规范的内容如图8-7所示。

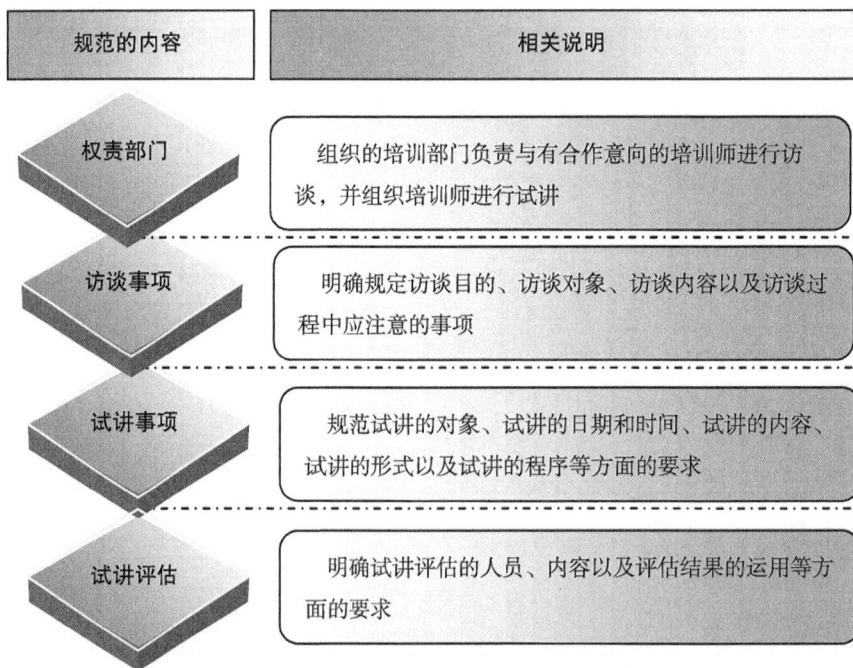

规范的内容	相关说明
权责部门	组织的培训部门负责与有合作意向的培训师进行访谈，并组织培训师进行试讲
访谈事项	明确规定访谈目的、访谈对象、访谈内容以及访谈过程中应注意的事项
试讲事项	规范试讲的对象、试讲的日期和时间、试讲的内容、试讲的形式以及试讲的程序等方面的要求
试讲评估	明确试讲评估的人员、内容以及评估结果的运用等方面的要求

图 8-7 访谈试讲制度应规范的内容

2. 访谈试讲制度范例

制度名称	××公司访谈试讲制度		受控状态	
			编 号	
执行部门		监督部门	考证部门	

第1章 总则

第1条 目的

为确保培训师的培训质量，规范培训师的访谈试讲工作，特制定本制度。

第2条 权责部门

公司培训部门全权负责培训师的访谈试讲工作。

第2章 访谈规定

第3条 访谈目的

了解培训师的个人形象、职业素养，以及基本沟通表达能力。

第4条 访谈对象

培训部门经过初步筛选，选出有合作意向的培训师。

第5条 访谈内容

访谈人员可以参照访谈表中的内容进行提问，了解培训师的口语表达是否清晰、流利，逻辑思维能力，以及其真实的授课水平。访谈内容如下所示。

1. 培训师擅长的专业领域。

2. 培训师的工作经历和实战经验。

3. 培训师目前讲授的培训课程。

4. 培训师以往服务过的公司。

5. 就培训师的课程大纲中的某个问题进行提问，判断培训师的反应以及他对课件的熟悉程度。

第6条 访谈人员在访谈过程中应详细记录访谈内容，并将访谈内容和相关培训师资料整理归档。

第3章 试讲规定

第7条 试讲目的

评估候选培训师授课水平，判断其能否胜任将承担的培训课程。

第8条 试讲对象

1. 入选候选名单的培训师。

2. 他人推荐的培训师。

3. 其他需试讲的人员。

第9条 听课人员

培训部门相关人员、受训部门负责人、部分受训学员以及公司相关领导。

第10条 试讲日期和时间

1. 培训部门统一安排试讲日期后，通知各候选培训师。

2. 试讲时间一般为50分钟。

（续）

第11条　试讲内容	

第11条　试讲内容

所要讲授课程中的部分内容。

第12条　试讲方式

1. 培训师依据所要讲授的课程内容，自行选择试讲方式。

2. 试讲方式不得少于三种，且试讲方式中至少包括案例分析、角色扮演、游戏中的一种。

第13条　试讲程序

1. 培训部门设专人负责与试讲人员取得联系，并通知其试讲时间和地点。

2. 培训部门负责组织成立试讲评估小组，并邀请相关专家和受训部门负责人、公司领导等参与。

3. 培训部门提前安排好授课场地，并准备好相关授课设施。

4. 培训师进行试讲，评估小组进行评估。

第14条　试讲评估

评估小组一般可参照五点要求进行评估。

1. 课件制作得当，授课内容安排紧密，讲课时间分配合理。

2. 授课目标明确，重点突出，难点讲解透彻。

3. 基本概念表达准确，讲课条理清楚。

4. 授课方法运用恰当，能够理论联系实际，案例生动贴切。

5. 语言流畅，语速适中，课程生动形象，有吸引力。

6. 现场掌控能力以及突发事件的处理，比如面对学员提出的刁钻问题的反应能力等。

第15条　培训部门将与试讲评估结果为优秀的培训师签订合作协议，将其纳入公司的培训师档案，并与授课成功的培训师签订长期合作合同。

第4章　附则

第16条　本制度由公司总部培训部制定，其修改、解释权归培训部所有。

第17条　本制度自总经理签发之日起实施。

编制日期		审核日期		批准日期	
修改标记		修改处数		修改日期	

8.2.5　培训效果评估记录

培训效果评估记录是是否与培训师签订长期合作合同，并将其纳入组织的供应商档案的有效参考之一。"培训师培训效果评估记录样表"如表8-4所示。

表 8-4　培训师培训效果评估记录表

序号	培训课程	培训效果评估记录							
		评估项目							综合评价
		课前准备	授课进度	授课技巧	教具运用	内容实用性	问题解答	学习收获	
1									
2									
3									
...									

培训师姓名 _____ 性别 _____ 培训时间 _____

8.3　课程整体采购决策

8.3.1　课程选择标准

组织的培训部门在选择培训课程时，可以参照图 8-8 中的五个标准。

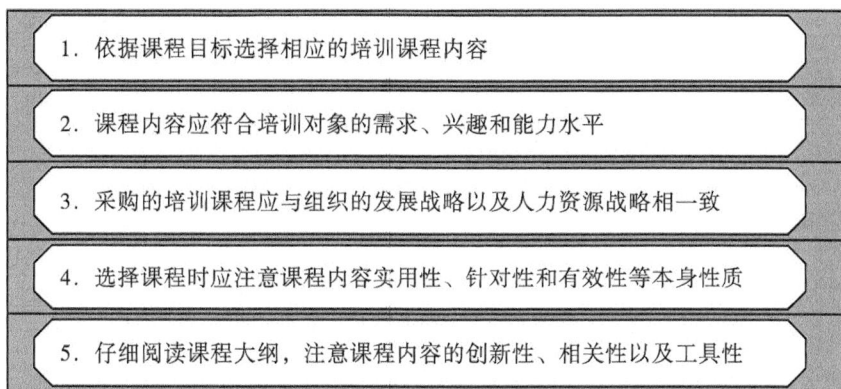

1. 依据课程目标选择相应的培训课程内容

2. 课程内容应符合培训对象的需求、兴趣和能力水平

3. 采购的培训课程应与组织的发展战略以及人力资源战略相一致

4. 选择课程时应注意课程内容实用性、针对性和有效性等本身性质

5. 仔细阅读课程大纲，注意课程内容的创新性、相关性以及工具性

图 8-8　培训课程选择的五个标准

图 8-8 的第五个标准中提到的，课程大纲中体现的新意性、相关性和工具等三要素的详细介绍如表 8-5 所示。

表 8-5　课程大纲标准的详细介绍

课程大纲体现的三要素	相关介绍
新意性	新意性是指课程大纲中有没有新的观点、新的培训方式以及新的案例，这种新是相对的，是针对培训对象而言的，而非整个培训市场
相关性	相关性是指授课采用的案例或游戏与培训对象有没有切身关系，尤其是采用的案例是否与本行业甚至组织本身有关，若课程大纲中没有，组织甚至可以向课程提供商提供相关的数据和案例等
工具性	工具性是指任何理论和经验都可以转化成可操作的流程、制度和表单等工具，通过此要素，可以判断课程是否是拼凑而成的，因为经过精心设计的课程能体现出一定的操作流程和实用表单等工具

8.3.2　内部决策流程

课程整体采购的内部决策流程如图 8-9 所示。

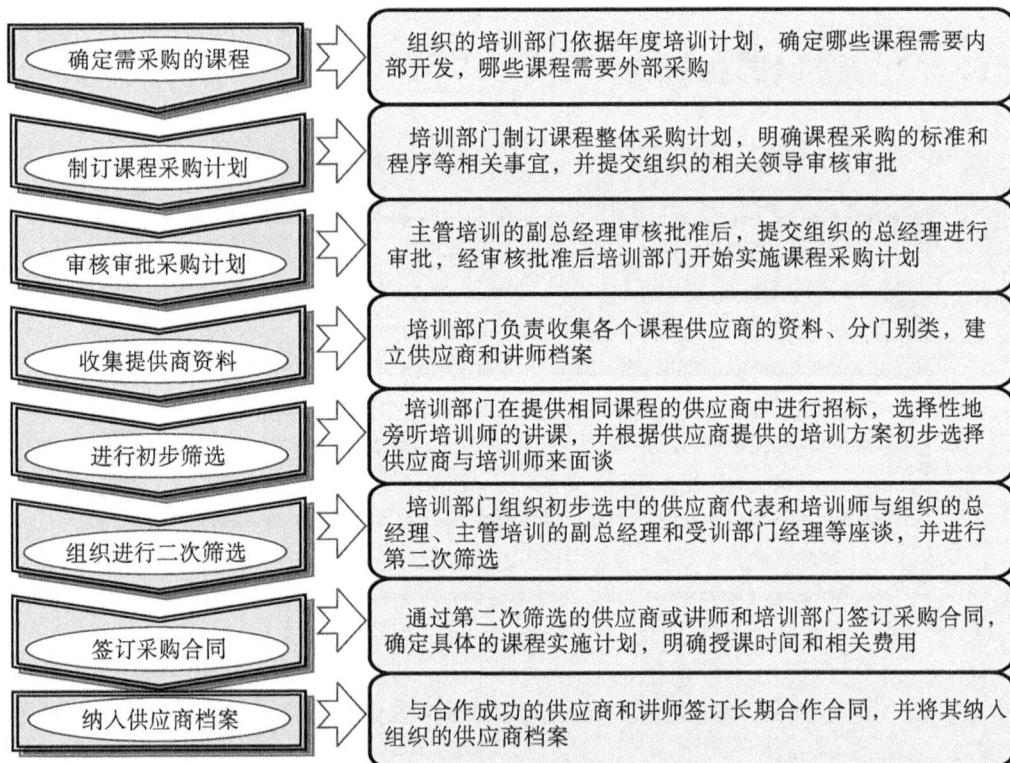

流程步骤	说明
确定需采购的课程	组织的培训部门依据年度培训计划，确定哪些课程需要内部开发，哪些课程需要外部采购
制订课程采购计划	培训部门制订课程整体采购计划，明确课程采购的标准和程序等相关事宜，并提交组织的相关领导审核审批
审核审批采购计划	主管培训的副总经理审核批准后，提交组织的总经理进行审批，经审核批准后培训部门开始实施课程采购计划
收集提供商资料	培训部门负责收集各个课程供应商的资料、分门别类，建立供应商和讲师档案
进行初步筛选	培训部门在提供相同课程的供应商中进行招标，选择性地旁听培训师的讲课，并根据供应商提供的培训方案初步选择供应商与培训师来面谈
组织进行二次筛选	培训部门组织初步选中的供应商代表和培训师与组织的总经理、主管培训的副总经理和受训部门经理等座谈，并进行第二次筛选
签订采购合同	通过第二次筛选的供应商或讲师和培训部门签订采购合同，确定具体的课程实施计划，明确授课时间和相关费用
纳入供应商档案	与合作成功的供应商和讲师签订长期合作合同，并将其纳入组织的供应商档案

图 8-9　课程整体采购内部决策流程

8.3.3 采购招标制度

1. 采购招标制度规范的内容

采购培训招标制度是对招标采购课程的工作如何进行规范化运作的规定，以保证采购招标的公正性和公平性。采购招标制度规范的内容如图8-10所示。

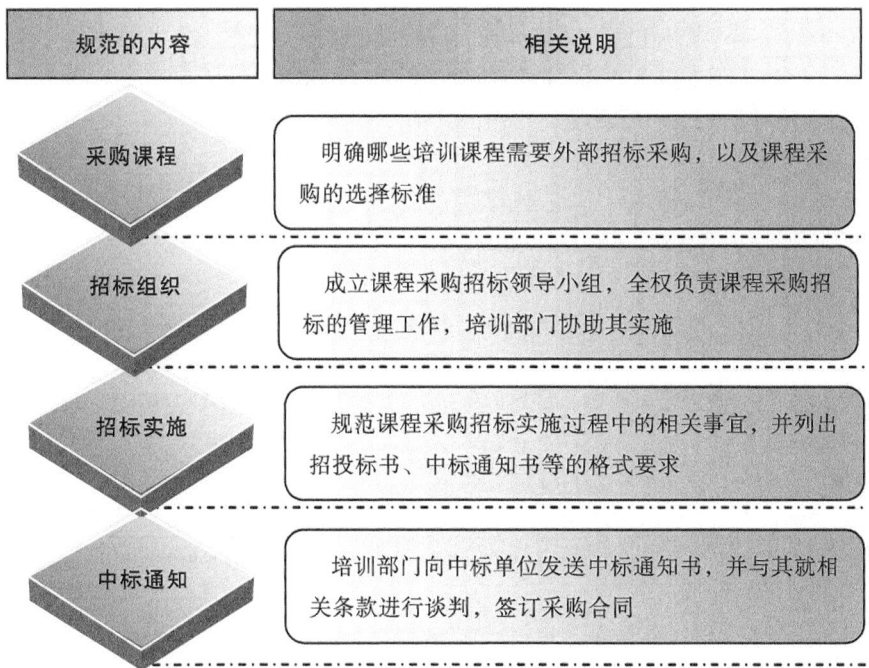

规范的内容	相关说明
采购课程	明确哪些培训课程需要外部招标采购，以及课程采购的选择标准
招标组织	成立课程采购招标领导小组，全权负责课程采购招标的管理工作，培训部门协助其实施
招标实施	规范课程采购招标实施过程中的相关事宜，并列出招投标书、中标通知书等的格式要求
中标通知	培训部门向中标单位发送中标通知书，并与其就相关条款进行谈判，签订采购合同

图8-10 采购招标制度规范的内容

2. 采购招标制度范例

制度名称	××公司课程采购招标制度		受控状态	
			编 号	
执行部门		监督部门	考证部门	

第1章 总则

第1条 为了加强公司财务支出管理，提高培训资金使用效益，进一步搞好公司培训，提高培训效果，特制定本制度。

第2条 本制度所称采购招标，是指培训部门在公司开展各部门培训活动的过程中，进行外部课

（续）

程采购时，应实行招投标制。

第3条　公司采购招标领导小组负责公司课程采购工作的管理、监督和指导。公司培训部负责协助采购招标领导小组开展课程的采购招标工作。

第4条　公司采购招标工作应遵循公开、公平、公正和效率优先的原则。

第2章　采购招标组织与方式

第5条　经公司总经理授权，公司设采购招标领导小组，负责公司各项外部课程采购工作。

第6条　人力资源总监任采购招标领导小组组长，成员由培训部、财务部、人力资源部、其他相关部门以及培训领域的专家组成。

第7条　采购招标领导小组总人数应为不少于5人的单数。

第8条　公司外部采购招标课程，原则上一律采用公开招标的方式。

第9条　对不宜公开招标的采购项目可采用邀请招标的方式采购。

1. 通过公开招标而无合格标的的。

2. 需要专门机构进行研发的。

3. 通过公开招标而无供应商投标，或只能从某一供应商处采购的。

4. 其他不宜公开招标的课程。

第3章　采购招标实施

第10条　公司培训部应提供至少4家供应商的联系方式，并提供其相关信息，如价格、课程大纲、授课质量和培训后期跟踪服务等，由采购领导小组择优选择。"竞标课程报价单"如下表所示。

竞标课程报价单

填报时间：

供应商	价格	课程内容	培训讲师	授课方式	后期跟踪服务	联系方式
受训部门意见						
采购招标领导小组意见						
公司总经理意见						

第11条　采购招标领导小组一经成立，应编发招标文件。招标文件一般包括以下内容。

1. 招标综合说明、投标须知、投标承诺函。

2. 投标报价表、授课时间和地点、付款方式、资格证明文件及相关材料。

3. 投标文件的递交时间、地点以及期限，评标、定标办法以及投标文件格式。

第12条　投标单位按照招标文件规定的内容和要求编制投标书，并按照招标文件规定的时间、地点，将密封的投标书送达采购招标领导小组。投标书的格式如下表所示。

（续）

投标书样表

致公司采购招标领导小组：

贵公司年度课程采购招标项目（招标编号：＿＿＿＿＿），签字代表＿＿＿＿经正式授权并代表投标人＿＿＿＿提交下述文件：

1. 投标书一览表；

2. 投标课程报价表；

3. 培训后期跟踪辅导计划；

4. 相关授课资料和课程大纲；

5. 资格声明。

在此，签字代表宣布同意以下条款：

1. 投标人将履行合同规定的责任和义务；

2. 本投标有效期为自开标之日起90天；

3. 投标人已详细审查全部招标文件，包括修改文件（如需修改）以及全部参考资料和有关附件。我们完全理解并同意放弃对这方面有不明及误解的权利。

4. 投标人同意提供按照贵公司可能要求的与其投标有关的一切数据或资料。

5. 与本投标有关的一切正式往来通信请寄：

地址：＿＿＿＿＿＿＿＿＿＿＿邮编：＿＿＿＿＿＿＿＿＿＿＿

电话：＿＿＿＿＿＿＿＿＿＿＿传真：＿＿＿＿＿＿＿＿＿＿＿

投标人代表签字：＿＿＿＿＿＿＿＿＿＿＿

投标人名称：＿＿＿＿＿＿＿＿＿＿＿（盖公章）

日期：＿＿＿年＿＿＿月＿＿＿日

投标课程报价表样例

序号	课程名称	课时	讲师	授课方式	授课地点	费用	备注

第13条 开标应当按照招标文件规定的时间、地点公开进行，开标前，投标书不得启封。有下列情况之一的，投标书无效。

1. 投标书未密封。

2. 投标书未按照招标文件规定的内容和要求编制。

3. 投标书未加盖单位公章或者法定代表人印章。

4. 投标书逾期送交。

（续）

---

5. 其他无效的情况。

第14条 评标工作由采购招标领导小组负责。小组依据招标文件的要求、标底，招标书提出的质量、价格、期限、服务等条件，以及投标单位的资质和信誉等综合因素，投票择优确定中标单位。凡与投标单位有直接或间接经济关系的部门和个人不得参与评标工作。

第15条 在定标后向中标单位发出中标通知书，并向未中标单位发出未中标通知书。

第16条 中标单位在接到中标通知书之日起1个月内，应按投标书的内容与中标单位签订合同，合同中应规定仲裁条款或者处理纠纷的其他方式。合同签订后交人力资源部备案。

第17条 合同执行完毕，财务部门应会同培训部门和受训部门按照合同约定内容对中标单位提供的课程进行验收，经验收合格后方可付款。

第18条 任何组织和个人均有权对采购招标过程中的违法行为进行控告和检举。

第4章　法律责任

第19条 在招标过程中，投标单位有不如实填写投标申请书，隐瞒企业资质情况，以及"转包"、"分包"和借用其他企业资质等弄虚作假行为的，应责令其退出投标，并取消其投标资格。

第20条 在招标过程中，投标单位有互相串通、哄抬标价、扰乱投标秩序的，应取消其投标资格。

第21条 采购招标领导小组在公开采购工作中玩忽职守、滥用职权、徇私舞弊、收受贿赂的，应给予开除处理；构成犯罪的，依法交司法机关追究其刑事责任。

第5章　附则

第22条 对于公司的临时或紧急课程采购，经总经理同意后，可不经过采购招标程序。

第23条 本制度的解释权归公司总经理办公室。

第24条 本制度经公司总经理批准，自颁布之日起执行，凡与本制度相违背的规定同时废止。

编制日期		审核日期		批准日期	
修改标记		修改处数		修改日期	

8.3.4　课程运营评估

1. 课程运营评估内容

课程运营是整个培训工作流程中重要的一环，直接影响到培训课程效果，因此，在课程整体采购过程中，课程运营评估结果也是影响采购决策的一个重要因素。课程运营评估内容如图8-11所示。

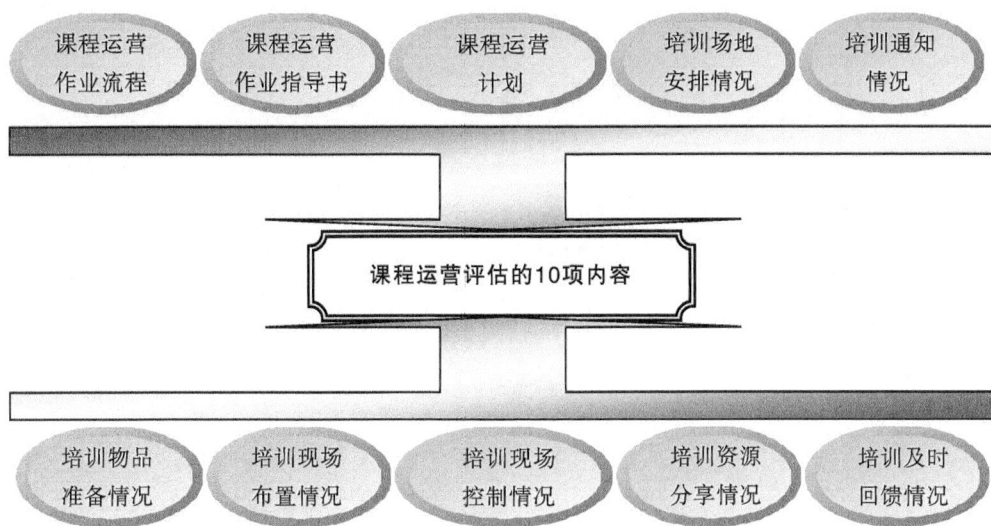

图 8-11　课程运营评估内容

2. 课程运营评估工具

培训部门人员在评估课程运营情况时，可以参照表 8-6 所示的"培训课程运营评估表"。

表 8-6　培训课程运营评估表

评估项目	详细内容	结束日期	负责人	协调人	评估结果	备注
讲师联系	确定讲师人选，制作授课委任书，发放聘用书					
场地确认	选定培训场地					
制作教材	制定学员用书，教材入库					
制作运营	培训进行的详细步骤和内容					
制作问卷	评价学员反映的情况					
培训必需品的准备情况	教学用具，布置培训教室，号牌分组表准备，课程表与分组表准备					
培训场地位置安排	桌椅摆放、视听器材性能、卫生环境是否舒适					
茶点情况	供应是否及时，品种是否齐全					

8.4 课程委托开发决策

8.4.1 开发单位选择标准

组织的培训部门在选择课程开发单位时，应参照以下 10 个标准，具体内容如图 8-12 所示。

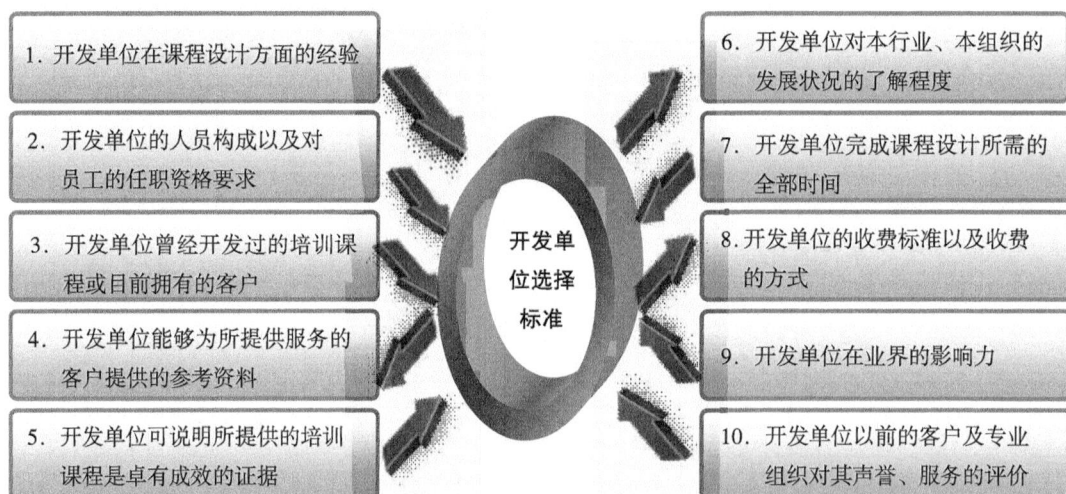

图 8-12　开发单位选择的 10 个标准

8.4.2 内部决策流程

组织的部分特制课程需要委托外部单位进行开发，课程委托开发的程序比较繁琐，因此，课程委托开发的内部决策包括从开发单位的选择到课程验收的整体过程的决策。内部决策流程如图 8-13 所示。

确定委托开发的课程	培训部门依据年度培训计划，参照组织内部已有的课程，确定需要委托外部单位进行课程开发的名称，并制定开发课程表
选择委托开发单位	培训部门负责选择课程委托开发单位；对于重要或经典的课程，需要采用外部招标的形式选择开发单位
审核审批开发单位	组织的相关领导审核审批培训部门提交的课程开发单位名单，选定课程开发单位，并签订课程委托开发合同
进行课程研发	培训部门应指定专人负责与课程开发单位联系，督促其进行课程开发，并提供相关的资料支持
进行课程质量评估	成立课程质量评估小组，全面负责课程质量的评估与验收工作；成员由培训部门、受训部门、相关领导及外部专家等构成
课程质量改进	课程质量评估小组负责对课程质量提出有建设性的意见，退回开发单位进行调整或修改
纳入课程体系	培训部门将验收合格的课程纳入到课程体系中，并组织相关人员进行课程培训，以验证课程

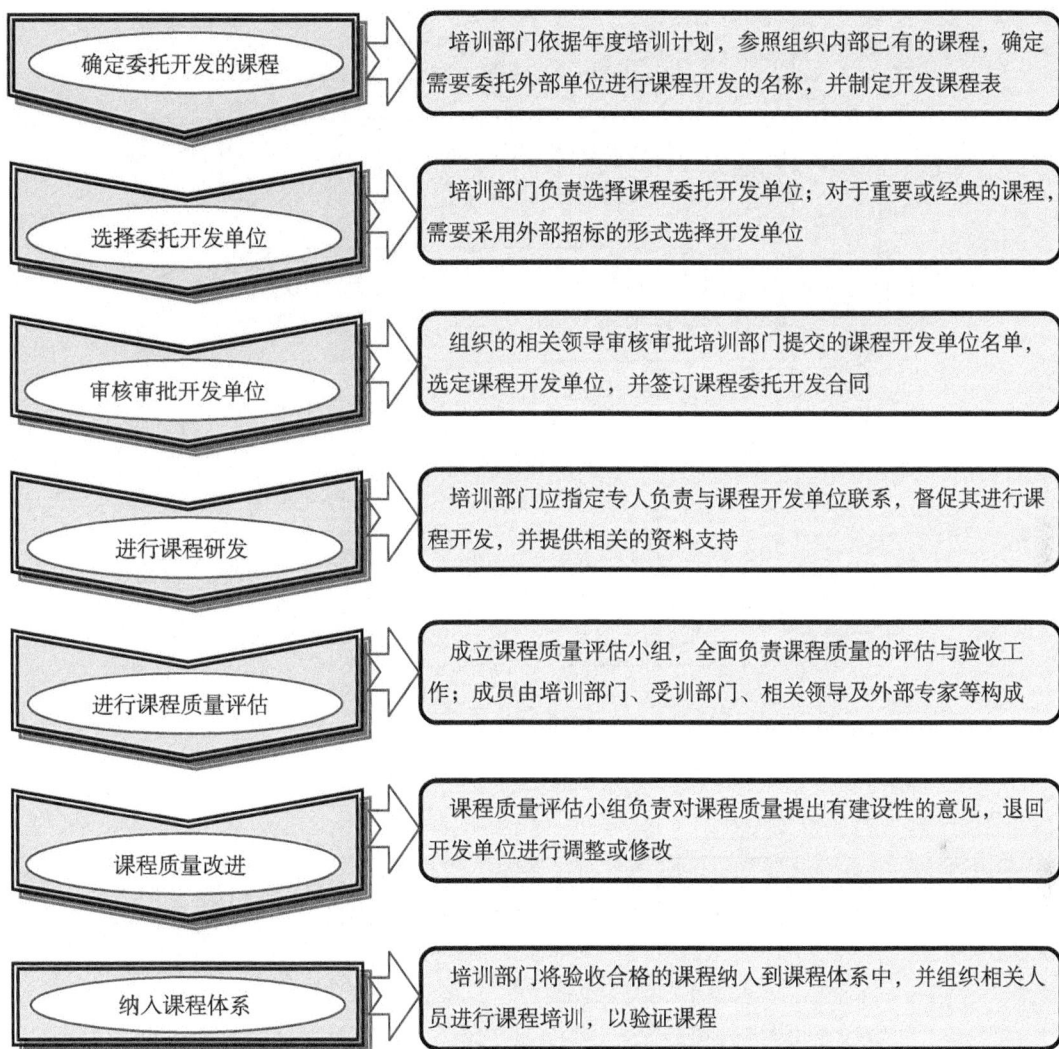

图8-13 课程委托开发的内部决策流程

8.4.3 开发招标制度

1. 开发招标制度规范的内容

课程开发招标制度规范了课程委托开发的范围、权责部门以及招标的程序等内容，具体内容如图8-14所示。

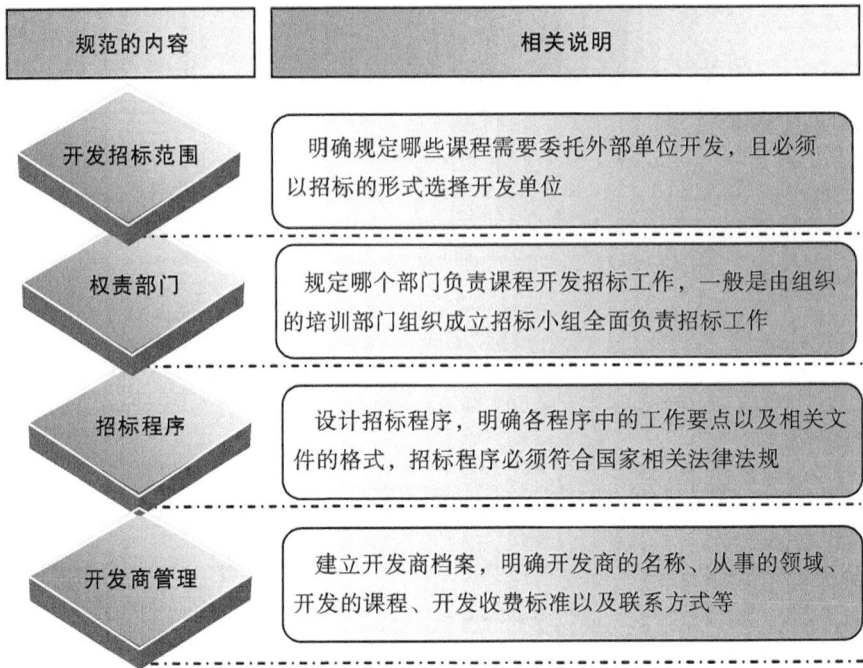

图 8-14 开发招标制度应规范的内容

2. 开发招标制度的范例

制度名称	××公司课程开发招标制度		受控状态	
			编　号	
执行部门		监督部门	考证部门	

第 1 条　为规范公司课程开发招标工作，提高课程的质量，特制定本制度。

第 2 条　凡需要委托开发的课程，均须采用招标形式选择开发商。

第 3 条　公司培训总监负责组织成立招标小组，全权负责课程开发的招标工作。培训总监任小组组长，成员由培训部经理、培训主管、受训部门经理、公司相关领导、外部相关专家等组成。

第 4 条　公司开发招标工作应遵循公开、公平、公正和效率优先的原则。

第 5 条　编制招标文件

1. 投标者的资格。在培训领域有较高的影响力，具有优秀的课程开发队伍，具有较高的声誉，接受过的客户和专业机构给予了较高的评价。

2. 凡需对投标者进行资格预审时，须规定对投标人进行资格预审的程序和标准。投标者应提交资格预审的相关文件和资料。

3. 明确投标截止日期、投标方法与投标地点。

4. 招标有效期及投标者应交纳投标保证金或其他类似保证。

5. 对特殊投标者给予的优惠。

（续）

6. 规定开标日期、方法和地点。

第6条　发布招标公告

1. 在普遍发行的、具有权威性的报纸、刊物上刊登招标公告。

2. 直接向特定的课程开发商、承包商和培训公司通报。

3. 招标公告的内容主要包括对招标的具体说明，投标者的资格，投标截止日期，投标有效期，投标方法、日期和地点，开标方式、日期和地点等。

第7条　进行资格审核

招标小组收取投标书并对投标者进行资格审查。通过审查的投标者均可按规定购买或领取招标文件，参加投标竞争。资格审查的内容主要包括以下四个方面。

1. 投标者的注册证书以及有关企业级别。

2. 投标者的简历。

3. 投标者的实力和课程开发能力。

4. 投标者的资金、设备、人员和其他资源状况。

第8条　开标

1. 招标小组根据招标文件中规定的方法、日期，在指定地点开封投标文件。

2. 在第一个投标开标以后，任何投标者都不得要求更改其投标内容。

3. 开标日期在投标截止日期后的两日内，可以采用公开开标和秘密开标方式中的一种。

第9条　评标

1. 招标小组根据招标文件规定的条款与条件，从课程开发技术、开发思路、开发方案、开发时间、标价以及其他交易条件上进行比较和评价。

2. 评标过程必须是保密的，评标人员必须遵守评标纪律和有关规定，要坚持评标工作的准确性、公正性和保密性。

3. 凡有关投标审查、评定和有关评标建议等情况，均不得泄露给其他人。

4. 评标者依据下表中的评估指标可以对投标者进行针对性提问，并给予相应的评分。

评标指标一览表

评标维度	权重	评标指标	评分
基本部分	10%	标书的完整性	
		投标者的企业规模	
		投标者成功案例	
		投标者的声誉和信誉	
服务部分	15%	服务保障体系	
		项目团队素质	
		项目承接速度	
		后期跟踪服务	

（续）

（续表）

评标维度	权重	评标指标	评分
技术部分	55%	课程内容设计	
		课程美术设计	
		课程技术标准	
		课程项目管理	
		课程其他方面	
价格部分	20%	课程收费标准	

说明：评标采用百分制形式。

第10条　评标过程中只有出现下列情况之一，才可以否决全部投标。

1. 最低的投标报价大大超过市场上的平均价格。

2. 全部投标与招标文件的规定与要求不符。

3. 只有个别投标者进行投标，缺乏竞争性。

第11条　招标小组经过评价确定投标者，发出中标通知书。同时，对未中标的投标者及时发出通知，退回保证金，收回招标文件和资料。

第12条　培训总监负责与中标者进行谈判，就相关条款进行协商并签订合作合同。合同主要包括以下内容。

1. 具有法人资格的双方。

2. 标的。

3. 数量和质量。

4. 价款或酬金。

5. 履行的限期、地点和方式。

6. 违约法则。

7. 其他相关事宜。

第13条　课程开发合作合同以及招标过程中出现的所有文件均应交到人力资源部归档、保存。

第14条　培训部负责建立开发商档案，登记开发商的名称、开发课程类别、开发商标价、联系方式等相关资料。

第15条　本制度的解释权归公司总经理办公室。

第16条　本制度经公司总经理批准后，自颁布之日起执行，凡与本制度相违背的规定同时废止。

编制日期		审核日期		批准日期	
修改标记		修改处数		修改日期	

8.4.4 课程质量评估

1. 成立课程质量评估专家组

（1）评估专家组的构成

课程质量评估专家组是对委托开发课程质量进行验收评估的专家组织。专家组应按课程分别组织，其成员由培训部门聘请具有大量实战经验、丰富授课经验的内外部专家和组织内有关部门的领导组成。专家组成员一般在 10 人左右。

（2）评估专家组的工作目的

通过专家组的测评，可以科学、客观地评价课程质量的实际水平，实事求是地分析课程质量方面存在的实际问题，提出改进意见。

（3）专家组成员的基本要求

①工作要严肃认真、一丝不苟，坚持实事求是、秉公办事。

②按时参加评议活动，完成课程质量检查任务，对自己所负责的检查项目要提出自己的看法，并提交书面材料。

③因故不能参加测评活动时，必须事先向专家组组长请假。

2. 课程质量评估工作程序

评估专家组在进行课程质量评估时可以参照的工作程序如图 8-15 所示。

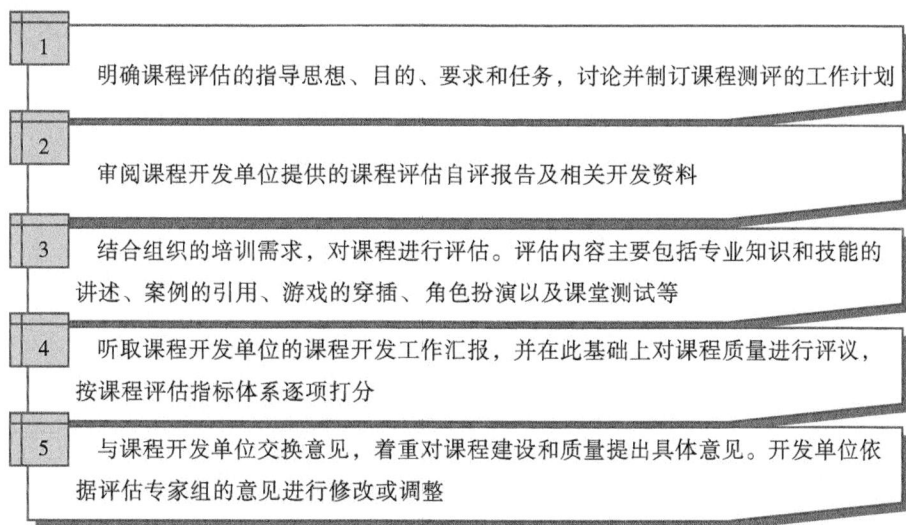

1	明确课程评估的指导思想、目的、要求和任务，讨论并制订课程测评的工作计划
2	审阅课程开发单位提供的课程评估自评报告及相关开发资料
3	结合组织的培训需求，对课程进行评估。评估内容主要包括专业知识和技能的讲述、案例的引用、游戏的穿插、角色扮演以及课堂测试等
4	听取课程开发单位的课程开发工作汇报，并在此基础上对课程质量进行评议，按课程评估指标体系逐项打分
5	与课程开发单位交换意见，着重对课程建设和质量提出具体意见。开发单位依据评估专家组的意见进行修改或调整

图 8-15　课程质量评估工作程序

3. 课程质量评估工具

（1）课程质量评估表

表8-7为"课程质量评估表"样例，供读者参考。

表8-7　课程质量评估表

课程名称		开发费用			开发单位		联系方式	
评估项目	评估方法					得分	备注	
	非常好	好	较好	一般	较差			
课程内容框架								
符合实际需求								
涵盖知识点								
传授技能								
授课方法								
选用案例								
互动环节								
课程时间								
课堂测试								
课程评估								

说明：采用百分制，每项分值为10分。评分标准：非常好（9~10分）；好（8~9分）；较好（7~8分）；一般（5~6）分；较差（0~5分）。

（2）课程质量改进分析表

表8-8为"课程质量改进分析表"样例，供读者参考。

表8-8　课程质量改进分析表

课程名称				开发单位	
课程改进要点	课程改进类型			课程改进原因分析	课程改进方法建议
	课程内容	内容编排	授课方法		

8.4.5 开发决策工具

1. 课程委托开发申报表

表8-9为"课程委托开发申报表"样例，供读者参考

表8-9 课程委托开发申报表

课程类别		申报人员		申报部门	
课程名称					
课程目标					
受训对象					
课程模块及安排					
开课条件					
培训效果评估					
培训部门审核意见				签名：　　　　　日期：	
总经理审核意见				签名：　　　　　日期：	

2. 课程委托开发合同

课程委托开发合同

课程名称：＿＿＿＿＿＿＿＿＿＿＿＿＿＿＿＿

委托方（甲方）：＿＿＿＿＿＿＿＿＿＿＿

开发方（乙方）：＿＿＿＿＿＿＿＿＿＿＿

甲方委托乙方研究开发＿＿＿＿＿＿＿＿＿＿课程，根据我国有关法律法规，甲方有权委托，乙方有权承担上述研究开发任务。双方根据《中华人民共和国合同法》及相关规定，经协商，一致同意签订本合同，以便共同遵守。

一、课程开发的主要内容

＿＿＿＿＿＿＿＿＿＿＿＿＿＿＿＿＿＿＿＿＿＿＿＿＿＿＿＿＿＿＿＿＿＿＿

二、课程开发所采用的案例、游戏、故事和相关技能

三、计划进度（分阶段开发的主要内容，达到的目标和完成时间）

四、课程开发项目的参加部门及人员

五、所需的主要资料、物质条件

六、经费概算以及分期付款计划

七、委托方的义务

1. 按照合同约定的方式和期限向研究开发方支付开发经费和报酬，并在合同订立之后到完成研究开发任务之前，采取分期分批的方式支付。

2. 按照合同要求提供培训需求资料、受训学员的基本情况等与完成课程开发有关的资料。

3. 按期接受研究开发成果，如逾期接受或拒绝接受相关成果，责任由委托方承担。

八、开发方的义务

1. 按照合同的规定制订和实施课程开发计划，按期完成各阶段的开发工作，取得研究成果。

2. 合理使用研究开发经费，接受委托方的财务检查和监督。

3. 提供与课程开发有关的资料，并为委托方提供必要的授课指导。

4. 必须亲自履行开发工作，不得转包。

5. 按照委托方的要求，承担保密义务。

九、违约责任

1. 在委托开发合同中，如因委托方违反合同的约定而造成研究开发工作停滞、延误或失败的，委托方应向研究开发方支付违约金或赔偿对方的损失。

2. 因研究开发方违反合同的约定而造成研究开发工作停滞、延误或失败的，研究开发方应当向委托方支付违约金或赔偿对方损失。

3. 若研究工作尚未失败，研究开发方应当采取补救措施继续履行合同；如无法补救，研究开发方应当返还全部或部分研究开发经费和报酬。

十、其他

1. 合同各方需对本课程的一切资料负有保密责任。

2. 合同如有未尽事宜或需修改某项条款，须经双方共同协商，做出补充或修改，任何一方均不得擅自修改合同。

3. 本合同执行过程中如发生争议，应首先进行协调，协调不成，提交合同管理机关仲裁或法院裁决。

本合同正本一式两份，甲、乙双方各执一份。乙方就本课程与其他单位所签订的协议，须向甲方交送一份副本留存。

委托方：_____（公章）　　　　开发方：_____（公章）

代表人：_____　　　　　　　　代表人：_____

联系方式：_____　　　　　　　联系方式：_____

编制人员		审核人员		批准人员	
编制日期		审核日期		批准日期	

第 9 章

培训辅助支持体系

9.1 政策支持体系

9.1.1 培训政策的制定

1. 培训政策制定目的

培训政策为组织培训构建了完整并有权威的指导性框架，以规范化、系统化的方式来保证培训沿着正确的方向，深入、持续地发展下去，从而保证培训能够发挥最大作用。

培训政策的制定目的是为组织培训工作的顺利开展提供一个方向，为使培训者和受训者双方满意而提供前期的准备。它适用于整个培训过程中的任何一个环节，当然，组织也必须根据内外部的实际情况变化做出适当的调整，以适应变化了的客观环境并取得预期的效果。

2. 培训政策制定原则

培训政策在组织中起着承上启下的作用，它根据组织的培训战略制定，又为制定培训体系提供参考。因此，组织在制定培训政策时应注意遵守以下六项原则，具体如图 9-1 所示。

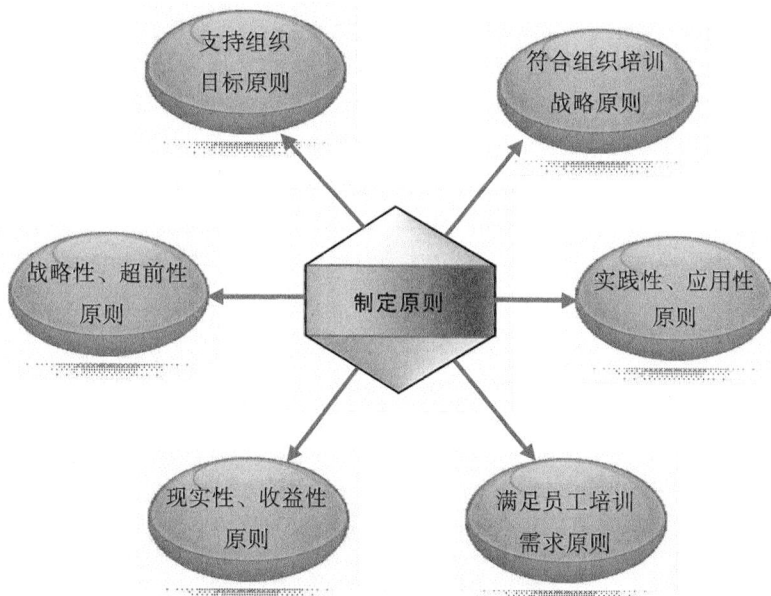

图9-1 培训政策制定的六项原则

3. 培训政策制定步骤

制定培训政策必须遵循一个规范的步骤，否则，制定的培训政策不是不能执行，就是政策不够全面，最终会影响培训的效果。培训政策不健全可能会导致以下六个问题，具体如图9-2所示。

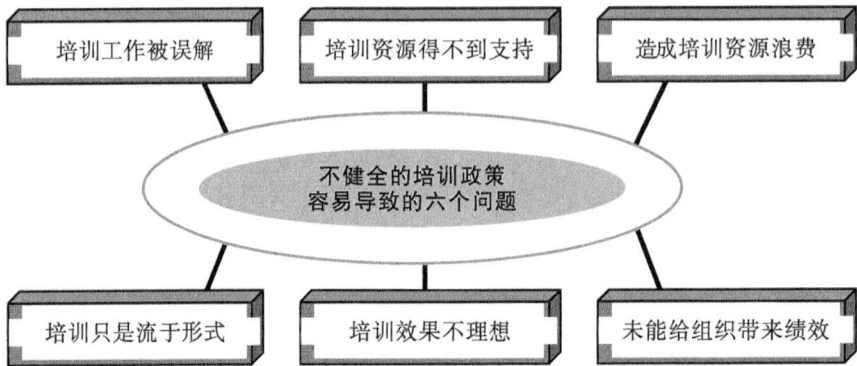

图9-2 不健全的培训政策容易导致的六个问题

因此，为制定具有指导意义、健全的培训政策，一定要从组织的实际情况出发，并参照如图9-3所示的制定步骤推进。

步骤	说明
进行前期分析	组织在制定培训政策之前，应首先进行培训资源和培训战略分析，明确组织的培训方向以及目前可以利用的培训资源
起草培训政策	组织的培训部门负责起草培训政策，培训部门依据分析的结果初步拟定培训政策，提交组织相关人员讨论
讨论培训政策	组织的相关领导就培训政策的可行性、实用性和健全性等进行讨论，并提出建设性的意见
修订培训政策	培训部门依据领导提出的意见，调整、完善培训政策后，提交组织的相关领导审核审批
确定培训政策	修订后的培训政策经组织领导审核批准后严格执行

图9-3 培训政策的制定步骤

4. 培训政策内容

培训政策虽因不同的组织而有所区别，但一般来说，培训政策都会包括以下三方面的内容，具体如图9-4所示。

内容模块	具体内容
组织在人力发展和培训方面的规划	1. 组织在人力发展和培训方面的原则、立场 2. 组织在人力发展和培训方面的执行框架
员工每人每年受训时间和培训费用预算	1. 明确每人每年培训的最高资助费用 2. 规定每人每年不少于若干小时的培训 3. 按不同职能或层级划分不同的培训时间段 4. 每年指定工资或销售额的百分比作为培训费用预算
组织的内部讲师来源及相关规定	1. 每一位主管或经理都有责任担任内部讲师 2. 指定担任的内部讲师授课时间每年不少于若干小时 3. 被邀请担任内部讲师的人员必须先参加内部讲师培训 4. 每年给予内部讲师一定的奖励，并作为绩效考核的一项指标

图9-4 培训政策的内容

9.1.2 培训政策的实施

1. 培训政策的执行

培训政策从根本上规定了组织在人力发展和培训方面的原则、立场和执行框架，从而把它确定为一种规范，用于指导培训工作的开展。在培训工作的流程中，培训政策的制定处于中间环节，起着承上启下的作用。培训工作的流程如图9-5所示。

图9-5　培训工作的流程

组织的培训战略是对工作所做出的全局性、根本性、方向性的规划和安排。具体包括员工培训的总体方向、对各种变动因素的评估、培训的基本方法、临时性措施的安排、对培训效果进行的评估以及必要时对培训方案的修改等内容。

从图9-5中可以看出，培训政策的执行主要体现在培训体系的制定上。培训体系是一整套有效运用各种培训方法和人力资源开发技术，帮助组织实现战略目标的运行机制和管理系统。主要包括培训管理体系、培训课程体系、行政支持体系、职业生涯管理体系、培训讲师队伍建设体系、组织发展体系等。

2. 培训政策的修订

在培训政策的执行过程中，应及时根据组织内部战略调整和外部市场环境的变化修订组织的培训政策。组织在修订培训政策时，可以借助"培训政策修订表"（如表9-1所示）。

表9-1　培训政策修订表

编号：　　　　　　　　　　　　　　　　　　　日期：　　　年　　　月　　　日

修订类型	□调整　　　□完善　　　□删除　　　□增加	
修订原因		
修订内容	修订前	修订后

修订人：　　　　　　　　　审核人：　　　　　　　　　审批人：

9.1.3 培训政策的示例

示例1：××联合航空运输公司的培训政策

一、员工培训与发展政策概要

1. 本公司是一家服务性组织。如何让客户满意、如何体现公司价值、如何确保公司事业成功，这些都取决于本公司成员能否高效地执行自己的职责。

2. 本公司追求"以人为本"，因此，本公司注重人力资源的开发。各级管理人员必须明白：对人力资源进行的关键投资就是足够的时间和金钱。

3. 本公司的每一位员工最终都应为自己的发展负责，保证在本公司的工作团队中持续提高自己。

4. 各级经理和监督人员都有责任为其下属的工作发展创造环境、提供条件和指明方向。

5. 每一位培训讲师和培训管理人员都有责任与经理和监督人员一起不断地创造条件和提供机会，以提升员工的技能、丰富他们的知识和改变他们的态度。

6. 本公司的工作开展必须灵活，以适应变化的需要，而能否灵活地开展工作则取决于能否对员工进行有效的培训。因此，公司政策中的重要一点就是聘请一批优秀的培训专家，以确保用最合适的方法高效地达成培训目标。

7. 培训经费的使用必须做到仔细规划、精确评价和合理预算。

二、公司相关规定

为使培训工作有效进行，公司做出如下规定。

1. 采纳一项整个组织都能理解的培训政策。

2. 选用熟悉培训方法、掌握培训技巧并能有效培训下属的经理和监督人。

3. 采用一种操作简单、能顺利达成培训目标的培训方式。

4. 设计一个所有员工都能理解的程序，这种程序应能就培训的所有费用做出预算、解释和报告。

5. 引进一种系统的方法，此种方法应能评估员工的工作能力，并能有效评估培训效果。

6. 营造一种组织气氛，它应能激发、鼓励各部门在执行培训计划中的合作行为。

7. 组建专业培训监督部门，负责定期审查培训人员的素质、技术和方法。

8. 采用的组织结构和工作程序应能保证各部门间有效地开展合作。

9. 推行一项评价和激励制度。该制度能吸引有能力的专家从事培训工作，并能鼓励他们不断地提高培训水平。

10. 制定一套能确保培训人员有效参与的培训规划方案。

编制人员		审核人员		批准人员	
编制日期		审核日期		批准日期	

9.2 制度支持体系

9.2.1 制度支持体系设计

组织要想彻底贯彻制定的培训政策，必须有一套制度支持体系作保障。把培训政策层层分解，落实到细处，就形成了相应的制度。基于培训政策的制度支持体系如图 9-6 所示。

图 9-6 培训制度支持体系

培训保障制度体系	培训管理制度体系	培训评估制度体系	培训档案制度体系
1. 岗前培训制度	1. 培训人员管理制度	1. 培训考核制度	1. 培训部工作档案制度
2. 培训奖惩制度	2. 培训计划管理制度	2. 培训奖惩制度	2. 受训者培训档案制度
3. 员工参与培训制度	3. 培训实施管理制度	3. 培训跟踪辅导制度	3. 培训师档案管理制度
4. 培训经费保障制度	4. 内部讲师管理制度	4. 培训风险管理制度	4. 培训协议归档制度
5. 培训设施保障制度	5. 外派培训管理制度	5. 培训学历教育制度	5. 与培训相关档案制度
6. 外派培训合同制度	6. 员工学历教育制度	6. 职业资格认证制度	

9.2.2 员工参与培训制度

1. 员工参与培训制度规范的内容

员工参与培训制度是对组织内部基层员工与部门经理级人员参与培训时应遵守的若干规定，以保证组织实施培训的收益最大化。员工参与培训制度规范的内容如图 9-7 所示。

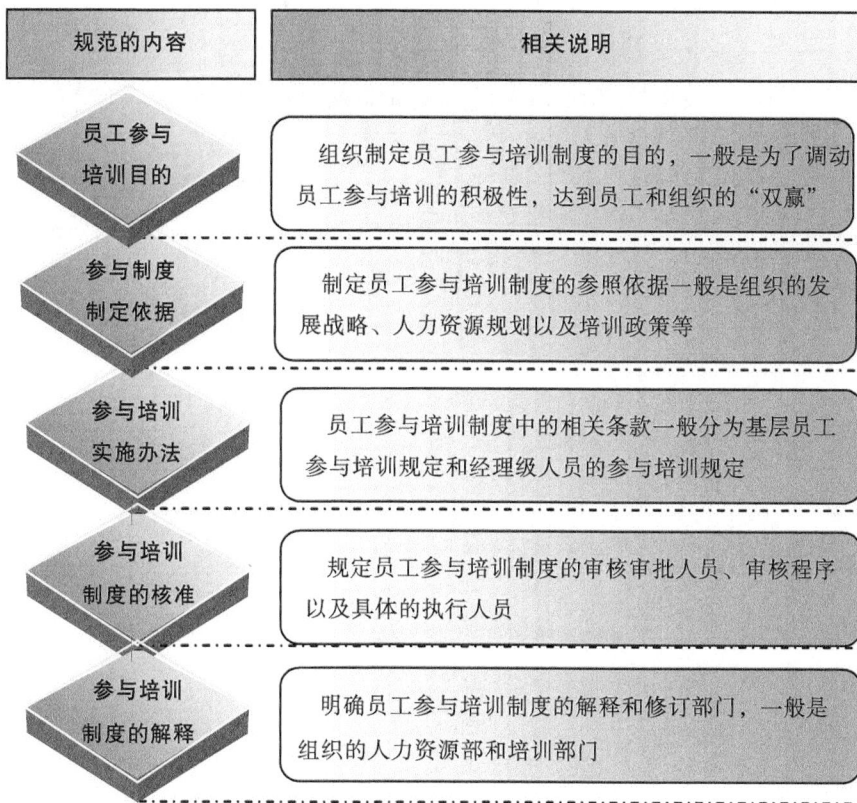

图9-7　员工参与培训制度规范的内容

2. 员工参与培训制度的范例

制度名称	××公司员工参与培训制度		受控状态	
			编　号	
执行部门		监督部门	考证部门	

第1章　总则

第1条　目的

为调动公司员工参与培训的积极性，提高其工作能力和专业技能，提升公司业绩，特制定本制度。

第2条　适用范围

本制度适用于公司内部所有参与培训的人员。

第3条　规定内容

本制度的主要内容为参加培训的学员和受邀担任讲师的经理在参与培训时应遵守的相关规定。

第2章　参加培训的员工规定

第4条　参与培训的学员每人每年应参加不少于若干小时学习，具体的学习时间如下表所示。

（续）

培训时间及经费一览表

部门	级别	培训时间（小时）	培训经费（元）
销售部	销售代表		
	销售主管		
	区域经理		
	大区经理		
生产部	一线生产人员		
	班组长		
	车间主任及生产主管		
	生产经理		
财务部	出纳、会计		
	财务主管		
	财务经理		
人力资源部	人力资源专员		
	人力资源主管		
	人力资源经理		
备注	1. 不同部门的同等级别的人员培训时间可相同 2. 根据公司实际情况，总监级以上的培训时间和经费另行规定		

第5条　公司每年指定工资的____%作为培训费用，并制定每人每年培训最高资助费用，详细内容如上表所示。

第6条　培训时间和培训经费按照公司业务的发展速度在每年年底进行调整。

第7条　员工参加外训以后，应将所学内容与同事分享，将相关培训资料送人力资源部归档保存。

第8条　员工参加外训后，应及时评价培训项目的质量和培训人员的水平，并告知人力资源部备案。

第3章　参与培训的经理规定

第9条　公司内部每一位经理都有责任担当内部讲师，进行内部培训。

第10条　指定的内部讲师每年培训时间不得超过30小时。

第11条　受邀担任内部讲师的经理在培训之前，必须参加"培训培训师"课程，以提高自身的培训能力和相关授课技巧。

第12条　担任讲师的经理有责任改进并完善培训课程，并制作相关的PPT讲义和学员手册。

（续）

第 13 条 公司按照每年授课时数给予内部讲师一定的奖励，并将其作为工作绩效考核评估的一项主要内容。

第 13 条 公司按照每年授课时数给予内部讲师一定的奖励，并将其作为工作绩效考核评估的一项主要内容。

第 14 条 人力资源部相关人员应建立内部讲师档案，详细记录内部讲师的培训课程、培训时数以及学员对培训的效果评估等相关内容，作为考核的参照依据。

第 4 章 附则

第 15 条 本制度由公司人力资源部制定，其修改、解释权归人力资源部所有。

第 16 条 本制度自公司总经理签发之日起实施。

编制日期		审核日期		批准日期	
修改标记		修改处数		修改日期	

9.2.3 外派培训管理制度

1. 外派培训管理制度规范的内容

外派培训又称职外培训，是指暂时离开工作岗位而进行的脱产培训，如到高等院校攻读学位，出国进修，参加短训班、研讨会，或去国外学习考察等。这种培训一般是由于组织业务发展或员工职位提升等需要而进行的某种专业训练。外派培训管理制度规范的内容如图 9-8 所示。

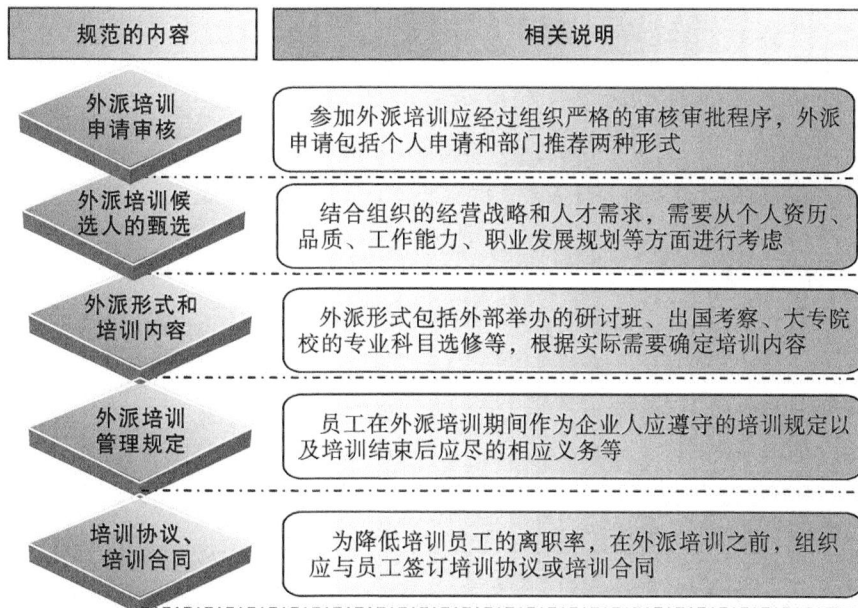

规范的内容	相关说明
外派培训申请审核	参加外派培训应经过组织严格的审核审批程序，外派申请包括个人申请和部门推荐两种形式
外派培训候选人的甄选	结合组织的经营战略和人才需求，需要从个人资历、品质、工作能力、职业发展规划等方面进行考虑
外派形式和培训内容	外派形式包括外部举办的研讨班、出国考察、大专院校的专业科目选修等，根据实际需要确定培训内容
外派培训管理规定	员工在外派培训期间作为企业人应遵守的培训规定以及培训结束后应尽的相应义务等
培训协议、培训合同	为降低培训员工的离职率，在外派培训之前，组织应与员工签订培训协议或培训合同

图 9-8 外派培训管理制度规范的内容

2. 外派培训管理制度的范例

制度名称	××公司外派培训管理制度		受控状态	
			编　号	
执行部门		监督部门	考证部门	

第1章　总则

第1条　目的

为规范公司外派培训管理，保证外派培训的效果，特制定本制度。

第2条　适用范围

本制度适用于公派及个人申请外出培训学习的所有员工。

第3条　术语解释

1. 公派培训是指公司根据工作需要指定派遣参加公司外部的所有培训和学习活动。

2. 个人申请培训是指员工为了满足个人学习的需要，私自申请并与公司达成某种协议后，参加公司外部的所有培训和学习活动。

3. 培训费用是指在培训活动中公司为员工支付的培训费、杂费、差旅费，以及培训期间的工资总和。

第4条　外派培训形式

1. 外部机构举办的研讨学习班。

2. 专家学者的专题演讲或座谈会。

3. 大专院校专业科目选修。

4. 派赴国外受训、参观或访问考查。

5. 公司或工厂的参观访问与交流。

6. 其他形式的外派培训。

第2章　外派培训申请规定

第5条　部门主管、公司领导或人力资源部根据公司需求和员工的实际需要可提议指派受训人员。

第6条　被提议或个人申请参加公司外部培训学习的人员应事先填写"外派培训申请表"，并附上培训内容的相关信息资料。"外派培训申请表"如下表所示。

外派培训申请表

外派申请类型		□公派		□个人申请	
申请人		职位		所在部门	
外派培训申请理由/部门推荐理由					
外派培训项目名称					

（续）

（续表）

外派培训目标及要求				
外派培训起止时间	从____至____		总时间	____天
外派培训地点			培训机构	
外派培训课程内容	课程名称	具体内容	课时	培训讲师简介
培训期间工作任务安排				
经费支出预算	差旅费		____元	
	餐费		____元	
	住宿费		____元	
	课程费用		____元	
	合计		____元	
部门主管审核签字			日期：____年____月____日	
人力资源经理审核签字			日期：____年____月____日	
财务经理审核签字			日期：____年____月____日	
总经理审核签字			日期：____年____月____日	

第7条　被提议或个人申请参加公司外部培训学习的人员按职能管理层级报请审批，最后经总经理核准后方可生效。

第8条　"外派培训申请表"及相关资料交人力资源部存档保管。

第3章　外派培训管理规定

第9条　对公派受训的，部门主管负责安排领导认可的职务代理人代为处理其职务；对个人申请受训的，原则上由申请人或部门主管安排职务代理人代为处理其职务后，方可外出受训。

第10条　受训人员应遵守主办机构所规定的报到、上课、测试等培训管理规定。

第11条　受训人员在受训期间应特别注意言行举止，以维护公司的形象。

第12条　公派受训如属上班时间，则视同公务出差；个人申请在外受训如属上班时间，不得视为公务出差，而应办妥请假手续。

第13条　公派受训人员如因故不能完成外派培训，则应呈报详述具体理由，由部门主管审核签字并经总经理审核批准后，交人力资源部备案，方可退出培训。未经核准而擅自退出培训者，培训费与差旅费由个人自行负担，已受训日如属上班时间，则视为事假。

第14条　公派受训人员如考试成绩不过关未能取得结业资格者，应呈报具体理由，经部门主管审

（续）

核签字，交总经理核准、人力资源部备案后，方可报销培训费用。否则，其培训费及差旅费由个人自行负担，受训日如属上班时间，则视为事假。

第15条 公派受训人员应于培训结束后10日内，应将"个人参训感想"或"行动计划"送交人力资源部。"个人参训感想"或"行动计划"逾期未交者，除一年内不得外派受训外，取消其年终评选优秀员工的资格，并按培训费用的15%处以罚金。"行动计划"如下表所示。

培训后行动计划表

姓名		部门		职位	
尊敬的____ 通过为期____天的_____培训，我学到了以下知识和技能： 1. 2. 3.					
在今后的____月内（自____年____月____日至____年____月____日），我将努力工作以巩固并应用我所学的知识，期待您的指导与督促： 1. 2. 3.					
本人签字				日期	

第16条 参加外派培训的人员返回后，应将培训教材、书籍及资格证书等有关资料送交人力资源部归档保存，其受训成绩应登记到"员工培训记录表"内，并将受训成绩通知该学员主管。

第17条 受训人员返回后，应将所学知识整理成册，编制成培训教材，并担任相关讲座的讲师，将培训所学的知识、技能传授给相关人员，不得借故推诿。

第4章 外派培训协议规定

第18条 凡公派培训人员以及获得公司相关补助的个人申请外派培训，应与公司签订培训协议。培训协议如下所示。

外派培训协议

文件编号：

甲方（企业）：_____

乙方（参训员工）：_____

为提高员工素质，促使公司持续发展和员工个人职业生涯发展，由甲方出资，选派乙方参加在_____举办的_____培训，学习期限自____年____月____日起至____年____月____

（续）

（续表）

日止，共____天。经甲乙双方协商，达成如下协议。

1. 本次培训为（□公派培训　　□个人申请外派培训）。

2. 乙方在培训期间应严格遵守培训机构的有关规章制度和纪律，刻苦学习，全面达成培训目标，并在培训结束后在本公司举办汇报讲座。

3. 本次培训费用预计共____元，甲方承担____%，乙方承担____%；预算外费用____元，甲方承担____%，乙方承担____%；差旅费预计____元，甲方承担____%，乙方承担____%；培训期间工资____元。

4. 本次培训自____年____月____日至____年____月____日，乙方在劳动合同约定的服务期限结束之日起，应在甲方新增服务期____年，即从____年____月____日至____年____月____日，否则，乙方应按不满期比例补偿甲方支付的培训费用及银行同期贷款利息。不满服务期的补偿按照本协议确定的服务期进行计算。

5. 甲方在培训期间视为（□上班　　□事假）。

6. 在下列情况下，甲方有权要求乙方退还由甲方承担的相关费用及银行同期贷款利息。

（1）因乙方违反有关规定而被参训机构或学校除名。

（2）乙方严重违反国家法律法规或违反甲方公司管理制度，在培训期满之前被甲方辞退或开除。

（3）因乙方自身原因未在协议约定时间内取得相应的毕（结）业证书。

（4）因乙方违反法律规定或双方所签劳动合同约定而解除劳动关系的。

（5）未经核准而擅自中途退出培训的。

7. 其他约定事项

（1）本协议未尽事宜，依协议生效之时甲方的外派培训管理制度执行。

（2）本协议自双方签字盖章之日起生效，对双方具有同等法律效力。

甲方（签字盖章）：　　　　　　　　　乙方（签字盖章）：

日期：____年____月____日　　　　　　日期：____年____月____日

第19条　签订培训协议的基本原则如下表所示。

培训协议签订原则一览表

单次培训费用	协议规定
2 000 元（含）～3 000 元	在原合同服务期的基础上增加服务期不得少于1年，受训员工不满服务期离职者应以月为单位按不满服务期比例补偿公司
3 000 元（含）～6 000 元	在原合同服务期的基础上增加服务期不得少于2年，受训员工不满服务期离职者应以月为单位按不满服务期比例补偿公司

（续）

（续表）

单次培训费用	协议规定
6 000元（含）~10 000元	在原合同服务期的基础上增加服务期不得少于3年，受训员工不满服务期离职者应以月为单位按不满服务期比例补偿公司
10 000元（含）~20 000元	在原合同服务期的基础上增加服务期不得少于4年，受训员工不满服务期离职者应以月为单位按不满服务期比例补偿公司
20 000元（含）及以上	在原合同服务期的基础上增加服务期不得少于5年，受训员工不满服务期离职者应以月为单位按不满服务期比例补偿公司

第20条　单次培训费用不足1 000元的，由人力资源部组织与其签订"临时培训协议"。一旦再次参加培训的费用与以前培训费用合计超过1 000元，员工应立即与公司签订"正式培训协议"，服务期限按照上表确定的标准计算。

第21条　签订培训协议后又再次参加公司的外派培训者，必须重新签定协议，在原有培训协议确定的服务期的基础上继续计算新增服务期，以前的培训协议仍然有效。

第22条　培训协议确定的服务期按照培训前估算的培训费用计算，如果培训结束后实际发生费用与预算差异较大且已影响到服务期的，在培训结束后，应按培训实际发生费用额重新签订培训协议。

第23条　如果培训费用特别高，服务年限和费用承担可以共同协商约定。

第5章　培训费用规定

第24条　公派受训的培训费用原则上由公司全额负担，退学、未完成学业按规定处理。费用承担有协议约定的按协议处理。

第25条　个人申请外派受训者，其培训费用原则上自行负担，公司视其情况可以适当给予补助。费用承担有协议约定的按协议处理。

第26条　上班时间外被指派参加培训者，原则上不得申报加班，但情况特殊经专案核准者，不在此列。

第27条　公派受训且当日可往返的，以公差办理；因路途遥远或依受训机构规定需于当地留宿，而培训机构未提供其食宿交通费的，根据公司出差管理的相关规定处理。

第28条　公派培训费用报销应由人力资源部审核，相关手续不完善者，不予审核。

第6章　附则

第29条　人力资源部负责本制度的制定、修改和废止的起草工作。

第30条　公司总经理负责本制度发布、修改和废止的核准工作。

编制日期		审核日期		批准日期	
修改标记		修改处数		修改日期	

9.2.4 外派培训合同制度

1. 外派培训合同制度规范的内容

外派培训合同制度是受训人员与组织签订一系列的协议，是保证受训人员培训完成后或技能取得后能够留在组织、不至于流失的保证制度。外派培训合同制度规范的内容如图9-9所示。

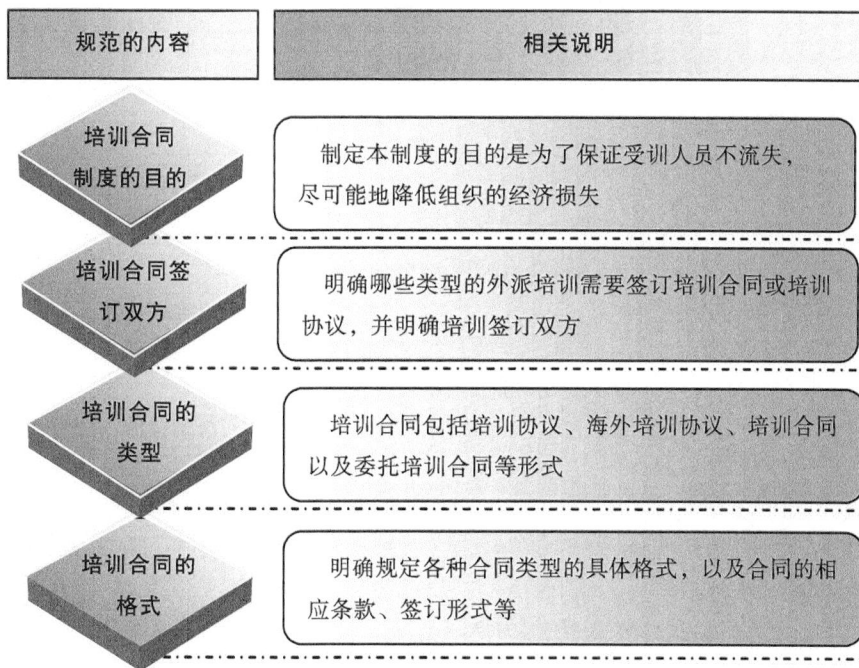

规范的内容	相关说明
培训合同制度的目的	制定本制度的目的是为了保证受训人员不流失，尽可能地降低组织的经济损失
培训合同签订双方	明确哪些类型的外派培训需要签订培训合同或培训协议，并明确培训签订双方
培训合同的类型	培训合同包括培训协议、海外培训协议、培训合同以及委托培训合同等形式
培训合同的格式	明确规定各种合同类型的具体格式，以及合同的相应条款、签订形式等

图9-9 外派培训合同制度规范的内容

2. 外派培训合同制度的范例

制度名称	××公司外派培训合同制度		受控状态	
			编　号	
执行部门		监督部门	考证部门	

第1章　总则

第1条　目的

为规范公司与受训人员签订培训合同的相关事宜，确保受训人员参加培训后能留在公司，减少公司的损失，特制定本制度。

第2条　适用范围

本制度适用于参加外派的长期培训或学习，包括出国考察、在高等院校攻读学位、出国进修等。

第3条　权责部门

公司人力资源部负责起草培训合同，并负责与受训人员签订培训合同。

第2章　培训合同样本

第4条　培训合同类型主要包括员工培训协议、员工培训合同和委托培训合同三种。

第5条　外派培训协议的样本如下表所示。

员工培训协议样本

员工培训协议

甲方：＿＿＿＿＿＿＿＿＿＿＿＿＿＿＿

法定代表人：＿＿＿＿＿＿＿＿＿＿＿＿

乙方：＿＿＿＿＿＿＿＿＿＿＿＿＿

　　为提高员工基本素质及职业技能，公司鼓励并支持员工参加职业专项培训。为确保双方利益，在平等、自愿的基础上，公司与受训员工订立如下协议。

　　一、培训期要求及相关待遇

　　1. 协议有效期：自＿＿＿年＿＿＿月＿＿＿日至＿＿＿年＿＿＿月＿＿＿日。

　　2. 甲方按公司的培训计划安排乙方参加外派培训。

　　3. 乙方外出培训应按甲方指定或甲方约定的学校及专业就学。如需要变更，必须得到甲方的批准。

　　4. 乙方外出培训学习的时间计入工作时间之内，按连续工龄累计。

　　5. 乙方内部受训期间的工资及其他待遇按正常支付额支付。外派培训视情况按原工资的＿＿＿%支付；奖金按通常支付额的＿＿＿%支付。

　　6. 乙方外出受训期间的医药费用按在职人员计算，但因乙方本人过失或不正当行为发生的费用，由乙方自理。乙方在受训期间因患病而不能继续学业时，应接受甲方安排，终止学习。

　　7. 乙方外出培训时应自觉遵守培训校方的各项规定与要求，凡因违法违纪而受到校方惩处的，视同在本公司内的严重过失。

　　二、培训效果的验证

　　1. 外出培训学费先由乙方支付70%，甲方支付30%，待培训结业并获取相应的证书后，经考核合格，甲方凭证书和甲方人力资源部出据的考核报告报销先期由乙方支付的70%的培训费，否则不予报销。

　　2. 乙方若参加EMBA、MBA，需符合以下三个条件后，甲方凭证书和甲方人力资源部出具的考核报告报销先期由乙方支付的70%培训费，否则不予报销。

　　（1）通过学习为集团公司引进一个项目。

　　（2）每季要向总经理汇报一次学习情况，并将自己的学习内容编制成教材，在全公司范围内每年讲一次课。

（续）

（3）为集团公司引进一个可用关键性人才。

三、其他约定事项

1. 外出培训期满后，须在原合同基础上增加服务期。在合同期内，乙方如与甲方解除劳动关系，则须向公司赔付培训期间的工资、福利、差旅费、培训费。具体规定如下。

（1）外出参加培训但需分期实施的，时间超过1年以上的或累计培训时间在1年以上的，在原来的服务期上顺延五年；每服务满一年，培训费用递减20%。

（2）外出参加培训但需分期实施的，时间在3个月以上1年之内的，或累计培训时间在3个月以上1年之内的，在原来的服务期上顺延三年；每服务满一年，培训费用递减30%。

（3）外出参加培训但需分期实施的，时间在1天以上3个月以下的，或累计培训时间在1天以上3个月以下的，在原来的服务期上顺延1年；在协议期内按照100%赔付工资、福利、差旅费、培训费。

（4）若参加多项外出培训，服务期不顺延，但费用需累加。

2. 在合同期内，乙方必须服从甲方的工作安排，遵守甲方的各项规章制度。如因乙方不服从甲方的工作安排或违反甲方的规章制度等原因导致甲方与其解除劳动关系的，参照本条第1款处理。

3. 为确保上述协议规定的执行，对于甲方承担学费部分，乙方只以借款形式从甲方借出，乙方若无任何违反以上条例的行为，待服务期满，甲方取消其借款。

4. 乙方的毕业证复印件必须交回甲方存档。

5. 甲方的各项规章制度、人事任免文件及甲乙双方的其他相关协议为本协议不可分割的附件。

6. 本协议为甲乙双方签订的"劳动合同"的附件。

甲方：_____　　　乙方：_____

签章：_____　　　签章：_____

日期：____年____月____日　　　日期：____年____月____日

第6条　外派培训合同的样本如下所示。

外派培训合同样本

外派培训合同样本

文件编号：

甲方（企业）：_____

乙方（参训员工）：_____

　　经乙方本人申请，甲方审核同意，由甲方出资，选派乙方到_____（本市、非本市）参加_____培训，自____年____月____日始，至____年____月____日止，学习期限一共为____年（天）。

　　培训性质为：□ 脱产学习　□ 半脱产学习　□ 非学历培训　□ 学历培训

　　甲乙双方协商一致、平等自愿签订本合同，内容如下。

（续）

1. 培训缴费类型（两项只选其一）

（1）培训费由乙方先行支付，培训结束后按甲方的《培训管理制度》和本合同约定，凭相关证书、证件及发票按比例报销培训费，乙方应按约定为甲方服务满规定期限。

（2）培训费由甲方统一支付，培训结束后，按甲方的《培训管理制度》和本协议约定，乙方应为甲方服务满规定期限。

2. 培训期间的工作安排、工资及福利待遇按《培训管理制度》的相关规定执行。

3. 乙方在培训学习期间应严格保守企业机密，遵纪守法，虚心学习先进经验和技术，圆满完成培训学习任务。

4. 乙方在培训学习期间，除应遵守培训单位的各项规章制度外，还应遵守甲方的所有规定。

5. 由乙方先行支付培训费用的，培训期间无论因何种原因致使双方解除劳动合同，甲方不再有义务报销乙方学成之后的培训费用。

6. 乙方培训学习结束，返回工作岗位后两周内，需向甲方人力资源部提交一份培训报告，作为企业内部培训材料，并有义务对本部门相关岗位的其他员工进行培训。

7. 乙方完成学业后应完成以下事项

（1）应取得＿＿＿＿＿＿＿＿＿＿＿＿＿＿＿证书。

（2）若乙方未能取得证书，则由乙方先行支付费用的，甲方不予报销学费；已由甲方统一支付费用的，甲方则有权从乙方工资中扣除。乙方所占工作时间按《培训管理制度》的相关规定执行。

8. 服务期限约定

（1）由甲方统一支付非学历培训费用的，乙方应为甲方服务满＿＿＿月，自＿＿＿年＿＿＿月＿＿＿日至＿＿＿年＿＿＿月＿＿＿日。

（2）乙方完成学历培训后由甲方报销培训费用的，自学位证书记录的取得学位之日起计算应为甲方服务年限。按《培训管理制度》约定，乙方应为甲方服务满＿＿＿年，自＿＿＿年＿＿＿月＿＿＿日至＿＿＿年＿＿＿月＿＿＿日。

9. 培训费报销、费用递减约定

（1）非学历培训。由甲方统一支付培训费用的，培训费用按服务期限月数分摊，服务期限每满1个月递减1个月费用。

（2）学历培训。乙方完成学业后凭＿＿＿＿＿＿＿＿学位证书、毕业论文、学费发票及本协议到甲方人力资源部备案后，甲方一次性为乙方报销学费；报销比例为学费的 □ 60% □ 80% □＿＿＿%；服务期限满第一年递减所报学费的＿＿＿%；服务期限满第二年递减所报学费的＿＿＿%；服务期限满第三年递减所报学费的＿＿＿%。

（3）其他需要双方约定的相关事项。

10. 违约责任

甲方为乙方支付或报销培训费用后，无论因何种原因乙方未能为甲方工作满本协议约定期限的，按下列标准执行。

（1）由于乙方原因提出提前解除劳动合同的，从乙方离职之日起，计算乙方未满服务期应支付

（续）

的违约金。

（2）乙方因违反甲方管理规章制度被辞退、除名或开除的，或在合同期内擅自离职的，除应支付未满期限的违约金额作为补偿外，还应赔偿未满服务期给甲方造成的经济损失，每月____元。

（3）除上述两条所列原因外，因其他原因导致乙方未能为甲方工作达到约定期限而提前与甲方解除合同的，从解除劳动合同之日起，计算乙方未满服务期应支付的违约金。

（4）"培训费用"是指报销凭证所列"培训"、"学费"等的相关金额。

11. 本协议为劳动合同的附件。本协议未尽事宜，双方应友好协商解决，若不能达成共识，可报_____市劳动仲裁委员会申请仲裁。

本协议自双方签字之日起生效，一式两份，甲乙双方各持一份，具同等法律效力。

甲方：　　　　　　　　　　　　乙方：

签章：　　　　　　　　　　　　签章：

日期：　　　　　　　　　　　　日期：

第7条　委托合同的样本如下表所示。

委托培训合同样本

委托培训合同样本

培训单位：_____学院（或学校），以下简称甲方。

委托培训单位：_____，以下简称乙方。

受训人员：____，以下简称丙方。

为开辟人才培训渠道，加速员工的智力开发，保证受训人员的质量，明确培训各方的责任，经甲、乙、丙三方协商一致，特订立本合同，以便共同遵守。

第1条　甲方对丙方的授课内容，应按照教育部对同类本科生（或大专、中专生）所规定（部属学校按其系统的有关规定）的科目、学时安排，不得降低对丙方的要求。对于丙方在校期间的德、智、体发展情况，甲方应于每学期末向乙方作一次详细介绍。

第2条　甲方如发现丙方有违反校纪校规的行为，应及时与乙方取得联系，共同研究处理办法。丙方期末在思想品德上被评为"差"等，学期内有三门功课不及格，一年之内有两门功课补考不及格者，甲方有权劝其退学或取消其学籍。

第3条　甲方负责丙方奖学金的评定和发放。奖学金每学期评定一次，分为一等、二等、三等。具体评定和发放方法、标准，按甲方的统一规定办理。

第4条　乙方承担丙方在校学习期间的全部学费和奖学金费。学费每人每学期____元，奖学金每人每学期____元，其他费用每人每学期____元。对于丙方的以上费用，乙方应于每学期学生报到时直接汇到甲方，或由丙方代交给甲方。

第5条　乙方应按规定发给丙方工资（标准工资加地区生活费补贴，不发奖金）和其他福利待遇。丙方如在甲方食宿，则乙方按规定每天补助丙方生活费____元（如国家有新规定，按新规定执

（续）

行），向甲方支付丙方的寄宿费和伙食费。对于丙方节假日回家的来回路费，由乙方按规定给予报销。丙方如不在甲方食宿，且其住宿地点离甲方2公里以上，则乙方应按国家规定按月发给丙方交通费补贴。

第6条　乙方要加强对丙方的管理和教育，要经常了解丙方的学习和思想品德状况，如发现丙方有问题，应及时配合甲方对其进行教育和处理。

第7条　丙方学习结束，经甲方考核、考试合格准予毕业后，乙方应根据丙方所学专业和甲方提供的丙方的知识掌握情况，合理为其安排工作。

第8条　丙方必须自觉接受甲方和乙方的教育和管理，努力学习，遵纪守法，全面发展。丙方如违反校规校纪，则应自觉接受甲方和乙方的处理。丙方如中途退学、被甲方劝退或取消学籍的，应承担向甲方交付的各项费用；丙方如不交付，乙方有责任代丙方交付。

第9条　丙方学习结束，经考核、考试合格准予毕业后，必须到乙方单位工作，一般在____年内不得调出、调离乙方单位。丙方如因特殊情况必须调出的，必须符合国家劳动法的有关规定，经乙方同意后，方可办理调离手续。丙方如毕业后不回乙方单位工作，或回乙方单位工作不到____年而要求调离工作的，应向乙方偿付丙方在校期间由乙方支付的各类费用和工资。

本合同自甲、乙、丙三方签字之日起生效，于丙方学习期满毕业后自行失效。甲、乙、丙三方均不得擅自修改或解除合同。合同中如有未尽事宜，须经三方共同协商，作出补充规定。补充规定与本合同具有同等法律效力，但不得与本合同内容抵触。

合同正本一式三份，甲、乙、丙三方各执一份。若甲、乙、丙三方中的某一方就合同的某项条款提出异议时，可由三方协商解决，协商不成时，可向____地方人民法院提请诉讼。

甲方：　　　　　　　　　乙方：　　　　　　　　　丙方：
签章：　　　　　　　　　签章：　　　　　　　　　签字：
日期：　　　　　　　　　日期：　　　　　　　　　日期：

第3章　培训合同管理

第8条　参加外派培训的员工必须签订培训合同，且培训合同必须依据上述合同样本签订。
第9条　人力资源部负责与员工签订培训合同，并就合同相关条款与受训人员交流。
第10条　人力资源部应将培训合同及时归档、保存。

第4章　附则

第11条　本制度由公司人力资源部制定，其修改、解释权归人力资源部所有。
第12条　本制度自总经理签发之日起实施。

编制日期		审核日期		批准日期	
修改标记		修改处数		修改日期	

9.2.5 员工学历教育制度

1. 员工学历教育制度规范的内容

学历教育是组织人力资源开发的重要手段之一，也是提高员工队伍整体素质的主要途径。学历教育制度的目的是为员工学历教育工作提供依据，确保学历教育的质量。员工学历教育制度规范的内容如图 9-10 所示。

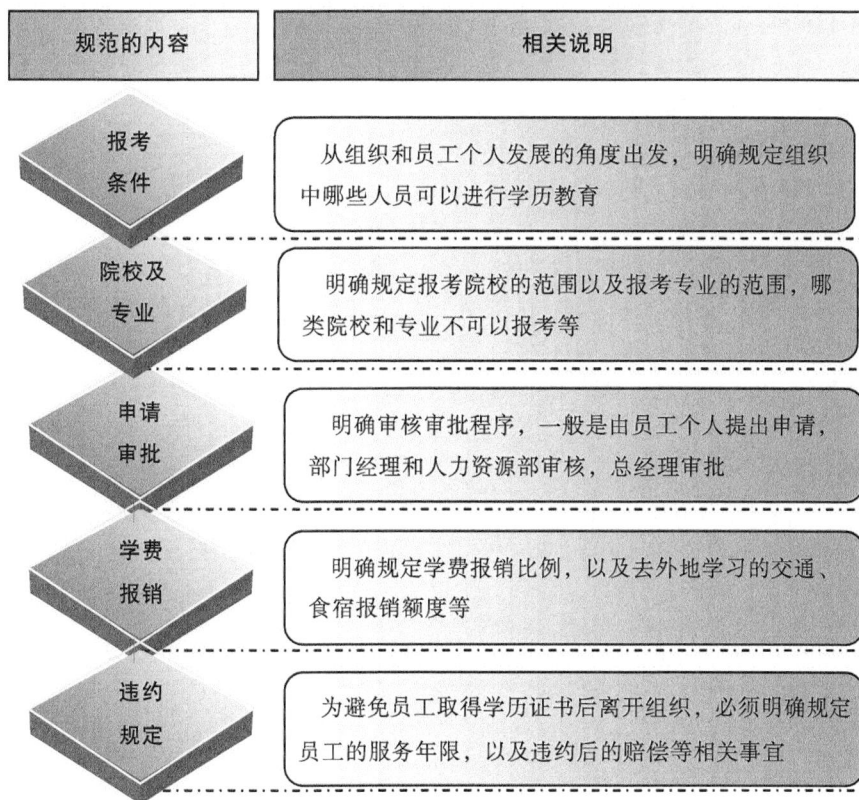

规范的内容	相关说明
报考条件	从组织和员工个人发展的角度出发，明确规定组织中哪些人员可以进行学历教育
院校及专业	明确规定报考院校的范围以及报考专业的范围，哪类院校和专业不可以报考等
申请审批	明确审核审批程序，一般是由员工个人提出申请，部门经理和人力资源部审核，总经理审批
学费报销	明确规定学费报销比例，以及去外地学习的交通、食宿报销额度等
违约规定	为避免员工取得学历证书后离开组织，必须明确规定员工的服务年限，以及违约后的赔偿等相关事宜

图 9-10 员工学历教育制度规范的内容

2. 员工学历教育制度的范例

制度名称	××公司员工学历教育制度		受控状态	
			编　号	
执行部门		监督部门	考证部门	

第1条　目的

为规范公司学历教育管理工作，明确员工报考条件，报考院校与专业的范围，申请审批程序，违约等相关事宜，确保学历教育的质量，特制定本制度。

第2条　适用范围

本制度适用于公司所有学历教育的管理。

第3条　学历教育的基本要求

专业对口，学习时间自理。

第4条　报考条件

凡是在公司工作满两年以上者均可申请学历教育。

第5条　学历教育院校范围

1. 申报的院校必须是国家批准的高等院校，学历的取得必须符合国家的有关规定和程序。

2. 学历教育院校一般包括全日制院校、自学考试、广播电视大学、函授大学等。

第6条　学历教育专业范围

会计、审计、安全与环境工程、项目管理、企业管理、工商管理、财务、统计等与员工工作相关的专业。

第7条　申请审批

1. 员工个人根据工作需要提出报考申请，填写"学历教育申请表"，如下表所示。

2. 部门经理签字后，交由人力资源部审核、总经理办公室开会讨论后，由总经理最终审批。

学历教育申请表

填报日期：＿＿＿年＿＿＿月＿＿＿日

申请人		部门		职位	
原学历		原专业		学习形式	
申请学历		申请专业		申请院校	
学习起止时间	＿＿＿年＿＿＿月＿＿＿日至＿＿＿年＿＿＿月＿＿＿日				
培训学费		培训杂费（预估）			
申请理由					
部门经理意见					
人力资源部意见					
总经理意见					

（续）

第8条　学费报销规定

1. 员工参加国家教育部规定统考的（包括大专、专升本、硕士、博士），于学历教育毕业后，凭学历证书或学位证书和有效发票一次性申报费用，报销额度为 70%；没有学历证的，报销额度为 40%；只有学历证而没有学位证的，报销学费 30%；无学历、无学位和未能按照规定修完学分，肄业的，不予报销学费。

2. 员工参加自学考试，凭学历证书或单科结业证书和有效发票全额报销学习费用，学习期间享受在职员工的各项福利待遇。

3. 未参加国家统一考试的，不予报销学费。

第9条　杂费报销规定

1. 参加各类成人教育的员工，在学习期间到有关学校面授，确需住宿的，每天报销 80 元住宿费；到本市以外有关学校面授的，只报销乘坐火车硬座和普通客车的车票；市内的，只报销往返公交车费。

2. 员工学习期间参加有关学校面授的住宿费、交通费的报销，以发的毕业证为准，一次性按以上标准报销。

第10条　服务年限及违约规定

员工取得学历学位证书，公司给予报销费用时，需与公司签订培训协议，根据取得学历学位的情况明确在公司的服务年限。具体规定如下表所示。

服务年限及违约赔偿一览表

学历	服务年限	处罚规定
大学专科	2 年	提前办理离职手续者，全额退还公司所报销费用
大学本科	3 年	服务 2 年以上，不足 3 年离职者，退还公司 50% 所报销费用；不足 2 年离职者，全额退还公司所报销费用
硕士研究生	4 年	服务 3 年以上，不足 4 年离职者，退还公司 50% 所报销费用；不足 3 年离职者，全额退还公司所报销费用
博士研究生	5 年	服务 4 年以上，不足 5 年离职者，退还公司 60% 所报销费用，不足 4 年离职者，全额退还公司所报销费用

（续）

第 11 条　学历教育管理

1. 经批准后，参加有关学校面授期间，视正常出勤；面授期间若遇周六、周日和法定节假日，视为休息；不经批准参加有关学校面授，视旷工处理，并不予报销住宿费和交通费。

2. 员工凭学历和学位证书报销住宿费、交通费和学费时，由人力资源部签署意见、分管领导签字，报总经理审定后，按财务管理程序履行报销手续。

第 12 条　资料归档

员工学历教育毕业后，将下列资料（原件）交人力资源部存入个人档案。

1. 招生报名登记表、入学通知书、毕业生登记表、毕业生学习成绩登记表、毕业证书。

2. 取得学位的还应有：申请学位评定书、论文题目、答辩委员会名单、学位委员会推荐资料、校学位委员会讨论记载及无记名投票结果和决议、学位证书。

第 13 条　其他

1. 本制度只针对非脱产学习的教育。参加学历教育的员工应以自学为主，不得影响正常工作。

2. 按国家教委规定，成人教育必须先取得大专学历，再进行本科学习。

3. 不得中途自行转学、转专业，不得中途退学，否则不予报销学费。

4. 不报销学费，学费完全由个人承担的，不受本制度限制。

第 14 条　本制度由人力资源部制定，其解释权和修订权归人力资源部所有。

第 15 条　本制度经总经理审核批准后，自颁布之日起执行。

编制日期		审核日期		批准日期	
修改标记		修改处数		修改日期	

9.2.6　员工岗前培训制度

1. 员工岗前培训制度规范的内容

员工岗前培训制度是规定员工上岗之前必须经过全面的培训，没有经过全面培训的员工不得上岗，它体现了"先培训，后上岗"的原则。员工岗前培训制度规范的内容如图 9-11 所示。

| 规范的内容 | 相关说明 |

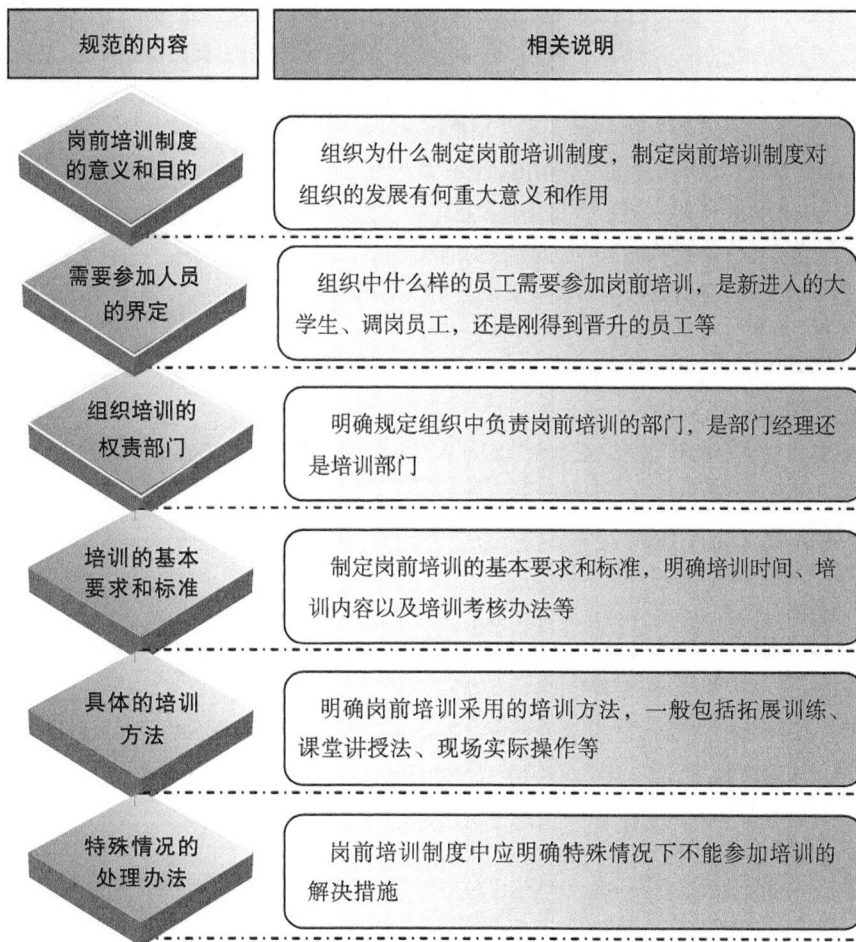

岗前培训制度的意义和目的	组织为什么制定岗前培训制度,制定岗前培训制度对组织的发展有何重大意义和作用
需要参加人员的界定	组织中什么样的员工需要参加岗前培训,是新进入的大学生、调岗员工,还是刚得到晋升的员工等
组织培训的权责部门	明确规定组织中负责岗前培训的部门,是部门经理还是培训部门
培训的基本要求和标准	制定岗前培训的基本要求和标准,明确培训时间、培训内容以及培训考核办法等
具体的培训方法	明确岗前培训采用的培训方法,一般包括拓展训练、课堂讲授法、现场实际操作等
特殊情况的处理办法	岗前培训制度中应明确特殊情况下不能参加培训的解决措施

图 9-11 员工岗前培训制度规范的内容

2. 员工岗前培训制度的范例

制度名称	××公司员工岗前培训制度		受控状态	
			编 号	
执行部门		监督部门	考证部门	

第1章 总则

第1条 为加强对员工岗前培训的管理,使员工能够尽快了解公司情况及岗位情况,快速胜任新的工作,特制定本制度。

第2条 对于员工岗前培训,除人事管理制度及员工培训实施办法另有规定外,均依本制度执行。

（续）

第3条　本制度中的"岗前培训"包括新员工岗前培训、在职员工调岗培训，还包括复职人员、临时职工和兼职人员的岗前培训。

第2章　岗前培训计划的规定

第4条　岗前培训应按人事部门的招聘计划和新员工入职情况来制定。

第5条　凡新进人员必须接受7~10天（至少7天）的岗位培训。

第6条　岗前培训需要帮助新进人员解决的问题包括以下三个方面。

1. 对周围都是陌生的脸孔，不知道未来的上司属于哪种类型的新进人员，由培训人员带其参观各部门，介绍部门负责人和同事，与部门人员共进午餐。

2. 对能否胜任新工作感到不安的新进人员，由培训人员向其说明工作岗位的职责、要求，为其安排并介绍培训期间的指导人员。

3. 对不熟悉公司规章制度和相关规定的新进人员，由培训人员向其解说《员工手册》。

第7条　岗前培训的内容应该包括以下五方面。

1. 公司的发展历史及现状。

2. 公司当前的业务、具体工作流程。

3. 公司的组织机构及部门职责。

4. 公司的经营理念、企业文化、规章制度。

5. 工作岗位介绍、业务知识及技能技巧培训。

第8条　按照公司规模、工作环境及程序，新进员工的岗前培训可分为以下三个阶段。

1. 公司总部的培训。

2. 分支机构的培训。

3. 实地培训。

第9条　公司总部的培训最重要的是传授各种知识，并使新员工重点了解以下五项内容。

1. 公司状况：发展历史、经营现状、经营项目、生产经营目的、使命、行业地位。

2. 公司组织机构，各部门的工作职责、业务范围。

3. 产品的性能、包装及价格，产品销售情况，市场上同类产品信息及其生产厂家的情况。

4. 新员工未来的工作岗位要求及特征，与其他部门互相配合的事项。

5. 公司各项规章制度、纪律、道德规范、礼仪规范要求。

第10条　实施总部培训的人员应对受训新员工的优势、劣势做出评价，将结果提供给该员工未来的技术和技能培训、实地培训的负责人，以便他们针对各个员工的特点开展有侧重点的培训。

第11条　分支机构的培训重点在于让新员工学习未来实际工作需要的技能，主要在以下四个方面加强新员工培训。

1. 掌握未来工作岗位的职责及具体内容、每天的例行工作及非例行工作。

2. 未来工作可能会用到的技能技巧，如时间管理技巧、人际关系沟通技巧等。

3. 掌握与其他部门的协调与配合，培养团队精神。

4. 态度与信念：对工作乐观、积极的态度，对企业、部门充满信心，对客户真诚服务的信念。

第12条　分支机构培训的负责人必须是新员工未来的主管和实地培训的负责人，且必须具有丰富的工作经验和规范的技术，以免误导新员工。

（续）

第13条 分支机构的培训可与实地培训有机结合进行。

第14条 实地培训，即为实习期，应让新员工在一位资深员工的指导下开始承担工作。

第15条 实地培训时，指导人员仅在一旁示范和协助，尽量让新员工自己去操作练习，待新员工完成后再告知应改进的地方，这样有利于加深印象、加快进步的速度。

第16条 实地培训的指导人员应本着负责任的态度，将新员工录用后的绩效与部门绩效挂钩。凡担任实地培训指导人员的，公司一律给予一定的奖励，从而提高培训指导人员的积极性和责任心。

第17条 对于以上三个阶段的培训，可以根据需要和具体情况酌情灵活运用，交叉安排，拟订培训实施计划。

第18条 对调岗人员、复职人员、临时职工、兼职人员的培训侧重于工作岗位职责方面的培训，使其适当了解公司的组织概况、经营方针以及有关的人事管理规定等相关的内容。

第19条 对调岗人员、复职人员、临时职工、兼职人员的培训除上述一般性基本实务内容外，还包括职业精神、信念、恪守规章守则、职业操守教育、励志类教育等。

第20条 凡被指定需要接受培训的人员，除因特殊情况经审核获准请假或免训者外，一律不准逃避或不参加培训，否则从严惩处。

第3章 岗前培训实施的规定

第21条 关于岗前培训指导人员的规定

1. 公司主要领导参与员工岗前培训，并负责部分内容的培训工作。

2. 培训计划编制和组织实施由人力资源部门和培训部门全权负责。

3. 公司及部门全体员工尤其是相关部门的骨干都有责任协助岗前培训工作。

第22条 为便于组织培训，可根据学员学历将他们分成不同的班或组，并指定一名班长或组长。

第23条 关于岗前培训时间的规定

1. 岗前培训的整个过程一般要持续3个月，根据实际情况可适当延长或缩短。

2. 集中培训的时间安排为____年____月____日至____月____日，上午：____时____分至____时____分，下午：____时____分至____时____分。

3. 实地培训时间同公司作息时间一致，参见公司《员工手册》中的具体规定。

4. 参观时间视具体情况而定，确定后应提前一天告知人力资源部和后勤部门。

第24条 关于培训方法的规定

1. 专业知识培训采取集中授课、普通讲座的方式。

2. 技术技能培训采取实习的方式，到实习工厂、车间、部门实际操作和练习。

3. 公司认识培训可采取实地参观的方式，根据讲师和培训组织者的安排要求实地参观考察，要求受训员工在参观后提交"参观感想"或"参观报告"。

4. 岗前培训期间，要求受训员工对培训的感想和认识做好记录，提高他们的观察、记录和公文写作能力。

5. 在岗前培训过程中，尽量让新员工多接触工作中的实践知识，多提供参考资料和视听教材，多提供动手操作的机会。

第25条 在岗前培训期间，可把新员工安排到不同的部门去实习，考察其能力和其能够适应的

（续）

部门，为员工正式定岗提供依据。这同时有利于新员工从多个角度了解公司的职能部门。

第26条　部门主管去接待新员工时要友善地表示欢迎，要以诚挚的态度告诉他们："欢迎加入我们公司！"一定要与他们握手并记住他们的姓名。

第4章　岗前培训评估的规定

第27条　每开展一项入职培训项目后，应对员工的培训效果做及时的检查，由培训指导员或讲师负责。检查方法包括测试、现场操作等。

第28条　培训讲师于培训结束后一周内，评定出员工的测试成绩，并登记在"员工岗前培训测试成绩表"上。培训测试成绩作为员工试用期考核及正式录用的参考。

第29条　因故未能参加测验者，事后一律补考，否则不予转正。

第30条　每项培训结束时，培训部根据实际需要开展新员工培训意见调查，要求学员填写"员工岗前培训调查表"，与测试试卷一并收回，作为培训效果评估的参考依据。

第31条　培训部应定期调查员工入职培训的效果，分发调查表，由用人部门主管或相关人员填写后收回，作为评估长期效果的参考依据。

第32条　将以上评估的内容及结果形成书面的报告，呈报用人部门主管、人力资源部经理及公司领导，作为员工录用转正的参考。

第5章　岗前培训特别规定

第33条　结合员工的工作性质和工作环境，提供生产安全指导原则，可避免意外伤害的发生。生产安全指导的内容包括以下四个方面。

1. 工作中可能发生的意外事件。

2. 各种事件的处理原则与步骤。

3. 详细介绍安全常识。

4. 安全培训结束后，要对员工进行测试，检查他们对"安全"的理解程度。

第34条　生产安全培训应该达到以下五个目标。

1. 使员工对自己的福利及生命安全放心，从而能安心地工作。

2. 建立了安全生产和善意合作的基础。

3. 可以防止在工作程序上的浪费，避免意外事件的发生。

4. 可减少员工受伤补偿的费用和医疗服务费用的支出。

5. 有利于公司建立良好的信誉。

第35条　安全培训还包括企业商业机密、信息安全保密培训。在岗前培训过程中，对员工要灌输保守企业机密的规则，并把"公司商业机密保密协议"作为劳动合同的附件同员工签订。

第36条　培训人员要对公司的政策、法规及规章制度进行仔细说明，具体内容有：发薪方法及日期，晋升制度，休假及请假规定，员工福利制度，作息时间及轮班制度，迟到、早退、旷工处分办法，劳动合同协议，聘用，解雇规定，在职员工行为准则等。

第37条　培训人员培训新进员工时，还应注意以下六个方面。

1. 要确认新员工清楚地掌握了工作性质、责任，真正掌握了业务知识。

2. 要重点对新员工的责任心、效率、效能意识加强培训。

3. 要训练新员工的礼仪修养，使其养成礼貌待人的良好习惯。

（续）

4. 要让新员工意识到校园生活与公司生活的差别，认识到自己的责任。
5. 要培养新员工尊重知识、尊重时间、严肃认真的工作态度。
6. 注意培养新员工的团队合作精神和集体利益优先的意识。

第38条 岗前培训不仅仅是人力资源部、培训部门和企业领导的事情，公司全体员工都有责任参与员工的岗前培训工作。

第6章 附则

第39条 本制度由培训部制定，其修改权、解释权归培训部所有。

第40条 本制度经总经理办公会议审议通过后，自颁布之日起执行。

编制日期		审核日期		批准日期	
修改标记		修改处数		修改日期	

9.2.7 企业培训考核制度

1. 企业培训考核制度规范的内容

培训考核评估作为培训发展过程的中心环节，既可以检验培训的最终效果，也是规范培训相关人员行为的重要途径。培训考核必须进行，并且要标准一致，过程开放、公平、公正。企业培训考核制度规范的内容如图9-12所示。

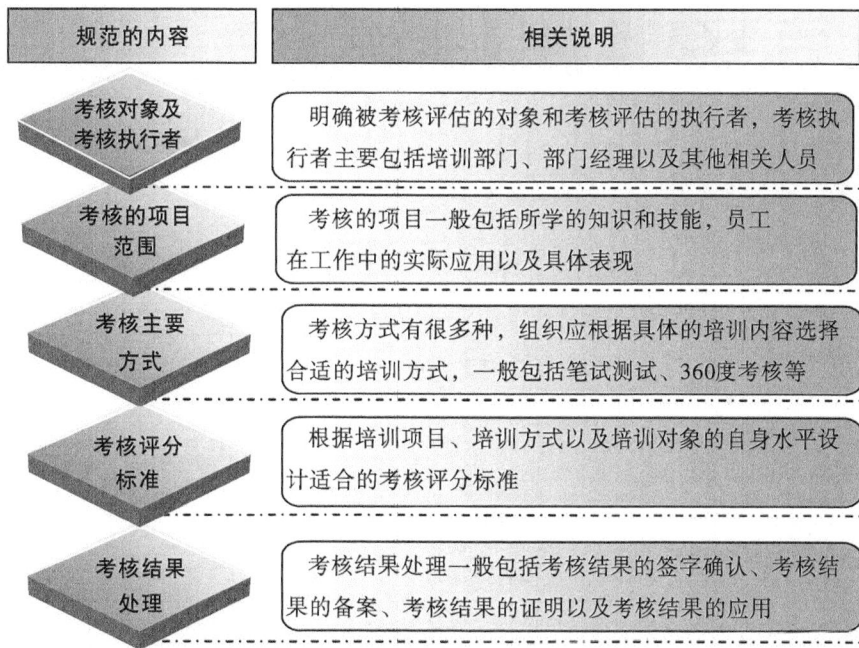

图9-12 企业培训考核制度应规范的内容

2. 企业培训考核制度的范例

制度名称	××公司培训考核制度		受控状态	
			编　号	
执行部门		监督部门	考证部门	

第1章　总则

第1条　目的

1. 检验培训的最终效果，并为培训奖惩提供相关依据。

2. 建立健全培训制度，管理和开发人力资源，优化人力资源结构，提高培训效果。

第2条　宗旨

培训考核制度的宗旨是不断地提高员工的职业化水平与岗位技能，考核全体员工的专业技能，对其综合能力进行评估，满足公司可持续经营发展的需要。

第3条　依据

本制度依据本公司人力资源管理制度第＿＿＿条第＿＿＿项的规定制定。

第2章　培训考核实施办法

第4条　考核人员

凡参加本公司组织培训的所有员工（包括正式员工和其他类型的员工）均应接受考核评估，不得故意逃避。

第5条　考核评估的执行组织

1. 由公司人力资源部组织，制定考核内容、考核程序、考核评定标准等。

2. 培训实施阶段的考核评估由培训部负责，培训后期的考核评估由员工所在部门的主管负责。

第6条　考核的评定标准主要包括培训实施考核和工作表现考核两种。

第7条　培训实施考核

由培训部组织实施，按照出勤率、学习态度、业务常识、工作流程、认同度、笔试成绩等进行量化，并完成"培训实施考核表"。"培训实施考核表"如下表所示。

培训实施考核表

序号	考核项目	分值	指标说明	评分	考核者
1	出勤率	10	培训期间的出勤情况		
2	学习态度	10	培训期间的学习态度		
3	认同度	10	对公司企业文化的认同程度		
4	业务常识	20	对业务的掌握程度		
5	工作流程	20	对工作流程的熟练程度		
6	笔试成绩	30	培训结束后进行笔试所取得的成绩		

（续）

第8条 工作表现考核

由直接上级和部门经理组织，提出改进意见，按照学习能力、业务能力、工作态度等进行量化，并填写"工作表现评估表"，由员工签名确认。"工作表现评估表"如下所示。

工作表现评估表

学员姓名		所在部门	
培训项目		培训时间	
评估内容		学员所在部门经理意见	
该学员运用了培训中学到的技能吗？请举例（30分）			
该学员最近的工作积极性、责任心是否有所改变？请举例（30分）			
该学员的工作绩效有了怎样的改进（40分）			
最终得分		部门经理签字： 日期：	

第9条 培训部门根据两项考核结果的平均分值确定考核结果，并根据考核结果向公司递交绩效调整报告。具体的考核结果应用如下表所示。

考核结果应用表

考核等级	考核得分	结果应用
90分（含）以上	优秀	当月绩效加2分
80分（含）~90分	良好	当月绩效加1分
70分（含）~80分	合格	不加分
50分（含）~70分	较差	当月绩效扣减2分
50分以下	差	降级处理

（续）

第 3 章　培训积分规定

第 10 条　员工参加各种培训并经考核合格后，可以向培训部申报积分，积分记录将是员工在公司参加培训最全面的记录。职位晋升必须通过相应的晋升培训，年度累计积分的多少是员工晋升的参考标准之一。

第 11 条　培训积分的计算方法

培训积分 = 培训课程系数 × 该培训的净课程时数。

第 12 条　培训积分系数的确定

由于培训课程内容和要求程度不同，可以根据内容的深浅程度及规模层次，用一定系数进行学分调整。课程积分系数分为五个档次，分别是 1.0、1.5、2.0、2.5、3.0，培训分类及积分系数如下表所示。

培训分类及积分系数一览表

档次	培训类别	主要课程	积分系数
A	通用课程类	企业文化、商务礼仪、规章制度、职业素养	1.0 分/课时
B	专业技能类	工作流程、销售技能、生产操作技能等	1.5 分/课时
C	管理技能类	时间管理、沟通技巧、问题解决、团队建设等	2.0 分/课时
D	素质提升类	个人进修、拓展训练、学历教育等	2.5 分/课时
E	外派培训类	外派培训、双向交流或出国考察类等	3.0 分/课时

第 13 条　培训积分的记录和管理

1. 员工必须参加经培训部认可的课程，全勤参与并经考核合格后，才能获得相应的培训积分。

2. 培训部统一为全体员工建立培训积分档案，参加完所有培训后，须凭有关凭证向培训部汇报，培训部负责统一核定并记录归档。

3. 参加培训的情况将纳入员工的年终绩效考核，并依照不同级别考核相应的积分累计额度。培训积分每季度公布一次。

第 14 条　奖惩措施

1. 年终考核。培训积分完成情况是年终奖考核的一项指标，全年累积学分达到规定标准为合格；不足规定标准的，每少 1 学分扣除绩效点数 2 分；超过规定标准的，每多 2 学分给予增加绩效点数 2 分作为奖励。每年度各职位需累积的学分如下表所示。

累计学分标准表

职位	经理级	助理级	主管级	专员级
学分	50	40	25	10

（续）

2. 薪资调整。没有达到规定标准学分的，以调薪标准的80%给予调整；达到规定标准学分的，以调薪标准的100%给予调整；超过规定标准学分的，以调薪标准的105%给予调整。

3. 职务晋升。没有达到晋级规定标准学分的，不予晋升；超过规定标准学分的，晋升时给予优先考虑。

4. 岗位调整或降级。没有达到本岗位规定标准学分的，调整岗位或降级。

第4章 培训师奖惩规定

第15条　内部培训师按照培训部门的规定完成培训任务的，将给予培训津贴，每人每次60元（初级以上每增加一级增加20元，依次类推），次月从工资中直接支付。

第16条　每次培训结束后，培训部门将采取调查问卷、岗位抽查等方式对培训的完成情况进行考核，考核成绩在合格以上者，可享受培训津贴。

第17条　培训师须严格遵守培训时间规定，如有迟到、早退等违反时间规定者，第一次给予警告处罚，并从当月授课津贴中扣除10元；第二次扣除当月所有授课津贴；三次（含）以上者或无故缺勤者，取消其培训师资格。

第18条　培训部门建立培训师管理档案，记录培训师每月的培训实施及参训积分情况，为培训津贴的发放以下一年度培训师晋级等提供依据。

第5章 培训考核管理

第19条　人力资源部负责管理全体员工的培训记录，完善培训档案资料库，建立个人培训履历表，按课程计算培训学分。

第20条　培训考核结果作为员工调动、晋升、评优等的参考依据，每半年进行一次审核，以确认其在接受培训后的绩效提高程度。

第6章 附则

第21条　本制度由公司人力资源部制定，其修改、解释权归人力资源部所有。

第22条　本制度经总经理办公室会议通过、总经理签字后实施，每年度根据实际情况进行修订。

第23条　本制度自总经理签发之日起实施。

编制日期		审核日期		批准日期	
修改标记		修改处数		修改日期	

9.2.8 员工培训奖惩制度

1. 员工培训奖惩制度规范的内容

员工培训奖惩制度是保障培训管理制度能够顺利执行的关键，在制定培训奖惩制度时，一定要明确培训可能出现的各种优劣结果的奖惩标准。如果奖惩标准不统一或不明确，则失去了此制度的有效性。员工培训奖惩制度应规范的内容如图9-13所示。

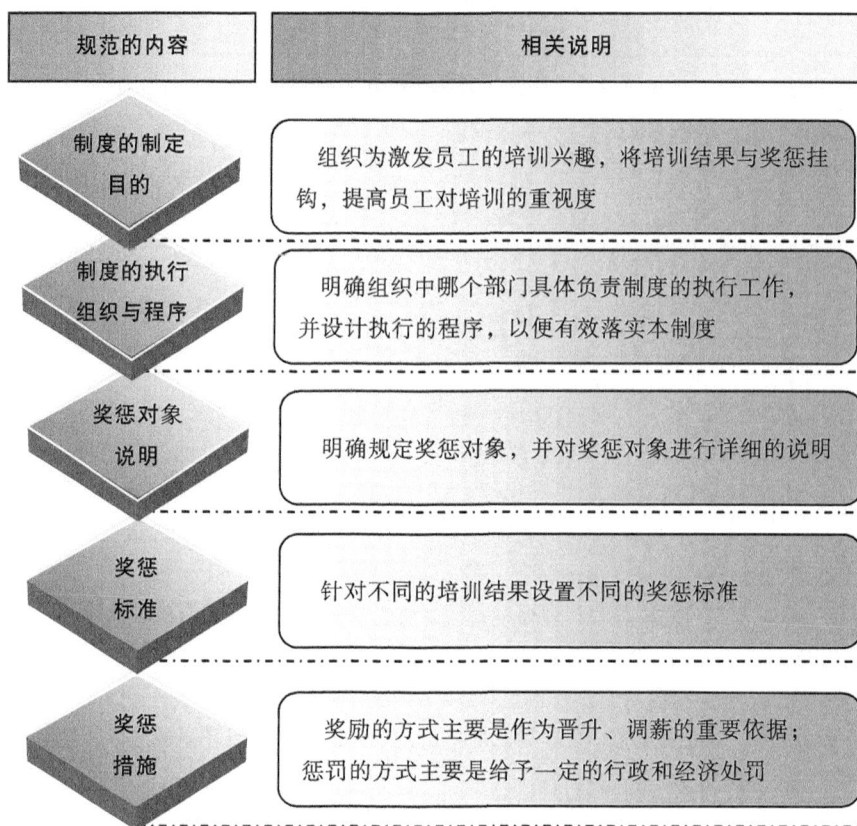

图 9-13　员工培训奖惩制度规范的内容

2. 员工培训奖惩制度的范例

制度名称	××公司员工培训奖惩制度		受控状态	
			编　号	
执行部门		监督部门	考证部门	

第1条　为调动员工的培训积极性，保证培训效果的最大化，依据培训结果给予一定的奖励和惩罚，培养员工对培训的重视度，特制定本制度。

第2条　本制度适用于公司内训和外训的所有参训员工。

第3条　公司人力资源部负责员工培训奖惩的具体实施工作，培训部负责给予协助。

第4条　员工应积极参加公司组织的各类培训，如有特殊原因无法参加的，应提前3天以书面形式报人力资源部，否则按旷工处理。

第5条　员工在外出培训期间应严格自律，如未达到培训要求，则全额返还公司支付的培训费用。

第6条　员工在外训期间，如经公司查实有迟到、旷课、早退等现象，将按公司考勤管理规定惩处。

（续）

第7条　对参加在岗培训、短训、讲座和专题材料自学一贯认真的员工，或其论文、心得优秀者，公司向其颁发优秀学员、优秀论文证书，并给予物质奖励。

第8条　对参加非学历证书培训的员工，因非工作因素不参加学习或培训者，由公司公布并给予批评教育，缺勤时间按旷工处理。

第9条　对参加学历证书培训的员工，考核不及格无法取得学习证书者，学费自理，学习所占用的工作时间将用倒休冲抵，或扣除相应日数工资。必要时，公司允许员工参加第二次培训，第二次培训仍不合格者，同第一次不合格的处理结果一致。

第10条　对公司统一支付费用或培训后已报销学费的，凡未能为公司工作达到约定服务期限的，其培训费用及公司的经济损失按以下规定执行。

1. 员工因自身原因提出提前结束劳动合同的，从员工离职之日起，计算未满服务期应支付的违约金。

2. 因违反公司管理规章制度被辞退、除名或开除的，或在合同期内擅自离职的，除应支付未满期限的违约金额作为补偿外，还应赔偿未满服务期给公司造成的经济损失每月____元。

3. 员工因其他原因未能为公司工作达到约定期限而提前与公司解除合同时，从解除劳动合同之日起计算未满服务期应支付的违约金。

第11条　将员工培训考核成绩纳入个人奖金发放的依据。没有达到规定考核成绩的，以个人奖金标准的80%发放；达到规定考核成绩的，以个人奖金标准的100%发放；超过规定考核成绩的，以个人奖金标准的105%发放。

第12条　将员工考核成绩作为晋升的主要参考标准之一。没有达到晋级规定的考核成绩者，不予晋升；超过规定考核成绩者，晋升时给予优先考虑。

第13条　设立专项培训先进奖，给予一定的物质和精神奖励。每次培训考核成绩排名前三名者，授予培训先进奖证书，并给予100元奖励；年度综合考核培训成绩排名前三名者，授予年度培训现金奖证书，并给予第一名1 000元奖励，第二名800元奖励，第三名500元奖励。

第14条　对于培训考核成绩优秀者，可以根据员工的实际情况，放宽其他相关的条件要求。

第15条　人力资源部应及时将员工培训的奖惩情况列入员工档案中，作为综合考核员工的依据之一。

第16条　本制度由公司人力资源部制定，其修改、解释权归人力资源部所有。

第17条　本制度自总经理签发之日起实施。

编制日期		审核日期		批准日期	
修改标记		修改处数		修改日期	

9.3 行政支持体系

9.3.1 培训运营支持体系

培训运营支持体系是为保障培训顺利进行而提供的支持与帮助。培训运营支持体系主要包括教室选择、教学设备、培训资料、教学现场管理以及培训支持人员五个部分的内容（如图9-14所示）。

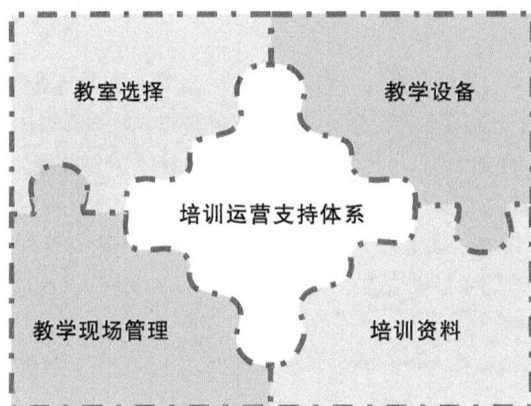

图9-14 培训运营支持体系

1. 教室管理

（1）教室选择应注意的因素

培训教室管理无论对培训师还是对受训人员而言都是非常重要的因素。因此，在选择教室时需要考虑的因素如图9-15所示。

选择教室应考虑的因素			
参加培训人数	合适的桌椅	教室的大小	家具的摆放
室内的布置	灯光	环境的噪音	教室温度
道路和交通	服务设施	墙壁状况	室外状况
音响设备	电源设施	备用线路	投影设备
白板显示屏	通风情况	辅助设备	储藏间

图9-15 选择教室应考虑的因素

下面针对上述中的 10 项主要因素进行详细说明，如表 9-2 所示。

表 9-2　10 项主要考虑因素的说明

考虑因素	详细说明
参加培训人数	参加培训的人数决定了培训地点。人员庞杂的培训现场无法营造良好的学习氛围，同样，空间太大而人员较少，培训效果也会受到负面影响
桌椅的摆放	桌椅的摆放应根据培训讲师与受训人员之间将要进行的交流类型来确定。常见的桌椅摆放方式有 U 型、V 型、圆型、鱼骨架型和阶梯型五种（详见表 9-3）
灯光	自然光、灯光要适宜，太强或太暗都会引起眼睛疲劳。同时，培训讲师需要足够的光线以便让学员看清楚演示板，但是不能太强，否则看不清楚投影屏幕
环境的噪音	培训讲师和学员通常都喜欢隔音效果好的教室，所以应尽可能挑选远离声音嘈杂的地方作为培训教室，以避免影响课堂培训的效果
服务设施	培训组织者应提早考虑和安排服务设施，比如，上午和中午休息时的茶水、茶点是否准备好了，卫生间的确切地点是否做出明确标记，紧急出口是否畅通等。以上所有信息都应该在培训课开始之前准备好
音响设备	培训教师的影响设备应能帮助培训讲师控制和引导学员，培训讲师的声音应能压倒一切噪音，从而不会影响培训授课效果
电源设施	电源插口的位置是否符合要求，在培训之前应事先试用，以确保电源插口能够使用
温度与通风	教室的温度在 20～25 摄氏度最为理想，所以在选择培训教室时，空调和取暖设施是必备的。室内要有良好的通风条件，空气污浊会使人感到不舒服
道路和交通	学员到达培训教室的交通工具是否充分，若学员使用自己的交通工具，将在哪里停车等。同时，还应该为残疾人员准备特殊通道
储藏间	储藏间可以放置多余的设备、学员手册以及暂时不用的辅助设施、培训道具或其他材料

桌椅摆放方式的优缺点如表 9-3 所示。

表9-3　桌椅摆放方式的优缺点对照表

座位安排方式	优点	缺点
U型	1. 学员便于观看 2. 给人一种严肃认真却无胁迫的感觉 3. 讲师可以走进U字中间进行讲解	1. 比较正式，有种拘谨的感觉 2. 后排学员离屏幕远，可能看不清楚 3. 前排学员需要经常转一定角度看屏幕，时间长了可能导致脖颈不适
V型	1. 视线最佳且防止脖颈痛 2. 讲师和学员之间便于接触 3. 这种形式比较随意	需要空间大，适用于学员人数较少的培训
圆型	1. 鼓励学员最大程度的参与 2. 讲师与学员之间较易沟通 3. 不易闲聊，不会形成非正式小团体	1. 不容易找到圆形的桌子 2. 一些学员视线受阻或脖颈痛 3. 给人一种临时拼凑的感觉
鱼骨架型	1. 空间利用率高，适用于人数多时 2. 适合所有学员看屏幕的角度 3. 讲师可以沿着鱼脊走	1. 一些学员视线会被遮挡 2. 易形成有副作用的小团体 3. 后排学员离屏幕太远 4. 讲师与学员之间沟通较差
阶梯型	1. 如果房间设计得好，视线和音响效果最佳 2. 空间利用极为有效 3. 适于用讲座型的报告培训	1. 讲师与学员之间的沟通较差 2. 很有大学教室的味道 3. 这种形式需要有专门的教室

（2）教室选择的原则

选择教室所要遵守的以下四项原则，如图9-16所示。

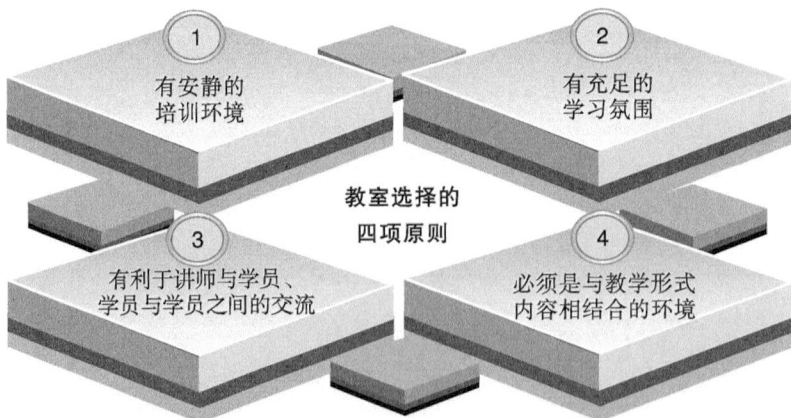

图9-16　教室选择的原则

2. 教学设备管理

（1）影响教学设备选择的因素

教学设备应针对组织和成员的特点量身定制。通常情况下，组织在进行教学设备选择时会考虑以下七项因素，如图9-17所示。

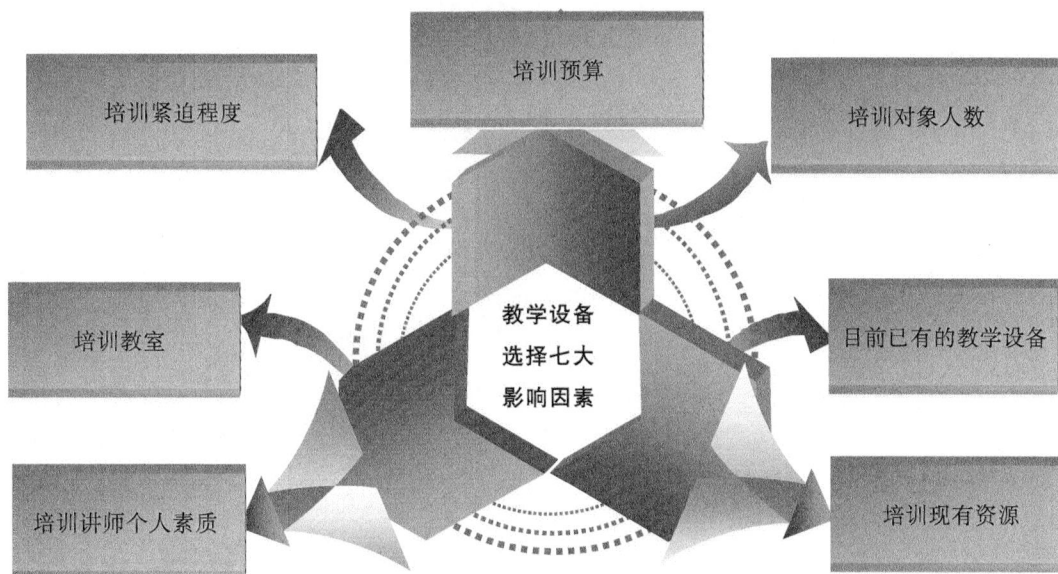

图9-17 影响教学设备选择的七项因素

（2）常用教学设备的选择与使用

教学设备可以增强授课效果，方便讲师讲解和通过不同的方式展开授课内容。在实际工作中，常用的教学设备如表9-4所示。

表9-4 常用教学设备一览表

设备名称	优点	缺点	使用注意事项
投影仪	1. 培训师可以与学员面对面地沟通培训内容 2. 可及时布置和取消授课内容 3. 可以声情并茂地展示培训课程内容	1. 价格昂贵，不便于运输 2. 要求提前进行安装和调试	教室内光线是否太强，投影仪是否调整完好

（续表）

设备名称	优点	缺点	使用注意事项
光盘、录像	1. 多数为专业设备，放映效果好 2. 能在正常光线下使用 3. 多数可通过租用降低成本	1. 购买价格昂贵 2. 需要使用特殊的仪器和专业的设备	培训前，应对培训录像和光盘进行试看，选择合适的光线、音量等
磁带、录音机	1. 购买磁带较为便宜 2. 使用方便	1. 需要一些准备工作，如剪辑等 2. 磁带使用频率不能太高，不宜长期保存	培训之前应进行试听，看声音是否清晰
书写板	1. 使用比较方便 2. 记号笔容易购买，且便宜 3. 可以使用多颜色加以标注	1. 书写板的价格比较昂贵 2. 受距离限制 3. 板面光滑，不易书写	书写板位置摆放应合理，书写应简单、清晰
粘贴展板、磁性展板	1. 价格便宜 2. 可以展示优秀作品，能反复使用	1. 使用较少 2. 粘贴物的磁性容易失去	粘贴展板应摆放应合理，合理使用粘贴展板的空间
图表、海报	1. 可提高色彩和质量 2. 携带方便 3. 可提前准备和反复多次使用	1. 容易破损 2. 易分散学员的注意力 3. 第一次准备时工作量太大	确保图表、海报支架牢固，课前做好各类海报的编码工作

3. 培训资料管理

充足的培训资料支持是培训活动得以顺利实施的保证。在员工培训中，通常需要准备的培训资料如图9-18所示。

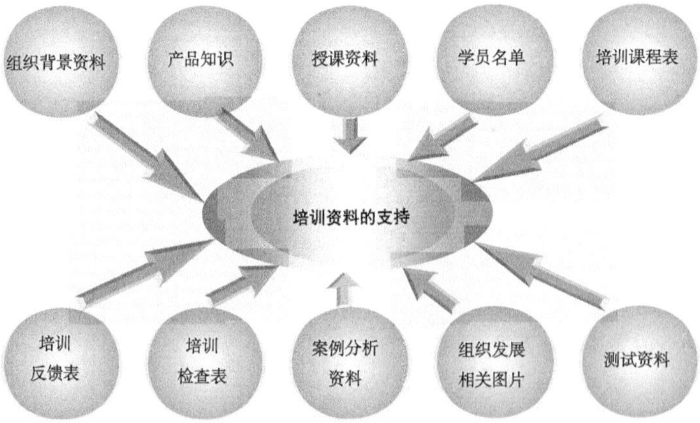

图9-18　培训支持的资料

4. 教学现场管理

教学现场管理是培训运营支持体系中的一个重要组成部分，也是比较容易被忽视的一个环节。这个环节不做好往往会导致培训现场出现问题而不能及时处理，影响到培训效果。教学现场管理主要包括做好培训主持、协助培训师和为受训人员提供服务三个方面，只有做好教学现场管理的这三个方面，才能保证培训成功实施。

（1）做好培训主持

做好培训主持需要做的工作主要包括以下四个方面，如图9-19所示。

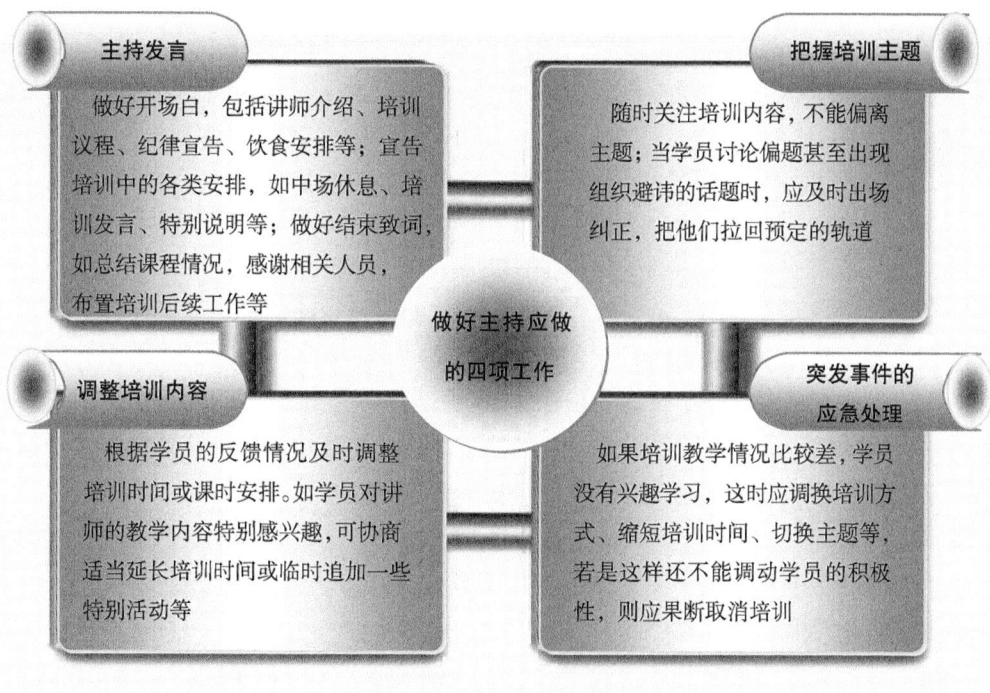

主持发言

做好开场白，包括讲师介绍、培训议程、纪律宣告、饮食安排等；宣告培训中的各类安排，如中场休息、培训发言、特别说明等；做好结束致词，如总结课程情况，感谢相关人员，布置培训后续工作等

把握培训主题

随时关注培训内容，不能偏离主题；当学员讨论偏题甚至出现组织避讳的话题时，应及时出场纠正，把他们拉回预定的轨道

做好主持应做的四项工作

调整培训内容

根据学员的反馈情况及时调整培训时间或课时安排。如学员对讲师的教学内容特别感兴趣，可协商适当延长培训时间或临时追加一些特别活动等

突发事件的应急处理

如果培训教学情况比较差，学员没有兴趣学习，这时应调换培训方式、缩短培训时间、切换主题等，若是这样还不能调动学员的积极性，则应果断取消培训

图9-19 做好主持应做的四项工作

（2）协助培训师

做好培训师的助手，协助其完成培训工作，需要做好以下三项工作，如图9-20所示。

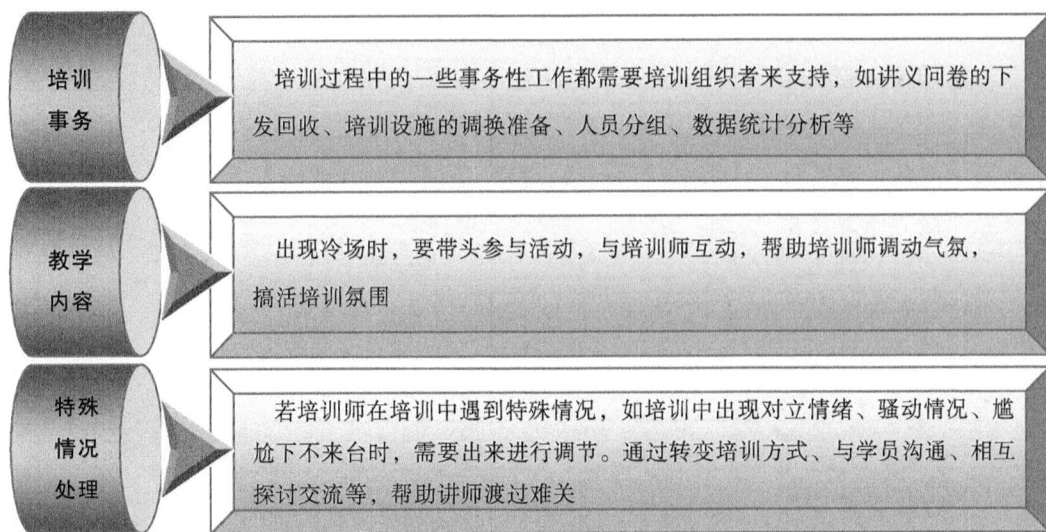

培训事务	培训过程中的一些事务性工作都需要培训组织者来支持，如讲义问卷的下发回收、培训设施的调换准备、人员分组、数据统计分析等
教学内容	出现冷场时，要带头参与活动，与培训师互动，帮助培训师调动气氛，搞活培训氛围
特殊情况处理	若培训师在培训中遇到特殊情况，如培训中出现对立情绪、骚动情况、尴尬下不来台时，需要出来进行调节。通过转变培训方式、与学员沟通、相互探讨交流等，帮助讲师渡过难关

图 9-20　协助培训师应做好的三项工作

（3）提供服务

对受训人员的服务工作一定要做到位，这样才能取得较高的学员满意度。为受训人员提供服务需要做好以下三项工作。

①听取学员意见。培训组织者要积极听取学员的意见，如培训师培训的优缺点、讲课速度的快慢、培训内容的深浅、培训形式的认可度、培训疑难解答等，要把学员的意见及时反馈给培训师并与培训师协调改进，争取让学员满意。

②观察学员反映。培训组织者不仅要听取学员意见，还要察看学员的表现。如果学员对培训内容无动于衷、哈欠连天、交头接耳甚至是不断离场等，这时就要主动询问原因，请培训师及时调整课程内容或形式。

③培训后勤服务。如人员饮食安排、现场录像拍照、现场环境清洁、紧急情况处理、培训师的接送等，这些都需要培训组织者细心安排、解决。

5. 培训支持人员

培训支持人员的基本要求及工作支持如图 9-21 所示。

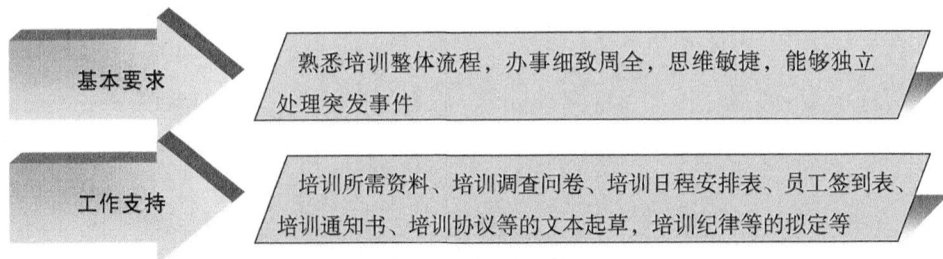

| 基本要求 | 熟悉培训整体流程，办事细致周全，思维敏捷，能够独立处理突发事件 |
| 工作支持 | 培训所需资料、培训调查问卷、培训日程安排表、员工签到表、培训通知书、培训协议等的文本起草，培训纪律等的拟定等 |

图 9-21　培训支持人员基本要求及工作支持

（1）起草培训通知书

培训通知书能够使受训人员通过通知内容迅速获悉相关信息，表9-5提供了一则培训通知书范例，供读者参考。

表9-5　培训通知书

××公司基础素质培训通知

____部门：

　　根据公司培训计划安排，拟定于____年____月____日____点在____进行员工基础素质培训。为确保本次培训顺利进行，请通知您部门有关受训学员准时参加，并将回执联于____月____日前送培训助理____处。

　　感谢您的配合！

人力资源部
____年____月____日

附：1. 培训课程说明

　　2. 培训讲师

　　3. 培训对象应带学习用具和资料

（2）起草培训协议书

培训是组织的一种人力资本投资的行为，需要耗费一定的人力、物力、财力，为了保证组织的利益，保证培训为组织发展所用，同时也为了明确和保障组织与员工之间的权利和义务，双方有必要在进行培训之前签订培训协议，特别是实施外派培训或组织出资较大的培训活动时，更加有必要。

（3）制定培训纪律

培训课堂纪律是培训得以有效开展的重要保证，它一方面可以保证培训师的授课效率，提高受训人员的学习效率，另一方面也是员工素质的整体体现。因此，为了营造良好的互动气氛，需要制定培训纪律来对受训人员进行约束，如表9-6所示。

表9-6　培训纪律及考勤规定

××公司培训纪律及考勤规定

　　1. 为严肃培训纪律，做好培训对象的学习纪律及考勤工作，加强培训的管理，维护培训教学秩序，特制定本规定。

　　2. 培训场所内禁止一切不文明的言谈举止，培训对象须文明着装。培训期间，不得大声说笑，保持培训课堂纪律。

　　3. 培训过程中应关闭通信工具，如确因工作需要不便关闭通信工具，应将通信工具调至振动状态，并到培训课堂外接听电话，以免影响培训秩序。

　　4. 培训学员在培训期间应认真听讲、做好笔记，不得交头接耳、干扰培训秩序。

317

（续）

5. 保持培训场所环境卫生，严禁随地吐痰、乱扔纸屑及其他杂物等陋习。	

6. 培训对象应遵守培训课堂纪律，按课程安排时间提前 10 分钟进入培训教室，不迟到，不早退，不在课堂上自由出入。中途离开会场时，须向培训讲师或培训组织者说明情况。

7. 员工培训期间原则上不允许请假，确因病、因事不能参加培训者，须履行请假手续，向本部门经理递交请假申请，经审批通过后方能请假。

9.3.2 后勤保障支持体系

后勤保障支持体系是为了保障培训学员在培训期间的住宿、饮食和交通等服务，为培训学员营造舒适的培训环境，使培训学员无后顾之忧，能够专心参加培训，实现培训效果最大化而制定的一系列标准。后勤保障支持体系包括的内容如图 9-22 所示。

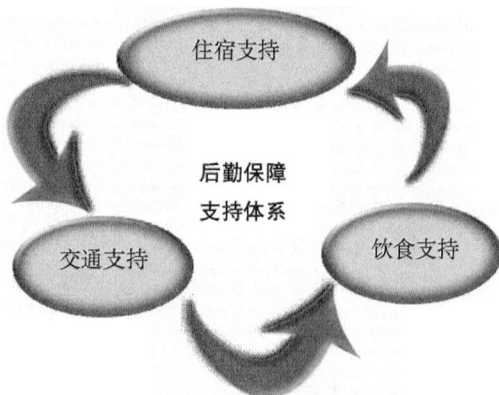

图 9-22　后勤保障支持体系包括的内容

上述内容的详细介绍如表 9-7 所示。

表 9-7　后勤保障支持体系的详细介绍

体系内容		国内培训	国外培训
住宿	主管级	每日标准为 120 元	以当地消费的平均水平为准，实报实销
	员工级	每日标准为 100 元	
饮食	主管级	每日标准为 50 元	
	员工级	每日标准为 30 元	

（续表）

体系内容		国内培训	国外培训
交通	主管级	往返乘坐飞机，当地交通费用按有效票据实报实销	凡出国者，往返于公司指定地点的交通费按实报销，自行观光的交通费自理
	员工级	往返乘坐火车，当地交通费用按每日10元的标准报销	
备注		参加公司内部培训，培训学员的住宿、饮食和交通与正常上班一样，不在支持体系范围之内	

9.3.3 培训评估支持体系

培训评估是对有关培训信息进行处理和应用的过程。培训评估支持体系为培训评估的顺利开展进行提供了有效支持。培训评估支持体系的内容如图9-23所示。

信息收集　　意见反馈　　效果评估　　档案建立

图9-23　培训评估支持体系的内容

1. 信息收集

（1）信息收集渠道和方法

不同的培训评估信息收集的渠道和收集的方法是有所不同的。在收集信息的过程中，应根据评估内容选择合适的信息收集渠道和收集方法。评估内容的不同与培训评估信息收集的对应关系如表9-8所示。

表9-8 信息收集渠道和方法

培训评估内容	信息收集渠道	信息收集方法
培训需求整体评估	企业决策者、受训人员、培训组织者	
受训人员的知识、技能和工作态度评估	培训组织者、受训人员、受训人员的直接上级、受训人员的下属	
受训人员的工作绩效评估	人力资源绩效考核管理人员、受训人员以往的工作成果、受训人员的领导	
培训计划评估	培训计划制订人员、培训计划决策人员、培训计划实施人员、培训计划的受训人员	通过资料收集、观察收集、访问收集、培训调查等方法收集培训评估信息
培训环境和培训设施评估	培训现场、受训人员、培训师	
培训内容和培训形式评估	受训人员、培训师、培训现场	
受训人员参与培训情况评估	培训现场、受训人员、培训师	
培训师和培训工作者评估	培训现场、受训人员	
培训进度和期间效果评估	受训人员、培训现场	
培训目标达成情况评估	培训现场、受训人事、培训计划、培训师、培训组织者	

（2）信息收集工具

"培训评估资料收集一览表"如表9-9所示。

表9-9 培训评估资料收集一览表

编号	资料名称或内容	收集时间	收集渠道	负责人

"观察收集培训评估信息表"如表9-10所示。

表9-10 观察收集培训评估信息表

观察对象	培训前的观察	培训后的观察	备注
培训对象			

（续表）

观察对象	培训前的观察	培训后的观察	备注
培训讲师			
培训组织者			
培训环境及设施			
其他相关人员			

2. 意见反馈

意见反馈主要是指受训人员对培训的反馈意见。每次培训后，受训人员当场填写"培训意见反馈表"，提出此次培训过程中所出现的问题以及对培训的建议等。"培训意见反馈表"如表9-11所示。

表9-11　培训意见反馈表

培训项目		培训师		培训日期	
学员姓名		部门		职务	
序号	事项	意见/建议			
1	培训讲师				
2	培训组织者				
3	培训课程内容				
4	培训环境				
5	培训设施				
6	其他				

3. 效果评估

培训效果评估的开展要遵循科学的程序。一般情况下，培训评估包括评估确定、评估方案制定、评估实施和评估反馈四个环节，具体如图9-24所示。

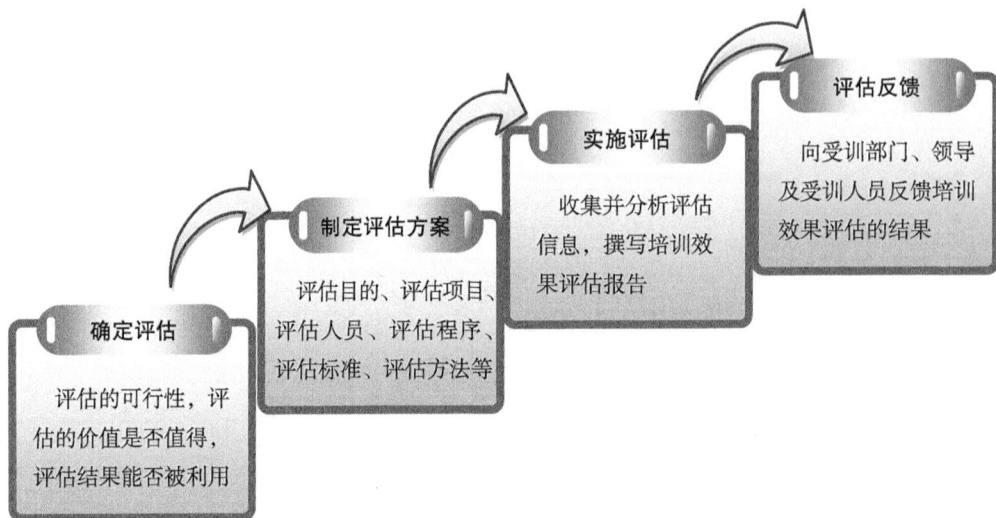

图9-24　培训效果评估程序

4. 档案建立

建立培训评估档案，以便决定今后的培训并为组织人力资源部进行人员考核、晋升、奖惩提供重要依据。培训评估档案主要包括培训评估资料、培训意见反馈表、培训评估评议情况、培训评估报告、培训评估表、培训评估调查表、培训评估访问表等内容。

9.4　培训沟通支持体系

9.4.1　培训效果沟通体系

建立健全培训效果沟通体系的目的是为了使组织内部所有参与培训的人员都清楚地知道培训的最终效果，以便为下次培训效果提升提出改进建议和意见。

1. 培训效果沟通体系的构成

培训效果沟通体系包括的内容如图9-25所示。

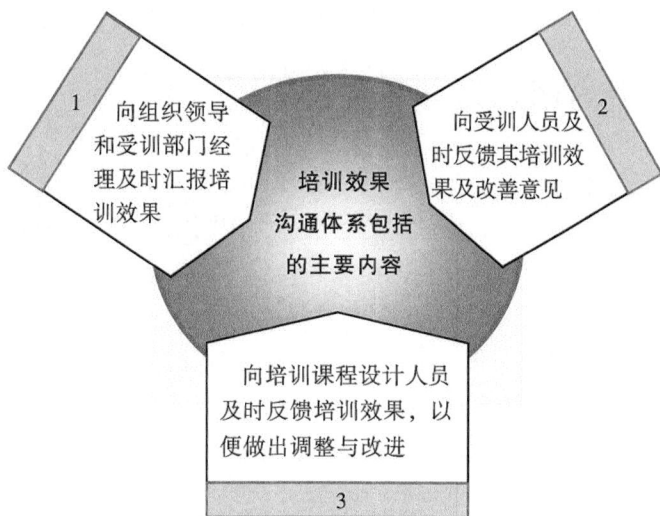

图 9-25　培训效果沟通体系的构成

2. 培训效果沟通的工具

　　举办培训效果交流会是进行培训效果沟通的一种实用工具。举办培训交流会可以在学员之间交流实际应用经验，同时也可以让未参加培训的员工从培训心得交流中学到知识。培训交流会一般在培训结束后的 3 个月到 1 年之间，采用报告会的形式举办。培训心得交流会通知的样例如表 9-12 所示。

表 9-12　××公司培训心得交流会通知

<table>
<tr><td colspan="4" align="center">培训心得交流会通知</td></tr>
<tr><td colspan="4">_____经理：</td></tr>
<tr><td colspan="4">　　您好！</td></tr>
<tr><td colspan="4">　　兹定于____年____月____日在_____举办培训学员交流会，交流的学员主要为____年____月____日开展的_____培训课程的学员，有关具体安排如下表所示。</td></tr>
<tr><td>序号</td><td>日期</td><td>交流主题</td><td>主持人</td></tr>
<tr><td></td><td></td><td></td><td></td></tr>
<tr><td></td><td></td><td></td><td></td></tr>
<tr><td></td><td></td><td></td><td></td></tr>
<tr><td colspan="4">　　届时请组织贵部门学员和相关人员参加，谢谢配合！</td></tr>
<tr><td colspan="4" align="right">人力资源部：　　　　日期：____年____月____日</td></tr>
</table>

9.4.2　培训内部沟通体系

培训内部沟通是指组织内部，包括培训组织者和受训人员之间、培训师与受训人员之间、部门负责人与受训人员之间、培训组织者与受训部门之间以及培训组织者与主管培训的领导之间的相互沟通。组织内部良好的协调与合作是搞好培训工作的根本保证。

1. 培训内部沟通的途径

一个组织的培训内部沟通需要多种途径来实现，具体如图9-26所示。

实现途径	主要内容
培训主题会议	由培训部门组织，决策层、部门经理、员工代表参加，讨论培训需求、培训评估、培训信息发布等与培训相关的内容
培训意见反馈箱	受训人员和内部讲师可以就培训内容、培训形式、培训后勤服务等相关内容提出意见或建议
培训效果交流会	每个培训项目结束后，培训部门组织召开培训效果交流会，讨论提升培训效果的方法和技巧等
个别谈心	对组织内部的一些特殊员工或培训效果较差的员工进行面谈，了解他们真正的培训需求或培训失败的真正原因等

图9-26　培训内部沟通的途径

2. 培训内部沟通体系的构成

培训内部沟通体系主要由组织高层决策者、培训组织者和各部门之间的相互培训沟通共同组成。具体内容如图9-27所示。

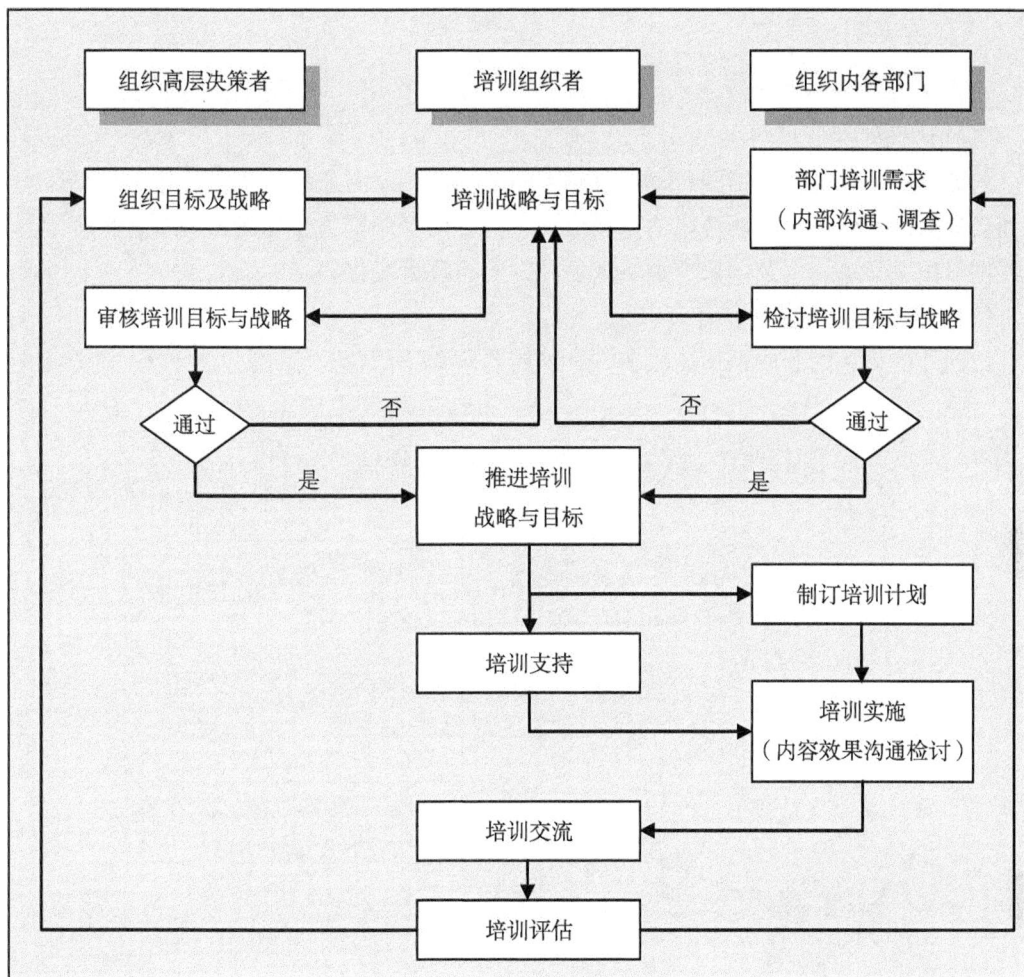

图 9-27　培训内部沟通体系的构成

9.4.3　培训外部沟通体系

培训外部沟通体系由培训外部信息沟通体系和培训外部资源沟通体系两部分构成，如图 9-28 所示。

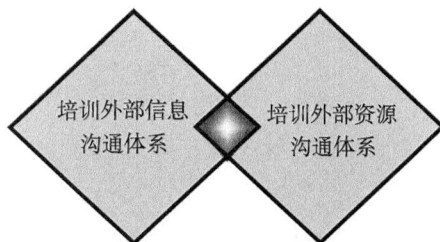

图 9-28　培训外部沟通体系的构成

1. 培训外部信息沟通体系

（1）培训外部信息结构

培训外部信息主要包括同行业竞争对手的培训信息，专业培训机构的培训信息，专业培训顾问的培训信息，高新技术的发展信息，与培训工作较为密切的心理学、教育学、商务礼仪等相关学科，以及国家有关培训发展方面的政策变化等。

（2）培训外部信息获取渠道

培训外部信息的获取渠道比较多，具体如图 9-29 所示。

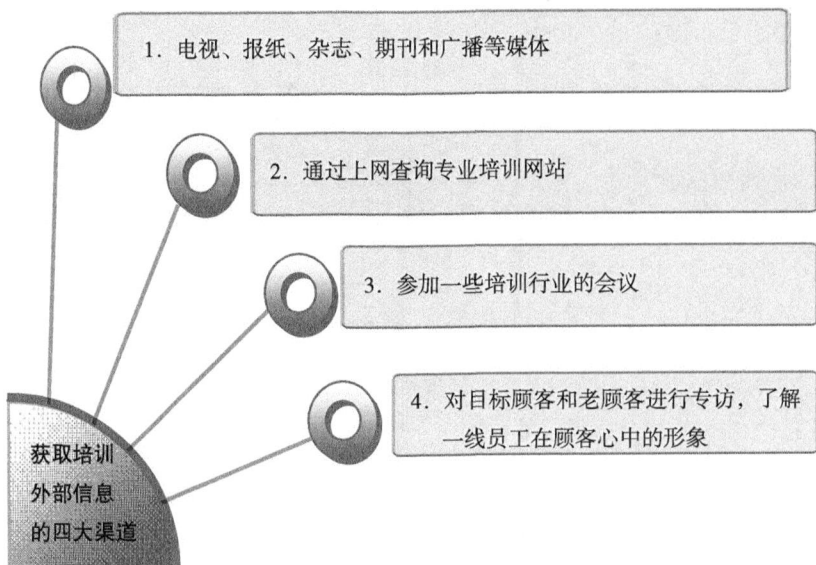

图 9-29 培训外部信息获取渠道

（3）培训外部信息沟通流程

培训外部信息涉及面较广，信息种类较多，因此，在信息处理时一定要排除不相干信息的干扰。培训外部信息沟通流程如图 9-30 所示。

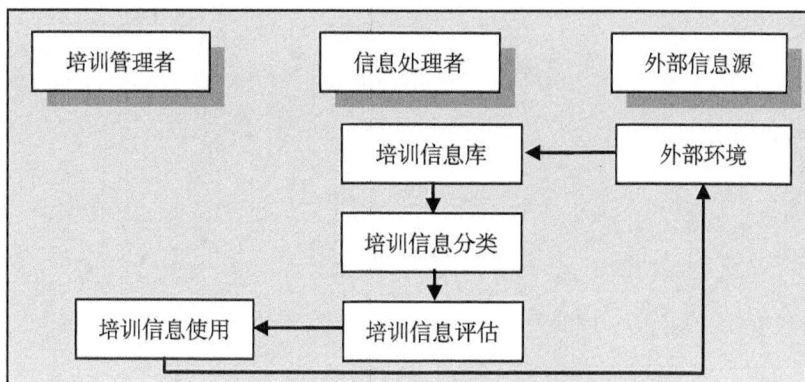

图 9-30　培训外部信息沟通流程

2. 培训外部资源沟通体系

培训外部资源沟通主要是指与外部培训机构、培训师、外部培训场所以及其他相关机构的沟通。建立健全培训外部资源沟通体系能够提升培训效果。培训外部资源沟通体系如图 9-31 所示。

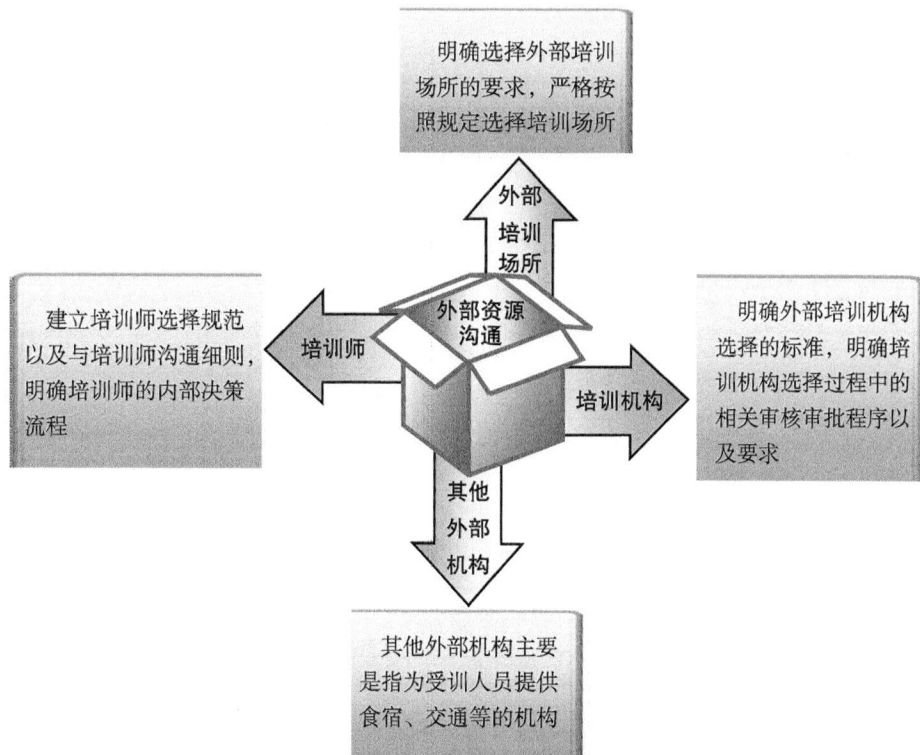

图 9-31　培训外部资源沟通体系

第 10 章

培训效果评估与跟踪辅导体系

10.1 培训评估

10.1.1 培训前评估

培训前评估的主要作用是帮助企业找到具有针对性的员工培训需求，并为培训后的效果评估提供参照对比数据。

1. 培训前评估的内容

培训前评估的重点是针对学员本人，主要是对学员的能力水平和行为进行评估。通过培训前学员能力及行为评估确认以下三方面的差距（如图 10-1 所示）。

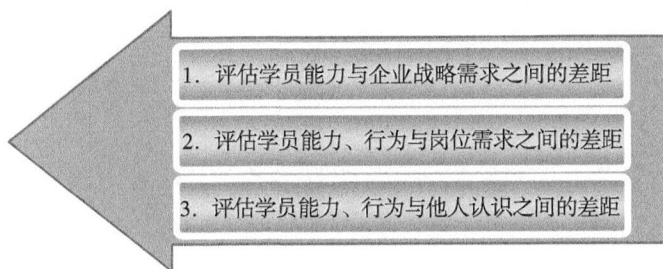

1. 评估学员能力与企业战略需求之间的差距

2. 评估学员能力、行为与岗位需求之间的差距

3. 评估学员能力、行为与他人认识之间的差距

图 10-1 培训前学员三方面的差距

2. 培训前评估的方法

培训前评估有以下六种常用方法，具体如图 10-2 所示。

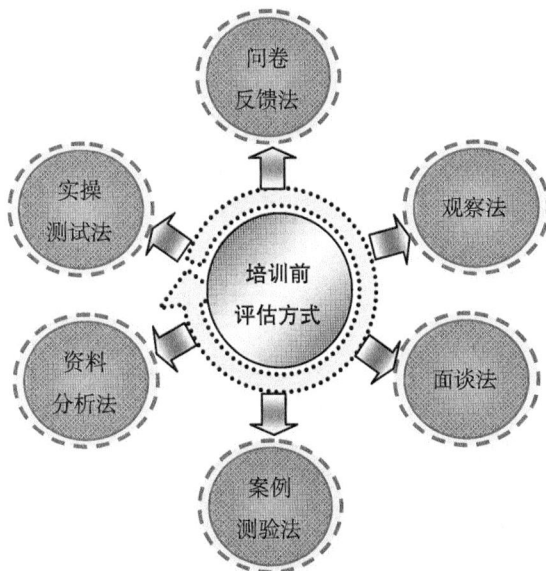

问卷反馈法

观察法

面谈法

案例测验法

资料分析法

实操测试法

培训前评估方式

图 10-2 培训前评估的方法

3. 培训前评估工具示例

××企业管理人员绩效考核能力问卷

在企业中，绩效考核能力是指管理者通过系统的方法和原理评估并测量员工业绩及效果的能力。请各位学员通过下列问题对自己的该项能力进行测评。

姓名：_____   部门：_____   职位：_____

1. 您是否清楚每个下属的绩效目标？

    A. 清楚每个下属的   B. 清楚大部分下属的

    C. 只清楚关键下属的

2. 您是否清楚不同工作类别下属的 KPI 指标？

    A. 十分清楚   B. 部分清楚

    C. 不是很清楚

3. 对下属进行绩效考核时，通常您是否能严格遵循绩效考核制度？

    A. 通常都能   B. 有时能

    C. 偶尔能

4. 在绩效考核时，您最关注下属哪个方面的表现？

    A. 工作业绩   B. 工作态度

    C. 工作能力

5. 您对下属进行绩效考核的主要依据是什么？

    A. 客观事实   B. 他人评价

    C. 主观印象

6. 您是否能对下属的每项绩效指标都做出正确的评估？

    A. 总是能   B. 大部分情况下可以

    C. 会有些偏差

7. 您是否能针对下属的绩效考核结果对下属进行相应的培训？

    A. 总是能   B. 有时能

    C. 偶尔能

8. 您如何认识绩效考核？

    A. 缺乏考核就无法进行绩效管理   B. 是绩效管理的一环

    C. 等同于绩效管理

9. 您如何为下属设定绩效考核指标？

    A. 定性指标和定量指标相结合   B. 定量指标为主，定性指标为辅

    C. 只有定量指标或者只有定性指标

10. 作为管理者，您通常能否从绩效考核的结果中发现有待改进的问题？

    A. 通常能   B. 有时能

    C. 偶尔能

说明：

该问卷完成后由评估人员计算得分，其中选 A 得 3 分，选 B 得 2 分，选 C 得 1 分。

24 分以上，说明您的绩效考核能力很强，请继续保持和提升。

15～24 分，说明您的绩效考核能力一般，请努力提升。

15 分以下，说明您的绩效考核能力很差，急需提升。

编制人员		审核人员		批准人员	
编制日期		审核日期		批准日期	

10.1.2 培训中评估

培训中评估是指在培训实施过程中进行的评估，培训中评估能够帮助培训管理人员控制培训实施的有效程度。

1. 培训中评估的内容

培训中评估的内容主要包括以下七大部分，具体如图 10-3 所示。

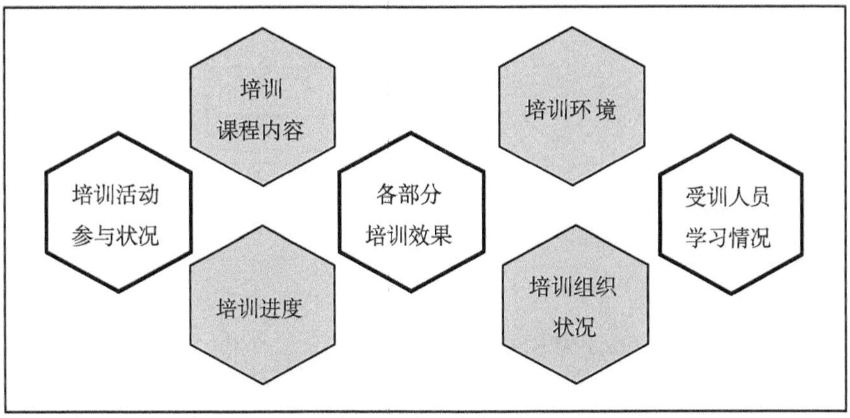

图 10-3 培训中评估的内容

2. 培训中评估工具

"学员课程评估表"是常用的培训中评估工具之一，它通过了解受训人员对课程的感受，可以比较准确地判断课程组织的成功与否。其具体事例如表 10-1 所示。

表 10-1　××企业××培训课程学员评估表

课程名称		课程时间	
培训讲师		培训方式	
一、学员基本情况			
学员姓名		工作岗位	
联系电话		工作年限	

二、课程满意度调查项目（在相应选项下的表格内划对号）						
调查项目		很满意（5分）	满意（4分）	一般（3分）	不满意（2分）	极不满意（1分）
课程内容	课程目标的明确性、可量化					
	课程内容与需求的匹配度					
	课程内容编排的合理性					
	理论知识讲解浅显易懂					
	案例互动环节生动有趣					
关于讲师	仪表、仪容整洁得当					
	课程时间的掌控程度					
	沟通技巧的掌握程度					
	激发学员兴趣的程度					
	对课程内容的驾驭程度					
	培训工具运用熟练程度					
关于培训组织	培训时间安排的合理性					
	培训现场服务水平					
	培训材料和通知下发的及时性					
	培训辅助工具和材料的准备情况					
三、截止目前您感到最受益匪浅的内容是：						

（续表）

四、您对课程不满意的地方有哪些？
五、其他建议：

10.1.3 培训后评估

培训后评估是对培训的最终效果进行评价，其目的在于使企业管理者能够明确培训项目选择的优劣，了解培训预期目标的实现程度，为后期培训计划、培训项目的制定与实施提供帮助。

1. 培训后评估内容

培训后评估的内容主要有以下三个部分，具体如图10-4所示。

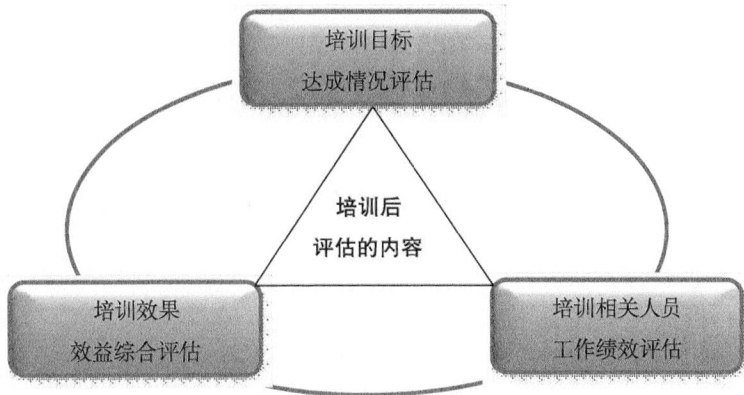

图10-4 培训后评估的内容

2. 培训后评估目的

培训后评估有助于判断该项目培训效果是否达到原定目标，判断培训对象知识技术能力的提高或行为表现的改变与本次培训的关系等，具体内容如图10-5所示。

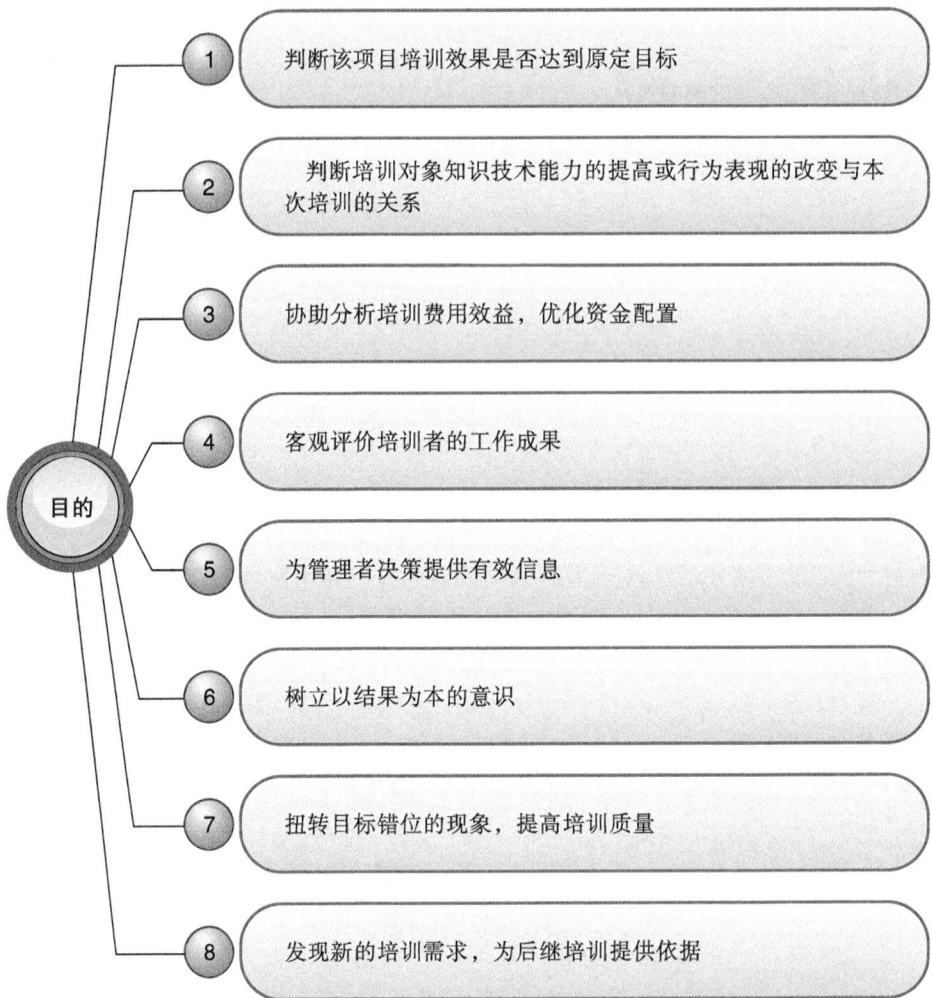

图 10-5　培训后评估的目的

3. 培训后评估方法

培训后评估方法主要有定量评估和问卷评估两种。

（1）定量评估

定量评估是通过将与培训相关的成本、收益等信息和数据进行量化，从而对培训的效果进行衡量的一种评估方法。常用的定量评估工具有两种，具体如图 10-6 所示。

工具
说明

计算
公式

舍贝克和科恩
的效用公式

对受训人员在
培训前后工作
效益的差别
进行计算

培训效益 $=(E2-E1) \times P \times Y \times V - C \times P$

1. $E1$ 表示培训前每位受训人员一年产生的效益

2. $E2$ 表示培训后每位受训人员一年产生的效益

3. P 表示受训人员的人数

4. Y 表示培训效益可持续的年限

5. V 表示工作价值，即对工作成绩的货币计算

6. C 表示为每位受训人员花费的培训费用

收益分析
公式

比较、计算培训
前后受训人员
与未受训人员
的工作差异

培训效益 $=(Y \times P)(Dt \times SDy)(1+V)(1-Tax) - (N \times C)(1-Tax)$

1. Y 表示培训产生收益的时间期限

2. P 表示在考虑的时间范围内，最终留在企业的
受训人员数目

3. Dt 表示受训人员和未受训人员工作成绩的差
异

4. SDy 表示未受训人员工作成绩的标准偏差

5. $(1+V)$ 和 $(1-Tax)$ 分别表示用来调整易变
的培训花费和企业税率的影响，这可以用会
计方法计算得出

6. C 表示每位受训人员培训中所用花费，包括
所有直接成本和间接成本

7. N 表示受训人员人数，即使是最终培训成绩
不符合标准的或中间退出的受训人员都应包
括在内

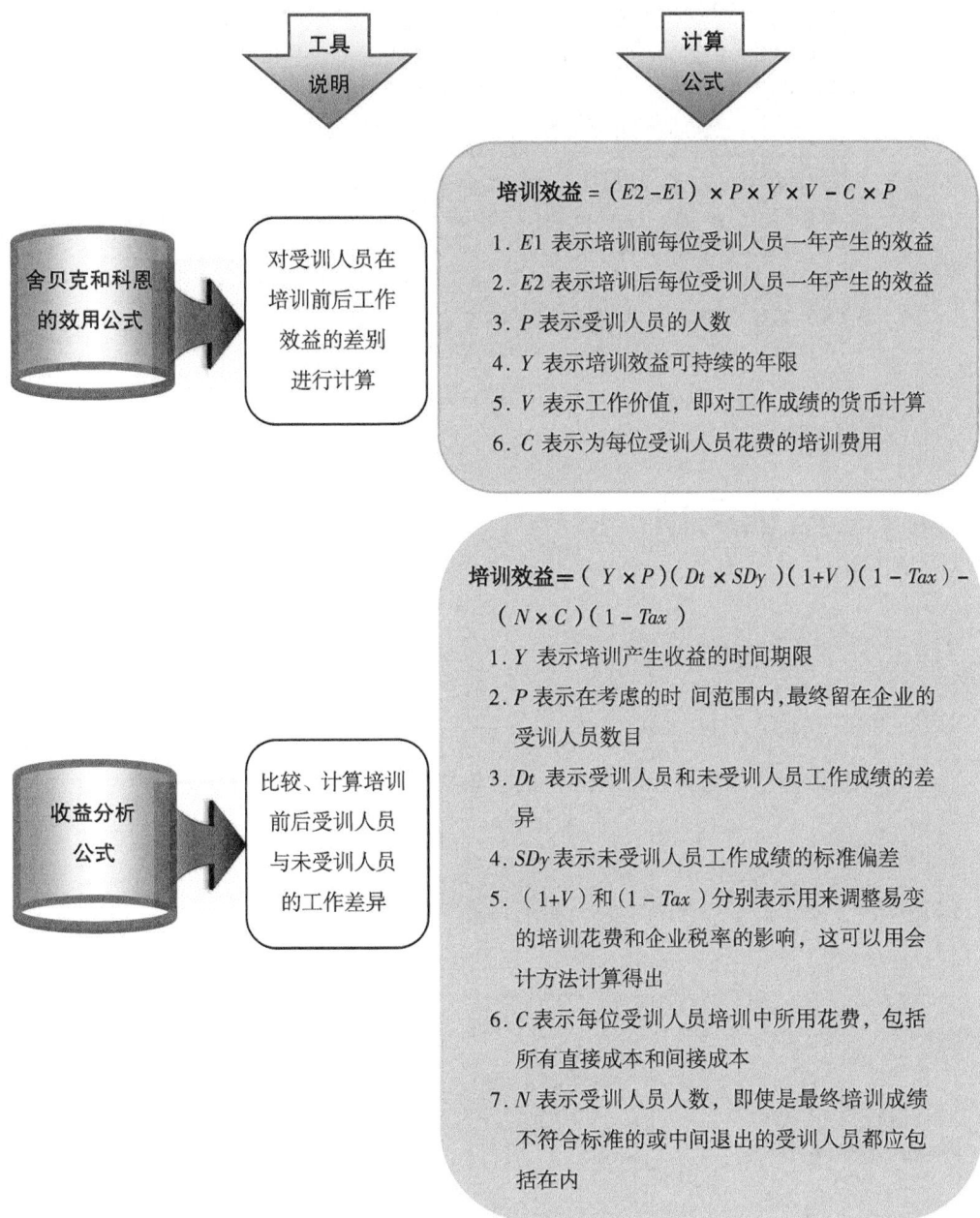

图 10-6　定量评估的两种常用方法

（2）问卷评估

问卷评估是指通过问卷的方式选取评估指标，直接向评估对象了解培训的效果。问卷
评估是目前应用最为普遍的一种评估方法。问卷评估实施的关键在于设计出一份优秀的问
卷，优秀问卷需要符合以下五项要求，具体如图 10-7 所示。

1	与培训目标紧密相联
2	与受训人员的培训内容有关
3	包含培训的主要因素和主要环节,如培训讲师、培训场地等
4	评价结果较易量化
5	能鼓励受训人员真实反映结果

图 10-7 优秀问卷需符合的五项要求

10.2 培训反馈

10.2.1 反馈渠道设计

通过培训反馈所得的信息可以对培训效果进行测定和量比,以了解培训所产生的收益,也可以对组织的培训决策及培训工作的改善提供依据。

1. 培训反馈渠道

培训反馈主要借助于以下七个渠道实现,具体如图 10-8 所示。

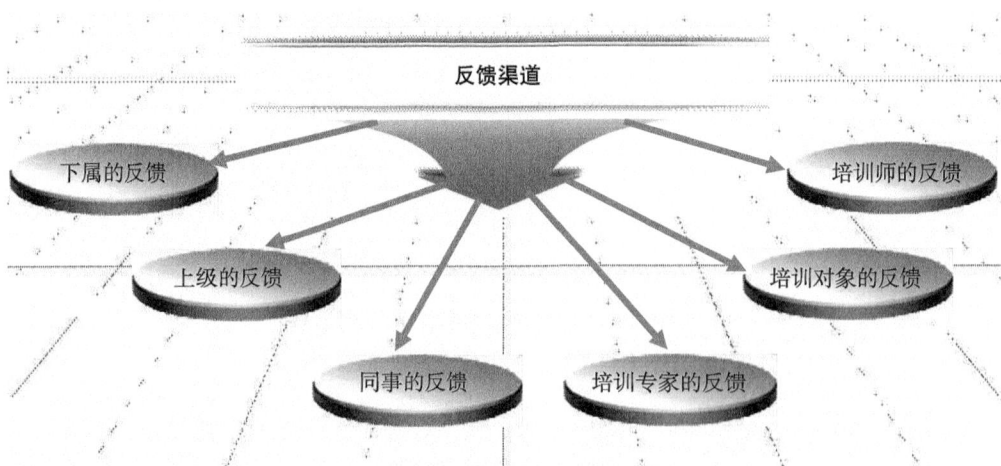

图 10-8 培训反馈渠道

2. 培训反馈渠道设计原则

培训反馈渠道设计应遵循以下五项原则，具体如图 10-9 所示。

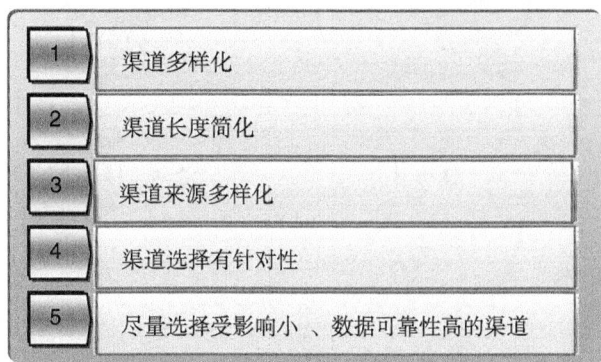

1	渠道多样化
2	渠道长度简化
3	渠道来源多样化
4	渠道选择有针对性
5	尽量选择受影响小 、数据可靠性高的渠道

图 10-9　培训反馈渠道设计原则

10.2.2　反馈信息获取

反馈信息的获取涉及到多个方面，下面从培训反馈信息的获取内容、获取方式以及获取工具三个方面进行阐述。

1. 培训反馈信息获取内容

各渠道所获取的培训反馈信息内容如表 10-2 所示。

表 10-2　各渠道所获取的培训反馈信息内容

培训反馈渠道来源	培训反馈信息内容
培训讲师的反馈	课程的有效性和可信性、课程修改建议
培训对象的反馈	课程内容、授课方式、教材质量
培训专家的反馈	课程设计、内容、课题设计、教学方法的选择、评价技巧的使用等
上级的反馈	培训对象的表现和工作实绩方面的变化
下属的反馈	培训对象参加培训后的行为变化
同事的反馈	培训对象的工作表现和工作成绩

2. 反馈信息获取方式

反馈信息获取方式主要有以下八种，具体如图 10-10 所示。

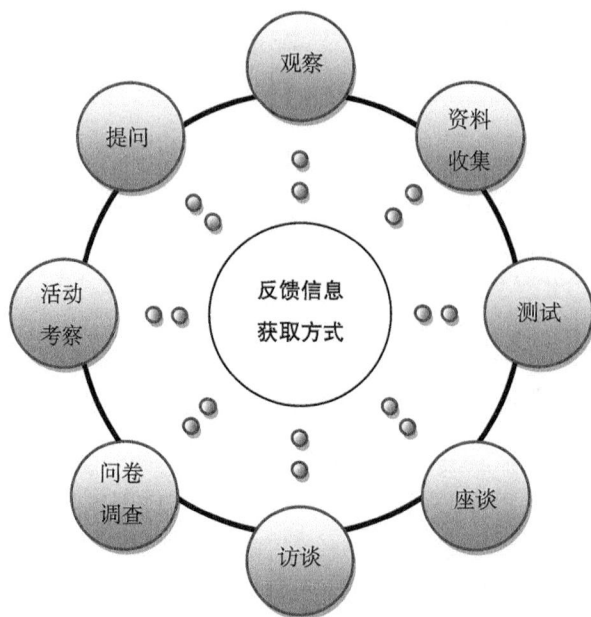

图 10-10　反馈信息获取方式

不同的反馈信息内容应在适当的时间、采用不同的获取方式获得，具体如表 10-3 所示。

表 10-3　反馈信息获取内容、获取时间、获取方式对应表

反馈内容	获取时间	获取方式
课程针对性	培训课程开始前、中、后	测试、问卷调查、访谈
课程科学性	培训课程开始前、中、后	座谈、问卷调查、访谈
课程灵活性	培训课程开始前、中、后	观察、问卷调查、访谈
课程资料完整性	培训课程开始前、中、后	观察、问卷调查、访谈
课时安排合理性	培训课程开始前、中、后	观察、问卷调查、访谈
课程绩效情况	培训课程中、后	测试、问卷调查、访谈
课程改善状况	培训课程中、后	座谈、问卷调查、访谈

3. 反馈信息获取工具

（1）调查问卷

获取反馈信息最常用的工具就是调查问卷，通过对参与培训的学员、培训讲师或其他人员的问卷调查，可以尽可能全面地把握培训的效果。

调查问卷分为开放式调查问卷和封闭式调查问卷两种，具体如图 10-11 所示。

开放式调查问卷

　　开放式调查问卷设计的特点是，不对调查问题的答案进行限制，由被调查者根据自己的理解和感受进行回答。其不足之处在于，如果不对问题的解答进行一定的限制，很可能被调查者填写的信息并非是调查问卷设计者所需要的

封闭式调查问卷

　　封闭式调查问卷是将备选答案以选项的形式列出，由被调查者从中选择自己认为的正确答案的调查问卷形式。封闭式调查问卷的优点是便于对问卷结果进行汇总和分析，缺点是有限的选项可能难以完全体现出被调查者的真实想法。设计封闭式调查问卷时，必须要确保答案的全面性

图 10-11　开放式调查问卷和封闭式调查问卷

（2）反馈信息收集表

"反馈信息收集表"示例如表 10-4 所示。

表 10-4　××企业×培训项目反馈信息收集表

编号	反馈信息名称或内容	收集时间	收集渠道	收集人员
1				
2				
3				
…				
备注				

10.2.3　反馈信息分析

　　获取反馈信息之后最重要的一步就是对其进行分析。下面我们从反馈信息分析的功能、反馈信息的分析方法以及反馈信息分析的内容三个方面对反馈信息分析进行阐述。

1. 反馈信息分析的功能

信息分析具有整理、评价、预测三项基本功能，具体内容如图 10-12 所示。

整理	整理功能体现在对信息进行收集、组织，使之由无序变为有序
评价	评价功能体现在对信息的价值进行评定，以达到去粗、去伪、辨新、荐优的目的
预测	预测功能体现在对已知信息内容的分析，获取未知或未来的信息

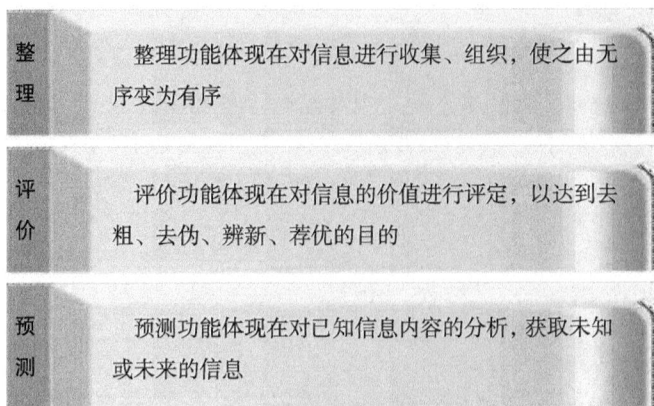

图 10-12　反馈信息分析的功能

2. 反馈信息的分析方法

反馈信息分析主要有定性分析、描述性统计分析、数据解析性分析以及德尔菲法四种，具体如图 10-13 所示。

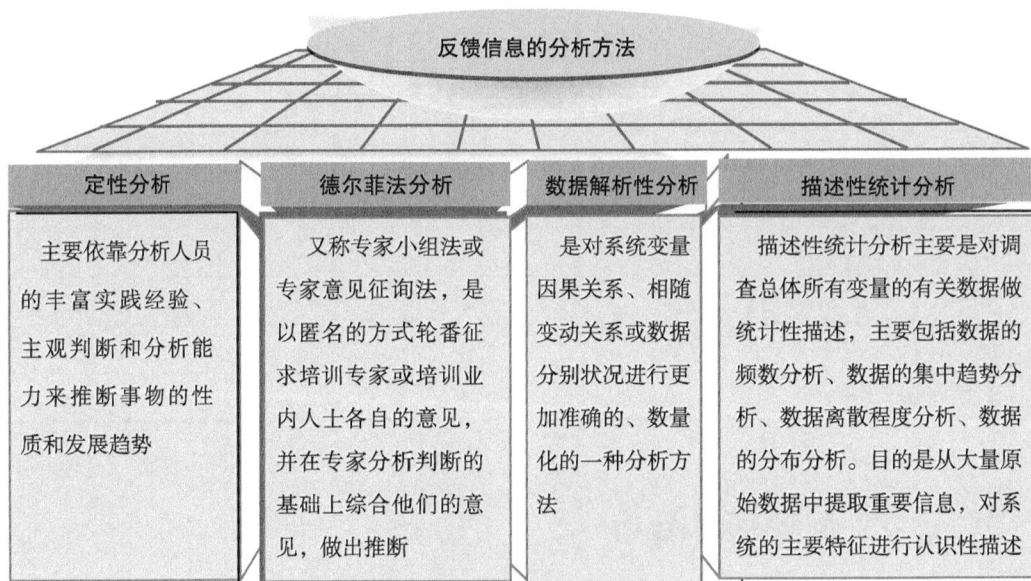

反馈信息的分析方法

定性分析	德尔菲法分析	数据解析性分析	描述性统计分析
主要依靠分析人员的丰富实践经验、主观判断和分析能力来推断事物的性质和发展趋势	又称专家小组法或专家意见征询法，是以匿名的方式轮番征求培训专家或培训业内人士各自的意见，并在专家分析判断的基础上综合他们的意见，做出推断	是对系统变量因果关系、相随变动关系或数据分别状况进行更加准确的、数量化的一种分析方法	描述性统计分析主要是对调查总体所有变量的有关数据做统计性描述，主要包括数据的频数分析、数据的集中趋势分析、数据离散程度分析、数据的分布分析。目的是从大量原始数据中提取重要信息，对系统的主要特征进行认识性描述

图 10-13　反馈信息的分析方法

3. 反馈信息分析的内容

对反馈信息进行分析，主要从以下四个方面着手，具体如图 10-14 所示。

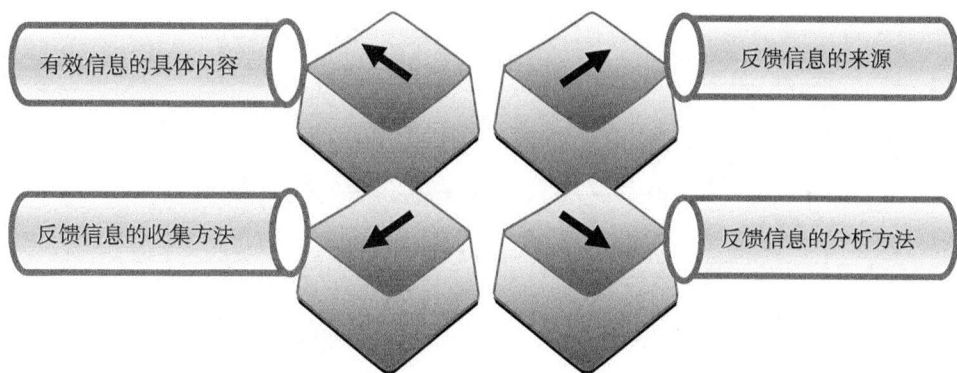

图 10-14　反馈信息分析的内容

10.3　四层面评估模式

10.3.1　反应评估

反应评估是了解学员对培训项目的满意程度的重要工具，是掌握学员对于培训的反应积极程度的工具。开展有效的反应评估，可以从中把握学员的参训动机，并为合理设计后续课程项目提供参考。

1. 反应评估目的、对象和方式

反应评估的目的、对象和方式如表 10-5 所示。

表 10-5　反应评估的目的、对象和方式

反应评估目的	反应评估对象	反应评估方式	反应评估时间	说明
评估学员对培训过程的满意程度	课程主题的重要性和及时性 课程总体进度安排和时间安排 培训讲师的表达及教学技巧运用 课程内容有效性和教材的质量 课程各类辅助材料的有效使用 课程场地设备及其他服务质量	电话调查 问卷调查 观察法 访谈法	课程结束时	责任目标

2. 反应评估实施准则

在实施反映评估时，需要遵循如下以下六大准则方能使反应评估的实施取得良好效果，具体如图 10-15 所示。

1. 评估人员应事先明确自己所要评估的事项
2. 表单和问卷等反映评估工具的设计应可量化
3. 反馈者的书面意见胜过口头沟通
4. 应尽量确保反馈者的信息真实可信
5. 制定大家认可的评估标准并参照执行
6. 评估完成后应与反馈者进行再沟通

图 10-15　反应评估实施准则

3. 反应评估工具示例

大多数培训项目的组织者或课程设计人员通过填写评估表或调查问卷的方式了解学员的反应情况，事实也证明，表单和调查问卷的确能够起到良好的评估作用。培训反应评估问卷的示例如下所示。

××公司 A 培训反应评估问卷

为了解本次培训对您需求的满足程度，我们需要您花费几分钟的时间填写这份表格，填写表格时请注意以下两点。

1. 请务必填写您的真实感受，这对我们很重要。
2. 请注意，所有的选择性题目均为单选题目，请在相应的选项后面“√”。

下面请作答。

1. 您对本次培训的主题如何评价？

A. 非常好　　B. 很好　　C. 好　　D. 一般　　E. 差

2. 您对本次培训的组织管理人员如何评价？

A. 非常好　　B. 很好　　C. 好　　D. 一般　　E. 差

3. 您对本次培训的讲师如何评价？

A. 非常好　　B. 很好　　C. 好　　D. 一般　　E. 差

4. 您对本次培训的设施条件如何评价？

A. 非常好　　B. 很好　　C. 好　　D. 一般　　E. 差

5. 您对本次培训的日程安排如何评价?

A. 非常好 　　　B. 很好 　　　C. 好 　　　D. 一般 　　　E. 差

6. 您对本次培训的内容如何评价?

A. 非常好 　　　B. 很好 　　　C. 好 　　　D. 一般 　　　E. 差

7. 您对本次培训的方式如何评价?

A. 非常好 　　　B. 很好 　　　C. 好 　　　D. 一般 　　　E. 差

编制人员		审核人员		批准人员	
编制日期		审核日期		批准日期	

4. 反应评估结果的汇总和分析

反应评估结果的计算就是将反应评估的所有意见进行汇总并进行量化分析,这就需要赋予每个选项相应的、大家认可的分数。

对于如"很满意—满意——一般—不满意—很不满意"、"非常好—很好—好——一般—差"、"优秀—良好—合格—差—非常差"等评价选项均会赋予等差相同的分值,如"优秀—5分,良好—4分,合格—3分,差—2分,非常差—1分"。

当然,也可对具体分数进行调整,比如,对于选项为"一般"以下的可赋予负分值。分值的赋予本身只是一种工具,对分值结果进行合理分析才是关键。

对每个选项赋予分值以后,需要对所有收上来的评估表进行综合统计,统计的具体方法是将每个选项的赋予分值与选择这一选项的总人数相乘,并将所得的结果相加,然后再除以所收问卷的总数。就可以得出关于某一选项的平均分。现举例说明。

假如收上来的评估问卷的总数量为60份,则关于培训内容的选项以及所赋予的分值如下。

"您对本次培训的内容如何评价? A. 非常好(5分);B. 很好(4分);C. 好(3分);D. 一般(2分);E. 差(1分)"

本题目各选项的人数汇总情况为:A为15人;B为10人,C为25人,D为8人,E为2人。

则,关于本题目得分的计算方法为:

$(5 \times 15 + 4 \times 10 + 3 \times 25 + 2 \times 8 + 1 \times 2) / 60 \approx 3.47$ 分。

10.3.2　学习评估

学习评估相对于反应评估要更为复杂，所需花费的时间和成本也相对较高。

在描述培训课程的目标时，大多数是对学员知识、技能和态度的描述，而这也正是学习评估的主要对象，也是进行行为评估和效果评估的前提。学习评估的目的、对象和方式如表10-6所示。

表10-6　学习评估的目的、对象和方式

学习评估目的	学习评估对象	学习评估方式	评估时间	说明
衡量受训人员的学习效能，即学习成果获得程度，包括知识、技能、态度等	同课程内容相关的知识；同课程内容相关的技能；同课程内容相关的态度	测验问卷、实地操作、观察评分、小组研讨	培训开始前；培训进行时；培训结束后	学习目标

在进行学习评估时，比较常见的方法是通过纵向对比和横向对比，借助问卷、表格、面谈等工具把握受训人员知识、技能和态度的变化情况。

1. 纵向对比

纵向对比是指在培训课程开始前和培训完成后，通过问卷、表格、面谈等工具，针对不同课程的具体内容要求而实施的对受训人员知识、技能和态度的变化程度的了解和分析。

纵向对比针对的是个体受训人员的知识、技能和态度的变化情况。用于进行纵向对比的问卷、表格、面谈内容的设计应把握以下两个原则，具体内容如图10-16所示。

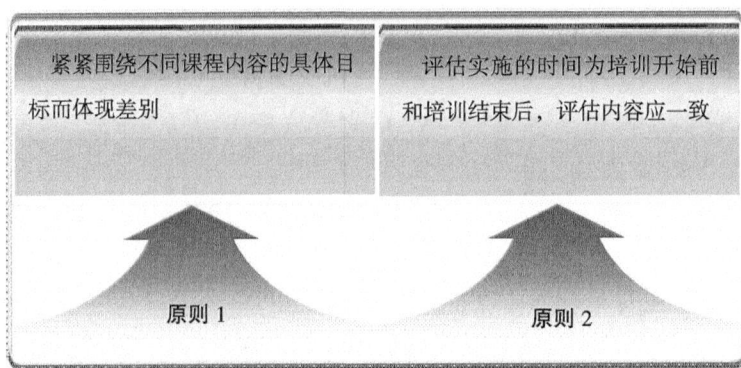

紧紧围绕不同课程内容的具体目标而体现差别　　　评估实施的时间为培训开始前和培训结束后，评估内容应一致

原则 1　　　　原则 2

图10-16　用于进行纵向对比的问卷、表格、面谈内容的设计原则

2. 横向对比

横向对比就是通过设定试验组和参照组，并对这两组的知识、技能和态度的变化情况进行分析，从而测定培训内容的效果。其中，试验组指接受过培训的人员，参照组指未接受过培训的人员。在确定试验组和参照组时，必须确保参照组和试验组具有相同的特征，如工作内容、工作时间、年龄特征、数量等。

大多数组织在开展培训时，主要是通过进行综合测评的方式进行可量化的横向对比。下面举例说明，如图 10-17 所示。

××公司在开展关于"绩效考核能力"培训时，确定了实验组和参照组，对培训效果进行测量，测量在培训开始前一天和培训结束后的第二个月的月底进行，测量的方式是笔试题，试卷满分 100 分，将测试结果整理，如下表所示。

"绩效考核能力"学习测评得分一览表

项目 \ 类别	实验组得分	参照组得分
培训前	62.5	66.8
培训后	82.3	77.2
分值增幅	19.8	10.4
培训净增分值	19.8−10.4＝9.4	

图 10-17　横向比较举例说明

通过对试验组和参照组培训前后实施的测量，可以对培训的知识、技能或态度的变化情况进行总体的把握。然而要想对培训在具体哪类知识、技能，哪些方面的态度等情况进行测量，就需要对相关题目的选择人数进行分析。下面以××公司为例加以说明，具体示例如图 10-18 所示。

在××公司关于"绩效考核能力"的测试题中，关于第 5 题的实验组和参照组的回答情况如下表所示。

"绩效考核能力"测试第 5 题的实验组和参照组选择人数分析表

第 5 题内容：您对下属进行绩效考核的主要依据是什么？

A. 客观事实　B. 他人评价　C. 主观印象

项目 \ 类别	实验组本题选项人数			参照组本题选项人数		
	A 项	B 项	C 项	A 项	B 项	C 项
培训前	13	9	3	13	8	4
培训后	17	5	3	14	9	2
人数增幅	4	1	−4	1	1	−2
培训贡献度	若以A项答案为企业所提倡的行为，则可以根据A项选择人数的多少来衡量培训效果的变化，即为 4−1＝3					

通过上表可以看出，通过培训，增加的人数为3

图 10-18　对××公司横向对比得分分析说明

10.3.3　行为评估

行为评估相对于反应评估和学习评估而言，是更为复杂的评估。

有的受训人员，具备了行为改变的能力，但由于缺乏可预期的回报而不去改变；而另外一些学员，具备了能力，也拥有可预期的回报，但缺乏行为改变的条件，无法完成改变；还有一些学员，不具备改变的能力，尽管其他条件具备，也难以完成行为改变的要求。

行为改变取决于多个因素，如行为改变预期、行为改变的条件、行为改变的成本等。

1. 行为评估目的、对象和方式

行为评估的目的、对象和方式如表 10-7 所示。

表10-7 行为评估的目的、对象和方式

行为评估目的	行为评估对象	行为评估方式	评估时间	说明
了解受训人员在工作上对所学知识、技能和态度的应用情况，即知识、技能、态度的实际应用程度	知识、技能和态度在实际工作中的应用状况	访谈法、调查问卷、360度评估	培训结束后3个月或半年	变化目标

2. 行为评估有效实施的条件

行为评估效果的达成程度取决于如图10-19中所示的各项条件的满足程度。

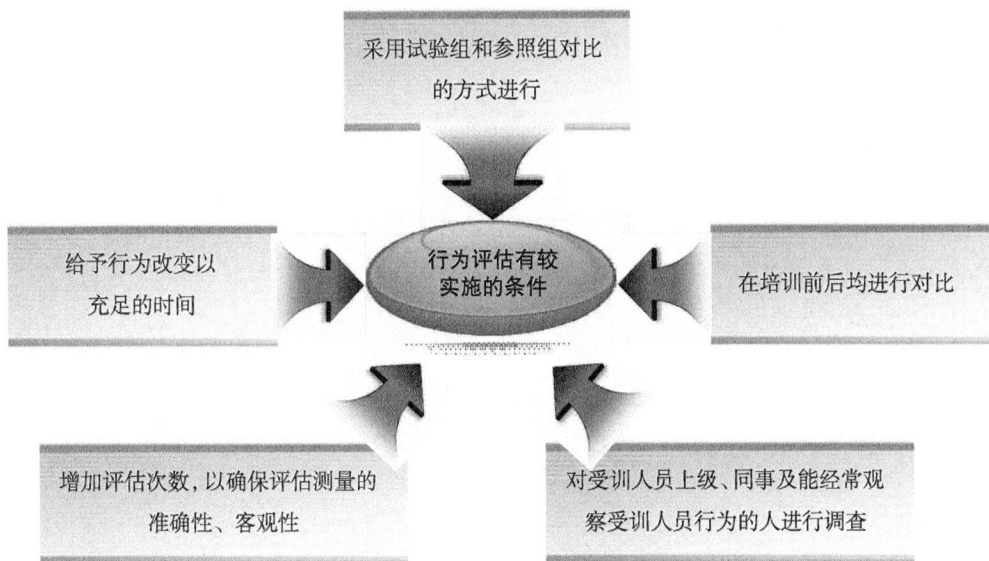

图10-19 行为评估有效实施的条件

3. 行为评估工具

在培训实践工作中，很多企业通过"培训效果跟踪表"的形式对行为变化进行评估，表10-8为"培训效果跟踪表"的样表，供读者参考。

表 10-8　培训效果跟踪表

学员填写内容			
学员姓名		所属部门	
组织部门		培训时间	
培训课程名称			
培训内容 （要求学员掌握的技能）			
学员所在部门负责人填写			
该学员在日常工作中是否运用了培训中学到的技能，请举例说明			
您怎样督促该学员运用培训所学技能			
通过这次培训，该学员的工作绩效有了怎样的改进			
您对培训工作有何建议与要求			
部门负责人签名			

10.3.4　效果评估

效果评估是最为复杂和难以准确测量的评估级别。虽然组织有对培训项目的成本和收益进行量化分析以判断培训的必要性和重要性的需求，但是，由于图 10-20 所示的三种原因，无法对培训效果进行全面、量化的评估。

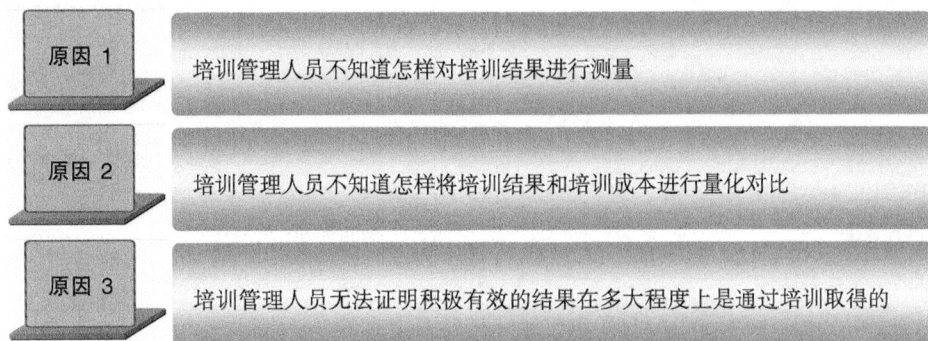

图 10-20　培训效果无法进行全面、量化评估的原因

成果评估的目的、对象和方式如表 10-9 所示。

表 10-9　成果评估的目的、对象和方式

成果评估目的	成果评估对象	成果评估方式	评估时间	说明
测量培训对组织产生的最终成果，即培训对于组织产生的经济效益	数量、质量、效率、安全、成本等具体目标，如生产率、离职率等	趋势线分析、训练前后对比法、专家评估、360 度满意度调查	培训结束后半年或 1 年	组织目标

培训人员进行成果评估可以通过对反应、学习、行为评估的优化和完善来进行。培训人员可以通过查找一些培训实施后实实在在的行为发生变化的实例和证据，以此来弥补无法全面、量化地对培训项目实施评估的缺憾。

10.4　投资回报评估法

10.4.1　投资回报模型设计

投资回报评法是通过借助投资回报率来反映培训项目、人力资源项目、绩效改革项目等所产生的效果和投资回报情况的一种评估方法。专门针对培训项目的投资回报模型设计如图 10-21 所示。

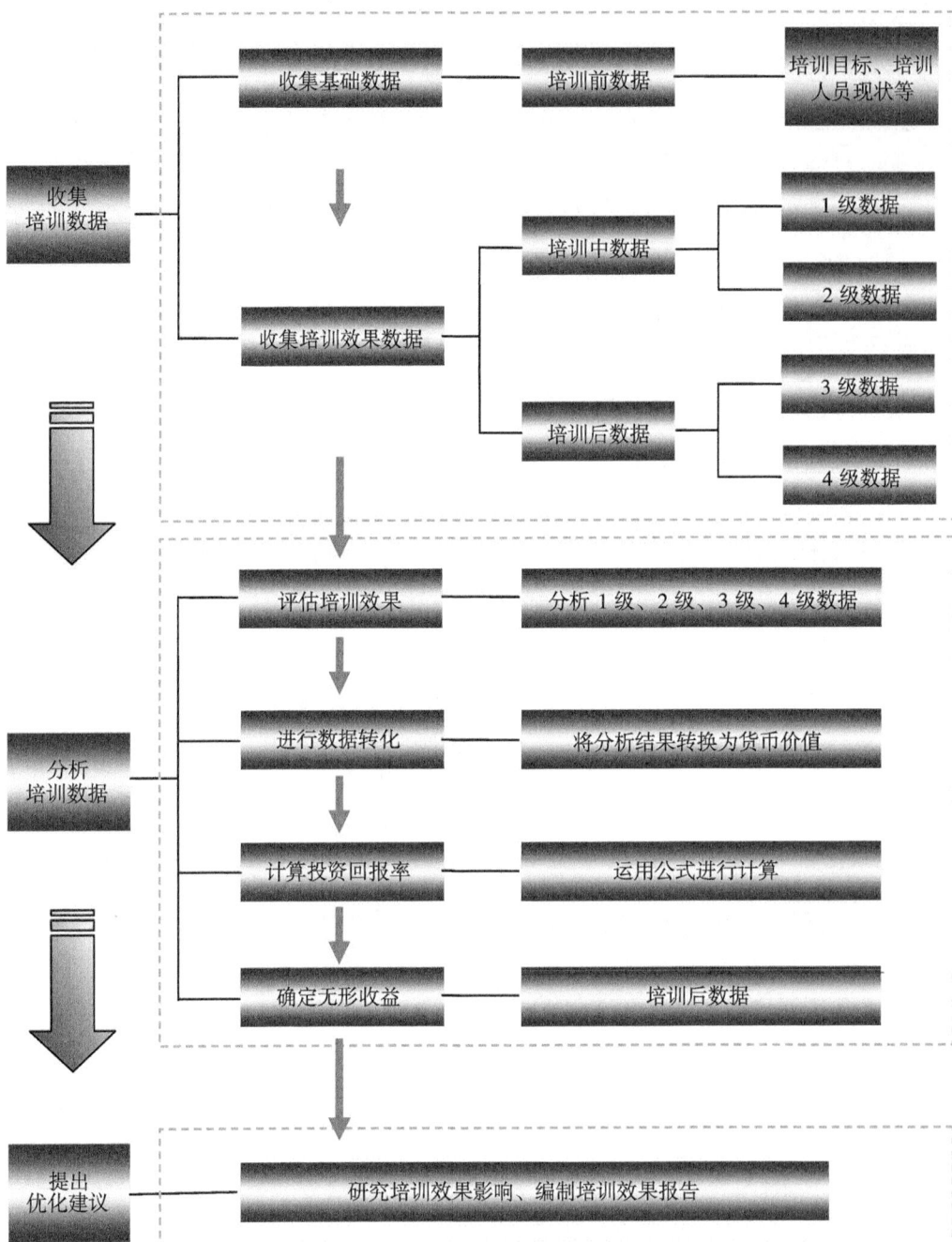

图 10-21　投资回报模型设计

在图 10-21 中所示的投资回报模型包含了收集培训数据、分析培训数据以及提出优化建议三大模块，又分为收集基础数据、收集培训效果数据等七大关键步骤。

10.4.2 投资回报评估流程

具体的投资回报评估流程是从图 10-21 所示投资回报模型中的三大模块、七大关键步骤转化而来的，通过进一步细化，其具体的流程内容如图 10-22 所示。

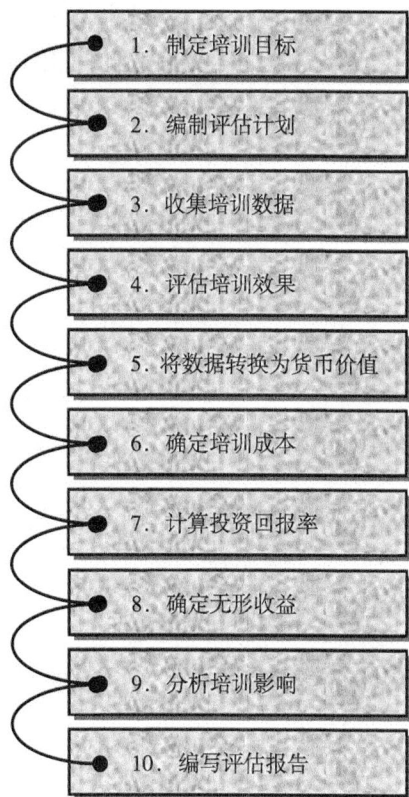

图 10-22 投资回报评估流程

下面我们对这 10 个投资回报评估步骤进行进一步的阐述和说明。

1. 制定培训目标

培训计划可以细分成五个级别，将这五个级别的培训目标具体化，具体内容如表 10-10所示。

表 10-10　培训的五级目标

目标级别	目标内容
1 级	培训满意度
2 级	培训学习结果
3 级	培训内容应用
4 级	培训对业务的影响
5 级	培训投资回报率

2. 编制评估计划

培训评估计划主要包括两大类：数据收集计划和投资回报率分析计划。具体内容如图 10-23所示。

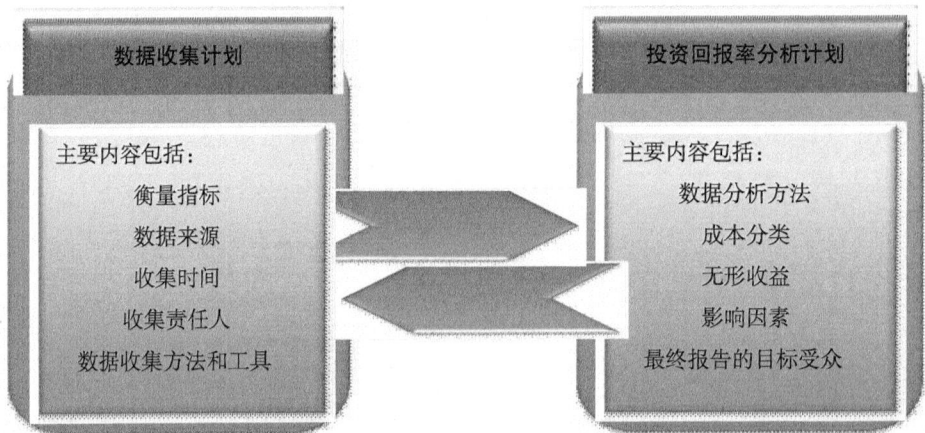

图 10-23　培训评估计划的分类

3. 收集培训数据

针对五级培训目标，培训数据也相应分为五级，具体内容及收集方式如表 10-11 所示。

表 10-11　培训数据具体内容及收集方式

数据级别	数据内容	收集方法举例
1 级	培训满意度	问卷调查、面谈
2 级	培训学习结果	测试
3 级	培训内容应用	跟进调查、在岗观察、跟进面谈、座谈会、课外任务、改进计划

（续表）

数据级别	数据内容	收集方法举例
4级	培训对业务的影响	问卷调查、课外任务、改进计划、工作绩效
5级	培训投资回报率	通过对前4级数据进行计算得来

4. 评估培训效果

进行培训效果评估主要有以下五种方法，具体如图10-24所示。

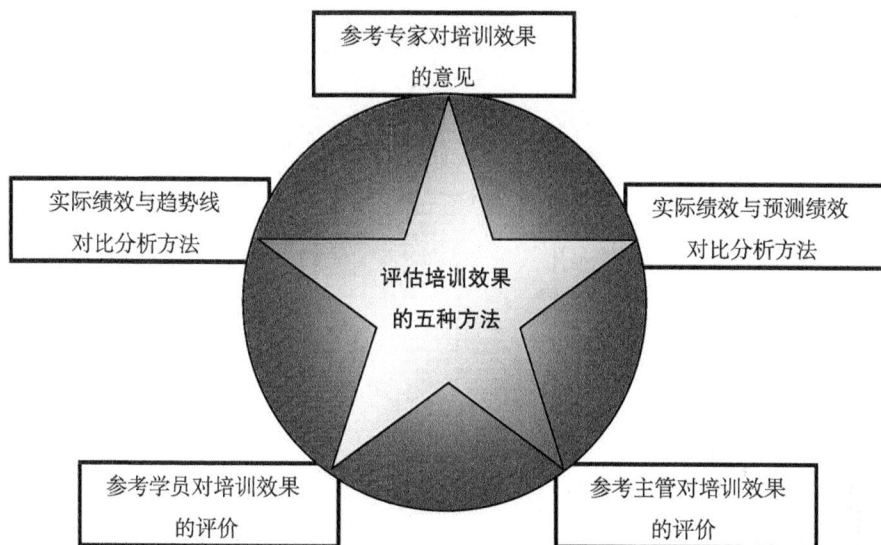

图10-24　评估培训效果的五种方法

5. 将数据转换为货币价值

将数据转换为货币价值主要可以通过五种方式进行，具体如图10-25所示。

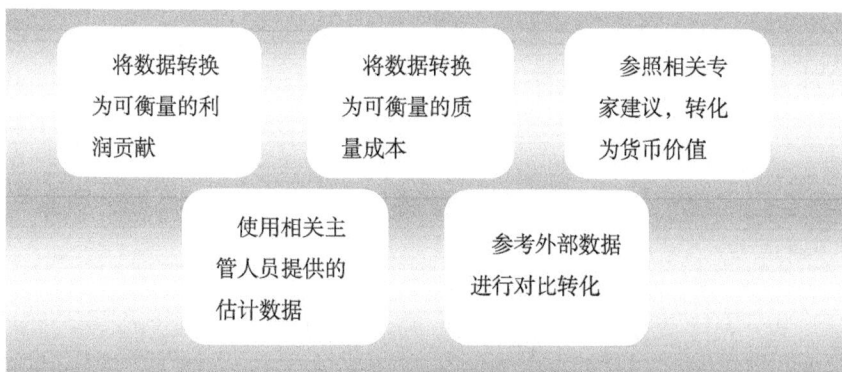

图10-25　将数据转换为货币价值的五种方式

6. 确定培训成本

培训成本主要分为以下五部分内容，具体如图 10-26 所示。

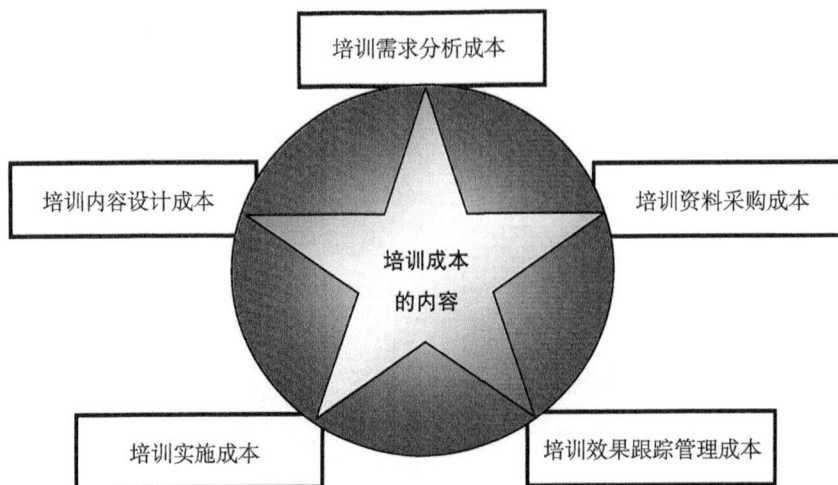

图 10-26　培训成本的五部分内容

7. 计算投资回报率

投资回报率的计算主要用到以下两个公式，具体如表 10-12 所示。

表 10-12　投资回报率的计算公式

名称	公式	说明
收益成本比率（BCR）	$BCR = \dfrac{收益}{成本}$	是培训项目总收益与培训项目全部成本的比较
投资回报率（ROI）	$ROI = \dfrac{净收益}{成本} \times 100\%$	净收益是培训项目总收益与培训项目总成本的差额

8. 确定无形收益

通过培训产生的无形收益主要从以下 10 个方面体现，具体内容如图 10-27 所示。

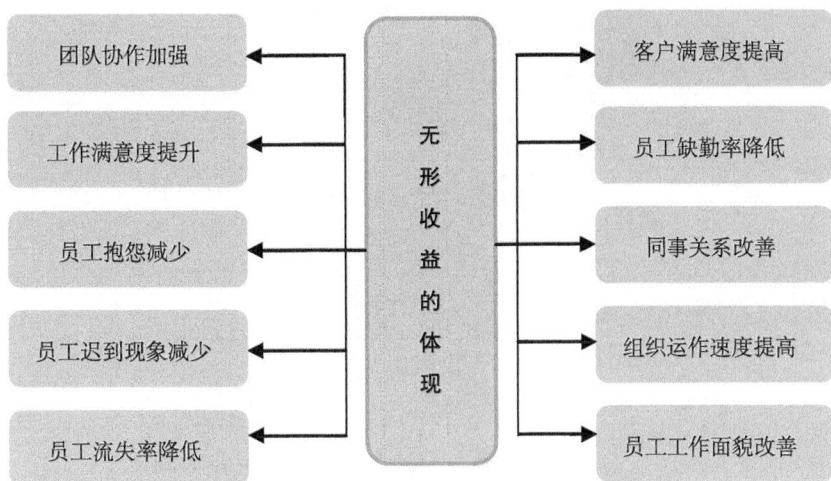

图 10-27　通过培训产生的无形收益的体现

9. 分析培训影响

研究培训影响主要就是研究培训对工作绩效的影响，可以从以下四个方面进行，具体内容如图 10-28 所示。

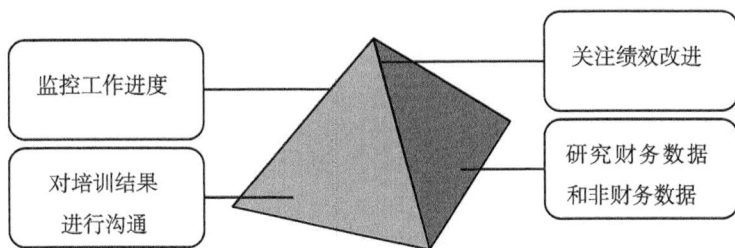

图 10-28　研究培训对绩效影响的四个方面

10. 编写评估报告

培训评估报告应包括以下六部分主要内容，具体如图 10-29 所示。

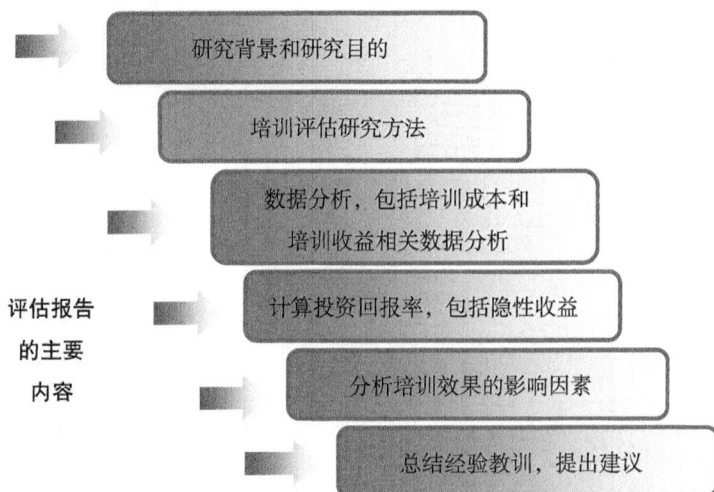

图 10-29 评估报告的主要内容

10.4.3 投资回报评估工具

投资回报评估方法有许多评估工具，下面提供"5 级数据收集计划表"、"投资回报率数据分析计划表"、"学员培训结果评估表"以及"培训成本分析表"供读者参考。

1. 5 级数据收集计划表

"5 级数据收集计划表"的示例如表 10-13 所示。

表 10-13 5 级数据收集计划表

项目名称				培训对象			
数据收集总负责人				计划收集日期	___年___月___日至 ___年___月___日		
审核人				填表日期	___年___月___日		
数据级别	数据内容	衡量标准	数据来源	收集方法	收集人	监督人	收集时间
1 级	培训满意度						
2 级	培训学习结果						
3 级	培训内容应用						

（续表）

数据级别	数据内容	衡量标准	数据来源	收集方法	收集人	监督人	收集时间
4级	培训对业务的影响						
5级	培训投资回报率						
备注							

2. 投资回报率数据分析计划表

"投资回报率数据分析计划表"的示例如表10-14所示。

表10-14 投资回报率数据分析计划表

培训项目名称			培训对象			
责任人			填表日期	___年___月___日		
数据分析日期		___年___月___日至___年___月___日				
编号	数据	培训效果评估方法	数据转换货币价值的方法	成本项	无形收益	备注
1						
2						
3						
4						
5						

3. 学员培训结果评估表

"学员培训结果评估表"的示例如表10-15所示。

表 10-15 学员培训结果评估表

姓名：_____ 工号：_____ 部门：_____

课程基本情况	课程名称			
	开课时间			
课程过程评估	出勤情况	迟到___次, 早退___次		评分标准
	参与程度			4 分——很好
	理解程度			3 分——好动
	手能力			2 分——一般
	测试结果			1 分——不合格
课程跟踪评估	该培训项目内容对该员工岗位工作的指导成效：			
	很有效	有效	一般	无用
实践应用概述： 学员签名：_____部门经理签名：_____培训讲师签名：_____				

4. 培训成本分析表

"培训成本分析表"的示例如表 10-16 所示。

表 10-16 培训成本分析表

培训项目名称			填表日期	___年___月___日
责任人			审核人	
成本类	编号	细目	费用（元）	总计（元）
培训需求分析成本	1			
	2			
	3			
培训内容设计成本	1			
	2			
	3			
培训资料采购成本	1			
	2			
	3			

成本类	编号	细目	费用（元）	总计（元）
培训实施成本	1			
	2			
	3			
培训效果跟踪管理成本	1			
	2			
	3			
备注				

10.5 工作改善评估法

10.5.1 工作改善信息获取

工作改善信息获取是进行工作改善评估的基础。工作改善信息可以通过观察法、问卷调查法、面谈法等多种方法得到，其具体的方法和渠道可以参照本书第 10 章中 10.2.2 的相关内容，这里就不再具体阐述，仅从工作改善信息获取目标和工具进行说明。

1. 工作改善信息获取的目标

获取工作改善相关信息应达成以下三个目标，具体如图 10-30 所示。

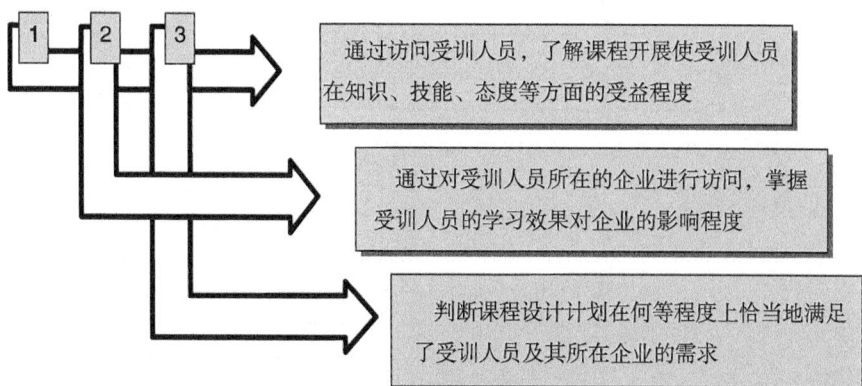

1 2 3

通过访问受训人员，了解课程开展使受训人员在知识、技能、态度等方面的受益程度

通过对受训人员所在的企业进行访问，掌握受训人员的学习效果对企业的影响程度

判断课程设计计划在何等程度上恰当地满足了受训人员及其所在企业的需求

图 10-30 工作改善信息获取的目标

2. 工作改善信息获取工具示例

获取工作改善信息的重要工具有表单、问卷等，以表单为例，具体的示例如表 10-17 所示。

表 10-17　工作改善信息收集表

评估对象		信息收集时间		
收集人		审核人		
评估内容	指标	数据内容	数据来源	数据收集时间
备注				

10.5.2　工作改善评估流程

工作改善评估流程如图 10-31 所示。

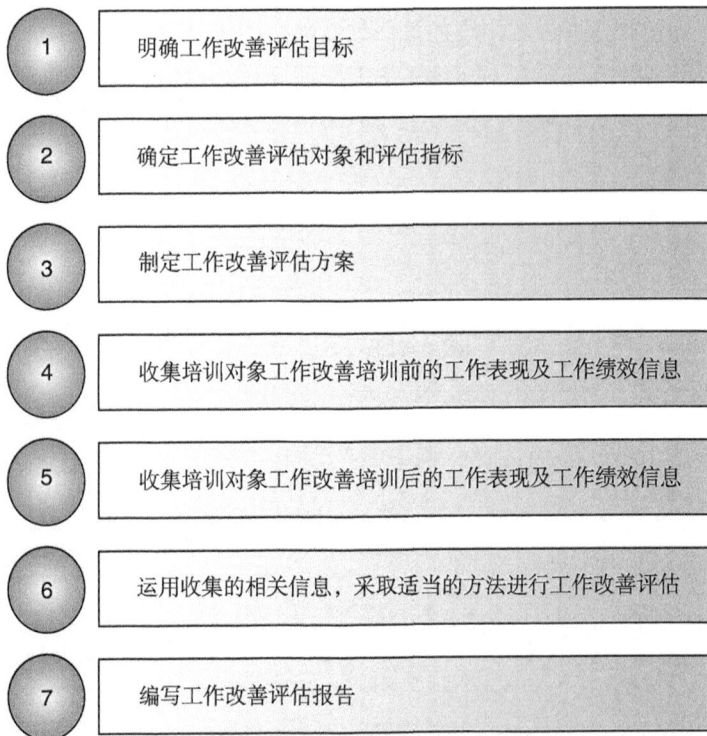

图 10-31　工作改善评估流程

1　明确工作改善评估目标

2　确定工作改善评估对象和评估指标

3　制定工作改善评估方案

4　收集培训对象工作改善培训前的工作表现及工作绩效信息

5　收集培训对象工作改善培训后的工作表现及工作绩效信息

6　运用收集的相关信息，采取适当的方法进行工作改善评估

7　编写工作改善评估报告

10.5.3 工作改善量化评估

工作改善量化评估主要是通过将培训前、后受训人员的情况进行量化分析，得出结论。下面从工作改善量化评估指标以及工作改善量化评估工具两个方面对该评估方法进行说明。

1. 工作改善量化评估指标

对受训人员的量化分析主要的具体指标如图 10-32 所示。

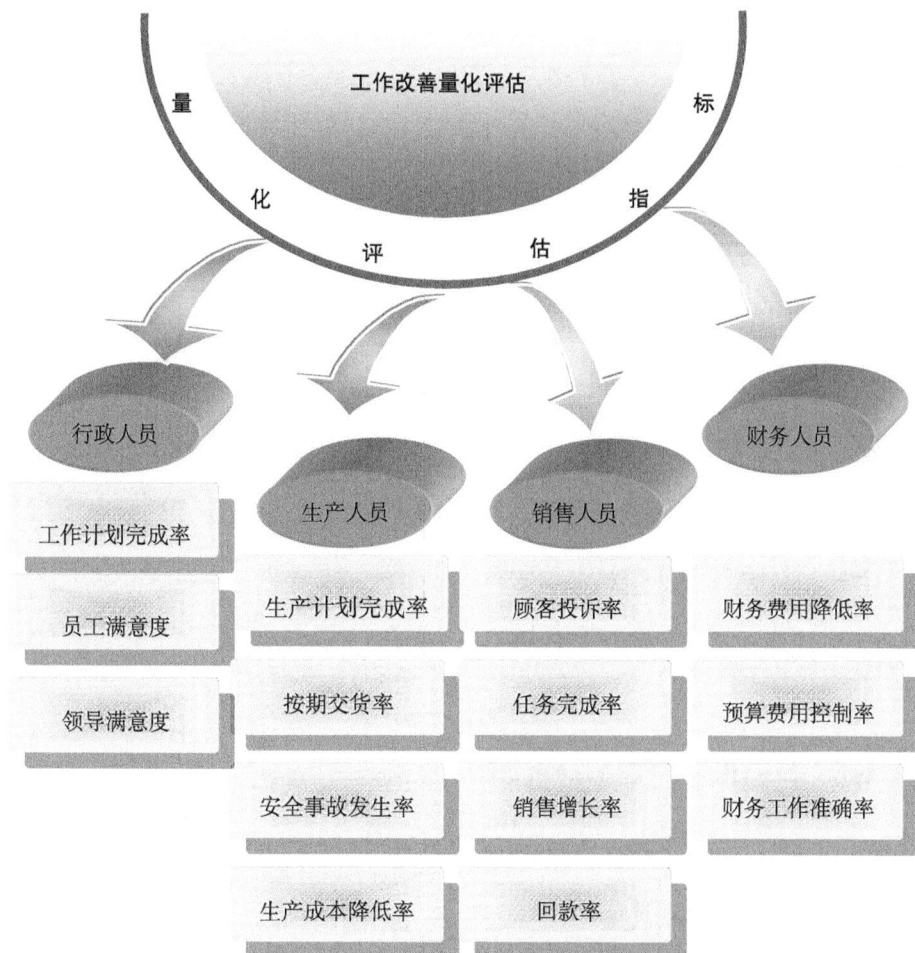

说明：由于外部因素的变化导致指标的变化不在此评估范围内

图 10-32 部分工作岗位工作改善量化评估指标

2. 工作改善量化评估工具

"工作改善量化评估表"是进行工作改善量化评估的常用工具之一，具体示例如表 10-18 所示。

表 10-18　工作改善量化评估表

项目名称		项目实施时间	
评估对象		评估对象所在部门	
评 估 人		审 核 人	
岗位名称		评估时间	
评估项目	量化指标	培训前数据	培训后数据
数据相关说明	需要说明的内容应包括： 1. 培训前/后数据各指哪个阶段的数据 2. 数据的其他影响因素		
评估人意见及签章	（签章）　　　　日期：___年___月___日		
审核人意见及签章	（签章）　　　　日期：___年___月___日		

10.6　培训跟进与辅导

10.6.1　培训跟进

培训课程结束并不是培训工作的终结，达到预期效果才是培训的目的，而培训跟进就是保证培训效果实现的一项重要手段。下面从培训跟进的工作内容、培训跟进管理措施以及培训跟进的类型三个方面进行详细阐述。

1. 培训跟进的工作内容

培训跟进的工作内容如图 10-33 所示。

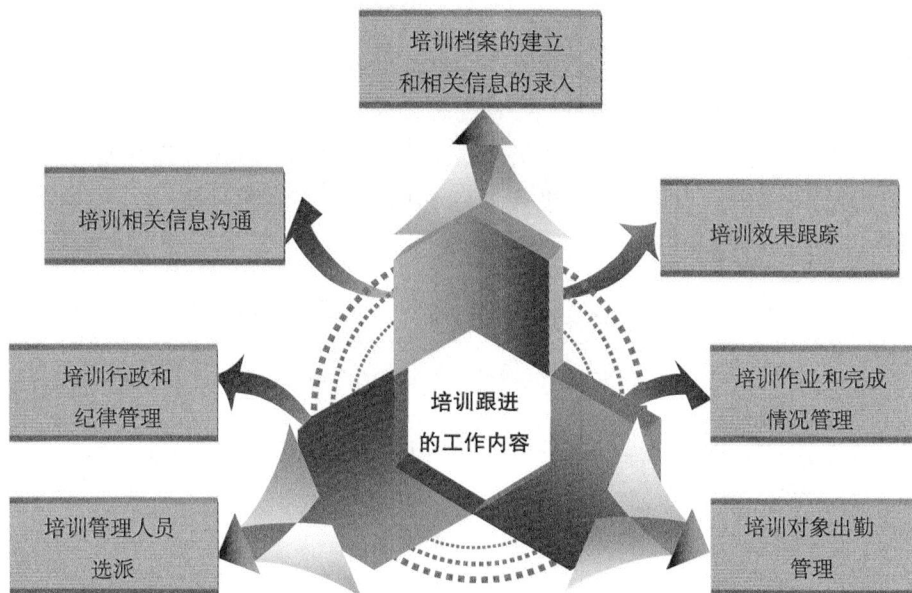

图 10-33　培训跟进的工作内容

2. 培训跟进管理措施

培训跟进管理的措施具体如图 10-34 所示。

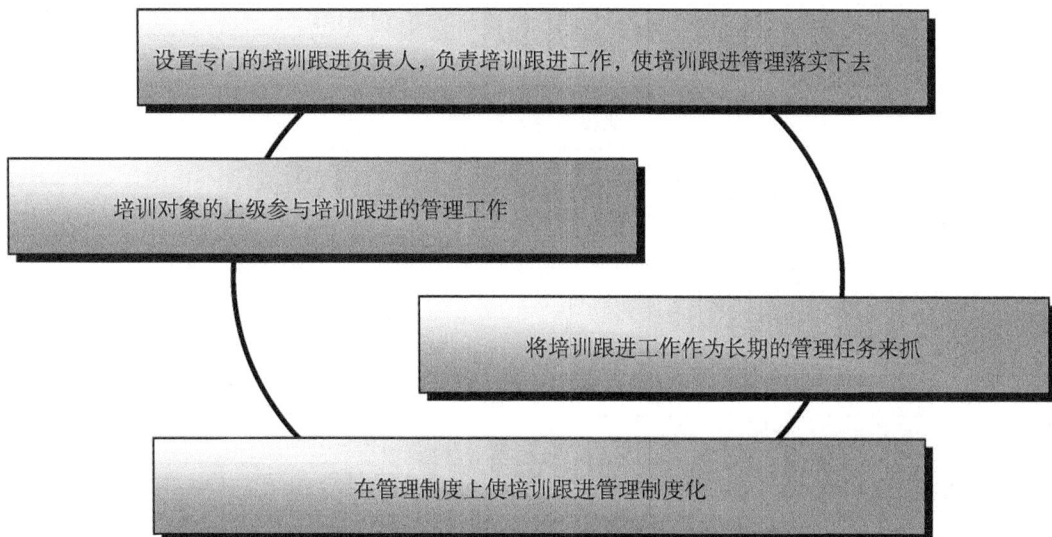

图 10-34　培训跟进管理措施

3. 培训跟进的类型

培训跟进包括培训后即时跟进和培训后定期跟进两种。

（1）培训后即时跟进

培训课程评估相关信息由人力资源部负责在培训后及时收集整理，并进行结果统计分析，评估的统计和分析结果将用做进行培训课程调整的依据。

在每期培训授课结束时，通过向学员发放问卷，了解学员对于课程开展的满意程度和有待改进的地方，并及时与培训讲师进行沟通，协助培训讲师进行改进，不断提高培训质量。课程培训问卷调查表示例如表 10-19 所示。

表 10-19　××企业"有效指导"课程培训问卷调查表

××企业"有效指导"课程培训问卷调查表

一、填表说明

1. 问题选项中 1~5 每个数字的涵义如下。

"1"代表"坚决反对"。

"2"代表"反对"。

"3"代表"既不赞成也不反对"。

"4"代表"赞成"。

"5"代表"极为赞成"。

2. 请填写您的真实感受，这对我们改进培训效果和您的进步非常重要。

二、调查正文

（一）基本情况

培训课程名称：＿＿＿＿＿＿＿＿＿＿培训讲师姓名：＿＿＿＿＿＿＿＿＿＿

接受培训时间：＿＿＿＿＿＿＿＿＿＿培训地点：＿＿＿＿＿＿＿＿＿＿

（二）关于课程内容

课程内容调查试题

课程内容调查试题					
1. 课堂中学到的技巧对我来说非常需要	1	2	3	4	5
2. 本课程帮助我提升了作为合格和优秀导师的技能	1	2	3	4	5
3. 课程穿插的案例和视频资料非常恰当，便于理解	1	2	3	4	5

（三）关于培训讲师

培训讲师授课技巧调查试题

培训讲师授课技巧调查试题					
1. 培训讲师能够有效引导课堂讨论和发言	1	2	3	4	5
2. 培训讲师讲课风格幽默，通俗而具有说服力	1	2	3	4	5
3. 培训讲师的表达能力非常好	1	2	3	4	5

（续）

（四）关于总体讲授效果

总体讲授效果调查试题

1. 整体评价	1 2 3 4 5
2. 您对于本课程的整体评价是非常满意	1 2 3 4 5
3. 改进意见，请列举在下面：	

（2）培训后定期跟进

培训后定期跟进包括以下两部分内容，具体如图10-35所示。

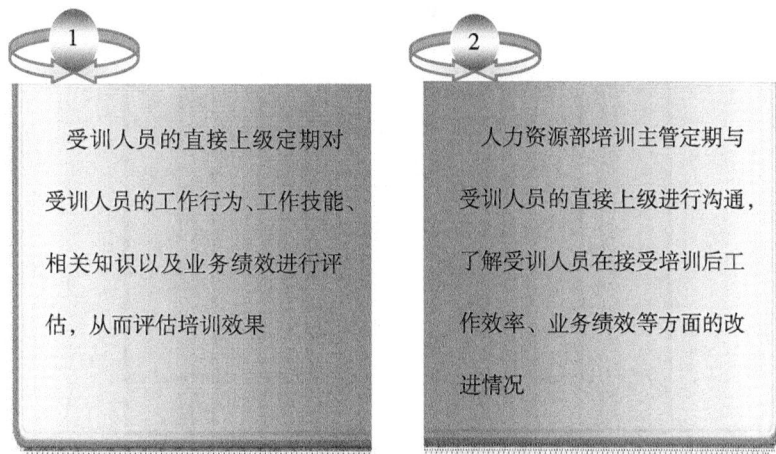

图10-35 培训后定期跟进的两部分内容

培训课程结束后，人力资源部会向受训人员所在部门发放"培训效果跟踪表"，对受训人员培训内容的应用情况进行监督。"培训效果跟踪表"的示例如表10-20所示。

表 10-20　××企业××课程培训效果定期跟踪表

学员姓名		培训日期		课程名称	
所在部门		工作职务		入职时间	
培训内容					
应用情况					
受训人员的工作改善情况					

10.6.2　培训辅导

培训辅导也是为了保证培训效果而采取的一种方法，下面从培训辅导的目的以及培训辅导的具体方法两个方面进一步阐述培训辅导。

1. 培训辅导的目的

培训辅导是为不断强化在培训中取得的知识，由上级或同事用告诫或示范的方式鼓励被辅导者按培训的规定和要求进行工作。通过培训辅导，被辅导者被鼓励、激励、刺激，从而强化在培训中学到的知识。培训辅导的目的如图 10-36 所示。

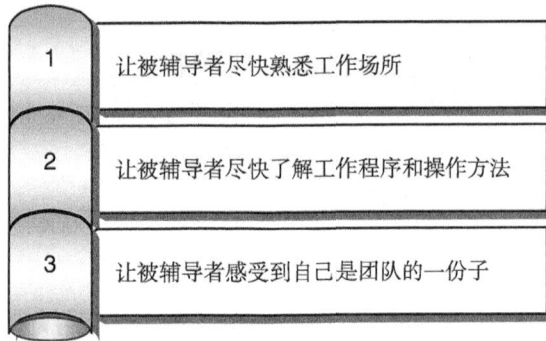

1	让被辅导者尽快熟悉工作场所
2	让被辅导者尽快了解工作程序和操作方法
3	让被辅导者感受到自己是团队的一份子

图 10-36　培训辅导的目的

2. 培训辅导的具体方法

培训辅导是培训支持性质的工作，一般在工作岗位上开展，主要是通过提建议和强化积极的行为表现进行。它要求辅导者善于观察，能够发现被辅导者的优缺点，发现其做得好的、不好的地方，辅导的具体方法如图 10-37 所示。

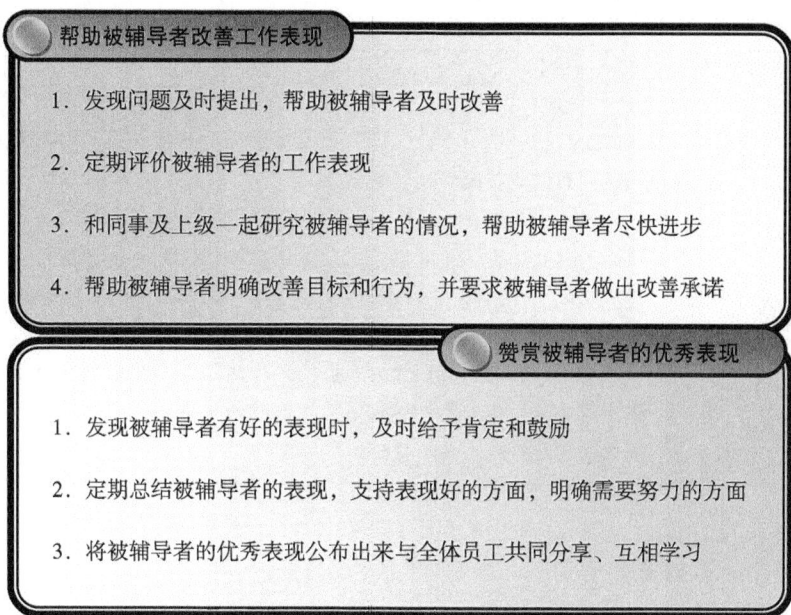

图 10-37　培训辅导的具体方法

10.6.3　培训转化

培训转化是指受训人员有效且持续地将在培训过程中所学到的知识、技能、能力等运用于工作的过程。它包括将培训内容推广到工作中，并维持所学的内容。

1. 培训转化理论

培训转化理论主要有认知转化理论、自我管理理论、激励推广理论以及同因素理论，其具体内容如表 10-21 所示。

表 10-21　培训转化理论

培训转化理论	理论说明
认知转化理论	认为受训人员的培训转化效果取决于刺激、信息和反馈，转换与否取决于受训人员恢复所学技能的能力；认为提高的转换率可以通过为受训人员提供有意义的学习背景材料以及学习材料，为受训人员提供对所学技能进行编码记忆的技能，并不断对受训人员的学习情况进行监控和反馈等方法达到

（续表）

培训转化理论	理论说明
自我管理理论	认为在培训项目中让受训人员自行控制新技能及特定行为方式在工作中的运用有助于提高培训转化效果
激励推广理论	认为提高培训转化效果，必须强调重要特征和一般原则，并确认这些一般原则的适用范围，使这些原则能适用于各种不同的工作环境
同因素理论	认为培训转化只有在受训人员所执行的工作与培训期间所学的内容完全相同时才会发生。能否达到最大限度的转换取决于任务、材料、设备以及其他学习环境特点与工作环境的相似性

2. 培训转化的影响因素

培训转化的影响因素有以下八项，具体内容如图 10-38 所示。

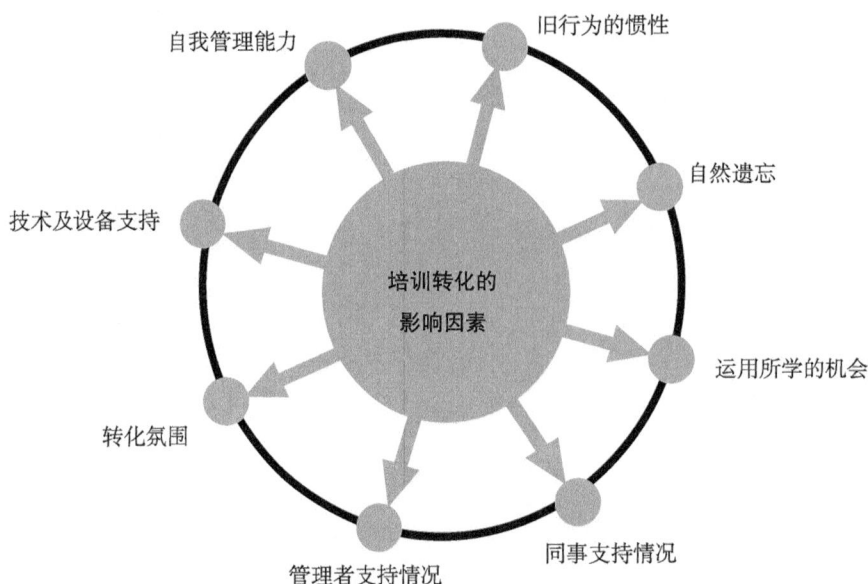

图 10-38　培训转化的影响因素

3. 组织提高培训转化效果的方法

组织可以采取措施帮助提高培训转化效果，具体方法如图 10-39 所示。

营造员工持 续学习的环境

将培训内容与工作相结合

制订培训内容应用行动计划

将分阶段培训实施，并布置课后作业

应用表单、制度等管理工具协助管理

将培训转化情况列入绩效考核的内容

营造支持性的培训环境

提供培训后继辅导支持

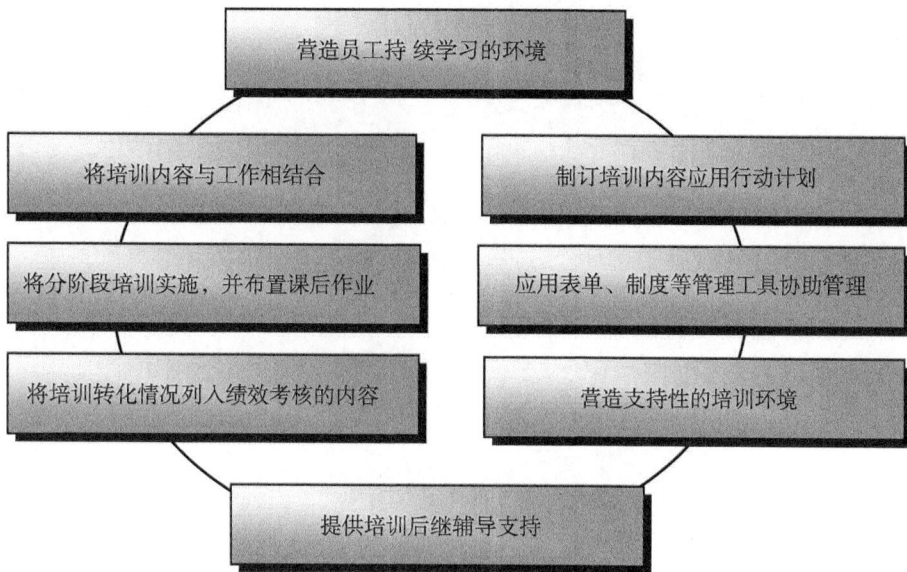

图10-39　组织提高培训转化效果的方法

第 11 章

培训预算控制体系

11.1 培训成本

11.1.1 培训成本包括的要素

组织在进行培训之前首先应了解培训的成本，以做到心中有数。从组织的角度出发，培训成本主要包括两大部分，培训的直接成本和培训的间接成本。

培训的直接成本包括培训讲师的教学费用、培训资料费、培训课程开发费用等；培训的间接成本包括培训期间付给培训人员的薪水以及培训期间培训人员减少的生产成果。具体包括以下九项要素，如表 11-1 所示。

表 11-1 培训成本包括的要素

培训成本类别	培训成本要素
培训直接成本	受训人员的交通费、餐饮费以及其他各项开支
	购买或租用培训用设备、场地、教材等的费用
	管理人员的交通费、餐饮费等费用
	外聘讲师、培训机构等所要求支付的酬劳
培训间接成本	受训人员因参与培训而减少工作的损失
	受训人员在培训期间所需支付的工资
	内部讲师在培训期间所需支付的工资
	内部讲师因参加培训而减少工作的损失
	培训管理人员的工资以及时间损失

11.1.2 培训的可控成本要素

培训的可控成本是指组织可以通过一定的方法和手段进行控制的这一部分培训成本。下面从培训的可控成本的适用条件、培训的可控成本要素内容以及控制培训成本的措施三个方面详细阐述培训可控成本要素。

1. 培训的可控成本的适用条件

培训的可控成本必须符合以下三个条件，具体如图 11-1 所示。

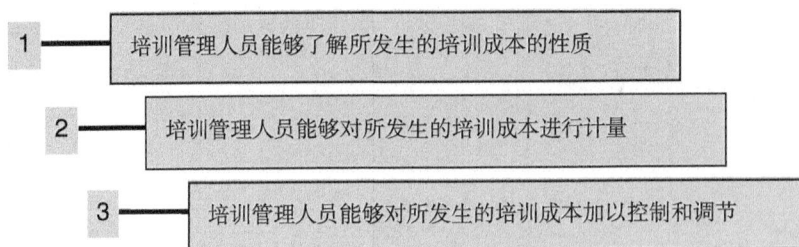

图 11-1　培训的可控成本必须符合的三个条件

2. 培训的可控成本要素内容

培训的可控成本具有一定的相对性，与成本发生的空间范围和时间范围有关。培训的可控成本主要包括三大要素，具体如图 11-2 所示。

图 11-2　培训的三大可控成本要素

3. 控制培训成本的措施

在培训的所有费用中，培训的直接费用只占一小部分，而大部分培训费用是员工因参加培训而减少工作进而带来的损失。培训管理人员可以采取措施减少不必要的开支，尽量减少培训成本，具体措施如图 11-3 所示。

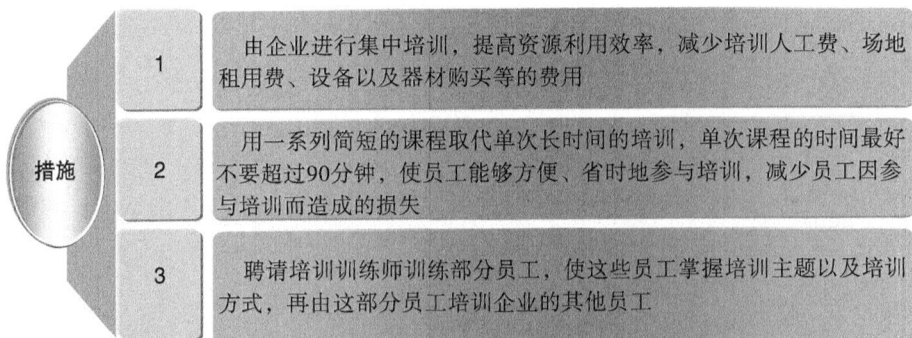

图 11-3　减少培训成本的措施

11.2 培训预算

11.2.1 预算的编制依据

培训预算是一段时期内（通常为1年），组织的培训部门在制订年度培训计划时，对培训方案实施费用和培训管理费用的估算。编制培训预算首先要掌握培训预算的四个层次，具体内容如图11-4所示。

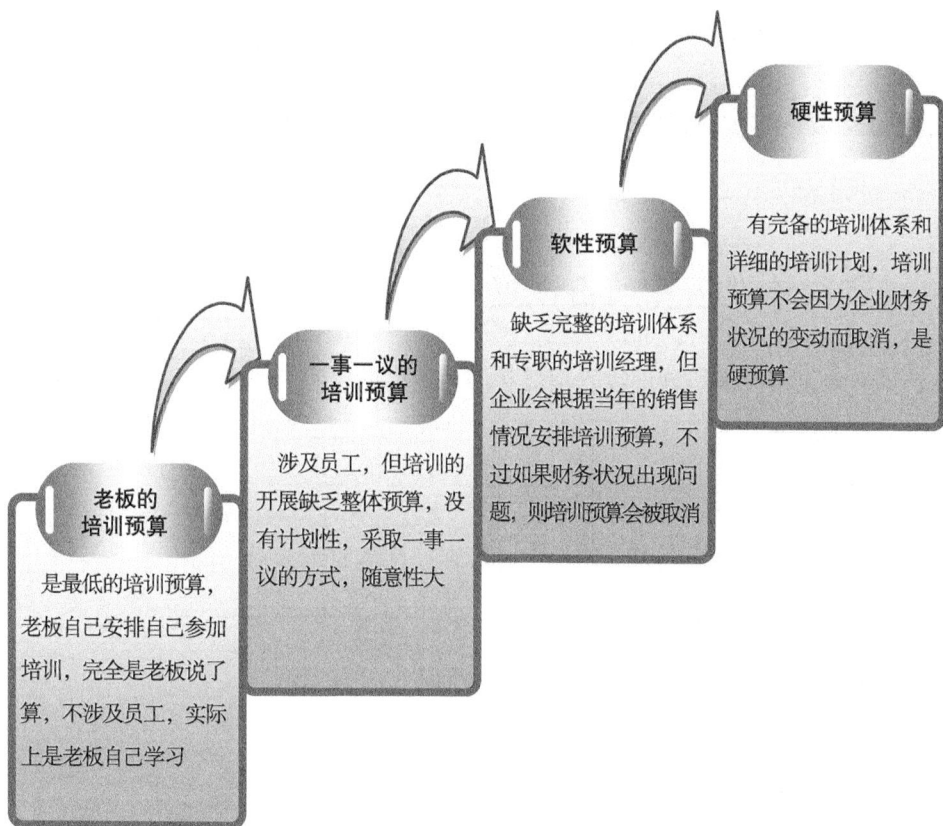

硬性预算

有完备的培训体系和详细的培训计划，培训预算不会因为企业财务状况的变动而取消，是硬预算

软性预算

缺乏完整的培训体系和专职的培训经理，但企业会根据当年的销售情况安排培训预算，不过如果财务状况出现问题，则培训预算会被取消

一事一议的培训预算

涉及员工，但培训的开展缺乏整体预算，没有计划性，采取一事一议的方式，随意性大

老板的培训预算

是最低的培训预算，老板自己安排自己参加培训，完全是老板说了算，不涉及员工，实际上是老板自己学习

图11-4 培训预算的四个层次

在图11-4中，处于第一层次的组织没有培训预算，处于第四层次的组织培训预算非常完善，是硬预算，绝大多数组织处于第二、第三层次，这些组织的培训预算编制主要依据组织销售额、利润额等，具体如图11-5所示。

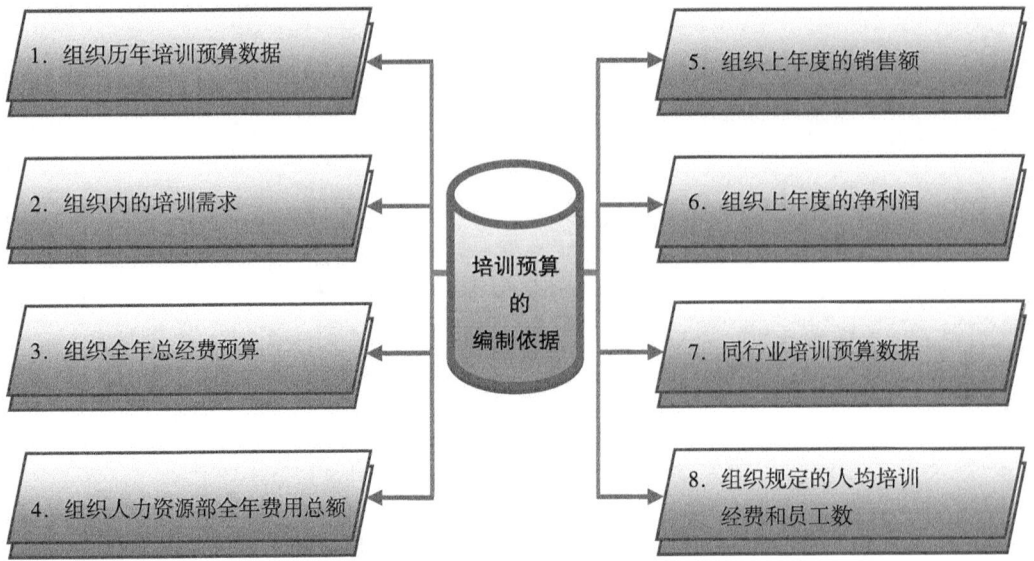

图 11-5 培训预算的编制依据

11.2.2 培训预算项目设置

培训预算项目包括组织培训收入项目和培训支出项目两大部分。下面从培训预算项目设置原则、培训预算收入项目内容以及培训预算支出项目内容三个方面进行阐述。

1. 培训预算项目设置原则

培训预算项目设置应遵循以下四项主要原则，具体如图 11-6 所示。

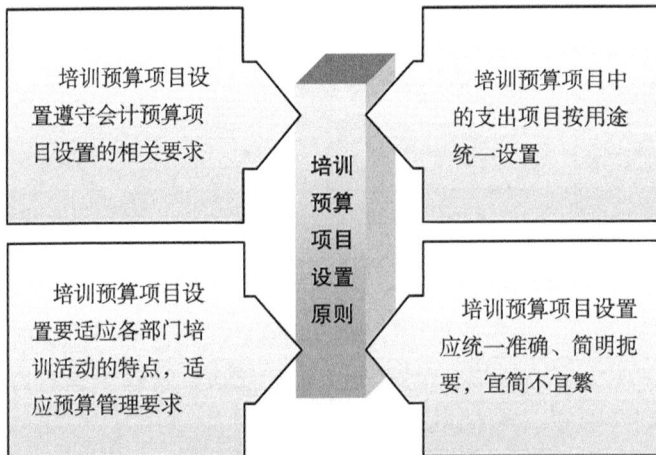

图 11-6 培训预算项目设置原则

2. 培训预算收入项目内容

培训预算收入项目内容主要包括以下三个部分，具体如图 11-7 所示。

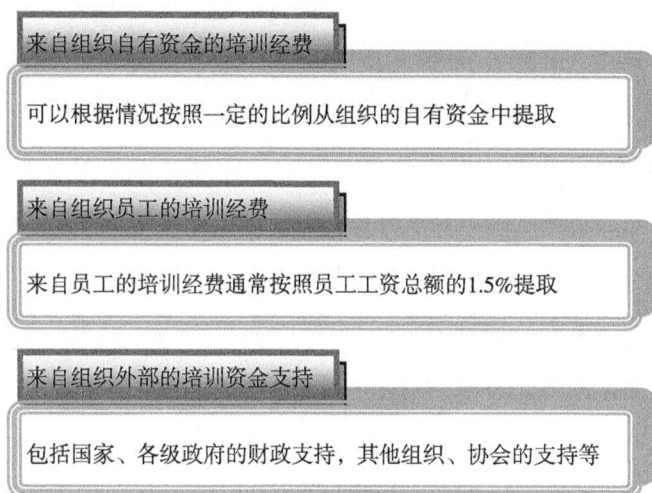

来自组织自有资金的培训经费

可以根据情况按照一定的比例从组织的自有资金中提取

来自组织员工的培训经费

来自员工的培训经费通常按照员工工资总额的1.5%提取

来自组织外部的培训资金支持

包括国家、各级政府的财政支持，其他组织、协会的支持等

图 11-7 培训预算收入项目内容

3. 培训预算支出项目内容

培训预算支出项目主要包括以下五个部分，具体内容及说明如表 11-2 所示。

表 11-2 培训预算项目内容及说明

项目名称	具体内容	费用预算说明
场地费	休息室、培训教室、活动室、会议室、参观场地等费用	组织若有自己的培训场地则分摊当年的折旧费即可，若租赁则可能包含场地附带的培训设备费用
食宿费	住宿费、餐饮费等	在组织经营机构和业务场所分散的情况下，由各分公司或业务机构分摊
人工费	培训讲师酬劳、培训辅助人员工资、培训咨询费、培训设计费等	包括本组织及聘请的外部组织培训相关人员的工资及酬劳
交通差旅费	公交费、火车费等	特指在培训期间发生的与培训相关的交通差旅费
培训器材、教材费	培训讲义、练习册、培训课题横幅、白板笔、荧光笔、打印用纸等的费用	在确定该部分费用预算时，应主要考虑能预见的、有助于提高培训效果且不可缺少的部分

11.2.3 培训费用投放比例

组织的培训费用不可能满足所有的培训需求。在培训费用总额既定的情况下，不同的组织在不同时期，针对不同的培训对象，其培训费用的投放金额必定不同，但是，科学的投放比例可以帮助组织获得最大化的利益。

1. 培训费用投放比例的影响因素

影响培训费用投放比例的因素主要有以下四个，具体如图11-8所示。

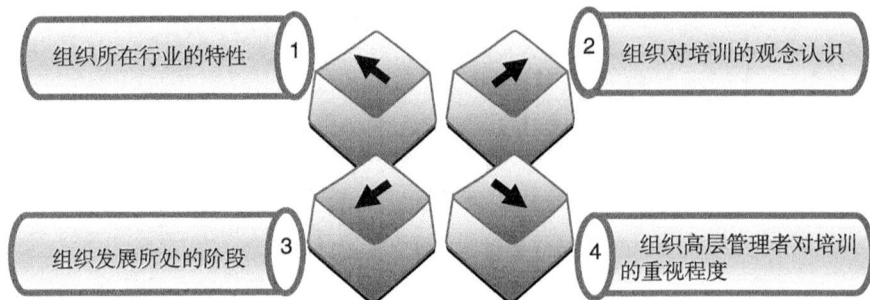

图11-8 培训费用投放比例的影响因素

2. 培训费用投放比例设置应遵循的原则

培训费用投放比例设置应遵循以下四项原则，具体如图11-9所示。

图11-9 培训费用投放比例设置应遵循的四项原则

3. 培训费用投放比例参考数据

培训费用相对于总体的培训需求而言是远远不够的，必须合理安排。并不是投入了培训费用，就会有效果，培训费用的投放需要有合适的比例，图 11-10 中给出一些培训预算费用安排数据，供读者参考。

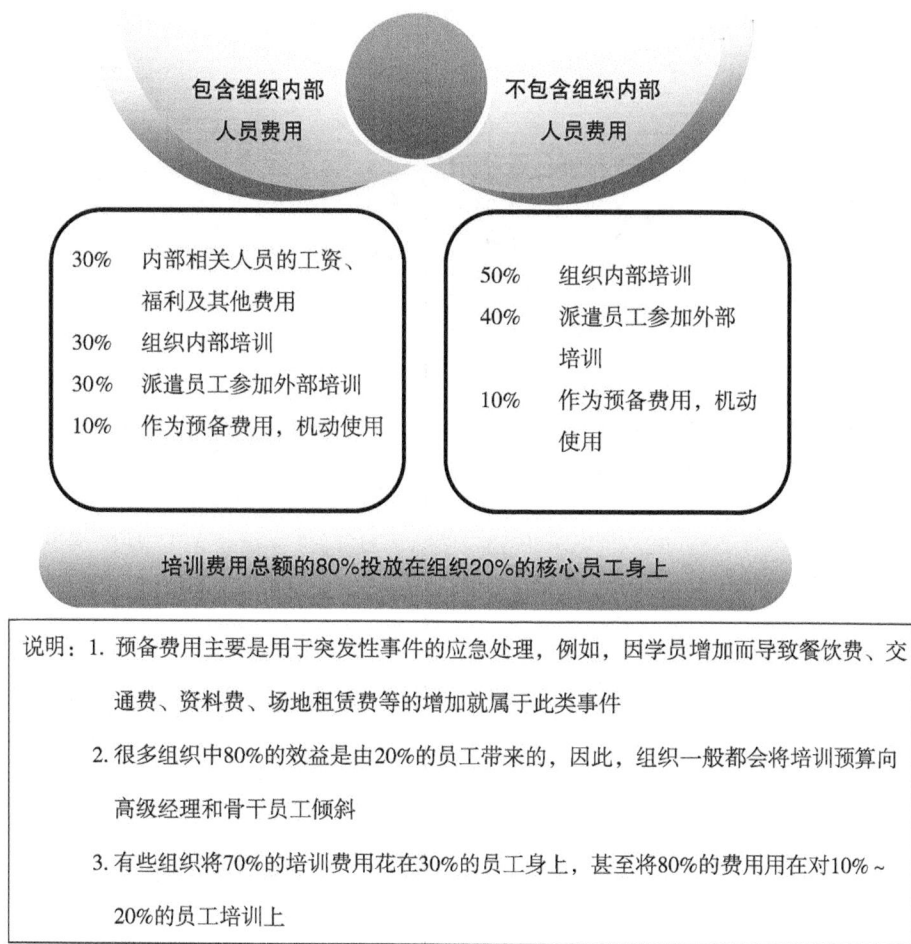

包含组织内部 人员费用	不包含组织内部 人员费用
30% 内部相关人员的工资、福利及其他费用 30% 组织内部培训 30% 派遣员工参加外部培训 10% 作为预备费用，机动使用	50% 组织内部培训 40% 派遣员工参加外部培训 10% 作为预备费用，机动使用

培训费用总额的80%投放在组织20%的核心员工身上

说明：1. 预备费用主要是用于突发性事件的应急处理，例如，因学员增加而导致餐饮费、交通费、资料费、场地租赁费等的增加就属于此类事件

2. 很多组织中80%的效益是由20%的员工带来的，因此，组织一般都会将培训预算向高级经理和骨干员工倾斜

3. 有些组织将70%的培训费用花在30%的员工身上，甚至将80%的费用用在对10%～20%的员工培训上

图 11-10　培训费用投放比例数据参考

11.2.4　培训预算的总额度

培训是帮助组织增强核心竞争力，使其立于不败之地的基础，是组织生产经营中的重要一环。培训费用的投入是必不可少的，但并不是越多越好，而是要根据组织的培训需求、营业利润等因素进行综合考虑。

1. 培训预算的总额度设置需考虑的因素

培训预算的总额度设置需考虑的因素有以下六点，具体内容如图 11-11 所示。

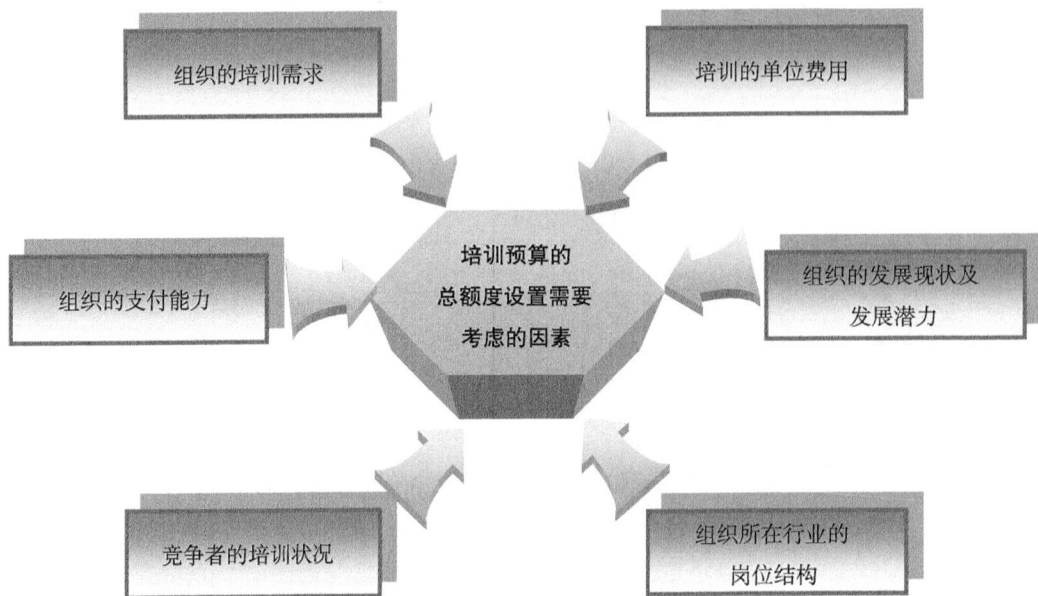

图 11-11　培训预算的总额度设置需考虑的因素

2. 培训预算总额度的确定方法

培训预算总额度的确定方法包括比例法、推算法和费用总额法等，具体内容及其优缺点说明如表 11-3 所示。

表 11-3　培训预算总额度确定方法一览表

方法		方法说明	优缺点分析	
			优点	不足
传统预算方法	比例法	根据组织预期的销售额、工资总额、利润额以及总费用预算等指标，从中核定出一定比例作为培训预算	操作简便，操作成本低	对培训各项支出缺乏科学、系统的分析，导致培训预算制定可能与培训需求不匹配
	推算法	根据以前的培训费用使用情况对新一年的培训费用进行推算，大多是针对上一年度的培训总额和组织的发展情况进行一定额度的增加或缩减		

（续表）

方法		方法说明	优缺点分析	
			优点	不足
传统预算方法	费用总额法	有些组织会划定人力资源部门全年的费用总额，费用总额包括招聘费用、培训费用、社会保障费用、体检费用等人力资源部门全年的所有费用。培训费用的额度由人力资源部自己确定	操作简便，操作成本低	对培训各项支出缺乏科学、系统的分析，导致培训预算制定可能与培训需求不匹配
	比较法	参考同行业或优秀组织的培训预算，与本组织比较，估算出本组织的培训预算总额		
	人均预算法	预先确定组织内员工的人均培训预算额，再乘以在职员工总数，即得出本组织的培训预算总额		
零基预算方法		指在每个预算年度开始时，以零为基础，根据组织目标重新审查每项培训活动对实现组织目标的意义和效果，并在进行费用－效益分析的基础上，重新排出各项培训活动的优先次序	能够比较科学、准确地判断培训需求项目，确保预算支出的有效性	操作复杂，花费大量人力、物力和时间，操作成本高

在运用零基预算方法编制培训预算时，必须对以下问题进行分析。

（1）组织的目标

组织的目标是什么？按公司目标分解到每一位员工的 KPI 指标是什么？员工的意识、知识、能力离组织的要求有多远？培训要达到的目标又是什么？

（2）培训收益

各项培训课题能获得什么收益？这项培训是不是必要的？

（3）方案比较

可选择的培训方案有哪些？有没有比目前的培训方案更经济、更高效的方案？

（4）培训次序

各项培训课题的重要次序是什么？从实现培训目标的角度看到底需要多少资金？

无论采用哪一种培训预算方式，都应考虑组织的培训需求和提供经费保障的可能性，在需求不明确或培训经费难以保障的情况下，任何培训预算都可能只是纸上谈兵，从而违背了预算的真正要求。

培训费用预算的主要考虑指标是：讲课费、教室费、教材费、课程设计费等。培训费用预算应根据培训讲师的不同来源来确定。如果培训讲师是组织的内部员工，则不必考虑费用；如果培训课程（如管理类课程、专业类课程等）是外派培训或请专业组织做内训，则还要根据当地市场价做出预算。

3. 培训预算的总额度设置样例

由于各组织自身情况不同，其培训预算的总额度也不同。以比例确定法为例，图11-12给出一些培训预算的总额度设置的数据，供读者参考。

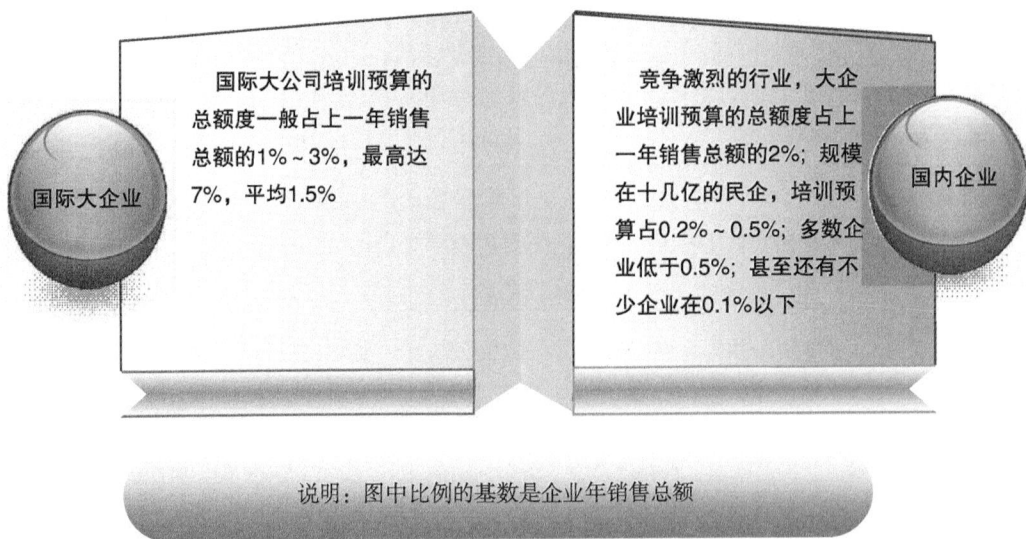

> **国际大企业**
> 国际大公司培训预算的总额度一般占上一年销售总额的1%～3%，最高达7%，平均1.5%
>
> **国内企业**
> 竞争激烈的行业，大企业培训预算的总额度占上一年销售总额的2%；规模在十几亿的民企，培训预算占0.2%～0.5%；多数企业低于0.5%；甚至还有不少企业在0.1%以下
>
> 说明：图中比例的基数是企业年销售总额

图11-12　培训预算总额度数据参考

11.3　培训预算编制

11.3.1　部门培训预算编制

部门培训预算编制是组织各部门制定筹集和分配培训预算资金的预算活动。下面从部门培训预算编制原则、部门培训预算编制应预防的问题以及部门培训预算编制工具示例三个方面具体阐述部门培训预算编制。

1. 部门培训预算编制原则

部门培训预算编制应遵循以下四项原则，具体如图11-13所示。

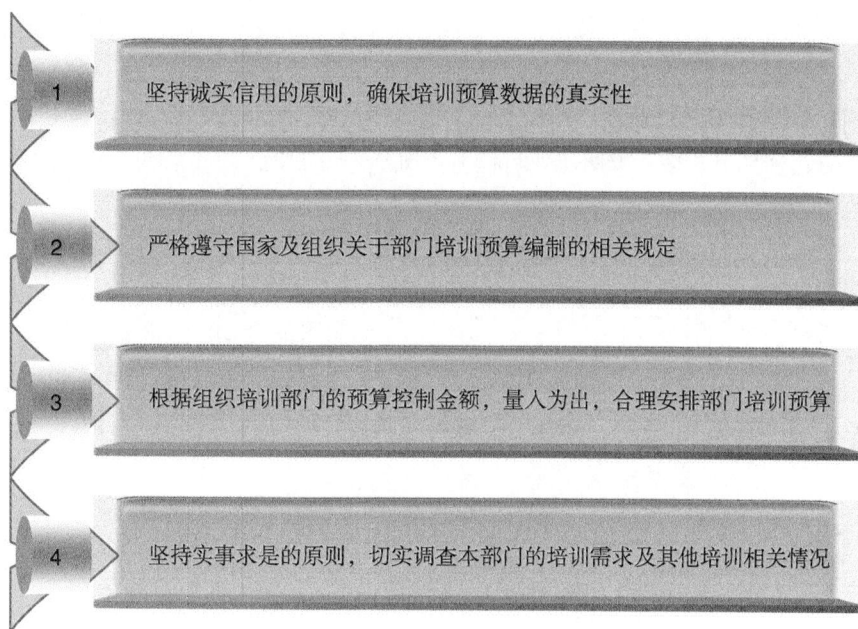

图 11-13 部门培训预算编制原则

2. 部门培训预算编制应预防的问题

部门培训预算编制时应注意预防出现以下四类问题，具体内容如图 11-14 所示。

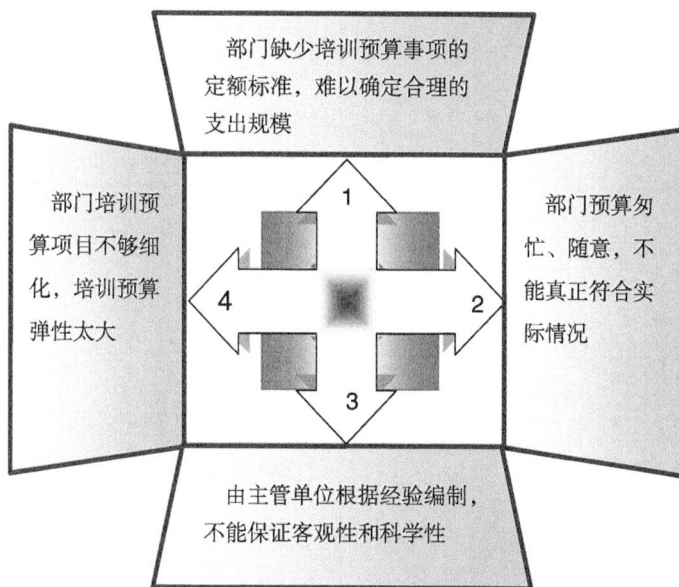

图 11-14 部门培训预算编制应预防的问题

3. 部门培训预算编制工具示例

（1）部门培训预算分析表

"部门培训预算分析表"的示例如表11-4所示。

表11-4 部门培训预算分析表

部门			填表日期				
责任人			审核人				
培训目标	培训对象	培训项目			培训时间	培训项目资源来源			预算

培训目标	培训对象	谈判技巧	有效沟通	客户管理	培训时间	已存在	开发	购买	预算
备注	1. 责任人既是本表填表人也是该部门的培训专员 2. 审核人为部门主管，特殊情况下，由培训部门指定人员进行审核								

（2）项目培训预算分析表

"项目培训预算分析表"的示例如表11-5所示。

表11-5 项目培训预算分析表

编号： 　　　　　　　　　　　　　　　　　　填表日期：＿＿＿年＿＿＿月＿＿＿日

预算项目	项目内容	单价	数量	备注	合计（元）
场地费					
食宿费					
人工费					

预算项目	项目内容	单价	数量	备注	合计（元）
交通差旅费					
培训器材、教材费					
合计（元）					
部门			培训项目		
培训方式			培训时间		
填表人			审核人		

11.3.2 公司培训预算编制

培训预算是将培训管理工作进行量化，是未来培训计划实施和控制的重要依据和衡量标准，编制公司培训预算是为了能够做到心中有数地使用公司培训资金。

1. 公司培训预算编制方法

公司培训预算编制方法主要有以下三种，具体如图 11-15 所示。

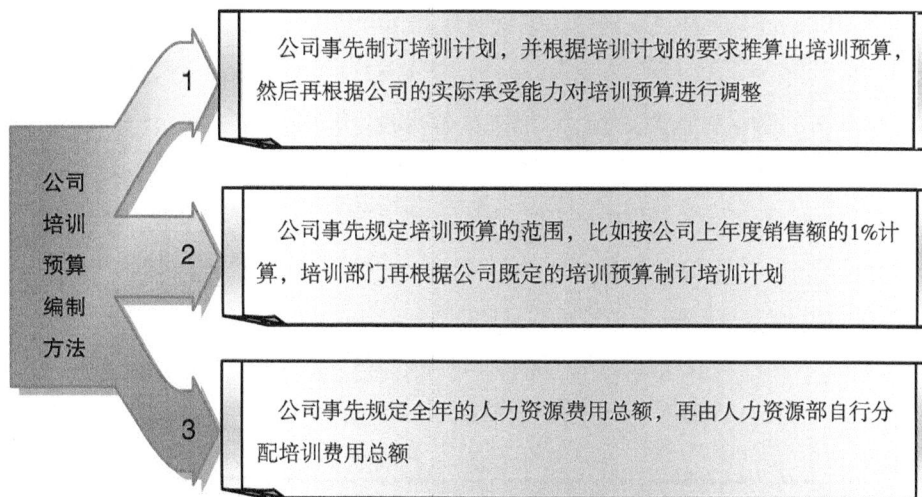

图 11-15 公司培训预算编制方法

公司培训预算编制方法

1. 公司事先制订培训计划，并根据培训计划的要求推算出培训预算，然后再根据公司的实际承受能力对培训预算进行调整

2. 公司事先规定培训预算的范围，比如按公司上年度销售额的1%计算，培训部门再根据公司既定的培训预算制订培训计划

3. 公司事先规定全年的人力资源费用总额，再由人力资源部自行分配培训费用总额

无论公司采取何种培训预算编制方法，公司都需要经过一个协调讨论的过程，该过程模式如图 11-16 所示。

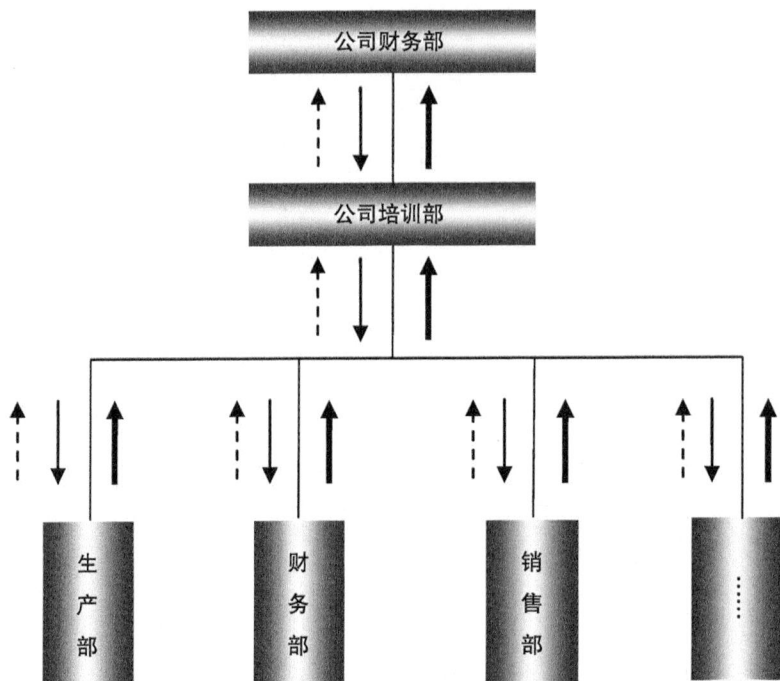

说明：

1. 细的虚线箭头表示各部门将本部门的培训预算建议数交至公司培训部，公司培训部整合后编制公司培训预算建议数，并交至公司财务部；

2. 细的实线箭头表示公司财务部根据公司培训预算建议数下达公司培训预算控制数，培训部根据公司培训预算控制数制定各部门培训预算控制数，并下发到各部门；

3. 粗的实线箭头表示各部门根据本部门的培训预算控制数，编制部门培训预算方案并交至培训部，由培训部进行综合考虑后整合，并将最终整合好的公司培训预算方案交至财务部；

4. 以上三点是公司编制培训预算时的一轮讨论过程，根据公司实际情况，该过程是可以重复多次发生的；

5. 这里的培训预算建议数是指对培训预算提出的建议数额，培训预算控制数指公司层面对培训预算下达的控制数额。

图 11-16 公司培训预算编制讨论过程模式

2. 公司培训预算编制的要求

编制公司培训预算应遵循以下八项要求，具体如图11-17所示。

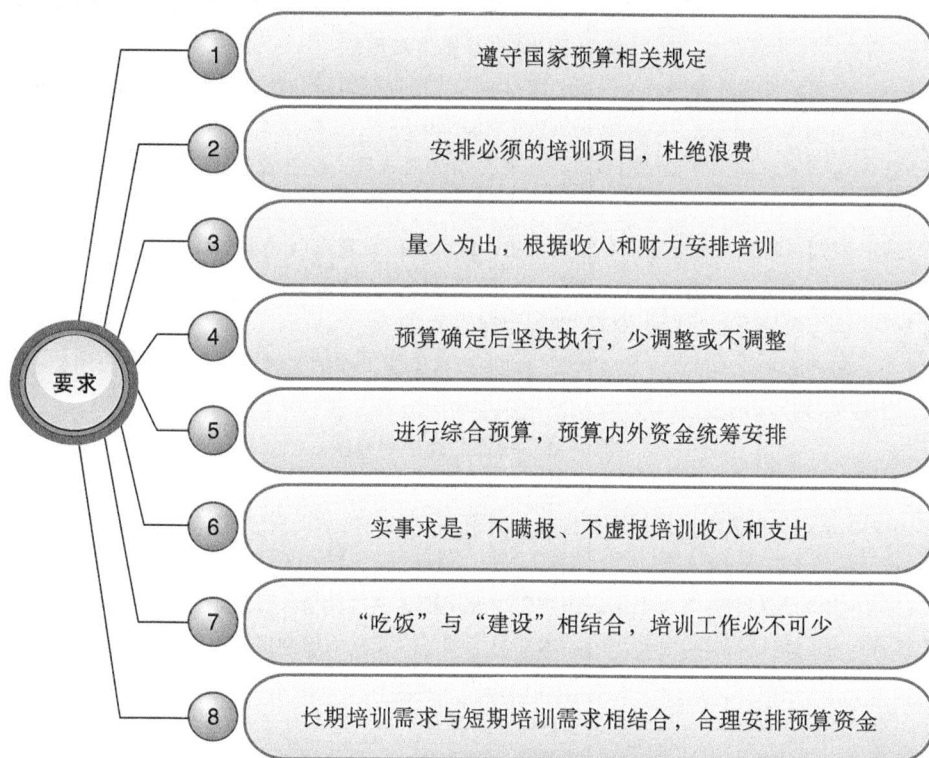

图 11-17　公司培训预算编制的要求

3. 公司培训预算编制制度示例

制度名称	××公司培训预算编制实施细则		受控状态	
			编　号	
执行部门		监督部门	考证部门	

第1章　总则

第1条　目的

为规范公司培训预算编制管理，确保公司培训资金的合理运用和培训工作的有效开展，特制定本实施细则。

第2条　适用范围

本细则适用于公司各部门预算编制工作的管理和实施。

第3条　权责部门

1. 人力资源总监。总管公司培训预算工作，制定公司培训预算目标和要求。

2. 财务部。负责公司培训预算支出金额控制和公司培训预算收入管理。

3. 培训部。基于预算支出控制金额编制公司培训预算数，负责部门培训预算数的编制和管理，负责公司培训预算数编制的实施和管理。

4. 公司各部门。在培训部的领导下编制部门培训预算数，负责本部门培训预算编制的具体事宜。

第2章 培训预算编制负责人

第4条 公司培训预算编制分为两级，即作为一级培训预算单位的公司和作为二级预算单位的公司所属部门。

第5条 公司级培训预算编制由培训部负责，培训部应至少设三名专员，专项管理公司培训预算编制工作。

第6条 部门级培训预算编制由各部门负责，各部门应设置部门培训预算专员管理部门培训预算编制工作。

第7条 各部门主管负责监督本部门培训预算编制工作的实施。

第8条 培训部主管不仅负责监督本部门培训预算编制工作的实施，还负责监督公司整体培训预算编制工作的实施。

第3章 培训预算编制程序

第9条 人力资源总监下达培训预算编制目标和指导思想。

第10条 培训部根据培训预算编制目标和要求制定各部门培训预算编制具体目标和要求等的详细规定。

第11条 培训部与财务部根据培训预算要求设定预算项目和会计科目

第12条 部门培训预算编制专员收集本部门培训需求及其他培训预算编制的相关信息。

第13条 部门培训预算编制专员根据公司相关规定及所收集的培训信息编制本部门的培训预算建议数。

第14条 部门培训预算编制专员将培训预算建议数提交部门经理审核。

第15条 部门培训预算编制专员将审核通过后的部门培训预算建议数上报培训部。

第16条 培训部综合各部门情况提出公司培训预算建议数并提交财务部。

第17条 财务部根据公司年度培训计划提出公司培训预算控制数，并下发培训部。

第18条 培训部根据财务部的公司培训预算控制数，制定各部门的培训预算控制数，并下发各部门培训预算编制专员。

第19条 部门培训预算编制专员根据培训部的培训预算控制数修改本部门的培训预算建议数。

第20条 部门培训预算编制专员将修改后的部门培训预算数提交部门经理审核。

第21条 部门培训预算编制专员将修改后通过审核的部门培训预算数提交培训部。

第22条 培训部根据各部门培训预算数进行综合整理，制定公司培训预算数，并提交人力资源总监审批。

第23条 经人力资源总监审批通过后，交财务部。

第4章 培训预算编制实施管理

第24条 编制时间

预算编制工作一般在11月中旬开始，各部门级预算编制单位应在11月底前将预算编制日程计划报至财务部。

（续）

第25条　编制培训预算时，公司可根据需要设立一定比例的不可预见费，作为预算外支出，预算项目需将年度预算分解到季度。

第26条　编制培训预算时，若本年度培训预算金额与上年度实际发生额相比，差异在18%以上，要另外详细说明差异原因。

第27条　培训预算的调整

各部门预算一经批准，具有严格的约束力，除因不可抗拒的客观情况发生重大变化而需要做预算调整外，任何人不得随意变动或调整。如需调整，需经公司总经理批准方可。

第28条　编制培训预算所需的各种表格由财务部根据实际需要制定并下发到各部门。

第5章　附则

第29条　本细则由公司培训部制定，其修改、解释权归培训部所有。

第30条　本细则自总经理签发之日起实施。

编制日期		审核日期		批准日期	
修改标记		修改处数		修改日期	

11.3.3　年度培训预算编制

年度培训预算编制就是要将在下一年度中组织预计发生的岗前培训、在岗培训、脱岗培训等各种培训的预算费用进行统一编制。

1. 年度培训预算编制的内容

年度培训预算编制主要包括以下五方面内容，具体如图11-18所示。

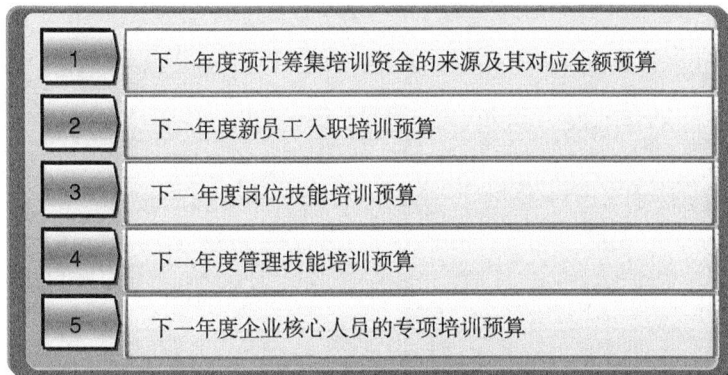

1	下一年度预计筹集培训资金的来源及其对应金额预算
2	下一年度新员工入职培训预算
3	下一年度岗位技能培训预算
4	下一年度管理技能培训预算
5	下一年度企业核心人员的专项培训预算

图11-18　年度培训预算编制的内容

2. 年度培训预算编制信息来源

要使所编制的年度培训预算数据准确、可靠，必须充分考虑培训预算过程中可能存在的各种限制性因素，同时还应具备综合性知识并对目前以及未来企业培训预算可能发生的各种情况有深入理解。

必须注意从各种渠道收集对培训预算有价值的意见，年度培训预算编制信息主要有以下来源，具体如图 11-19 所示。

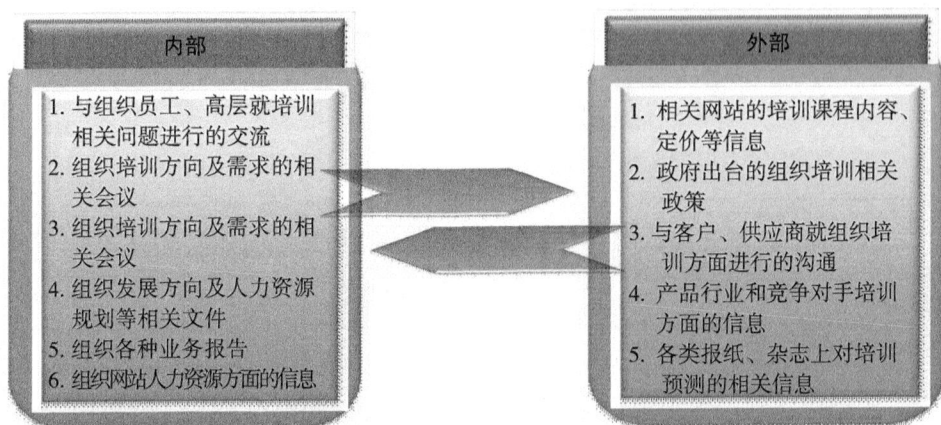

说明：相关信息包括交通、食宿等物价信息，培训课程内容、开发状况、培训费用，培训需求方向等

图 11-19　年度培训预算编制信息来源

3. 年度培训预算编制的常见问题及解决措施

年度培训预算编制涉及到组织发展的方方面面，是一个复杂的过程。在年度培训预算编制过程中的常见问题及解决措施如图 11-20 所示。

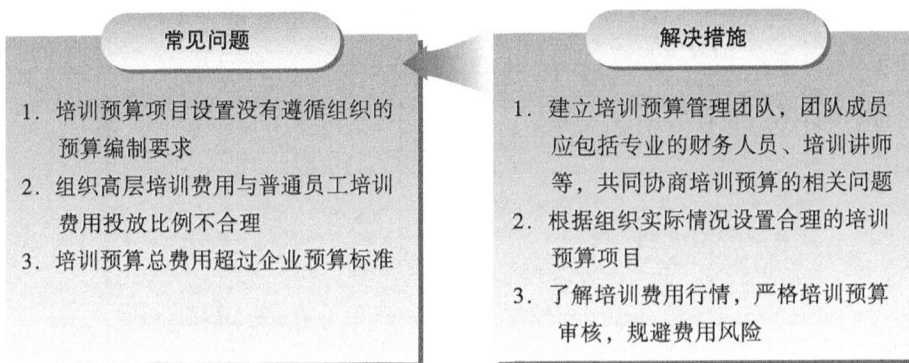

图 11-20　年度培训预算编制的常见问题及解决措施

4. 年度培训预算编制工具

"年度培训预算表"的示例如表11-6、表11-7、表11-8所示，供读者参考。

表11-6　年度培训预算表1

编号：　　　　　　　　　　　　　　　　　　　　　　　日期：＿＿＿年＿＿＿月＿＿＿日

季度	培训项目	培训对象	预订人数	培训预算（元）	合计（元）
第一季度					
第二季度					
第三季度					
第四季度					
合计（元）					
备注					
填表人			审核人		

表11-7　年度培训预算表2

编号：　　　　　　　　　　　　　　　　　　　　　　　日期：＿＿＿年＿＿＿月＿＿＿日

部门	培训项目	培训项目资源来源			培训人数	培训次数	培训预算（元）	合计（元）
		自有	开放	购买				
财务部								
生产部								
销售部								
……								
合计（元）								
备注								
填表人					审核人			

表 11-8 年度培训预算表 3

编号：   日期：____年____月____日

培训类别	培训内容	培训次数	受训人数	费用支出项目					单位费用	总费用
				资料费	人工费	场地费	食宿费	其他		
常规培训	内容 1									
	内容 2									
	……									
	小计									
专项培训	内容 1									
	内容 2									
	……									
	小计									
部门培训	部门 1									
	部门 2									
	……									
	小计									
合计（元）										
编制人				批准人						

11.3.4 培训预算编制流程

培训预算编制流程主要包括以下六步，具体如图 11-21 所示。

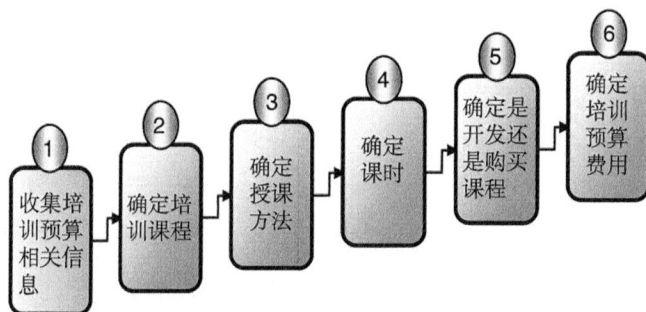

图 11-21 培训预算编制流程

下面对图中所示的培训预算编制流程进行进一步阐述和说明。

1. 收集培训预算相关信息

需要收集的信息主要有以下三个方面，具体如图 11-22 所示。

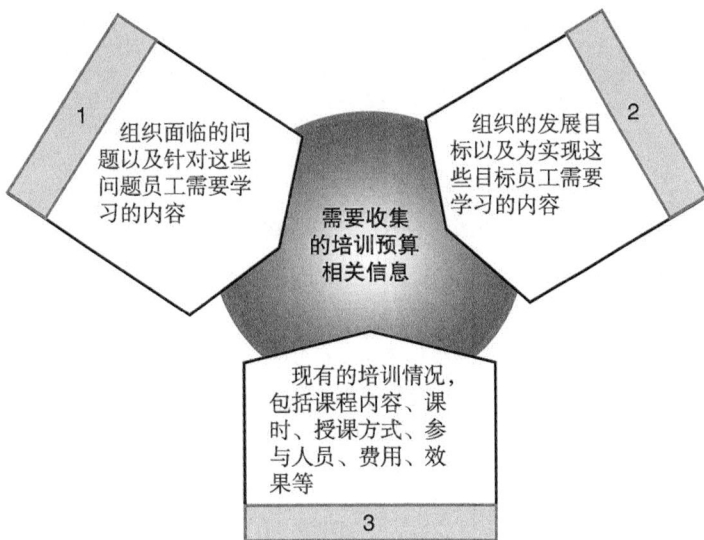

图 11-22　需要收集的培训预算三个方面的信息

具体的相关信息收集工具如表 11-9 和表 11-10 所示。

表 11-9　组织问题及培训需求信息

编号：　　　　　　　　　　　　　　　　日期：___年___月___日

序号	出现的问题	涉及部门	目前的实际绩效	解决该问题所要求的绩效	预期的培训需要
1					
2					
3					
…					
备注					

表 11-10　组织已开展培训课程信息

编号：　　　　　　　　　　　　　　　　　　　　　　日期：＿＿＿年＿＿＿月＿＿＿日

课程名称	培训对象		强制性		授课方式	培训时间	培训费用	培训次数	课程更新		适用说明
	部门	人数	是	否					是	否	
备注											
表格使用说明	1. "人数"栏，填写上一年全年该课程该部门培训的总人数 2. "培训时间"栏，填写每期培训需要的课时时间，超过一天的以天为单位，不足一天的以小时为单位 3. "培训费用"栏，填写每期的培训费用，以元为单位 4. "培训次数"栏，填写上一年的全年培训次数										

2. 确定培训课程

培训课程可以分为两类，现有的培训课程和需要开发或购买的新课程。确定的培训课程信息收集工具如表 11-11 所示。

表 11-11　培训课程信息确定表

编号：　　　　　　　　　　　　　　　　　　　　　　日期：＿＿＿年＿＿＿月＿＿＿日

培训目标	培训对象	人数	建议课程	授课方式	培训项目资源来源			强制性		预算（元）
					现有课程	待开发	购买	是	否	
备注										

填表人：　　　　　　　　　　　　　　　　　　　　　　审核人：

3. 确定授课方法

授课方法的确定可以分为以下三步，其具体步骤和内容如图 11-23 所示。

步骤	分类	选择原因

确定授课环境

独立学习环境
1. 学员习惯于独立完成任务
2. 学员无法远离工作去参加培训
3. 学员人数少，且有充足的培训场地
4. 学员学习积极性高，且能抽出很多时间学习

小组学习环境
1. 课程内容需要学员合作进行
2. 学员人数太多，培训场地受限
3. 学员习惯于一起完成任务并能享受其中乐趣

确定授课方式

基于技术的方法
1. 学习人数多，课程开发时间长，但授课时间短
2. 学员交通费用过高，组织需要减少交通费用
3. 学习便利可以极大的提高学员的学习积极性
4. 组织有能力支持基于技术的培训
5. 学员习惯于基于技术的培训方式

基于书面材料的方法
1. 培训课程开发时间短
2. 培训课程开发预算少
3. 学员习惯于基于书面材料的学习方式
4. 组织没有足够的能力支持基于技术的培训

选择授课方法

　　在综合考虑授课环境和授课方式的基础上，选用讲授法、研讨法、视听法、角色扮演法、案例分析法、户外训练法、游戏模仿法、E-Learning等授课方法

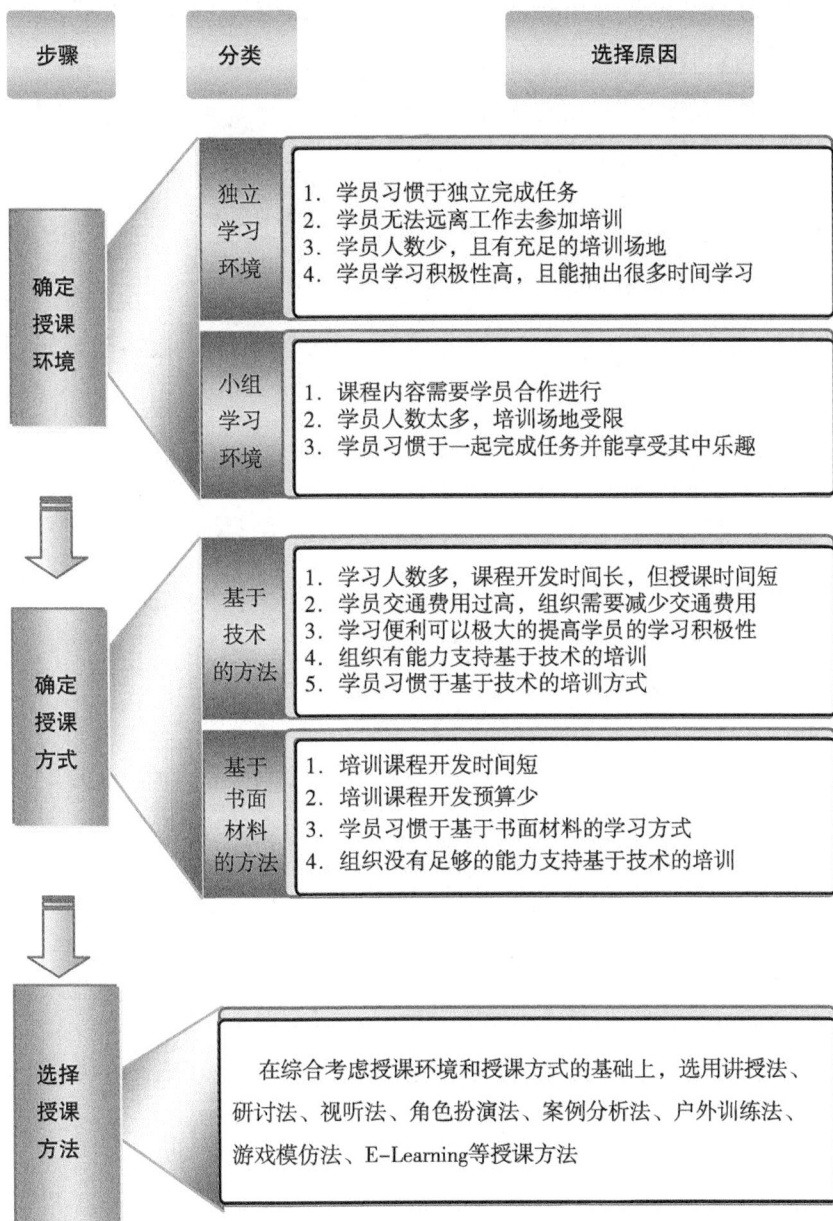

图11-23　授课方法的确定步骤及其内容

4. 确定课时

　　培训费用主要是根据每门课程的课时多少进行核算的，如果不知道每门课程的课时，就无法确定培训的预算。课程确定的影响因素主要有以下四点，具体如图11-24所示。

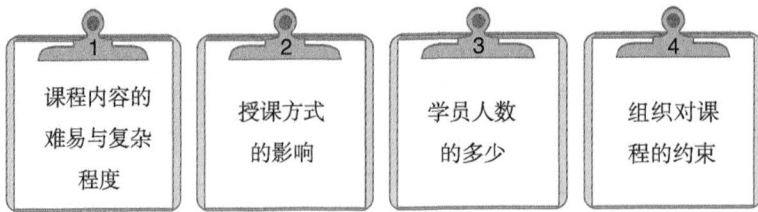

图 11-24　课程确定的四个主要影响因素

5. 确定是开发还是购买课程

组织需要根据不同的情况进行适当的选择——是开发还是购买课程。其适用的不同条件具体如图 11-25 所示。

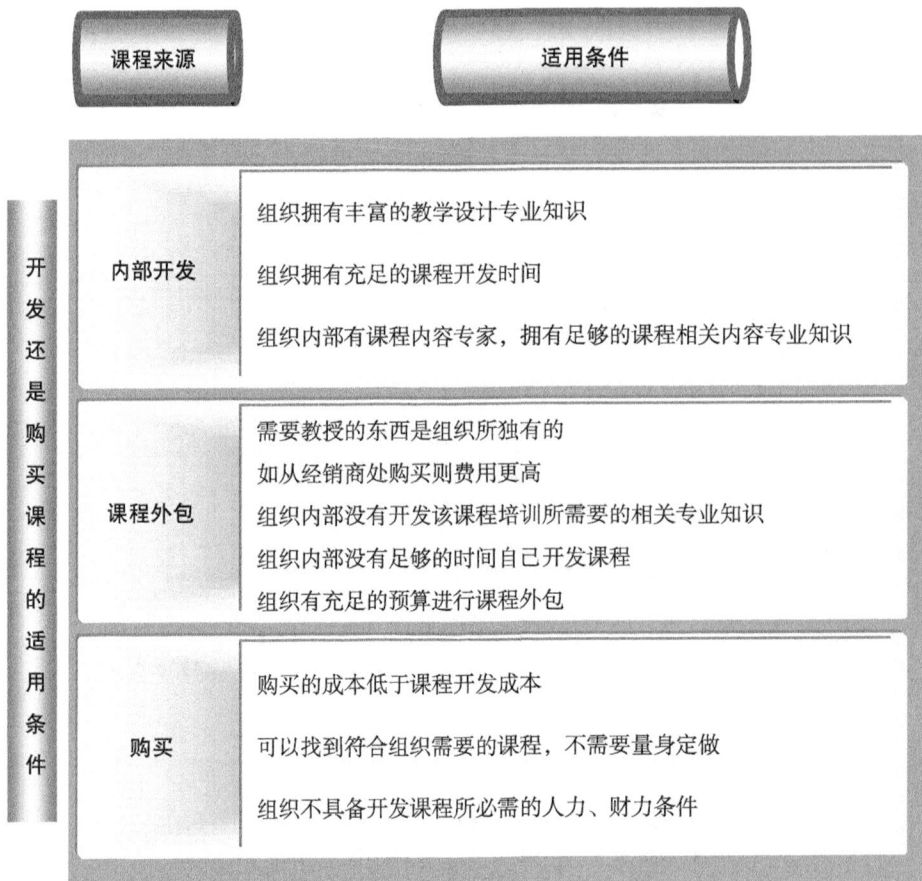

图 11-25　开发还是购买课程的适用条件

6. 确定培训预算费用

培训预算费用的确定包括以下五个步骤，具体如图 11-26 所示。

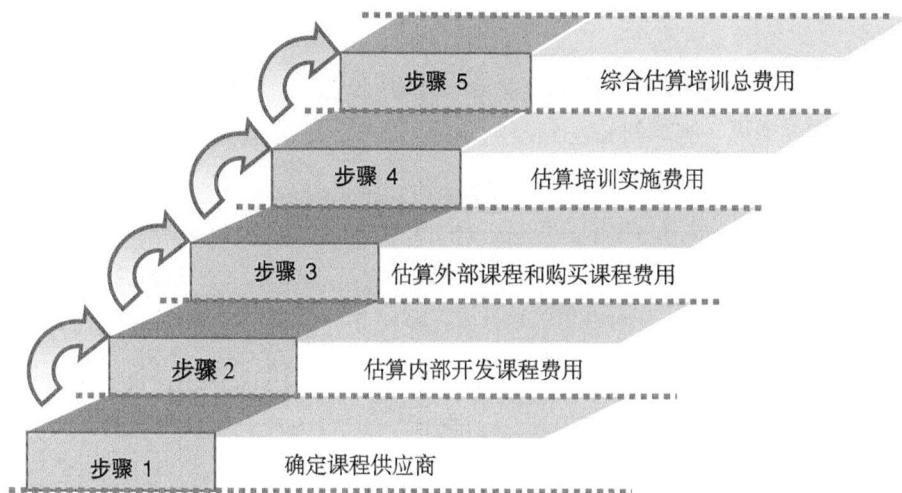

图 11-26 培训预算费用的确定步骤

11.3.5 培训预算审核管理

培训预算审核是对培训预算合理性的严格审查，其审核的基本出发点就是"花最少的钱，办最多的事"。

1. 培训预算审核管理流程

培训预算审核管理主要分为以下四个步骤进行，具体如图 11-27 所示。

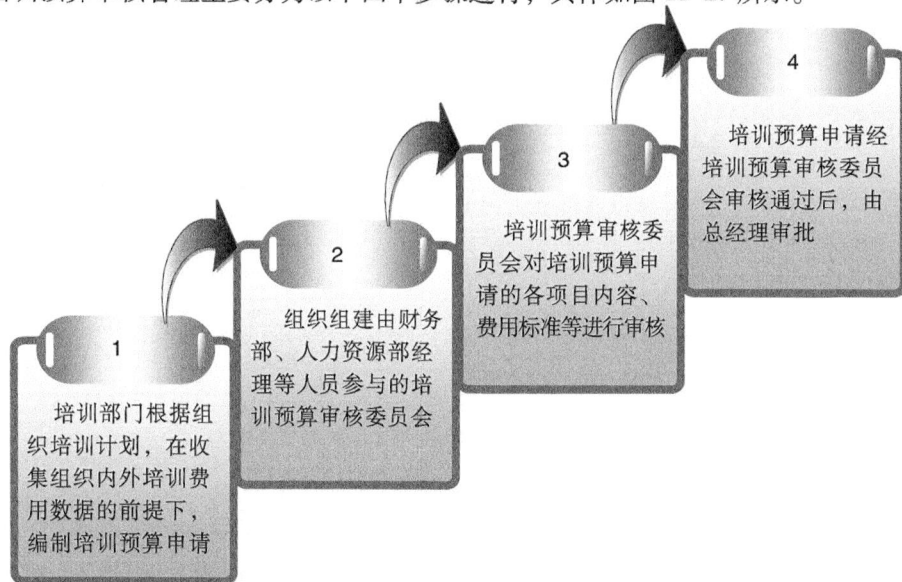

图 11-27 培训预算审核管理流程

2. 培训预算审核管理工具

常用的培训预算审核管理工具有"培训预算申请表"、"培训预算审核建议书"等。"培训费用预算申请表"的示例如表 11-12 所示。

表 11-12　××企业培训费用预算申请表

编号	培训类别	培训人数	培训费（万元）		差旅费（万元）		资料费（万元）		其他费用（万元）	
			总计	人均	总计	人均	总计	人均	总计	人均
1	综合管理类培训									
2	核心素质能力培训									
3	岗位技能培训									
4	专业知识培训									
5	资格认证培训									
6	新员工培训									
7	境外培训									
8	学历教育培训									
	合计									
培训预算审核委员会意见										

（签章）　　　　日期：＿＿年＿＿月＿＿日

（续表）

人力资源总监审核意见	（签章）　　　　日期：____年____月____日
总经理审批意见	（签章）　　　　日期：____年____月____日

第 12 章

新员工培训体系建设

12.1　新员工培训内容体系

12.1.1　新员工培训内容设计

新员工是注入组织的新鲜"血液"和后备力量，新员工培训是在短期内增强员工认同感和归属感的一大有效工具。合理的新员工培训内容设计是新员工培训成功的关键。

1. 新员工培训内容设计需要考虑的因素

新员工培训内容设计需要考虑两大因素：新员工自身的特点以及新员工培训的目标。

（1）新员工的特点

新员工在进入组织之初有以下三大主要特点，具体如图 12-1 所示。

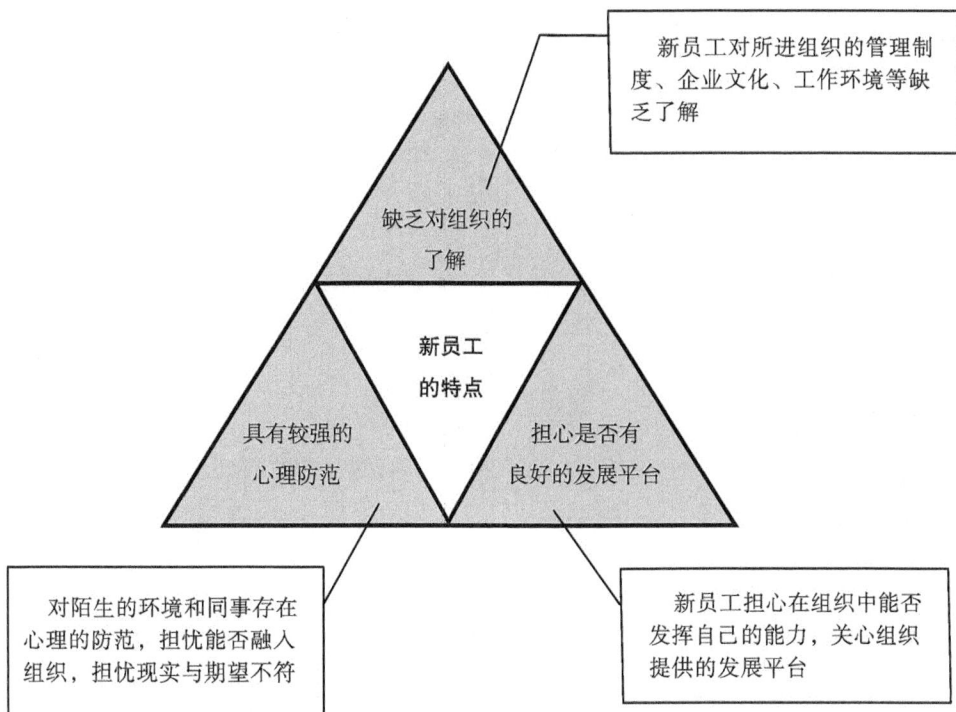

图 12-1　新员工的特点

（2）新员工培训的目标

新员工培训主要有以下六大目标，具体如图 12-2 所示。

1	使员工对组织的历史、文化、工作环境、岗位情况等有个大概的了解
2	增强组织的稳定程度，降低员工流失率
3	使新员工能尽快适应工作环境，提高组织运作效率

向新员工展示组织对个人的发展期望以及个人在组织的发展平台	4
使员工对今后在组织中的发展有清晰的了解，减少员工的抱怨和焦虑	5
在培训的过程中，使新员工感受组织文化，并使其融入其中	6

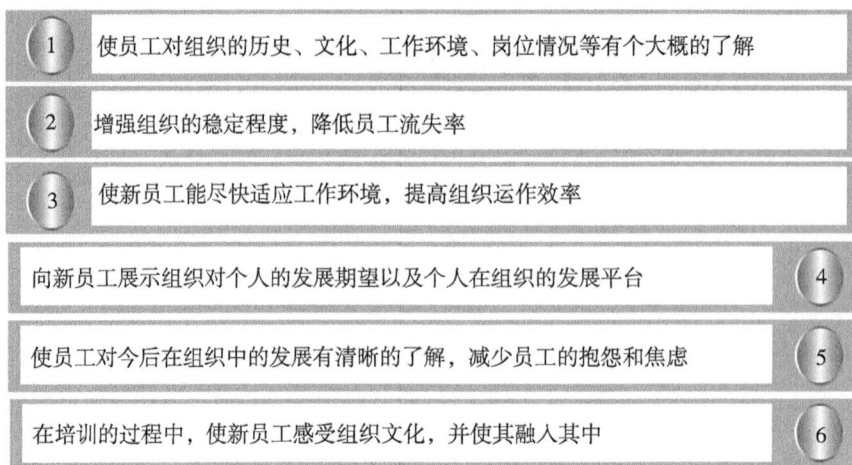

图12-2　新员工培训的目标

2. 新员工培训的内容及实施者

新员工培训的内容主要涉及以下四个方面，具体内容及实施者如图 12-3 所示。

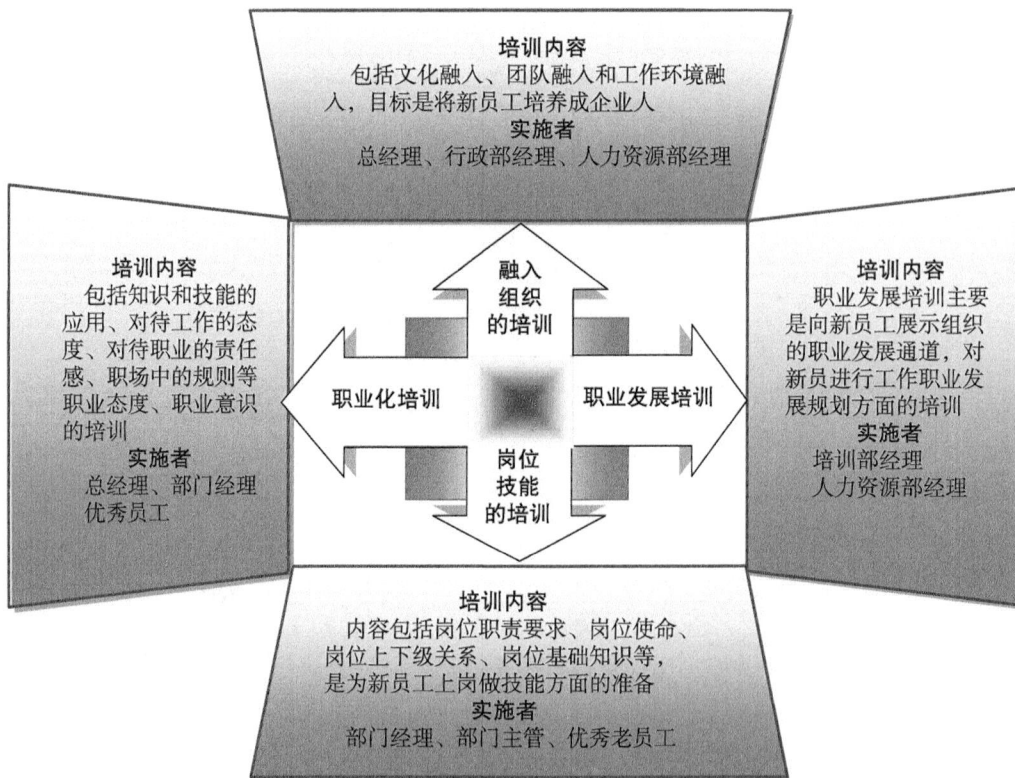

图12-3　新员工培训的内容及实施者

12.1.2 新员工培训内容模块

培训人员可以根据图 12-4 的框架规划新员工培训的内容模块。

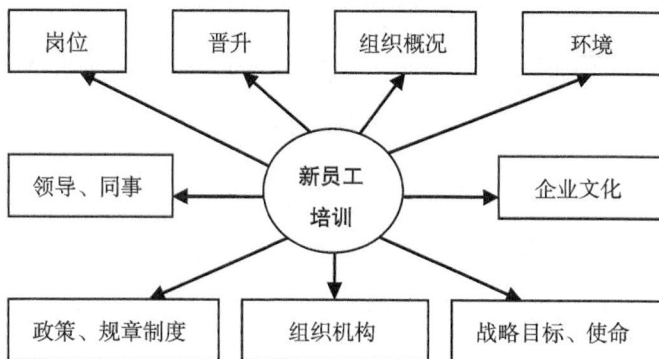

图 12-4 新员工培训的内容模块

图 12-4 中所述新员工培训的内容模块可以划分为三类部分：与工作环境有关的内容、与工作制度有关的内容以及与工作岗位有关的内容。

1. 与工作环境有关的内容

与工作环境有关的内容包括组织宏观环境以及工作环境与设施两个部分，具体如图 12-5 所示。

图 12-5 与工作环境有关的内容

2. 与工作制度有关的内容

这一部分关系到员工的切身利益，涉及的内容较多，具体包括组织各项人力资源管理制度、财务管理制度、行政办公管理制度、培训管理制度、学习晋升管理制度等。

3. 与工作岗位有关的内容

与工作岗位有关的内容包括岗位职责、技术以及行为规范三个方面的内容，具体如图 12-6 所示。

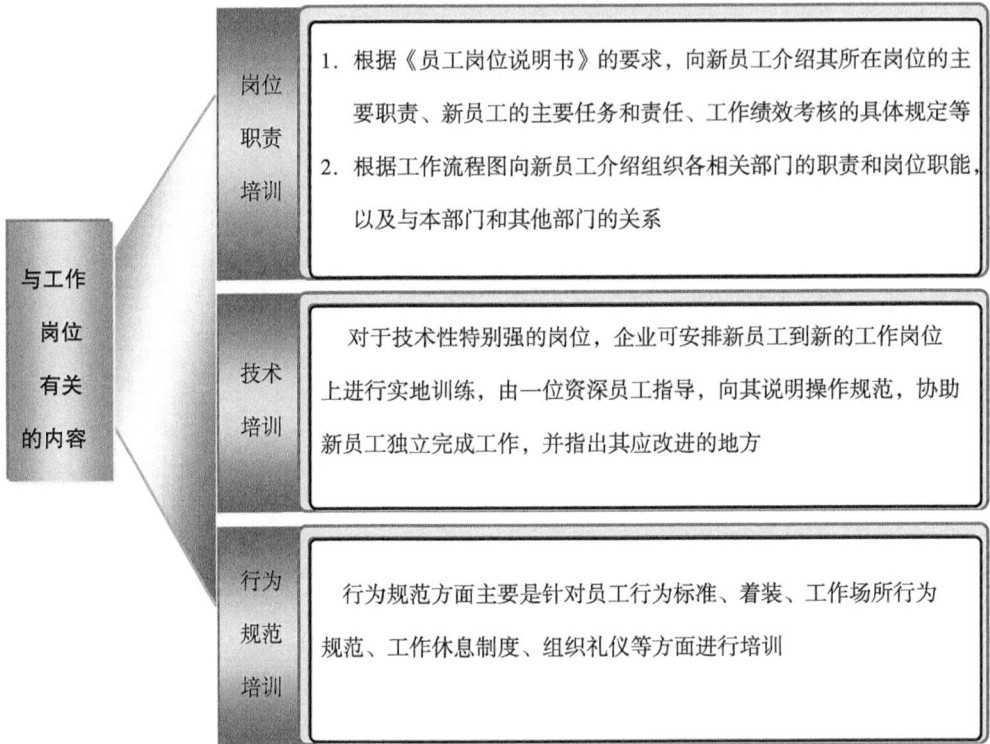

图 12-6　与工作岗位有关的内容

以××企业新进员工入职培训为例，新员工培训内容模块具体如表 12-1 所示。

表 12-1　××企业新进员工入职培训内容

序号	培训项目		培训日期	时间	培训人
1	欢迎新进员工，致欢迎辞				
2	培训计划简介				
3	工作环境简介				
4	公司概况	1. 公司基本概况 2. 发展历史、文化、经营理念和未来发展方向 3. 公司组织结构说明			

（续表）

序号	培训项目		培训日期	时间	培训人
5	人员介绍	1. 介绍公司主要高层 2. 介绍各级主管 3. 介绍部门同事 4. 员工自我介绍			
6	规章制度	1. 人事规章与福利说明 2. 作息及签到规则 3. 休息和用餐规则 4. 服务礼仪和接待规定 5. 办公自动化使用规定 6. 休假和加班规定 7. 奖罚规章			
7	学习《员工手册》的内容				
8	财务制度	1. 财务制度说明 2. 出差规程与费用报销流程 3. 主要财务政策			
9	部门本职位工作内容介绍				
10	消防安全知识普及				
11	紧急事故及灾害处理方法				
培训对象					
到职日期	＿＿＿年＿＿＿月＿＿＿日				

12.1.3 新员工培训课程开发

新员工培训课程开发是新员工培训体系建设的重要内容之一，课程开发质量的高低直接影响新员工培训效果的好坏。

1. 新员工培训课程开发的八大要素

新员工培训课程开发主要包含课程目标、培训内容等八大要素，具体内容如图12-7所示。在培训课程开发过程中，组织可根据课程要求对这些要素进行不同的选择和处理，开发出不同的新员工培训课程。

图 12-7　新员工培训课程开发的八大要素

2. 新员工培训课程开发内容

新员工培训课程开发主要包括企业文化类、基本素养类、专业素养类、工作态度类以及自我发展类五大类内容，具体如图 12-8 所示。

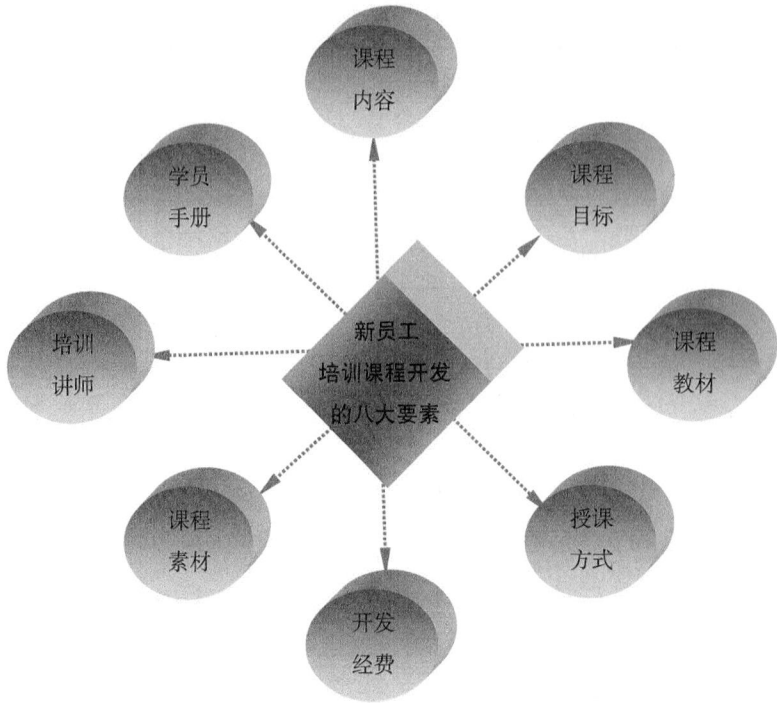

企业文化类	基本素养类	专业素养类	工作态度类	自我发展类
1. 组织历史发展 2. 组织经营理念 3. 组织发展战略 4. 组织规章制度 5. 组织产品介绍 6. 组织安全管理	1. 沟通能力 2. 执行能力 3. 诚信与职业道德 4. 问题解决能力	1. 岗位职责要求 2. 岗位工作流程 3. 岗位工作目标及考核项目 4. 把握工作中的细节	1. 如何对待工作 2. 扮演团队角色 3. 不找借口，找办法	1. 持续学习能力 2. 职业生涯规划 3. 变革管理能力

图 12-8　新员工培训课程开发内容

3. 新员工培训课程开发方案示例

××公司"新员工职业素养"培训课程开发方案

一、课程名称

新员工职业素养。

二、课程目标

1. 列举职业素养四要素。

2. 清楚对待企业、对待工作和对待自己的正确做法。

3. 准确列举工作礼仪和沟通技巧，并在工作中恰当运用。

三、课程时间

课程总时长为4个小时。

四、授课方式

面授或网络课程学习。

五、培训场所

公司行政楼第一会议室。

六、课程内容

课程内容及课程时间分配如下表所示。

课程内容及课程时间分配一览表

课程单元		单元内容	课时分配
第一单元	自我角色认知	1. 从"社会人"变为"企业人" 2. 企业需要什么样的员工 3. 我们为什么而工作 4. 职业素养四要素：敬业、能力、责任和规范	0.5 小时
第二单元	建立积极心态	1. 从大学生到职业人的转变 2. 观念对人的重要性 3. 心态是如何影响人的行为 4. 认识你的隐形"护身符"	0.5 小时
第三单元	如何对待工作	1. 清醒认识你在为谁工作 2. 赢利来自于为企业创造价值 3. 对工作负责就是对自己的人生负责 4. 追求卓越的工作品质	1 小时

(续表)

课程单元		单元内容	课时分配
第四单元	如何对待企业	1. 忠于公司就是忠于自己 2. 与企业同舟共济 3. 对企业要有服务的心态 4. 要有推销自己的意识 5. 接受并尊重你的上级 6. 赢得信任	1 小时
第五单元	如何对待自己	1. 职业人的仪表礼仪 2. 职业人办公室礼仪 3. 高效的沟通技巧 4. 时间管理的技巧	1 小时

七、课程设计素材

（一）培训故事

1. 个头小和制服大

故事：个头小和制服大

森林里成立了护卫队，负责保护森林的安全，护卫队的成员包括松鼠、老虎、老鹰、大象等。为了确保护卫队有统一、严整的气势，森林王国还专门拨出款项为护卫队成员定制了制服，护卫队的成员们大受鼓舞，森林王国也因森林护卫队尽职尽责而秩序井然。

一天，森林王国的国王狮子视察这支护卫队。它看到老鹰穿得制服肥大，腰带也显得松垮，它对老鹰说："哈哈，看来你的制服做得太大了。"

老鹰严肃地说："不，是我的个头太小了。"

狮子乐了："个头小不就是制服做大了吗？"

老鹰说："作为一名护卫队的成员，应该先从自己身上找原因，而不是从别的方面。"

狮子大为感动，特意嘉奖了老鹰。

启示：作为新员工，在开展工作过程中，面对问题应先从自己身上找原因，而不是盲目地推卸责任。

2. 一个建筑工人

故事：一个建筑工人

一天，一位记者到建筑工地采访，分别问了三个建筑工人一个相同的问题。

他问第一个建筑工人正在干什么活，那个建筑工人头也不抬地回答："我正在砌一堵墙。"

他问第二个建筑工人同样的问题，第二个建筑工人回答："我正在盖房子。"

记者又问第三个工人，这次他得到的回答是："我在为人们建造漂亮的家园。"

记者觉得三个建筑工人的回答很有趣，就将其写进了自己的报道。若干年后，记者在整理过去的采访记录时，突然看到了这三个回答，三个不同的回答让他产生了强烈的欲望，想去看看这三个工人现在的生活怎么样。等他找到这三个工人的时候，结果令他大吃一惊：当年的第一个建筑工人还是一个建筑工人，仍然像从前一样砌着他的墙；而在施工现场拿着图纸的设计师竟然是当年的第二个工人；至于第三个工人，记者没费多少工夫就找到了，他现在是一家房地产公司的老板，前两个工人正在为他工作。

（二）模拟与上级沟通游戏

游戏的具体内容如下表所示。

与上级沟通的游戏示例

人数	20 人	时间	30 分钟
场地	室内	用具	笔、纸
游戏步骤	1. 学员自由结合，5 人一组，每组选出一位领导者 2. 4 名下属迅速筹划一个投资项目，并根据项目特点撰写简要的计划书草案 3. 4 名下属依次面见领导，按照自己的沟通方式说服领导通过项目计划 4. 各小组用 30 分钟的时间展开讨论 5. 每组派出一个代表对讨论结果进行总结		
问题讨论	1. 哪些沟通方式领导易于接受，并能取得良好的沟通效果 2. 说服领导时需要运用哪些沟通技巧		
游戏技巧	1. 鼓励学员积极发挥自己的主动性 2. 注意合理的时间控制		

（三）培训格言

在本课程的讲授过程中，可以使用的格言如下。

1. "敬业者，专心致志，以事为业也。"——南宋哲学家 朱熹

2. "沟通中最关键的是要弄懂言外之意。"——（美）彼得·德鲁克

3. "应该记住，我们的事业，需要的是手，而不是嘴。"——童第周

4. "聪明寓于事业之中，此外再没有什么别的聪明了。"——（苏联）高尔基

5. "要成大事，就得既有理想，又讲实际，不能走极端。"——（美）罗斯福

6. "一朵鲜花打扮不出美丽的春天，众人先进才能移山填海。"——雷锋

7. "唯有具备强烈的合作精神的人，才能生存，创造文明。"——（印）泰戈尔

8. "在荆棘道路上，惟有信念和忍耐才能开辟出康庄大道。"——（日）松下幸之助

9. "责任是一种耐心、细致的行动，是把你应该做的事情做到最好的、充满激情的态度。"——歌德

10. "如果你做某事，那就把它做好。如果你不会或不愿做它，那最好不要去做。"——（俄）列夫·托尔斯泰

11. "'圆滑'是虚伪和怯懦的表现。我们不可能靠圆滑去获得朋友，更不可能靠圆滑去赢得成功。"——（法）罗兰

12. "切实苦干的人往往不高谈阔论，他们惊天动地的事业显示了他们的伟大，可在筹划重大事业的时候，他们是默不作声的。"——（俄）克雷洛夫

编制人员		审核人员		批准人员	
编制日期		审核日期		批准日期	

12.2 新员工培训运营

12.2.1 新员工培训计划制订

新员工包括新进员工、转岗员工以及新晋升的管理人员等。组织对新员工的培训也主要集中在对应届毕业生以及新晋升的管理人员进行培训。下面以新进应届毕业生培训计划和新晋升的管理人员培训计划为例，阐述新员工培训计划的制订。

1. 新进应届毕业生培训计划

××公司应届毕业生培训计划

一、目的

1. 根据应届毕业生的特殊需求制订科学合理的培训计划。

2. 通过执行合理的培训计划使应届毕业生能够迅速地适应工作与环境。

二、培训目标

应届毕业生的培训目标包括以下三个方面。

1. 熟悉公司，对公司产生兴趣并建立忠诚度。

2. 熟悉本岗位的工作，对工作产生兴趣并形成偏爱。

3. 掌握基本的工作技能和专业技能，尽早达到公司期望的工作绩效。

三、培训内容

在应届毕业生培训计划中，培训课程内容一般包括以下四个方面的内容。

1. 企业文化和核心价值观培训，包括公司发展历史、发展战略、经营理念、组织结构、企业文化、各种规章制度等。

2. 熟悉工作岗位和工作环境，包括工作中公司内外部主要工作联系部门和人员介绍、工作岗位职责要求、部门同事及工作流程等。

3. 职业素养培训，包括沟通技巧、时间管理技巧、团队管理、工作角色的转变、目标管理、问题分析与解决、商务礼仪等。

4. 基本技能培训，包括如何与顾客沟通，如何进行文件的管理，如何使用复印机与扫描仪、传真机等。

四、培训讲师的选择

在对应届毕业生进行培训时一般实行导师制，即指定其部门内部固定人员作为其导师负责帮助其熟悉公司、业务及环境，同时，人力资源部经理、部门主管等也肩负着培训责任。

培训负责人制订培训计划时需要考虑合适的培训人员。

五、新入职应届毕业生培训时间及计划安排

应届毕业生的培训时间一般在其投入岗位开展工作之前，具体工作计划的安排情况如下表所示。

新入职应届毕业生培训工作计划安排表

入职前准备	新员工基本情况	姓名		岗位	
		相关工作经历（年）		学历	
	培训负责人	一线经理		岗位教练	

部门主管（签字）：　　　　　　　　　　　　　　　日期：____年____月____日

入职1周培训内容检查表	本周培训工作计划	完成情况（是或否）
	1. 会见认识一线经理、部门经理、分管总经理、一线下属、人事和财务等后勤支持部门负责人	
	2. 参观厂区、工作间、办公室、职工宿舍，熟悉公司班车行车路线	
	3. 熟悉本公司各项行政规章制度及工作条例	
	4. 了解熟悉本岗位工作流程和职责	
	入职一周的培训效果评价	
	一线主管（签字）：　　　　　　　　日期：____年____月____日	

入职1个月培训内容检查表	本周培训工作计划	完成情况（是或否）
	1. 和本部门一线经理、部门经理、一线下属进行工作沟通	
	2. 参加新员工入职培训脱产班的学习	
	3. 按照本公司各项行政规章制度及工作条例开展工作	
	4. 在熟悉本岗位工作流程和职责的基础上，能够完成一定的本岗位工作	
	入职一个月的培训效果评价	
	一线主管（签字）：　　　　　　　　日期：____年____月____日	

（续表）

入职3个月培训内容检查表	本周培训工作计划	完成情况（是或否）
	1. 能够和本部门一线经理、部门经理、一线下属进行良好的工作沟通	
	2. 对参加入职培训的个人收获及时进行总结	
	3. 和部门经理谈话，总结培训成果	
	4. 能够熟练完成本岗位工作，承担相应的职责	
	入职3个月的培训效果评价	
	一线主管（签字）： 日期：___年___月___日	

六、培训形式

对应届毕业生的培训形式采取以面授为主、以网络学习为辅的方式进行。

七、培训考核

培训负责人需要在应届毕业生的培训计划中确定培训考核的内容，考核内容根据其培训内容而定，考核应在其实习期或试用期即将结束时进行。应届毕业生的培训考核由公司人力资源部统一组织进行。

编制人员		审核人员		批准人员	
编制日期		审核日期		批准日期	

2. 新晋管理人员培训计划

新晋管理人员培训计划

一、目的

为规范公司新晋管理人员的培训管理，特制订本计划。

二、培训内容

培训人员编制新晋管理人员的培训计划时应考虑到不同的新晋管理人员，根据其职位高低在培训计划中确定科学的培训内容。

（一）新晋基层管理人员的培训内容

新晋基层管理人员培训计划中的培训内容主要从以下四个方面进行设置。

1. 部门介绍，包括新岗位的职责、部门组织机构及工作流程及工作绩效等。

2. 角色认知，包括基层管理者的角色、地位、责任及对其素质要求等。

3. 管理技能，包括激励员工、自我管理、沟通技能、执行技能等。

4. 管理业务，包括计划的编制与控制、成本管理、质量管理、合理分配任务、培养下属人员等。

（二）新晋中层管理人员的培训内容

新晋中层管理人员培训计划中的培训内容主要从以下四个方面进行设置。

1. 中层管理角色转变，包括中层管理人员的角色定位、提高执行力、传达公司战略、树立全局观念等。

2. 挑选基层管理人员，包括人才评估、非人力资源部门的人力资源管理、如何选人与育人、选人的方法与工具、提高识别基层管理者的能力与素质等。

3. 培训基层管理人员，包括沟通、授权、激励、培养和挖掘基层管理人员的潜力，中层管理人员的时间管理与应用时间等。

4. 组织协调能力，包括整体与部门的相互作用、如何调配资金、人员配置、组织协调能力、资源优化配置等。

（三）新晋高层管理人员的培训内容

新晋高层管理人员培训计划中的培训内容需要从以下五个方面进行设置。

1. 公司环境分析，包括国内外经济和政治状况、公司所处的经营环境分析、公司所属行业发展研究、相关法律法规以及各项政策等。

2. 企业战略发展研究，包括公司面临的机遇与挑战、公司核心竞争力研究、公司的发展战略制定等。

3. 领导艺术，包括高效授权、压力管理、冲突管理、危机管理、组织变革管理等。

4. 创新意识，包括思维技巧、创新思维训练等。

5. 个人修养与魅力的提升，包括商业礼仪、塑造领导魅力等。

三、培训时间

公司新晋管理人员培训计划中的培训时间分为两个阶段：一为管理人员在开展工作之前，重点培训其在新岗位所需的基本工作技能；二为新晋管理人员开展工作之后，结合其工作中所遇到的实际问题进行相应的培训。

需要注意的是，新晋中高层管理人员培训计划中的培训时间应结合公司实际工作情况制订，保持相对的弹性。

四、培训讲师选择

1. 新晋基层管理人员的培训讲师一般由公司中层领导人员、部门经理及资历较深的基层管理担任。

2. 中层管理人员的培训讲师可由高层管理人员或资深中层管理人员担任，也可聘请外部培训讲师，但需要考虑公司的培训成本。

3. 高层管理人员进行培训时一般分为自修与传授，其培训讲师由外部培训讲师担任。培训负责人在选择外部培训讲师时需慎重考虑，并参考多方面的因素，选择最适合公司实际的外部培训讲师。

五、培训课时

新晋管理人员培训计划中的培训课时根据以下原则并结合实际情况确定。

1. 新晋基层管理人员的培训课时不少于60课时。

2. 新晋中层管理人员的培训课时不少于80课时。

3. 新晋高层管理人员的培训课时不少于100课时。

编制人员		审核人员		批准人员	
编制日期		审核日期		批准日期	

12.2.2 新员工培训预算编制

新员工培训预算是组织年度总体培训预算的重要组成部分，是组织开展培训工作的重要组成项目。

1. 新员工培训预算编制内容

新员工培训预算编制的内容如表12-2所示。

表 12-2　新员工培训预算编制内容

培训预算分类		预算分类的具体费用内容
培训准备费用（培训前）	人员薪资支出	包括培训管理人员、外部培训咨询顾问及其他相关人员薪资
	办公支持费用	包括培训会议费用、电话费用、文具费用、邮寄费用、复印费用、准备培训材料的费用、培训设备费用等
	其他杂项费用	相关物品租赁或购买费用、影印费用和其他费用支出
培训开展费用（培训中）	人员薪资支出	培训讲师、培训管理人员、受训人员、培训咨询顾问、其他参与课程开发和实施人员薪资
	培训实施费用	来回的差旅费、租用媒介设备、餐费、住宿费、交通费用等
	培训现场费用	场地租用费、设备租用费、现场服务费用
培训管理费用（培训后）	人员薪资支出	包括培训评估人员及相关培训参与人员薪资
	杂项费用	包括印刷品、笔纸和文件夹、文具、电话和传真及其他相关费用

2. 新员工培训预算编制工具

（1）新员工培训预算表

"新员工培训预算表"的示例如表 12-3 所示。

表 12-3　新员工培训预算表

班别	班数	总人数	授课时间	开班总费用（元）
职前训练共同课程班				
销售人员专业技能班				
办事员专业技能班				
技术员专业技能班				
管理人员训练班				
合计				

（2）新员工培训预算分析表

"新员工培训预算分析表"的示例如表 12-4 所示。

表 12-4　新员工培训预算分析表

培训目标	培训对象	培训项目				培训时间	组织部门	培训项目资源来源			预算
		课堂授课	户外参观	拓展训练	其他			已存在	开发	购买	
备注											

12.2.3　新员工培训运营管理

新员工培训运营管理的主要工作包括培训资料的准备、培训后勤保障管理以及培训实施过程控制等。

1. 新员工培训资料的准备

新员工培训资料主要包括员工手册、部门内部培训教材等，具体如图 12-9 所示。

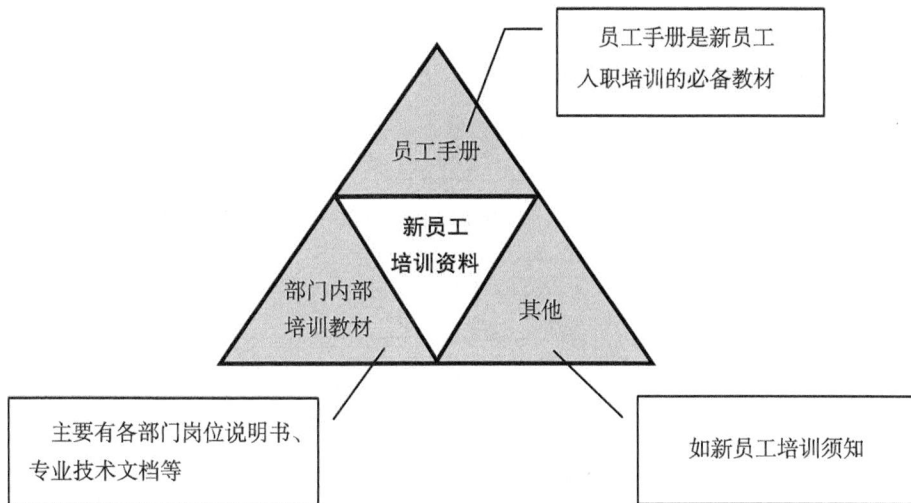

图 12-9　新员工培训资料

2. 新员工培训后勤保障管理

培训后勤保障工作主要包括培训相关人员的生活安排、培训器材的准备、培训场地管理等。新员工培训不是组织人力资源部一个部门的事情，而是需要组织所有相关部门的配合。

对于新员工培训的责任部门和人员，一定要明确人力资源部、高层管理者、新员工所在部门的部门负责人、其他相关部门负责人的职责，明确各具体事项的责任主体，并在各自部门和岗位的考核中予以体现，以保证各岗位和部门担负起各自应尽的职责。

为保证培训的实际效果，新员工培训实施之后应指派专人及时进行记录归档和效果评估。

3. 新员工培训运营方案示例

××企业新员工培训运营方案

一、新员工培训目的

1. 为新员工提供正确的、相关的公司及工作岗位信息，鼓励新员工的士气。

2. 让新员工了解公司所能提供给他的相关工作情况以及公司对他的期望。

3. 让新员工了解公司历史、政策、企业文化，为其提供讨论的平台。

4. 减少新员工初进公司时的紧张情绪，使其更快地适应公司。

5. 让新员工感受到公司对他的欢迎，让新员工体会到归属感。

6. 使新员工明白自己工作的职责，加强与同事之间的联系。

7. 培训新员工解决问题的能力，为其提供寻求帮助的方法。

二、新员工培训程序

一般来说，新员工培训程序整体如下图所示。

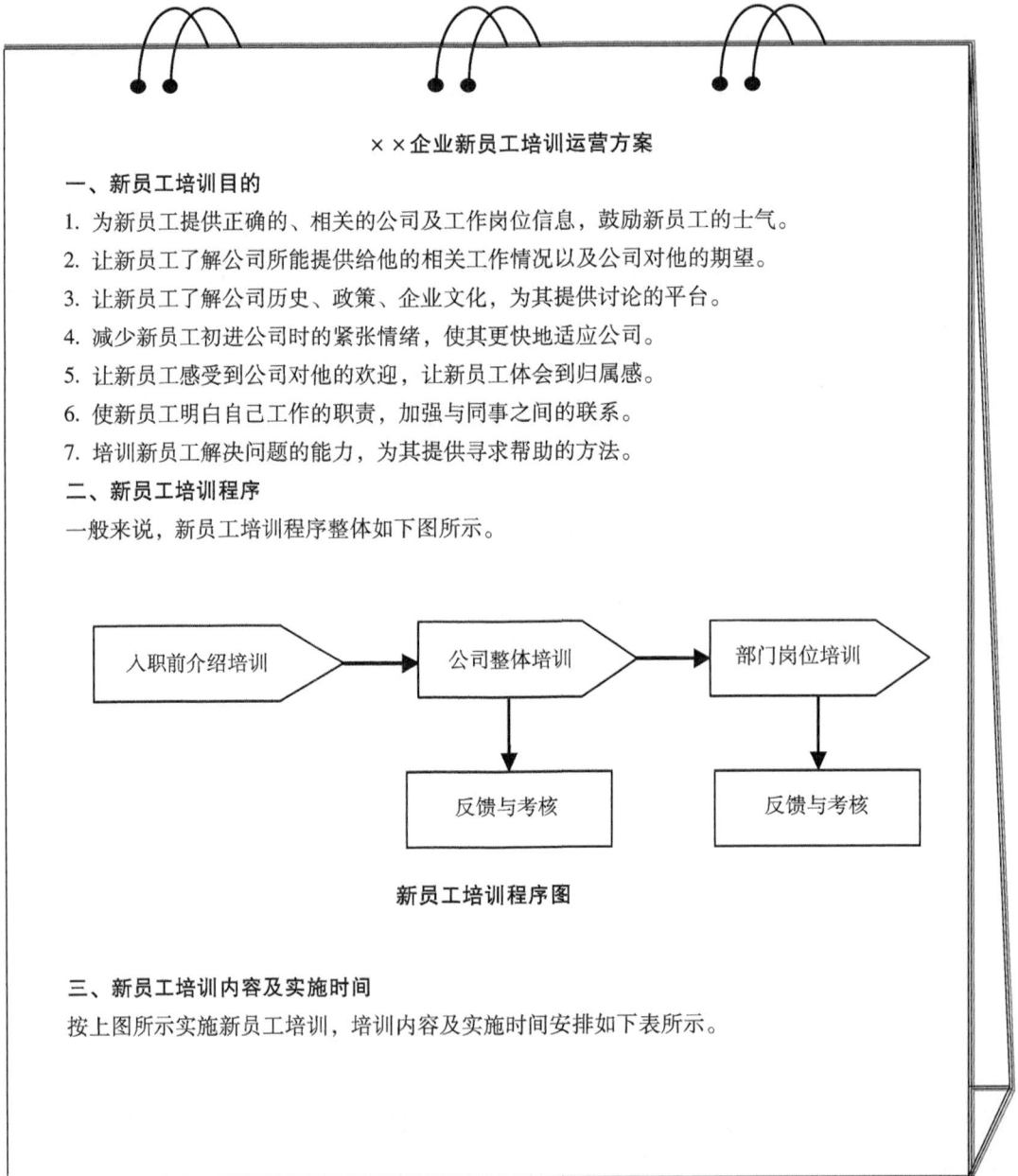

新员工培训程序图

三、新员工培训内容及实施时间

按上图所示实施新员工培训，培训内容及实施时间安排如下表所示。

新员工培训内容一览表

培训项目	时间	培训内容
就职前培训（部门经理负责培训）	到职前	1. 致新员工的欢迎信（人力资源部负责） 2. 让本部门其他员工知道新员工的到来 3. 准备好新员工办公场所、办公用品 4. 准备好给新员工培训的部门内训资料 5. 为新员工指定一位资深员工作为新员工的带训人 6. 准备好布置给新员工的第一项工作任务
公司整体培训（人力资源部负责培训）	到职后第×天	1. 公司历史与愿景、公司组织结构、主要业务 2. 公司政策与福利、公司相关程序 3. 公司各部门职能介绍、公司培训计划与程序 4. 公司整体培训资料的发放，回答新员工提出的问题
部门岗位培训（部门经理负责培训）	到职后第1天	1. 到人力资源部报到，进行新员工须知培训（人力资源部负责） 2. 到部门报到，部门经理代表全体部门员工欢迎新员工的到来 3. 介绍新员工认识本部门员工，带其参观企业及周围环境 4. 介绍部门结构与功能、部门内的特殊规定 5. 新员工工作描述、职责要求 6. 讨论新员工的第一项工作任务 7. 派老员工陪新员工到公司餐厅吃第一顿午餐
	到职后第5天	1. 一周内，部门经理与新员工进行非正式谈话，重申工作职责，谈论工作中出现的问题，回答新员工的提问 2. 对新员工一周的表现做出评估，并确定一些短期的绩效目标 3. 设定下次绩效考核的时间
	到职后第30天	部门经理与新员工面谈，讨论试用期一个月来的表现，填写评价表
	到职后第×天	人力资源部经理与部门经理一起讨论新员工表现，是否适合现在岗位，填写"试用期考核表"，并与新员工就试用期考核表现进行谈话，告知新员工公司绩效考核的要求与体系

四、新员工培训教材

1. 公司整体培训教材

2. 各部门内训教材

3. 新员工培训须知

新员工培训须知如下文所示。

新员工入职培训须知

各位学员：

欢迎您参加××公司第×期入职培训课程！

为了加强您与公司之间的相互了解，促进文化认同，帮助您提高综合素质以适应新的环境和岗位，特组织您参加本次培训。我们真诚地希望这次培训能对您有所帮助。为使这次培训达到预期的效果，现将有关事宜做如下说明，请您务必遵循！

一、本次培训为全封闭式培训，培训期间不得外出。

二、培训期间严禁吸烟、喝酒、赌博。累计违反两次的，取消培训资格。

三、认真遵守作息时间，上课不迟到、不早退，不随便出入教室。

四、上课时关掉通信工具或将其调至振动。

五、认真听讲并做好笔记，积极参与讨论、发表观点，积极参与各项活动。

六、讲文明、讲礼貌，服从安排，尊敬师长，团结同学，爱护公物，维护公共卫生。

七、严格按照培训安排进行就餐、住宿。

××公司培训中心

五、新员工培训反馈与考核

1. 岗位培训反馈表（到职后一周内）

2. 公司整体培训当场评估表（新员工用）（培训当天）

3. 公司整体培训考核表（培训讲师用）（培训当天）

4. 新员工试用期内表现评估表（到职后 30 天）

5. 新员工试用期绩效考核表（到职后____天）

编制人员		审核人员		批准人员	
编制日期		审核日期		批准日期	

12.2.4　新员工培训效果评估

对新员工培训效果评估可以从评估目标、评估内容、评估方法以及评估报告四个方面进行阐述。

1. 新员工培训效果评估目标

对新员工培训而言，需要通过评估明确新员工是否已经达到图12-10所示三个培训目标。

图12-10　新进员工培训效果评估目标

2. 新员工培训效果评估内容

新员工培训效果评估主要是通过测试或问卷的形式了解新员工对入职培训内容的理解程度和掌握程度，了解入职培训安排得是否合理有效。考核内容如表12-5所示。

表12-5　新员工培训效果考核表

编号：　　　　　　　　　　　　　　　　　　　　　　填表日期：____年____月____日

姓名		专长		学历	
培训时间		培训项目		培训部门	
新员工对所接受培训工作项目的了解程度如何					
对新员工专业知识（包括技术）的考核					
新员工对各项规章、制度的了解情况					
新员工提出改善意见评核，以实例说明					
分析新员工工作专长，判断其适合的工作，列举理由说明					
新员工辅导员评语：					
总经理签字：　　　　　　　部门经理签字：　　　　　　　评核者签字：					

3. 新员工培训效果评估方法

新员工培训效果评估方法有两种：一种是定性分析法，包括观察法、小组讨论法、问卷调查评估法等；另一种是定量分析法，包括加权分析法、成本—收益分析法、投资—收益分析法等。下面介绍三种具体的评估工具和方法。

（1）新员工培训效果跟踪表

在相关培训完成后一周内，人力资源部经理、部门主管对新员工在此期间的培训效果和工作表现做出考核与评估，以判断培训的效果。具体示例如表 12-6 和表 12-7 所示。

表 12-6 新员工培训效果跟踪表

姓名		公司/事业部		部门	
职务		到职日期		培训日期	
1. 入职以来所感受到的企业文化，请用几个字概括					
2. 新员工参加培训以后的出勤状况和工作表现					
3. 新进人员对各项规章制度的了解情况					
4. 新进人员对本职工作的了解和掌握情况					
5. 目前在工作中所表现出来的优势					
6. 目前在工作中所表现出来的不足					
7. 目前在工作中是否遇到困难，是否需要协助					
8. 在以后的工作中针对自己的不足采取的改进措施有哪些，如何落实这些改进措施					
9. 对新员工专业知识和专业技能进行评核，分析其工作专长，判断其适合何种工作，并列举理由说明					
填表说明	1. 本表由新员工的直接主管根据与员工的面谈结果和平时对该员工的考核及观察结果填写 2. 人力资源部经理原则上应参与员工特训跟踪、面谈评估 3. 跟踪评估负责人为人力资源部经理和新员工直接主管				
直接主管		人力资源部经理		总经理	

426

表 12-7　培训效果跟踪表

姓名		所属部门		职位	
岗位类别		入职时间		培训时间	
跟踪项目	主要培训内容	评价方式	评价标准		评价人
公司概况介绍	企业文化与经营理念组织机构与各部门职责办公管理制度	背诵或说明	□优，熟练掌握90%以上 □良，较好掌握80%以上 □较好，基本掌握70%以上 □一般，掌握60%以上 □差，尚未达到基本要求		
专业技能培训		实际操作或演练	□优，技术熟练达90%以上 □良，技术熟练达80%以上 □较好，技术熟练达70%以上 □一般，技术熟练达60%以上 □差，尚未达到基本要求		
工作方法培训		操作或演练	□优，按操作标准优质完成 □良，按操作标准基本完成 □较好，操作中存在微小失误 □一般，操作中存在三处失误 □差，操作中存在很多失误		
总体评价（由考评人员进行评价）： 部门经理签字：					

（2）新员工培训效果反馈表

新员工接受培训后1~3个月内，人力资源部应对其试用期期间的工作表现给予及时跟进，并反馈给新员工本人及其部门负责人，以便制定出相应的措施。表12-8是常用的入职培训效果反馈表，供读者参考。

表 12-8　入职培训效果跟进反馈表

本表主要用于新员工的自我评估，请检查自己对以下项目的掌握程度，并于入职后 1 个月内将该表交还人力资源部。

姓名		职位		员工编号				
部门		直接上级		入职时间				
培训项目	培训内容	掌握程度						
		优	良	中	一般	差		
公司入职培训	公司历史及在行业中的位置							
	公司产品							
	公司的经营理念、愿景、价值观等							
	公司组织架构、机构设置							
	考勤、作息时间、用餐安排等							
	公司要求遵守的行为规范							
	员工礼仪常识							
	员工绩效管理							
	员工奖惩条例							
	员工异动程序							
部门入职培训	认识部门经理、直接上级、同事							
	参观部门							
	部门规章制度							
	阅读并了解职位描述							
	卫生与安全							
	岗位技能培训							
员工签名：				日期：____年____月____日				

（3）等级加权分析法

等级加权分析法属于定量分析法，是对培训效果进行定量分析的方法之一，是将培训评估内容建立指标体系，确定其权重并划分不同的等级，然后对结果进行统计分析。具体内容如表 12-9 所示。

表12-9　加权分析评价结果

表12-9　加权分析评价结果

分值 指标	优（5分）	良（4分）	较好 （3分）	一般 （2分）	差（1分）	单项得分
企业概况的了解0.3	30%	20%	25%	15%	10%	1.035
专业技能的掌握0.4	10%	60%	20%	8%	2%	1.472
工作方法的运用0.3	40%	25%	20%	10%	5%	1.155

表中，百分比值"30%"表示30%的评价人员认为该新员工对企业概况的掌握情况得分为5分，即为优；单项得分＝权重×∑（分值×百分比值）；最终评价结果＝∑（权重×单项得分）；最终评价结果＝$0.3 \times 1.035 + 0.4 \times 1.472 + 0.3 \times 1.155 = 1.2458$。

4. 新员工培训效果评估报告

（1）新员工培训效果评估报告的撰写目的

撰写新员工培训评估报告的目的主要体现在以下五个方面，具体如图12-11所示。

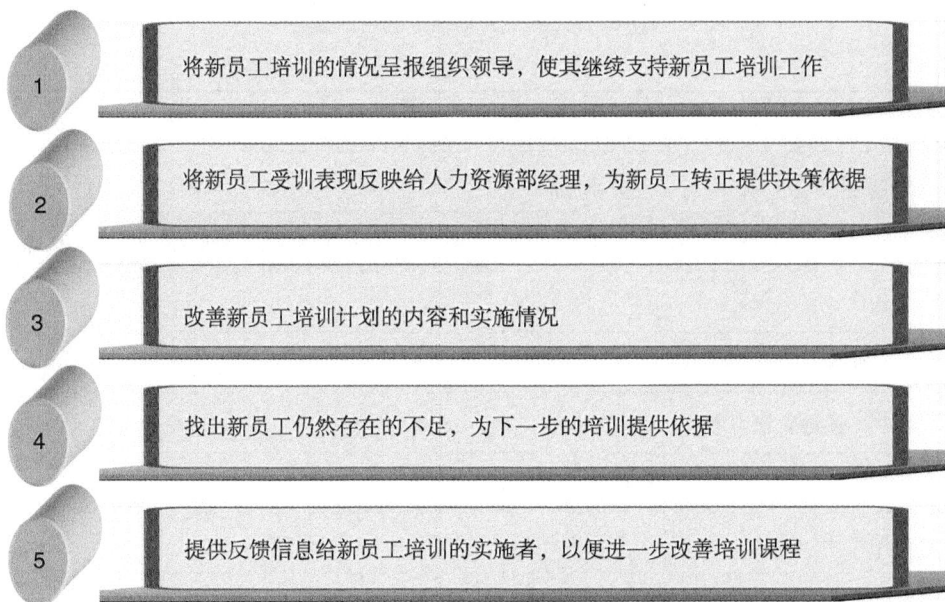

1　将新员工培训的情况呈报组织领导，使其继续支持新员工培训工作

2　将新员工受训表现反映给人力资源部经理，为新员工转正提供决策依据

3　改善新员工培训计划的内容和实施情况

4　找出新员工仍然存在的不足，为下一步的培训提供依据

5　提供反馈信息给新员工培训的实施者，以便进一步改善培训课程

图12-11　新员工培训效果评估报告的撰写目的

（2）新员工培训效果评估报告的撰写步骤

新员工培训效果评估报告的撰写包括以下四个步骤，具体如图12-12所示。

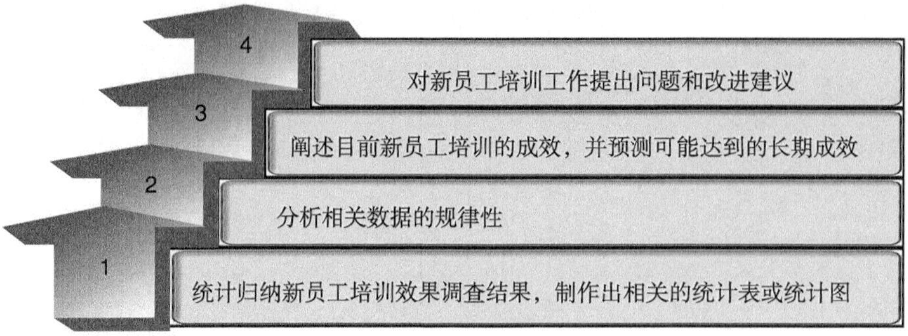

图 12-12　新员工培训效果评估报告的撰写步骤

（3）新员工培训效果评估报告的内容

新员工培训效果评估报告的内容应做到有理、有据、公正、合理，主要包括对新员工入职培训过程的叙述，新员工培训效果评估调查数据的分析说明，对培训效果评估结果的阐述和预测，对存在问题的分析和改进四大方面的内容。

表 2-10 是一份新员工培训效果评估报告的样本，反映了新员工培训效果评估报告的基本内容和结构，培训评估人员可根据实际情况和需要进行填写。

表 12-10　新员工培训效果评估报告

编号　　　　　　　　　　　　　　　　　　　日期：＿＿＿年＿＿＿月＿＿＿日

新员工		新员工类型	
培训需求说明	受训总人数		
项目	**内容**		
新员工培训的目标分析			
新员工培训实施过程说明			
新员工培训一般性反馈信息			
新员工培训效果的调查数据	（可附统计表或统计图）		
数据统计分析			
新员工效果评估的结果			
评估结果与预期目标的比较			
存在的问题分析			
培训建议			

12.3 新员工分级培训体系

12.3.1 公司级新员工培训体系

新员工公司级培训是公司统一组织的集中培训。对于一位新员工，人力资源部有责任让其了解公司的各项政策、福利及公司规定。所有需要新进员工填写的表格都在这一阶段完成。

1. 公司级新员工培训内容

公司级新员工培训主要内容包括22项，具体如图12-13所示。

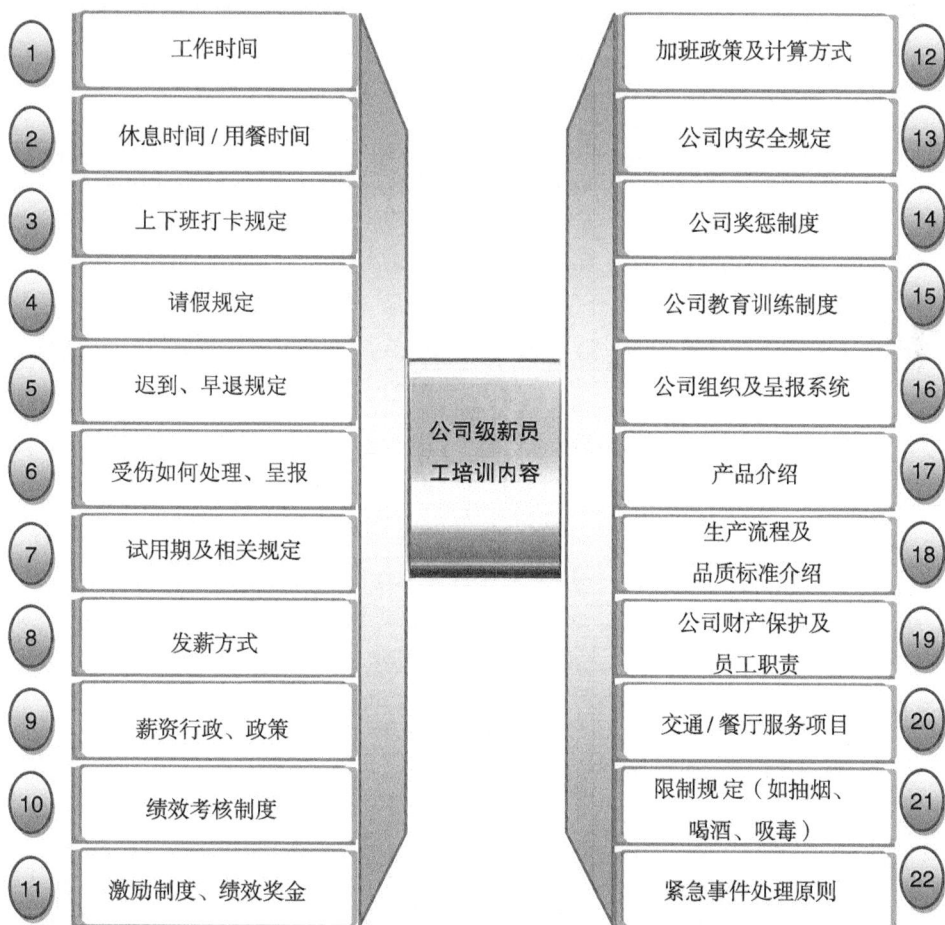

1 工作时间		加班政策及计算方式 12
2 休息时间/用餐时间		公司内安全规定 13
3 上下班打卡规定		公司奖惩制度 14
4 请假规定		公司教育训练制度 15
5 迟到、早退规定		公司组织及呈报系统 16
6 受伤如何处理、呈报	公司级新员工培训内容	产品介绍 17
7 试用期及相关规定		生产流程及品质标准介绍 18
8 发薪方式		公司财产保护及员工职责 19
9 薪资行政、政策		交通/餐厅服务项目 20
10 绩效考核制度		限制规定（如抽烟、喝酒、吸毒） 21
11 激励制度、绩效奖金		紧急事件处理原则 22

图12-13 公司级新员工培训内容

2. 公司级新员工培训实施示例

公司级新员工培训实施安排示例如表12-11所示。

表12-11 ××公司公司级新员工培训实施安排

时间	项目	具体内容
培训前1天	准备工作	1. 在新员工报到之前，先与资深同仁和带训人员讨论工作分配及时间进度 2. 注意公司举办的新员工培训日期，以便安排新员工参加
第1天	欢迎新员工	1. 培训责任人自我介绍，将自己的姓名、职称、电话告诉新员工 2. 新员工自我介绍，包括求学经历、工作经验及工作动机等 3. 介绍公司主要管理人员和培训相关人员 4. 召开新员工欢迎会
第1天	参观公司	1. 参观生产部门及各办公室位置（上下班刷卡处、员工进出口、餐厅等）、停车场及停车规定、医务室位置及其相关规定 2. 介绍公司及工厂内部各种机器、设施、计算机设备及复印机 3. 参观训练教室、会议室及设备
第2天	介绍公司愿景及企业文化	1. 讲解公司愿景、任务及目标，各部门工作任务及目标 2. 讲述公司历史、公司价值观及行为准则、全面品质管理概念 3. 讲解推动工作绩效的指针及动力 4. 说明公司内部各项缩写名词代表的意义
第2天	讲解公司品质观念	1. 认识ISO9000、品质操作系统及行动方案，介绍好品质的作业流程示例 2. 讲解客户需求认识、满足客户（公司内外）期望 3. 介绍公司规格及样本、公司经营绩效评鉴做法
第3天	介绍公司产品	1. 介绍客户种类及客户产业类别 2. 展示产品线类别及产品实体 3. 观赏产品录像带 4. 介绍产品应用及市场区隔、产品竞争对手
第3天	介绍公司组织结构	1. 介绍公司组织结构及职责功能 2. 介绍各部门组织结构及职责功能 3. 介绍项目小组及各种委员会组织结构及职责功能 4. 介绍员工组织结构及职责功能
第3天	介绍附加价值观念	1. 介绍员工建议奖金制度 2. 讲解全面品质管理、及时管理

（续表）

时间	项目	具体内容
第4天	说明公司政策及相关程序	1. 讲解公司内部晋升政策、加班规定、班别津贴 2. 说明员工访客规定、公司财产保护规定 3. 说明电话（本地、长途及海外）、抽烟及禁烟规定 4. 说明工作时间（休息、吃饭及弹性上下班时间） 5. 说明仪容及穿着规定、请假核准程序、试用期规定
	讲解文件表格	1. 讲解个人工单填写表格 2. 讲解车辆里程津贴申请表 3. 讲解公务费用开支申请表 4. 讲解出差费用表单
第5天	介绍员工福利	1. 介绍年假及事假规定、法定假日及例假日规定、公假或特别公司核准的假、伤残给付（长期与短期）规定 2. 介绍保密协议书、专利协议书 3. 介绍报到通知及聘用书、员工个人资料卡及其他相关资料 4. 介绍申请薪资银行存簿、储蓄债券、工伤处理、员工死亡其受益人的补助款规定
	讲解安全及健康问题	1. 讲解个人保护设施、安全手册 2. 讲解维护工作环境整洁 3. 讲解紧急电话求救系统、消防火灾程序、急救方法及程序

12.3.2 部门级新员工培训体系

部门级新员工培训内容主要包括两个方面，具体如图12-14所示。

图12-14 部门级新员工培训内容

以酒店管家部为例，图12-15是酒店管家部新进员工的培训流程图，主要针对楼层部分的新员工从上岗第一天直至可以独立主持楼层工作的培训内容和培训方式。

准备工作
（入职前一天）

> 培训教材：新员工培训手册
> 培训计划：将新进员工培训项目分为20天，每天进行1小时（由指定的指导员负责）
> 培训周期：一个月

第1天

> 上午：管家部入职培训半天（介绍酒店区域知识及管家部相关区域，企业规章制度）
> 下午：去楼层向指定的高级服务员了解基本工作内容

第2天 → 做床

第3天 → 做浴室

第4天 → 清洁房间

第5天 → 吸尘

第6～7天 → 实际操作考核，由当班经理做评估 → 不符要求

安排每天1小时的专业技能和理论知识培训

可独立操作

第8～10天 → 打扫4间客房

第11～12天 → 打扫5间客房

第13～14天 → 打扫6间客房

第15～20天 → 打扫7～9间客房，每隔两天加1间

第20～28天 → 打扫10～13间客房

第29天 → 打扫14间房

第30天 → 由当班经理评估、考核 → 不合格

合格

可独立主持楼层工作

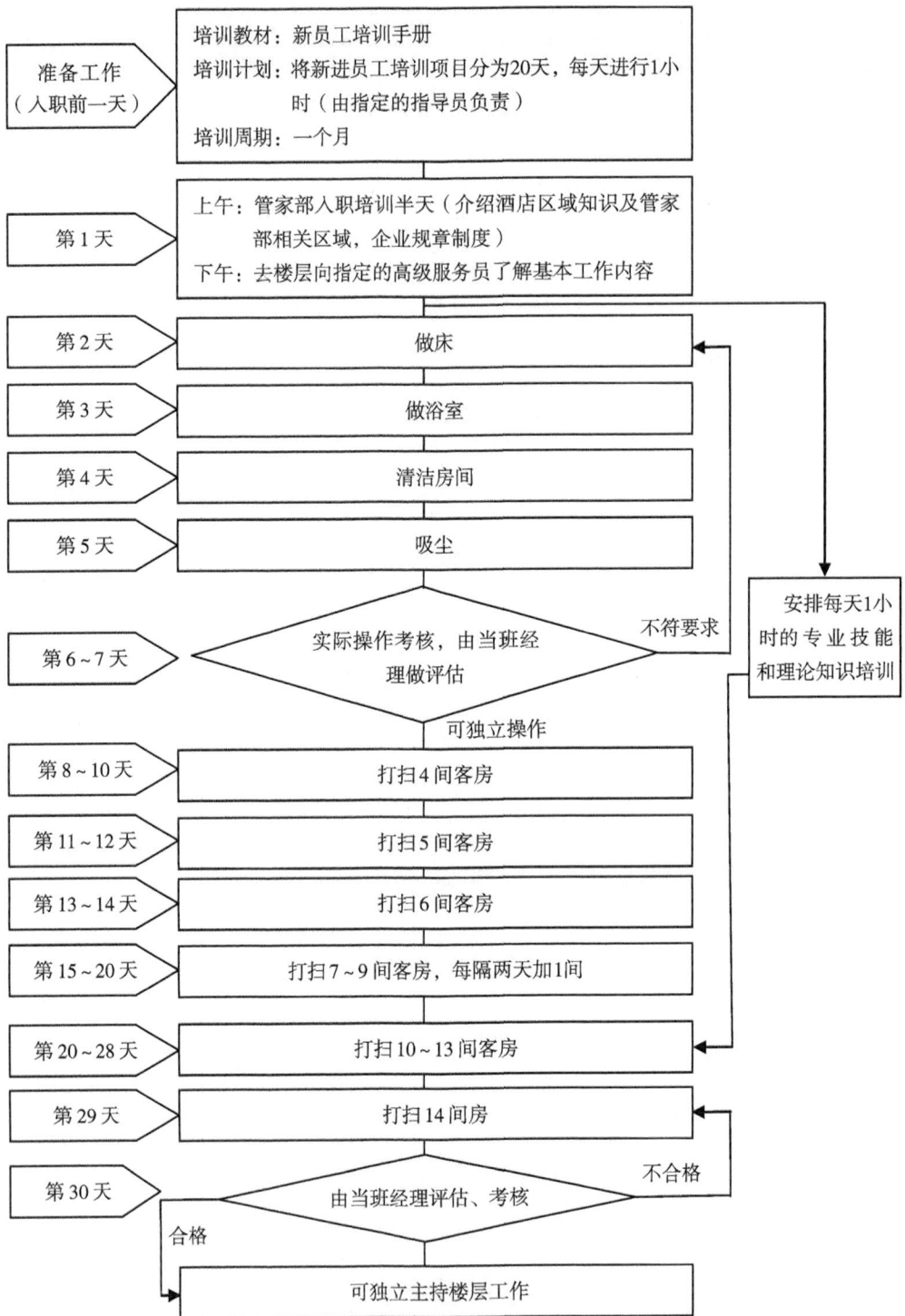

图 12-15　酒店管家部新员工培训程序（楼层部分）

12.4 新员工分岗培训体系

12.4.1 生产岗位新员工培训体系

生产岗位新员工培训体系包含生产一线新员工培训和生产管理新员工培训两个部分的内容，具体如图 12-16 所示。

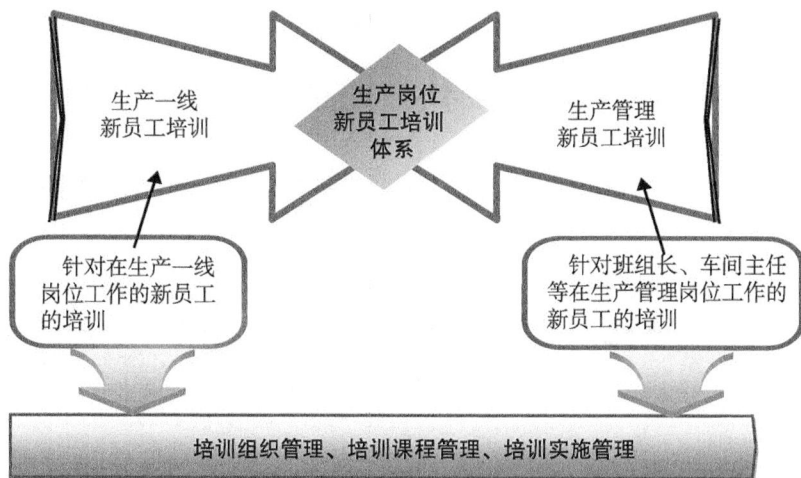

图 12-16 生产岗位新员工培训体系内容

生产岗位新员工培训组织管理和培训实施管理与其他岗位的相关管理内容大同小异，此处不再赘言。下面重点说明生产岗位新员工培训课程管理，具体内容如表 12-12 所示。

表 12-12 生产岗位新员工培训课程内容

生产岗位	专业知识类培训课程内容	管理技能类培训课程内容	通用知识、技能类培训课程内容
生产管理岗位	1. 生产现场管理 2. 生产标准管理 3. 生产品质管理 4. 全面生产管理 5. 精益生产管理 6. 生产成本控制 7. 生产计划控制 8. 生产规划管理 9. 质量管理工具与方法	1. 领导力提升 2. 会议管理 3. 团队管理 4. 辅导和训练下属人员 5. 有效授权 6. 有效沟通 7. 生产组织和协调管理 8. 执行力的提升	1. 企业文化 2. 企业历史 3. 企业规章制度 4. 压力与情绪管理 5. 人际关系管理 6. 目标管理 7. 安全生产

（续表）

生产岗位	专业知识类培训课程内容	管理技能类培训课程内容	通用知识、技能类培训课程内容
生产一线岗位	1. 设备操作 2. 工装使用 3. 目视管理 4. 看板管理 5. 5S 管理 6. 产品质量控制点 7. 物料与产品制程控制	1. 团队协作管理 2. 有效沟通管理	1. 企业文化 2. 企业历史 3. 企业规章制度 4. 压力与情绪管理 5. 人际关系管理 6. 目标管理 7. 安全生产

12.4.2　销售岗位新员工培训体系

根据培训需求内容划分，销售岗位新员工培训体系可以分为四个部分的内容，具体内容如图 12-17 所示。

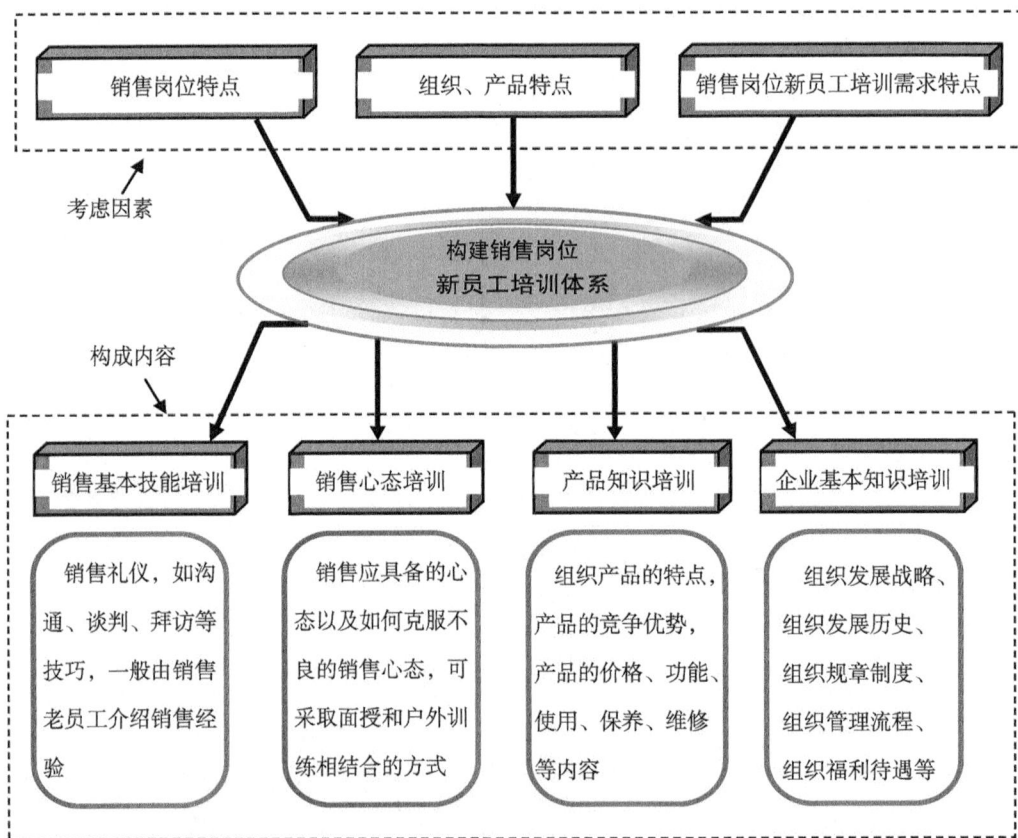

图 12-17　销售岗位新员工培训体系

以××企业为例，其销售岗位新员工培训体系如图12-18所示。

图12-18 ××企业销售岗位新员工培训体系示意图

12.4.3 技术岗位新员工培训体系

技术岗位新员工培训体系可以根据新员工的岗位设置分为工艺专员岗位新员工培训、试制专员岗位新员工培训、研发专员岗位新员工培训、技术主管岗位新员工培训、技术经理岗位新员工培训五个部分的内容，具体如图12-19所示。

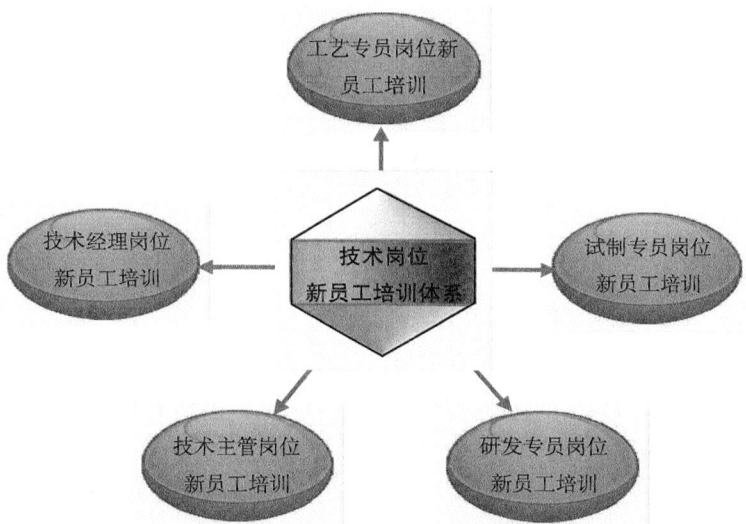

图12-19 技术岗位新员工培训体系

如上图所示，技术岗位新员工培训体系的五部分内容在培训实施、培训评估等方面都大致相同，主要区别在于其课程内容不同，具体内容见表12-13所示。

表12-13　技术岗位新员工培训课程内容

技术岗位	专业知识类培训课程内容	管理技能类培训课程内容	通用知识、技能类培训课程
技术经理	1. 产品技术发展方向 2. 技术管理工具应用 3. 技术安全管理	1. 领导力 2. 有效授权 3. 冲突管理 4. 目标管理 5. 人员绩效与激励管理 6. 专业人员向管理人员的转变	1. 企业文化 2. 企业历史 3. 行为规范 4. 企业规章制度 5. 情绪管理与应用 6. 技术工作与人际关系管理 7. ISO9000
技术主管	1. 市场顾客需求研究 2. 技术开发方法和应用		
研发专员	1. 前沿产品说明 2. 先进技术详解 3. 技术研发	1. 时间管理 2. 目标管理	
试制专员	1. 新技术控制要点 2. 工艺流程控制要点 3. 机械设备的操控 4. 试制流程及工作要点		
工艺管理员	1. 常见工艺问题汇总 2. 工艺原理 3. 工艺控制关键事项		

12.5　师傅带徒弟培训体系

12.5.1　师傅带徒弟适合的领域

师傅带徒弟的培训方式又称导师制培训，是指企业指定员工所在部门的负责人或业务骨干、行业专家作为员工的辅导老师，对其进行"一对一"、"手把手"的教导与培训。此种培训方式适合于解决新员工知识性、技能性与态度性的问题。其优缺点如图12-20所示。

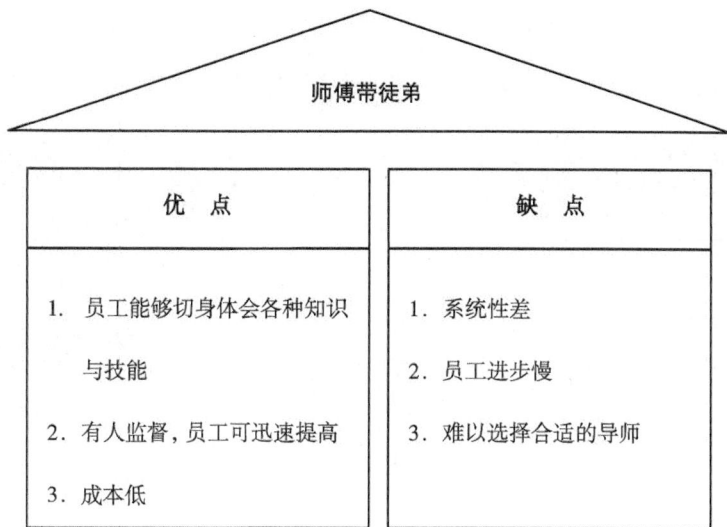

图 12-20　师傅带徒弟培训方式优缺点比较图

　　从图中师傅带徒弟培训方式的优缺点可以看出该方式并不适用于所有领域，其主要适用领域如图 12-21 所示。

图 12-21　师傅带徒弟适合的领域

12.5.2　师傅带徒弟培训制度设计

　　下面从师傅带徒弟培训制度包含的内容以及师傅带徒弟培训制度的示例两个方面对师傅带徒弟培训制度设计进行阐述。

1. 师傅带徒弟培训制度包含的内容

师傅带徒弟培训制度应包含以下六个方面的内容，具体如图12-22所示。

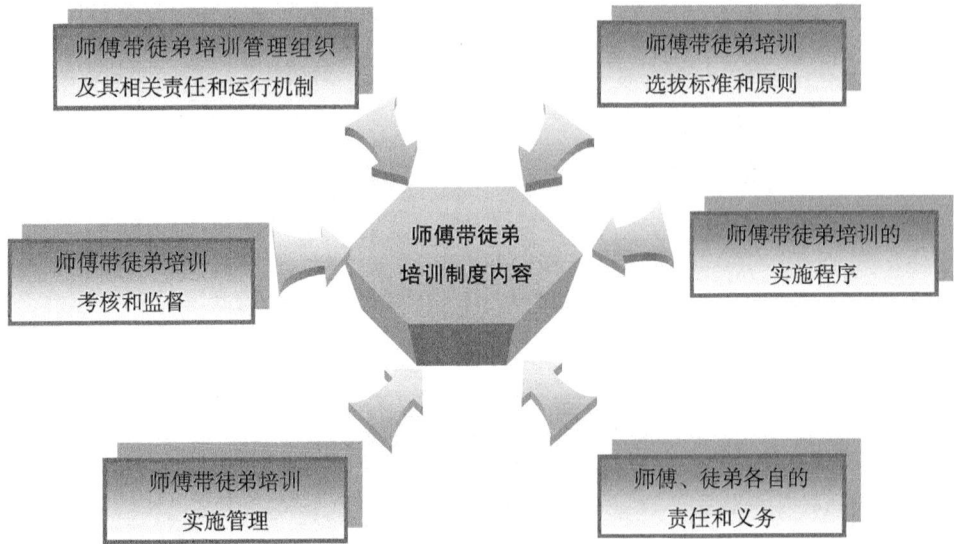

图12-22　师傅带徒弟培训制度包含的内容

2. 师傅带徒弟培训制度示例

制度名称	××公司师傅带徒弟培训制度		受控状态	
			编　号	
执行部门		监督部门	考证部门	

第1章　总则

第1条　目的

为促进公司骨干人才的专业化成长，提高公司骨干人员的整体素质，发挥师傅带徒弟的作用，规范师徒行为，促进师徒的共同提高，特制定本制度。

第2条　权责部门

1. 人力资源总监

（1）负责师傅带徒弟培训相关文件的审批。

（2）负责对师傅带徒弟培训实施过程进行监督和管理。

2. 培训部

（1）负责组建师傅带徒弟管理委员会

（2）负责对师傅带徒弟管理委员会进行监督和管理。

（续）

3. 师傅带徒弟管理委员会

负责师傅带徒弟培训工作的具体实施工作，具体内容如下所示。

（1）负责师傅带徒弟培训人选的推荐选评工作。

（2）负责师傅带徒弟培养方向的确定。

（3）负责对师傅定期或不定期地进行面对面的沟通工作。

（4）负责各个分厂各部门师傅带徒弟工作的考核和监督工作。

第2章 师傅带徒弟选拔标准

第3条 师傅的选拔标准

1. 属于公司二级及以上级别员工，具体评定标准见公司"员工评级管理细则"。

2. 有本岗位工作经验2年以上。

3. 在本企业工作1年以上。

4. 有扎实的理论知识和丰富的实践经验。

第4条 徒弟的选拔标准

1. 具有良好的思想道德品质、团结同事、作风正派。

2. 锐意进取，积极上进，热爱本职工作。

3. 参加工作1~3年内的青年员工。

第3章 师傅带徒弟选拔程序

第5条 由部门推荐或个人根据相关标准申请。

第6条 由师傅带徒弟管理委员会对申请人员进行考察，并结合相关标准和原则确定初步人选。

第7条 对申请人员进行综合评比，最终确定师徒名单。

第8条 签订师傅带徒弟培训协议。

第4章 师傅、徒弟的责任和要求

第9条 师傅应认真传授技能，从基础知识、技能抓起，言传身教。

第10条 师傅应传授徒弟优良的作风、职业道德。

第11条 师傅应端正培训态度，严把培训质量关。

第12条 徒弟应尊师重道，按照师傅的要求办事。

第13条 徒弟应刻苦勤奋、努力上进。

第14条 徒弟应通过培训使其作风、态度、技术等方面获得极大提高。

第5章 师傅带徒弟培训实施

第15条 师傅、徒弟签订培训协议，并根据协议内容进行基础知识的培训，该培训期为1个月。在此过程中，若双方提出异议或不符合公司"师傅带徒弟培训实施细则"规定，可以解除协议，由师傅带徒弟管理委员会根据具体情况进行处理。

第16条 1个月后，若双方对师徒关系及培训协议内容无异议，则进行正式的技能、知识方面的培训。培训期间，如无特殊原因不得解除协议

第6章 师傅带徒弟培训考核及监督

第17条 师傅带徒弟管理委员会定期对师傅带徒弟培训过程及效果进行考核。

（续）

第18条 师傅带徒弟培训实施的第一个月进行两次考核，分别在月中和月末。月中考核注重考核培训进度与培训内容；月末考核主要考核培训双方磨合情况及培训效果，并决定相关培训协议是否继续执行。
第19条 从培训的第二个月起每月定期在月底考核一次，两个月抽查一次，抽查时间由师傅带徒弟管理委员自行决定。
第20条 师傅带徒弟管理委员会根据考核结果及时调整培训计划。
第7章 附则
第21条 本制度由公司培训部制定，其修改、解释权归培训部所有。
第22条 本制度自总经理签发之日起实施。

编制日期		审核日期		批准日期	
修改标记		修改处数		修改日期	

12.5.3 师傅带徒弟培训计划制订

师傅带徒弟培训是一项长期的系统工作，只有有计划地制订相关培训计划，才能保证教导和学习的效果。本节从计划制订程序、计划内容以及计划制订示例三个方面详细介绍师傅带徒弟培训计划的制订。

1. 师傅带徒弟培训计划制订程序

师傅带徒弟培训计划制订程序主要有以下五个步骤，具体如图 12-23 所示。

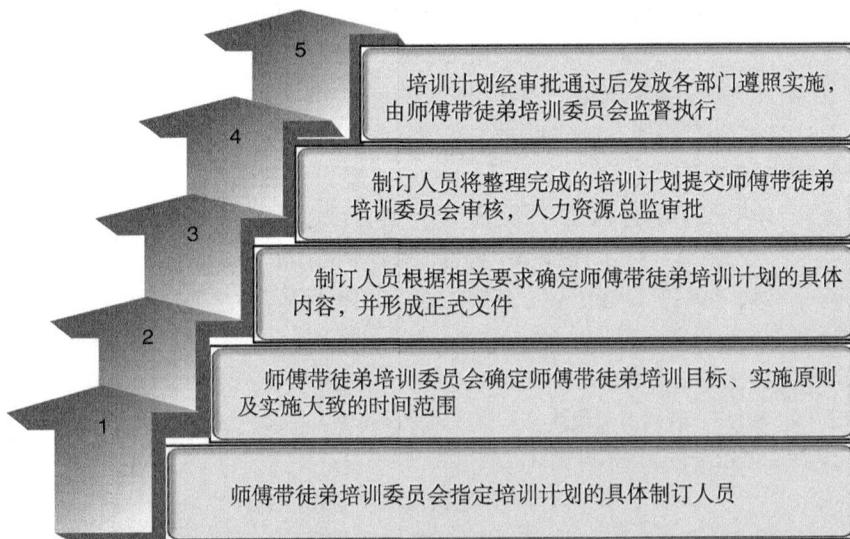

5 培训计划经审批通过后发放各部门遵照实施，由师傅带徒弟培训委员会监督执行

4 制订人员将整理完成的培训计划提交师傅带徒弟培训委员会审核，人力资源总监审批

3 制订人员根据相关要求确定师傅带徒弟培训计划的具体内容，并形成正式文件

2 师傅带徒弟培训委员会确定师傅带徒弟培训目标、实施原则及实施大致的时间范围

1 师傅带徒弟培训委员会指定培训计划的具体制订人员

图 12-23 师傅带徒弟培训计划制订程序

2. 师傅带徒弟培训计划内容

师傅带徒弟培训计划制订内容主要包含以下六大方面内容，具体如图 12-24 所示。

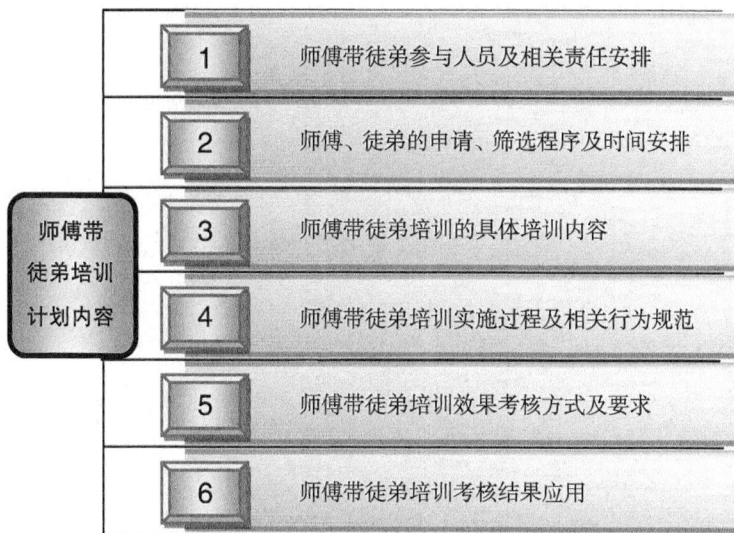

图 12-24　师傅带徒弟培训计划内容

3. 师傅带徒弟培训计划示例

师傅带徒弟培训计划的示例如表 12-14 所示。

表 12-14　师傅带徒弟培训计划表

培训时间	培训内容	培训目的	培训方式	评估方式与标准
师傅		师傅所属部门		
徒弟		徒弟所属部门		
审核人				
师傅带徒弟培训委员会会签				
说明	1. 本计划是根据徒弟具体情况制订的针对个人的具体培训计划 2. 本计划中的内容是整个培训期内的核心辅导内容，不一定是每一次单项的课程，更多的是核心素质、知识和技能方面的体现			

12.5.4 师傅带徒弟的配对选择

师傅带徒弟的配对选择有其需要注意的地方，并须遵循相应的选择流程。

1. 师傅带徒弟配对选择注意事项

师傅带徒弟配对选择需要注意以下六点，具体如图 12-25 所示。

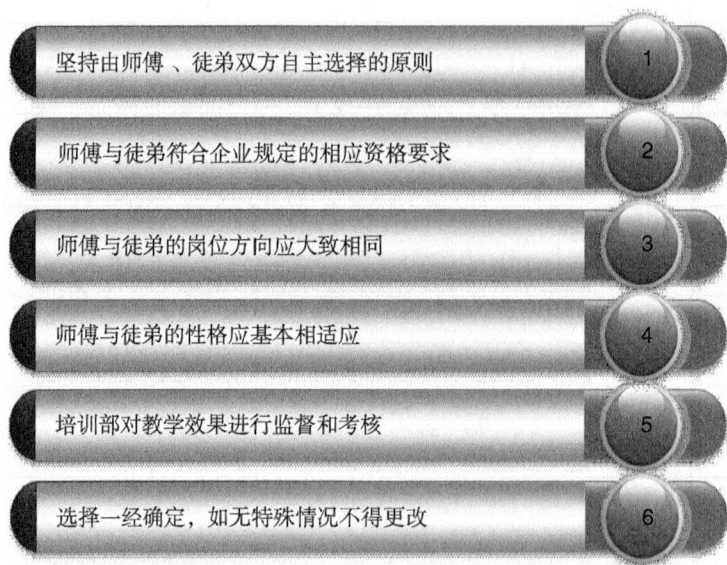

坚持由师傅、徒弟双方自主选择的原则	1
师傅与徒弟符合企业规定的相应资格要求	2
师傅与徒弟的岗位方向应大致相同	3
师傅与徒弟的性格应基本相适应	4
培训部对教学效果进行监督和考核	5
选择一经确定，如无特殊情况不得更改	6

图 12-25　师傅带徒弟配对选择注意事项

2. 师傅带徒弟配对选择流程

师傅带徒弟配对选择应遵循以下七个步骤的流程，具体如图 12-26 所示。

1. 公司培训部根据相关资质规定对师傅与徒弟进行筛选

2. 培训部将符合资质要求的师傅与徒弟分别按授课与学习方向划分

3. 培训部公布师傅与徒弟名单及配对选择标准和实施细则等相关规定

4. 徒弟根据自身情况在自主自愿的基础上选择师傅,并填写"师傅选择申请",提交培训部

5. 培训部将申请按照所选师傅分类,并将相关资料发给相应的师傅,由师傅从中选出自己中意的徒弟

6. 如师傅与徒弟互相选择对方,则配对选择成功

7. 如选择不成功则在培训部的协调下,在排除选择成功人员后,对剩余人员进行再次配对选择

8. 所有配对选择成功的人员,双方在人力资源部的监督下签订"师傅带徒弟培训协议"

9. 师傅、徒弟按照培训协议进行培训,在此过程中,若任一方对配对选择结果存在异议,可根据公司相关规定在规定期限内提出调换申请

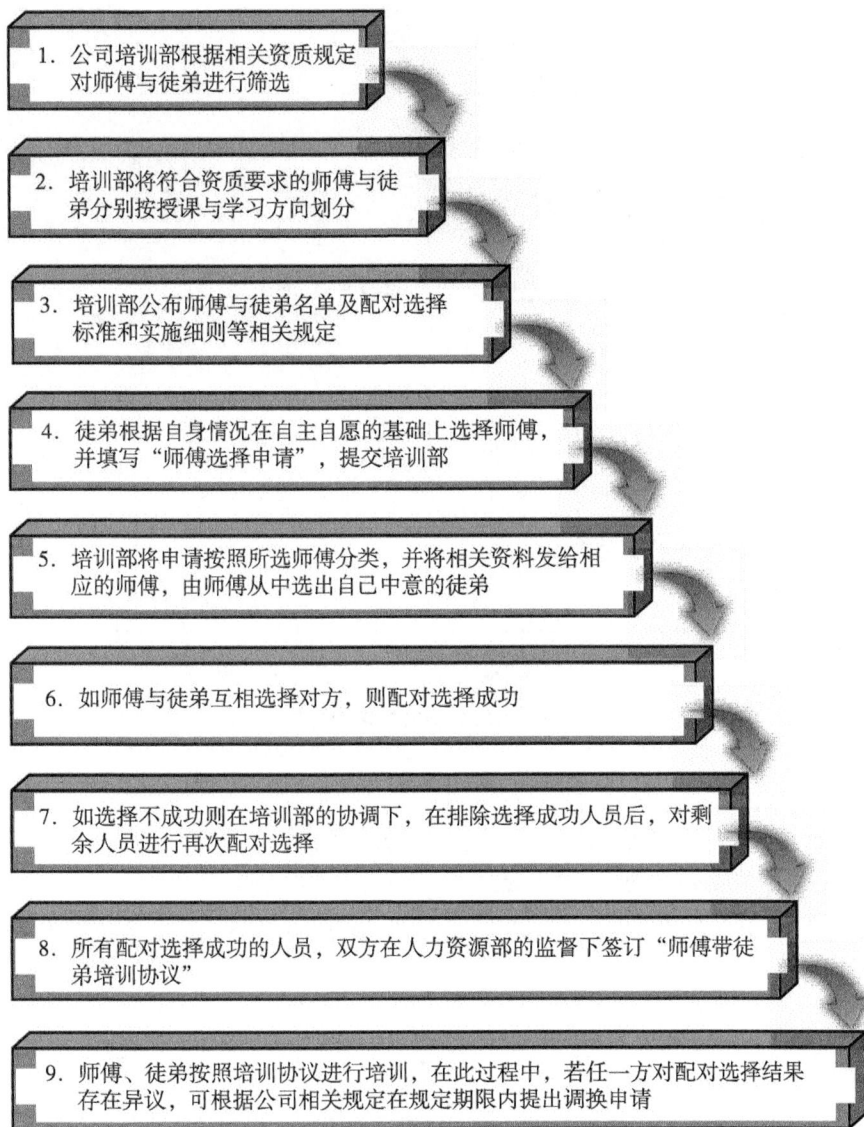

图 12-26 师傅带徒弟配对选择流程

12.5.5 师傅带徒弟的培训协议

师傅带徒弟的培训协议既是对师傅、徒弟双方的约束,同时也有利于保证师傅带徒弟培训的规范性和正式性。

1. 师傅带徒弟的培训协议内容

师傅带徒弟的协议内容主要有以下五项,具体如图 12-27 所示。

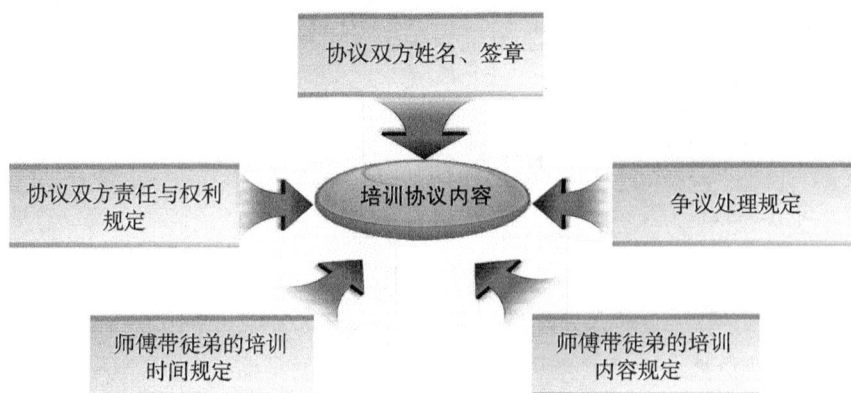

图 12-27 师傅带徒弟的培训协议内容

2. 师傅带徒弟的培训协议示例

××公司师傅带徒弟的培训协议

师傅：＿＿＿＿＿＿＿＿＿＿

徒弟：＿＿＿＿＿＿＿＿＿＿

为进一步提高公司骨干员工的整体素质，充分调动员工学技术、学管理、练技能的积极性，加速培养高素质的管理和技术人才，特在公司内开展师傅带徒弟的一对一培训。

在征得双方意见后，现特聘＿＿＿＿部门＿＿＿＿为＿＿＿＿部门＿＿＿＿的师傅，双方共同遵守如下约定。

1. 师傅带徒弟培训起止时间为：＿＿年＿＿月＿＿日至＿＿年＿＿月＿＿日。

2. 学习期内徒弟必须积极配合并促进师傅的工作与辅导安排，并有义务定期与不定期地向师傅进行反馈，以达成既定学习目的。

3. 师傅在学期内有义务和责任对徒弟的工作实践能力和专业知识发展提供系统的辅导和培训，并对徒弟的知识、态度和能力进行评价和反馈。

4. 本协议经双方签字后生效，有效期为＿＿年＿＿月＿＿日至＿＿年＿＿月＿＿日。

5. 本协议一式三份，徒弟、师傅和人力资源部各一份。

师傅签字：　　　　　　　　日期：＿＿年＿＿月＿＿日

徒弟签字：　　　　　　　　日期：＿＿年＿＿月＿＿日

人力资源部签章：　　　　　日期：＿＿年＿＿月＿＿日

编制人员		审核人员		批准人员	
编制日期		审核日期		批准日期	

12.5.6 师傅带徒弟的培训评估

对师傅带徒弟培训进行评估可以有效控制和提高这种传统培训方式的培训效果,是师傅带徒弟培训管理工作中必不可少的一环。

1. 师傅带徒弟培训的评估内容

按照评估对象划分,师傅带徒弟的培训评估可以分为对师傅的评估、对徒弟的评估以及对该培训方式的评估三个部分,具体内容如图 12-28 所示。

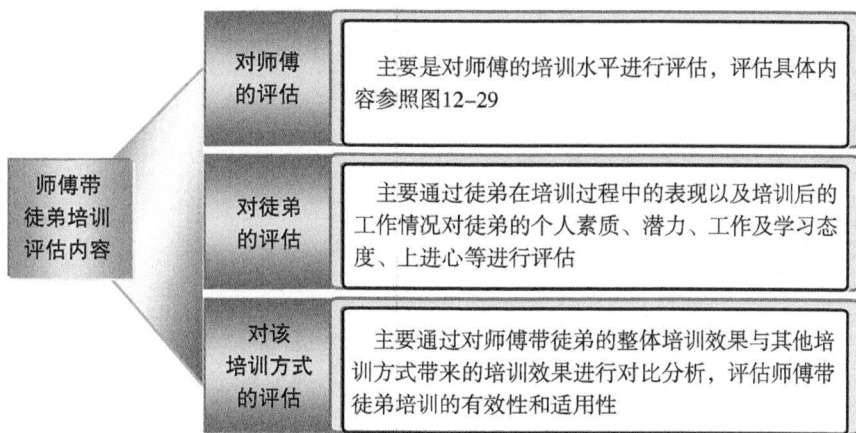

图 12-28 师傅带徒弟培训的评估内容

对师傅的评估主要包括对师傅培训实施计划的评估、对师傅培训实施过程的评估以及对师傅培训实施效果的评估三个部分内容,具体如图 12-29 所示。

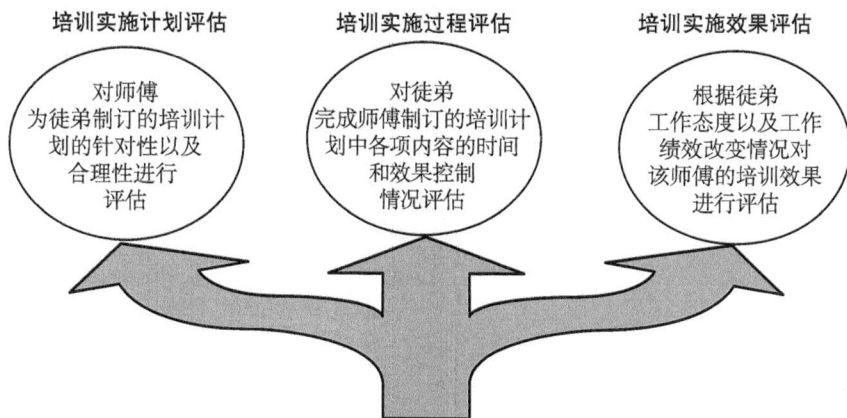

图 12-29 对师傅评估的具体内容

2. 师傅带徒弟培训评估工具示例

师傅带徒弟培训评估主要借助调查问卷、表格、工作绩效数据等实施。以表格为例，"师傅带徒弟培训综合评估表"的示例如表 12-15 所示。

表 12-15　师傅带徒弟培训综合评估表

编号：　　　　　　　　　　　　　　　　　　　　日期：____年____月____日

师傅	姓名		性别		所属部门	
	年龄		工号		职称	
	培训资质等级					
	本公司入职时间		____年___月___日			
	本岗位入职时间		____年___月___日			
徒弟	姓名		性别		所属部门	
	年龄		工号		职称	
	本公司入职时间		____年___月___日			
	本岗位入职时间		____年___月___日			
培训内容	理论知识培训	培训时数	（____）小时/天×（____）天＝（____）小时			
		对理论知识培训整体情况评价	（由徒弟填写）			
培训内容	实操培训	培训时数	（____）小时/天×（____）天＝（____）小时			
		对实操培训整体情况评价	（由徒弟填写）			
培训部意见			（签章）　　日期：____年____月____日			
人力资源部意见			（签章）　　日期：____年____月____日			

12.6 新员工培训 E 化体系

12.6.1 E- Learning 化的适用内容

E- Learning 通过网络等技术实现学习的全过程管理（设计、实施、评估等），使学习者获得知识、提高技能、改变观念、提升绩效，最终使企业提升竞争力。E- Learning 包括互联网在线学习和内部网在线学习两种基本方式。

借助 E- Learning 培训平台可以缓解工学矛盾，达成全员全程培训，同时也便于学员随时、随地、随人、随"机"学习。

但是，E- Learning 也存在建设资金巨大、实践功能薄弱、版权无法得到保护等问题。E- Learning 只是一个平台、一个培训管理的工具，并不是所有的内容都适用 E- Learning。适用于 E- Learning 化的内容主要有以下五项，具体如图 12-30 所示。

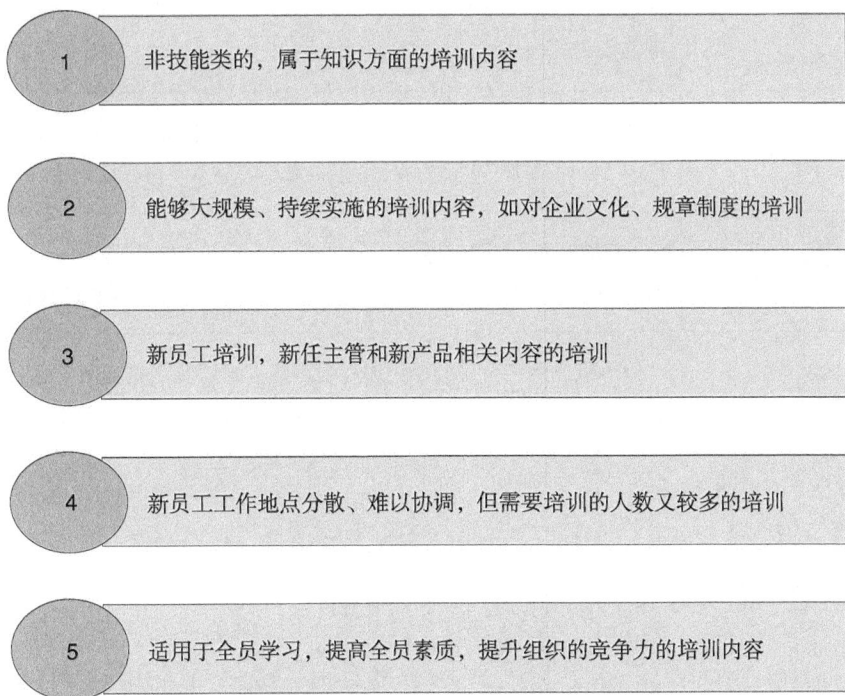

1　非技能类的，属于知识方面的培训内容

2　能够大规模、持续实施的培训内容，如对企业文化、规章制度的培训

3　新员工培训，新任主管和新产品相关内容的培训

4　新员工工作地点分散、难以协调，但需要培训的人数又较多的培训

5　适用于全员学习，提高全员素质，提升组织的竞争力的培训内容

图 12-30　适用于 E- Learning 化的内容

12.6.2　E-Learning 化的几种形式

E-Learning 要求立足于 E-Learning 的运营平台，能够在网内与网间自由流动，实现资源共享。常见的 E-Learning 化的表现形式有以下六种，具体如表 12-16 所示。

表 12-16　常见的 E-Learning 化的表现形式

E-learning 课程的表现形式	说　明
HTML 多媒体类	基于 WEB 浏览器学习的超文本形式课件，课件由以 HTML/XML 为标记语言的多种类型素材构成，如文本、图片、声音、动画等
音频、视频类	以适合网络传输的音频、视频为课件主要表现形式。音频、视频课件是将传统课堂、讲座等内容移植到网络的最简单、有效的方式
三分屏类	三分屏课件指视频窗口、PPT 白板和章节导航同时出现在屏幕之中的课件形式。三分屏课件较音频、视频课件所表现的内容更为丰富，是主流的课件模式之一
Flash 动画类	以 Flash 技术为表现形式的多媒体课件，内容呈现上多以动画形式为主。Flash 课件具有表现形式好、占用带宽小等特点，但开发成本较高
3D 仿真模拟类	3D 仿真模拟类课件主要用于讲解、展示复杂结构以及仿真模拟各种操作类的培训，例如机械构造、建筑构造讲解，汽车、飞机的模拟驾驶等
游戏类	以单机或网络游戏的形式表现学习的内容，特点是寓教于乐，可大大增加学习者的兴趣，游戏化学习是在线学习领域的发展趋势之一

12.6.3　E-Learning 化培训的评估

E 化培训是组织培训的一种形式，培训工作最忌没有评估，E 化培训也是如此。对 E化培训的考核和评估可以从以下五个方面进行，具体如图 12-31 所示。

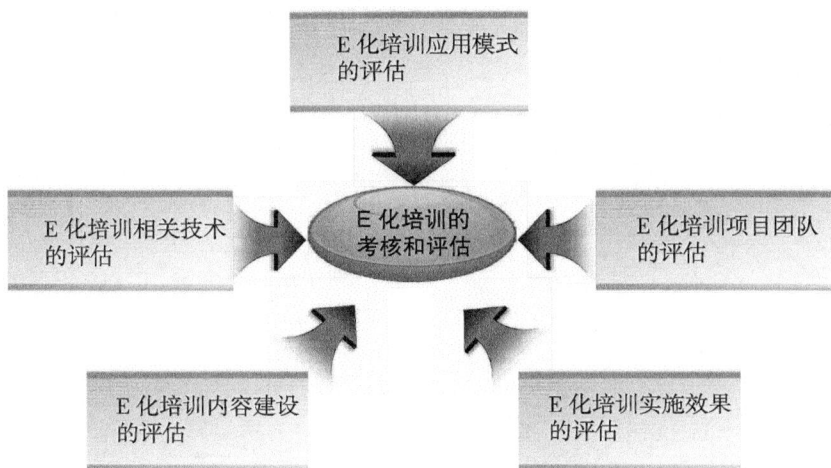

图 12-31　E-Learning 化培训的评估

下面对 E-Learning 化培训的考核和评估五个方面的内容进行具体说明。

1. E-Learning 化培训应用模式的评估

要评估 E-Learning 化培训应用模式主要就是评估 E 化培训应用在哪些领域、使用哪些方法、哪些人群在使用等。

2. E-Learning 化培训相关技术的评估

E 化培训相关技术评估的重点在于评估 E 化培训在线学习使用方面的技术手段的情况。

3. E-Learning 化培训内容建设的评估

对 E 化培训内容建设的评估可以通过对受训人员的调查得出相关数据资料，进而评估 E 化培训的内容是否合理。

4. E-Learning 化培训实施效果的评估

对 E-Learning 化培训实施效果的评估主要从实施 E 化培训对企业战略的帮助和对员工工作的帮助等方面进行。

可充分利用 E-Learning 应用平台中学习管理系统的评估、测试功能以及学习记录中其他数据生成的学习报告，并结合人力资源管理部门的绩效评估和员工、主管上级等不同层面对使用 E-Learning 效果的调查，总结 E-Learning 实施中的经验与不足，不断完善。

5. E-Learning 化培训项目团队的评估

对 E-Learning 化培训项目团队的评估主要是从 E 化培训项目团队的项目开发工作情况与项目实施工作情况这两个方面进行。

第 13 章

晋级培训体系建设

13.1 晋级培训三级体系

13.1.1 专员—主管级

专员—主管级晋级培训是针对从专员晋升或拟晋升到主管的管理人员进行的岗位知识、岗位技能和管理能力的培训。

1. 专员—主管级培训结构的变化

主管级管理人员在组织管理层中属于基层管理人员，他们在组织生产、销售和研发等生产经营活动的第一线行使管理职能，其主要工作是协调和解决员工在工作中遇到的具体问题，是整个管理系统的基础。

从专员晋升至主管的培训体系结构会有所变化，如图13-1所示。

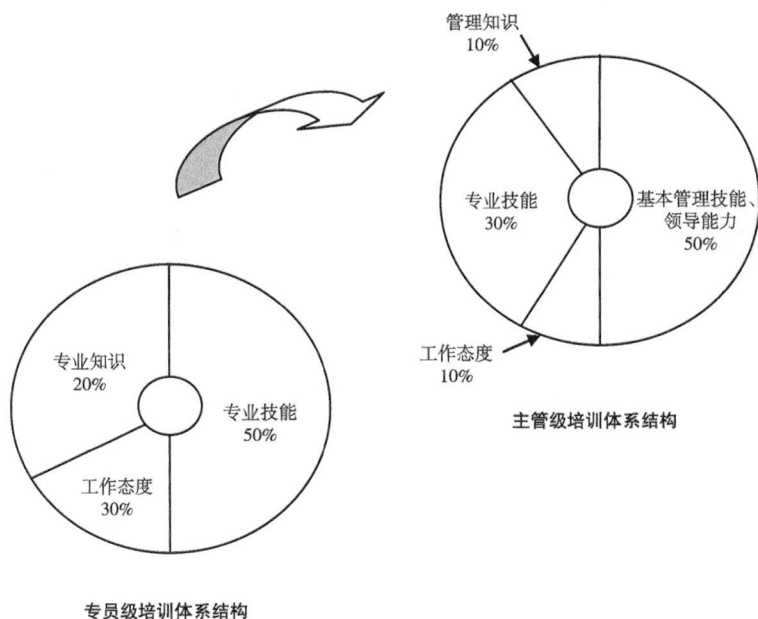

图13-1 专员—主管级的培训体系结构的变化

2. 专员—主管级培训方式

在为提高基层管理人员和普通员工的素质和能力提供的培训中，除了对他们实施课堂式的教学外，还应该引导他们学会自己观察，思考如何从竞争对手、客户、供应商以及其他部门的同事身上学习他人的优点。

组织对拟晋升为主管的专员采取的常见培训方式如图 13-2 所示。

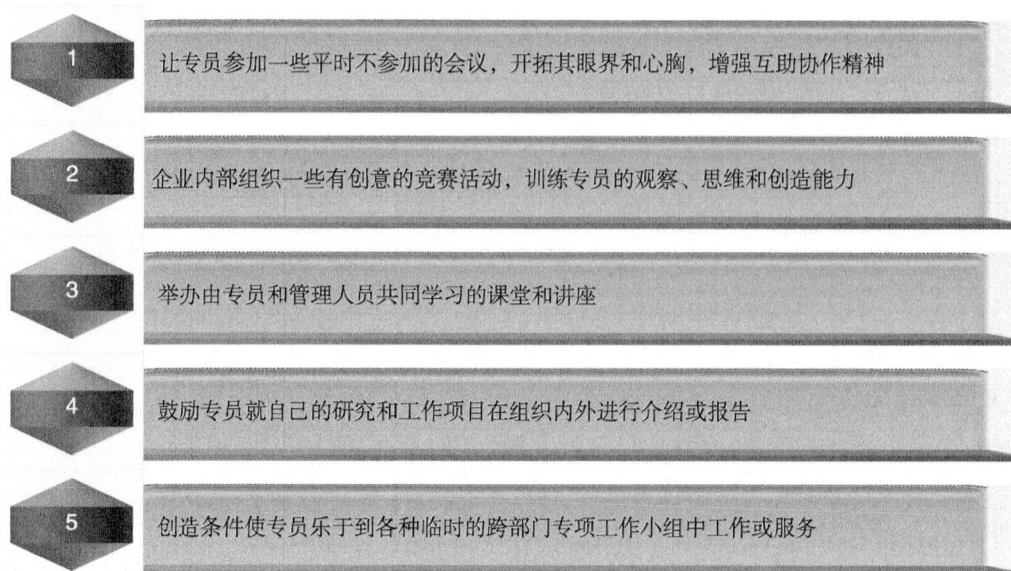

1	让专员参加一些平时不参加的会议，开拓其眼界和心胸，增强互助协作精神
2	企业内部组织一些有创意的竞赛活动，训练专员的观察、思维和创造能力
3	举办由专员和管理人员共同学习的课堂和讲座
4	鼓励专员就自己的研究和工作项目在组织内外进行介绍或报告
5	创造条件使专员乐于到各种临时的跨部门专项工作小组中工作或服务

图 13-2 专员—主管级的培训方式

3. 专员—主管级培训内容

主管级管理人员在组织中扮演着生产参与者、计划执行者和组织者等多重角色，需要具备熟练的专业技能和一定的管理技能。专员—主管级培训的内容如表 13-1 所示。

表 13-1 专员—主管级主要培训内容

培训方向	培训内容	
专业技能培训	业务流程、业务规范、经营与运作管理、营销管理、成本管理、相关法律制度和规范等	
	安全管理、突发事件处理等	
管理技能培训	基本管理技能	管理者的角色、地位与责任
		管理人员的素质要求
		团队建设与管理
		员工关系的处理与协调
		员工培训
		员工绩效管理

（续表）

培训方向	培训内容	
管理技能培训	基本管理技能	人员工作调配
		如何改进员工的工作表现
		如何提高员工成本意识
		如何提高员工工作热情
		如何培养下属
	领导能力培训	业务决策能力
		处理及运用信息的能力
		如何加强员工内部的团结
		如何树立主管的威信
		如何有效激励员工

4. 各类主管的晋级培训内容

主管级管理人员包括的对象很广泛，如生产主管、销售主管、财务主管、技术主管、行政主管、人力资源主管等，有些组织的生产车间主任、班组长、工段长、课长、店长也属于主管级别。

不同主管的工作性质不同，其晋级培训内容也不同，各类主管的晋级培训内容如表13-2所示。

表13-2 各类主管晋级培训内容

各类主管	晋级培训内容		
生产主管	角色定位	主要工作职责	日常工作重点
	生产管理运作系统	生产车间标准化操作	生产计划管理
	生产计划编制	生产物料控制	生产存货管理
	质量管理	成本管理	生产安全管理
	生产突发事件处理	生产过程中的决策管理	生产人员日常管理
	员工培训与激励	员工关系的处理与协调	沟通技巧
销售主管	主要工作职责	日常工作重点	市场营销知识
	本行业销售专业知识	顾客分析	销售技巧
	说服人的艺术	谈判艺术	倾听和询问技巧
	大客户的销售技巧	客户开发	客户信息管理
	时间管理	销售人员礼仪	销售人员团队建设
	销售数据的整理与分析	销售合同管理	销售人员激励

（续表）

各类主管	晋级培训内容		
销售主管	销售人员的管理	销售人员训练管理	销售人员目标管理
	销售人员协作能力	销售人员诚信意识	销售人员素质和道德要求
	成功人士经验	销售人员心态	销售人员自我解压
财务主管	主要工作职责	日常工作重点	财务管理
	财务报表的编制	财务报表分析	财务资料和信息管理
	会计制度	财务人员日常管理	财务人员培训
	财务人员激励	财务人员团队建设	财务人员诚信与道德培训
技术主管	主要工作职责	日常工作重点	技术规范
	技术手册的编制	专业设备的维修保养	技术资料和信息管理
	技术改造与创新	流程再造	技术人员日常管理
	技术人员团队建设	技术人员培训	沟通技巧
行政主管	主要工作职责	日常工作重点	行政人员的服务意识
	行政人员日常管理	车辆调度管理	司机管理
	员工宿舍和餐厅管理	法律事务管理	行政人员的激励与培训
人力资源主管	主要工作职责	日常工作重点	劳动关系法律、制度
	劳动纠纷处理	员工招聘	员工晋级
	员工培训	员工绩效考核	员工薪酬管理
	沟通能力	协作能力	处理突发事件能力

13.1.2 主管—经理级

主管—经理级培训是针对从主管晋升或拟晋升到经理级的管理人员进行的企业文化与价值观，岗位技能和管理能力的培训。

1. 主管—经理级培训目标

对主管—经理级人员培训的主要目标包括：为其提供胜任未来工作所需的经验、知识和技能，使他们能够适应不断变化的环境中出现的复杂问题；使组织的宗旨、使命、信念和价值观得到有效传达；培养个别精英分子，使其成为组织未来高层管理人员的接班人。

2. 主管—经理级培训结构的变化

经理级管理人员在组织管理层中属于中层管理人员，是处于高层管理人员和基层管理人员之间的一个或多个中间层次的管理人员，是组织管理团队的中坚力量，起着承上启下的作用, 对上下级之间的信息沟通有重要的责任。

从专员晋升至主管的培训体系结构会有所变化, 如图 13-3 所示。

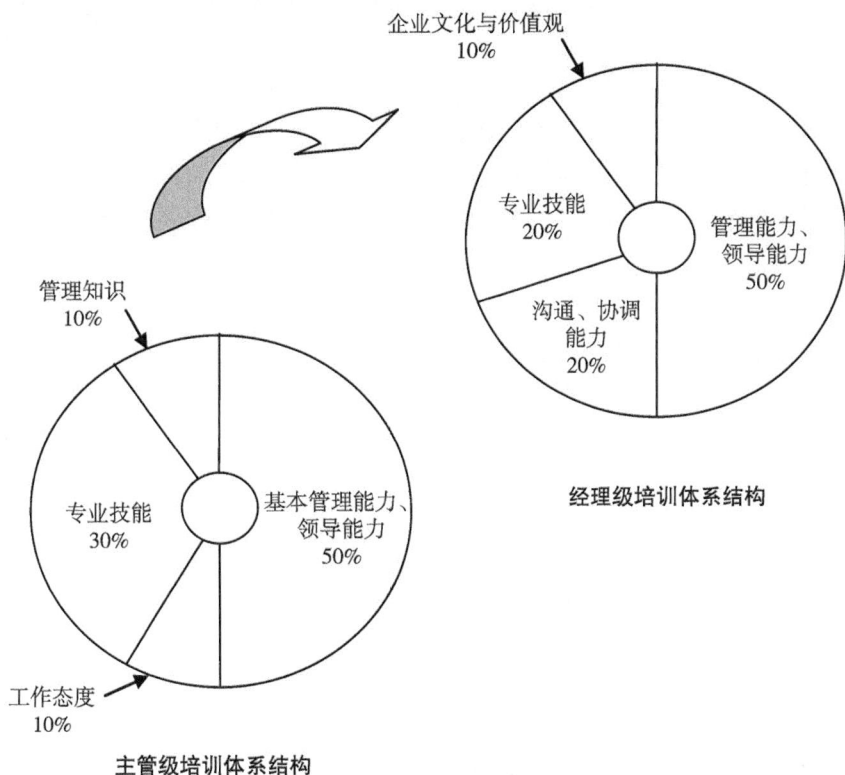

图 13-3 从主管晋升至经理的培训体系结构变化

3. 主管—经理级培训方式

组织对拟晋升为经理的主管一般采取在岗培训、工作轮换和多层次参与管理等培训方式, 具体内容如下所示。

(1) 在岗培训

由有经验的现任经理级别的管理人员负责对其直接下属进行指导, 对下属下放权力, 提供学习管理的机会, 提供帮助和辅导。这种方式有助于确保当任管理人员因提升、换岗、辞职、退休等离开岗位而出现空缺时, 组织能有训练有素、熟悉业务进展情况的人员顶替, 避免出现较为严重的衔接问题。

(2) 工作轮换

定期改变主管级人员的工作部门, 使他们到各个部门去丰富工作经验, 扩大对组织各个工作环节的了解。具体形式可以让受训人员直接介入所在部门的工作, 通过实践去了解所在部门的业务, 包括销售、生产、财务和其他业务, 使其成为"通才"。

（3）多层次参与管理

将组织中各个部门有发展前途的主管级人员集中起来，让他们就高层次管理问题提出自己的建议。这可以为主管级人员提供分析和处理高层次决策问题的机会和经验。

4. 主管—经理级培训内容

对经理级的晋级培训目的是使其明确组织的经营目标和经营方针，使组织的宗旨、使命、价值观和企业文化正确、顺利地传达，为其提供胜任未来工作所必需的经验、知识和技能，使其适应不断变化的环境并解决所面临的问题，提升组织的整体管理水平。主管—经理级的主要培训内容如表13-3所示。

表13-3 主管—经理级主要培训内容

培训方向		培训内容
专业知识培训		专业技术知识、经营核算知识、如何设定目标、如何做好预测、如何制订计划与预算、如何设计组织结构、如何编制进度报告、如何评估工作成果等
专业技能培训		行业生产流程、先进技术、成本管理、设备更新换代、经营模式、时间管理、项目管理、目标管理、安全管理、突发事件处理等
管理技能培训	基本管理技能	中层管理者的角色、地位与责任
		中层管理人员的素质要求
		团队建设与管理
		上下级关系的处理与协调
		先进技术和设备知识的补充与实际运用
		基层管理人员的安排与调配
		如何提高员工的总体技能水平
		如何提高员工的整体素质
		如何提高员工的满意度
		如何改善员工工作环境
		如何培养基层管理人员
	领导能力培训	对企业文化和价值观的理解和运用
		对事件的处理能力和整体把握能力
		处理及运用信息的能力
		如何有效激励基层管理人员
		如何加强基层管理人员的沟通与团结
		如何树立经理的威信

5. 各类经理级的人员的晋级培训内容

经理级管理人员包括的对象很广泛，如生产经理、销售经理、财务经理、人力资源经理、技术经理、大区经理、设备经理、市场经理、广告经理、研发经理等。

不同管理职位经理的工作性质不同，其晋级培训内容也不同，各类经理级别人员的晋级培训内容如表13-4所示。

表13-4 各类经理级别人员的晋级培训内容

各类经理级别人员	晋级培训内容		
生产经理	角色定位	主要工作职责	日常工作重点
	生产管理运作系统	生产车间环境管理	生产计划管理
	行业先进生产技术与流程	生产模式优化与改进	生产设备的更新换代
	生产效率的提高	生产流程优化与改进	产品质量管理
	生产安全管理	生产主管培训与激励	上下级沟通技巧
销售经理	主要工作职责	日常工作重点	市场营销知识
	本行业销售专业知识	大客户分析与开发	客户关系管理
	客户服务管理	客户信息管理	销售成本的控制
	销售数据的整理与分析	销售人员团队建设	销售主管的激励
	销售目标分解	销售区域开发与管理	销售主管培训管理
	广告与宣传策略	促销活动策划	卖点分析
	成功人士经验	销售主管心态	销售主管自我解压
财务经理	晋升岗位任职资格	工作难点与重点控制	财务管理类知识
	预算编制与管理技巧	现金流管理与控制	纳税筹划实务
	经营核算与盈亏分析	企业赊销与风险控制	有效授权
	团队建设与管理	时间管理	压力与情绪管理
人力资源经理	主要工作流程和职责	工作难点与重点	人力资源法律法规知识
	人力成本管理	劳资关系管理	职业生涯规划管理方法
	离职面谈技巧	卓越领导力	如何辅导和培养下属
	商务礼仪	创新思维顶级训练	沟通技巧
技术经理	晋升岗位任职资格	日常工作重点	技术规范
	行业先进技术	设备的更新换代	先进技术的引进与开发
	技术创新	企业流程再造	技术主管的管理
	技术人员团队建设	技术主管的培训与激励	上下级沟通技巧

13.1.3 经理—总监级

经理—总监级培训是针对从经理级别晋升到总监级别管理人员进行的企业文化与价值观、岗位技能和管理能力的培训。

1. 总监级别管理人员角色认知

总监级别管理人员在组织管理层中属于高层管理人员，高层管理者的决策对整个组织的发展有着重大影响，既是一个决策者，又是一个监督者，具体内容如图13-4所示。

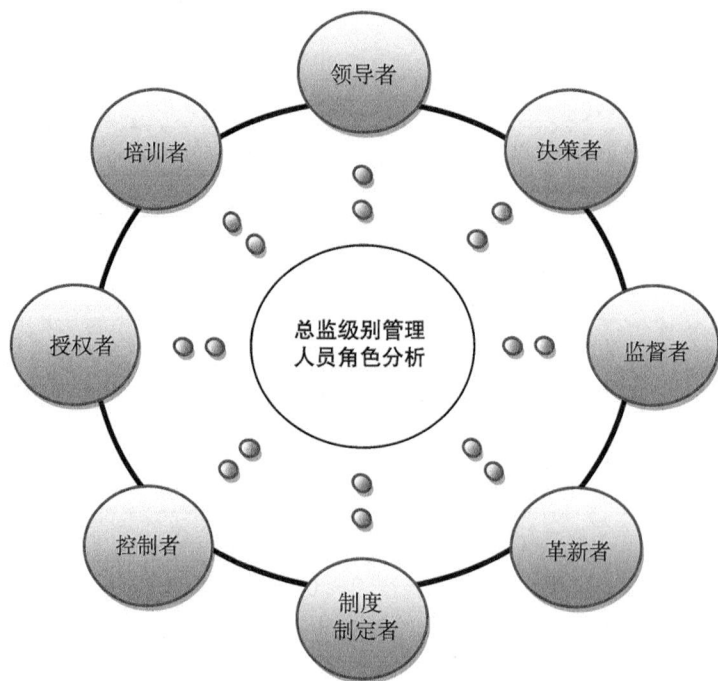

图13-4 总监级别管理人员的角色分析

2. 经理—总监级培训方式

组织对新晋升的总监级别的管理人员的培训方式主要采取高级研习班、研讨会、报告会、自学、组织间高层交流、热点案例研究讨论、在职高等学历教育，以及 MBA、EMBA教育，有计划地选送出国进行实习和考察、业务进修等。

3. 经理—总监级培训内容

对总监级的晋级培训有其独特的地方，其培训内容更侧重于宏观的角度和整体战略方面。经理—总监级培训的主要内容如表13-5所示。

表13-5 经理—总监级培训的主要内容

培训方向	培训内容	培训方向	培训内容
专业知识	人力资源管理、生产管理、财务管理、质量管理、信息管理等	财务管理能力	财务管理、财务报表分析、财务管理的价值观念、投融资管理
外部环境	国内（全球）经济和政治状况、组织所处的经营环境分析、组织所属行业发展研究、各级政府的各项政策法规市场发展前景、新兴科技和产业	战略发展研究	战略思维与计划、内部资源分析、组织面临的机遇与挑战、组织核心竞争力研究、如何制定组织发展战略
对策研究	博弈论、运筹学、对策论	经营思想的探讨	企业宗旨、经营哲学、管理模式、组织文化
控制和影响	权力结构的建立和维持、有效的控制机制、管理信息系统和电子商务系统的引入	用人管理	激励理论及实践、内部授权和责任中心、劳资关系、人才开发和继任计划、组织的人性化管理
领导艺术	团队管理、员工激励、目标管理高效沟通、冲突管理、员工潜力开发	个人修养与魅力提升	领导魅力、自信力、企业家精神、商务礼仪

4. 各类总监级人员的专业技能培训

总监级管理人员包括生产总监、营销总监、技术总监、财务总监、人力资源总监、研发总监、网络总监、物流总监等。不同总监级人员的工作性质不同，其晋级培训中的专业技能部分也不同。各类总监级人员的专业技能培训如表13-6所示。

表13-6 各类总监级别人员的专业技能培训

总监级别人员	晋级专业技能培训		
生产总监	现代生产管理理论	精益生产	准时生产
	敏捷制造	生产过程时间组织	生产过程空间组织
	设备管理	产品开发与工艺设计	并行工程
	生产能力规划与决策	生产计划	生产作业控制
	全面质量管理	供应链管理	项目管理

（续表）

总监级别人员	晋级专业技能培训		
营销总监	销售战略	销售工作时间和进度控制	开发多种销售手段
	销售渠道开拓与管理	重大销售合同的谈判	建设品牌和公关策划
	建立和规范营销管理体系	制定内部激励机制，完善量化管理	制定具有前瞻性与可行性的品牌经营
	巩固和提升销售业绩	进行产品定位	整体营销预算
	建设与管理营销团队	主要客户关系协调	投标控制
技术总监	产品设计规划	产品设计的技术实现	数据管理平台的设计与构建
	技术人员的配置与协调	监控技术开发项目的进展	新工艺、新设备、新技术的研究
	产品开发与创新	技术分析	技术创新
财务总监	财务组织建设能力	企业内控建设	资金筹措能力
	投资分析决策	税收筹划	财务预算
	成本费用控制	财务分析	财务外事处理
	财务预警	企业内部审计	对外投资和企业并购决策
人力资源总监	人力资源规划	企业组织设计	企业人力资源战略
	职位分析	人才选用策略	绩效管理
	薪酬福利	员工保险	员工职业生涯规划
	职业通道设计	劳动关系与劳动法规	人力资源制度设计

13.2 晋级培训差距测评

13.2.1 专员—主管级差距测评

专员—主管级差距测评主要是对拟晋升或新晋升为主管的专员进行测评，考查其是否能胜任主管这个职位，并从测评结果中找出差距，有针对性地进行相关培训。主管级人员测评内容和相应的方法如图13-5所示。

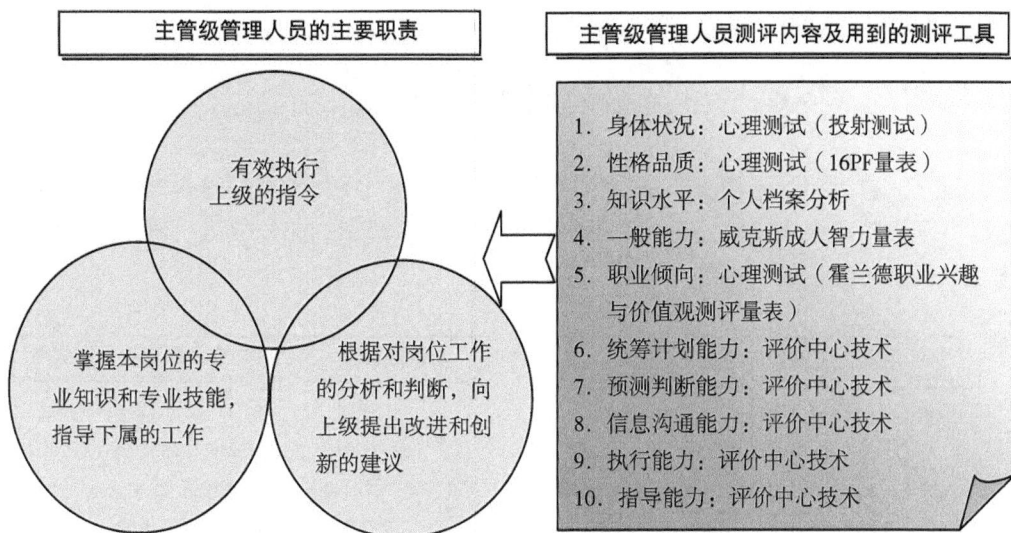

| 主管级管理人员的主要职责 | 主管级管理人员测评内容及用到的测评工具 |

有效执行上级的指令

掌握本岗位的专业知识和专业技能，指导下属的工作

根据对岗位工作的分析和判断，向上级提出改进和创新的建议

1. 身体状况：心理测试（投射测试）
2. 性格品质：心理测试（16PF量表）
3. 知识水平：个人档案分析
4. 一般能力：威克斯成人智力量表
5. 职业倾向：心理测试（霍兰德职业兴趣与价值观测评量表）
6. 统筹计划能力：评价中心技术
7. 预测判断能力：评价中心技术
8. 信息沟通能力：评价中心技术
9. 执行能力：评价中心技术
10. 指导能力：评价中心技术

图 13-5　主管级管理人员测评工具的选择

13.2.2　主管—经理级差距测评

主管—经理级差距测评主要是对拟晋升或新晋升为经理的主管进行测评，考查其是否能胜任经理这个职位，并从测评结果中找出差距，有针对性地进行相关培训。经理级人员测评内容和相应的方法如图 13-6 所示。

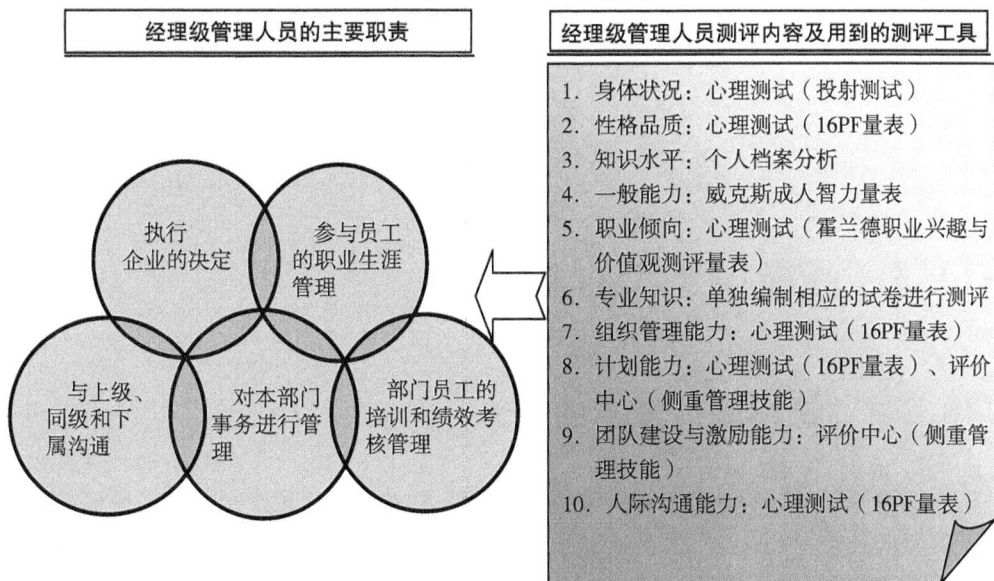

| 经理级管理人员的主要职责 | 经理级管理人员测评内容及用到的测评工具 |

执行企业的决定

参与员工的职业生涯管理

与上级、同级和下属沟通

对本部门事务进行管理

部门员工的培训和绩效考核管理

1. 身体状况：心理测试（投射测试）
2. 性格品质：心理测试（16PF量表）
3. 知识水平：个人档案分析
4. 一般能力：威克斯成人智力量表
5. 职业倾向：心理测试（霍兰德职业兴趣与价值观测评量表）
6. 专业知识：单独编制相应的试卷进行测评
7. 组织管理能力：心理测试（16PF量表）
8. 计划能力：心理测试（16PF量表）、评价中心（侧重管理技能）
9. 团队建设与激励能力：评价中心（侧重管理技能）
10. 人际沟通能力：心理测试（16PF量表）

图 13-6　经理级管理人员测评工具的选择

13.2.3 经理—总监级差距测评

经理—总监级差距测评主要是对拟晋升的经理进行测评，考查其是否能胜任总监这个职位，并从测评结果中找出差距，有针对性地进行相关培训。总监级人员测评内容和相应的方法如图 13-7 所示。

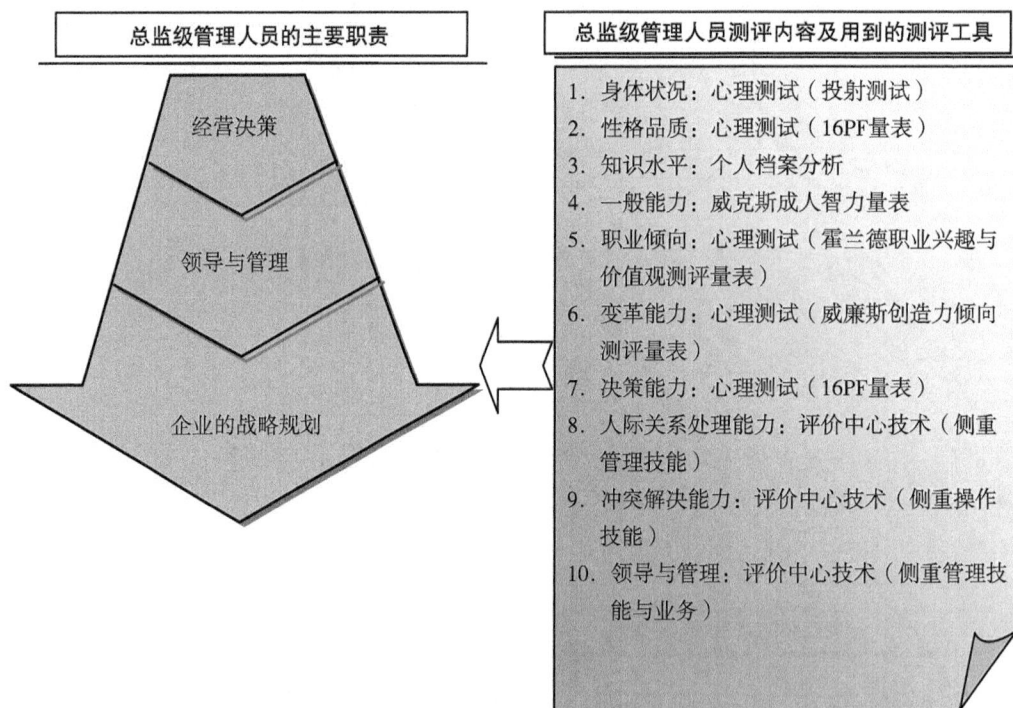

总监级管理人员的主要职责	总监级管理人员测评内容及用到的测评工具
经营决策 领导与管理 企业的战略规划	1. 身体状况：心理测试（投射测试） 2. 性格品质：心理测试（16PF量表） 3. 知识水平：个人档案分析 4. 一般能力：威克斯成人智力量表 5. 职业倾向：心理测试（霍兰德职业兴趣与价值观测评量表） 6. 变革能力：心理测试（威廉斯创造力倾向测评量表） 7. 决策能力：心理测试（16PF量表） 8. 人际关系处理能力：评价中心技术（侧重管理技能） 9. 冲突解决能力：评价中心技术（侧重操作技能） 10. 领导与管理：评价中心技术（侧重管理技能与业务）

图 13-7　总监级管理人员测评工具的选择

13.3　晋级培训课程体系

13.3.1　课程设计考虑的因素

晋级培训课程是针对从专员晋级主管、主管晋级经理、经理晋级总监而开展的一系列培训，其目的是使受训者达到晋级职位所需要的任职资格和胜任能力。晋级培训课程设计应考虑的因素如图 13-8 所示。

1	培训目的是指为晋级人员还是部门与部门之间平级调岗人员的培训
2	培训对象是指针对主管级、经理级还是总监级的培训课程设计
3	课程维度是指知识类、技能类还是态度类课程的设计
4	现有课程资源是指在现有课程的基础上进行修改，还是重新设计新课程
5	课程设计人员是指组织内部人员自行设计，还是聘请或外包给相关机构设计
6	培训方式是采用课程授课形式、现场操作形式，还是采用研讨会、情景模拟等形式

图 13-8 课程设计考虑的六个因素

13.3.2 各级课程的核心内容

1. 专员—主管级培训课程的核心内容

专员晋级主管的培训课程的核心内容如表 13-7 所示。

表 13-7 专员－主管级培训课程的核心内容

课程名称	核心内容	
晋级主管角色认知与转换	主管工作内容和工作目标	日常工作的重点、难点和注意事项
	新任主管常犯的六个错误	主管面临的挑战
	管理层对主管的期望	员工对主管的期望
	主管所需素质要求	主管心态转换
	主管的六种角色（规划者、运营者、沟通者、团队领袖、教练员和团队骨干成员）	
新任主管业务知识和业务实践	生产主管	生产运作管理、生产现场 5S 管理、精益生产、生产计划与物料控制、生产成本控制与价值分析、全面质量管理、安全生产管理知识
	销售主管	大客户销售策略，客户心理学，与客户沟通技巧，销售辅导，销售费用控制，谈判成功经验，如何处理客户的不满、抱怨与投诉

（续表）

课程名称	核心内容	
新任主管业务知识和业务实践	财务主管	财务报表的编制、财务报表分析、财务管理、会计制度
	人力资源主管	劳动纠纷处理、员工招聘、员工培训、绩效考核、薪酬管理、处理突发事件
如何辅导和培养下属	教练的职责与实务	员工绩效不高的要素分析
	批评下属的技巧	高绩效的辅导行为
	培训的行为准则	下属性格类型分析
	指导表达技巧	训练、教导实战演练
如何做一名出色的主管	团队力量的来源	高绩效团队的特征
	如何构建高绩效团队	安排任务和下达命令的技巧
	如何创造亲和、协调的团队环境	有效授权和高效沟通
	压力管理和冲突管理的技巧	辅导与激励团队成员
	组织、计划和控制管理	评估团队发展和管理者的自我发展

2. 主管—经理级培训课程的核心内容

主管晋级经理培训课程的核心内容如表13-8所示。

表13-8 主管－经理级培训课程的核心内容

课程名称	核心内容	
晋级经理角色认知与转换	工作目标、工作责任和义务	日常工作的重点、难点和注意事项
	经理的任务和挑战	保持积极主动的态度
	正确处理管理中的各种关系	用绩效导向带动员工发展
	工作目标的分解与落实	了解经理所必需的任职资格，明确自身差距
	心态转换，适应工作环境变化，从容开展工作	
新任经理业务知识和业务实践	生产经理	生产策略规划、生产成本控制、生产计划制订、生产能力规划与现场组织、安全生产管理知识、全面质量管理
	销售经理	大客户管理、客户服务管理、销售团队建设、销售目标分解、销售费用控制、促销活动策划、卖点分析、渠道开发与管理
	财务经理	风险管理、建立内部控制机制、纳税筹划、如何进行预算管理、如何控制企业成本、如何分析财务报表、投融资管理、资金运作效率
	技术经理	先进技术的引进和开发、技术创新、设备的更新换代、行业先进技术以及行业内的技术规范

（续表）

课程名称	核心内容	
如何有效授权	授权后不信任下属的后果	信任下属对双方都有利
	授权之前应充分评估风险、损失	进行有效的团队激励
	承担用人不当的责任	选定授权的任务和被授权人
	有效授权的方法和技巧	授权范围及相应的目标考核制度
如何做一名出色的经理	建立有效的沟通渠道	沟通过程中的个人和组织障碍
	进行目标管理	组织、计划和控制管理
	提高战略意识	与上级沟通的策略
	战略目标与衡量指标	平级沟通：如何达到双赢
	下属的培训与激励	与下级沟通的方式

3. 经理—总监级培训课程的核心内容

经理晋级总监培训课程的核心内容如表13-9所示。

表13-9　经理－总监级培训课程的核心内容

课程名称		核心内容	
晋级总监角色认知与转换		工作内容、工作责任和义务	日常工作的重点、难点和注意事项
		对企业战略和发展方向的深刻理解	了解总监所需素质要求，加强自我培养
		了解企业面临的机遇与挑战	正确处理企业内外部重要关系
		掌握国内外本行业状况生产运营状况与发展前景	
新任总监业务知识和业务实践	生产总监	生产战略规划、准时生产计划、生产计划与制度制定、柔性生产线及设备布局、生产方式创新与改善	
	销售总监	销售战略规划、销售政策制定、销售费用预案控制、销售队伍建设	
	财务总监	成本与风险控制、投融资管理、企业内部控制、审计与税收管理	
	人力资源总监	人力资源供求分析、人力资源发展规划、员工的整体培训计划制订、企业文化的建立与推广、企业组织结构的构建与完善、人力资源成本的控制、与政府对口部门的联系与合作	
如何提高执行力		执行力对管理者的作用	建立有效的沟通机制
		行动提升执行力	制度提升执行力
		战略意识提升执行力	战术提升执行力
		执行力提升技巧	构建执行力的文化

课程名称	核心内容	
如何做一名 高效的总监	提高分析判断能力	提升战略决策能力
	培养开拓创新意识	提升领导艺术
	有效锻炼和培养下属	激发下属的理想和热情
	与下属沟通的策略	下属培养的方法
	团队建设与管理	高效授权的艺术

13.4 晋级培训运营体系

13.4.1 晋级培训管理制度

1. 晋级培训管理制度规范的内容

晋级培训是对拟晋级人员或后备人员进行的，旨在使其达到更高一级岗位的要求，当某个管理岗位出现空缺时，能够及时挑选到满意的候选人。组织应制定严格的晋级培训管理制度，使晋级培训不仅在培养能力方面，而且在晋级评价中也能发挥一定的考核作用。

晋级培训管理制度应规范的内容如图13-9所示。

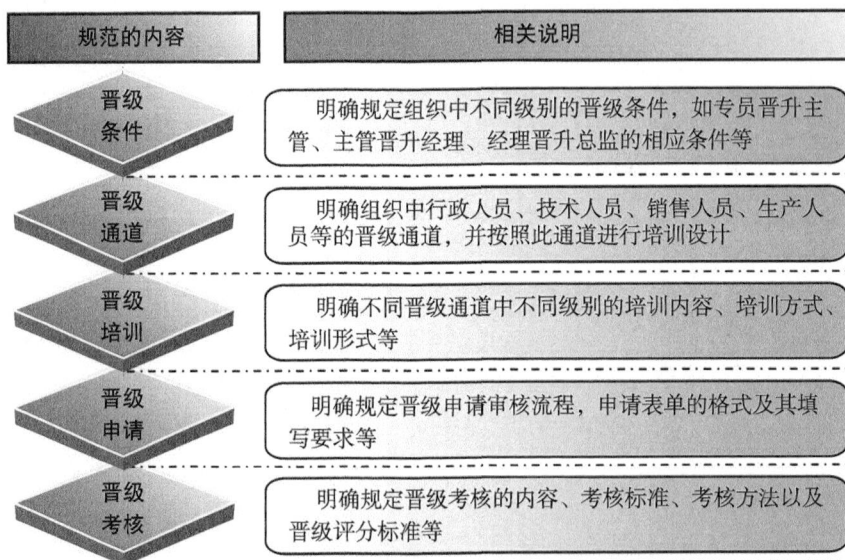

规范的内容	相关说明
晋级条件	明确规定组织中不同级别的晋级条件，如专员晋升主管、主管晋升经理、经理晋升总监的相应条件等
晋级通道	明确组织中行政人员、技术人员、销售人员、生产人员等的晋级通道，并按照此通道进行培训设计
晋级培训	明确不同晋级通道中不同级别的培训内容、培训方式、培训形式等
晋级申请	明确规定晋级申请审核流程，申请表单的格式及其填写要求等
晋级考核	明确规定晋级考核的内容、考核标准、考核方法以及晋级评分标准等

图13-9 晋级培训管理制度应规范的内容

2. 晋级培训管理教育制度的范例

制度名称	××公司晋级培训管理制度		受控状态	
			编 号	
执行部门		监督部门	考证部门	

第1章 总则

第1条 目的

1. 为规范公司晋级培训体系的建设，满足公司发展过程中对员工技能和素质的要求，培养公司发展所需的各种不同层次和不同类型的人才。

2. 在全公司创造"能者上"的竞争意识，建立灵活高效的人力资源管理体制，同时也为员工提供职业生涯发展通道。

第2条 适用范围

本制度适用于公司所有储备晋级人员。

第2章 储备人员队伍建设

第3条 为加强公司内部人才梯队建设，避免公司管理层人员出现断层现象，公司各岗位应至少储备两名以上人员。储备人员将作为公司晋级培养的重点对象。

第4条 各部门每月底，必须将本部门各岗位储备人员名单以书面形式交于培训部。表格形式如下表所示。

储备人员名单

序号	部门	职位	姓名	储备人员

第5条 储备人员基本条件

1. 组长（含）级以下人员，必须入职满半年以上，并且工作业绩显著，近两个月没有因工作失误或违纪受到公司处罚，综合素质和能力居部门同层次员工之首。

2. 主管级人员必须入职满一年以上，且在同等副级职位上担任半年以上管理工作，在半年之内没有严重的工作失误或违纪。

3. 经理级人员必须入职满两年以上，且在同等副级职位上担任一年以上管理工作，一年内没有重大的工作失误或违纪。

第3章 储备人员晋级培训

第6条 培训部负责培训课程的设置与调查，发布"晋级培训需求调查表"，分层次进行调查，调查结果作为晋级培训课程设置的重要依据之一。"晋级培训需求调查表"如下表所示。

（续）

晋级培训需求调查表

培训学员填写栏

若要做好本职工作需进行哪些方面的培训，请您将相关培训课程填入下列表格

姓名		部门		职位	

课程名称	课程内容	培训目标	培训形式	培训讲师	培训课时	备注

部门主管填写栏

您觉得您的下属目前还需要进行哪些方面的培训，才能更好地完成本职工作。请您将相关培训课程填入下列表格

课程名称	课程内容	培训目标	培训形式	培训讲师	培训课时	备注

第 7 条　培训部培训专员负责收集汇总"晋级培训需求调查表"，并组织各层人员进行讨论，最后制定晋级培训课程。

第 8 条　晋级培训课程确定后，由培训讲师准备内部课程所需教材。所有培训教材都要交于培训部进行保存。

第 9 条　晋级培训内容如下表所示。

晋级培训内容一览表

培训模块		培训内容
理论培训		专业知识、晋级岗位任职资格、工作重点与难点的把握
技术培训		机器设备的调试、软件的操作、参数控制的调试、异常问题的处理
综合培训		品质管理、生产管理、非人力资源经理的人力资源管理、非财务经理的财务管理
管理能力	基层管理者	组织能力、教练能力、沟通能力、控制能力、督导能力、解决问题能力
	中层管理者	沟通协调能力、组织能力、指导能力、培养下属能力、持续改善能力、执行力提升等
	高层管理者	计划能力、统筹能力、分析能力、培训指导能力、执行力、解决问题能力、预见问题能力、思考力、观察能力等

（续）

第10条 培训方向

找出与晋级岗位和公司要求素质、能力、技术的差距及个人弱势。通过培训、部门主管栽培，达到晋级要求。

第11条 各部门主管负责授课，师资结构由培训部每年不定期调整。

第12条 对于所有储备人员，各部门必须以书面形式交于培训部备案后，方可进入晋级培训阶段。

第13条 储备人员的时限

1. 组长（含）级以下人员的储备期限不得低于2个月。

2. 主管级人员储备期限不得低于3个月。

3. 经理级人员储备期限不得低于1年。

4. 公司总经理特批除外。

第4章 晋级管理规定

第14条 晋级的方向

1. 生产类：生产一线员工→班组长→车间主任→生产部副经理→生产部经理。

2. 销售类：销售专员→销售主管→销售经理→营销总监→总经理。

3. 财务类：助理会计师→会计师→高级会计师→总会计师。

4. 技术类：初级工→中级工→高级工→技师→中级技师→高级技师。

第15条 晋级的基本条件

1. 必须符合部门已审批的晋级方向。

2. 晋级人员必须是已列入储备人员名单中的人员。

3. 接受过晋级培训课程达20课时以上，需要提供培训签到表及教案。

4. 符合晋级岗位任职资格要求，其工作能力和工作经验能够胜任本项工作。

5. 通过晋级考核，且经过公司相关领导审核批准。

6. 总经理特批者除外。

第16条 晋级学历要求

1. 对于组长级以下员工、生产技术人员，要求高中以上学历。

2. 对于主管级人员，要求大专以上学历。

3. 对于经理级人员，要求本科以上学历。

第17条 晋级申请流程

晋级申请流程如下图所示。

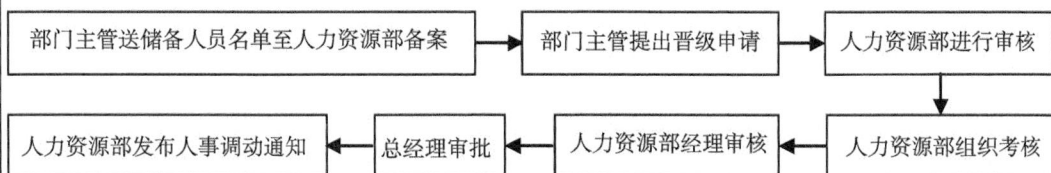

```
┌──────────────────────┐   ┌──────────────────┐   ┌──────────────────┐
│部门主管送储备人员名单 │──▶│部门主管提出晋级申请│──▶│人力资源部进行审核 │
│至人力资源部备案       │   │                  │   │                  │
└──────────────────────┘   └──────────────────┘   └──────────────────┘
                                                             │
                                                             ▼
┌──────────────────────┐   ┌──────────────┐   ┌──────────────────┐   ┌──────────────────┐
│人力资源部发布人事调动 │◀──│ 总经理审批   │◀──│人力资源部经理审核│◀──│人力资源部组织考核 │
│通知                   │   │              │   │                  │   │                  │
└──────────────────────┘   └──────────────┘   └──────────────────┘   └──────────────────┘
```

晋级申请流程图

（续）

第18条　晋级考核

对于已通过本部门主管及人力资源部审核合格者，人力资源部负责对其进行考核，考核指标按人事考核、理论知识考核、部门主管考核三项进行。晋级考核采用百分制，具体考核方法如下表所示。

晋级考核方法一览表

考核项目		权重	考核内容	考核主体	备注
人事考核		10%	人事记录、奖惩记录、培训情况	人力资源部	
理论知识	公共知识	30%	人事相关制度、ISO 体系、消防安全等	人力资源部	人力资源部出题并审阅
	专业知识	50%	与所从事岗位相关的专业知识	部门主管	部门主管负责出题并审阅
部门考核		10%	平时的工作表现、工作业绩等	部门主管	

第19条　每次同岗位试卷要不断更新，避免出现重复、多次使用或漏题现象。

第20条　每次部门提交试卷时，须将试题标准答案附于试题后面，以便于人力资源批阅。

第21条　考核总分低于75分者为不及格，驳回晋级申请。延期3个月后进行第二次考核，两次考核均不合格者，在一年之内取消其晋级资格。

第22条　对于考核合格人员，人力资源部将其"晋级考核表"和"人事调动申请表"交于最高权限审核，并在公司内进行公布。"人事调动申请表"如下表所示。

人事调动申请表

姓名		工号		原部门		原职位	
入职时间		晋级职位			执行日期		
申请原因				申请人：			
申请晋级时间			储备时间				
原岗位薪资级别			晋级后薪资级别				
直接上级审核						签字：日期：	
部门主管审核						签字：日期：	

（续）

（续表）

人力资源部经理		签字： 日期：
副总经理		签字： 日期：
总经理		签字： 日期：

第23条　各部门若有人员晋级必须于每月15日之前将"人事调动申请表"及晋级人员的"述职报告"交于人力资源部，逾期将延至下月处理。

第24条　每两个月举行一次晋级考核，且在奇数月份的中旬举行，由培训部负责组织安排。无故缺席人员不给予补考，延至下一次进行考核。

第25条　如果当事人对公布的晋级考核结果不满意可以提交"员工晋级考核申诉表"，由人力资源部组织相关部门进行妥善处理，并给予申诉人员客观、公正的答复。

第5章　附则

第26条　本制度由人力资源部制定，其解释权和修订权归人力资源部所有。

第27条　本制度经总经理审核批准后，自颁布之日起执行。

| 编制日期 | | 审核日期 | | 批准日期 | |
| 修改标记 | | 修改处数 | | 修改日期 | |

13.4.2　晋级培训运营方式

晋级培训运营方式主要包括事先学习和准备、集中培训、事后管理三种。培训部门通过这三种运营方式，并结合严格评价确保晋级培训正规地运转，使晋级培训起到切实协助评价和培养能力的作用。晋级培训运营方式的详细介绍如图13-10所示。

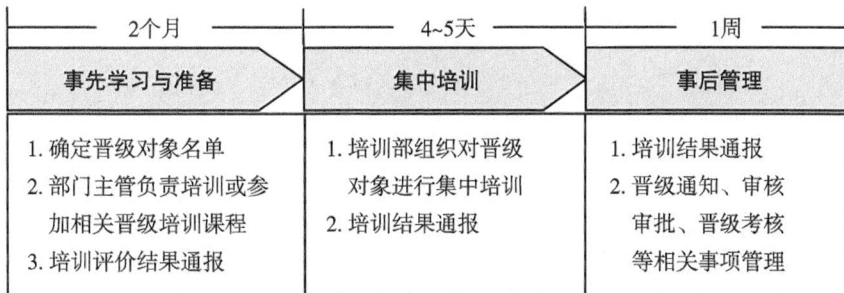

图13-10　晋级培训运营方式

13.4.3 晋级培训评价方式

晋级培训评价方式主要包括人事评价、培训内容评价、部门评价三种，具体评价内容如表13-10所示。

表13-10 晋级培训评价方式一览表

评价方式	权重（%）	评价内容	评价人员	资料来源
人事评价	20%	培训期间考勤情况、培训课堂纪律遵守情况等	培训组织部门	考勤表、课堂纪律记录
培训内容评价	40%	晋级课程内容掌握情况、每门晋级课程测试成绩、培训过程中的积极发言情况	培训组织部门	课堂测试表
部门评价	40%	培训内容在日常工作中的使用情况、工作业绩的提升情况	上级主管	工作业绩记录、日常工作观察表

1. 人事评价

培训组织部门在进行人事评价时可以借助表13-11所示的评价表。

表13-11 培训晋级评价表（人事评价）

评价项目	分值	评价方法	得分	备注
迟到、早退	50分	每迟到、早退一次，扣10分；迟到、早退3次（含）以上，此项得分为0		
培训纪律遵守	50分	每接听电话一次，扣10分，扣完为止；违反培训纪律导致培训课程无法正常进行的，此项得分为0		

2. 培训内容评价

培训组织部门在进行培训内容评价时可以借助表13-12所示的评价工具。

476

表13-12　晋级培训评价表（培训内容评价）

晋级培训课程	分值	评价方法	得分	备注
知识类培训	30分	每门知识类培训课程的测试成绩未达到85分以上，扣10分，扣完为止		
技能类培训	30分	每门技能类培训课程的测试成绩未达到80分以上，扣10分，扣完为止		
态度类培训	40分	每门态度类培训课程的测试成绩未达到90分以上，扣10分，3门（含）以上，此项得分为0		

3. 上级领导评价

上级主管在晋级培训评价过程中用到的评价表如表13-13所示。

表13-13　晋级培训评价表（部门评价）

评价者		评价对象	
评价对象在接受晋级培训后的工作表现			
评价得分（总分100分）		评价者签字：_____ 日　　期：___年___月___日	

第 14 章

基于胜任能力的培训体系建设

14.1 胜任素质模型

14.1.1 胜任素质模型包括的内容

胜任素质模型详细规定了岗位所需要的知识、职业素养、技能/能力等各项任职资格。通过这些层次的指引，可以正确引导员工达到组织所需要的工作目标。

胜任素质模型包括教育背景、工作经验、知识、技能和职业素养共五个部分的内容，如图 14-1 所示。

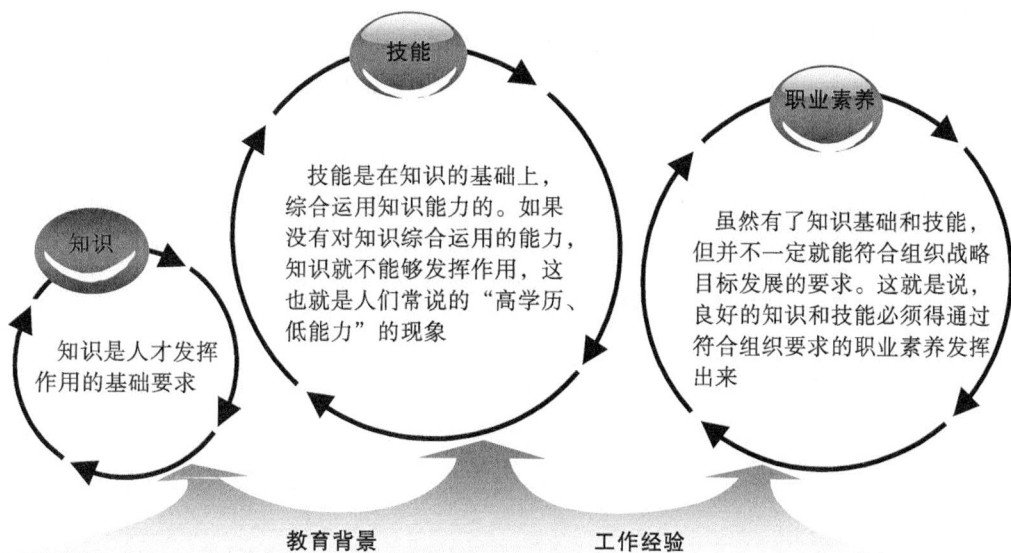

图 14-1 胜任素质模型包括的内容

1. 教育背景

教育背景按学历分初中、高中（包括中专和中技）、大专、本科、硕士、博士。教育背景的层级表如表 14-1 所示。

表 14-1 教育背景层级表

级别	一级	二级	三级	四级
定义	初中、高中	大学专科	大学本科	硕士及以上

2. 工作经验

工作经验是指从事本岗位工作必须具备的在专业工作实践中积累的知识和能力,可通过经验证据证明。经验证据是指从事过该岗位或在该行业从事过该项工作的证明和工作绩效的成果。

工作经验主要包括岗位经验和行业经验两种。岗位经验是指从事过与本岗位职责要求相近的工作年限;行业经验是指从事过与本组织同行业的工作年限。工作经验的层级表如表14-2所示。

表14-2　工作经验层级表

级别	一级	二级	三级	四级	五级	六级	七级
定义	1年以下	1~2年	2~4年	4~7年	7~11年	11~15年	15年以上

3. 知识

知识层面既包括员工从事某一职业领域工作所必需具备的专业信息,例如财务管理、人力资源管理、市场营销、生产管理等学科的专业知识;也包括员工在某一组织中工作所必需掌握的相关信息,例如公司知识、产品知识和客户信息等。

(1)公司知识

公司知识主要包括行业知识、企业文化、组织结构、基本规章制度和业务流程等。公司知识的层级图如表14-2所示。

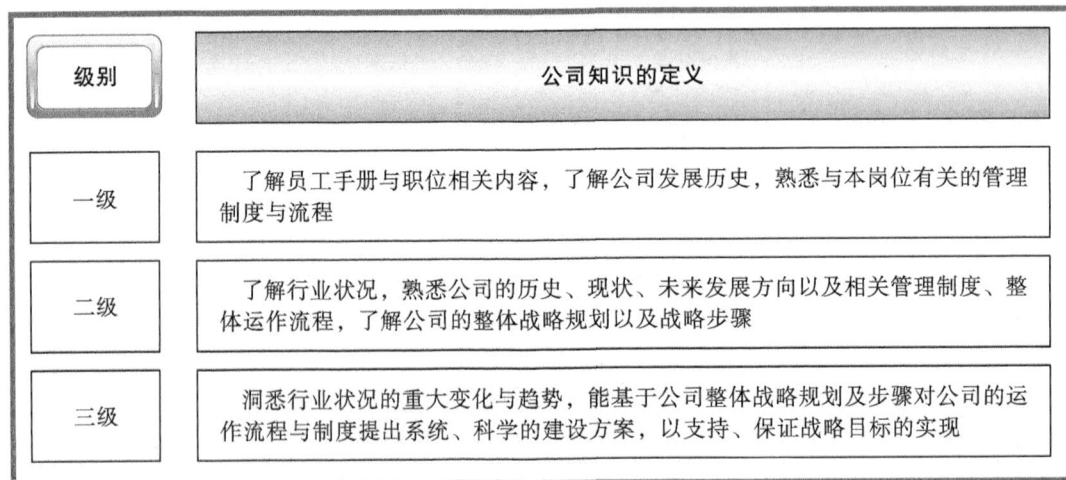

级别	公司知识的定义
一级	了解员工手册与职位相关内容,了解公司发展历史,熟悉与本岗位有关的管理制度与流程
二级	了解行业状况,熟悉公司的历史、现状、未来发展方向以及相关管理制度、整体运作流程,了解公司的整体战略规划以及战略步骤
三级	洞悉行业状况的重大变化与趋势,能基于公司整体战略规划及步骤对公司的运作流程与制度提出系统、科学的建设方案,以支持、保证战略目标的实现

图14-2　公司知识层级图

（2）产品知识

产品知识主要包括产品的名称、性能与特点、主要优点、销售状况、与其他公司产品相比的优劣势、价格特点等。产品知识的层级如图14-3所示。

级别	产品知识的定义
一级	了解公司产品的名称、主要特点，能向客户介绍与自己工作相关的几个产品的详细资料，并能回答客户对该类产品的询问
二级	全面掌握公司所有产品的详细资料（名称、性能与特点、主要优点、销售状况、与其他公司产品相比的优劣势、价格），并能解答客户对有关产品的询问
三级	精通公司所有产品的详细资料，并能对未来产品的规划与设计提出合理化的建议

图14-3 产品知识层级图

（3）客户知识

客户知识包括目标群体的基本情况、性格偏好、质量偏好等相关信息。客户知识的划分层级如图14-4所示。

级别	客户知识的定义
一级	了解目标群体的基本情况
二级	熟悉目标客户群体的基本情况，通过对客户知识的了解，能够主动对质量检验工作做出合理的改变
三级	熟练掌握客户知识，对目标客户群体的基本情况及性格偏好有比较深的研究，并能够将其运用于日常工作中

图14-4 客户知识层级图

（4）市场营销知识

市场营销知识主要包括营销心理学、公共关系学、客户关系管理、渠道管理、价格管理、信息管理、市场营销管理、广告学、销售技巧与服务技巧等内容。市场营销知识的层级划分如图 14-5 所示。

级别	市场营销知识的定义
一级	了解市场营销知识的一般概念及内容框架、一般原理和方法，对市场敏感性强，有营销意识，能运用营销的理念进行初级市场开发和客户管理工作
二级	掌握部分市场营销知识的操作运用原理，了解销售工作并有一定工作经验，可利用营销策划知识进行部分项目的调研、分析，编制简单的营销策划方案
三级	熟练掌握市场营销知识的操作原理，精通营销策划知识，编写的营销策划方案可行且具有创新性，能在实践中创造品牌效应、发挥品牌价值

图 14-5　市场营销知识层级图

（5）生产管理知识

生产管理知识主要包括生产战略管理、生产流程管理、生产计划与调度、生产定额与工艺流程管理、生产现场管理、生产质量与成本控制、工艺设备管理、生产安全管理、采购与供应管理等相关内容。生产管理知识的层级划分如图 14-6 所示。

级别	生产管理知识的定义
一级	根据职位需要了解部分生产知识中所涉及的概念、内容与方法
二级	根据职位需要掌握全部生产知识所涉及的概念、内容与方法
三级	根据职位需要掌握全部生产知识所涉及的概念、内容与方法，并能将相关知识熟练运用于生产管理工作当中

图 14-6　生产管理知识层级图

（6）人力资源知识

人力资源知识主要包括人力资源战略与规划、人力资源投资分析、人员招聘与配置、员工培训、绩效管理、薪酬管理、员工关系管理等。人力资源知识的层级划分如图14-7所示。

级别	人力资源知识的定义
一级	了解人力资源主要知识的一般概念及内容框架、一般原理和方法，有一定的人力资源管理意识，并能够独立处理人力资源工作
二级	掌握人力资源主要知识的操作运用原理，对人力资源工作有所了解，并有一定的工作经验，可综合利用人力资源知识处理员工之间的纠纷与抱怨等
三级	熟练掌握人力资源所有知识，能够为公司人力资源建设与规划服务，并能够起到为人力资源增值的作用

图14-7 人力资源知识层级图

（7）财务知识

财务知识主要包括会计基础知识、会计电算化、会计核算与账务处理、财务管理、预算管理、成本管理、资产管理、财务分析与预测、税务筹划、审计与内部控制、风险管理、投融资管理等。财务知识的层级划分如图14-8所示。

级别	财务知识的定义
一级	掌握财务知识所包含的基本原理、方法，能够进行会计核算、账务处理等工作
二级	精通部分财务知识，通过预算管理、资产管理、成本管理、税收筹划等工作，能够定期进行财务分析与预测，提交财务报告，为公司的经营决策提供支持
三级	精通所有财务知识并能综合运用于公司财务管理工作中，能够对公司财务工作进行全面掌控，建立健全公司的财务系统，实现内部控制，规避财务风险，并对公司的重要经营、投资等活动提供决策支持

图14-8 财务知识层级图

4. 技能

技能是指运用资源解决问题的某一方面能力。常见的技能包括计划能力、决策能力、领导能力、沟通能力、创新能力以及理解能力等。

（1）计划能力

计划能力是指设计自己及他人有效地完成某一任务，合理配置各项资源的能力。计划能力的层级划分如图 14-9 所示。

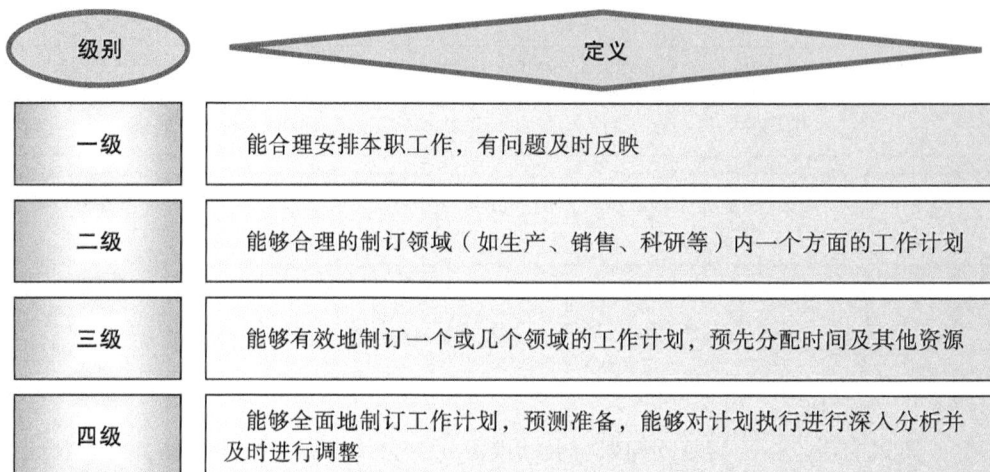

级别	定义
一级	能合理安排本职工作，有问题及时反映
二级	能够合理的制订领域（如生产、销售、科研等）内一个方面的工作计划
三级	能够有效地制订一个或几个领域的工作计划，预先分配时间及其他资源
四级	能够全面地制订工作计划，预测准备，能够对计划执行进行深入分析并及时进行调整

图 14-9　计划能力层级图

（2）决策能力

决策能力是指根据备选的方案在规定时间内选择一种最优方案的能力。决策能力的层级划分如图 14-10 所示。

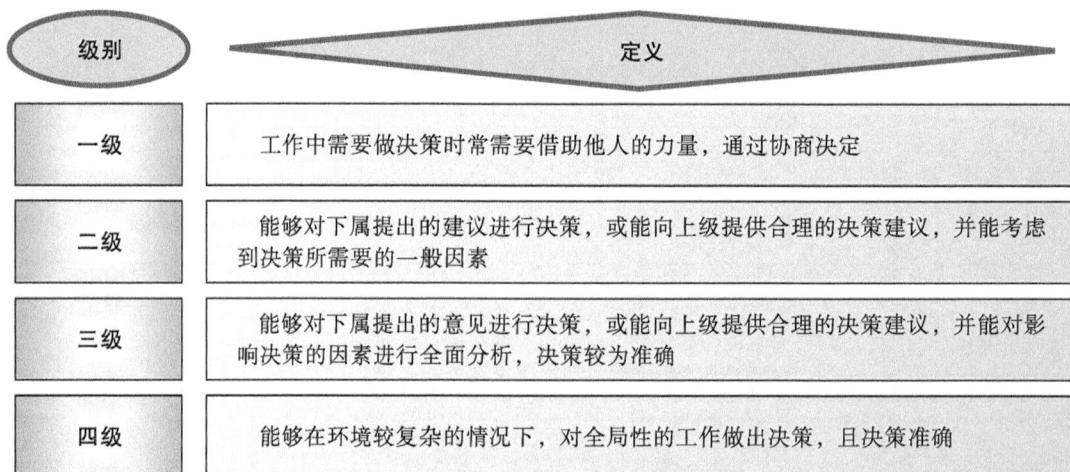

级别	定义
一级	工作中需要做决策时常需要借助他人的力量，通过协商决定
二级	能够对下属提出的建议进行决策，或能向上级提供合理的决策建议，并能考虑到决策所需要的一般因素
三级	能够对下属提出的意见进行决策，或能向上级提供合理的决策建议，并能对影响决策的因素进行全面分析，决策较为准确
四级	能够在环境较复杂的情况下，对全局性的工作做出决策，且决策准确

图 14-10　决策能力层级图

（3）沟通能力

沟通能力是指通过口头或书面的方式表达、交流思想。沟通能力的层级划分如图 14-11 所示。

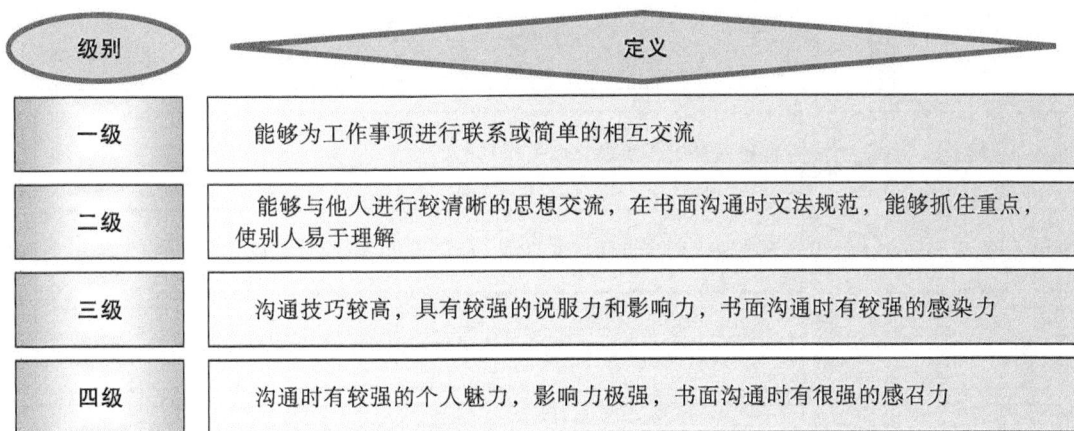

级别	定义
一级	能够为工作事项进行联系或简单的相互交流
二级	能够与他人进行较清晰的思想交流，在书面沟通时文法规范，能够抓住重点，使别人易于理解
三级	沟通技巧较高，具有较强的说服力和影响力，书面沟通时有较强的感染力
四级	沟通时有较强的个人魅力，影响力极强，书面沟通时有很强的感召力

图 14-11　沟通能力层级图

5. 职业素养

职业素养指工作态度，是员工对组织企业文化的认知与认同。职业素养主要包括团队精神、责任心、服务意识、上进心、忠诚度、清正廉洁、诚信等。

（1）团队精神

团队精神是指在团队目标的引导下，对团队利益和协作的共同认知。团队精神的层级划分如图 14-12 所示

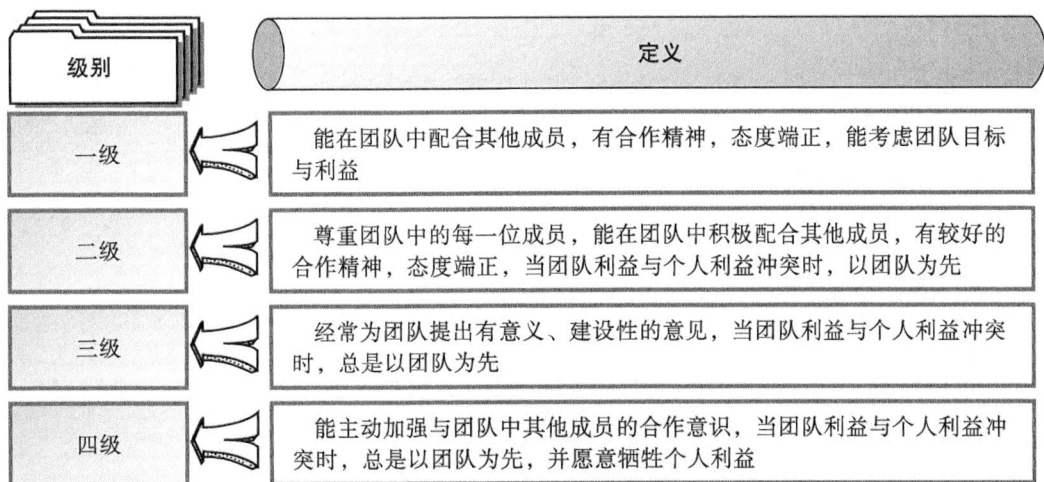

级别	定义
一级	能在团队中配合其他成员，有合作精神，态度端正，能考虑团队目标与利益
二级	尊重团队中的每一位成员，能在团队中积极配合其他成员，有较好的合作精神，态度端正，当团队利益与个人利益冲突时，以团队为先
三级	经常为团队提出有意义、建设性的意见，当团队利益与个人利益冲突时，总是以团队为先
四级	能主动加强与团队中其他成员的合作意识，当团队利益与个人利益冲突时，总是以团队为先，并愿意牺牲个人利益

图 14-12　团队精神层级图

（2）责任心

责任心是指在工作职责的基础上完成任务的意识。责任心的层级划分如图 14-13 所示。

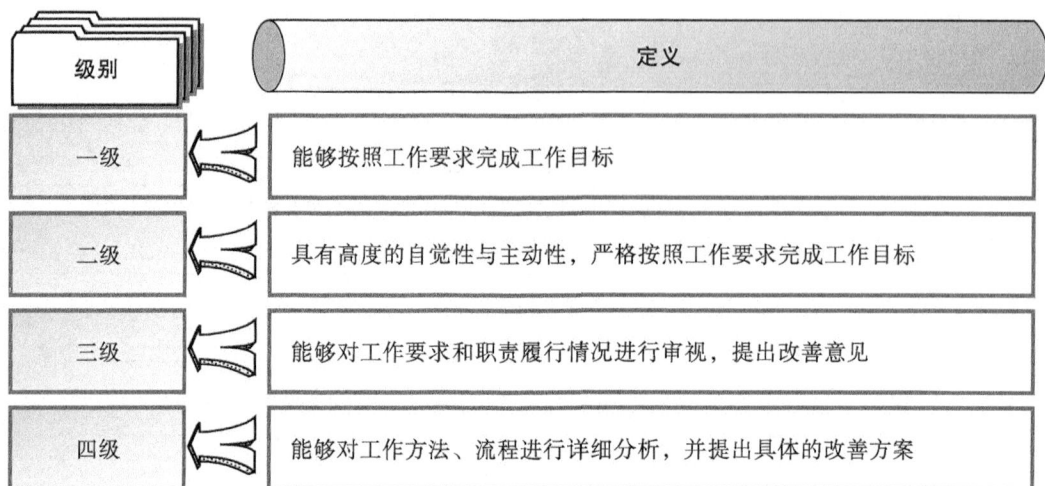

图 14-13　责任心层级图

（3）服务意识

服务意识是指在工作中满足内外部客户的意思。服务意识的层级划分如图 14-14 所示。

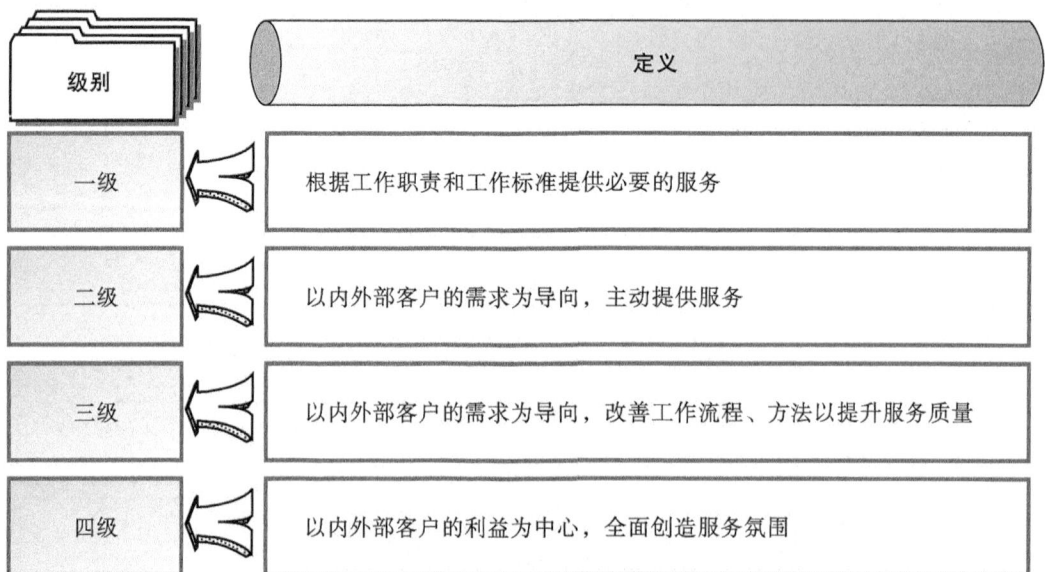

图 14-14　服务意识层级图

（4）上进心

上进心又称进取心，是指树立更高的工作目标，不懈地追求与发现。上进心的层级划分如图 14-15 所示。

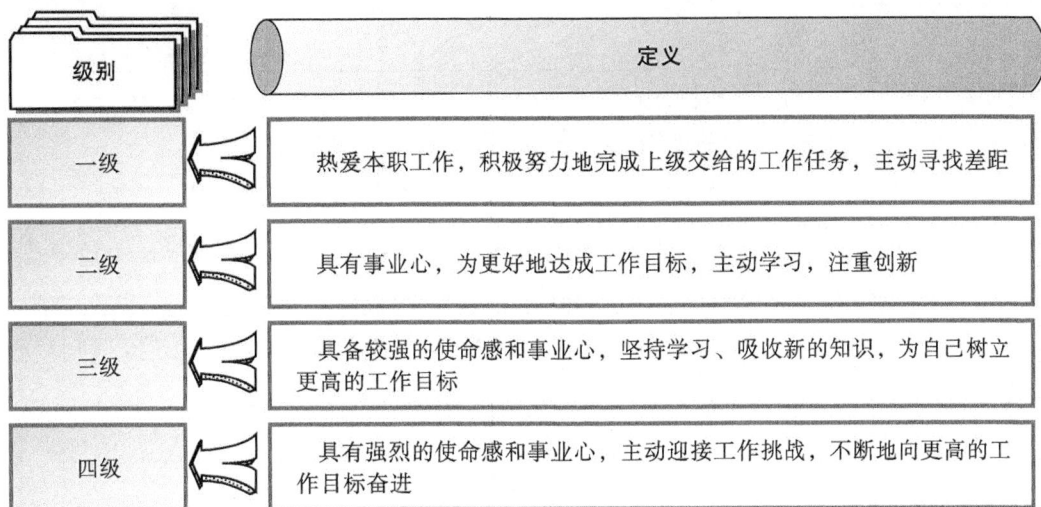

级别	定义
一级	热爱本职工作，积极努力地完成上级交给的工作任务，主动寻找差距
二级	具有事业心，为更好地达成工作目标，主动学习，注重创新
三级	具备较强的使命感和事业心，坚持学习、吸收新的知识，为自己树立更高的工作目标
四级	具有强烈的使命感和事业心，主动迎接工作挑战，不断地向更高的工作目标奋进

图 14-15　上进心层级图

（5）忠诚度

忠诚度是指对工作、团队、组织的信任及忠实的程度。忠诚度的层级划分如图 14-16 所示。

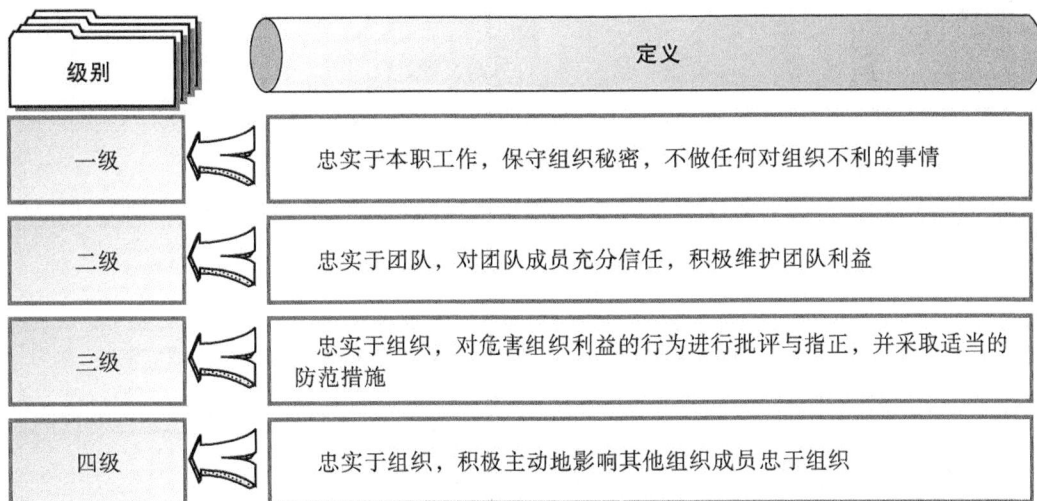

级别	定义
一级	忠实于本职工作，保守组织秘密，不做任何对组织不利的事情
二级	忠实于团队，对团队成员充分信任，积极维护团队利益
三级	忠实于组织，对危害组织利益的行为进行批评与指正，并采取适当的防范措施
四级	忠实于组织，积极主动地影响其他组织成员忠于组织

图 14-16　忠诚度层级图

（6）清正廉洁

清正廉洁是指不利用岗位之便，做损公利己的事情。清正廉洁的层级划分如图14-17所示。

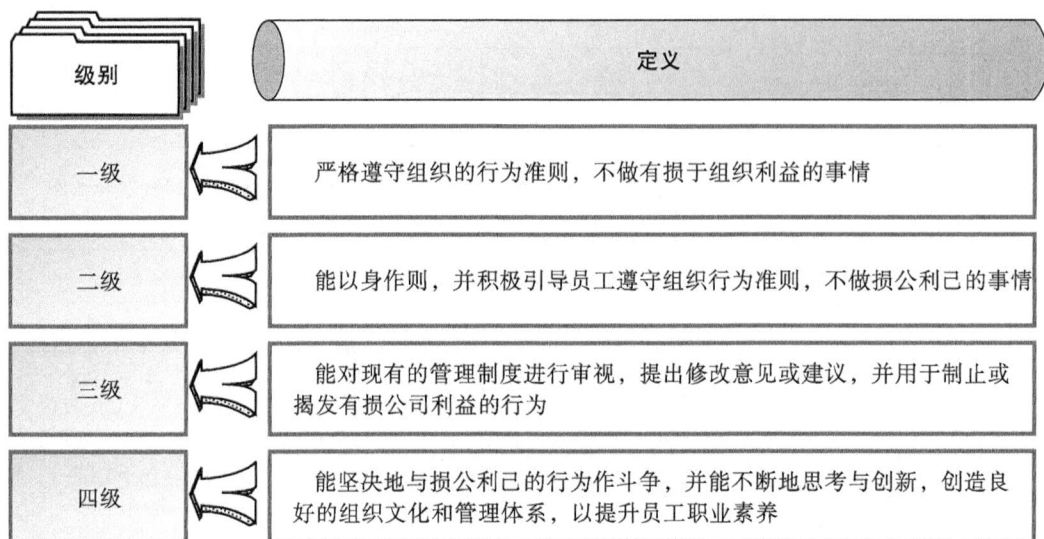

图14-17　忠诚度层级图

（7）诚信

诚信是指在工作中能以诚实、善意的心态行使权利、履行义务。诚信的层级划分如图14-18所示。

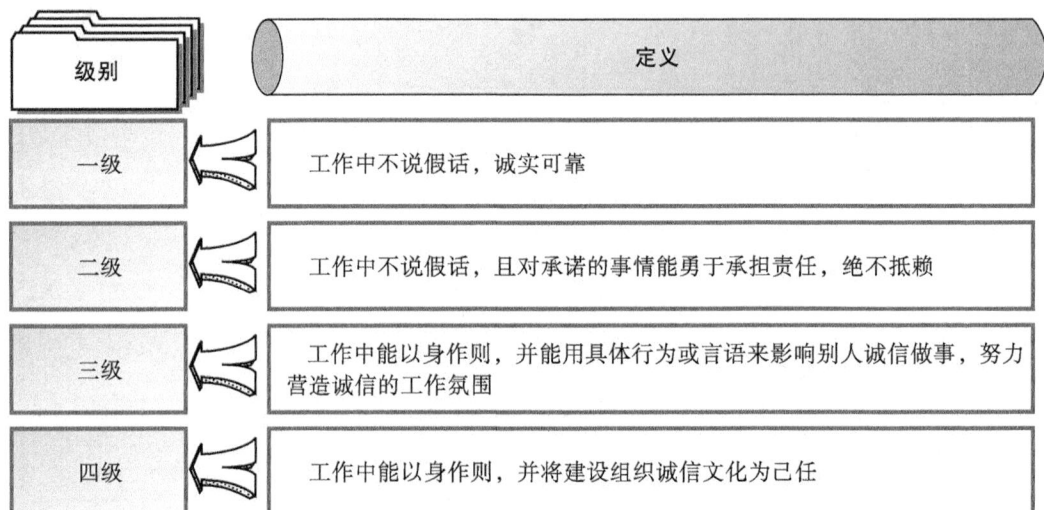

图14-18　诚信层级图

14.1.2 胜任素质模型开发的方法

组织建立胜任素质模型需要借助不同的方法，常见的开发胜任素质模型的方法如表14-3所示。

表14-3 胜任素质模型开发方法汇总表

方法名称	操作说明	特点
行为事件访谈法	1. 让访谈者描述最成功和最不成功的三件事，详细陈述事件发生的背景、过程、结果、经验和教训 2. 对访谈内容进行分析，确定访谈者所表现出来的胜任特征	有充实的行为数据来支撑胜任素质模型的有效性，可以针对收集到的行为数据进行多方面的分析，但是，由于参加人员有限，会造成样本量不足，影响分析结果
标杆研究法	1. 收集并分析研究其他同行业或类似企业的胜任素质模型 2. 通过小组讨论或研讨会的方式，从中挑选适用于本企业的素质，形成胜任素质模型	所建立的胜任素质模型具有广泛的适用性，可参考性高，所有的素质经过分析、比较和研究，可操作性强，但是，由于共性过多，缺乏自己的特征，没有本企业的数据来支撑胜任素质模型的有效性和适用性
战略导向法	1. 根据企业的战略进行逐步分解 2. 通过小组讨论或研讨会的方式得出针对某类员工的关键素质，并形成每个素质的定义和层次	该方法能体现出未来战略的导向性和牵引性，比较符合企业的现状，可以集中反映战略对人员的要求，但是，缺乏实际的行为数据来支持该模型，容易受到建模人个人想法的影响
调查问卷法	1. 通过标准化、结构化的问卷形式来收集工作信息 2. 表现一般的工作行为、工作条件和职位特征 3. 包含信息输入、脑力劳动、工作输出、与其他人的关系、工作环境和其他工作特征六类要素	从普通的工作行为角度来描述工作是如何完成的，花费较少，所需时间也较少，适用于公关部门职位胜任素质模型的建立

14.1.3　胜任素质模型应用的范围

胜任素质模型能够用于招聘、培训、薪酬、绩效考核和企业并购重组等工作中，具体内容如图14-19所示。

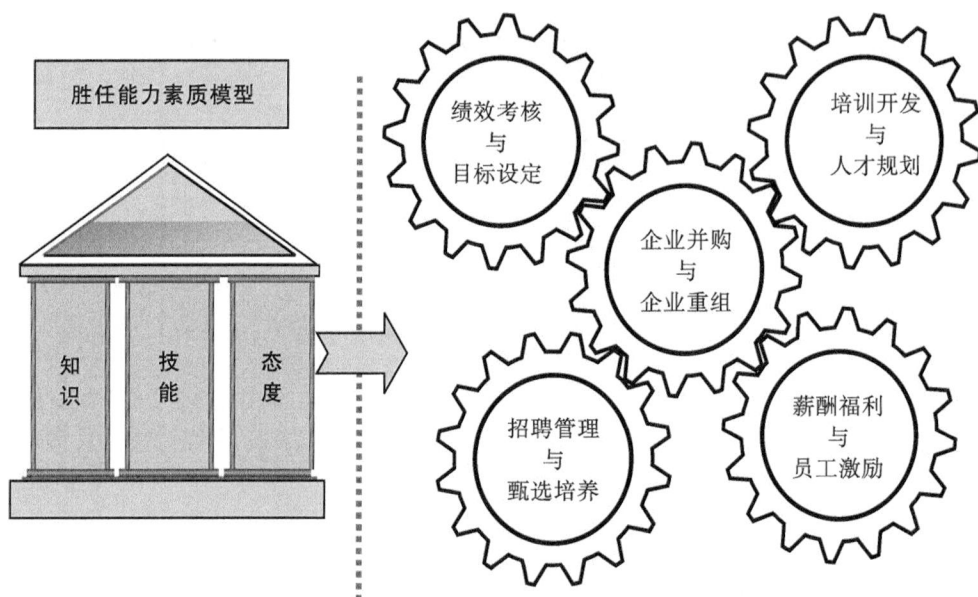

图14-19　胜任素质模型应用的范围

14.1.4　胜任素质模型构建的案例

下面是××公司销售经理胜任素质模型的构建案例，供读者参考。

××公司销售经理胜任素质模型的构建

1. 初步确定胜任素质指标

通过访谈法、问卷调查、历史资料查找等方法，分析并汇总，逐条讨论，合并相似的指标，并检查胜任素质是否完整。最终初步得出24项胜任素质指标，如下表所示。

（续）

销售经理胜任素质指标初步列表

胜任素质指标	胜任素质指标	胜任素质指标	胜任素质指标
销售专业知识	性格外向性	团队建设和协作能力	创新能力
产品专业知识	灵活性和适应性	果断决策能力	人际关系营造能力
成本收益意识	销售策划能力	领导指挥能力	说服沟通能力
销售技能	自信心	危机处理能力	个人影响力
信息调查与收集能力	思维分析能力	组织计划能力	客户服务倾向
职业兴趣取向	书面交流能力	时间管理能力	承受压力能力

2. 将胜任素质指标归类

将上述24项素质按个人内在素质、人际关系能力、组织管理能力分类，并调查各个指标的相对重要性，以便确定需要重点测评的素质。下表是分类后的素质构成情况及重要程度调查表。

初步胜任素质分类及重要程度调查表

填表说明：按各个指标对地区销售经理胜任工作的重要性进行打分，采用十分制："1~5分"表示"一般重要"，"6~8分"表示"比较重要"，"9~10分"表示"非常重要"。

测评维度	胜任素质指标	重要程度调查评分		
		1~5分	6~8分	9~10分
知识素质	销售专业知识			
	产品专业知识			
	成本收益意识			
心理素质	职业兴趣取向			
	性格外向性			
	灵活性和适应性			
	自信心			
	思维分析能力			
	承受压力能力			
	创新能力			

（续）

（续表）

测评维度	胜任素质指标	重要程度调查评分		
		1~5分	6~8分	9~10分
专业技能	信息调查与收集能力			
	销售技能			
	时间管理能力			
人际沟通能力	书面交流能力			
	人际关系营造能力			
	说服沟通能力			
	个人影响力			
	客户服务倾向			
组织管理能力	团队建设和协作能力			
	果断决策能力			
	领导指挥能力			
	危机处理能力			
	组织计划能力			

统计、分析、调整所获得的数据，取分数最高的八项素质作为素质测评的最终胜任素质，并对八项素质的行为进行分级定义，如下表所示。

销售经理胜任素质指标的分级定义表

胜任素质指标	级别	测评得分	各级别的行为定义
组织计划能力	较弱	1	能够调动组织成员的积极性，相互启发补充；懂得运用工作进度表
	中等	2	善于发挥团队作用，能够发现并运用他人的优点；善于运用工作进度表、考核表等工具安排工作计划

胜任素质指标	级别	测评得分	各级别的行为定义
组织计划能力	熟练	3	有目标、系统化地协调工作，能够为自己和下属拟订必要的工作计划，有计划地运用材料和资源；擅长组织和安排各种活动，协调活动中人与人之间的关系
	出色	4～5	根据工作要求和现有资源制订出合理的工作计划，对工作的优先顺序做出准确判断和安排；考虑各种可能出现的危险和问题，制定工作考察表、工作进度表，并严格执行
说服沟通能力	较弱	1	观点鲜明，能清楚表达自己的立场，阐述的内容有一定的针对性
	中等	2	论证严密，通过有力的辩驳维护自己的观点，并能把握适度让步和坚持己见之间的分寸
	熟练	3	能够以理服人并接受合理的建议，善于理解他人的建议与意见
	出色	4～5	能够坚定不移地维护自己正确的观点，能够处理一对多的辩驳
人际关系营造能力	较弱	1	维持正式的工作关系，偶尔在工作中开始非正式的关系
	中等	2	在工作中与同事、顾客进行非正式地接触，刻意地建立融洽关系
	熟练	3	在工作之外的俱乐部、餐厅等地与同事、顾客进行接触，与同事、顾客进行相互的家庭拜访
	出色	4～5	与同事、顾客变成亲密的私人朋友，并能对人际资源进行归类管理、开发运作，能利用私人友谊扩展业务

（续表）

胜任素质指标	级别	测评得分	各级别的行为定义
团队建设和协作能力	较弱	1	运用复杂的策略提升团队的士气和绩效；以公正的态度运用职权
	中等	2	保护组织的声誉；取得组织所需的人员、资源、信息；确保组织的实际需要得到满足
	熟练	3	将自己定位为领导者；确保他人接受领导的任务、目标、计划、趋势、政策；树立榜样，确保完成组织任务
	出色	4～5	能拥有真实的号召力，提出令人折服的远见，激发下属对团队使命的兴奋、热情和承诺
思维分析能力	较弱	1	能够进行因果关系分析，发现问题的基本关系，确定需要执行的活动的先后顺序
	中等	2	能把复杂的问题、过程或项目进行系统分析，化繁为简；能够把资料中大量的信息有条理地归类，为决策提供参考
	熟练	3	会考虑讨论问题的各个方面之间的联系；能识别出问题产生的若干个原因，并分析相应的对策及可能的结果
	出色	4～5	在两难性问题的讨论中，将正反两方的优缺点分析得很透彻，能抓住问题的实质；能预见性地分析各种可能出现的问题，并寻找出最佳解决策略
果断决策能力	较弱	1	对存在的问题有一定的理解，能够分析正反两个方面的结果；在他人的帮助下，能对情况做进一步的分析
	中等	2	能较全面地分析问题，能够分析决策的各种结果；能够提一些建议供他人参考
	熟练	3	能够运用决策的原则，客观地分析存在的问题，并采取措施；积极地与他人探讨，提出合理建议，为组织提供有力的支持
	出色	4～5	善于根据具体情况进行正确地判断和果断地决策，对组织在关键问题上的发展方向有导向性的价值

(续)

(续表)

胜任素质指标	级别	测评得分	各级别的行为定义
客户服务倾向	较弱	1	为客户着想，使事情变得更完美，表达对客户的正面期待
	中等	2	收集有关客户的真正需求，找出符合其需求的产品或服务，并让顾客随时能找到自己
	熟练	3	重视组织的长期效益，以长远的战略眼光解决客户的问题；站在客户的角度思考，并做出短期内对组织不利长期内实则有利的决策
	出色	4~5	客户信赖的顾问：依照客户的需要和问题，提出有独特见解的意见；深入参与到客户的决策过程中，指导客户如何面对艰难的问题
成本收益意识	一般	1~2	有一定的成本意识，但未采取措施控制成本
	中等	3~4	掌握一定的财务知识，有控制成本的意识，并运用于管理过程中
	熟练	4~5	熟练运用自己掌握的财务知识，采取措施控制成本，从投入、产出的角度来处理销售业务、管理各个业务部门

14.2 胜任素质模型与培训体系设计

14.2.1 基于胜任素质的培训流程

基于胜任素质的培训流程如图 14-20 所示。

1.构建基于胜任素质的培训体系

2.组织进行基于胜任素质的培训需求分析

3.构建基于胜任素质的培训课程体系

4.自行进行课程开发与设计，或采购外部合适的课程

5.组织进行课程试讲、评估，不断完善课程内容

6.培训部门组织实施基于胜任素质的培训

7.运用合适的评估方法和手段，对培训效果进行检测与评定

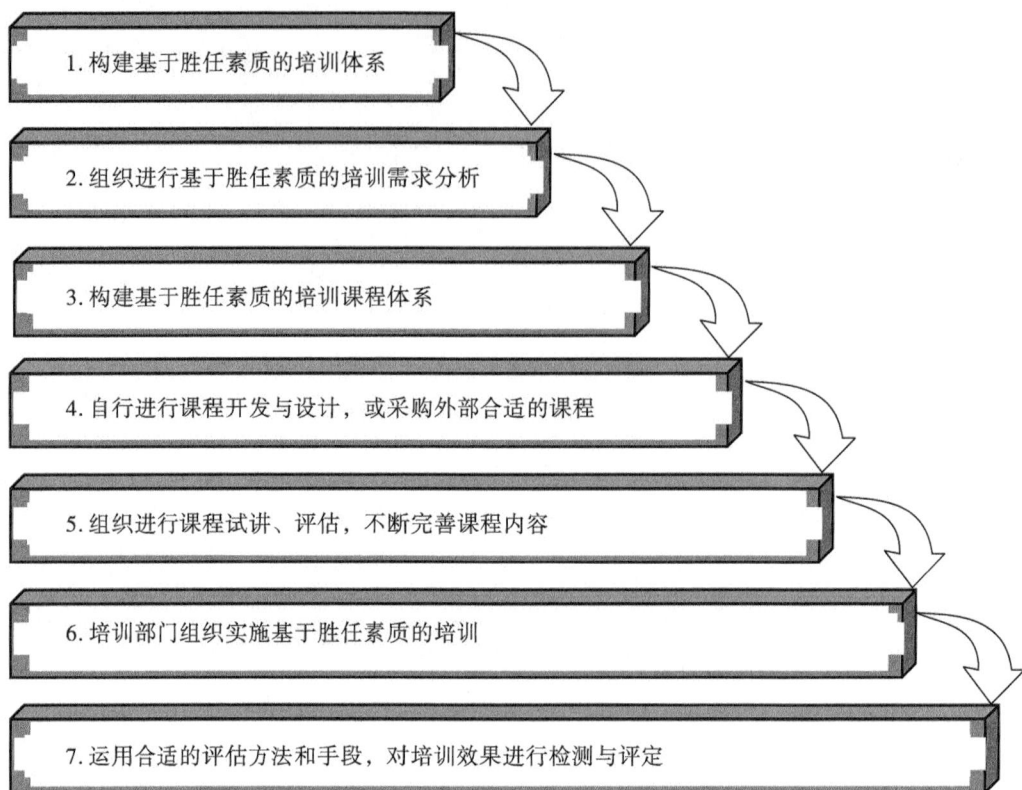

图14-20 基于胜任素质的培训流程

14.2.2 基于胜任素质的培训需求

组织实施培训是为了帮助员工弥补自身不足，提高岗位胜任能力，从而使其达到岗位要求。培训的首要环节是科学、合理地分析员工的培训需求，只有结合员工和岗位的实际培训需求才能制定出有针对性的培训规划。

1. 基于胜任素质的培训需求分类

基于胜任素质的培训需求主要包括以下四类，具体如图 14-21 所示。

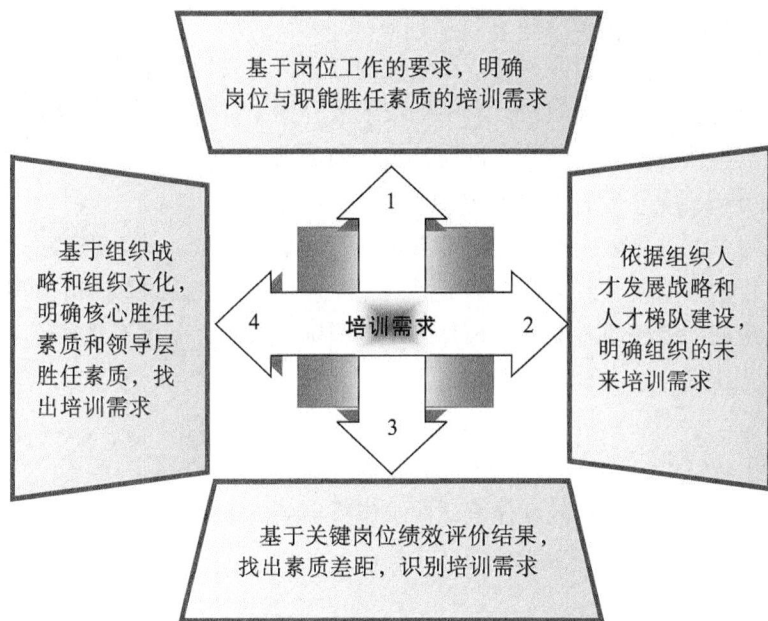

图14-21 基于胜任素质的培训需求

2. 基于胜任素质的培训需求分析步骤

基于胜任素质的培训需求分析步骤如图14-22所示。

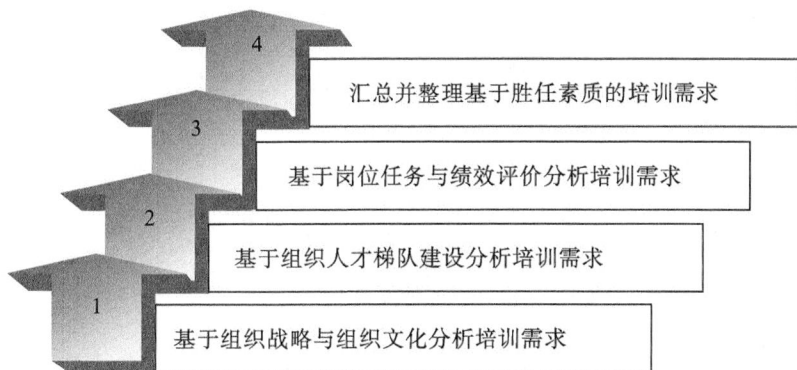

图14-22 基于胜任素质的培训需求分析步骤

（1）基于组织战略与组织文化分析培训需求

培训部门应从组织战略和组织文化入手，通过对组织的主要决策者、管理者以及部分核心员工进行调查，分析领导层、管理层所需要的胜任素质以及员工的核心胜任素质。

（2）基于组织人才梯队建设分析培训需求

从组织人才梯队建设的现状出发，分析组织未来的培训需求。

（3）基于岗位任务与绩效评价分析培训需求

通过对各岗位序列员工的调查分析岗位关键任务，从关键反推关键素质，从而分析培训需求。通过分析员工的绩效现状，对照期望绩效，找出绩效差距，并从知识、技能、行为入手，分析产生绩效差距的原因，进而找出培训需求。

（4）汇总并整理基于胜任素质的培训需求

经过培训需求调查之后，需要对培训需求进行汇总与整理。培训部门将所有的培训需求进行统计分析，根据权重及被选次数汇总到相应表单中。在汇总结果的基础上，结合组织已经做过的培训，根据现有资源和预算进一步明确各层级、各序列的培训需求，并以此为基础制订年度培训计划和长远培训规划。

3. 基于胜任素质的培训需求分析实例

组织应结合员工所在岗位的胜任素质要求进行培训需求分析。基于胜任素质的某岗位员工的培训需求分析如图14-23所示。

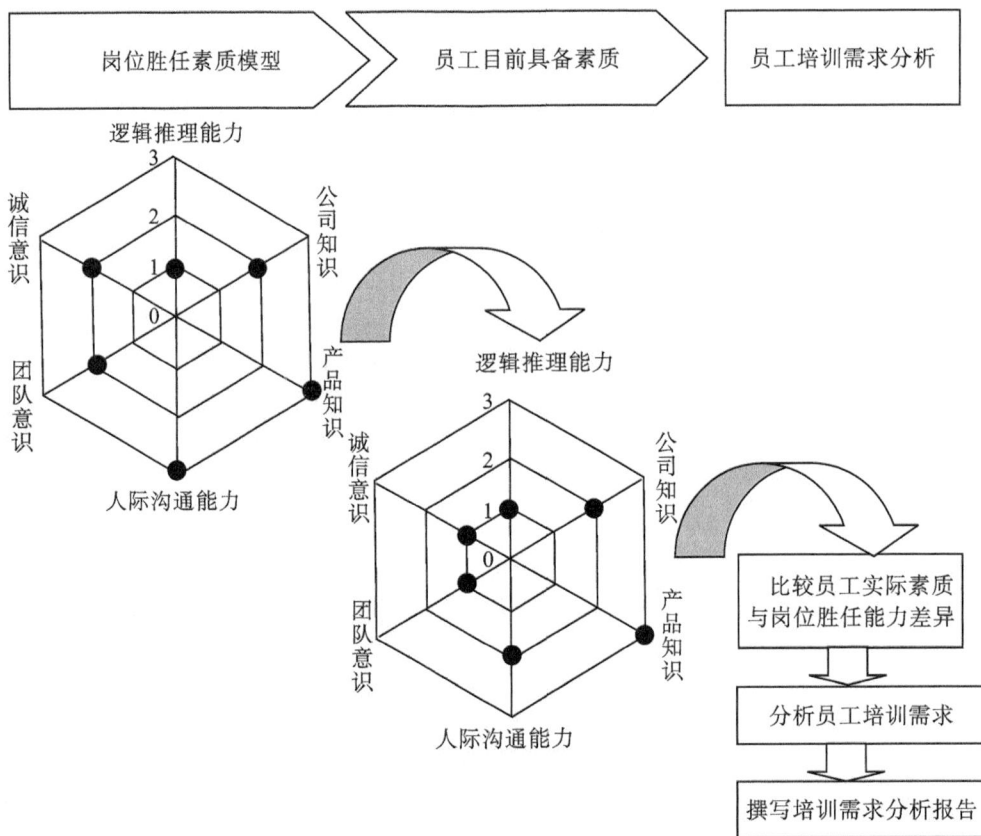

图14-23　基于胜任素质模型的员工培训需求分析实例

14.2.3 基于胜任素质的课程开发

1. 基于胜任素质的课程开发模型

课程是所需培训的知识、技能、态度的载体，只有开发与培训需求完成匹配的课程，才能真正满足培训需求。最有效的课程是根据组织培训需求进行开发的课程。组织可以借助课程开发模型，结合组织的实际情况和培训需求，设计体现组织需求与个性的课程。

基于胜任素质的课程开发模型如图 14-24 所示。

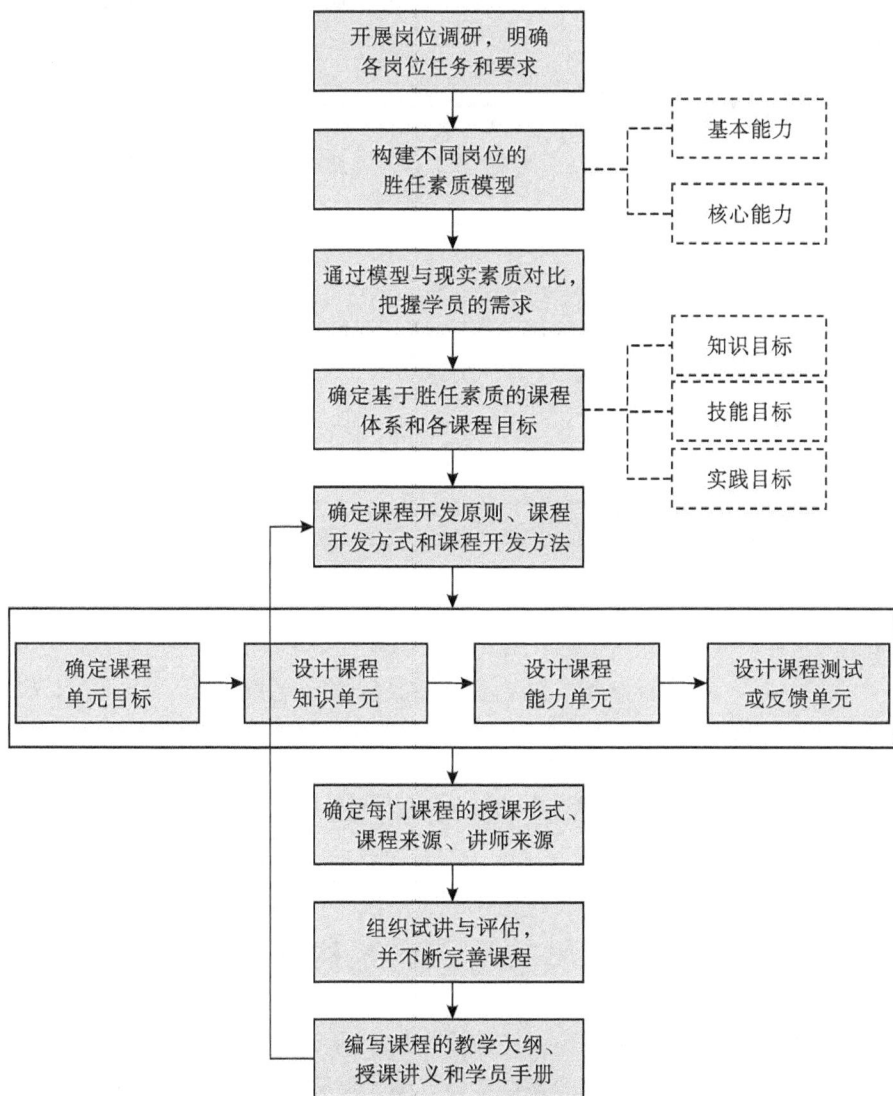

图 14-24　基于胜任素质的课程开发模型

2. 基于胜任素质的课程开发步骤

基于胜任素质的课程开发步骤如图 14-25 所示。

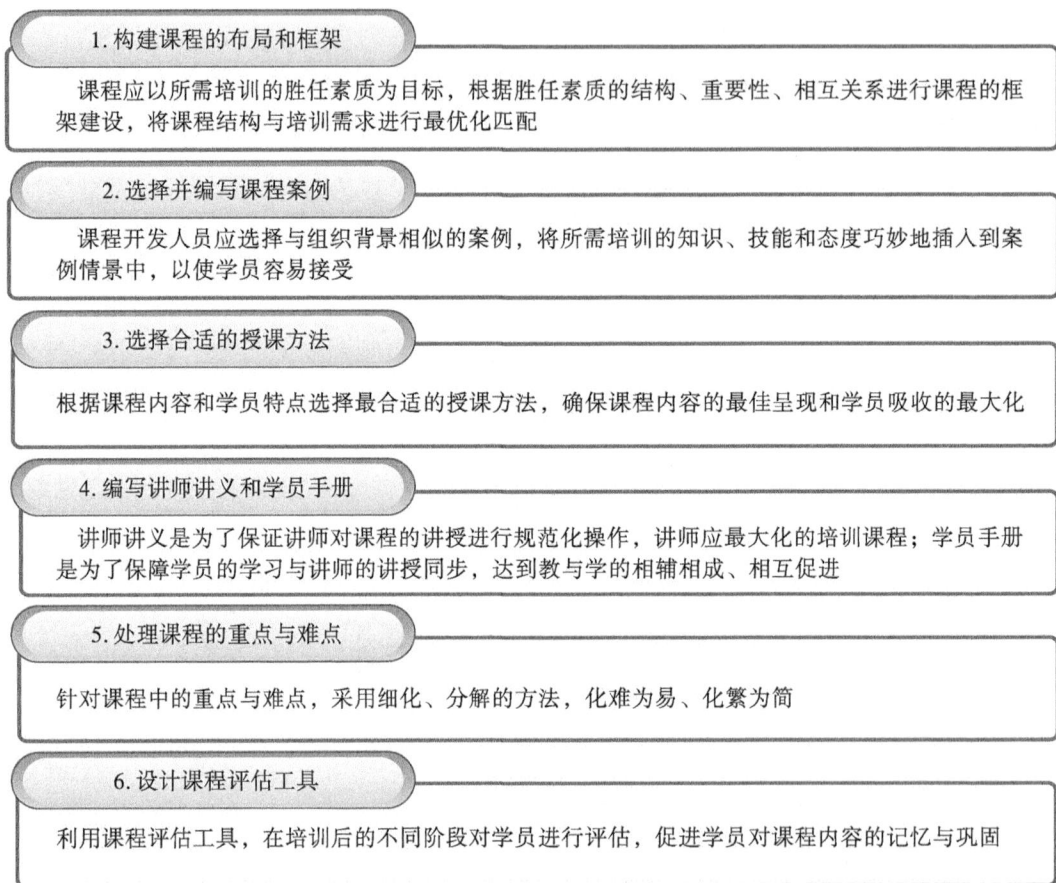

1.构建课程的布局和框架

课程应以所需培训的胜任素质为目标，根据胜任素质的结构、重要性、相互关系进行课程的框架建设，将课程结构与培训需求进行最优化匹配

2.选择并编写课程案例

课程开发人员应选择与组织背景相似的案例，将所需培训的知识、技能和态度巧妙地插入到案例情景中，以使学员容易接受

3.选择合适的授课方法

根据课程内容和学员特点选择最合适的授课方法，确保课程内容的最佳呈现和学员吸收的最大化

4.编写讲师讲义和学员手册

讲师讲义是为了保证讲师对课程的讲授进行规范化操作，讲师应最大化的培训课程；学员手册是为了保障学员的学习与讲师的讲授同步，达到教与学的相辅相成、相互促进

5.处理课程的重点与难点

针对课程中的重点与难点，采用细化、分解的方法，化难为易、化繁为简

6.设计课程评估工具

利用课程评估工具，在培训后的不同阶段对学员进行评估，促进学员对课程内容的记忆与巩固

图 14-25　基于胜任素质的课程开发步骤

14.3　基于胜任素质的培训模型和案例

14.3.1　基于胜任素质的培训体系建设模型

基于胜任素质模型的培训体系不仅能够发现员工的不足，有针对性地培养员工的核心技能，使培训有的放矢，开发员工的潜在素质，激发并强化员工的优势与潜能，还能够为组织储备具备核心能力素质的人才。基于胜任素质的培训体系建设模型如图 14-26 所示。

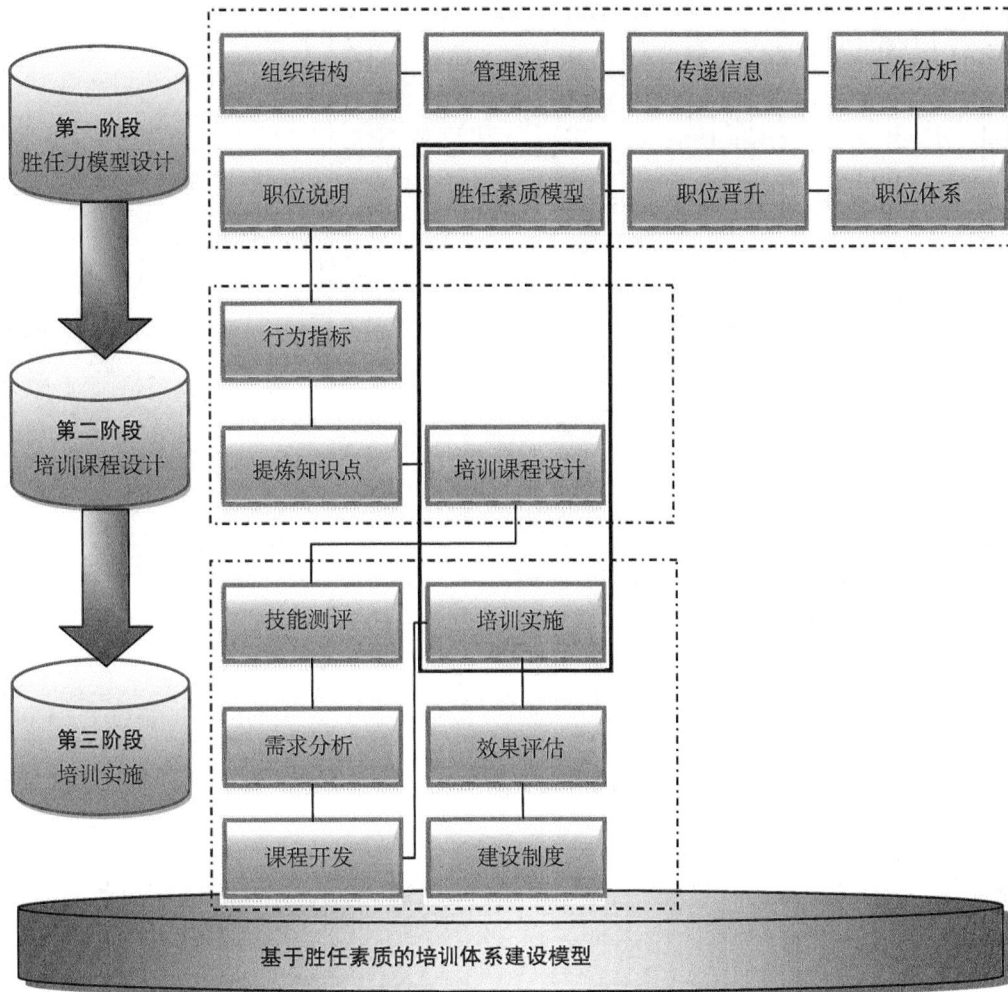

图 14-26 基于胜任素质的培训体系建设模型

14.3.2 基于胜任素质的培训体系建设案例

下面以××公司基于胜任素质的晋升、培训体系建设为例，阐述基于胜任素质的培训体系建设，供读者参考。具体如图 14-27 所示。

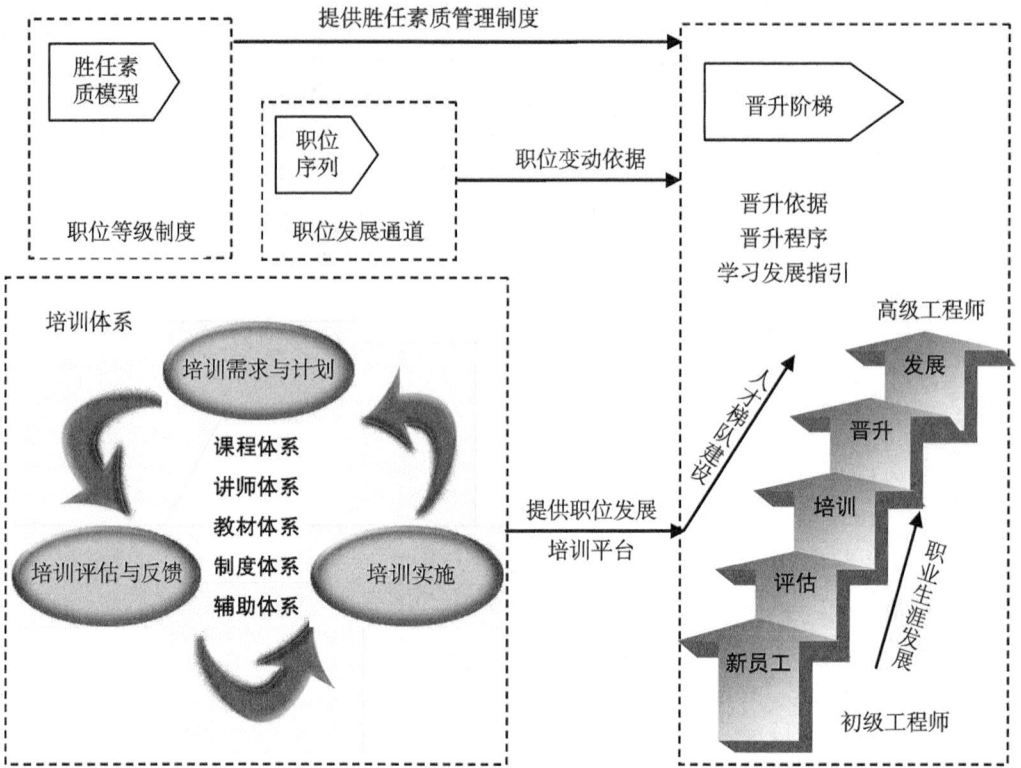

图 14-27　基于胜任素质的培训体系建设案例

第 15 章

基于岗位的培训体系建设

15.1 技术岗位培训体系建设

15.1.1 技术岗位人员培训的特点

技术岗位人员培训的特点是在综合考虑技术岗位职业特点和技术人员个性特点的基础上分析得出的，具体内容如图 15-1 所示。

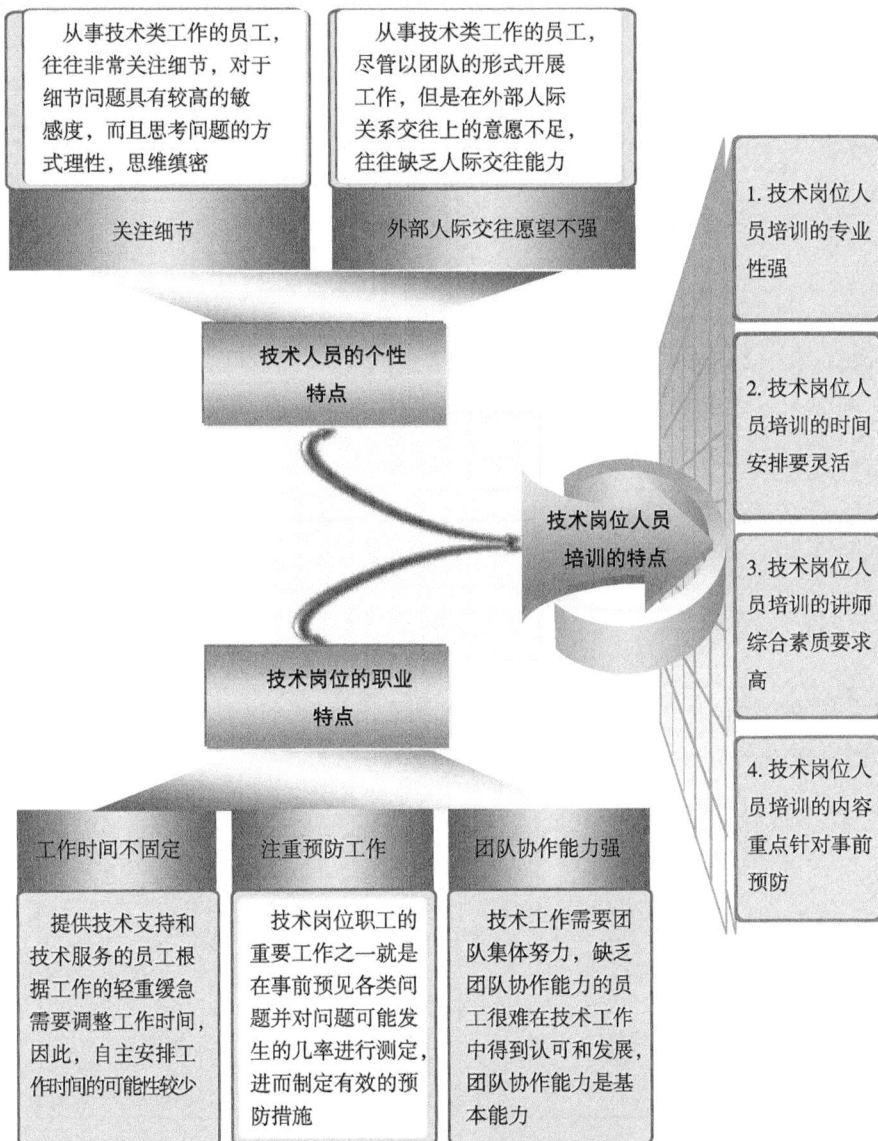

图 15-1 技术岗位人员培训的特点

15.1.2 技术岗位人员培训的方式

一般来说，常用的技术人员培训方式主要包括普通授课、工作指导、安全研讨、录像、多媒体教学、认证培训等，其具体操作和运用如表 15-1 所示。

表 15-1 技术人员培训常用方法

培训方式	操作介绍	适用范围
面授	1. 由技术专家或经验丰富的技术人员讲解相关知识 2. 应用广泛、费用低，能增加受训人员的实用知识 3. 单向沟通，受训人员参加讨论的机会较少	企业及产品知识、技术原理、心态及职业素养培训
工作指导	1. 由人力资源部经理指定指导专员对受训人员进行一对一指导 2. 受训人员在工作过程中学习技术和运用技术	操作流程、专业技术技能培训
安全研讨	1. 由生产安全、信息安全管理者主持，受训人员参与讨论 2. 双向沟通，有利于掌握"安全"的重要性和相关规定	安全生产、操作标准培训
认证培训	1. 以业余进修方式，参加函授班的学习 2. 培训结束后参加考试，合格者获得证书 3. 避免步入误区——仅仅为了获得证书而参加培训	专业技能培训
录像、多媒体教学	1. 将生产过程录下来，供受训人员学习和研究 2. 间接的现场式教学，节省了指导专员的时间	操作标准及工艺流程培训

15.1.3 技术人员的培训体系设计

技术人员的培训体系可以分为技术人员培训需求分析、技术人员培训课程设置、技术人员培训制度保障三个部分，具体如图 15-2 所示。

图 15-2 技术人员的培训体系

1. 技术人员的培训需求分析

（1）技术人员的培训需求分析内容

技术人员的培训需求分析内容如图15-3所示。

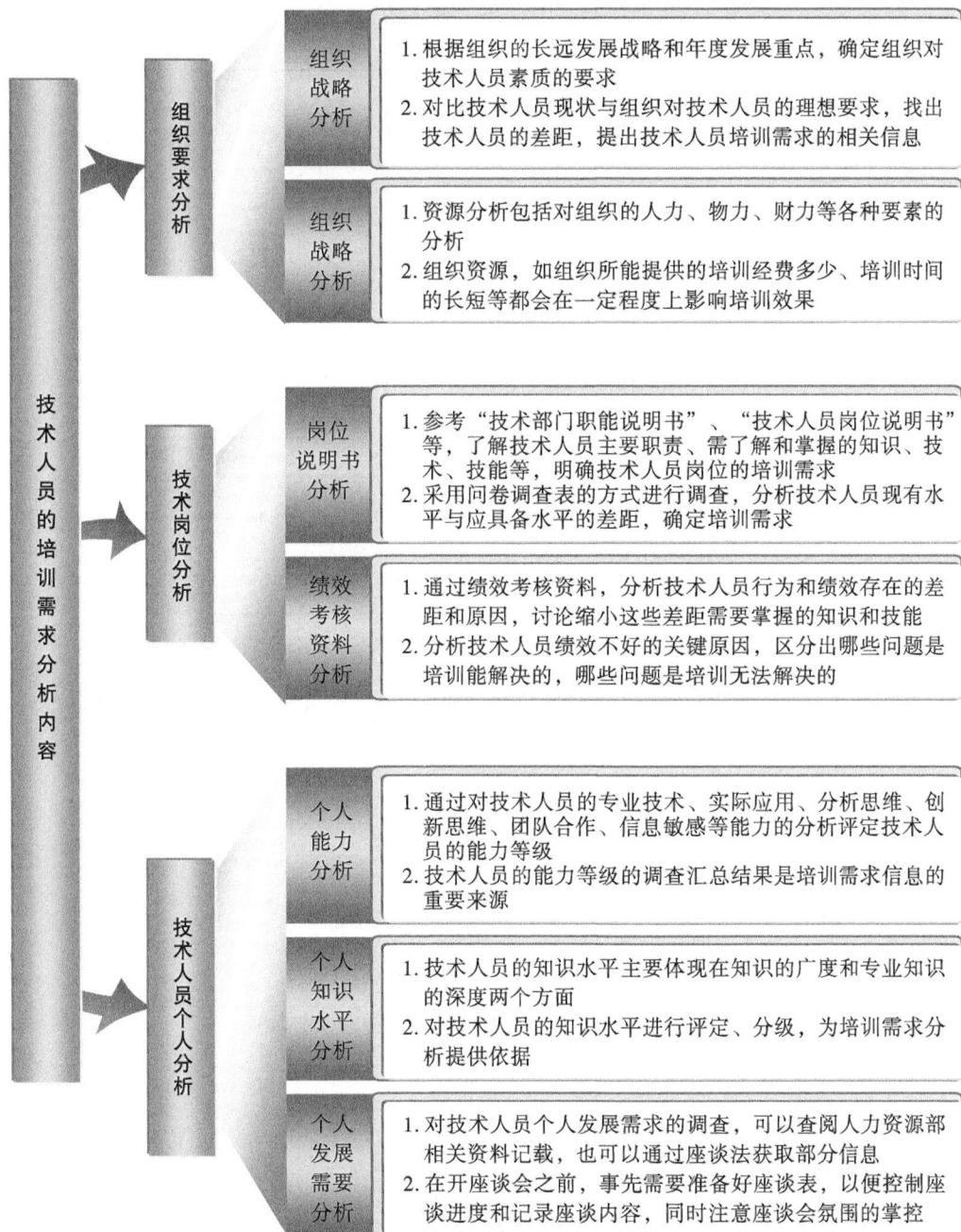

图15-3 技术人员的培训需求分析内容

组织要求分析

组织战略分析
1. 根据组织的长远发展战略和年度发展重点，确定组织对技术人员素质的要求
2. 对比技术人员现状与组织对技术人员的理想要求，找出技术人员的差距，提出技术人员培训需求的相关信息

组织战略分析
1. 资源分析包括对组织的人力、物力、财力等各种要素的分析
2. 组织资源，如组织所能提供的培训经费多少、培训时间的长短等都会在一定程度上影响培训效果

技术岗位分析

岗位说明书分析
1. 参考"技术部门职能说明书"、"技术人员岗位说明书"等，了解技术人员主要职责、需了解和掌握的知识、技术、技能等，明确技术人员岗位的培训需求
2. 采用问卷调查表的方式进行调查，分析技术人员现有水平与应具备水平的差距，确定培训需求

绩效考核资料分析
1. 通过绩效考核资料，分析技术人员行为和绩效存在的差距和原因，讨论缩小这些差距需要掌握的知识和技能
2. 分析技术人员绩效不好的关键原因，区分出哪些问题是培训能解决的，哪些问题是培训无法解决的

技术人员个人分析

个人能力分析
1. 通过对技术人员的专业技术、实际应用、分析思维、创新思维、团队合作、信息敏感等能力的分析评定技术人员的能力等级
2. 技术人员的能力等级的调查汇总结果是培训需求信息的重要来源

个人知识水平分析
1. 技术人员的知识水平主要体现在知识的广度和专业知识的深度两个方面
2. 对技术人员的知识水平进行评定、分级，为培训需求分析提供依据

个人发展需要分析
1. 对技术人员个人发展需求的调查，可以查阅人力资源部相关资料记载，也可以通过座谈法获取部分信息
2. 在开座谈会之前，事先需要准备好座谈表，以便控制座谈进度和记录座谈内容，同时注意座谈会氛围的掌控

（2）技术人员的培训需求分析流程

技术人员的培训需求分析流程如图15-4所示。

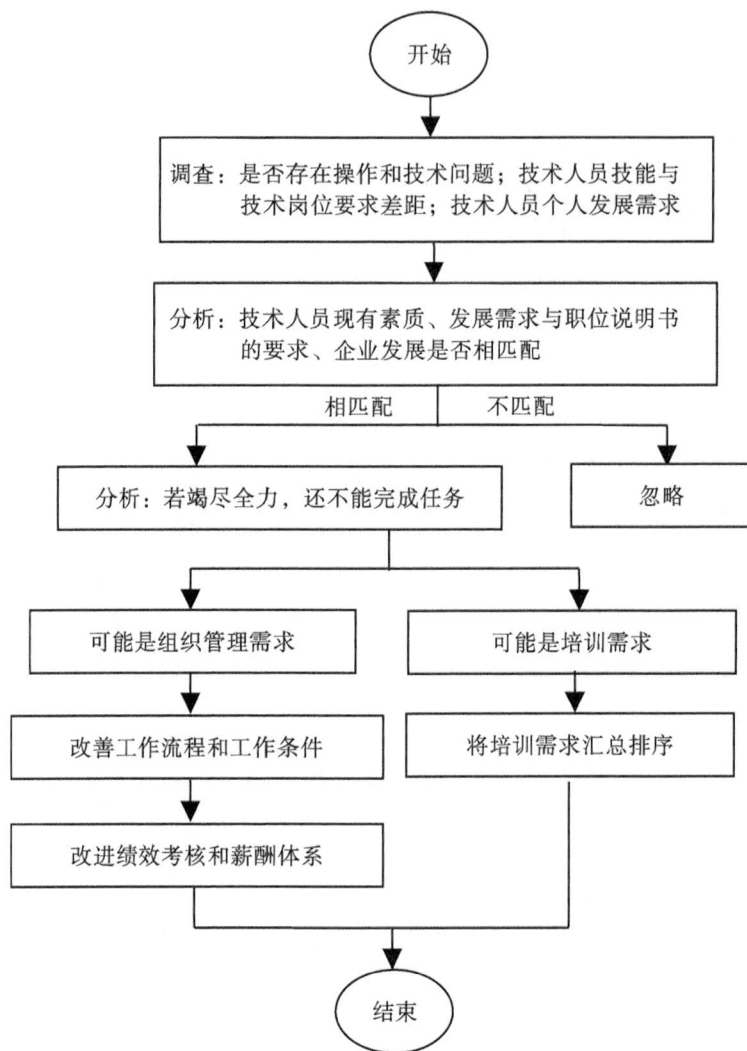

图15-4　技术人员的培训需求分析流程

2. 技术人员的培训课程设置

技术人员的培训课程主要分为企业文化、专业知识技能、岗位内容以及自我培训四大类内容，具体如图15-5所示。

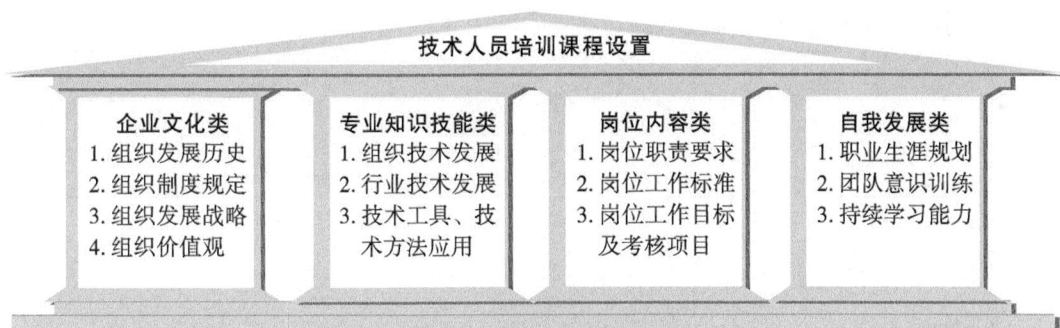

图 15-5　技术人员培训课程设置

3. 技术人员的培训制度保障

技术人员的培训制度保障主要是建立技术人员培训管理制度与实施系统。技术人员培训管理制度是对组织内部技术人员培训具体实施内容和过程进行规范化运作的规定，以保证技术人员培训的顺利实施。

（1）技术人员培训管理制度规范的内容

技术人员培训管理制度规范的内容如图 15-6 所示。

规范的内容	相关说明
培训程序	明确技术人员培训实施的具体程序，规范公司培训部的培训实施过程
培训计划	明确技术人员培训计划的内容，为制订技术人员培训计划提供制度依据
培训时间	明确公司技术人员培训开展的具体时间，以及培训时间确定的考虑因素
培训内容	明确公司进行技术人员培训的内容范围，为培训课程设置提供参考依据
培训方式	提供部分常用的技术人员培训方式以供参考
培训地点	规定技术人员培训实施地点的选择范围，为确定培训地点提供制度支持
培训讲师	规定技术人员培训讲师的选择依据，规范培训讲师的选择

图 15-6　技术人员培训管理制度应规范的内容

（2）技术人员培训管理制度示例

制度名称	××公司技术人员培训管理制度		受控状态	
			编　号	
执行部门		监督部门	考证部门	

第1条　目的

为提高本企业技术人员的技术水平和综合素质，掌握前沿技术，提高技术创新水平，特制定本管理制度。

第2条　技术人员的培训工作程序

1. 调查企业现阶段的技术水平及行业技术水平。

2. 调查技术人员技术现状及需要解决的问题。

3. 分析以上问题并将问题分类。

4. 分析关键技术要素和问题。

5. 制订技术人员培训计划。

6. 设计技术人员培训课程。

7. 确定技术人员培训方式。

8. 按计划实施技术人员培训。

9. 评估技术人员培训效果（培训成效、遗留的问题）。

第3条　技术人员培训计划

1. 技术人员培训计划内容应包括培训目标、培训时间、培训地点、培训方式、培训讲师、培训课程内容等。

2. 制订技术人员培训计划时，应考虑到新进技术人员培训、技术提升培训、技术主管培训等不同人员培训的差异。

第4条　技术人员培训目标的确定

技术人员培训目标是提高技术人员的技术水平和综合素质，具体体现在以下四个方面。

1. 培养技术人员对企业的信任感和归属感。

2. 训练技术人员工作的方法。

3. 改善技术人员工作的态度。

4. 提高技术水平，打造行业领先地位。

第5条　培训时间的确定

根据实际情况确定培训时间，主要考虑以下四个方面因素。

1. 企业技术复杂情况。企业技术越复杂，培训时间越长。

2. 所属行业技术水平。行业技术水平越高，本企业技术水平与之差距越大，所需培训时间越长。

3. 技术人员技术水平。技术人员技术水平及素质越高，所需的培训时间越短。

4. 企业的管理要求。管理要求越严，培训时间越长。

第6条　培训内容的确定

培训内容因工作需要及技术人员素质而异。总的来说，培训内容包括以下四大方面。

（续）

1. 企业技术概况。包括企业的发展历史、组织结构、技术状况、技术管理、现有技术与行业水平的差距、新技术等。

2. 技术知识。包括主要技术、技巧与操作方法、新技术研究与学习、新产品的研发技术、竞争性产品技术研究、产品生产技术等。

3. 相关法律知识。包括知识产权保护、专利使用、技术保密等相关的法律常识。

4. 技术创新意识。包括新技术的学习，开拓新技术领域的意识。

第7条 培训方式的选择

技术人员培训方式主要有以下五种。

1. 普通授课。

2. 工作指导。

3. 安全研讨。

4. 录像、多媒体教学。

5. 认证式培训。

第8条 培训地点的选择

1. 内部培训地点。采用普通授课、研讨、多媒体及录像教学，培训地点可以是企业内部会议室，也可以是距离企业较近的培训场所；若采用工作指导的方式进行培训，则培训地点就是技术人员的工作岗位。

2. 外部培训地点。若采用认证培训的方式进行培训，培训地点则是专业培训机构的培训教室。

第9条 培训讲师的选择

1. 根据培训内容来选择。专业技术或新技术的培训，需由经验丰富的技术人员、技术总监、相应领域的技术专家来担任培训讲师；公共课和普通励志类培训，可由人力资源部经理或培训机构的专职培训讲师来担任。

2. 根据培训讲师素质来选择。培训讲师需要由相关领域的技术专家或企业的技术总监来担当，同时培训讲师的资历也很重要，其需要熟悉所讲的技术内容以及具有丰富的教学经验，这样才能更好地传授技术。

第10条 技术人员培训的评估

技术人员培训评估管理规定参见公司"培训管理规定"中相关规定。

第11条 技术人员培训费用由培训项目负责人申请，报财务经理和总经理审核，在培训结束后提供各种财务凭证于财务部报销，多退少补。

第12条 本制度由公司培训部制定，其修改、解释权归培训部所有。

第13条 本制度自总经理签发之日起实施。

编制日期		审核日期		批准日期	
修改标记		修改处数		修改日期	

15.2 生产岗位培训体系建设

15.2.1 生产岗位人员培训的特点

生产岗位人员培训的特点如图 15-7 所示。

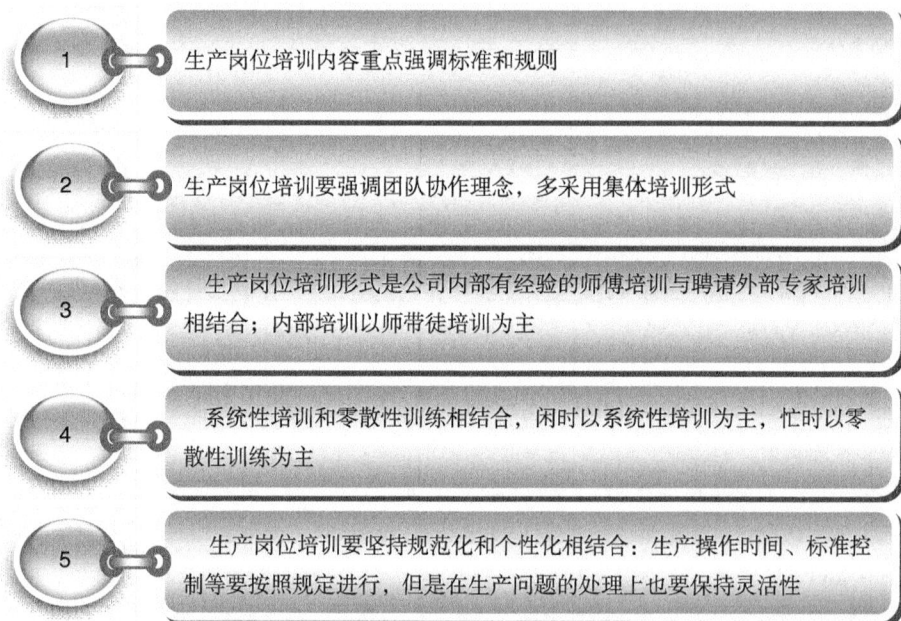

1 生产岗位培训内容重点强调标准和规则

2 生产岗位培训要强调团队协作理念,多采用集体培训形式

3 生产岗位培训形式是公司内部有经验的师傅培训与聘请外部专家培训相结合;内部培训以师带徒培训为主

4 系统性培训和零散性训练相结合,闲时以系统性培训为主,忙时以零散性训练为主

5 生产岗位培训要坚持规范化和个性化相结合:生产操作时间、标准控制等要按照规定进行,但是在生产问题的处理上也要保持灵活性

图 15-7 生产岗位人员培训的特点

15.2.2 生产岗位人员培训的方式

对生产岗位人员进行培训的方法主要包括讲授法、演示法、工作指导、录像与多媒体教学等,其具体的操作介绍和适用范围如表 15-2 所示。

表 15-2　生产岗位人员常用培训方法介绍

培训方法	操作介绍	适用范围
讲授法	1. 由生产专家或者一线生产技术能手讲解生产中的相关知识 2. 费用低，生产人员可接受大量实用知识 3. 单向交流，生产人员与培训讲师的沟通比较少	生产方面的技术原理、知识、标准、质量要求、生产过程中的技巧、生产人员的心态培训及职业素养的培训
演示法	1. 由具有丰富生产经验的培训讲师或生产部门人员在车间边讲解、边演示 2. 耗时长，生产人员可增强培训感受、提高技能	生产过程中具体的技巧与操作规范的展示
工作指导	由岗位技术能手或车间主管对生产人员进行一对一的指导	一般在员工刚进入工作岗位时
录像与多媒体教学	1. 将生产过程录制下来，供受训人员学习、讨论 2. 可播放同行标准的生产过程，供受训人员找出差距 3. 适用范围广，可节省培训时间	操作标准培训、工艺流程培训、质量管理培训、安全教育培训等

15.2.3　生产一线人员培训体系设计

生产一线人员培训体系设计主要包含以下三个方面的内容，具体如图 15-8 所示。

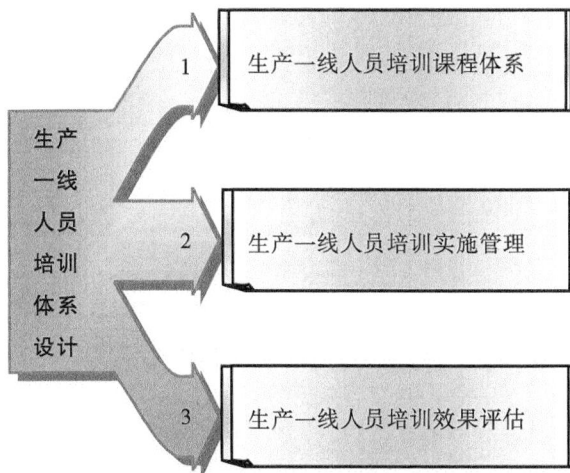

图 15-8　生产一线人员培训体系设计内容

515

1. 生产一线人员培训课程体系

生产一线人员课程体系是根据组织所处的行业特点、生产特点和培训预算，构建起的适合组织生产一线人员的培训课程体系。以××机械配件生产厂为例，生产一线人员的培训课程体系如图15-9所示。

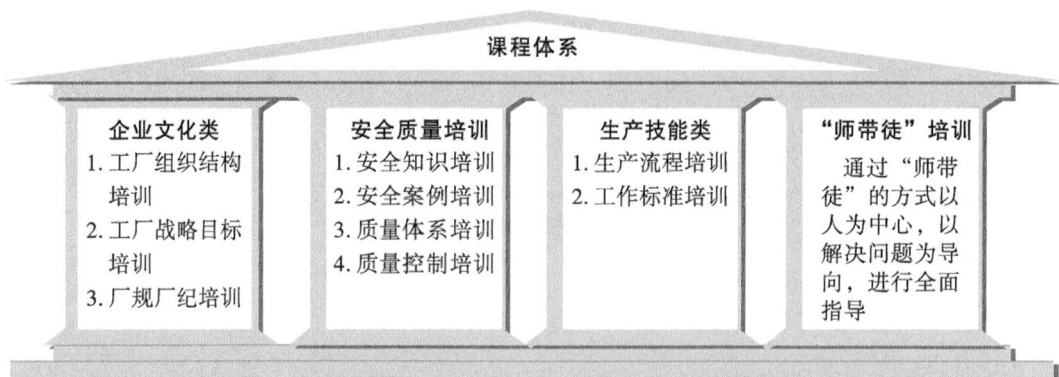

课程体系

企业文化类	安全质量培训	生产技能类	"师带徒"培训
1. 工厂组织结构培训 2. 工厂战略目标培训 3. 厂规厂纪培训	1. 安全知识培训 2. 安全案例培训 3. 质量体系培训 4. 质量控制培训	1. 生产流程培训 2. 工作标准培训	通过"师带徒"的方式以人为中心，以解决问题为导向，进行全面指导

图15-9　××机械配件生产厂生产一线人员培训课程体系示意图

2. 生产一线人员培训实施管理

生产一线人员培训实施包括培训计划制订、培训计划实施两个部分。

（1）培训计划制订

制订培训计划主要就是确定培训预算、培训内容、培训时间、培训地点、培训讲师以及培训方式。

企业在对生产一线人员进行培训时应慎重选择培训时机，否则可能会造成培训效果的降低与资金的浪费。企业应选择性地在适时的情况下对生产一线人员进行培训，具体如图15-10所示。

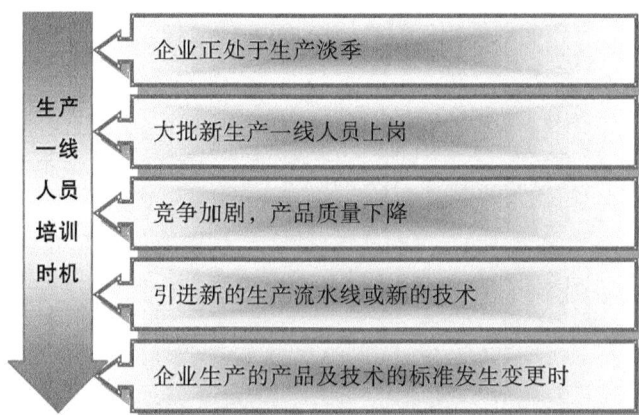

生产一线人员培训时机

- 企业正处于生产淡季
- 大批新生产一线人员上岗
- 竞争加剧，产品质量下降
- 引进新的生产流水线或新的技术
- 企业生产的产品及技术的标准发生变更时

图15-10　生产一线人员培训时机

（2）培训计划的实施

组织在实施培训计划前应制订培训实施计划表并发布培训通知，具体内容如表15-3所示。

表15-3　生产一线人员培训实施计划表

事项安排 时间		具体时间段	地点	事项	主讲人	使用设施、设备
第一天	上午	8：30～9：50	2楼 会议室	受训人员集合 生产总监致词 讲解企业文化	生产总监 人力资源部经理	多媒体
	下午	1：30～3：50	2楼 会议室	讲解行业标准、要求 讲解质量管理	技术部经理	教材、录像
第二天	上午	8：30～9：50	第1车间	讲解现场管理 讲解操作标准与技巧	车间主任	无
	下午	1：30～3：50	第1车间	设备管理 讲解生产中常见问题 的解决办法	技术部主管 技术总监	无
第三天	上午	8：30～9：50	2楼 会议室	讲解安全生产 讲解时间管理	技术部经理 培训主管	录像、 多媒体
	下午	1：30～3：50	2楼 会议室	讲解团队协作 人事经理致词结束培训	培训主管 人力资源部经理	教材

培训通知示例如图15-11所示。

生产一线人员培训通知范例

×× 公司第____期生产一线人员培训通知

各位员工：

欢迎参加第____期生产人员培训！

公司定于____年____月____日至____月____日举行第____期生产一线人员培训，请参加培训的员工务必准时到场。现将培训的具体安排通知如下。

1. 培训课程的时间与地点（见下表）

培训时间与地点说明

培训安排	项目	时间	地点
	签到	08：15～08：30	第1天：公司大楼2楼会议室 第2天：公司生产1车间 第3天：公司大楼2楼会议室
	上课	08：30～09：30	
	课间休息	09：30～09：50	
	上课	09：50～10：50	
	课间休息	10：50～11：10	
	上课	11：10～12：10	
	午间休息	12：10～13：30	
	上课	13：30～14：30	
	课间休息	14：30～15：50	
	上课	15：50～17：00	

2. 培训期间纪律要求

（1）按时上下课，如有特殊原因不能参加或中途离开，必须得到人力资源部经理的批准。

（2）上课时必须保持安静，认真听讲，手机应关机或调至振动。

图 15-11　生产一线人员培训通知范例

3. 生产一线人员培训效果评估

生产一线人员培训效果评估最终需要形成评估报告交至培训部，由培训部根据评估报告内容进行调整。评估报告示例如下所示。

××生产企业一线操作人员培训评估报告

通过今年年初的培训需求调查和分析，人力资源部根据一线操作人员的工作绩效和行为表现，发现在实际的工作中，有不少员工常常出现一些工作方向模糊、岗位环境混乱、技术参差不齐、工序流程不畅等问题。

为进一步提高员工技术水平和工作效率，人力资源部与培训专家一起针对这些问题，进行了有效分析，并结合年度培训计划提出了此次培训方案。并于____月____日在公司报告厅举行了一线技术能力培训，一线操作人员共____人参加了此次培训。

此次培训的实施在员工中引起了较强烈的反响，以下为此次培训的反馈。

一、反应层评估

反应层的评估主要采用的是问卷调查的方法。人力资源部在培训期间共下发培训效果调查问卷一份，培训结束之后，回收____份有效评估问卷，以下为问卷结果统计分析情况。

（一）问卷统计分析结果

1. 对于课程是否符合工作需要的评价（如下表所示）

培训课程是否符合工作需要评价

满意层次	优良	良好	尚可	较差	极差
所占比例	59%	37%	4%	0	0

从上表可以看出，受训人员中有96%的人认为课程较符合工作需要。

2. 针对此次课程内容是否清晰、是否易于理解的评价（如下表所示）

课程内容是否清晰评价表

满意层次	优良	良好	尚可	较差	极差
所占比例	28%	59%	13%	0	0

从上表可以看出，87%的受训人员对课程内容的评价达到"良好"以上。

3. 对讲师是否准备充分的评价（如下表所示）

培训讲师准备是否充分评价

满意层次	优良	良好	尚可	较差	极差
所占比例	38%	47%	15%	0	0

从上表可以看出，85%的受训人员认为培训讲师的准备较为充分。

4. 对此次培训能接触到新观点、新理念和新方法的评价（如下表所示）

培训内容是否新颖的评价

满意层次	优良	良好	尚可	较差	极差
所占比例	38%	50%	12%	0	0

从上表可以看出，88%的受训人员认为此次培训带来了新观点、新理念和新方法。

5. 对此次培训有助于梳理工作思路和工作流程的评价（如下表所示）

培训是否有利于工作的评价

满意层次	有很大帮助	有一些帮助	仅有一点帮助	说不清楚	一点也没有
所占比例	35%	50%	10%	5%	0

如上表所示，85%的受训人员认为本次培训对于梳理工作思路和工作流程均有帮助。

6. 本次培训内容在工作中运用的机会（如下表所示）

培训内容在工作中运用的机会

满意层次	有很多机会	有机会	说不清楚	一点也没有
所占比例	30%	63%	7%	0

如上表所示，93%的受训人员认为培训内容在工作中都有机会加以运用。

（二）小结

本次评估调查的基本满意度达到85%及以上，85%以上的受训人员对此次培训给予了良好的评价。培训内容与受训人员的工作密切结合成为本次培训的亮点。

二、学习层评估

学习层的评估内容主要是学员掌握了多少知识和技能，记住了多少课堂讲授的内容。因此，人力资源部根据课程内容设计了笔试和实践操作两种考核方式，并对考试结果进行了认真的评判，考核成绩如下表所示。

一线操作人员培训成绩表

考试成绩	0~60	60~70	70~80	80~90	90~100
所占比例	2%	14%	22%	57%	5%

在此次考试中，98%的学员都达到及格水平，其中，有63%的学员达到良好（80分以上）水平；只有2%的学员没有达到60分的及格标准。根据培训制度，没有及格的员工在一周后重新进行学习和补考，并且全部得以通过考试。

三、行为层评估

对于生产流程和操作规范的培训效果评估，人力资源部采取观察的方式进行。下表是本次培训的观察记录。

培训效果观察记录表

培训课程	增进个人技术、提高工作效率		培训日期	＿＿＿年＿＿＿月＿＿＿日
观察对象	受训人员的全部工作过程		观察记录员	＿＿＿＿＿＿＿
项目	具体内容			
观察到的现象	培训前	1. 工作岗位环境脏乱，地面丢弃物和成品不分，有个别烟头出现		
		2. 操作工具乱丢乱弃，经常无序摆放		
		3. 工作流程无序，前后衔接不流畅，许多工作有头无尾		
	培训后	1. 工作岗位环境得到改善，地面丢弃物和成品摆放到位，无烟头出现		
		2. 操作工具合理归位，摆放符合培训内容要求		
		3. 工作流程基本理顺，工作衔接流畅到位，操作程序完整有序		
结论	1. 工作环境和工作面貌得到改善和加强，工作效率有了很大提高			
	2. 应当继续开展一系列的技术职称培训，以巩固这种工作状态			

四、效益层评估

效益层评估在培训两个月后进行，主要利用一线操作人员受训后劳动效率和生产质量的提高来间接说明培训所带来的经济效益。以下是本次培训成本和收益的分析对比。

（一）成本分析

本次培训所产生的成本如下表所示。

培训成本分析表

成本构成	具体名目	金额（单位：元）
直接费用	培训讲师费用（包括授课费、交通、食宿等费用）	3 000
	培训资料购买费用（打印复印、教材购买）	500
	培训场地、设备器材租金（企业内进行）	0
	其他杂费（矿泉水、水费、电费）	600

（续表）

成本构成	具体名目	金额（单位：元）
间接成本	培训组织人员的时间成本（小时工资水平×所耗时间）	1 000
	受训一线人员的时间成本（小时工资水平×所耗时间）	5 000
	上级给予支持的时间成本（小时工资水平×所耗时间）	2 000
总成本		12 100

（二）收益分析

该企业生产车间的日产量为1 000个。培训前，生产过程中经常出现以下两个问题：一是每天生产的8%的电子因性能不符合要求而报废；二是工人怠工情绪比较严重，迟到、早退现象比较严重。而经过培训，一线人员迟到、早退现象有所好转，日产量增加了100个；工作态度明显改善，废品率下降了2%。

下表简单分析了此项培训的收益。

一线人员培训收益分析表

生产成果	衡量指标	培训前	培训后	改善成绩	年收益（按250个生产日，电子单价为6元）
产量	生产率（日产量）	1 000个	1 100个	每天多生产产品100个	$100×250×6=150\,000$元
质量	废品率（日废品量）	$1\,000×8\%$（即80个/天）	$1100×(8\%-2\%)$（即66个/天）	每天少生产废品12个	$12×250×6=18\,000$元

（三）投资收益率计算

在不考虑间接收益和培训效益发挥年限的情况下，来计算其投资收益率。

即为（150 000 + 18 000）÷12 100 = 13.88，可得出，此次培训的投入产出比为1∶13.88。

五、培训总结

此次培训是非常有针对性的训练，对提高一线操作人员的工作技能和工作绩效有很大的促进作用。通过分析，有两点事项值得注意。

（一）表现突出的内容

1. 课程内容针对性较强，与工作的结合度较高，难度适中。多数知识点需要学员结合实际工作的具体情景才能更好地理解和运用，所以培训后的回顾和应用对培训效果有直接影响。

2. 学员反响比较好，大部分学员表示此次学习对自己更好地开展工作有较大的帮助，提高了个人的技术水平和工作效率。

3. 车间的工作环境和工作面貌得到极大的改善，工作在顺畅有序地进行。

4. 培训后的经济效益改善比较明显。不但生产效率得到提高，而且生产质量也有了很大幅度的提升，产生的预期收益将有效保证企业年度计划的完成。

（二）需改进的内容

1. 有一部分员工因为各种原因没有参加此次培训，根据公司的相关规定及要求，人力资源部将对这部分员工的受训记录进行调查，并对未达到受训要求的员工进行相应的处罚。同时，要求这些员工与此次培训不合格的学员一起参与下次培训。

2. 员工参与集体活动的积极性有待进一步提高，许多员工在培训中的表现并不十分积极。

编制人员		审核人员		批准人员	
编制日期		审核日期		批准日期	

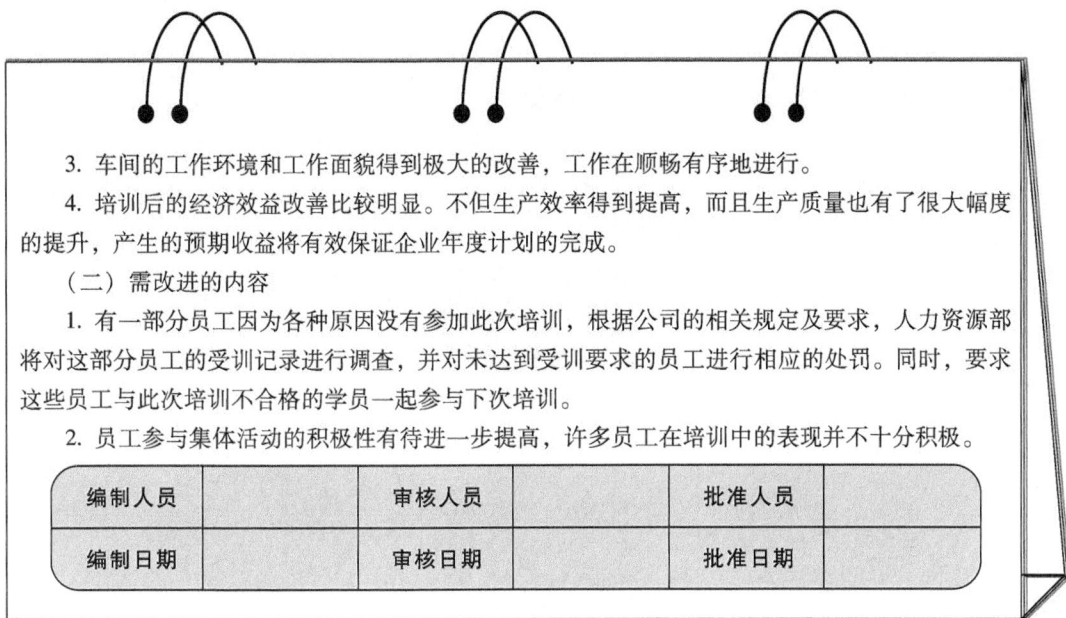

15.3 财务岗位培训体系建设

15.3.1 财务人员培训的特点

财务人员培训的特点如图 15-12 所示。

1	财务培训考核规范细致，培训结果较易评估	
2	培训专业性强，要求培训讲师财务专业知识扎实	
3	财务工作接触范围广，因此培训课程内容范围也广泛	
	财务在岗培训遵循经济性原则，主要抽取工作空闲时间培训	4
	财务培训侧重于财务规范、标准、法律等公共政策方面的培训	5
	财务培训主要解决目前存在的财务问题，培训针对性强	6

图 15-12　财务人员培训的特点

15.3.2 财务人员培训的方式

财务人员培训的方式主要有以下五种，具体如图 15-13 所示。

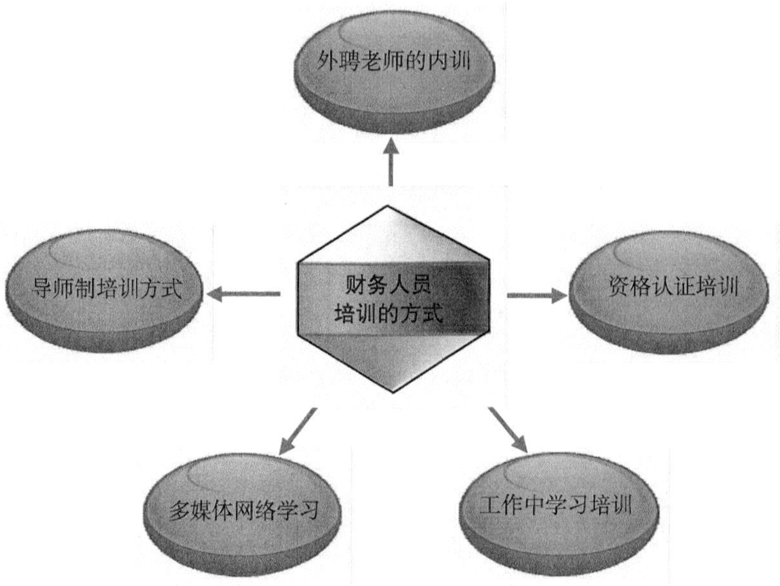

图 15-13　财务人员培训的方式

1. 外聘老师的内训

外聘老师是指组织从外部聘请有财务实战经验的培训老师进行内部培训。此种方式适用于解决影响组织绩效的迫切技能型问题，适用于群体培训（10 人以上）培训。

2. 导师制培训方式

导师制是指组织指定财务部的负责人或业务骨干、行业专家作为员工的辅导老师，对其进行"一对一"、"手把手"的教导与培训。此种培训方式适合于解决员工知识性、技能性与态度性的问题。

3. 多媒体网络学习

多媒体网络学习是指组织自己开发相关财务多媒体课件或购买相应的多媒体课件放在企业局域网上，供员工进行自我学习。此种培训方式适用于解决财务知识性、理论性的问题，若多媒体课件为企业自主开发，也适用于解决业务性问题。

4. 工作中学习培训

工作中学习培训（On the Job Training，简称为OJT）是指管理者有意识地给财务人员指定一些挑战性的工作，培养财务人员的某些特定能力，使财务人员在工作的过程中，通过实践切身体会，掌握工作技能。此种培训方式适合解决财务人员知识性、技能性的问题。

5. 资格认证培训

资格认证培训是通过要求财务人员参加财务类资格认证考试，获得相关资格证书的方式对财务人员进行培训。通用的财务类资格证书有会计证、初级会计师、中级会计师、注册会计师、注册税务师等。此种培训适用于有严格资格要求才能上岗的职位与组织。

15.3.3 财务人员培训体系设计

财务人员按财务工作内容可以分为会计文员、出纳、商品进出会计、信用会计、税务会计、费用会计、总账会计七类。根据这七类人员划分，财务人员培训体系设计如图15-14所示。

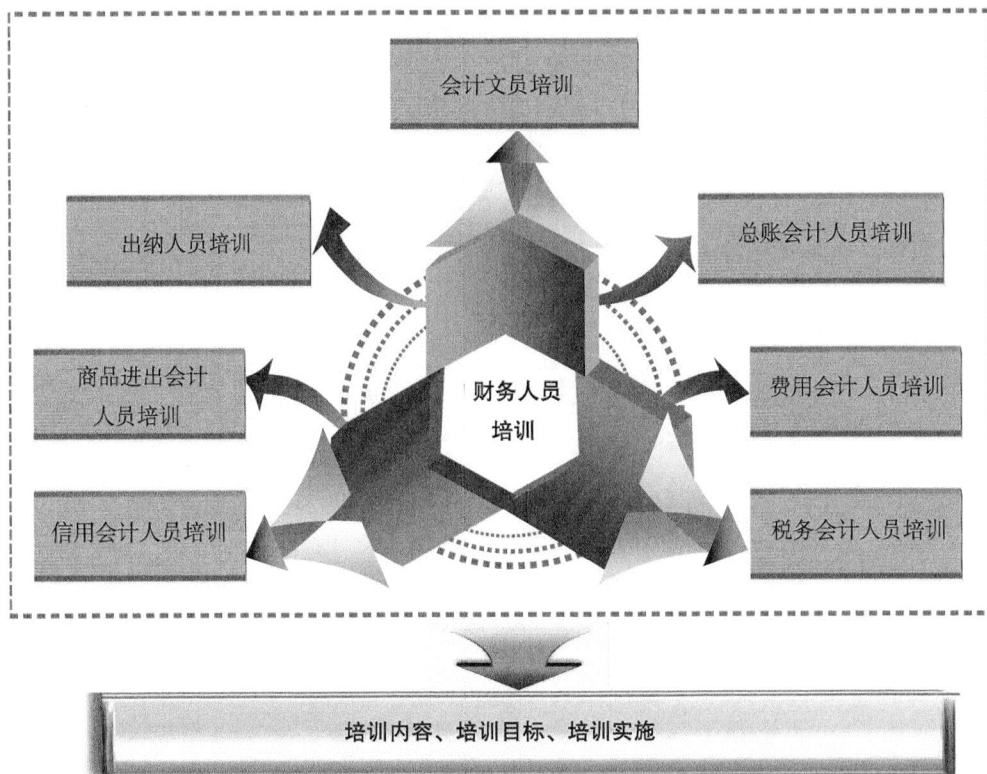

图15-14 财务人员培训体系设计

1. 财务人员培训内容

按照七类财务人员划分，财务人员培训具体内容如表15-4所示。

表15-4　各类财务人员培训具体内容

培训对象	培训内容
会计文员	1. 了解组织总部各部门主要职能及主要人员
	2. 了解组织各分支机构的财务部主要人员
	3. 了解组织财务部体系构架及各人员主要职能
出纳	1. 组织目前在哪些银行开有账户，各个银行行名、户名、账号
	2. 组织一般与客户的结算银行
	3. 实时支付业务的了解，哪个银行开办了此项业务，如何判别客户有无办理实时支付业务
商品进出会计	1. 组织总部及各分支机构的进货渠道、作业流程
	2. 组织总部及各分支机构的销售流程
	3. 了解分支机构日销售报表的格式及填写内容
	4. 了解组织总部对分支机构的监控报表体系，了解报表内容及各表间的关系，包括日报销报表、日库存报表、资金报表、应收账款报表、在途资金报表的含义、计算的方法及从报送、审核、发放到账务处理的流程
信用会计	1. 组织总部信用管理政策如何具体运行及监控
	2. 各分支机构财务在信用管理中具体执行哪些职能
	3. 组织总部财务在信用管理中具体执行哪些职能
	4. 组织的主要供应商及结算方式
	5. 了解应收账款日报表的填报格式及要求
税务会计	1. 组织目前在哪个税务局报税
	2. 组织增值税发票的N个要素
	3. 组织总部给各分支机构开进货发票流程
	4. 组织总部客户销售发票开票流程
	5. 组织一般税负率
	6. 税控机的使用技巧
费用会计	1. 组织费用报销程序
	2. 组织分支机构哪些费用需要由企业总部审核报销
	3. 组织费用报销具体规定，报销程序、时间、单据粘贴规范与填写要求等相关规定
	4. 组织各分支机构费用报销流程及注意事项

（续表）

培训对象	培训内容
总账会计	1. 对财务软件的了解一般，能够作简单运行
	2. 对组织财务报表体系及合并报表的掌握
	3. 组织总部及各分支机构的现资产及经营状况
	4. 主要财务核算制度的介绍

2. 财务人员培训目标

从各类财务人员入职起，其培训目标按财务人员的个人发展阶段可以划分为以下五个层次，具体如图 15-15 所示。

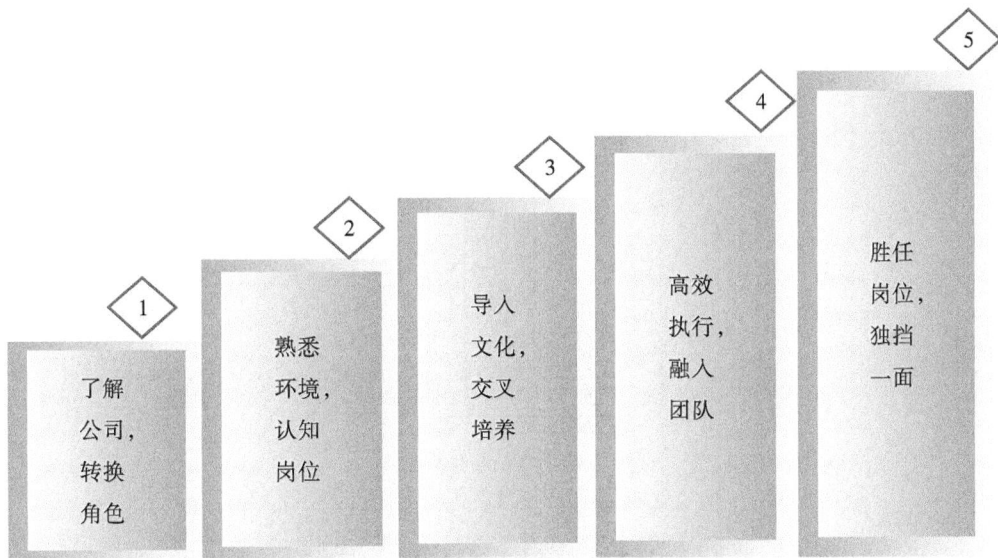

图 15-15 财务人员培训目标

3. 财务人员培训实施

各类财务人员各阶段培训的实施流程都大致相同，示例如图 15-16 所示。

```
                          ┌──────────┐
                          │   开始    │
                          └──────────┘
                              │
                        ┌──────────┐
                        │ 制订培训计划 │
                        └──────────┘
                              │
  ┌──────┬──────┬──────┬──────┬──────┬──────┬──────┐
┌────┐ ┌────┐ ┌────┐ ┌────┐ ┌────┐ ┌────┐ ┌────┐
│培训│ │确定│ │确定│ │确定│ │确定│ │选择│ │设置│
│费用│ │培训│ │培训│ │培训│ │培训│ │培训│ │培训│
│预算│ │时间│ │地点│ │对象│ │讲师│ │方式│ │课程│
└────┘ └────┘ └────┘ └────┘ └────┘ └────┘ └────┘
  └──────┴──────┴──────┴──────┴──────┴──────┴──────┘
                              │
                        ┌──────────┐
                        │ 发布培训通知 │
                        └──────────┘
                        ┌──────────┐
                        │ 培训实施   │
                        └──────────┘
                              │
              ┌──────────┬──────────┬──────────┐
           ┌────┐     ┌────┐     ┌────┐
           │协助│     │培训│     │其他│
           │讲师│     │考勤│     │    │
           │授课│     │记录│     │    │
           └────┘     └────┘     └────┘
              └──────────┴──────────┴──────────┘
                              │
                        ┌──────────┐
                        │ 培训评估与反馈 │
                        └──────────┘
                              │
         ┌──────────┬──────────┬──────────┬──────────┐
       ┌────┐    ┌────┐    ┌────┐    ┌────┐
       │成本│    │培训│    │讲师│    │培训│
       │收益│    │效果│    │评估│    │组织│
       │评估│    │评估│    │    │    │评估│
       └────┘    └────┘    └────┘    └────┘
         └──────────┴──────────┴──────────┴──────────┘
                              │
                          ┌──────────┐
                          │   结束    │
                          └──────────┘
```

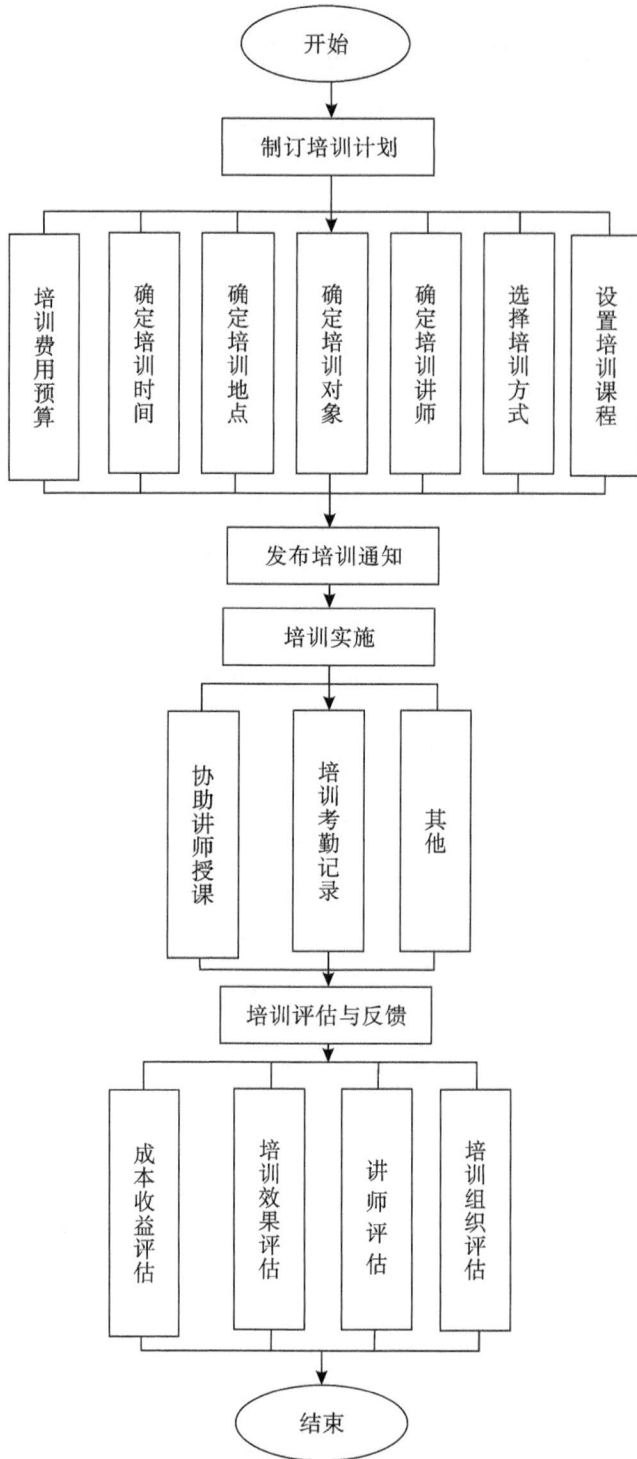

图 15-16 各类财务人员各阶段培训实施流程示例

15.4　管理岗位培训体系建设

15.4.1　管理岗位培训的特点

管理岗位培训是对组织中所有处于管理岗位的人员进行的培训。管理岗位培训的特点如图 15-17 所示。

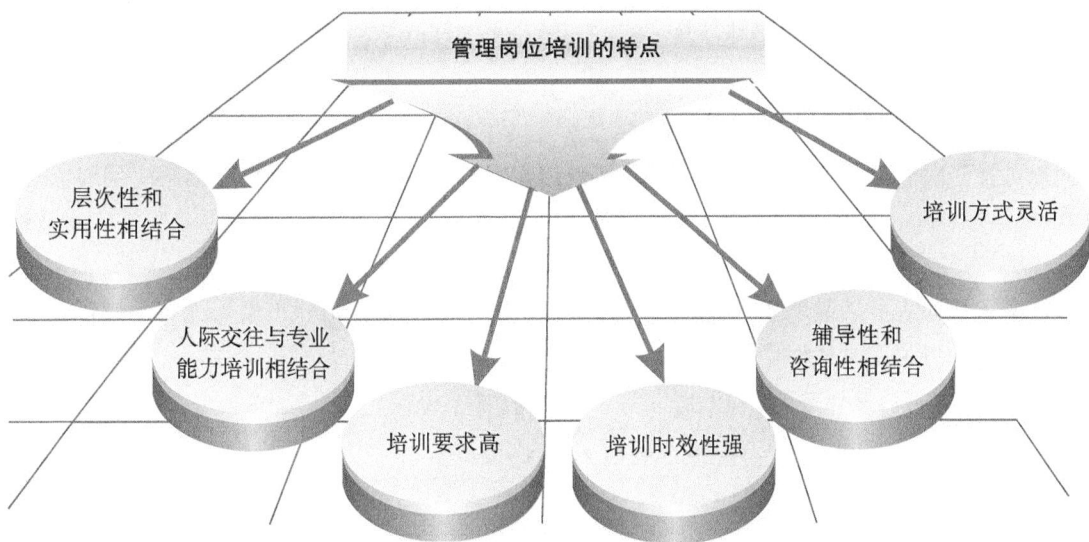

图 15-17　管理岗位培训的特点

1. 层次性和实用性相结合

对不同层级、不同岗位的管理岗位人员进行培训的方式、培训内容也有差异，这就要求针对不同层次和岗位的管理岗位人员进行不同的培训。

2. 人际交往与专业能力培训相结合

管理岗位人员的工作内容几乎都是跟下属、同事、上级的沟通，人际交往能力与个人专业能力都非常重要。所以，在培训过程中也需要着重强调将人际交往与能力的培训结合进行。

3. 培训要求高

管理岗位人员的个人素质在企业中相对较高，他们对培训内容、培训方式、培训讲师等各方面的要求也较高。

4. 培训时效性强

对管理岗位人员进行培训的主要目的是解决企业当前遇到的管理问题，以提高工作成效，因此，培训的内容重点也是针对这些问题的解决进行设置的。企业遇到的问题不同，培训重点也不同，培训时效性较强。

5. 培训辅导性和咨询性相结合

管理岗位人员在专业技能、理论知识、实际应用以及理解能力等方面都相对较高，对管理岗位人员的培训不应是理论知识的"填鸭式"灌输，而应该强调应用性和实用性。培训重点在于对管理岗位人员遇到问题进行咨询和辅助，引导他们思考，进而解决问题。

6. 培训方式灵活

培训岗位人员的素质和人群特点决定其在培训过程中会提出一些新的要求，这就需要讲师在培训过程中灵活处理，在培训方式适用性上要灵活。

15.4.2 管理岗位培训的方式

组织中从事管理工作的人有很多，按其所处的组织层次不同，可以划分为基层管理人员、中层管理人员及高层管理人员三个层次。

管理岗位人员的培训不仅包括对管理岗位所需要的知识、技能的培训，还包括对管理者的自我管理、管理方法、管理思维的培训等多方面的内容。

对于不同层次的管理人员，其培训侧重点是不同的，表15-5列出了不同层次管理人员的主要工作职责及相应的培训重点。

表15-5　不同层次管理岗位人员的主要工作职责及培训重点一览表

人员类别	人员划分标准	主要工作职责	培训重点
基层管理人员	在企业生产、销售、研发等生产经营活动第一线执行管理职能的管理人员	直接指导和监督下属员工现场作业活动，保证各项任务的有效完成	业务知识、实际操作能力及一般管理能力的提升

（续表）

人员类别	人员划分标准	主要工作职责	培训重点
中层管理人员	处于高层管理人员和基层管理人员之间的一个或若干个中间层次的管理人员	贯彻执行高层管理人员所制定的重大决策，监督和协调基层管理人员的工作	沟通协调和发现并解决问题能力的培养
高层管理人员	其决策对整个企业的发展有重大影响，在企业中充当领导、决策者、监督者、革新者、制度制定和维护者、控制者、培训者的角色	制定组织的总目标、总战略，并评价整个组织的绩效	战略决策的培训

根据不同层次管理岗位人员的工作职责和培训重点，选择不同的培训方式，具体如下所示。

1. 中、基层管理人员培训方式

在培训方式的选择上，中层、基层管理人员的培训方式不应局限于课堂教学，可采取多种方式，灵活运用。具体来说主要有短期培训、工作轮换、替补训练等五种培训方式，具体如图 15-18 所示。

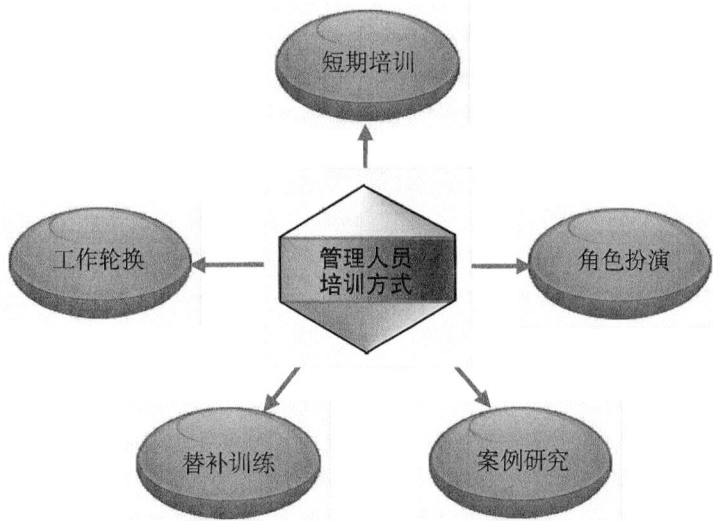

图 15-18　中层、基层管理人员培训方式

（1）短期培训

短期培训是提高中层管理人员理论水平的一种最常用的方法，可以在相对较短的时间

内传递大量的信息，针对性较强。

这种培训大多采用短期学习班、专题讨论会等形式，时间较短，主要学习管理的基本原理以及理论方面的一些新进展、新研究成果，或者就一些问题在理论上加以探讨等。

为了尽可能地将理论与实际相联系，提高学员解决实际问题的能力，可以在学员学习理论的基础上，把一些管理实践中经常遇到的且需要及时处理的问题编写成若干有针对性的具体问题，放在一个抽取箱里，由学员自抽自答、进行讨论、互相启发和补充，从而提高其理论水平和解决实际问题的能力。

（2）工作轮换

工作轮换是将中层管理人员从一个岗位调到另一个岗位上轮流工作，使其全面了解整个企业各个方面的工作，获得不同的工作经验，为将来在较高层次上任职做准备。

（3）替补训练

替补训练，即每一位中层管理人员都被指定为上级的替补训练者。这些中层管理人员除原有责任外，还要熟悉本部门的上级职责，一旦上级离任，便可按预先准备接替其工作。

替补训练有利于企业的永续经营管理，并且安排周密。中层管理人员在预定接替的工作环境和岗位上工作，为其指明一条明确的晋升路线。

（4）案例研究

通过研究一些经典的案例，中层管理人员之间相互讨论案例中出现的问题，并提出自己的解决方案；培训讲师主持整个过程，并对所有的解决方案给出评价并进行个别指导。通过案例学习培养中层管理人员发现问题、及时有效解决问题的能力。

（5）角色扮演

角色扮演就是让一组受训人员集中在一起，从中随机选择两个人模仿某种带有普遍性的或者比较棘手的情景（比如模仿招聘，一个人扮演应聘者，另一个人扮演招聘主管）。

在规定一些情节之后，在没有经过任何排练的情况下，两位扮演者即兴模拟角色可能会发生的情况，其他成员则在一旁观摩。扮演结束后，全体受训人员进行讨论，总结出一些基本的结论。

角色扮演是中层管理人员培训中的常用方法之一，可使受训人员直接获得某项工作的实际处理经验，以便于掌握一些管理技巧和晦涩的管理理论，同时，还可以提高受训人员的演讲口才和语言表达能力。

2. 高层管理人员培训方式

（1）经理人训练营

高层管理人员在经理人训练营一般接受持续两个星期的培训，培训重点是培养高层管理人员奋发向上的斗志以及身体力行的能力。经理人训练营的受训项目包含以下五点内容，具体如图 15-19 所示。

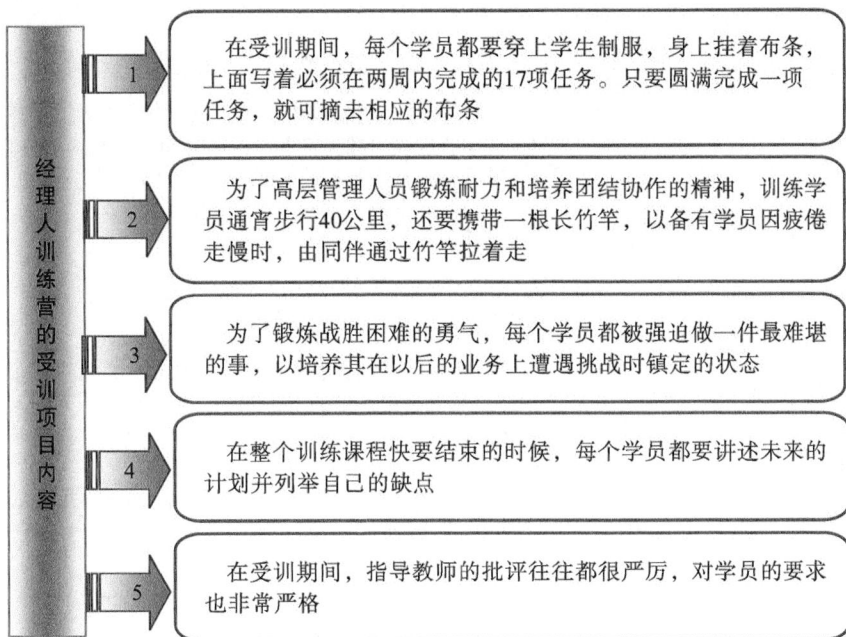

图 15-19 经理人训练营的受训项目内容

（2）T 小组训练

T 小组训练，也称敏感性训练，是让受训者学会怎样有效地沟通、细心地倾听，通过了解自己来理解别人，其主要目的是提高其对人的敏感度，是一种针对感情的训练。

在改善人际关系方面，T 小组训练也为受训者提供了冲突管理的模拟环境和处理办法。T 小组训练实施时需要注意以下五个细节，具体如图 15-20 所示。

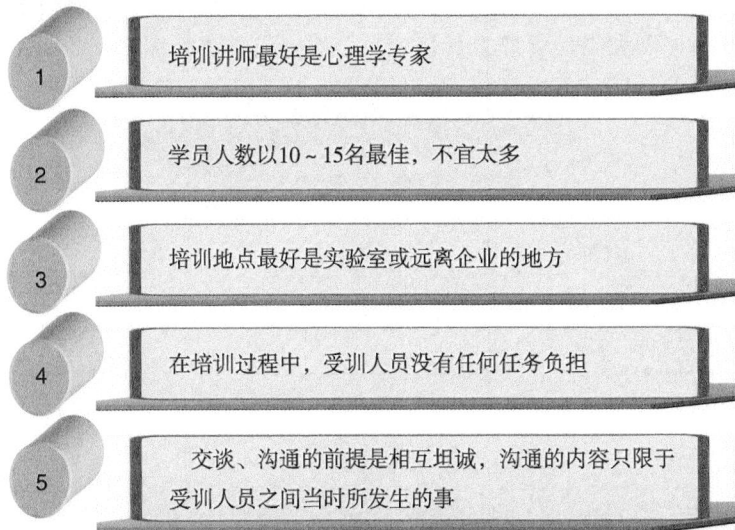

图 15-20 T 小组训练实施时需要注意的五个细节

（3）其他常规方式

其他常规方式包括工作轮换、接班替补训练、脱产培训等，具体内容如图15-21所示。

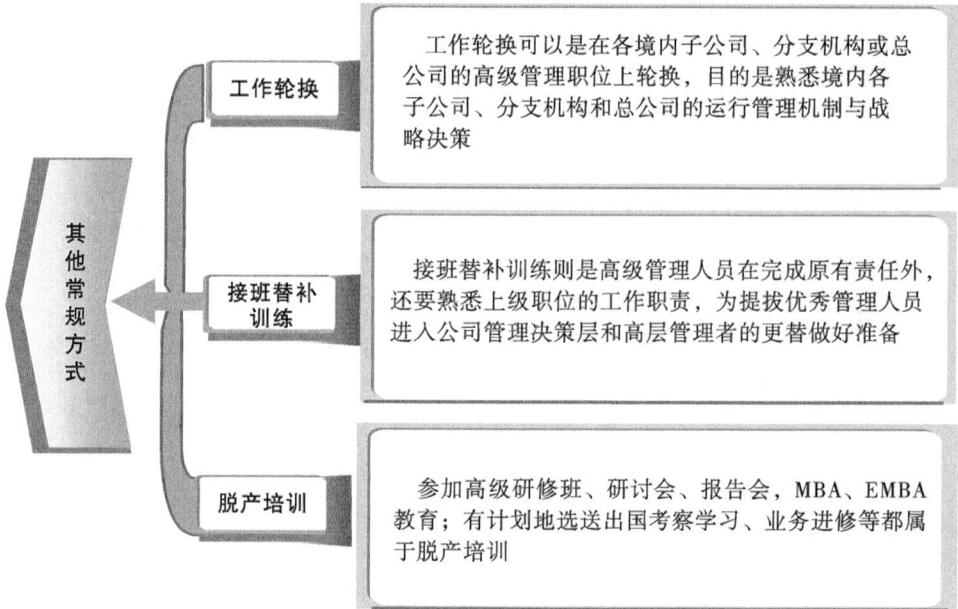

工作轮换：工作轮换可以是在各境内子公司、分支机构或总公司的高级管理职位上轮换，目的是熟悉境内各子公司、分支机构和总公司的运行管理机制与战略决策

接班替补训练：接班替补训练则是高级管理人员在完成原有责任外，还要熟悉上级职位的工作职责，为提拔优秀管理人员进入公司管理决策层和高层管理者的更替做好准备

脱产培训：参加高级研修班、研讨会、报告会，MBA、EMBA教育；有计划地选送出国考察学习、业务进修等都属于脱产培训

图15-21　其他常规方式

15.4.3　管理人员的培训体系设计

管理人员的培训体系可以根据管理人员的岗位层级进行划分，分为基层管理人员培训、中层管理人员培训和高层管理人员培训三个部分，具体如图15-22所示。

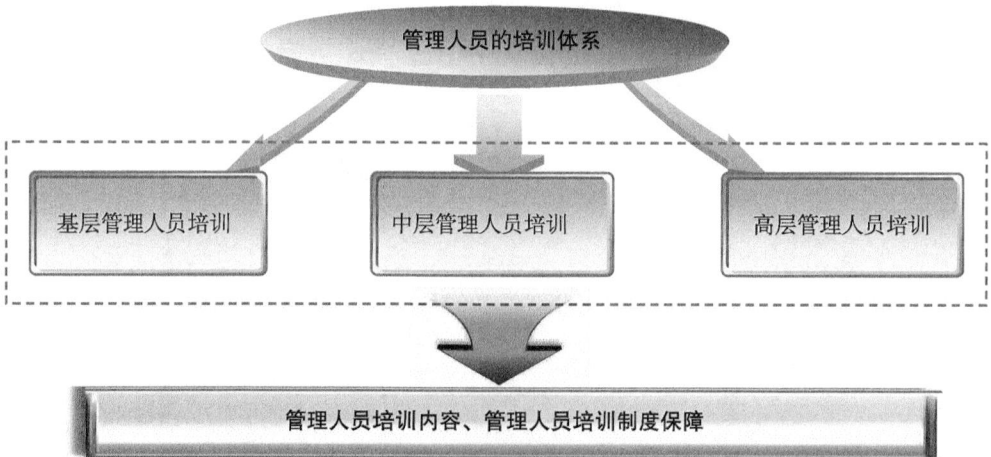

管理人员的培训体系

基层管理人员培训　中层管理人员培训　高层管理人员培训

管理人员培训内容、管理人员培训制度保障

图15-22　管理人员的培训体系

1. 管理人员培训内容

管理人员培训内容是在综合分析组织、职务以及个人特点三个层面的基础上得出的，各层级管理人员培训的具体内容如下所示。

（1）基层管理人员培训内容

基层管理人员培训内容如表15-6所示。

表15-6　基层管理人员培训内容

培训对象	培训目的	培训项目	培训内容
基层管理人员	基层管理人员培训的主要目的是提高其管理与领导能力及实际的工作技能	基层管理者的角色认知	1. 管理者的角色、地位与责任 2. 基层管理人员的人员素质要求
		管理技能培训	1. 团队建设与管理 2. 计划与控制 3. 沟通与协调 4. 员工培训与激励 5. 员工绩效管理 6. 员工的安全管理 7. 人员工作调配 8. 如何改进员工的工作表现
		管理实务培训	1. 生产计划的编制与控制 2. 如何进行成本控制 3. 质量管理

（2）中层管理人员培训内容

中层管理人员培训内容如表15-7所示。

表15-7　中层管理人员培训内容

培训对象	培训目的	培训项目	培训内容
中层管理人员	中层管理人员培训的主要目的是提高其管理能力与业务能力，具体内容还需根据其晋升需求进行设置	企业环境分析	1. 企业战略 2. 企业目标 3. 企业组织结构与决策流程

（续表）

培训对象	培训目的	培训项目	培训内容
中层管理人员	中层管理人员培训的主要目的是提高其管理能力与业务能力，具体内容还需根据其晋升需求进行设置	业务管理能力	1. 专业技术知识 2. 如何纠正工作偏差 3. 目标管理 4. 项目管理 5. 时间管理 6. 会议管理 7. 组织管理 8. 冲突管理 9. 职业生涯规划
		领导艺术	1. 沟通技巧 2. 如何有效授权 3. 如何激励 4. 如何指导和培养下属 5. 高效领导力
		团队管理	1. 学习型组织的建立 2. 定编定员管理 3. 团队合作与工作管理

（3）高层管理人员培训内容

高层管理人员培训内容如表 15-8 所示。

表 15-8　高层管理人员培训内容

培训对象	培训目的	培训项目	培训内容
高层管理人员	高层管理人员培训的主要目的是提高其全局观、知识结构、理念、管理能力及领导技能等	企业环境	1. 国内及全球经济和政治 2. 企业所处的经营环境分析 3. 企业所属行业发展研究 4. 相关法律、法规、各项政策学习
		企业战略发展研究	1. 企业面临的机遇与挑战 2. 企业核心竞争力研究 3. 如何制定企业的发展战略

（续表）

培训对象	培训目的	培训项目	培训内容
高层管理人员	高层管理人员培训的主要目的是提高其全局观、知识结构、理念、管理能力及领导技能等	企业现代管理技术	1. 人力资源管理 2. 生产管理 3. 财务管理 4. 质量管理 5. 信息管理
		领导艺术	1. 团队管理 2. 目标管理 3. 员工激励 4. 如何有效沟通 5. 冲突管理 6. 员工潜能的开发
		创新意识培养	1. 创新思维训练 2. 思维技巧
		个人修养与魅力的提升	1. 成功的管理者 2. 自信力 3. 商务礼仪

2. 管理人员培训制度保障

企业通常会制定管理人员培训管理制度作为管理人员培训工作开展的制度依据和保障，各层级的管理人员培训管理制度示例如下所示。

（1）基层管理人员培训管理制度示例

制度名称	××企业基层管理人员培训管理制度		受控状态	
			编　号	
执行部门		监督部门	考证部门	

第1章　总则

第1条　目的

为提高本企业基层管理人员的素质，提升其知识和能力水平，从根源上提高工作质量和改善工作绩效，特制定本制度。

第2条　凡本企业所属的基层管理人员培训及相关事项均按以下规定办理。

（续）

第 2 章　基层管理人员培训计划的规定

第 3 条　培训部召集有关部门共同制定"基层管理人员培训规范"，为培训计划和培训实施提供依据。其内容主要包括以下三个方面。

1. 整个部门工作岗位职责分类，可参照人力资源部制定的"基层管理人员岗位说明书"。

2. 基层管理人员的培训需求、培训课程及培训时间。

3. 初步拟定的培训教材大纲。

第 4 条　各职能部门根据培训规范和实际需要，拟定"基层管理人员培训计划表"，送培训部审核。该表可包括以下三个方面的内容。

1. 本部门基层管理人员培训需求调查说明，可附具体统计数据。

2. 说明本部门基层管理人员需要接受的培训项目及参训人数，简单说明理由。

3. 建议培训内容、培训时间、培训方式。

第 5 条　培训部应将各部门提交的培训计划汇编成"年度计划汇总表"，呈报人力资源部备案。该表包括培训项目名称、培训内容、参训部门及人数、培训目的、培训时间安排、培训方式等方面的内容。

第 6 条　各部门组织职能变动或引进新技术时，应及时将具有针对性的培训计划提交培训部。培训部应立即配合实际需要修改培训规范、审议培训计划、拟定培训方案。

第 7 条　各培训项目主办人员应于定期内，制定"基层管理人员培训实施计划表"，报批审核修订后，通知参训部门及相关人员。

第 8 条　培训项目主要负责人应制定"培训责任分配表"，明确培训活动相关人员的任务和责任。对于企业内部兼职讲师，应给予一定程度的奖励，以提高他们的积极性。

第 9 条　确定基层管理人员能力提升培训方式

1. 现场个别指导培训使基层管理人员通过工作实践，不断地自我提升，提高工作能力。

2. 集中培训，是将所有参训人员集中在一起，由培训讲师统一授课进行培训。

第 10 条　参加培训的所有人员，尤其是参训的员工，应做好工作的交接，不可因培训耽搁工作，并安心参加培训。企业根据劳动合同有关工资的规定支付其受训期间的工资。

第 11 条　无论是内部培训讲师，还是外聘的培训讲师，必须具备以下五个方面的条件。

1. 学识渊博，技能娴熟。

2. 组织能力、策划能力、协调性强。

3. 语言表达能力强。

4. 较强的自制能力。

5. 具备较强的逻辑思维能力。

第 3 章　基层管理人员培训实施的规定

第 12 条　培训项目主办人员按照"基层管理人员培训实施计划表"负责全盘事宜的准备工作，如安排培训场地、准备培训教材及辅助资料、租借或购买培训设备及工具、通知培训讲师及受训人员等。

第 13 条　现场个别指导培训主要通过"现场指导记录表"来完成，主要包括以下八点内容。

（续）

1. 基层管理人员希望被指导培训的内容、理由。

2. 领导选用的指导培训的课题、理由、期望。

3. 基层管理人员及其上级协商后确定的指导培训的课题。

4. 协商过程中主要事项记录。

5. 指导培训的日程安排表，涉及到的指导人员、受训人员名单。

6. 在指导过程中，受训人员所提的问题、所关心的内容。

7. 在指导过程中，受训人员面对批评及表扬的反应和态度。

8. 在指导过程中，受训人员解决问题的方法、面对失败的态度。

第14条 集中培训的培训讲师应于培训开始前一周将讲义原稿送至培训部，由培训部统一安排印刷，以便培训时学员使用。

第15条 为了及时检查学员的参训效果，培训讲师应提前制作出测试试题，于开课前送交培训部。

第16条 集中培训时，受训人员应准时到达培训现场并签到，遵守培训会场纪律和相关规定。除特殊情况获得批准外，不允许不参加培训。

第17条 集中培训过程要用录像记录以便保存。如果条件不允许，要指定人员记录整个培训过程。

第4章 基层管理人员培训评估的规定

第18条 每项培训结束时，应举行测验检查学员培训效果，由培训部相关人员或讲师负责监考。

第19条 培训讲师于培训结束后一周内，评定出学员的测试成绩，并登记在"基层管理人员培训测试成绩表"中。培训测试成绩作为员工年度考核及晋升的参考。

第20条 因故未能参加测验者，事后一律补考，否则，不记入培训档案，不列入晋升计划人选。补考仍未出席者，一律以零分计算。

第21条 每项培训结束时，培训部根据实际需要开展基层管理人员培训意见的调查，要求学员填写"基层管理人员培训课程调查表"，与测试试卷一并收回，作为培训效果评估的参考依据。

第22条 培训部应定期调查基层管理人员受训的效果，分发调查表，供各部门主管或相关人员填写后汇总。

第23条 结合生产效率、次品率、销售业绩的比较，评估基层管理人员受训的成效。

第24条 将以上评估的内容及结果形成书面的报告，呈报人力资源部经理和总经理，分发相关部门及人员。

第5章 附则

第25条 基层管理人员提升培训所花的费用由培训项目负责人申请，报财务经理和总经理审核；在培训结束后提供各种财务凭证，于财务部报销，多退少补。

第26条 关于基层管理人员培训档案的规定

1. 人力资源部专员应将基层管理人员能力提升培训的受训人员情况、受训成绩，登记在"员工培训记录表"中，以充实、完善企业员工的培训档案。

2. 建立基层管理人员能力提升培训资料库，包括其培训需求分析、培训计划方案、培训实施方

（续）

案、培训评估、考核记录等各方面的内容。					

3. 建立基层管理人员培训讲师档案，主要包括培训讲师姓名、基本简历、培训经验、培训业绩、擅长的领域等各方面的内容，以便于日后基层管理人员能力提升培训讲师的选择工作。

第27条　基层管理人员能力提升培训的举办，应尽量以不影响工作为原则。例如，超过下班时间1.5小时以上，或上下午均安排有培训课程的，应由培训实施机构负责申报膳食费，学员不得另外报支加班费。

第28条　基层管理人员参加培训的经历及成绩可作为人力资源部年度考核、晋升的参考。

第29条　本制度呈报总经理审核批准后颁布实施。

第30条　本制度中未尽事宜可随时进行修改和增补，并呈报总经理审核批准后生效。

第31条　本制度由人力资源部监督执行，最终解释权归人力资源部。

编制日期		审核日期		批准日期	
修改标记		修改处数		修改日期	

（2）中层管理人员培训管理制度示例

制度名称	××企业中层管理人员培训管理制度		受控状态	
			编　号	
执行部门		监督部门	考证部门	

第1章　总则

第1条　为提高本企业中层管理人员的管理水平，提升其专业知识、管理知识、管理技巧与沟通协调能力，加强决策的执行力度，特制定本制度。

第2条　中层管理人员培训要根据企业的长远发展目标和总经理的指示进行。

第2章　中层管理人员培训计划的规定

第3条　培训部及相关人员要配合培训实施机构，做好中层管理人员需求调查分析工作。中层管理人员要从实际工作出发，认真对待并填写"中层管理人员培训需求调查表"。

第4条　中层管理人员培训需要达到的目标包括以下四点。

1. 明确中层管理人员的角色认识，贯彻企业的经营方针，推动实现企业的经营目标。

2. 培养中层管理人员的领导能力和管理才能。

3. 丰富中层管理人员的知识，培养其沟通和协调能力。

4. 通过学员之间的相互交流、相互启发，拓展视野，探讨更有效的方式、方法，解决管理问题。

第5条　中层管理人员要配合培训部制订好相应的年度培训计划，填写"中层管理人员培训计划表"，包括培训项目名称、培训内容、参训时间、培训方式等，并配合培训实施部门制订具体的培训实施计划。

（续）

第6条 安排中层管理人员培训内容时，侧重点在培养其独立解决问题和沟通协调的能力。主要包括以下五大方面。

1. 管理学原理及基础知识。

2. 组织行为管理，组织管理原理。

3. 培训下属的方法和技巧。

4. 人际关系。

5. 领导能力。

第7条 选择中层管理人员培训方式和方法时，要与中层管理人员的阅历及工作中遇到的问题相联系，经常采用的方法有案例研讨、角色扮演、小组讨论、对话交流等。对于缺乏系统管理理论的中层管理人员，可以选择普通讲座的授课方式进行培训。

第8条 每次参加中层管理人员培训的人数以 12～15 人为宜，时间长短则视培训地点的远近来定。培训对象为中层管理人员（包括新任和现任的）及其候选人。

第9条 对于有特殊培训需求（如参加 MBA 培训班）的中层管理人员，需要填写"中层管理人员培训申请表"，交总经理和董事长审核批准后方可执行。相关事宜请参照《脱岗与外派培训相关管理制度》执行。

第3章 中层管理人员培训实施的规定

第10条 培训项目主办人员按照"中层管理人员培训实施计划表"负责全盘事宜的准备工作，如安排培训场地、准备培训教材及辅助资料、租借或购买培训设备及工具、通知培训讲师及参训的中层管理人员等。

第11条 培训部相关人员按"培训实施所需物品清单"租借或购买相关物品，有需要制作的物品需要及时办理。

第12条 培训实施过程需要注重训练中层管理人员以下四个方面的能力。

1. 制订计划的能力——明确工作目标和方针，掌握相关数据和事实，科学有效的调查方法，拟订计划实施方案。

2. 组织管理的能力——工作目标分析分解，职务内容分析及确定，组织机构设置，组织结构图表制作，下属的招聘和选拔。

3. 执行控制的能力——整理指示的内容，确定执行的标准和规范，严格遵守执行规范和程序，确保下属彻底理解指示，改进下属工作态度，提高工作积极性。

4. 训练下属员工的能力——以适当的方法指导下属把握现有能力，设定能力标准，掌握指导下属的四个步骤（训练学习动机、解释重点、让下属亲自操作并纠正偏差、确认下属完全学会），掌握与下属交谈的要点。

第13条 有关中层管理人员训练指导下属能力的培训，可采用情景模拟的方式实施，在实施的过程中即可进行点评和改进。

第14条 所有参训的中层管理人员都要遵守培训会场的纪律，关闭所有通信工具，保证培训课程的秩序和正常进行。

（续）

第15条　中层管理人员培训常采用脱岗、外派的形式。相关事宜请参照《脱岗与外派培训相关管理制度》执行。

第16条　中层管理人员培训实施时必须注意以下三个细节。

1. 必须有高层或经营者的协助。

2. 确保中层管理人员以坦然的心态参加。

3. 能在指定时间内帮助中层管理人员解决相应的问题。

第4章　中层管理人员培训评估的规定

第17条　培训结束时，培训部根据实际需要调查中层管理人员对培训各个方面的想法和建议，要求学员填写"中层管理人员培训课程调查表"。作为培训课程评估的参考依据。

第18条　对于提高中层管理人员专业知识和管理知识的培训，评估可采用考试和应用两种方式进行。

第19条　培训结束时，根据实际需要举行测试，试题由培训讲师事先根据培训内容制定。由培训讲师或培训组织人员监考。

第20条　培训讲师应在培训结束后一周内，评定出学员的成绩，登记在"中层管理人员培训测试成绩表"中。培训成绩作为年度考核和晋升高层管理人员的参考。

第21条　评估培训的应用效果要结合中层管理人员的工作情况来执行。通过访问中层管理人员的上级、下属获得中层管理人员工作开展的情况，如传达上级指示的方法、批评下属的策略掌握等。将这些情况与培训前相比较，评估培训效果。

第5章　附则

第22条　中层管理人员受训后，要承担培训部门员工和其他人员的责任，将所学知识传授给企业的员工。

第23条　中层管理人员培训所花的费用由培训项目负责人申请，报财务经理和总经理审核；在培训结束后提供各种财务凭证，到财务部报销，多退少补。

第24条　自费参加学历培训的中层管理人员，在学习开始时，可与企业签订"借款合同"，双方协定借款金额、借款期限、借款利率及利息的计算方式。借款期限一般为1年，最长不超过学习期限。至于培训期间及培训后的相关工作事宜，可参照《脱岗与外派培训相关管理制度》执行。

第25条　本制度呈报总经理审核批准后，颁布实施。

第26条　本制度由人力资源部监督执行，最终解释权归人力资源部。

编制日期		审核日期		批准日期	
修改标记		修改处数		修改日期	

（3）高层管理人员培训管理制度示例

制度名称	××企业高层管理人员培训管理制度		受控状态	
			编　号	
执行部门		监督部门	考证部门	

第1条　为提高本企业高层管理人员的管理水平和决策能力，特制定本制度。

第2条　凡本企业所属的高层管理人员培训及相关事项均按本制度办理。

第3条　高层管理人员培训的目标包括以下三点。

1. 明确高层管理人员的角色，制定企业的经营目标并达成。

2. 学习运用有效的方式和科学的程序，制定工作目标，解决所发现的问题。

3. 通过参加培训，高层管理人员之间相互交流，丰富知识并扩展视野。

第4条　高层管理人员培训的内容包含以下四个方面。

1. 学习制定经营目标及其实施方案。

2. 明确高层管理人员的角色及其日常事务。

3. 学习解决问题的程序。

4. 学习使用解决问题的讨论方法。

第5条　高层管理人员培训的实施方式主要有会议讨论、头脑风暴、实地考察等方法；参训人数一般为15人；受训对象为企业高层管理人员及其候选人；培训时间一般为3天。

第6条　凡高层管理人员培训应着重培养其创新和开拓的思想观念，应做到以下两点。

1. 鼓励高层管理人员要从旧观念的羁绊中解脱出来，勇于创新。

2. 鼓励高层管理人员要解除经验的束缚，接受新思想、新观念，富于创造性地开展工作。

第7条　凡高层管理人员培训应着重培养其以下四个方面的意识。

1. 有引进新产品、新技术、新设备的意识，敢于改良本企业的旧产品。

2. 掌握新的生产方法，了解企业经营的新技术。

3. 努力开拓新市场、新领域的意识。

4. 财务管理和成本控制意识。

第8条　凡高层管理人员培训，应着重培养其自身的素质，包括身为高层管理者的责任心和使命感、独立经营的态度、严谨的生活态度、诚实守信的经营方针、热忱服务企业的高尚品质。

第9条　凡高层管理人员培训，须培养其以企业的经营效益提高为工作目的，培养其为企业创造最高利润的思想观念。

第10条　凡高层管理人员培训，应培养其养成良好的工作习惯——随时深入市场，进行市场调查和研究营销方案，以推进营销活动，不断提高企业的效益。

第11条　凡高层管理人员培训，需训练其研究营销方案的能力和方法。研究营销方案有以下六个基本步骤。

1. 确定研究的主题，确立研究的目标。

2. 选择所需要的资料及资料来源。

3. 选择调查样本。

（续）

4. 实地搜集资料。

5. 整理、分析所收集的资料。

6. 进行总结并写出报告。

第12条　高层管理人员培训应训练其指导下属的能力和方法。高层管理人员指导下属的四个基本步骤。

1. 说给下属听。

2. 让下属解释重点。

3. 做给下属看。

4. 让下属亲自操作实施。

第13条　高层管理人员受训后要承担培训中层管理人员或下属的责任，将所学知识传授给企业的员工，带动企业的发展。

第14条　高层管理人员培训所花的费用由培训项目负责人申请，报财务经理和董事长审核；在培训结束后提供各种财务凭证，到财务部报销，多退少补。

第15条　自费参加学历培训的高层管理人员，在学习开始时，可与企业签订"借款合同"，双方协定借款金额、借款期限、借款利率及利息的计算方式。借款期限一般为1年，最长不超过学习期限。至于培训期间及培训后的相关工作事宜，可参照《脱岗与外派培训相关管理制度》执行。

第16条　本制度提交总经理审批后，颁布实施。

第17条　本制度由人力资源部监督执行，最终解释权归人力资源部。

编制日期		审核日期		批准日期	
修改标记		修改处数		修改日期	

第 16 章

基于职业生涯规划
的培训体系建设

16.1 职业生涯规划

16.1.1 职业生涯规划的内容

职业生涯规划是指组织和员工基于员工个人和企业组织两方面的需求共同制定的个人发展目标与发展道路的活动。组织进行职业生涯规划的主要目的包括以下三个方面，具体如图 16-1 所示。

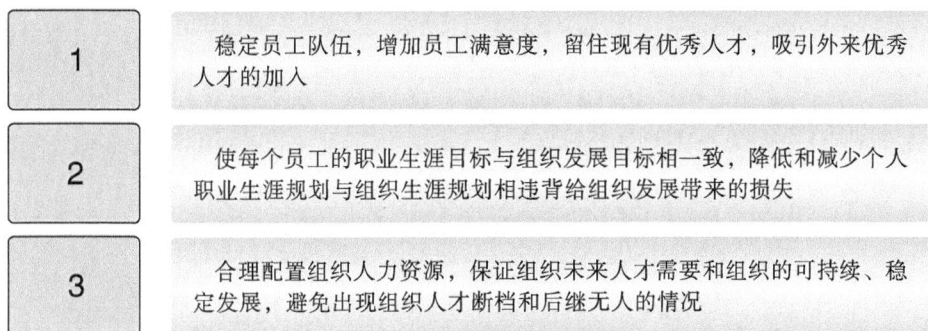

1	稳定员工队伍，增加员工满意度，留住现有优秀人才，吸引外来优秀人才的加入
2	使每个员工的职业生涯目标与组织发展目标相一致，降低和减少个人职业生涯规划与组织生涯规划相违背给组织发展带来的损失
3	合理配置组织人力资源，保证组织未来人才需要和组织的可持续、稳定发展，避免出现组织人才断档和后继无人的情况

图 16-1 职业生涯规划的目的

随着员工流动率的加大，越来越多的组织认识到进行职业生涯规划的重要性和必要性。员工职业生涯规划的内容如图 16-2 所示。

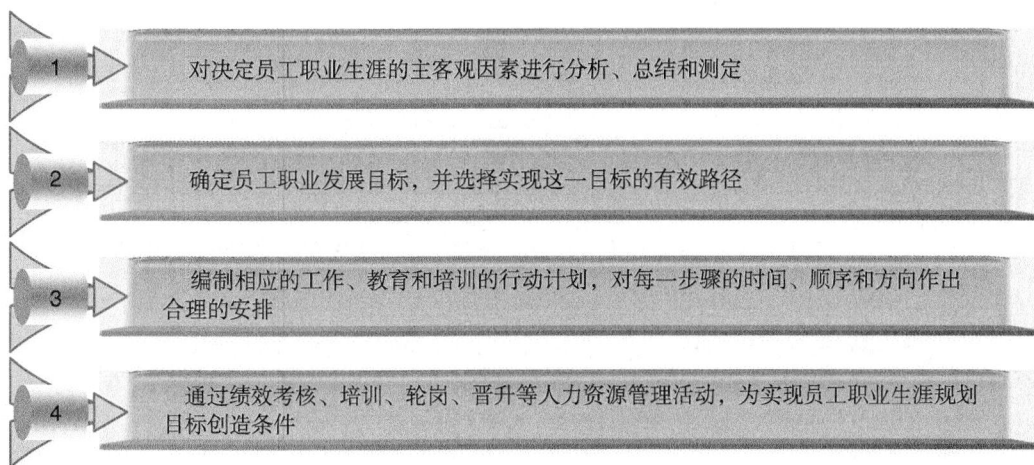

1	对决定员工职业生涯的主客观因素进行分析、总结和测定
2	确定员工职业发展目标，并选择实现这一目标的有效路径
3	编制相应的工作、教育和培训的行动计划，对每一步骤的时间、顺序和方向作出合理的安排
4	通过绩效考核、培训、轮岗、晋升等人力资源管理活动，为实现员工职业生涯规划目标创造条件

图 16-2 员工职业生涯规划的四项内容

16.1.2 职业生涯规划的流程

组织在制定员工职业生涯规划时，应当确保组织具备以下五个方面的前提条件，具体如图 16-3 所示。

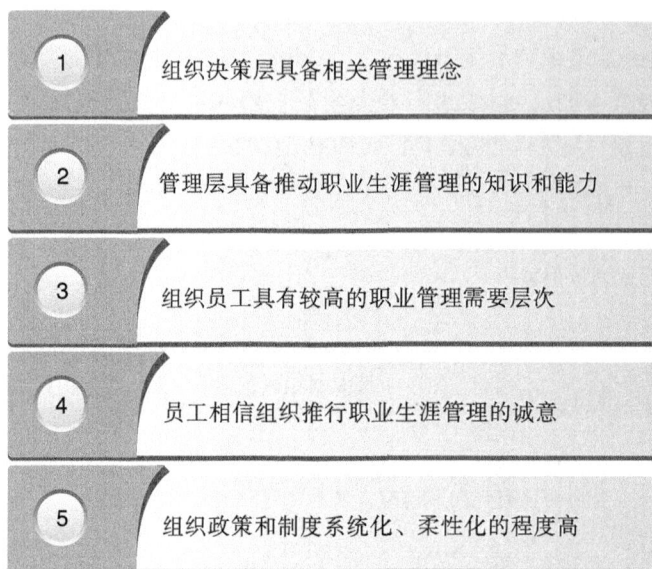

1 组织决策层具备相关管理理念

2 管理层具备推动职业生涯管理的知识和能力

3 组织员工具有较高的职业管理需要层次

4 员工相信组织推行职业生涯管理的诚意

5 组织政策和制度系统化、柔性化的程度高

图 16-3 实施职业生涯规划的五个前提

组织具备了上述五个前提，并为员工职业生涯规划的开展做好准备后，应当根据如图 16-4所示的流程开展员工职业生涯规划工作。

8 修正和完善职业生涯规划
7 进行职业生涯规划反馈和评估
6 实施员工职业生涯规划
5 确定员工的职业规划表
4 进行员工基本素质测评
3 制定员工职业生涯管理制度和规范
2 构建组织职业发展通道
1 明确组织现阶段人力资源发展规划

图 16-4 员工职业生涯规划流程图

1. 明确组织现阶段人力资源发展规划

人力资源发展规划是组织根据组织的发展战略目标制定的，人力资源规划通过预测组织在未来环境变化中人力资源的供给和需求状况，制定基本的人力资源获取、使用、维持和开发的策略。

2. 构建组织职业发展通道

组织在明确现阶段的人力资源发展规划后，应根据人力资源发展规划的需求，考虑现有人力资源的状况，设计适合本组织的职业发展通道。构建职业发展通道是组织进行职业生涯规划不可或缺的工作。

3. 制定员工职业生涯管理制度和规范

有效、健全、可行的员工职业生涯管理制度和规范的制定，是确保组织职业生涯管理目标顺利达成的必备条件。制度和规范的存在可以引导员工行为的改变，确保优秀人才能够脱颖而出，并能够为组织发展目标的实现做出积极贡献。

4. 进行员工基本素质测评

组织进行员工素质测评的目的在于掌握组织员工的能力、个性倾向和职业倾向，并为员工职业生涯目标的设立提供参考。

组织进行员工素质测评的信息包括员工基本信息和工作状况记录信息两部分。员工基本信息包括员工的年龄、学历、工作经历、兴趣爱好等；工作状况记录信息包括绩效评估结果、晋升记录及其参加各种培训情况的记录等。

5. 确定员工的职业规划表

组织根据职业发展通道设计，参考员工素质测评的结果，同员工一起填写"组织和员工个人达成一致的职业规划表"。员工职业规划表主要体现为以下三个方面的信息，具体如图 16-5 所示。

6. 实施员工职业生涯规划

实施员工职业生涯规划就是通过培训、轮岗、绩效考核等人力资源活动，帮助员工逐步实现"员工职业生涯规划表"中所列的规划目标的过程。

7. 进行职业生涯规划反馈和评估

组织在制定职业生涯规划后，在实施过程中，应及时地听取相关员工对职业生涯规划实施的有效反馈。人力资源部根据反馈的信息，对组织职业生涯规划的实施进行有效的评估。

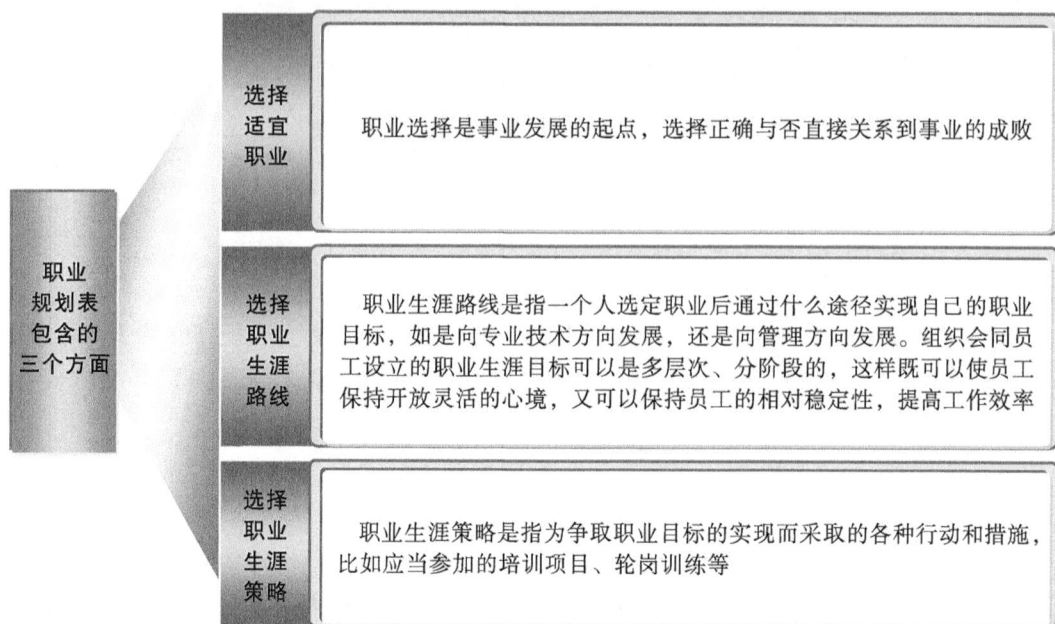

职业规划表包含的三个方面	选择适宜职业	职业选择是事业发展的起点，选择正确与否直接关系到事业的成败
	选择职业生涯路线	职业生涯路线是指一个人选定职业后通过什么途径实现自己的职业目标，如是向专业技术方向发展，还是向管理方向发展。组织会同员工设立的职业生涯目标可以是多层次、分阶段的，这样既可以使员工保持开放灵活的心境，又可以保持员工的相对稳定性，提高工作效率
	选择职业生涯策略	职业生涯策略是指为争取职业目标的实现而采取的各种行动和措施，比如应当参加的培训项目、轮岗训练等

图 16-5　职业生涯规划表主要体现的三要素

8. 修正和完善职业生涯规划

组织人力资源部针对职业生涯规划评估过程中发现的问题，提出改进和完善的建议和举措，经高层决策者同意后，及时修正职业生涯规划的制度和规范。

通过制度和规范的修正、完善，可以及时纠正最终职业目标与分阶段职业目标的偏差。同时，通过修正和完善还可以极大地增强员工实现职业目标的信心。

16.1.3　职业生涯规划的工作设计

1. 分析影响职业生涯规划的因素

组织要开展基于组织和个人发展的职业生涯规划工作，就必须清楚影响组织职业生涯规划成功的因素。

（1）组织因素

影响职业生涯规划的组织因素如图 16-6 所示。

组织结构与规模

组织的分散化与虚拟化、组织的扁平化、组织的多元化、组织的信息化、组织的全球化程度等

组织目标与战略

组织发展战略从根本上规定了未来职位的数量和人才使用与引进政策，决定了组织的各条职业生涯发展道路

组织的企业文化

组织的企业文化是员工能否接受、从而能否在本组织找到发展可能性的条件

岗位供给情况

岗位供给的评估能够更具体地向员工展示组织结构图和职业生涯发展图

组织决策者

组织决策者的管理哲学、事业心、能力、管理风格等均可能对员工的职业生涯规划产生影响

其他因素

组织的经济实力、时间等因素也会影响组织员工职业生涯发展规划的实施

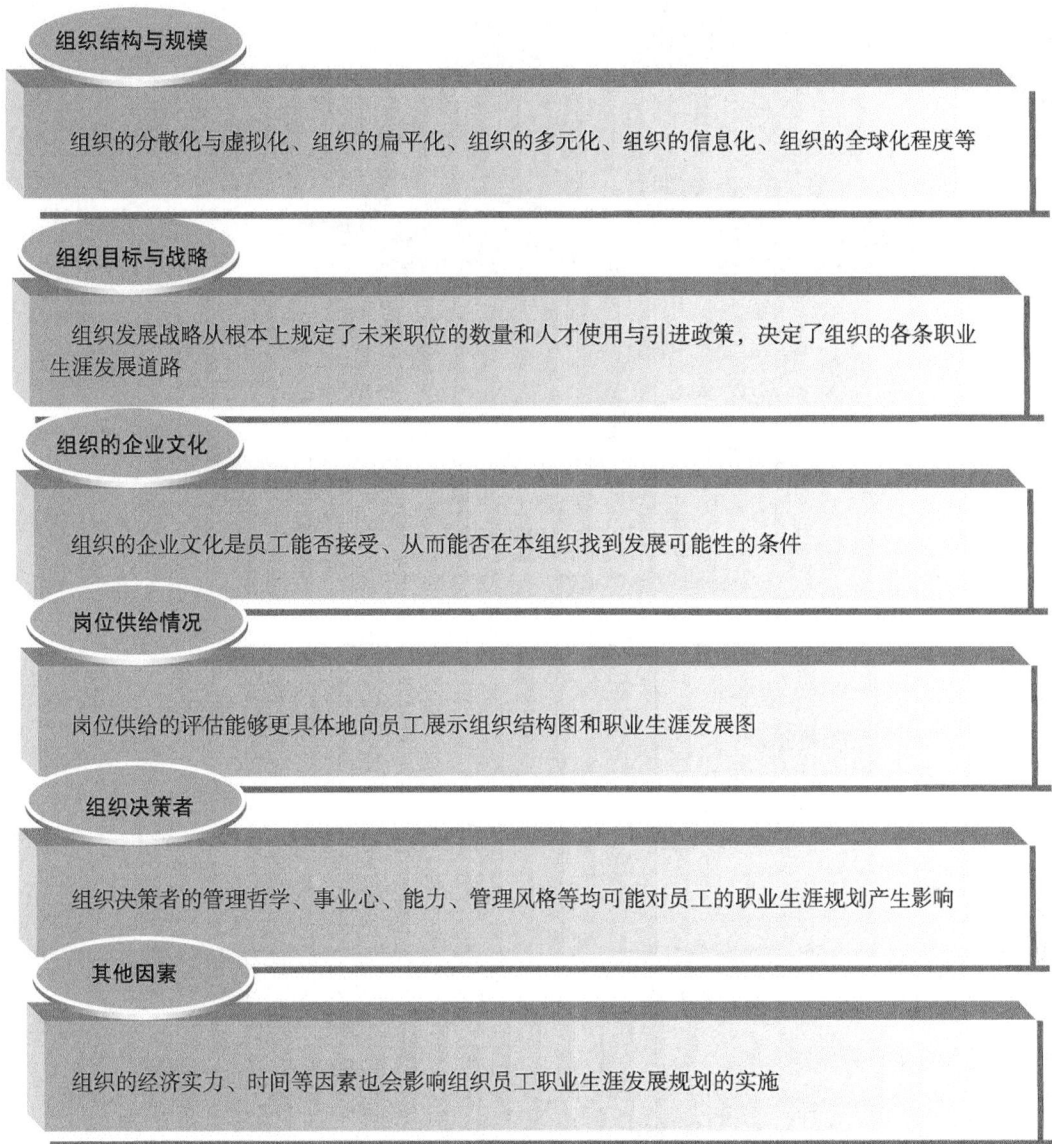

图16-6 影响职业生涯规划的组织因素

（2）个人因素

影响员工职业生涯规划的个人因素如图16-7所示。

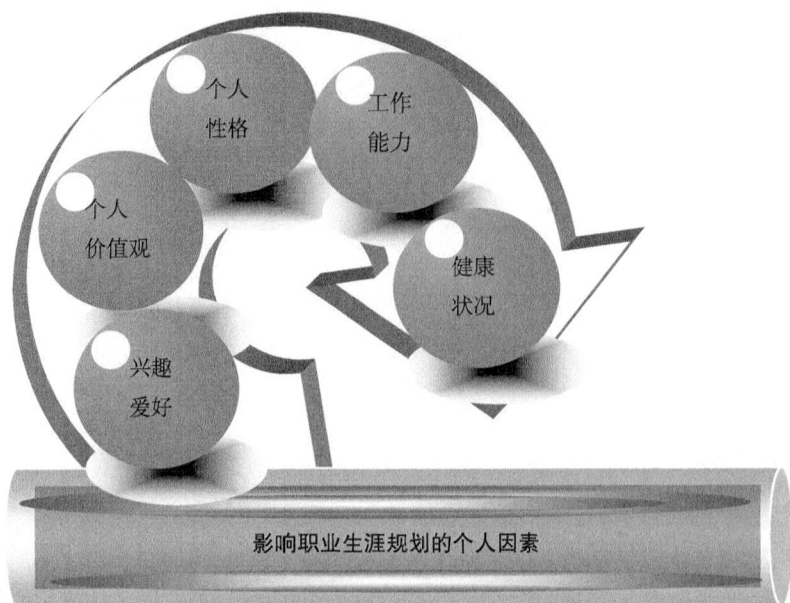

图 16-7 影响职业生涯规划的个人因素

2. 收集职业发展的信息

（1）收集职业发展的信息内容

职业发展的信息主要包括组织发展信息和员工发展信息两部分，具体的信息内容如图 16-8所示。

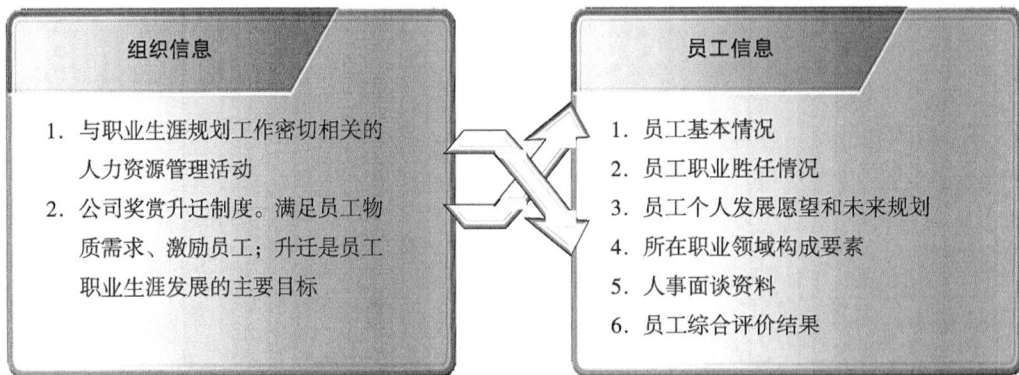

图 16-8 收集职业发展的信息内容

（2）收集职业发展信息的方法

针对组织信息和员工信息应采用不同的收集方法，具体如图 16-9 所示。

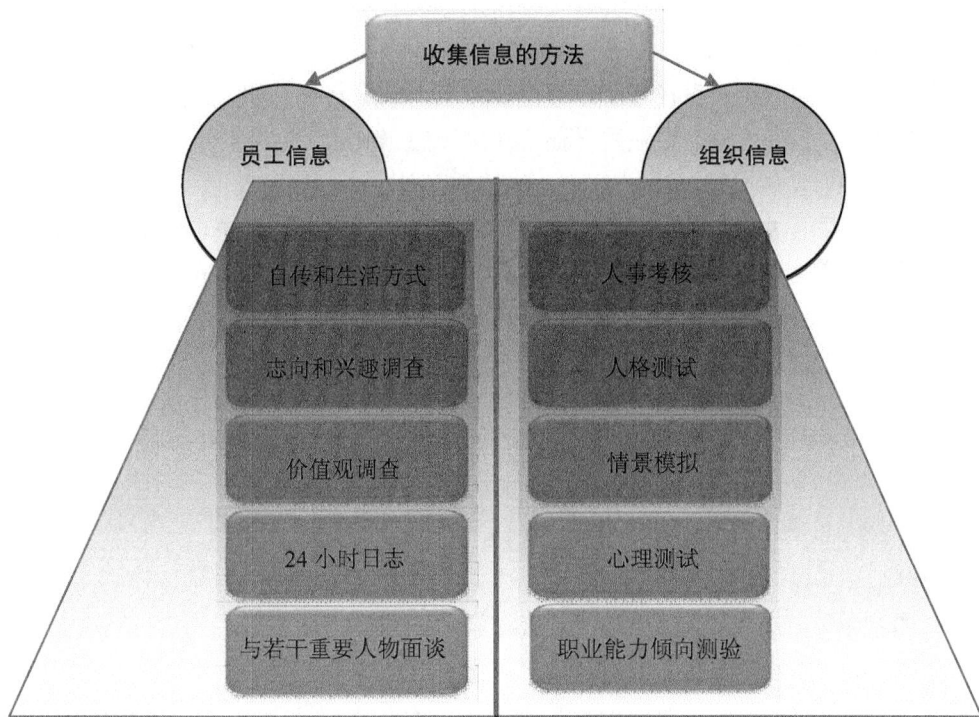

图 16-9　收集职业发展信息的方法

3. 设计员工职业发展通道

职业发展通道是指组织为员工设计的成长和晋升的管理方案。职业通道设计指明了组织内员工可能的发展方向及发展机会，组织内的每一位员工可以沿着本组织的发展通道变换工作岗位。员工职业发展通道主要包括纵向职业发展通道、横向职业发展通道和综合职业发展通道三种形式，如图 16-10 所示。

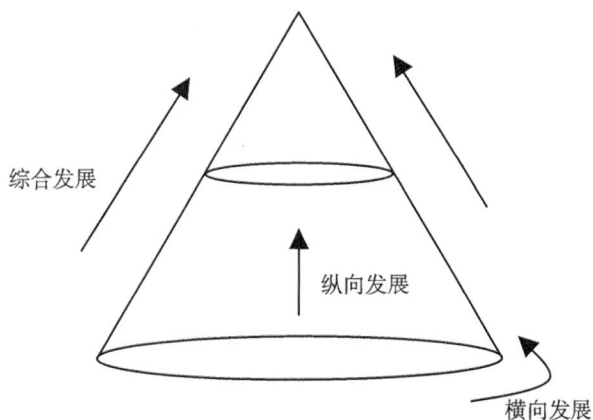

图 16-10　员工职业发展通道

（1）纵向职业发展通道

纵向职业发展通道主要表现为职务晋升及相应薪酬福利水平和地位的提高。目前，大多数组织选择管理晋升通道与专业晋升通道作为纵向职业发展通道的主要方面。

（2）横向职业发展通道

横向职业发展通道是针对员工特长进行工作轮换，发展自己的多重技能。比如，会计和出纳轮岗，销售业务员和技术员轮岗等。横向职业发展通道是对纵向职业发展通道的辅助与补充，畅通、合理的职业发展通道设计必须有横向职业发展通道作为保障。

（3）综合职业发展通道

综合职业发展通道是指横向、纵向发展相结合的综合发展通道。比如，从技术员到销售业务员到车间主任到质检部门负责人等。

4. 制订职业生涯规划的工作计划

组织职业生涯规划工作计划编制步骤如下所述。

（1）明确职业生涯规划的工作任务

尽管不同的组织基于自身人力资源发展战略的要求而制定的职业生涯规划的目标不尽相同，但是，绝大多数组织的职业生涯规划工作一般包括以下四个方面的内容，如图 16-11 所示。

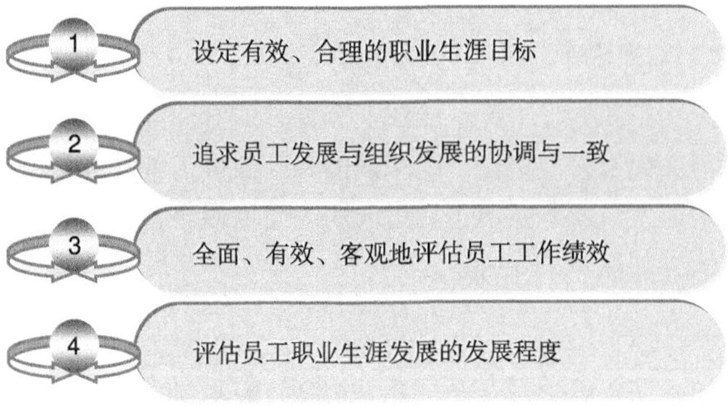

1	设定有效、合理的职业生涯目标
2	追求员工发展与组织发展的协调与一致
3	全面、有效、客观地评估员工工作绩效
4	评估员工职业生涯发展的发展程度

图 16-11　职业生涯规划的工作任务

（2）划分职业生涯规划职责

划分职业生涯规划职责的目的是为了明确相关部门和人员在完成职业生涯规划工作计划中所承担的责任，以确保制订有效、合理的职业生涯规划工作计划。职业生涯规划工作职责划分的内容如图 16-12 所示。

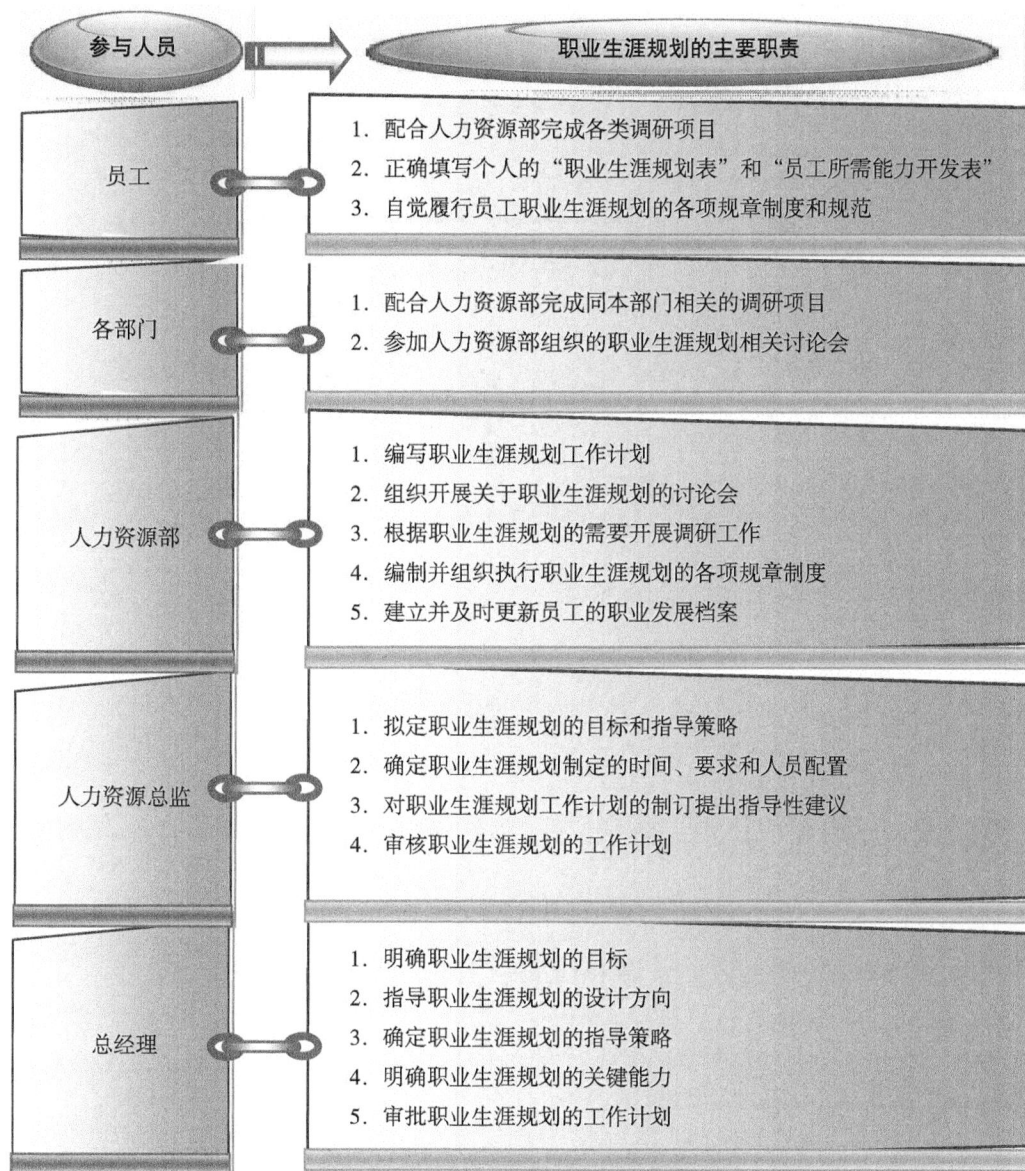

| 参与人员 | 职业生涯规划的主要职责 |

员工
1. 配合人力资源部完成各类调研项目
2. 正确填写个人的"职业生涯规划表"和"员工所需能力开发表"
3. 自觉履行员工职业生涯规划的各项规章制度和规范

各部门
1. 配合人力资源部完成同本部门相关的调研项目
2. 参加人力资源部组织的职业生涯规划相关讨论会

人力资源部
1. 编写职业生涯规划工作计划
2. 组织开展关于职业生涯规划的讨论会
3. 根据职业生涯规划的需要开展调研工作
4. 编制并组织执行职业生涯规划的各项规章制度
5. 建立并及时更新员工的职业发展档案

人力资源总监
1. 拟定职业生涯规划的目标和指导策略
2. 确定职业生涯规划制定的时间、要求和人员配置
3. 对职业生涯规划工作计划的制订提出指导性建议
4. 审核职业生涯规划的工作计划

总经理
1. 明确职业生涯规划的目标
2. 指导职业生涯规划的设计方向
3. 确定职业生涯规划的指导策略
4. 明确职业生涯规划的关键能力
5. 审批职业生涯规划的工作计划

图 16-12 职业生涯规划工作职责分工表

（3）构建有效职业生涯规划匹配模型

了解职业生涯规划匹配模型，能够确保职业生涯规划工作的有效开展。职业生涯规划匹配模型如图 16-13 所示。

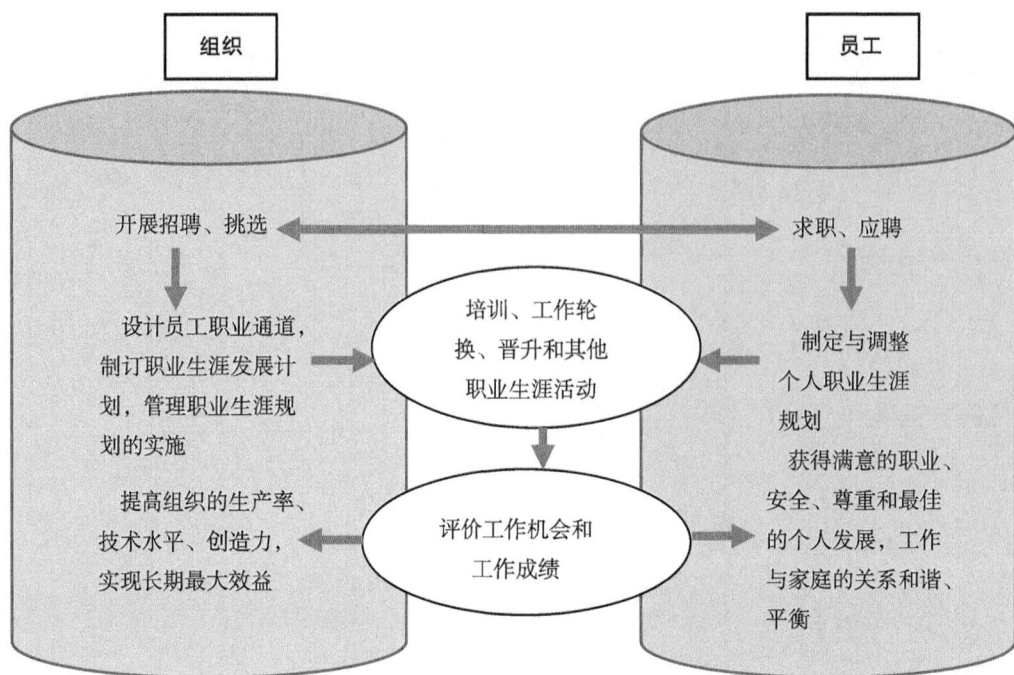

图 16-13　职业生涯规划匹配模型

16.2　职业生涯规划与培训体系建设

16.2.1　基于职业生涯的新员工培训体系

培训是组织为满足战略发展的需要，采用补习、进修、考察等方式提高员工的专业知识、岗位技能和工作态度。

员工职业生涯发展的基本条件就是员工的知识和技能的提高，培训体系应以组织结构特点和其现有的培训流程、标准的研究为基础，通过对各类员工的职业生涯发展进行评估和设计，建立与员工职业生涯管理相配套的培训体系。

培训体系通常建立在各阶层培训和各职能培训的基础上。按照培训对象的不同，可将培训分为新员工培训和在职员工培训两类。

新员工职业生涯规划设计是指组织对员工的职业进行设计、规划、执行、评估、反馈与修正，为员工构建职业生涯通道，以实现组织和员工个人职业发展目标有机融合，彼此受益。新员工职业规划设计各阶段的主要工作、负责人员和主要培训内容如图 16-14 所示。

阶段	主要工作	负责人员	培训内容
1	初定岗位	人力资源部	1. 任职岗位需求的专业知识和技能 2. 新员工的专业知识与岗位匹配度
2	入职培训	人力资源部	1. 组织产品知识、职业发展教育等内容 2. 相关岗位业务知识和技能培训及经验交流 3. 企业规章制度、组织结构、行为规范等
3	入职引导	指导员	1. 初期。帮助其熟悉工作、生活、学习环节，及时提供工作业务方面的指导 2. 一个月后。解决工作、生活、学习中的问题 3. 试用期即将结束。与新员工交流，了解其职业兴趣、资质、技能、背景、特长等，以明确其职业发展意向 4. 试用期结束。帮助新员工设立未来职业目标，制订发展计划表，并适时对新员工的工作表现进行测评 5. 年度公开竞聘后。引导新员工进行职业生涯规划工作
4	新员工自我规划	新员工本人	1. 确定职业发展方向 2. 新员工自我综合评估 3. 选择职业：与性格、兴趣、特长、职业匹配 4. 年底公开竞聘前：职业生涯路线的选择
5	设定职业生涯目标	新员工本人	设定短期目标、长期目标和人生目标
6	制订行动计划	新员工本人	新员工的学习、岗位培训、岗位轮换
7	评估与反馈	组织和个人	根据职业发展路线、人生目标和计划安排并及时修正行动计划

图 16-14 基于职业生涯规划的新员工培训设计

16.2.2 基于职业生涯的在职员工培训体系

1. 在职员工培训的主要内容

组织在做各类培训前要认真了解员工，尤其是核心员工的优劣势和价值观，帮助员工做好自我评价，准确把握员工的"职业锚"，也就是要依据员工职业生涯发展规划的不同时期设计不同的培训内容，具体内容如表 16-1 所示。

表 16-1　在职员工培训内容

员工类型	主要特点	重点的培训内容
一般员工	1. 在本岗位工作不太久 2. 具有基本的技术和胜任力	1. 学习本岗位所需的知识和技能 2. 提高现有的各方面的素质和能力
优秀员工	具有独立完成工作所需的知识和技能	1. 开始发展相关领域的知识 2. 跟踪本行业的发展动态
即将晋升的员工	1. 具备独立完成工作所需的知识和技能 2. 能够为他人提供一些专业支持	1. 熟悉即将任职的岗位的流程和知识技能 2. 提高本岗位所需技能
需要培养的中层管理者	1. 具有创新思想和方法 2. 具有深度与广度相结合的专业知识和技能 3. 能为他人提供有效指导和业务增长的机会	思维方式、理念更新
高层管理者	1. 可根据专业判断制定战略 2. 推动专业水平的发展 3. 专业水准被同行认可	1. 注重自我管理的素质与内涵修炼 2. 培养一些新的思维方式、新的技术技巧

2. 在职员工的职业生涯发展规划

在职员工的职业生涯发展规划主要依据"横向发展、纵向发展、综合发展"的原则。对于各通道发展的员工，其培训内容也会有不同的侧重点。表 16-2 主要介绍了三种不同通道员工的特点和在相应通道上需要加强的内容。

表 16-2 员工不同发展通道培训内容一览表

通道	含义		相关说明
纵向发展	职位由低级向高级晋升	员工岗位	一般通道为专员、主管和经理三级发展
			生产类为工人、班组长、车间主任和生产经理四级发展
			非生产类为一般员工、部门主管、部门经理、总监四级发展
		员工特点	表现为行政级别的晋升
			具有强有力的升迁动机和价值观，对组织有很大的依赖性
		培训内容	管理基础知识、管理沟通技巧、团队建设能力
			目标职务或职位所应具备的专业能力、专业知识和专业素质
横向发展	为发展员工多重技能进行工作轮换	员工岗位	如会计和出纳轮岗、销售业务员和技术员轮岗等
		员工特点	拒绝全面管理工作，成功的标准是得到专家的认可
			强调实际技术或某项职能业务，追求在技术、职能领域成长和提高
		培训内容	拓展员工的业务技能
			丰富员工的工作经验
综合发展	横向和纵向发展相结合的综合发展通道	员工岗位	技术人员可以持续努力地发展技术水平，成为专家
			有管理专长的技术岗位员工可以选择成为中、高层管理人员
		员工特点	表现为员工在职级上的提升
		培训内容	注重专业技术和管理知识结合的培训

这三种通道的设计为组织未来的发展培养并储备了人才，为不同职业兴趣、不同专业的员工找到了适合自己的发展路径，这将最终推动组织持续、快速地成长。

第 17 章

基于核心和特殊人才
的培训体系建设

17.1 基于核心人才的培训体系建设

17.1.1 核心人才具备的素质

核心人才就是在组织发展过程中通过其高超的专业素养和优秀的职业操守，已经或者正在为组织做出卓越贡献的员工，以及由于他们的存在而弥补了组织发展过程中的某些空缺或者不足的员工。

核心人才所具备的素质不是先天性才能，而是一系列的后天素质，它是可以通过不断努力来学习和掌握的。

下面以某公司核心人才具备的素质为例，讲述成为核心人才应具备的素质，供读者参考。

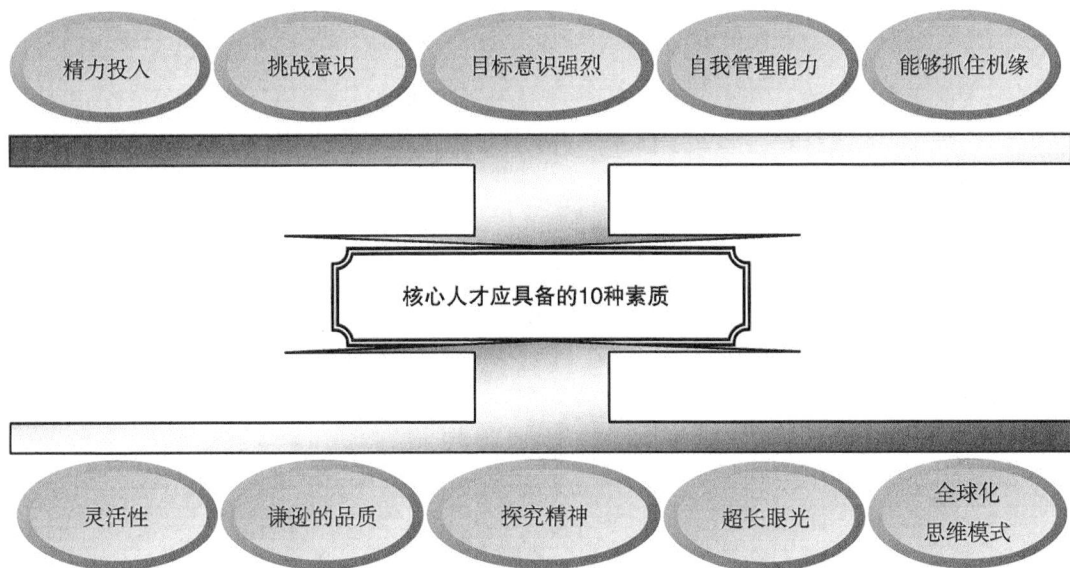

图 17-1 核心人才应具备的 10 种素质

17.1.2 核心人才的素质测评

1. 核心人才素质测评内容

核心人才的基本素质建立以后，组织可以依据各岗位的胜任能力素质测评对人员进行选拔。在现代组织中运用较多的是胜任能力素质模型。

胜任能力素质测评使用可以衡量的、可观察到的、可指导的行为来描述各个岗位需要的岗位知识、岗位技能和岗位素质，通过对典型岗位素质能力的测评，明晰目前组织员工具备的能力与组织国际化发展所需能力之间的差距，发现具有潜在能力的核心人才。

素质能力测评主要包含岗位核心技能、通用管理技能和岗位必备技能三个方面，其内容如表 17-1 所示。

表 17-1　素质能力测评内容一览表

素质名称	定义
岗位核心技能	胜任本岗位最关键的能力
通用管理技能	胜任本岗位需要具备的常用管理技能
岗位必备技能	胜任本岗位必须具备的各项技能

2. 核心人才素质测评的应用

核心人才素质测评的最终目的是选拔核心人才。对于核心人才的选拔，现代组织一般采用"内部培养和晋升、外部引进"的原则。采用"重点人才重点培养、核心人才长期培养、紧缺人才尽快培养"的方式加大对组织核心人才的培养力度。核心人才的选拔模式如图 17-2 所示。

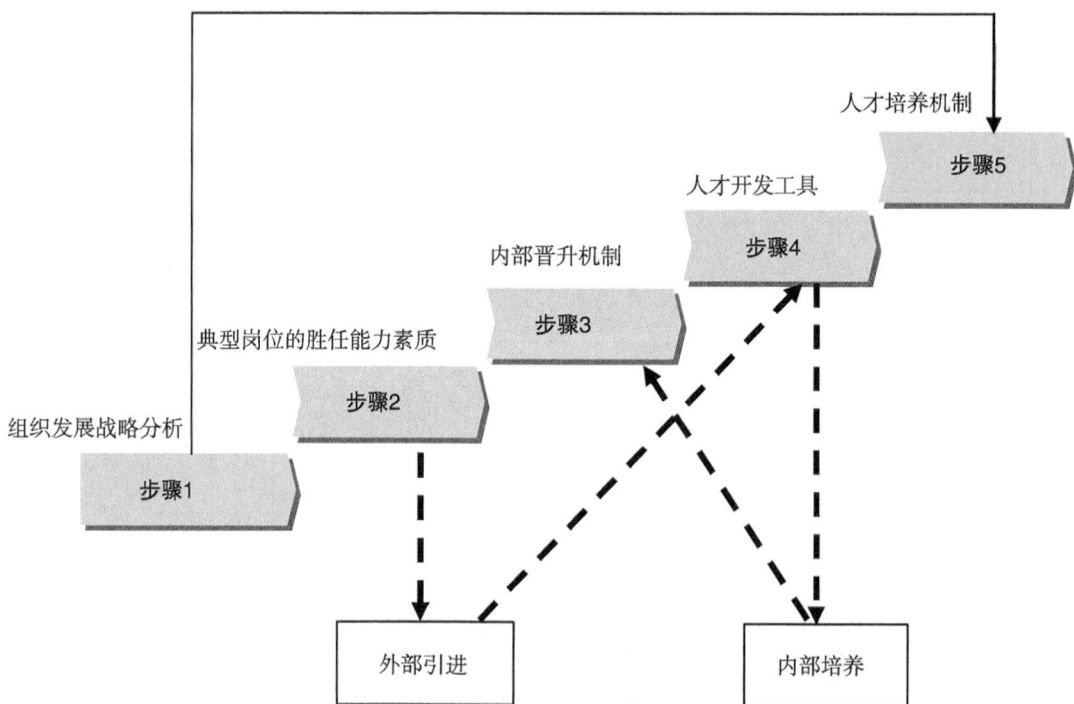

图 17-2　核心人才选拔的模式

17.1.3 核心人才培养体系设计

核心人才培养体系是为组织不断提供并留住核心人才的一系列机制。建立核心人才培训体系的目的是培养具有专业素质的经营人才。核心人才培养体系的构成如图17-3所示。

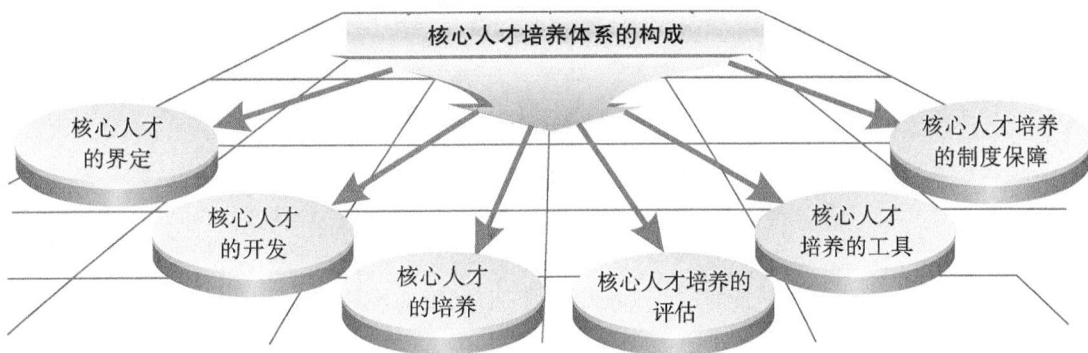

图17-3 核心人才培养体系的构成

1. 核心人才的界定

核心人才界定的方法主要包括人才稀缺性和人才价值矩阵法、工作业绩界定法、核心能力法和职能层级法四种，具体内容如表17-2所示。

表17-2 核心人才界定的方法

界定方法	相关说明
人才稀缺性和人才价值矩阵法	从两个维度来区分核心人才的程度，即人才稀缺性和人才的价值。人才的稀缺性是指对手很少拥有的或者对手很难一时培养的人才；人才的价值是指成本收益比很高的人。价值很高并且稀缺的人才被认为是核心人才
工作业绩法	主要是根据员工的历史业绩和当前业绩来确定核心人才。业绩高的人可能被认为是核心人才源，业绩一般的人则被认为是一般人才
核心能力法	核心人才是拥有核心能力从而对组织战略实施不可或缺的人。核心能力是指能够给顾客带来特别价值的技术与知识，它们是能够帮助组织获得竞争优势的关键能力
职能层级法	按照管理层级或者职位层级来确定核心人才的方法。这种办法主要是根据管理层级或者职位层级的高低来确定核心人才。一般来说，层级越高的管理者以及越高职位的从事者越有可能被看成是核心人才

上述人才稀缺性和人才价值的矩阵图如图 17-4 所示。

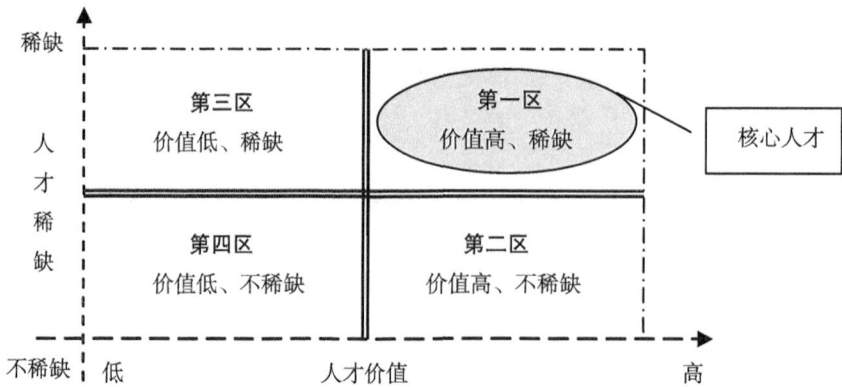

图 17-4 人才稀缺性和人才价值矩阵图

2. 核心人才的开发

在信息经济时代，组织对核心人才的开发是组织管理的核心部分。核心人才应具有独立自主性、创新性、有能力、自信心强等特征。组织开发核心人才必须因势利导，采取创造良好的软环境等措施。组织对核心人才开发的途径一般包括以下三个方面，具体如图 17-5 所示。

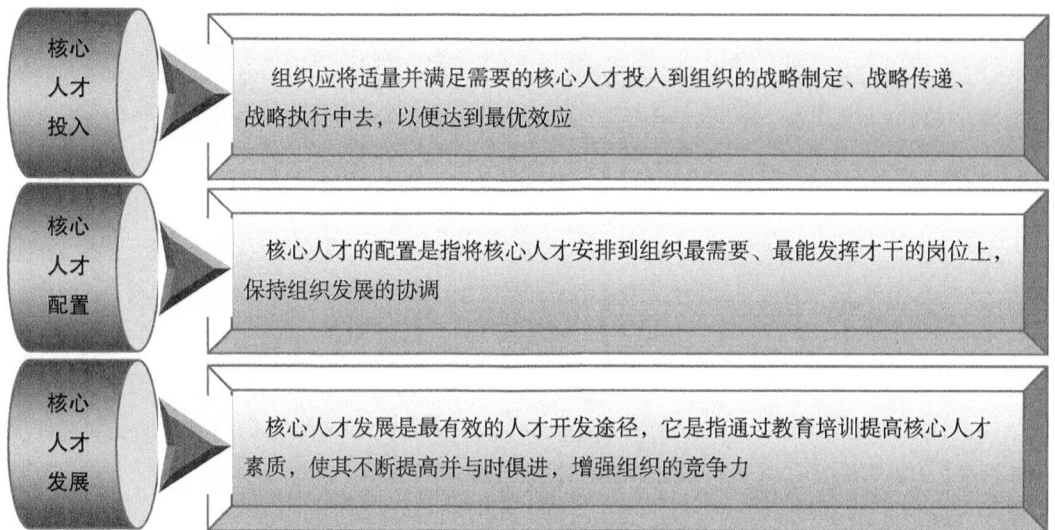

核心人才投入：组织应将适量并满足需要的核心人才投入到组织的战略制定、战略传递、战略执行中去，以便达到最优效应

核心人才配置：核心人才的配置是指将核心人才安排到组织最需要、最能发挥才干的岗位上，保持组织发展的协调

核心人才发展：核心人才发展是最有效的人才开发途径，它是指通过教育培训提高核心人才素质，使其不断提高并与时俱进，增强组织的竞争力

图 17-5 核心人才开发途径

3. 核心人才的培养

核心人才的培养是指对核心人才进行系统科学的培训，也是核心人才实现其自身职业生涯规划的必要条件。核心人才的培养主要包括以下四个方面。

（1）MBA 课程

MBA 课程培训的目的是让下一代领导人积累专业经营知识和领导力。培训内容是每年将核心人才送往国内外大学攻读 MBA 学位。

（2）海外研修课程

海外研修课程培训目的是感受国际化，扩大海外信息网和人际关系。培训内容是每年选派一定数量的核心人才到国外，通过学员丰富的海外文化体验培养为该领域的专家。

（3）管理者课程

管理者课程的培训目的是学习作为高管必须要具备的专业知识和领导力。培训内容是选拔一定数量的核心人才，进行变化和革新、领导力、危机管理、营销、财务会计等培训。

（4）在岗培训

在岗培训是通过在工作实践过程中对员工进行培养，不断提高员工的工作技能。

核心人才的培养应依据不同层次岗位的胜任能力及运营需求而采用不同的培训方式，具体的内容如表 17-3 所示。

表 17-3 不同层级核心人才的培训方式

培训层级	培训方式
后备人员	网上学习、轮岗锻炼、集中授课、导师制
经理	网上学习、集中授课、在岗学习、导师制
中高层	集中授课、在岗学习、交流、出国考察
决策层	国内/国际考察交流、EMBA、参加学术研讨会

4. 核心人才培养的评估

组织需要对核心人才培养的效果进行有效评估，评估主要包括两个方面。

（1）投资评估

结合组织的特点，有针对性地确定组织发展的阶段和组织调整的方向，进行岗位变动，并结合组织的经营状况控制薪酬总量。

（2）综合评估

对核心人才的知识、技能、素质、业绩和日常表现进行综合评估，把组织绩效导向作为核心人才设计职业生涯的宗旨，随时明确现有人力资源状况，把合适的人员放在合适的岗位上。综合评估主要从以下五个方面进行，具体如图 17-6 所示。

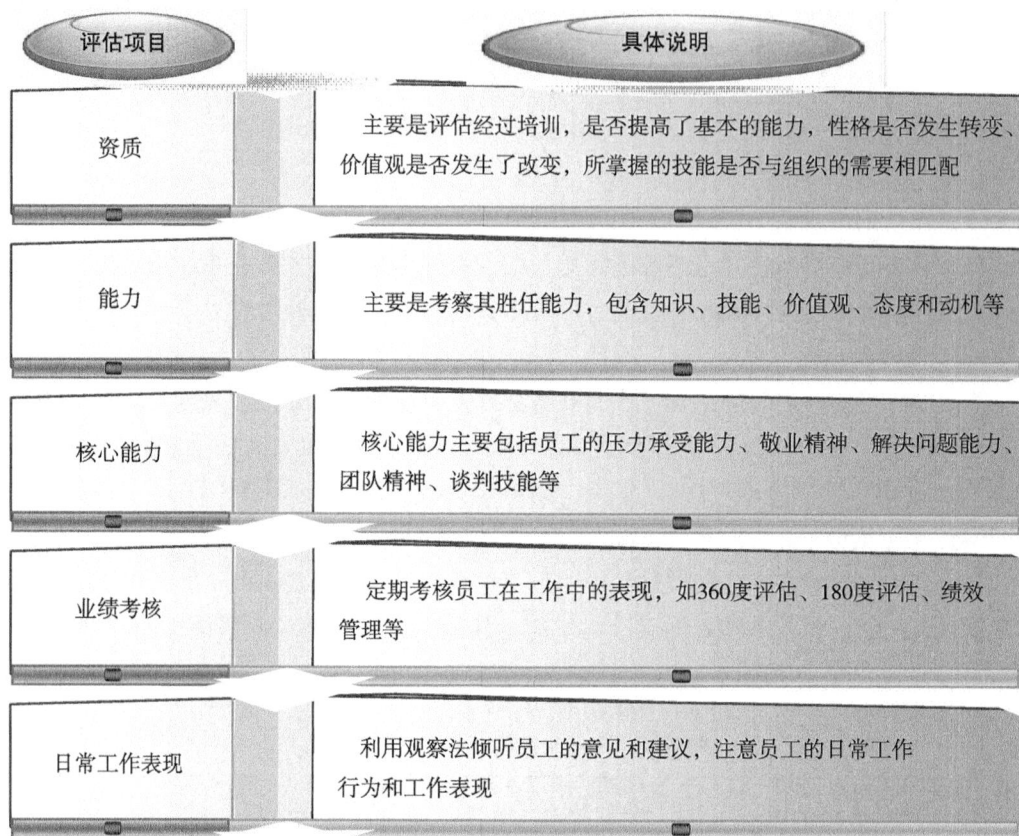

评估项目	具体说明
资质	主要是评估经过培训，是否提高了基本的能力，性格是否发生转变、价值观是否发生了改变，所掌握的技能是否与组织的需要相匹配
能力	主要是考察其胜任能力，包含知识、技能、价值观、态度和动机等
核心能力	核心能力主要包括员工的压力承受能力、敬业精神、解决问题能力、团队精神、谈判技能等
业绩考核	定期考核员工在工作中的表现，如360度评估、180度评估、绩效管理等
日常工作表现	利用观察法倾听员工的意见和建议，注意员工的日常工作行为和工作表现

图 17-6　核心人才培养的综合评估

5. 核心人才培养工具

核心人才培养工具的使用应结合组织战略发展的需要，依据不同岗位人才现有的知识和技能特点，选择合适的培养工具，迅速提升其管理技能。核心人才培养的工具如表 17-4所示。

表17-4　核心人才培养的工具

工具名称	主要内容	适用对象
定期评估	1. 在标准条件下，考察员工在指定工作组中的表现 2. 考察技能及能力是否胜任现在工作和将来的工作 3. 评估过程 （1）确定培训学员 （2）职务分析和能力模型建立 （3）确定评估指标 （4）使用评估开发工具 （5）培训实施 （6）评估整合	即将晋升的优秀员工
研讨会	1. 组织培训学员就某个专题或者问题进行研讨 2. 观察各管理者处理各类实务处理的能力 3. 了解其团队协作能力	主管人员
设立副职	1. 企业员工通过担任一定的副职，同有经验的主管一起工作 2. 通过观摩和学习，培养问题分析、问题解决和决策的技巧	即将晋升的优秀员工
职位提升	1. 临时的指派员工担任一定的空缺职务 2. 培养员工在本岗位的工作经验	业务骨干
职务轮换	1. 员工在不同部门担任主管或者非主管职务 2. 全面了解整个公司，以便更好地适应高层职务	技术熟练的员工
角色扮演	加强培养人际关系技能、管理技能	绩效优秀的员工
工作模拟	1. 通过情景模拟让管理者体验并做出决策 2. 培养管理者处理人际关系、问题解决和认知能力 3. 工作情景：处理文件训练、决策经营和部门亟待解决的问题	中高层管理者
户外拓展	1. 在户外共同参与一些团队活动、完成某项工作任务 2. 加强团队建设的能力，掌握团队沟通和协作的技巧	中高层管理者
沙盘模拟	1. 培训内容运用模拟市场竞争环境、市场变化各种场景 2. 让学员全真体会企业数年的经营管理过程	高层管理者

6. 核心人才培养制度保障

（1）核心人才培养制度体系

为确保核心人才培养能够顺利实施，组织必须制定相应的制度作为保障。核心人才培养的制度保障体系如图17-7所示。

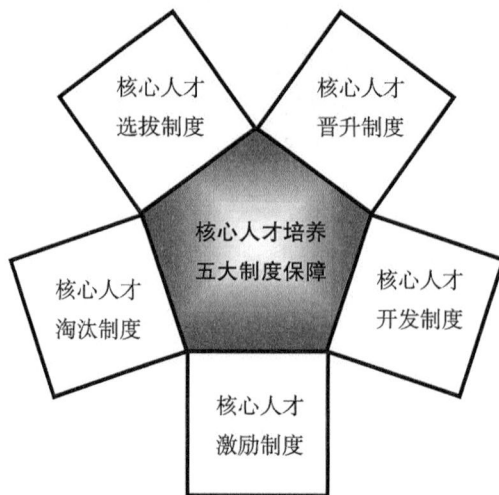

图 17-7　核心人才培养的制度保障体系

（2）核心人才培养制度范例

制度名称	××公司核心人才培养制度		受控状态	
			编　号	
执行部门		监督部门	考证部门	

<table>
<tr><td colspan="5" style="text-align:center">第 1 章　总则</td></tr>
</table>

第 1 章　总则

第 1 条　为提高公司的核心竞争力，培养和储备公司核心人才，特制定本制度。

第 2 条　本制度是根据公司的总体战略和对未来 3～5 年公司所需人才类型、素质、数量和结构等做出的总体规划。

第 3 条　本制度注重最大限度地挖掘人才，注重开发和培养公司核心人才。

第 4 条　公司核心人才主要指认同企业文化的优秀员工、业务骨干和中高层管理人员。

第 5 条　由人力资源部门负责、各部门主管负责协助执行。

第 2 章　核心人才开发的需求分析

第 6 条　根据人才测评结果和绩效评估，有重点地培养优秀员工和具有潜能的员工。

第 7 条　根据公司战略发展的需求和业绩考核结果，有针对性地选取员工进行培养。

第 8 条　由人力资源部门组织、各级主管部门负责协调收集培训需求。

第 3 章　核心人才开发计划的制订

第 9 条　由直接主管同意，总监和行政人事总监审核，报总经理审批，确定核心人才培训计划。

第 10 条　人力资源部与相关部门负责人进行沟通后，制订季度培训计划，报公司总经理审批后由人力资源部统一组织实施。

第 11 条　各培训课程主办单位应配合人力资源部在计划规定期限内制订培训实施计划，经审核批准后，由人力资源部通知相关人员实施培训。

（续）

第 4 章　核心人才开发的实施

第 12 条　培训的实施由各人力资源部门负责，各部门负责人负责协助人力资源部门的工作。

第 13 条　人才开发应与轮岗实践、在岗辅导和自我学习等其他人才培养方法结合起来。

第 14 条　参加学习的员工必须严格按照培养计划准时参加各项学习。如需请假，需得到部门经理同意，并将签字的请假单交至人力资源部。

第 15 条　对于海外培训、外派培训及各部门自行组织的培训或研讨会等，由各部门或个人自行提出申请并办理借款和报销手续。

第 16 条　员工到外地参加培训活动，按公司出差相关政策执行。

第 5 章　核心人才开发的评估

第 17 条　人力资源部门应定期对参加培训的员工进行评估，保证实施的效果。

第 18 条　人才测评和开展的研修课程的成绩将作为员工绩效考核、晋升的参考指标。

第 6 章　附则

第 19 条　本制度自颁发之日起实施。

第 20 条　本制度的解释说明权归公司人力资源部。

编制日期		审核日期		批准日期	
修改标记		修改处数		修改日期	

17.1.4　核心人才培养课程开发

核心人才培养课程因职能层次不同，其开发的侧重点也不同。不同职级核心人才培养课程开发的重点不同，具体内容如表 17-5 所示。

表 17-5　不同职级核心人才培养课程开发重点

职级	课程开发重点
基层核心人才	基层核心人才的培养注重知识和操作技能方面的培训
中层核心人才	中层核心人才的培养应加大学习量，加强实践环节和业务模拟环节
高层核心人才	高层核心人才的培养主要以自学和辅导以及业务模拟、案例分析、成功经验的分享为主，以使他们反复训练和展现全方面的能力

图 17-8 是××企业中层管理人才培养课程项目，仅供参考。

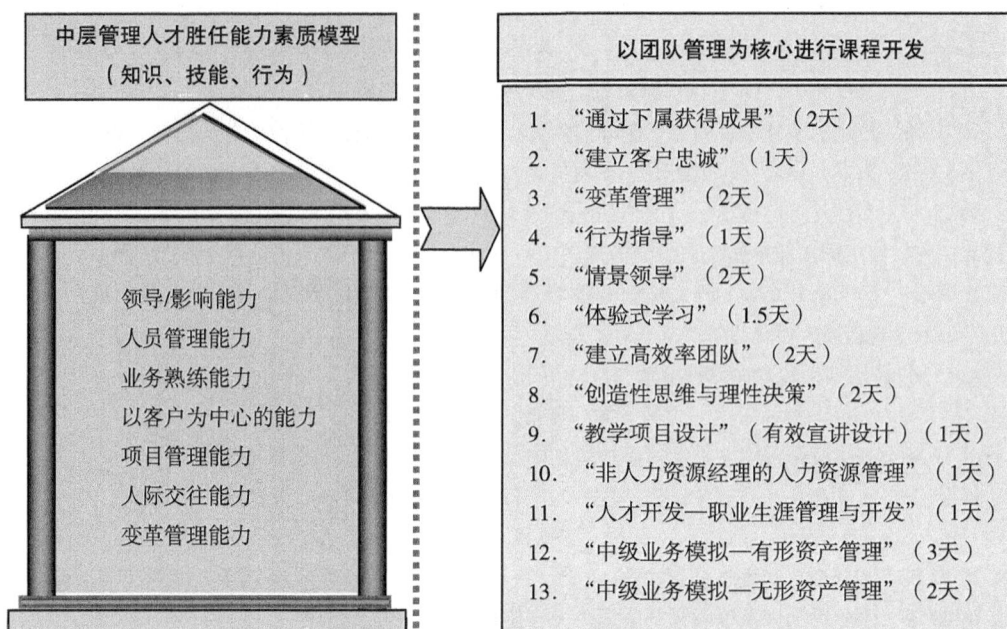

图 17-8　中层管理人才培养课程开发

17.1.5　核心人才培训效果评估

核心人才培训效果需要用一定的方法来评估，评估工具的具体操作在不同阶段有不同的内容。核心人才培训效果评估主要分为事前360度评估、课堂观察与意见反馈、课后一级评估、事后360度评估、优秀学员与优秀导师评选五个环节，以满足核心人才培训效果评估的要求，使核心人才培养更为有效。

评估的目的在于了解培养对象在各个方面的真实情况以及培训项目本身的效果。让评估对象了解到他人对自己的看法，同时了解自己在参加整个培养项目过程中取得的成绩和需要努力改进的地方，使得培养对象的努力更具有明确的方向性，获得事半功倍的效果。核心人才培训效果评估的内容如图17-9所示。

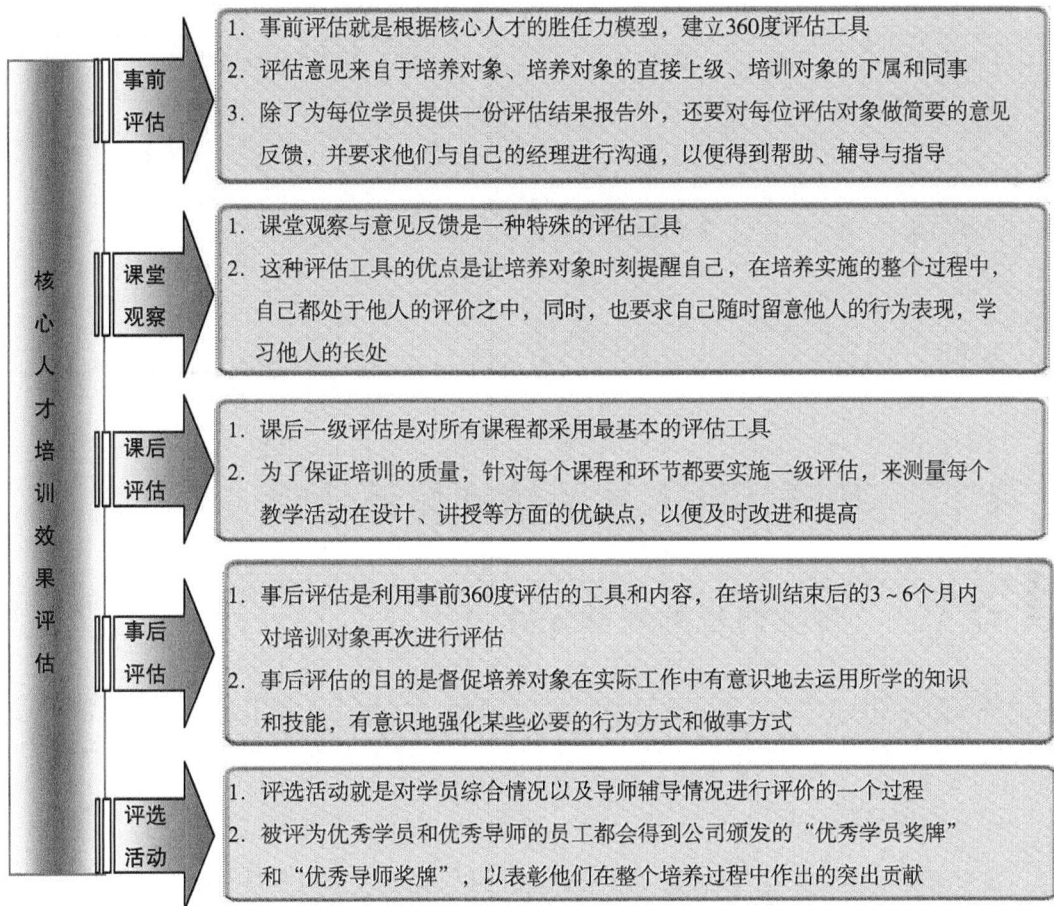

核
心
人
才
培
训
效
果
评
估

事前评估
1. 事前评估就是根据核心人才的胜任力模型,建立360度评估工具
2. 评估意见来自于培养对象、培养对象的直接上级、培训对象的下属和同事
3. 除了为每位学员提供一份评估结果报告外,还要对每位评估对象做简要的意见反馈,并要求他们与自己的经理进行沟通,以便得到帮助、辅导与指导

课堂观察
1. 课堂观察与意见反馈是一种特殊的评估工具
2. 这种评估工具的优点是让培养对象时刻提醒自己,在培养实施的整个过程中,自己都处于他人的评价之中,同时,也要求自己随时留意他人的行为表现,学习他人的长处

课后评估
1. 课后一级评估是对所有课程都采用最基本的评估工具
2. 为了保证培训的质量,针对每个课程和环节都要实施一级评估,来测量每个教学活动在设计、讲授等方面的优缺点,以便及时改进和提高

事后评估
1. 事后评估是利用事前360度评估的工具和内容,在培训结束后的3～6个月内对培训对象再次进行评估
2. 事后评估的目的是督促培养对象在实际工作中有意识地去运用所学的知识和技能,有意识地强化某些必要的行为方式和做事方式

评选活动
1. 评选活动就是对学员综合情况以及导师辅导情况进行评价的一个过程
2. 被评为优秀学员和优秀导师的员工都会得到公司颁发的"优秀学员奖牌"和"优秀导师奖牌",以表彰他们在整个培养过程中作出的突出贡献

图 17-9　核心人才培训效果评估

在对核心人才进行培训效果评估时,可以借助核心人才训练效果评价表,具体如表17-6所示。

表 17-6　核心人才训练效果评价表

接受训练前3个月工作业绩	接受训练后3个月工作业绩
_____月_____	_____月_____
_____月_____	_____月_____
_____月_____	_____月_____
训练过程中指导员提出的注意事项 1. 2. 3.	训练后的改进情况 1. 2. 3.

（续表）

训练结束时个人确定的工作目标，要执行的任务	训练后目标实现情况
1. 2. 3.	1. 2. 3.
直接上级的意见（及今后追加训练的注意点） 1. 2. 3.	直接上级的意见 1. 2. 3.

17.2 基于特殊人才的培训体系建设

17.2.1 特殊岗位的特殊人才

特殊岗位的特殊人才一般是指组织中的高级管理人才和专业技术人才。高级管理人才和专业技术人才的具体介绍如下所示。

1. 高级管理人才

高级管理人才代表组织的核心竞争力。通过高级管理人才的完善发展延续组织文化的核心内涵，保持组织的可持续发展。

2. 专业技术人才

专业技术人才具体指设备工程师、工程技术人员、农业技术人员、科研人员（自然科学研究、社会科学研究及实验技术人员）、卫生技术人员、教学人员（含高等院校、中等专业学校、技工学校、中学、小学）、民用航空飞行技术人员、船舶技术人员、经济人员、会计人员、统计人员、翻译人员、图书资料、档案、文博人员、新闻、出版人员、律师、公证人员、广播电视播音人员、工艺美术人员、体育人员、艺术人员及政工人员。

17.2.2 特殊人才培训的方式

1. 高级管理人才的培训方式

高级管理人才是指组织的领导者以及对组织经营决策有影响的人员。对于这部分人的培训方式如图 17-10 所示。

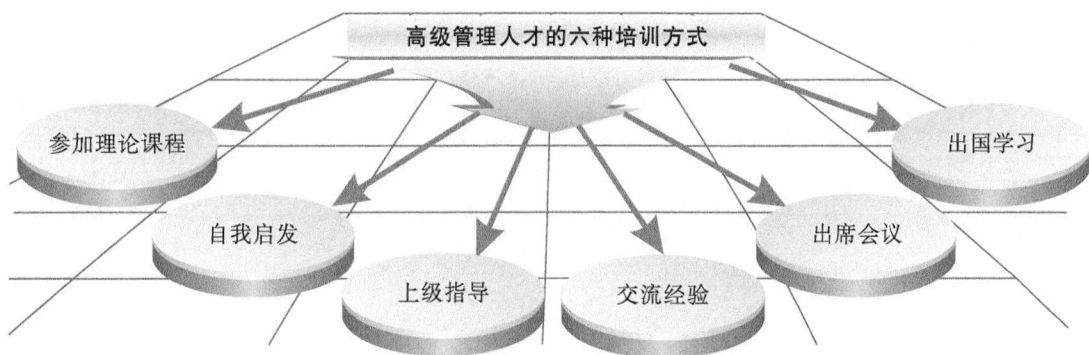

图 17-10　高级管理人才的培训方式

通过培训使高级管理人才掌握经营环境的变化，明确组织的长期经营目标和方针，不断改进经营管理水平。

2. 专业技术人才的培训方式

专业技术人才的培训方式如表17-7所示。

表 17-7　专业技术人才的培训方式

培训方式	培训说明	适用范围
普通授课	1. 由技术专家或经验丰富的技术员讲解相关知识 2. 应用广泛、费用低，但参加讨论的机会较少	企业及产品知识、技术原理、心态及职业素养等培训
工作指导	指定指导员对受训对象进行一对一指导	操作流程、专业技术技能培训
安全研讨	由生产安全、信息安全管理者主持，受训对象参与讨论	安全生产、操作标准培训
录像、多媒体教学	1. 将生产过程录制下来，供受训对象学习和研究 2. 间接的现场式教学，节省指导员的时间	操作标准及工艺流程培训
认证培训	1. 业余进修方式，参加函授班的学习 2. 培训结束后参加考试，合格者会获得证书	专业技能类培训

17.2.3　特殊人才培训体系建设

1. 特殊人才培训体系的内容

特殊人才培训体系的内容如图17-11所示。

图 17-11　特殊人才培训体系涉及的内容

2. 特殊人才的培训模式

特殊人才的培训模式是特殊人才培训体系的关键内容，主要包括高级管理人才的培训和专业技术人员的培训。具体如图 17-12 所示。

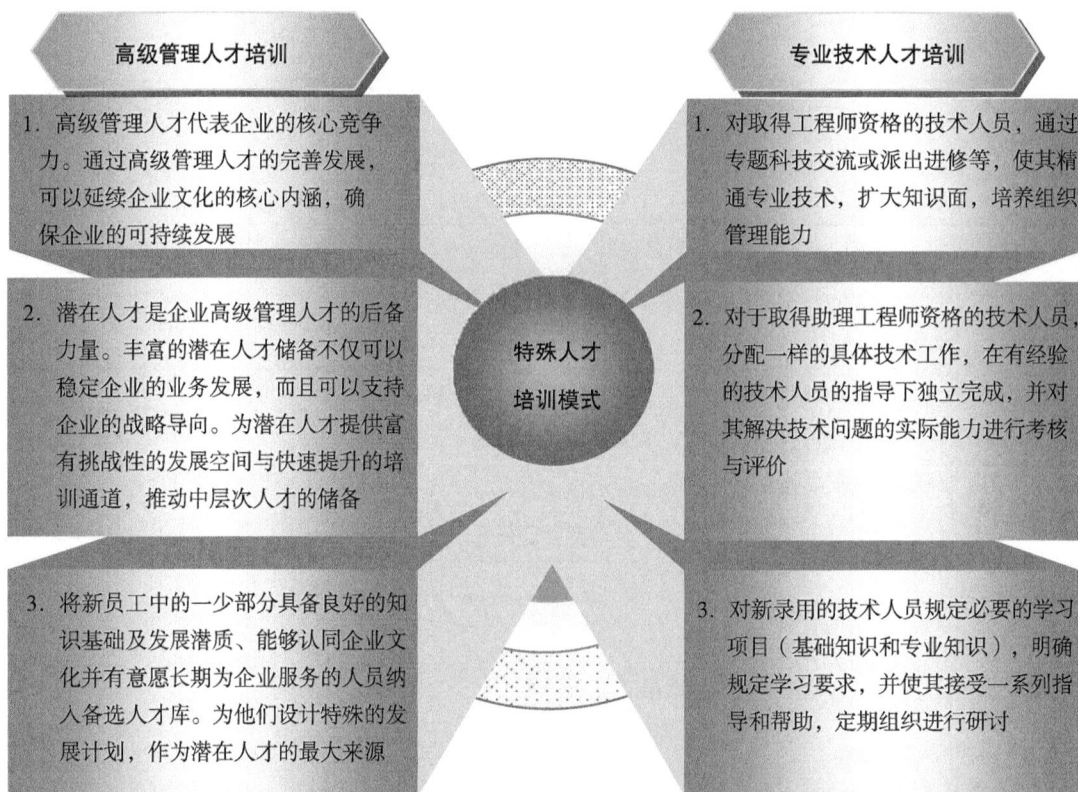

高级管理人才培训	专业技术人才培训
1. 高级管理人才代表企业的核心竞争力。通过高级管理人才的完善发展，可以延续企业文化的核心内涵，确保企业的可持续发展	1. 对取得工程师资格的技术人员，通过专题科技交流或派出进修等，使其精通专业技术，扩大知识面，培养组织管理能力
2. 潜在人才是企业高级管理人才的后备力量。丰富的潜在人才储备不仅可以稳定企业的业务发展，而且可以支持企业的战略导向。为潜在人才提供富有挑战性的发展空间与快速提升的培训通道，推动中层次人才的储备	2. 对于取得助理工程师资格的技术人员，分配一样的具体技术工作，在有经验的技术人员的指导下独立完成，并对其解决技术问题的实际能力进行考核与评价
3. 将新员工中的一少部分具备良好的知识基础及发展潜质、能够认同企业文化并有意愿长期为企业服务的人员纳入备选人才库。为他们设计特殊的发展计划，作为潜在人才的最大来源	3. 对新录用的技术人员规定必要的学习项目（基础知识和专业知识），明确规定学习要求，并使其接受一系列指导和帮助，定期组织进行研讨

图 17-12　特殊人才培训模式

第 18 章

国际化人才的培训体系建设

18.1 国际化人才

18.1.1 国际化人才具备的素质

国际化人才是指具有国际化意识和胸怀以及国际一流的知识结构，视野和能力达到国际化水准，在全球化竞争中善于把握机遇和争取主动的高素质人才。国际化人才应具备的七项素质如图 18-1 所示。

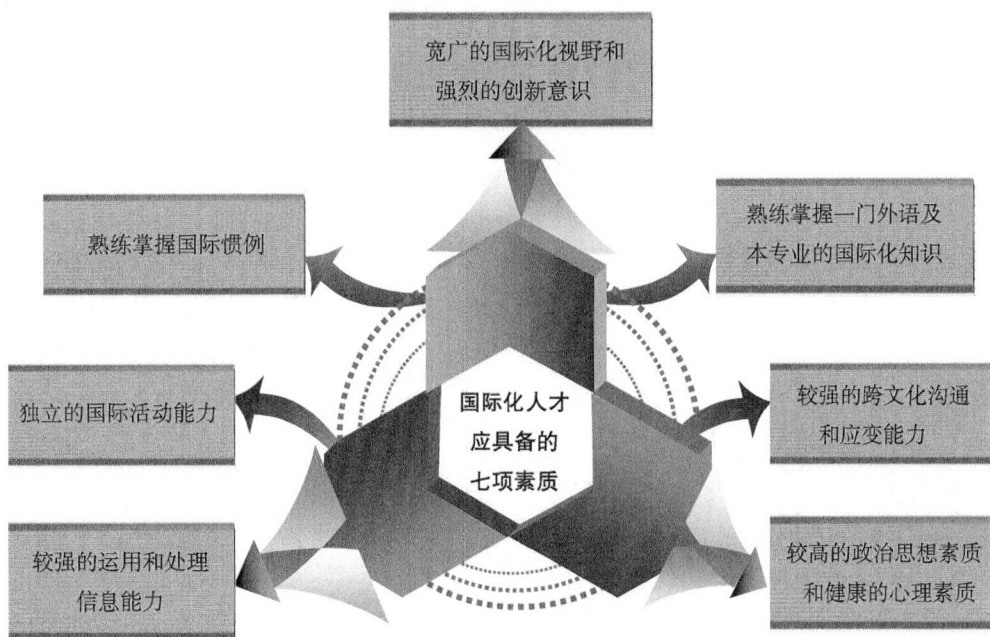

图 18-1 国际化人才具备的七项素质

18.1.2 国际化人才的培养方式

国际化人才是实现海外业务快速发展的关键。国际化人才的培养能够优化人才队伍的素质结构，满足海外项目运作对专业人才的需求，同时也储备了一批骨干人才。恰当的培养方式是国际化人才培养的保证。国际化人才的培养方式主要包括以下四种，具体如图 18-2所示。

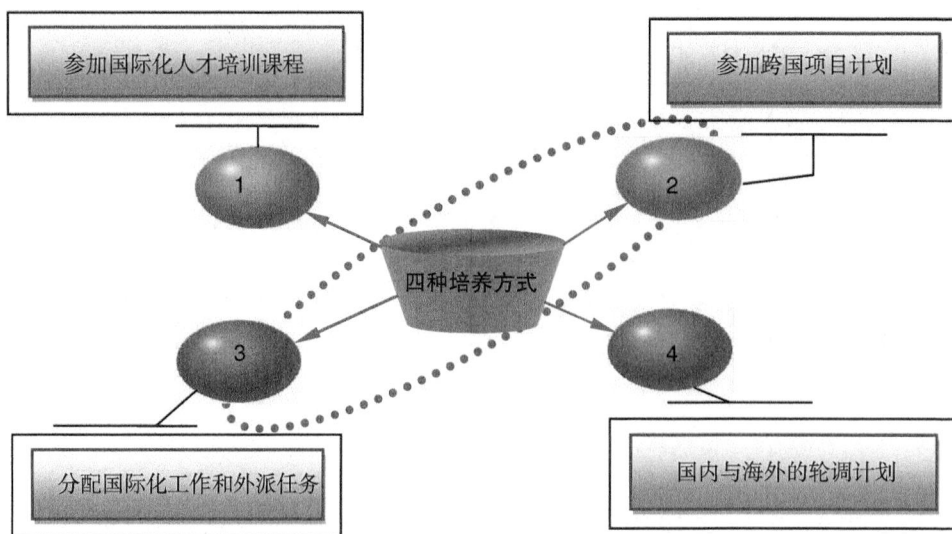

图 18-2　国际化人才的四种培养方式

　　组织应根据组织的发展战略及实际情况，选择合适的国际化人才培训方式。以三星公司为例，三星培养国际化人才采用的是海外地域专家课程，具体介绍如图 18-3 所示。

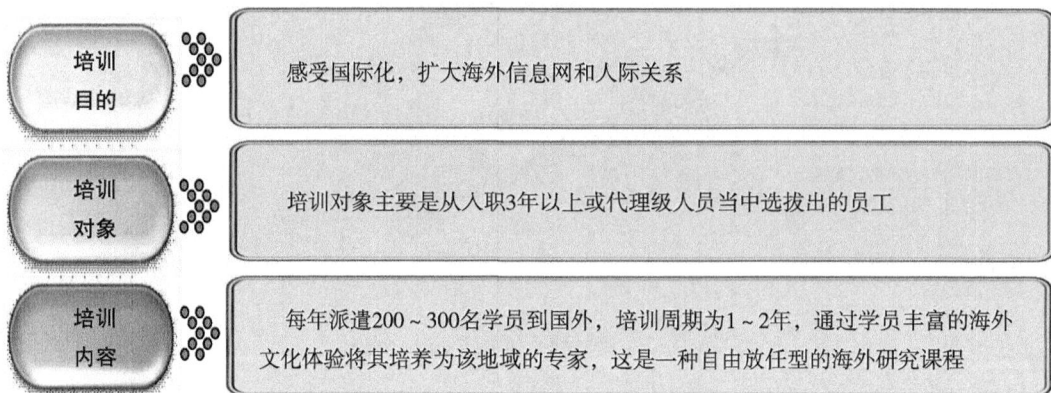

图 18-3　三星海外地域专家课程介绍

18.1.3　国际化人才的培养计划

　　国际化人才培养计划是通过培训课程帮助培养对象获得国际化视野的一种人才发展规划。其培养计划包括的内容如图 18-4 所示。

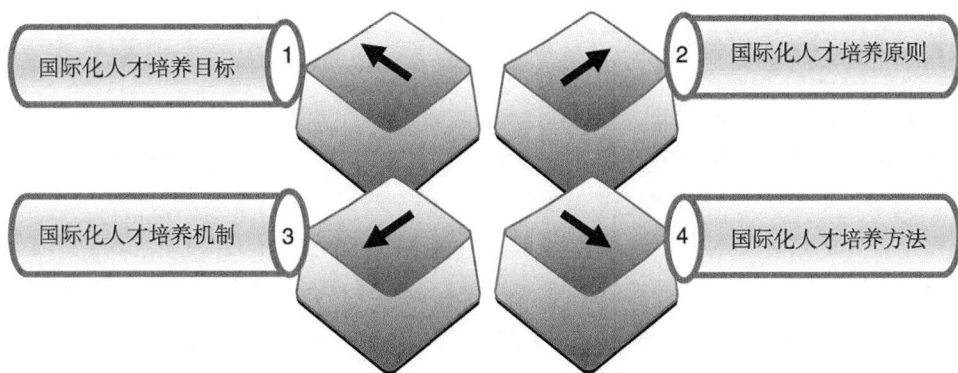

图18-4 国际化人才培养计划包含的内容

国际化人才培养目标　　国际化人才培养原则
国际化人才培养机制　　国际化人才培养方法

1. 国际化人才培养目标

国际人才培养目标是通过建立定位清晰、目标明确、层次分明、相互衔接、运作高效的国际化人才培养体系，为组织培养一批既熟悉国际惯例和规则，又具有国际视野和理念的国际化人才。国际化人才培养目标具体分为国际化人才的数量要满足组织未来发展需求、国际化人才的层次高、国际化人才的结构合理以及国际化人才的高效能等目标。

2. 国际化人才培养原则

国际人才培养应遵循的原则如图18-5所示。

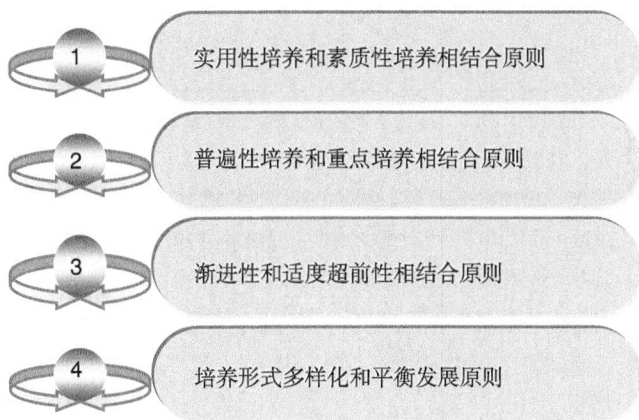

1 实用性培养和素质性培养相结合原则

2 普遍性培养和重点培养相结合原则

3 渐进性和适度超前性相结合原则

4 培养形式多样化和平衡发展原则

图18-5 国际化人才培养原则

3. 国际化人才培养机制

国际化人才培养是组织人力资源部门的重要职责。组织人力资源部门担负着培养、吸引和用好人才以及做好组织人才资源开发的重要任务。因此，国际化人才培养由组织人力资源部门统一进行管理。

（1）建立国际化人才的归口管理体制

人力资源部组织成立国际人才管理办公室，负责国际化人才日常的培养管理工作。

（2）健全国际化人才选拔机制和保障机制

国际化人才的培养着眼于组织所有人才特别是高层领导人才的培养和队伍建设。应当严格按照公开、公正、竞争、择优的原则和程序选拔培养对象。组织应建立公正与效果相结合的培训对象选拔机制。对于所有人才培养计划，组织都应建立公正与效率相结合的培养对象选拔机制。

制订任何人才培养计划时，都应该对培养对象有年龄、职位、业务、语言等硬件方面的要求；制定统一的人才选拔评价指标体系；公示所有的国际化人才培养计划的选拔方式、培养课程、培训进程等相关内容；建立国际化培养后备人才库。

（3）发挥人力资源部门的监督评估作用

人力资源部门组织成立由第三方专家组成的国际化人才培养评估委员会，对人才培养项目的效果进行评估，对实施人才国际化培养计划的部门进行评比。同时，建立有效的反馈机制，采集各类需求，进行综合分析，并在此基础上采取相应措施，提高人才培养效率。

4. 国际化人才培养方法

（1）开展国际化人才的国内培训
①开展国内培训的原则
开展国内培训的三项原则如图18-6所示。

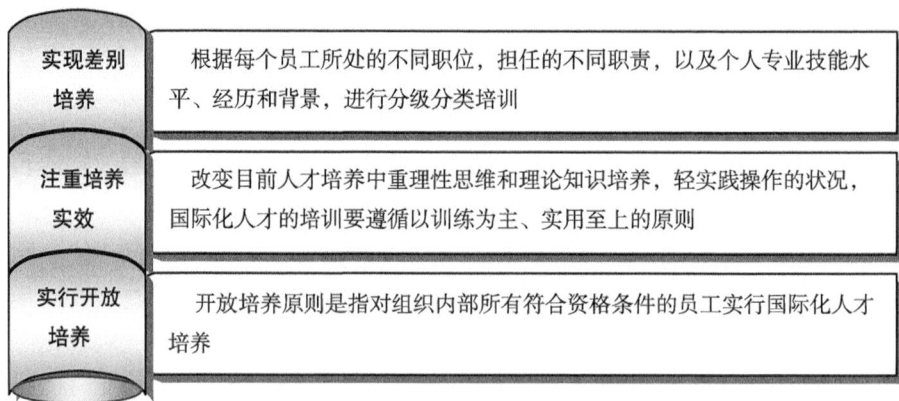

实现差别培养	根据每个员工所处的不同职位，担任的不同职责，以及个人专业技能水平、经历和背景，进行分级分类培训
注重培养实效	改变目前人才培养中重理性思维和理论知识培养，轻实践操作的状况，国际化人才的培训要遵循以训练为主、实用至上的原则
实行开放培养	开放培养原则是指对组织内部所有符合资格条件的员工实行国际化人才培养

图18-6　开展国内培训的三项原则

②培训课程设置的原则
培训课程设置的原则主要包括以下三个，如图18-7所示。

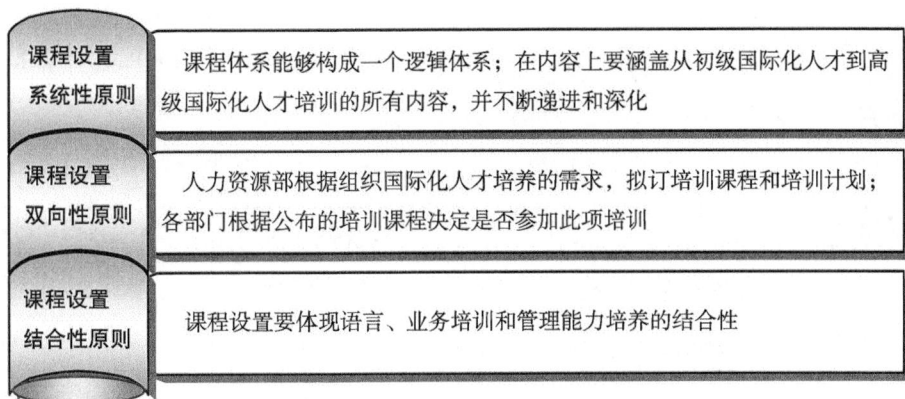

图 18-7 培训课程设置的三项原则

③国内短期培训的举办方式

国内短期培训的举办方式主要包括委托社会培训机构和组织内部培训两种，具体内容如图 18-8 所示。

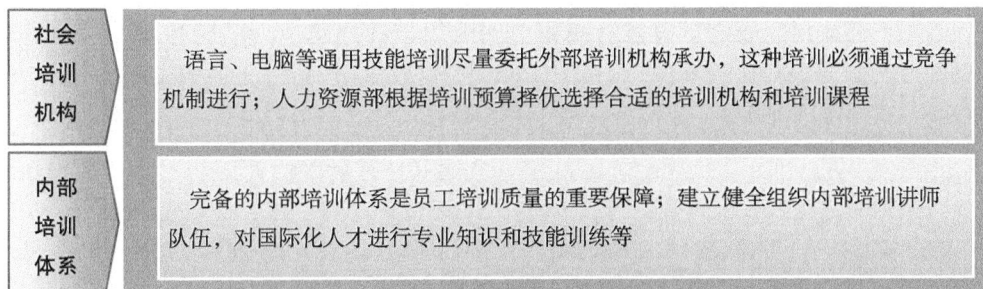

图 18-8 国内短期培训举办的两种形式

（2）开展国际化人才的国外培养

①开展人才的国外培养要实现的转变

开展国际化人才培养要实现四种改变，具体如图 18-9 所示。

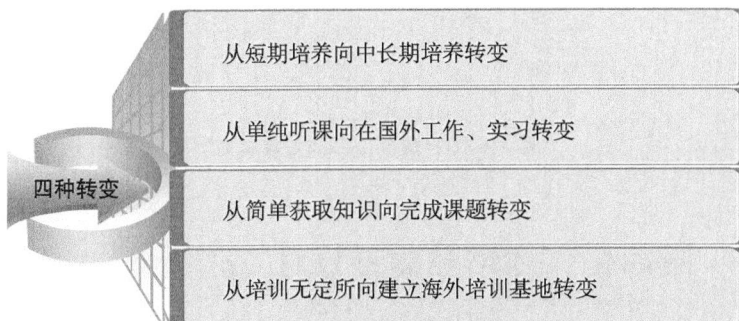

图 18-9 开展人才的国外培养要实现的四种转变

②培训内容要丰富全面

培训内容主要包括语言教育、业务能力训练、国际理解教育、创造性教育等方面，具体内容如表18-1所示。

表 18-1 培训内容汇总表

培训内容	相关说明
语言教育	在国外的语言环境中，突击提高学员的外语水平是国外培训的重要目标之一
业务能力训练	提高业务能力和管理水平是国际化人才培养的真正目标
国际理解教育	开展国际素质教育，使学员了解国际经济，理解国际社会公共价值理念和多元化礼仪
创造性教育	改变传统的老师讲课、学员听课的授课形式，鼓励多样化和特色化的教学模式，以学员为中心，激发学员的个人潜力

③国外培养要有规范的制度保障

国外培养需要建立完善的制度作保障，一般包括国内预培训制度和国外培训制度两种，详细介绍如图18-10所示。

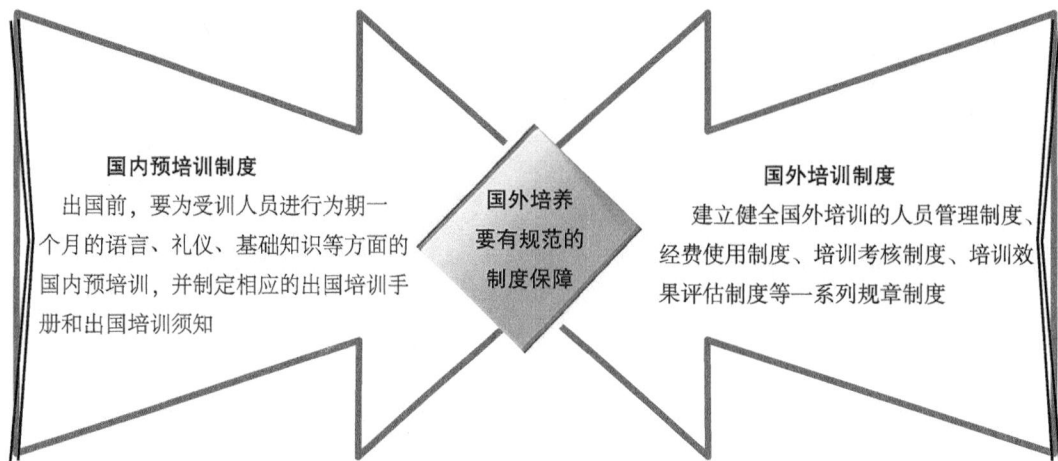

国内预培训制度
出国前，要为受训人员进行为期一个月的语言、礼仪、基础知识等方面的国内预培训，并制定相应的出国培训手册和出国培训须知

国外培养要有规范的制度保障

国外培训制度
建立健全国外培训的人员管理制度、经费使用制度、培训考核制度、培训效果评估制度等一系列规章制度

图 18-10 国外培养的制度保障

18.1.4 国际化人才培养体系设计

国际化人才培养体系对于推动组织的国际化发展进程发挥着重要作用。国际化人才培

训体系主要包括的内容如图 18-11 所示。

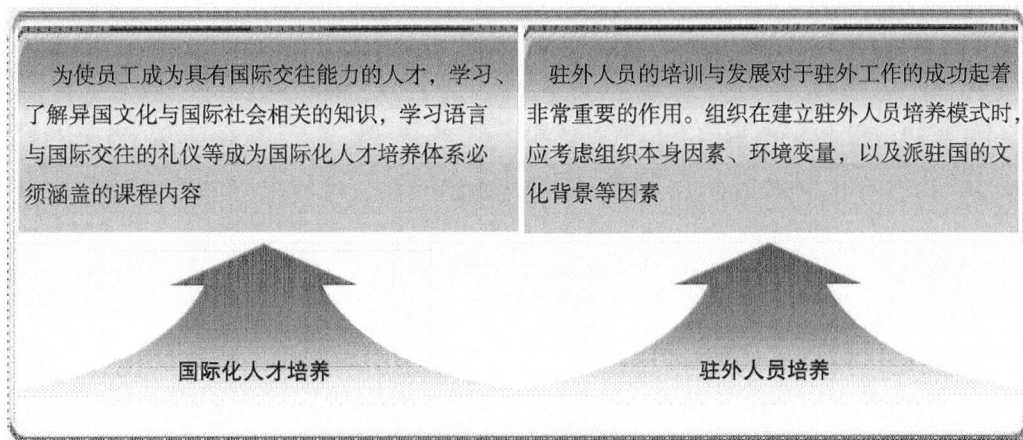

图 18-11 国际化人才培养体系构成内容

1. 国际化人才的培养

国际化人才的培养包括以下三种课程，如图 18-12 所示。

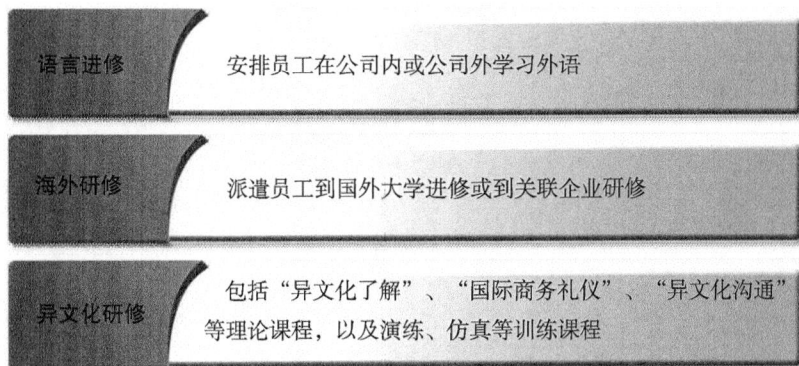

图 18-12 国际化人才培养模式

2. 驻外人员的培养

跨国企业对于海外分支机构的用人策略包括由母公司国籍的人担任、由海外分支机构的人担任以及由第三国的人担任三种形式。不管采用哪种用人策略，母公司一般会派遣或在初期派遣驻外人员赴海外分支机构服务。驻外人员培养的模式如图 18-13 所示。

明确整体目标	→ 增强外遣和归国后人员的工作效率

确认存在问题 → 内部关系
外部关系
家庭关系
与总部的关系
与当地政府的关系
与母国政府的关系 → 回馈

明确培养目标 → 检查任务项目和条件
传授当地语言的工作知识
增加冲突管理的能力
减少回国的问题
加深对当地国知识和文化的了解 → 回馈

确认培养需要 → 培养到什么程度 → 回馈

制定培养方法 → **出国前的训练**
语言学习
地区学习
跨文化训练小组
行为模拟
案例分析
到达后的培训
适应指导和训练
工作问题解决培训 → 回馈

取得的成果 → 了解有关当地国的文化、政治、经济、企业、法律和社会知识知道在国际化过程中各团队感兴趣的需求和期望 → 回馈

期望的结果 → 外遣人员的工作效率 → 评估

培训方法 → 归国训练 → 回馈

期望的结果 → 归国后人员的工作效率 → 评估

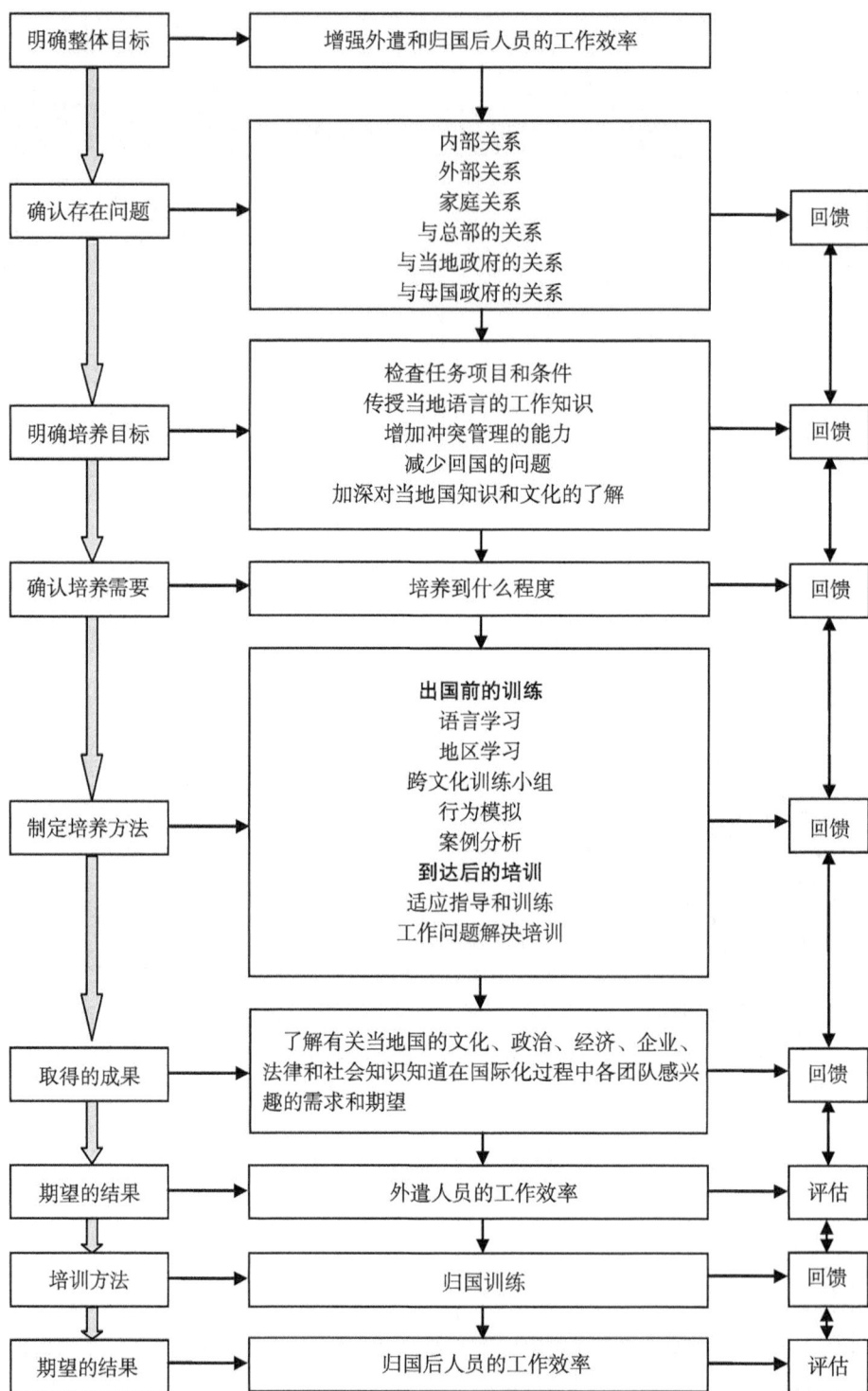

图 18-13　驻外人才培养模式

18.2   不同行业的国际化人才培养模式构建

18.2.1   酒店业国际化人才培养模式设计

1. 酒店国际人才的素质要求

酒店对国际人才的素质要求包括对教育水平的要求、对语言的要求、对年龄和工作经验的要求、对人品和基本素质的要求、对工作能力和知识的要求以及对相貌和身高的要求等，具体如图 18-14 所示。

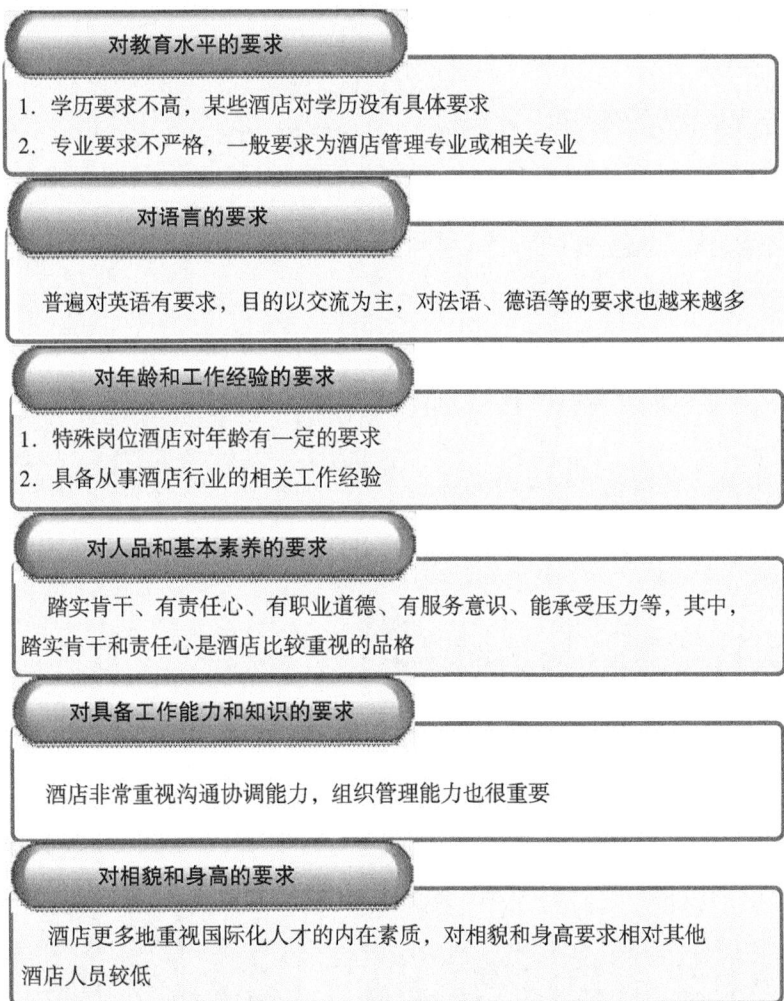

对教育水平的要求

1. 学历要求不高，某些酒店对学历没有具体要求
2. 专业要求不严格，一般要求为酒店管理专业或相关专业

对语言的要求

普遍对英语有要求，目的以交流为主，对法语、德语等的要求也越来越多

对年龄和工作经验的要求

1. 特殊岗位酒店对年龄有一定的要求
2. 具备从事酒店行业的相关工作经验

对人品和基本素养的要求

踏实肯干、有责任心、有职业道德、有服务意识、能承受压力等，其中，踏实肯干和责任心是酒店比较重视的品格

对具备工作能力和知识的要求

酒店非常重视沟通协调能力，组织管理能力也很重要

对相貌和身高的要求

酒店更多地重视国际化人才的内在素质，对相貌和身高要求相对其他酒店人员较低

图 18-14   酒店对国际化人才的素质要求

2. 酒店国际化人才培养模式

酒店国际化人才培养模式如表18-2所示。

表18-2 酒店国际化人才培养模式

类别	酒店员工	酒店点菜人员	酒店管理人员	酒店决策层
专业技能培训	酒店员工的销售技巧，服务风格与服务意识，优秀员工必备准则，酒店员工技能操作培训	服务礼仪、推销技巧、营养搭配、原料常识、饮食规划、菜品成本核算、菜品的制作过程、顾客消费心理服务对策、语言艺术和应对顾客技巧	酒店经理人职业化修炼，如何快速打造团队执行力，员工配置与人力资源管理，酒店卓越服务与高效管理	领导艺术，财务管理，战略与营销，店内经营策划，酒店最新赢利策略，凝聚力突破，创新经营与管理
证书类培训	厨师证书	——	酒店职业经理人	——
能力素质培训	沟通技巧、协调能力、组织管理能力、时间管理、团队合作、演讲技巧、压力管理、目标管理			
国际化培训	语言培训、跨文化培训、国际商务礼仪、国际通用知识培训、国际惯例培训			

18.2.2 航空业国际化人才培养模式设计

1. 航空业国际化人才培养模式设计内容

航空业国际化人才培养模式设计的主要内容如图18-15所示。

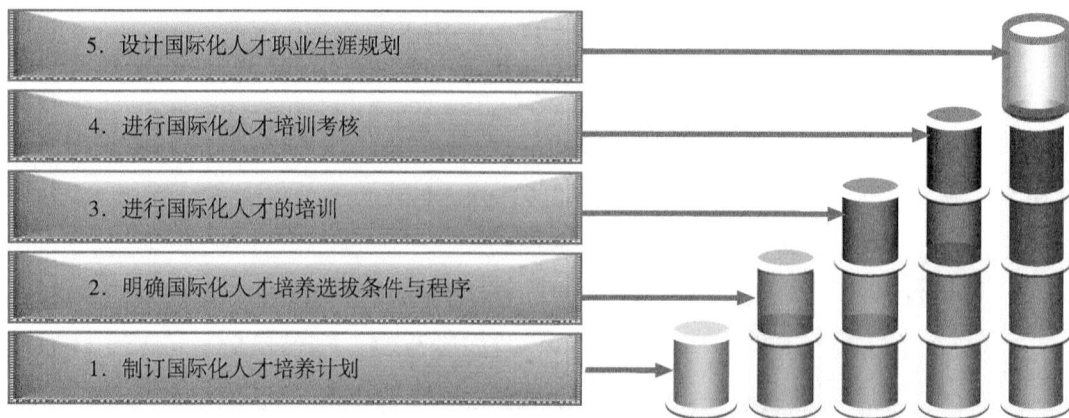

图18-15 航空业国际化人才培养模式设计内容

图中内容（自下而上）：
- 1. 制订国际化人才培养计划
- 2. 明确国际化人才培养选拔条件与程序
- 3. 进行国际化人才的培训
- 4. 进行国际化人才培训考核
- 5. 设计国际化人才职业生涯规划

2. 航空业国际化人才培训模式设计举例

××航空公司的国际化人才培养模式如图18-16所示。

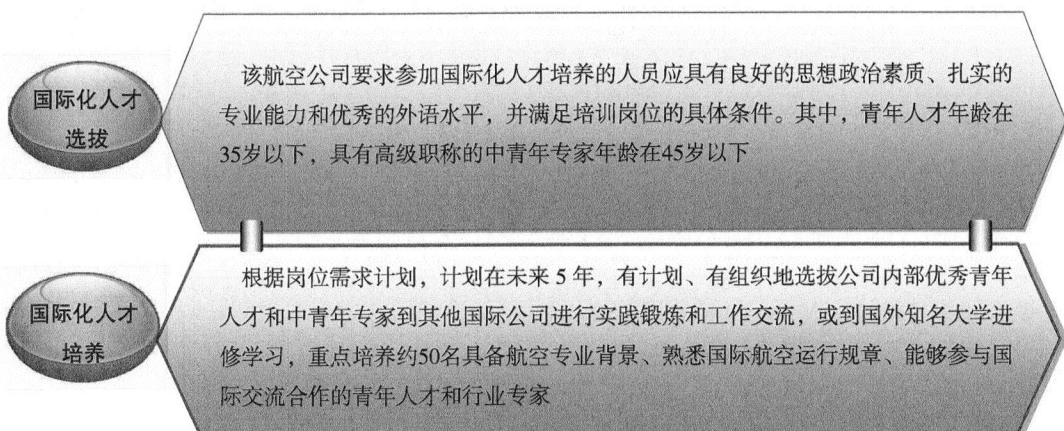

图18-16 ××航空公司国际化人才培养模式

18.2.3 电子业国际化人才培养模式设计

1. 电子企业国际化人才培养模式

××公司经过多年的积累经验，在打造高素质员工队伍形成自己独有的一套体系，五级管理课程体系就是为培养该企业管理人员成为国际化领导人才的培养模式。

根据五种不同的管理人员在企业中处于的职业生涯发展阶段，选用合适的培训方式和培训内容，提高管理人员的各项技能。五级管理课程体系设置如表18-3所示。

表18-3 五级管理课程体系设置

课程级别	培训对象	主要目标	培训的部分内容
初级类课程	新选任的初级经理	强调自我管理 注重团队管理	公司及其愿景、价值观和目标、职业经理人、项目运作和管理、团队建设和高校沟通、领导风格及有效激励、网上学习
高级类课程	各部门经理	思维方式的培养	如何有效授权，复杂问题解决
综合类课程	从事某项具体职务多年，兼任其他职能的管理责任的管理人员	企业家潜能开发	创新思维、企业经营策略、变革管理

（续表）

课程级别	培训对象	主要目标	培训的部分内容
高层类课程	担任全球业务的总经理	提升领导力水平	领导力课程、电子商务知识、经营战略
公司层课程	公司的战略层	全球战略思维养成	变革管理、企业运营、战略绩效

2. 电子企业国际化人才培养模式

该公司每年选拔优秀人才派往国外学习和工作一年左右，学习和借鉴先进的管理方法。

这种培养活动能够帮助员工了解国际化的运作模式、提高外语水平，帮助公司为国家化做好准备。就培训目标国家而言，在生产领域工作的人员被派到韩国、德国受训的机会更多；销售人员被派到美国、欧洲受训的机会更多。

18.2.4　金融业国际化人才培养模式设计

1. 金融业国际化人才的标准

国际化人才培养是金融业人才队伍建设的重中之重。培养金融业国际化人才，首先应该明确其标准。金融业国际化人才的标准如图 18-17 所示。

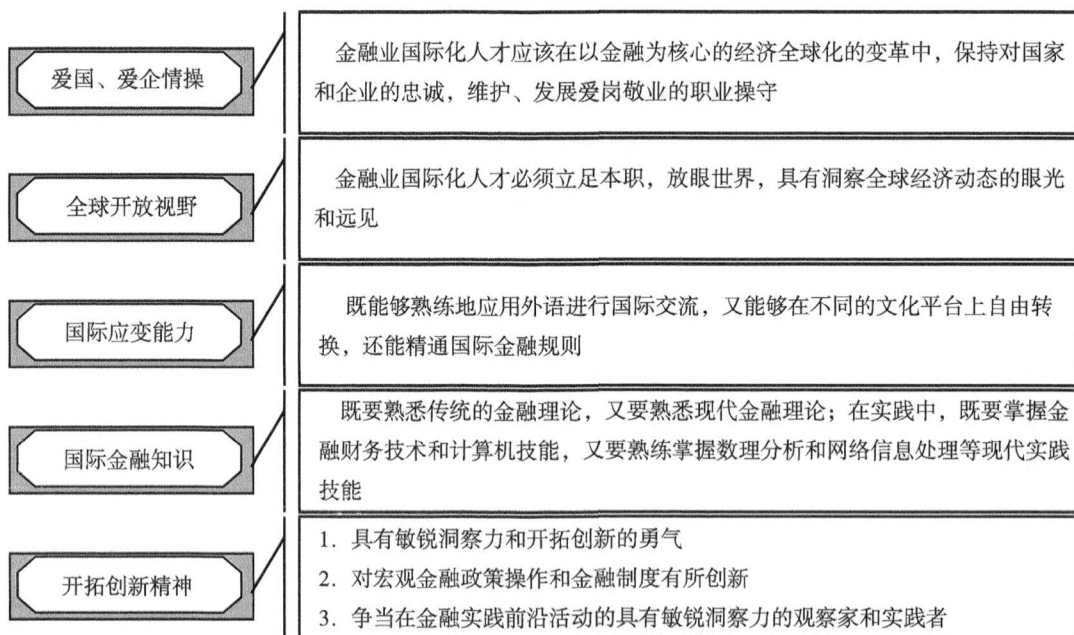

爱国、爱企情操	金融业国际化人才应该在以金融为核心的经济全球化的变革中，保持对国家和企业的忠诚，维护、发展爱岗敬业的职业操守
全球开放视野	金融业国际化人才必须立足本职，放眼世界，具有洞察全球经济动态的眼光和远见
国际应变能力	既能够熟练地应用外语进行国际交流，又能够在不同的文化平台上自由转换，还能精通国际金融规则
国际金融知识	既要熟悉传统的金融理论，又要熟悉现代金融理论；在实践中，既要掌握金融财务技术和计算机技能，又要熟练掌握数理分析和网络信息处理等现代实践技能
开拓创新精神	1. 具有敏锐洞察力和开拓创新的勇气 2. 对宏观金融政策操作和金融制度有所创新 3. 争当在金融实践前沿活动的具有敏锐洞察力的观察家和实践者

图 18-17　金融业国际化人才的五个标准

2. 金融业国际化人才队伍建设

金融业国际化人才队伍建设如图 18-18 所示。

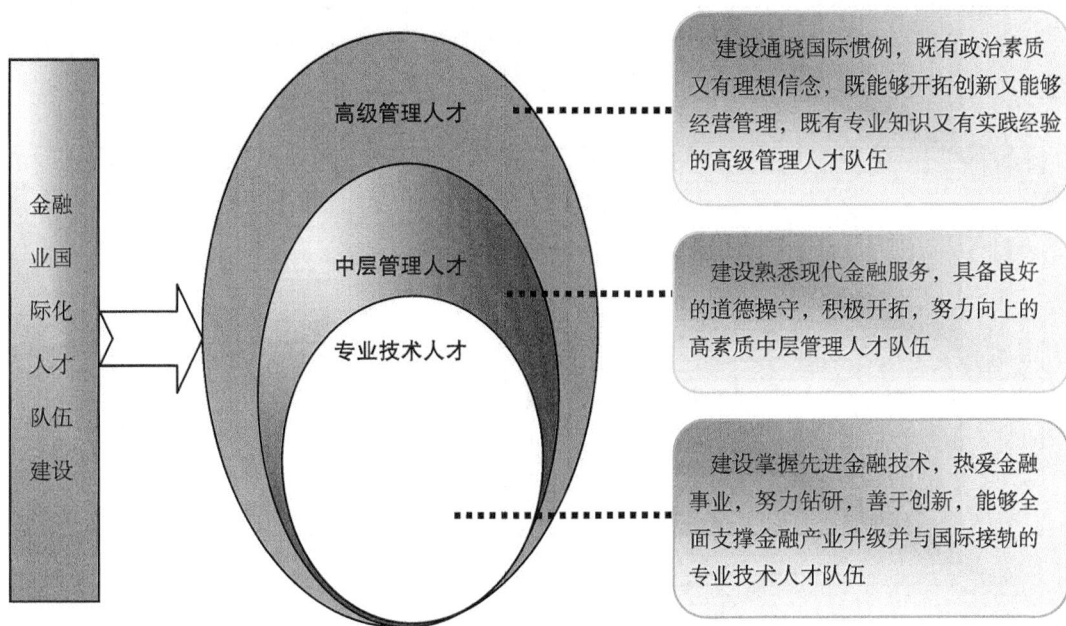

图 18-18　金融业国际化人才队伍建设

3. 金融业国际化人才培养方式

金融业国际化人才培养方式如图 18-19 所示。

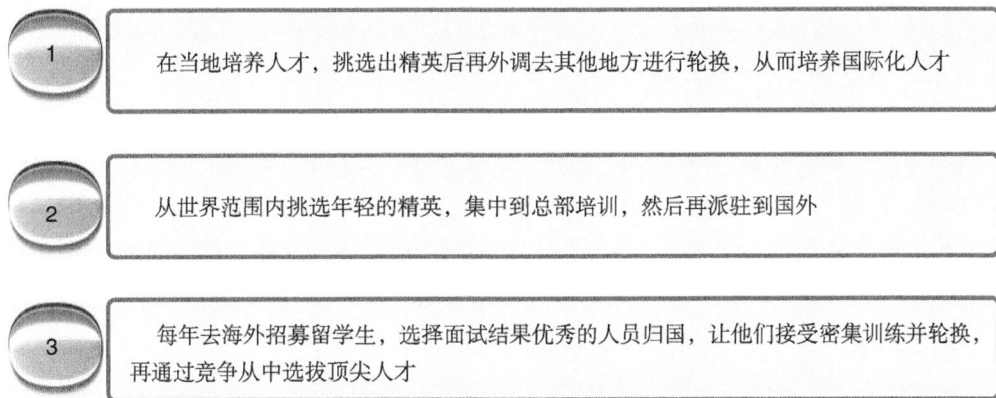

1 在当地培养人才，挑选出精英后再外调去其他地方进行轮换，从而培养国际化人才

2 从世界范围内挑选年轻的精英，集中到总部培训，然后再派驻到国外

3 每年去海外招募留学生，选择面试结果优秀的人员归国，让他们接受密集训练并轮换，再通过竞争从中选拔顶尖人才

图 18-19　金融业国际化人才培养方式

4. 金融业国际化人才培养模式设计举例

经济金融的全球化必然要求人才的国际化。展望未来，××金融机构将在尊重国际化人才成长规律的基础上，抓住人才培养、引进和使用的三个关键环节，采取各种措施，建设一支通晓国际金融规则、具备跨文化沟通能力和熟悉金融业务的国际化人才队伍。该金融机构的国际化人才培养模式如图18-20所示。

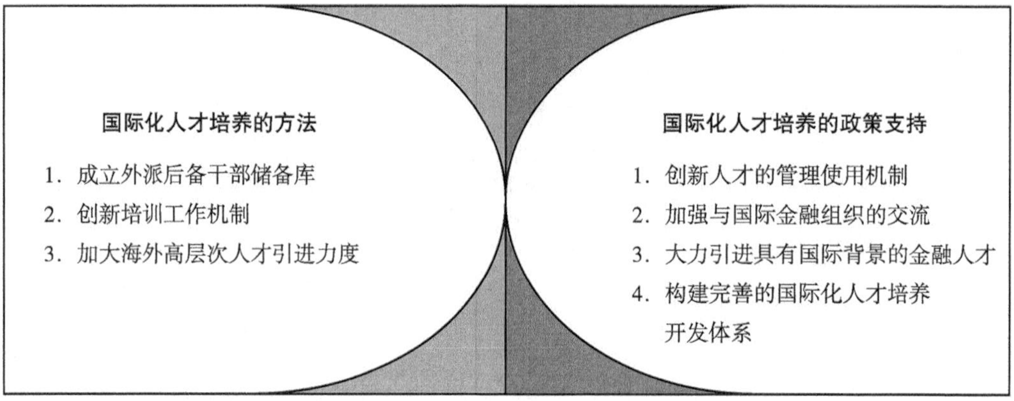

国际化人才培养的方法

1. 成立外派后备干部储备库
2. 创新培训工作机制
3. 加大海外高层次人才引进力度

国际化人才培养的政策支持

1. 创新人才的管理使用机制
2. 加强与国际金融组织的交流
3. 大力引进具有国际背景的金融人才
4. 构建完善的国际化人才培养开发体系

图18-20 ××金融机构国际化人才培养模式

（1）国际化人才培养的方法

①成立外派后备干部储备库

成立了外派后备干部储备库，充分发挥该金融机构驻外机构培养国际化人才的平台作用。为了培养、开发国际化人才，该机构每两三年从分支行以考试的形式选拔业务骨干进入储备库，并根据需要派往驻外机构工作。

②加大海外高层次人才的引进力度

该金融机构根据实际需要，从各国际金融组织、知名金融机构引进急需紧缺的高层次人才，经过一段时间的培养锻炼后，有的走上领导岗位，有的承担了重要研究课题。

③创新培训工作机制

该金融机构采取国际化人才"引进来"、"走出去"的双向渠道。一方面，针对需要的重点研究课题，该金融机构通过在金融研究所实施短期访问学者计划，公开招录、择优选拔国际优秀研究人员参加为期3～6个月的短期研究。另一方面，加大培训力度，每年都根据该机构的具体工作制订年度赴外培训计划，通过与外国金融组织的合作，选派有发展潜力的人员出国培训，以更新知识、提高工作技能。

（2）国际化人才培养的政策支持

①创新人才的管理使用机制

借鉴主要发达国家金融业人力资源管理的做法，根据该金融机构的具体需要，构建职位体系，明确职位的设置、类别及其任职资格，并以此作为人力资源调配、开发、培训、使用的基本依据，实现人、事的有机结合，提高国际化人才队伍建设的效能。

②加强与国际金融组织交流

该金融机构采取多种形式，积极输送更多的业务骨干到有关国际金融组织和外国相关金融机构相应的岗位进行短期工作，使他们比较快速地掌握、积累工作技能和国际经验。此外，该金融机构还接纳少数外国本行业的专家学者来做短期访问，促进双向交流。

③大力引进具有国际背景的人才

一方面大力引进急需的海外高层次人才，发挥其在有关业务领域的骨干带头作用。另一方面，在每年新员工录用工作中，根据岗位的需要，明确招录条件，重点招录部分具有国际视野的新员工。

④构建完善的国际化人才培养开发体系

在通过外派工作、"以工代学"等方式培养国际化人才的同时，该金融机构还依托外部培训机构，按照国际化人才的成长规律，设计国际化、模块式的培训产品，为国际化人才成长量身打造职业生涯培训规划。

在具体培训工作的组织上，借鉴世界知名金融机构的模式，定期征求员工对培训的个性化需求，更新培训课程，并通过实行受训人员对培训课程的评价制度，不断改进、提高培训课程的设置和培训方式。

第 19 章

著名企业培训体系建设及案例

19.1 美国通用电气公司培训体系

19.1.1 培训体系的特点

美国通用电气公司，简称 GE，是世界上规模巨大的多元化产业集团，它涵盖了从发电设备、医疗器械到航空航天仪器的多个业务领域。它是道·琼斯工业指数在 1896 年设立以来，唯一一家至今仍留在指数榜上的公司。通用电气公司能取得这样的成绩，与它的人才培养体系密不可分。通用电气公司培训体系的特点如图 19-1 所示。

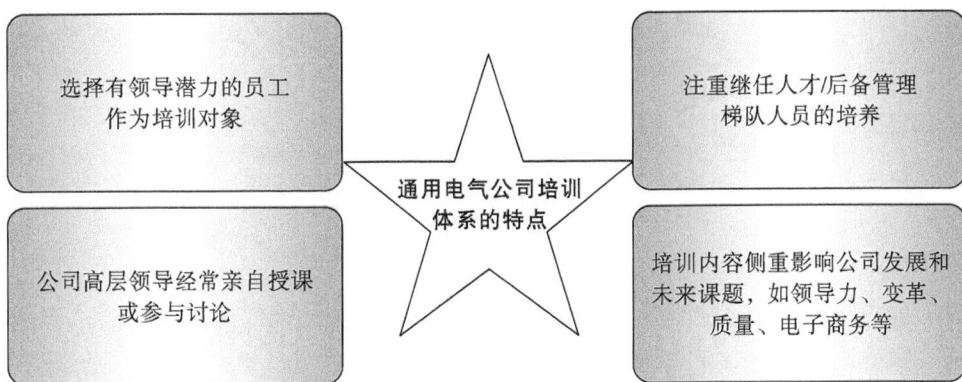

图 19-1 通用电气公司培训体系的特点

19.1.2 培训体系建设案例

1. 克罗顿维尔的建设

克罗顿维尔是 GE 知名的领导发展中心，负责 GE 全球经理人的培训与发展。克罗顿维尔是世界级的管理开发中心，被《财富》杂志称为"美国企业界的哈佛"。每年都有数千位的 GE 高级经理人员在克罗顿维尔接受培训，他们来自 GE 通布全球的业务部门。

（1）培训特点

克罗顿维尔的培训特点如图 19-2 所示。

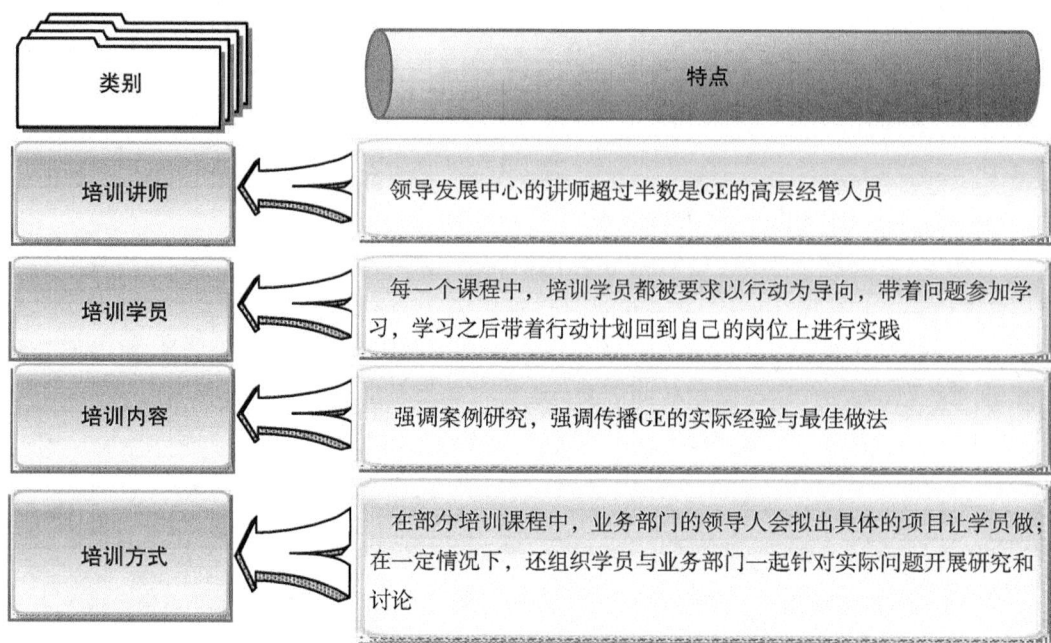

图 19-2　克罗顿维尔培训的特点

（2）培训内容

克罗顿维尔培训内容主要分为新员工培训、中层管理人员培训和高层管理人员培训三个部分，具体内容如表 19-1 所示。

表 19-1　GE 克罗顿维尔培训内容

培训人员	培训内容
新员工培训	针对刚走出校园的学生，培训内容是让他们承担更多的、具有挑战性的工作，帮助其建立自信，勇于接受挑战并取得成功
中层管理人员培训	针对中层管理人员，GE 向其提供管理一个团队或者一个业务部门的机会，同时向他们提供管理方面的专业培训，使他们有机会接触公司高层管理者，学会如何成为一名合格的高层管理者
高层管理人员培训	针对高层管理人员，GE 提供全球化的环境和视野，使其通过交流、学习得以提高

（3）重点培训课程

培养领导能力的课程主要有以下三项，具体内容如表 19-2 所示。

表 19-2　培养领导能力的课程

项目	培训对象	培训人数	培训时间	培训频率
高级管理开发课程（EDC）	最具潜力的高级经理	35～50	3周	每年1次
企业管理课程（BMC）	中层经理	60	3周	每年3次
管理开发课程（MDC）	初级管理人员	400～500	3周	每年6～8次

2. GE 亚洲培训与发展中心

GE 将"克罗顿维尔"成熟运转了多年的培训体系移植到中国的公司，建立了它在美国本土以外最大的发展培训中心——位于上海的"GE 亚洲培训与发展中心"。该中心也因重视后备管理梯队的培养而被称为"中国的克劳顿村"。

GE 中国采取了各业务集团和培训中心双向并行的培训结构。各业务集团在中国发展的规模差别很大，相应地，培训开展程度也不同。但是，自从成立培训中心以来，每个业务集团的培训都获得了更多的指导和支持。

GE 对于培训的分工很明确，所有业务集团都有自己的专职培训人员，内训侧重于各自的业务领域。各业务集团培训的部分项目如图 19-3 所示。

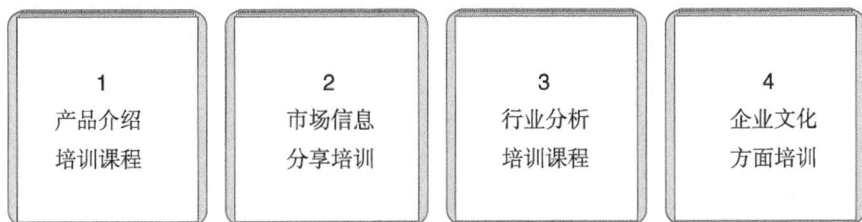

图 19-3　各业务集团培训的四个项目

培训中心侧重在跨业务领域，主要包括以下四个培训项目，如图 19-4 所示。

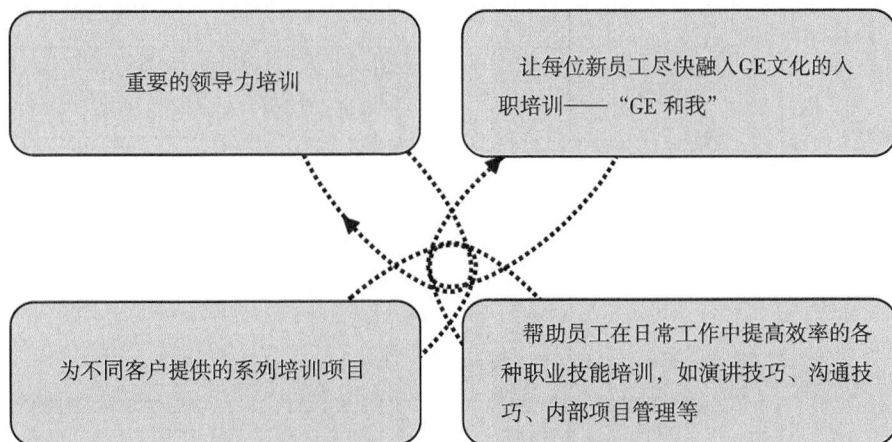

图 19-4　培训中心培训的四个项目

19.2 摩托罗拉公司培训体系

19.2.1 培训体系的特点

摩托罗拉公司将员工培训工作作为企业发展战略中重要的一部分，认为员工是企业中最宝贵的资源。为了培养一支同行业中的优秀人才队伍，摩托罗拉建立了完善的培训体系——摩托罗拉大学，其特点如图 19-5 所示。

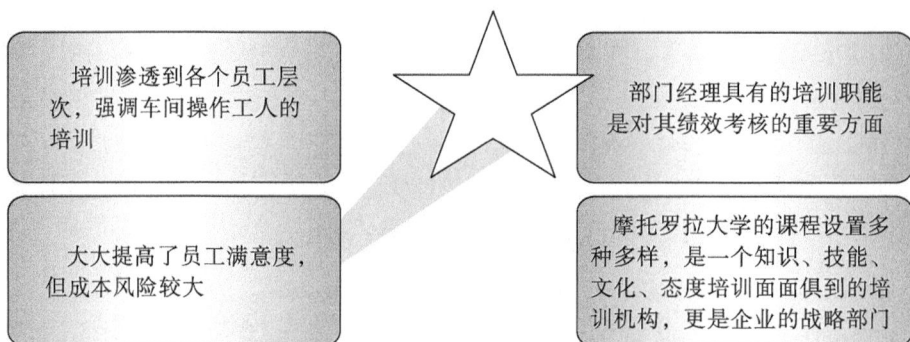

培训渗透到各个员工层次，强调车间操作工人的培训

部门经理具有的培训职能是对其绩效考核的重要方面

大大提高了员工满意度，但成本风险较大

摩托罗拉大学的课程设置多种多样，是一个知识、技能、文化、态度培训面面俱到的培训机构，更是企业的战略部门

图 19-5 摩托罗拉公司培训体系的特点

摩托罗拉大学在企业的发展中主要具有以下三个优点，如图 19-6 所示。

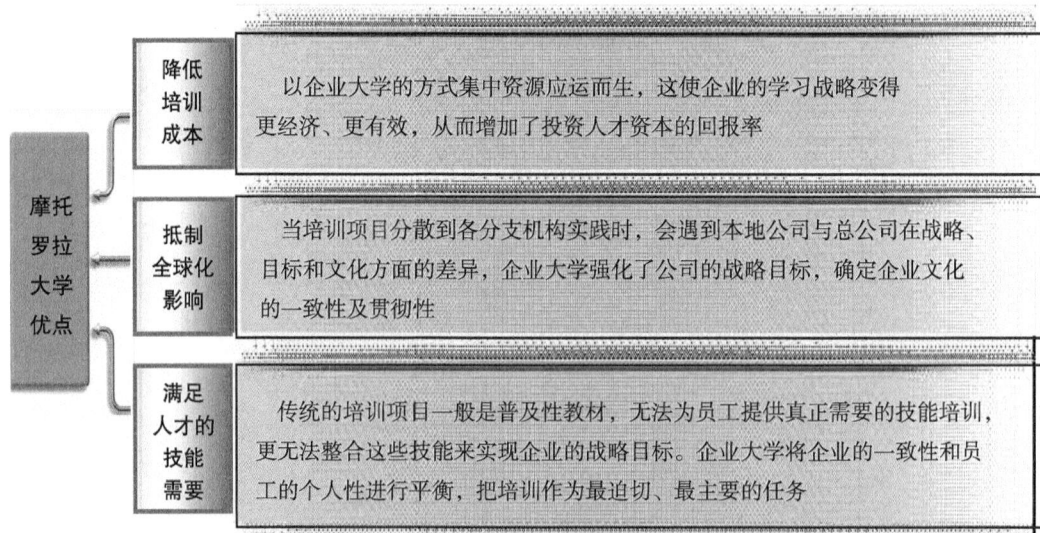

摩托罗拉大学优点

降低培训成本：以企业大学的方式集中资源应运而生，这使企业的学习战略变得更经济、更有效，从而增加了投资人才资本的回报率

抵制全球化影响：当培训项目分散到各分支机构实践时，会遇到本地公司与总公司在战略、目标和文化方面的差异，企业大学强化了公司的战略目标，确定企业文化的一致性及贯彻性

满足人才的技能需要：传统的培训项目一般是普及性教材，无法为员工提供真正需要的技能培训，更无法整合这些技能来实现企业的战略目标。企业大学将企业的一致性和员工的个人性进行平衡，把培训作为最迫切、最主要的任务

图 19-6 摩托罗拉大学的优点

19.2.2　培训体系建设案例

摩托罗拉大学（Motorola University，简称MU）是一所摩托罗拉公司内部专门设置的、为摩托罗拉公司各事业部、客户、员工及合作伙伴设立的教育培训机构。

1. 摩托罗拉教育培训体系的建设

摩托罗拉公司的教育培训体系主要由四个部分组成，相应地，摩托罗拉大学设置了四个职能部门来承担培训体系的运行，源源不断地为公司各事业部提供一流的培训课程。具体如图19-7所示。

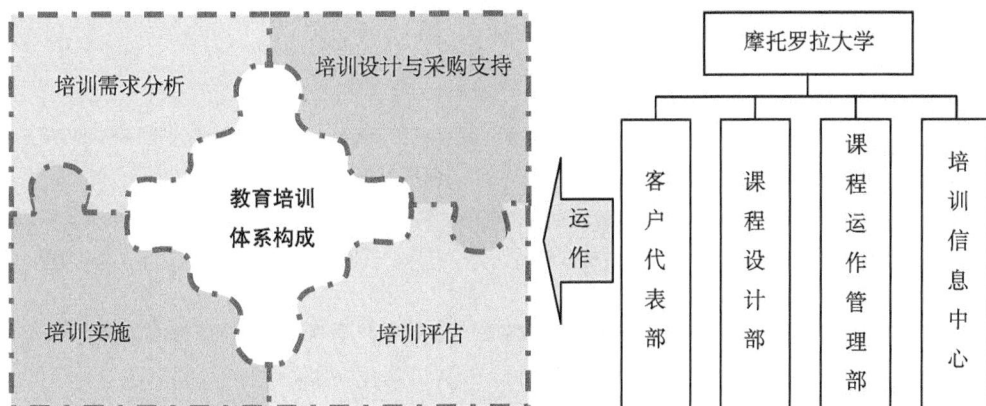

图19-7　摩托罗拉公司培训教育体系及大学设置

摩托罗拉大学四个职能部门的具体职责如表19-3所示。

表19-3　摩托罗拉大学职能部门的主要职责

部门	职责
客户代表部	培训需求分析，提出员工培训计划
课程设计部	采购、设计、开发、改编、翻译培训课程
课程运作管理部	讲师认证与管理，培训实施，核心项目管理
培训信息中心	课程安排，信息发布，培训记录，评估结果分析与管理

（1）培训需求分析

培训需求分析是整个教育培训体系的基础，也是最为关键的环节。没有准确的需求分析，就没有让"客户完全满意"的培训方案与课程。

601

①培训需求分析模型

培训需求分析经常采用的模型是理想状态与实际情况的差距，具体如图19-8所示。

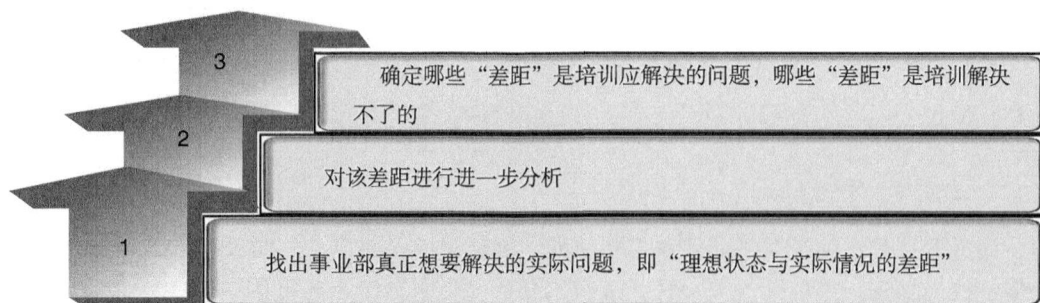

图19-8　培训需求分析模型

②培训需求分析步骤

培训需求分析的步骤如图19-9所示。

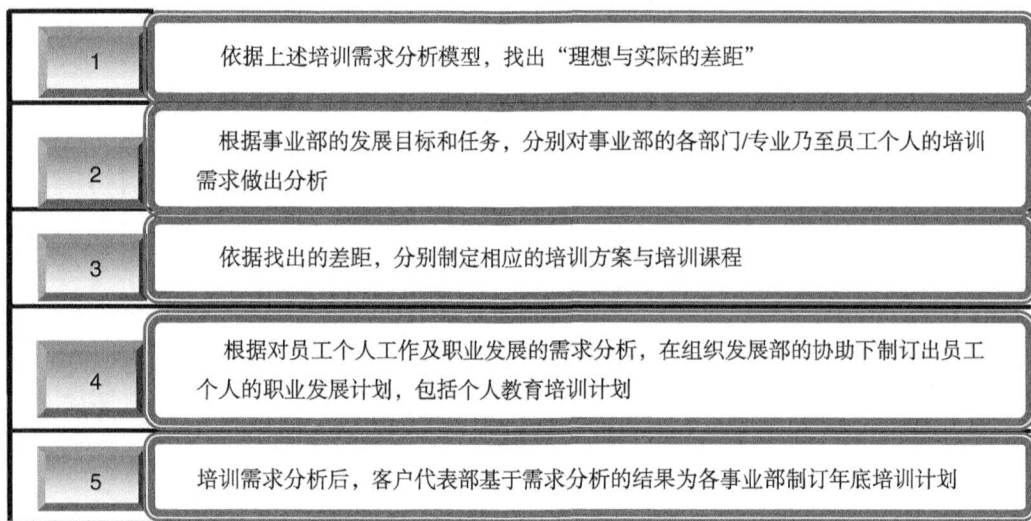

图19-9　培训需求分析的五个步骤

（2）培训采购与分析

当摩托罗拉大学客户代表部从各事业部获取了第一手客户培训需求后，会提出一整套培训咨询方案。

①课程设计模型

摩托罗拉的课程设计部应用ISD（lnstructional System Design）模型设计课程或项目，其领域涵盖了管理、质量、工程、技术、文化、语言等方面。

②课程试运行

为了保证课程设计的有效性，在课程设计完成之后，由课程设计部对该课程进行试运行。相关领域的专家、项目设计人、学员代表、相关经理等将对该课程提出各自的意见和建议，并据此对课程进行必要的调整，以保证课程的设计达到培训的需求。

（3）培训的实施

①课程运作部的工作

课程运作部负责授课教师的认证与管理，教学材料的打印，教室以及教学设备的安排与管理，同时进行核心项目的管理等。

②培训信息管理中心的工作

培训信息管理中心负责培训信息的发布、登记，课程的安排，学员培训记录及培训评估结果的分析与管理等。

（4）培训评估

摩托罗拉将整个培训的评估分为以下四个层次，具体内容如图19-10所示。

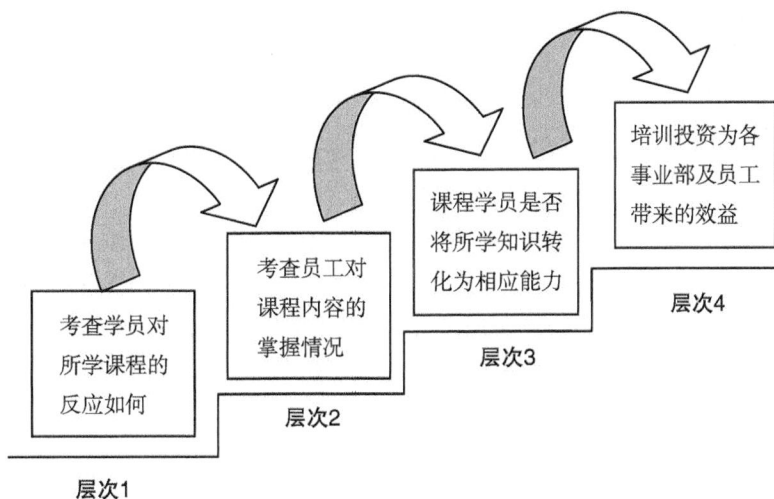

图19-10 摩托罗拉公司培训评估的四个层次

2. 摩托罗拉大学的设置

（1）摩托罗拉大学的学院设置

摩托罗拉采取学院式的组织结构，成立了涵盖管理流程重要环节的五大专业学院：领导力和管理学院，营销学院，质量学院，供应链学院和工程学院。通过专业划分和职能细化打造精品课程和培训项目，为企业提供精细化、专业化的培训产品和服务。领导力和管理学院、营销学院和供应链学院的详细介绍如表19-4所示。

表 19-4 摩托罗拉大学的学院介绍

学院	介绍
领导力和管理学院	以领导力能力模型为基础，建立领导力培训体系
	领导力能力模型对领导者和领导力能力进行了划分，将领导者分为高级领导者、中级领导者、初级领导者三个层次，通过提高三个层次的领导者能力对企业的管理系统产生影响
	将领导力的核心能力分为基础能力和高级能力，分别包含了必要的核心领导力要素；核心领导力要素的范畴包括知识、技能和行为三个方面
	领导力和管理学院的培训项目主要包括前期分析、课堂教学、现场观察、意见反馈四个部分
	不同层次的领导者有不同的培训核心：初级领导者以自我管理为核心，中级领导者以团队管理为核心，高级领导者以组织管理与业务开发为核心
营销学院	制定了以一流销售人员为基础的特征模型，提出了最高效销售人员的 13 个主要特征
	营销学院设计了一套体系，用来发展和提升销售人员的知识和技能，最终改变销售人员的行为模式
	培训课程主要分为三类，各自针对不同的目标群体，即销售团队、销售经理和销售领导团队
供应链学院	供应链学院的能力模型分为专业技能、职务技能和领导技能三个层次
	专业技能涵盖了供应链流程所涉及到的各种能力与技巧
	职务技能立足于供应链的不同方面，列出各个不同部门所需要的职务技能
	领导技能关注供应链流程的领导者所需要具备的专业能力、管理能力和战略发展能力
	供应链学院有一套独特的课程体系，涉及供应链管理、采购、生产管理、仓储、物流、专业技能培训六个领域，涵盖了供应链管理的各个方面

（2）摩托罗拉大学的运营模式

摩托罗拉大学的经营特点是"学院化设置，企业化运营"，提供对内和对外的培训产品和服务。具体内容如图 19-11 所示。

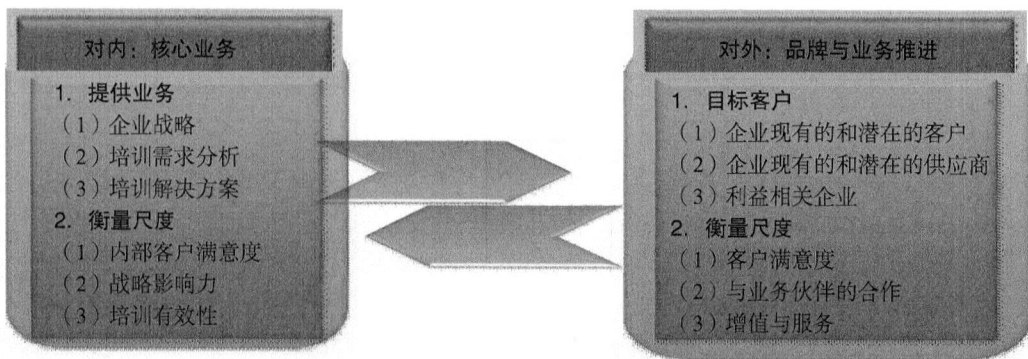

图 19-11 对内和对外业务的介绍

604

19.3 西门子公司培训体系

19.3.1 培训体系的特点

西门子公司作为一个历史悠久、技术先进的老牌跨国公司,具有完善的培训体系。下面通过讲述西门子公司培训体系的特点,供读者参考。西门子公司培训体系的特点如图 19-12所示。

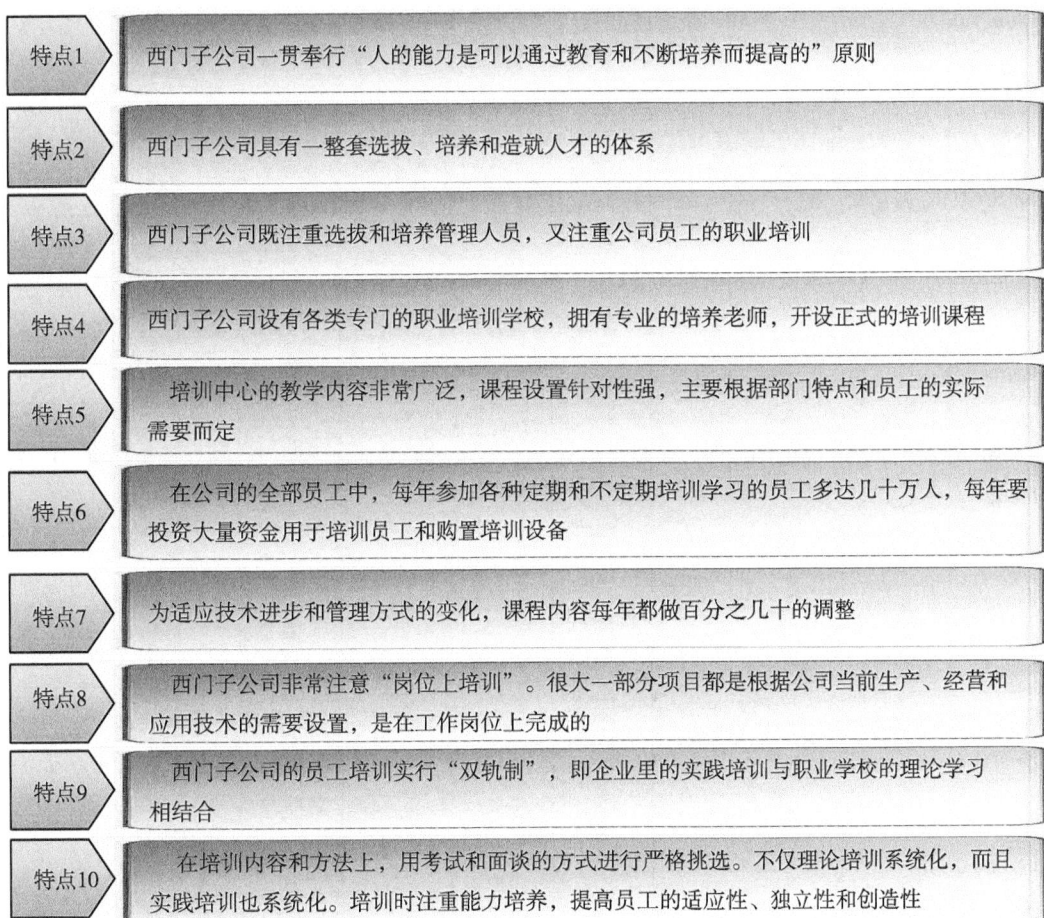

特点1	西门子公司一贯奉行"人的能力是可以通过教育和不断培养而提高的"原则
特点2	西门子公司具有一整套选拔、培养和造就人才的体系
特点3	西门子公司既注重选拔和培养管理人员,又注重公司员工的职业培训
特点4	西门子公司设有各类专门的职业培训学校,拥有专业的培养老师,开设正式的培训课程
特点5	培训中心的教学内容非常广泛,课程设置针对性强,主要根据部门特点和员工的实际需要而定
特点6	在公司的全部员工中,每年参加各种定期和不定期培训学习的员工多达几十万人,每年要投资大量资金用于培训员工和购置培训设备
特点7	为适应技术进步和管理方式的变化,课程内容每年都做百分之几十的调整
特点8	西门子公司非常注意"岗位上培训"。很大一部分项目都是根据公司当前生产、经营和应用技术的需要设置,是在工作岗位上完成的
特点9	西门子公司的员工培训实行"双轨制",即企业里的实践培训与职业学校的理论学习相结合
特点10	在培训内容和方法上,用考试和面谈的方式进行严格挑选。不仅理论培训系统化,而且实践培训也系统化。培训时注重能力培养,提高员工的适应性、独立性和创造性

图 19-12 西门子公司培训体系的特点

19.3.2 培训体系建设案例

1. 西门子的五级管理培训体系

"西门子五级管理培训体系"由五个级别组成，进入各级参加培训均以参加前一级所获得的技能为基础。培训内容是根据业务部门的实际需求制定的（如表 19-5 所示）。

表 19-5 西门子的五级管理培训

级别	名称	培训对象	培训目的	培训内容
第五级别	管理理论教程	具有管理潜能的员工	提高参与者的自我管理能力和团队建设能力	企业文化、自我管理能力、个人发展计划、项目管理、令客户满意、团队协调
第四级别	基础管理教程	具有较大潜力的初级管理人员	为初级管理做准备	综合项目的完成、质量、生产效率管理、财务管理、流程管理、组织建设、团队行为、有效沟通、网络化
第三级别	高级管理教程	负责核心流程或多项职能的管理人员	开发参与者的企业家潜能	公司管理方法、业务拓展及市场发展战略、技术革新管理、西门子全球机构、多元文化间的交流、变革管理、企业家行为及责任感
第二级别	总体管理教程	符合下列条件之一者：管理业务或项目并对其业绩全权负责者；负责全球性、地区性的服务者；至少负责两个职能部门者；在某些产品、服务方面是全球性、地区性业务的管理人员	塑造领导力	企业价值、前景与公司的业绩之间的相互关系、高级战略管理技术、知识管理、识别全球趋势、调整公司业务、管理全球合作
第一级别	西门子执行教程	已经或有可能担任重要职务的管理人员	提高领导力	根据需要灵活安排

2. 普通员工的再培训体系

"西门子五级管理培训体系"主要面向的是西门子业务管理人员。对于普通员工，西门子公司设有员工再培训体系，旨在帮助他们在激烈的竞争环境中不断提高日常的工作能力。

再培训体系主要由个人技能培训课程和职业技能培训课程两部分构成。具体内容如图 19-13 所示。

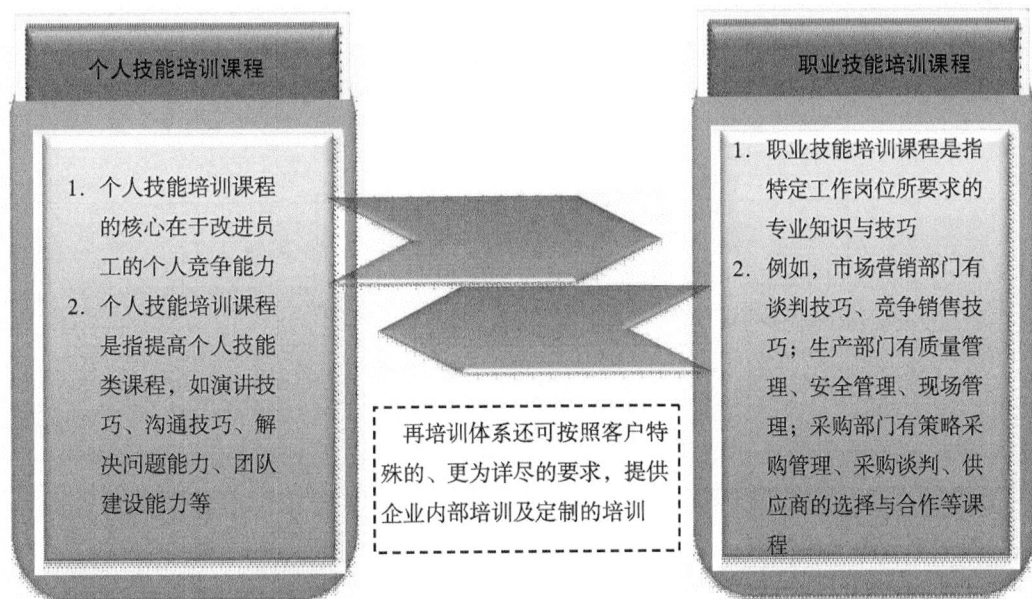

图 19-13 西门子普通员工的再培训体系

19.4 惠普公司培训体系

19.4.1 培训体系的特点

惠普公司以"不仅用你，而且培养你"著称，其培训体系的主要特点如下所示。

1. 采取内外相结合的培训

惠普公司内部，拥有的培训课程有数千种，关于 E-Learning，员工可以随时随地在网上学习，不受任何限制。另外，惠普还有外部机会，比如，对于一些与证书相关的培训或者与业务相关的学位，惠普公司都会提供一些资助。

2. 注重职业生涯规划

惠普公司注重员工职业生涯规划，依据员工的职业发展通道，开展不同的培训课程，具体如表 19-6 所示。

表 19-6　员工培训课程内容

员工类别	培训特点	培训课程
新员工	帮助员工快速熟悉并适应新环境，通过培训了解公司文化，确立自己的发展目标，清楚业绩考核办法，让员工明白如何规划自己的职业生涯	课程主要是与工作紧密相关的技术类培训，比如编程、系统管理等
晋升为一线主管	当员工通过公司内部晋升成为一线主管，加入到公司的内部管理工作中，通过培训使其尽快进入管理角色	这个阶段的课程主要包括沟通、谈判以及基本的管理培训
晋升为部门经理	员工进一步晋升为部门经理后，需要参加什么培训主要由他本人决定	例如，做人力资源的经理关注人力资源方面的培训；做销售的经理关注专门销售方面的培训等

3. 培训针对员工成长的四个阶段

员工进入惠普后，一般要经历四个自我成长阶段（如图 19-14 所示）。

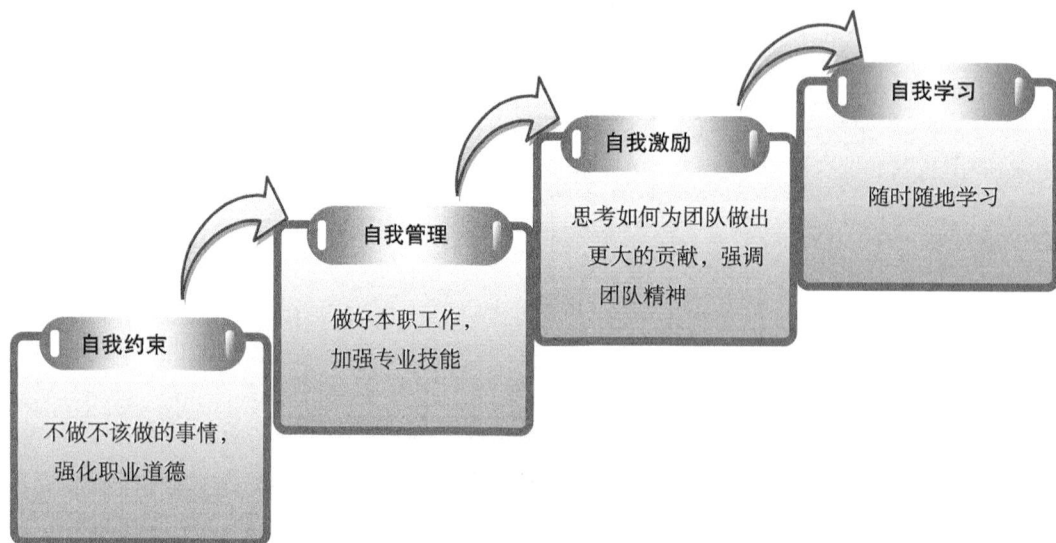

图 19-14　惠普员工成长的四个阶段

19.4.2 培训体系建设案例

1. 惠普培训体系结构

学习发展部（Learning & Development）是惠普（中国）公司负责培训的部门，负责制订面向惠普公司（中国）员工的培训计划。惠普培训体系分为三个层次，包括公共平台培训（CORE）、专业平台培训（BUSINESS）以及领导力培训（LEADERSHIP）（如图19-15所示）。

图19-15 惠普培训体系的三个层次

（1）公共平台培训

在公共平台培训分为很多不同的课程，主要分为三种（如表19-7所示）。

表19-7 培训课程介绍

课程名称	课程介绍
新员工定位 （New Employee Orientation）	惠普会为新员工做公司整体框架的全面介绍，使他们在第一时间充分了解公司的愿景、使命和战略方向
商业道德规范 （SBC）	新员工必须参加此类培训，通过培训告诉新员工什么事情可以做，什么事情不能做
其他	CORE里还有很多不同的内容，比如如何与人打交道，即沟通技巧等

（2）专业平台培训

专业平台培训是指与惠普公司各个业务部门相关的专业培训，主要包括产品、销售、市场、服务、研发等内容，其中最受重视的是销售培训。

（3）领导力培训

领导力培训是针对希望晋升为职业经理人的员工进行的培训。

2. 惠普特色培训课程

惠普特色培训课程主要包括新员工定位、商业道德规范、卓越销售培训和狮子计划等方面（如图 19-16 所示）。

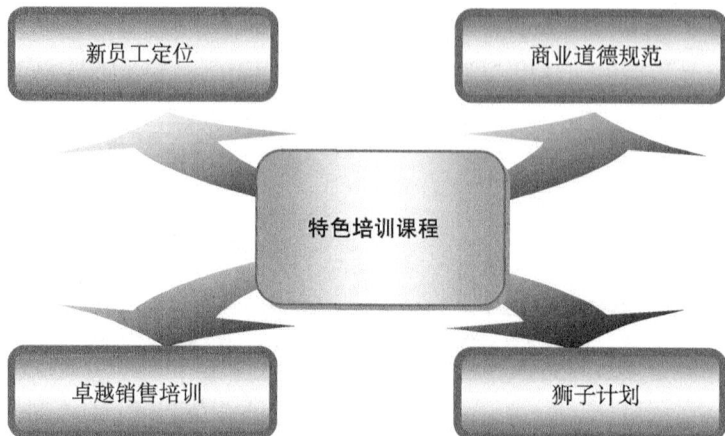

图 19-16 惠普特色培训课程

（1）新员工定位（NEO）

新员工定位是一个为期几天的培训课程，向新员工介绍公司的整体框架，使他们尽快充分了解公司的愿景、使命和战略方向。

（2）商业道德规范（SBC）

商业道德规范培训主要是告诉新员工什么事情可以做，什么事情不能做，督促新员工在日常工作中用最高的商业标准来规范自己的行为。

（3）卓越销售培训（Sales Excellence）

卓越销售培训是惠普公司针对全球顶尖销售人员的培训，主要包括销售人员和市场人员。

（4）狮子计划（Lion）

为培养出更多的国际化职业经理人，作为企业领导团队的储备人员，惠普（中国）专门制订了"狮子计划"。根据这个经理人培训计划，中国惠普每年都会选择有潜力的员工，进行领导力和管理能力的培训。

19.5 三星公司培训体系

19.5.1 培训体系的特点

三星公司培训体系的特点主要包括以下七个，具体如图 19-17 所示。

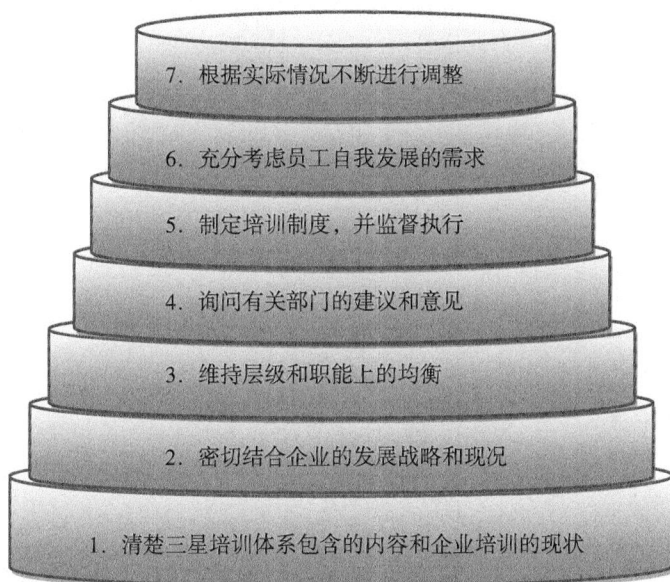

7. 根据实际情况不断进行调整

6. 充分考虑员工自我发展的需求

5. 制定培训制度，并监督执行

4. 询问有关部门的建议和意见

3. 维持层级和职能上的均衡

2. 密切结合企业的发展战略和现况

1. 清楚三星培训体系包含的内容和企业培训的现状

图 19-17 三星公司培训体系建设的七个特点

19.5.2 培训体系建设案例

1. 培训体系的构成

三星公司培训体系的构成内容如图 19-18 所示。

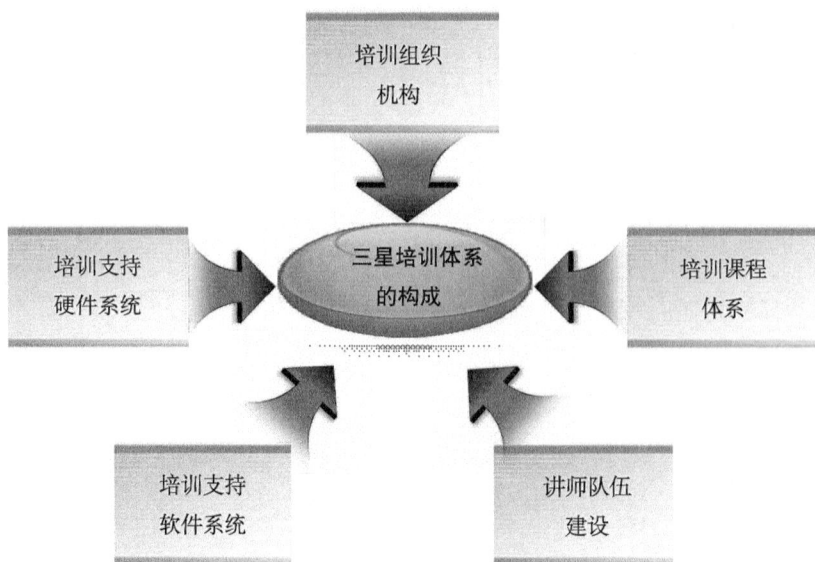

图 19-18　三星公司培训体系的构成

（1）培训组织机构

培训组织机构是指企业负责组织培训的机构。

（2）培训课程体系

培训课程体系是指企业针对业务和岗位的需求而进行的培训课程规划。

（3）讲师队伍建设

讲师队伍建设包括企业内部讲师队伍的建设，以及外部培训讲师的选择与管理。

（4）培训支持软件系统

培训支持软件系统是指企业的培训管理流程、培训政策以及培训制度等。

（5）培训支持硬件系统

培训硬件系统是指企业培训的设施设备、教学仪器以及培训管理系统等。

2. 培训课程的分类

三星的培训课程大体上可以分为以下五类，具体如图 19-19 所示。

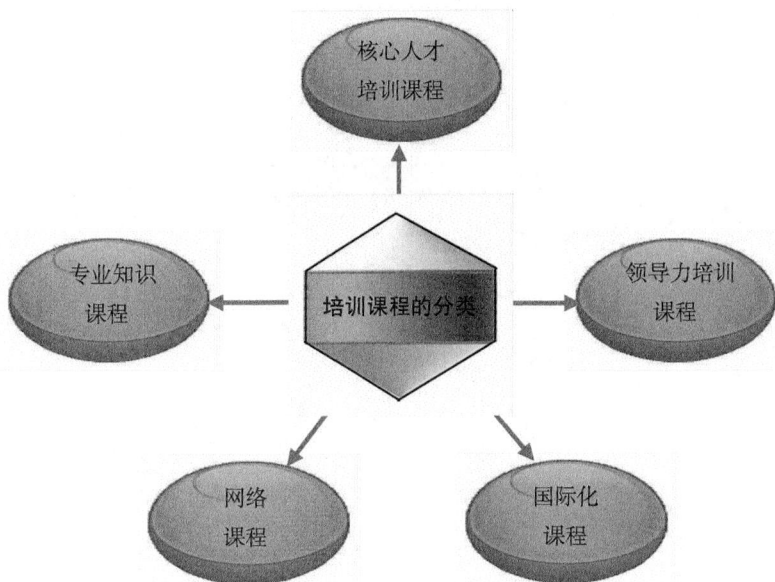

图 19-19 三星公司培训课程的分类

3. 培训课程设计

三星的培训体系很完善，基本依靠内部资源进行培训。下面以企业文化培训、入门教育、员工职业化素质训练为例，具体讲述三星培训课程的设计。

（1）企业文化培训

企业文化培训的目的是培养员工的忠诚度。不同级别的员工在工作中担任的角色和发挥的作用是不同的，因此，不能采用同样的方法进行培训。企业文化的培训也一样，要根据不同的培训对象采用不同的培训方法。企业文化培训内容与培训方法如图 19-20 所示。

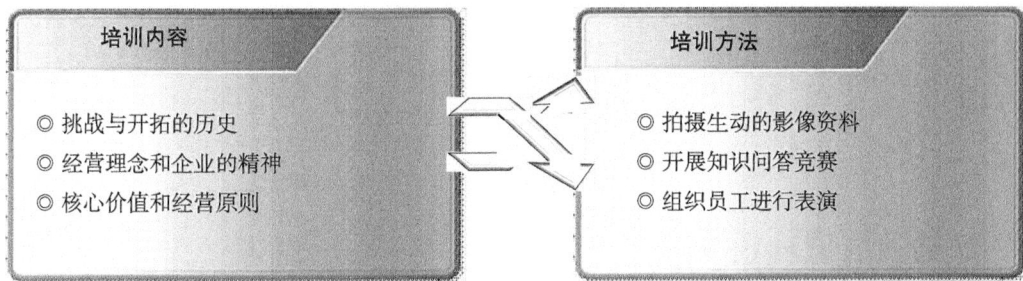

图 19-20 企业文化培训内容与方法

（2）入门教育

对进入三星公司的新员工要统一进行入门教育，以便尽快了解三星公司。三星入门教育的主要课程如图 19-21 所示。

图 19-21　三星公司入门教育主要课程

（3）员工职业化素养训练

员工职业化素养训练的目的是要打造高素质的员工队伍。在三星培训体系中，对员工职业化素养的培训有两个级别的课程——素养课程Ⅰ和素养课程Ⅱ。素养课程的介绍如表 19-8所示。

表 19-8　员工职业化素质训练介绍

课程类型	针对对象	培训方式	课程时间
素养课程Ⅰ	生产一线工作了两年左右的操作工	内部讲师培训	一般培训 3 天
素养课程Ⅱ	工作两年左右、学历在大专以上的员工		

19.6　LG 公司培训体系

19.6.1　培训体系的特点

1. 重视培训领导型人才

随着国际化战略的推进，LG 公司更加重视培养领导型人才。

2. 培训机会不均等

LG 公司员工的培训机会是不均等的。新入职的员工只参加一些基本的培训课程；做到高层管理者的员工，则有去韩国总部培训中心、去国外参加专门培训、进修 MBA 之类的机会。

3. 重视以网络为基础的培训

LG 公司培训的形式不仅仅局限于传统的授课方式，相当一部分培训已通过最新的网络工具来实现。LG 公司设计了以网络为基础的学习软件，利用网络提供的资源，以远程教育的形式促进员工学习。

4. 培训方式的多样化

LG 公司在培训方式上采用了网络学习（E-Learning）和案例学习（C-Learning）相结合的方式，还开通了知识管理系统，中间添加了部分手机学习（Mobile-Learning）。手机学习以其特有的迅速性与便利性将会部分取代传统的培训理念，广泛应用于现代教育中。

5. LG 公司培训的全球性

LG 具有全球性的网络，中国和韩国之间可直接交流课程的各种设置，培训的方式和方向等。例如，员工在中国可以查看韩国培训中心的课程运营表，决定是否参加某个课程。

19.6.2 培训体系建设案例

1. LG 人才培养方法

LG 对人才的定义是"通过强烈的求胜欲望和创意性思考，全身心投入到工作中，并创造出卓越成果的人"。在人才培养上，LG 始终倡导"不做旁观者，而做当事人"的企业精神，并积极支持每一名员工发展成为独挡一面的精英分子。

LG 实现人才发展的这些目标依托的具体形态就是 LG 商学院。2006 年 10 月底，LG 商学院正式成立。它是在 1996 年设立的 LG 培训中心基础上创建的，此举是 LG 公司为实现全球化运营而推出的国际化运营人才培养措施。其目标是对企业内部核心人才进行国际化培训，率先培育出可以向国际市场输出的管理人才。LG 公司人才培养的方法如图 19-22 所示。

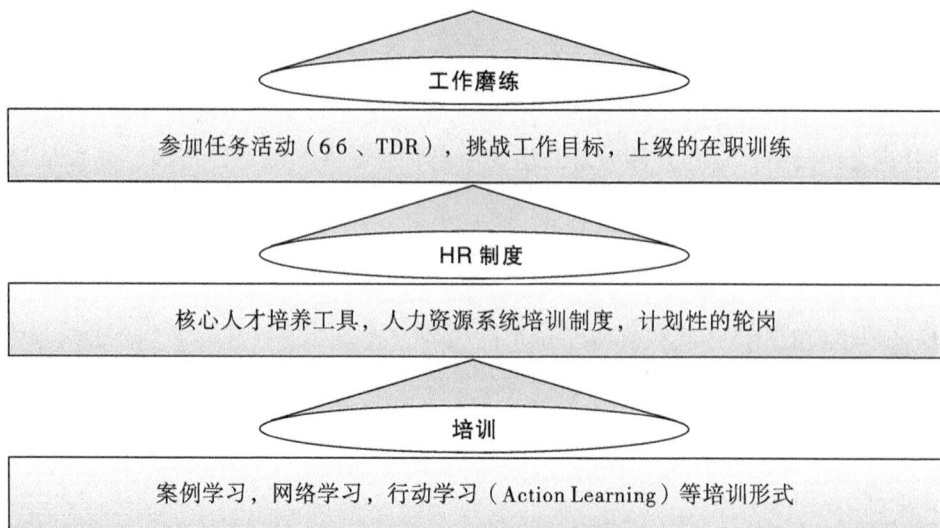

图 19-22　LG 人才培养方法

2. LG 培训体系——愿景与使命

LG 商学院的愿景、使命和作用如图 19-23 所示。

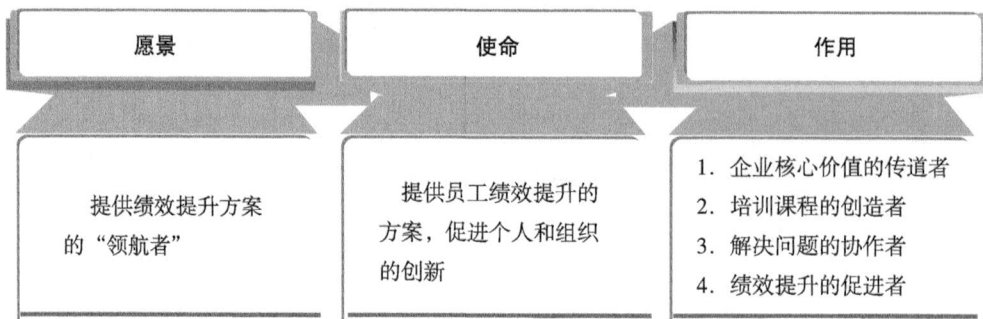

图 19-23　LG 商学院的愿景、使命和作用

3. LG 培训体系——培训管理制度

为支持 LG 商学院完成上述使命，首先要有一定的培训管理制度做支撑。LG 培训管理制度如图 19-24 所示。

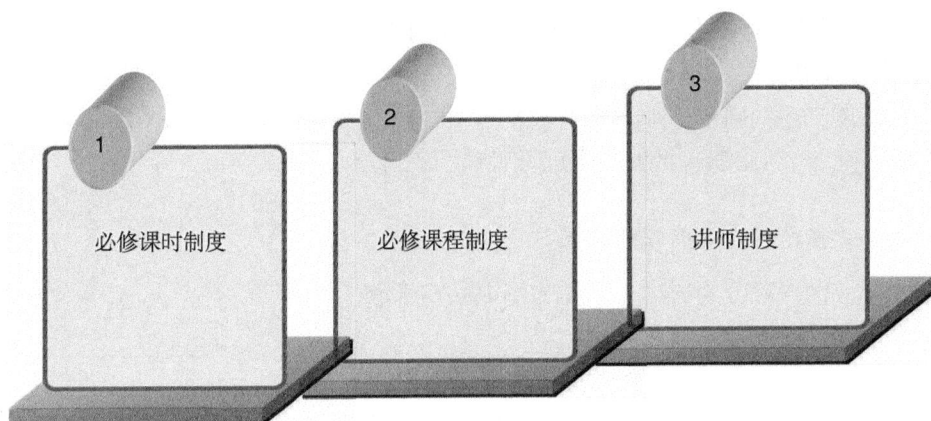

图 19-24 LG 培训管理制度

（1）必修课时制度

LG 的员工一年必须平均要参加数十小时的培训。假如达不到要求，则在年度能力考核中将被扣除一定比例的考核得分，这种考核得分的扣除是由系统自动完成的。考核得分的扣除意味着员工在能力提升上出现了问题。教育内容包括 E- Learning 和 C- Learning，员工培训一半以上的时间是通过 E- Learning 来实现的。

（2）必修课程制度

LG 培训课程包含必修课程和选修课程。其中，培训的核心课程以必修的形式安排，且必须与人事制度挂钩。必修课程主要包括以下四种，如图 19-25 所示。

图 19-25 LG 公司必修课程

以新员工必修课程为例，应届大学毕业生进入 LG 公司之后，进行两周或一个月的培训。一般情况下，新员工培训的过程当中，会有部分人员被淘汰，这样做就确保了只有合格人员才能进入 LG。

此外，还有晋级必修课程，工作一段时间之后的员工将有机会晋升到更高职级，这时，晋级必修课程的结业与否成为员工晋级的必要条件。

（3）讲师制度

LG 的讲师更多以内部讲师为主。除讲师等级评比等硬性制度以外，还有电算管理系统对培训效果、培训业绩、培训过程进行管理和支持。

4. LG 培训体系——核心课程设置

LG 商学院的课程分为三类，具体如图 19-26 所示。

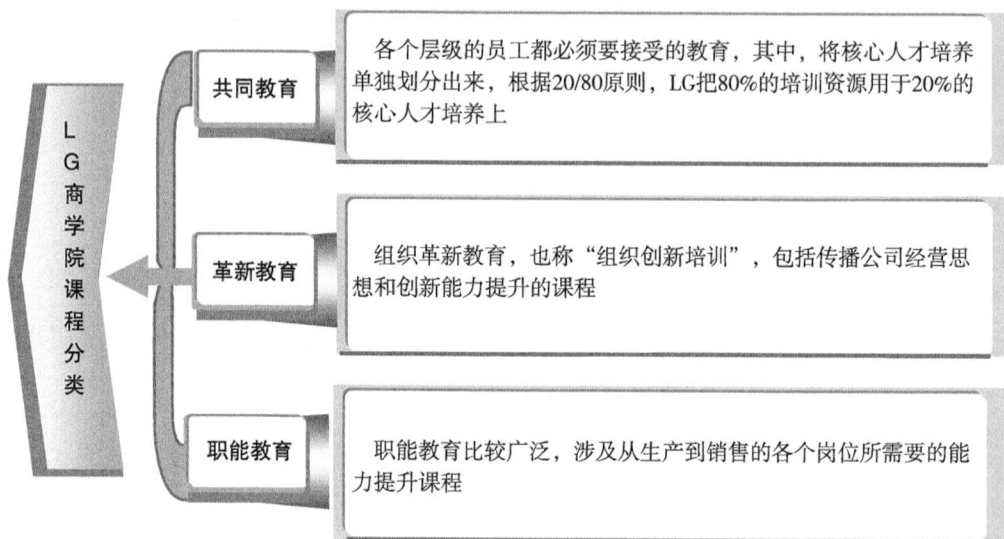

共同教育 各个层级的员工都必须要接受的教育，其中，将核心人才培养单独划分出来，根据20/80原则，LG把80%的培训资源用于20%的核心人才培养上

革新教育 组织革新教育，也称"组织创新培训"，包括传播公司经营思想和创新能力提升的课程

职能教育 职能教育比较广泛，涉及从生产到销售的各个岗位所需要的能力提升课程

图 19-26　LG 商学院课程分类

LG 商学院拥有 10 多名专职课程研发人员，运用系统的 ISD、CBC、DACUM、HPT 和 PMP 等课程开发工具，开发出符合公司战略的新课程。

5. LG 培训体系——晋级必修培训

LG 每年都有不同层级的人按照一定比例要晋升到更高层级，晋升的主要条件是工作业绩，但同时还会考虑包括外语在内的个人能力水平。

（1）晋级培训方式

晋级教育结业是每位员工晋升的必要条件。晋级教育的基本方针是长期、系统地培养人才。培训方式采用的是符合成人教育理论的 B- Learning 方式。

受训人员首先通过网络学习方式学习必要的知识，在集中培训之前参加对前期学习内容考核，考核合格者才有机会接受下一阶段培训。

案例学习过程中，讲师不再讲解知识性内容，而是引导受训人员对各种针对性案例进行讨论，并逐一给予反馈。

培训课程中，每位受训人员还将针对本职工作的相关内容做行动计划。在集中培训结束后，还需对受训人员的课题推进过程做细致跟进。

（2）晋级培训内容

晋级培训内容不仅仅是能力的提升，更重要的是传播 LG 公司的经营理念。LG 公司经营理念的第一条是为顾客创造价值，因此，培训内容都是与 LG 公司的经营理念紧密联系在一起的。LG 公司培养的不是通用人才，而是符合 LG 公司发展的人才，这也是 LG 公司人才培养的核心所在。

（3）晋级培训课程

LG 晋级培训课程设置如图 19-27 所示。

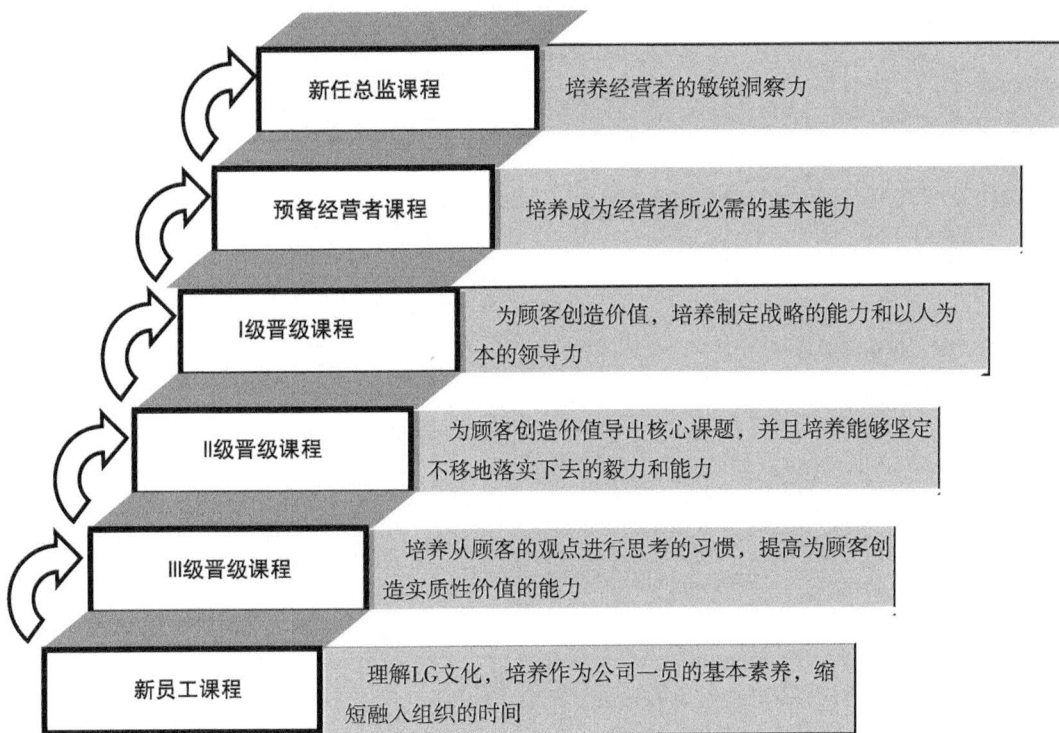

图 19-27 LG 公司晋级培训课程设置

《企业培训体系设计全案》
编读互动信息卡

亲爱的读者：

感谢您购买本书。只要您以以下三种方式之一成为普华公司的**会员**，即可免费获得普华每月新书信息快递，在线订购图书或向我们邮购图书时可获得免付图书邮寄费的优惠：①详细填写本卡并以**传真**（**复印有效**）**或邮寄**返回给我们；②**登录普华公司官网注册成为普华会员**；③**关注微博：@ 普华文化**（新浪微博）。会员单笔订购金额满 300 元，可免费获赠普华当月新书一本。

哪些因素促使您购买本书（可多选）		
○本书摆放在书店显著位置	○封面推荐	○书名
○作者及出版社	○封面设计及版式	○媒体书评
○前言	○内容	○价格
○其他（ ）		
您最近三个月购买的其他经济管理类图书有		
1.《 》	2.《 》	
3.《 》	4.《 》	
您还希望我们提供的服务有		
1. 作者讲座或培训	2. 附赠光盘	
3. 新书信息	4. 其他（ ）	
请附阁下资料，便于我们向您提供图书信息		
姓　　名	联系电话	职　　务
电子邮箱	工作单位	
地　　址		

地　　址：北京市丰台区成寿寺路 11 号邮电出版大厦 1108 室
　　　　　北京普华文化发展有限公司（100164）
传　　真：010 - 81055644
读者热线：010 - 81055656
编辑邮箱：fulu@ puhuabook. cn
投稿邮箱：puhua111@ 126. com，或请登录普华官网"作者投稿专区"。
投稿热线：010 - 81055633
购书电话：010 - 81055656
媒体及活动联系电话：010 - 81055656　　　　　　　　邮件地址：hanjuan@ puhuabook. cn
普华官网：http：//www. puhuabook. com. cn
博　　客：http：//blog. sina. com. cn/u/1812635437
新浪微博：@ 普华文化（关注微博，免费订阅普华每月新书信息速递）